MÉMOIRES

DU

DUC DE LUYNES

TYPOGRAPHIE DE H. FIRMIN DIDOT. — MESNIL (EURE).

MÉMOIRES

DU

DUC DE LUYNES

SUR LA COUR DE LOUIS XV

(1735 — 1758)

PUBLIÉS

SOUS LE PATRONAGE DE M. LE DUC DE LUYNES

PAR

MM. L. DUSSIEUX ET E. SOULIÉ

TOME HUITIÈME

1746 — 1748

PARIS

FIRMIN DIDOT FRÈRES, FILS ET CIE, LIBRAIRES

IMPRIMEURS DE L'INSTITUT, RUE JACOB, N° 56

1862

Tous droits réservés

MÉMOIRES
DU
DUC DE LUYNES.

ANNÉE 1746.

NOVEMBRE.

Nouvelles de Bretagne et d'Italie. — Raisonnements sur la bataille de Raucoux. — Arrestation d'une femme de chambre de Mme de Pompadour. — Logements de Versailles. — Trait de Mme Adélaïde. — Accident de Mme de Modène. — Travaux des appartements de la Reine et du Dauphin à Versailles. — Audience du maréchal de Belle-Isle; il remplace M. de Maillebois à l'armée de Provence. — Arrivée du duc de Rohan. — Combats de M. de Conflans contre les Anglois. — Le prince de Conty travaille avec le Roi. — Le Dauphin chante l'ode à la fortune de Rousseau, mise en musique. — Retour de la Cour à Versailles par Choisy. — Arrivée du maréchal de Saxe; lettre que lui écrit Piron. — Mort de l'abbé de Vaubrun. — Prise du vaisseau *le Mars* par les Anglais. — Mort du maréchal de Montmorency. — Service de la Dauphine à Notre-Dame. — Déclaration du mariage du Dauphin. — Nouveau meuble de Choisy; attentions du Roi pour la Reine.

Du mardi 1er, Fontainebleau. — Hier il y eut les premières vêpres. Le Roi devoit y revenir après la chasse du cerf; il revint à deux heures, n'ayant couru qu'un cerf, parce qu'il est fort enrhumé; il n'alla point à la chapelle, et il soupa dans ses cabinets. La Reine entendit les vêpres en bas; M. l'évêque de Bazas (1) officia; c'est le même qui officie aujourd'hui, et Mme de Castries quête.

---

(1) Saint-Sauveur.

Les nouvelles de Bretagne et d'Italie ne deviennent pas meilleures. Les Anglois se sont emparés des îles de Houat et de Hoëdic, qui ne sont que des rochers ; cependant ils ont pris dans ces deux îles soixante hommes qui les gardoient et un capitaine ; on prétend qu'ils y ont fait sauter une tour qui y étoit. Ils attendent sans doute de nouvelles troupes d'Angleterre, et l'on mande de Brest qu'on a déjà vu passer une flotte de quatorze voiles, ce qui fait juger qu'elle doit avoir joint l'autre flotte angloise et qu'apparemment leur projet est d'attaquer Belle-Isle. Il n'y a qu'un seul endroit par où on le puisse ; cet endroit est bien retranché, suivant ce que l'on apprend par un courrier de M. le duc de Penthièvre arrivé de Rennes ce matin. Il est garni de trente-six pièces de canon, indépendamment d'une nombreuse artillerie qui est dans la place. Cette entrée est outre cela défendue par de gros pieux croisés, plantés dans le sable, qui est de bonne qualité, et par des chaloupes remplies de pierres et enfoncées dans la mer, de manière qu'on ne peut descendre qu'à 300 toises. D'ailleurs il y dans l'île, sous les ordres de M. de Saint-Sernin, 300 dragons de l'Hôpital, 500 gardes-côtes, 300 canonniers, 2 bataillons de milices et 1,500 volontaires et habitants armés.

On a appris par ce même courrier que la flotte angloise a quitté les îles de Houat et Hoëdic pour faire le tour de Belle-Isle ; ce qui est nécessaire, à ce qu'on prétend, pour arriver à l'unique endroit propre à y descendre.

Par les nouvelles d'Italie, il paroît que nos deux armées sont à Cannes, et celle des ennemis un peu plus haut, mais en deçà du Var, à un lieu appelé Cagnes.

On attendoit ici de jour à autre M. le maréchal de Saxe ; mais on apprend par des nouvelles particulières qu'il ne quittera point la Flandre jusqu'à ce que le prince Charles ait totalement séparé son armée et qu'elle soit établie dans ses quartiers.

Du mercredi 2, *Fontainebleau.* — Le retour des militaires met à portée d'acquérir chaque jour des lumières sur la campagne de Flandre. Les grandes qualités et les succès de M. le maréchal de Saxe n'empêchent point de remarquer ses défauts et les fautes qu'il fait; il est extrêmement aimé des troupes; on prétend que le peu de discipline qu'il fait observer peut bien contribuer à ces sentiments. Ce n'est pas que M. de Saxe ne donne des ordres, mais il ne tient pas assez la main à leur exécution.

A l'égard de la bataille, voici les réflexions qui ont été faites. Le projet de M. de Saxe, comme il le dit lui-même, n'étoit pas de faire tuer des hommes de part et d'autre et que la perte des ennemis fût seulement beaucoup plus considérable que la nôtre. Une bataille donnée immédiatement avant la séparation des armées devoit avoir un autre objet; ce ne pouvoit être que celui de détruire presque entièrement l'armée ennemie; cette armée avoit sa retraite sous Maëstricht; c'étoit donc cette retraite qu'il falloit couper; pour y parvenir, il étoit nécessaire que la gauche de notre armée fût portée plus loin et s'étendît jusqu'au village de Seling. Ce village emporté, nous nous serions mis entre Maëstricht et l'armée ennemie, qui de ce moment n'auroit plus eu d'autre retraite que ses ponts sur la Meuse, ce qui est une foible ressource pour une armée battue et mise en déroute.

M. le maréchal s'est plaint de ce que M. de Clermont-Gallerande n'avoit point attaqué, malgré les ordres réitérés qu'il lui avoit envoyés; on ne prétend pas justifier la conduite de M. de Clermont : il a montré trop d'attachement à son sentiment particulier; il avoit du canon, il s'en étoit déjà servi; il crut toujours qu'il n'étoit pas encore temps de commencer l'attaque. Après plusieurs ordres reçus, il vint trouver M. le maréchal, mais il y vint au pas; en retournant à son poste il n'alla pas plus vite, mais ce poste n'étoit qu'à quatre cents pas de celui de M. le maréchal, et l'on demande pourquoi M. le maréchal, voyant la nécessité indispensable de faire commencer cette attaque, il ne s'y est pas porté lui-même. On avoit dit qu'il y avoit envoyé M. le chevalier de Belle-Isle (1); le fait n'est pas vrai. M. de Clermont devoit attaquer le village de Lierre; au lieu de cela il attaqua le village de Waron. M. le chevalier de Belle-Isle, qui étoit de jour, représenta à M. le maréchal que le village de Lierre étoit important à attaquer, puisque par sa position il pouvoit extrêmement nous incommoder. M. le maréchal sans balancer dit à M. le chevalier de Belle-Isle d'aller prendre les troupes les plus à portée et d'attaquer ce village; à cet ordre il ajouta d'une manière fort obligeante : « Après cela vous ferez ce que vous voudrez, je ne me mets plus en peine de la gauche de l'armée. » M. le chevalier de Belle-Isle partit aussitôt, et comme l'artillerie de M. de Gallerande ne lui étoit plus d'aucun usage parce qu'il avoit commencé son attaque, M. de Belle-Isle la prit et la plaça de manière que les ennemis ne purent soutenir le village de Lierre, et nous nous en rendîmes maîtres sans perte.

L'on sait que le comte de Clermont (Prince) étoit à la droite et avoit l'attaque du faubourg de Sainte-Valburge; (ceci est un fait étranger aux réflexions ci-dessus, mais mérite d'être rapporté). M. de Lowendal étoit avec M. le comte de Clermont, et M. le comte d'Estrées faisoit l'avant-garde de cette droite; M. d'Estrées ayant emporté le faubourg de Sainte-Valburge vouloit marcher en avant et suivre les ennemis. M. le comte de Clermont, aux

---

(1) M. le chevalier de Belle-Isle étoit lieutenant général de jour; mais M. le maréchal avoit ordonné expressément que les réserves ne seroient point aux ordres du lieutenant général de jour; il l'avoit même dit à M. de Belle-Isle, et le corps que commandoit M. de Clermont-Gallerande étoit une réserve. (*Note du duc de Luynes.*)

ordres de qui il étoit, lui envoya dire de s'arrêter; M. d'Estrées renvoya plusieurs aides de camp de suite pour représenter à M. le comte de Clermont la nécessité qu'il y avoit de marcher en avant. Voyant enfin qu'il ne pouvoit rien obtenir, il y vint lui-même; il dit avec vivacité à M. le comte de Clermont qu'il lui demandoit permission de marcher au nom de toute l'armée. A ce discours, M. de Lowendal, par les conseils duquel M. le comte de Clermont s'étoit toujours conduit, prit la parole et dit au comte d'Estrées : « Vous êtes donc l'orateur de l'armée? — Oui, lui répondit le comte d'Estrées, parce que je suis François. » M. de Lowendal lui dit : « Ah! Monsieur le comte, vous vous fâchez; M. le comte de Clermont a envoyé recevoir les ordres de M. le maréchal, il les aura dans un moment. » En effet, la réponse arriva; ce fut d'aller en avant, comme le comte d'Estrées l'avoit proposé.

J'ai cru devoir rapporter les raisonnements de gens sensés, tant sur la bataille que sur les autres observations; pareilles anecdotes sont toujours dignes de curiosité, et d'ailleurs plus un fait est public, plus il est rapporté de manières différentes. Il faut donc en pareil cas consulter les gens qui voient bien et exactement; et c'est ce que j'ai fait par rapport aux circonstances que je viens de marquer.

Le Roi devoit aller hier au sermon; on en fut incertain jusqu'au moment que la Reine arriva à la chapelle; mais il n'y vint point, à cause de son rhume.

Le sermon fut très-bon et très-utile (1); le prédicateur, qui est celui de l'Avent, est un Théatin, qu'on appelle le P. Imbert.

Du jeudi 3, Fontainebleau. — On arrêta il y a deux

---

(1) Il n'y eut point de compliment; le prédicateur en avoit certainement un tout prêt pour le Roi et ne croyoit pas que la Reine y seroit sans le Roi. (*Note du duc de Luynes.*)

jours une femme de chambre de Mme de Pompadour ; on dit que c'est pour avoir écrit indiscrètement.

Le Roi donne le régiment de Bretagne, qu'avoit M. de Resnel, à son frère, qui est abbé : il quitte le petit collet ; on le fera chevalier de Malte, moyennant quoi il gardera les bénéfices qu'il avoit. Il ne commandera point ce régiment d'ici à un an ; on a donné ce commandement à M. de Lins, qui en est lieutenant-colonel, lequel par cet arrangement acquiert la commission de mestre de camp.

Il y a eu plusieurs changements dans les logements de Versailles. M. et Mme la marquise de Matignon avoient eu d'abord les deux logements haut et bas de Mme de Mailly dans l'aile neuve ; on leur a laissé seulement celui qui donne dans la petite galerie qui est vis-à-vis l'escalier ; on y a joint celui qui est vis-à-vis, et on a fermé le bout de la galerie, comme on fit il y a quelques années à celle de dessous pour Mme de Mailly. Le logement que Mme de Matignon avoit en bas devenant vacant par cet arrangement, on l'a donné à M. et Mme de Périgord, et l'appartement vis-à-vis celui-ci à M. et Mme de Froulay. M. et Mme de Froulay en avoient un dans la même galerie, au haut du petit escalier qui descend dans la grande galerie d'en bas ; on l'avoit destiné pour celui qui seroit nommé huitième menin de M. le Dauphin ; ainsi c'est M. le baron de Montmorency qui a ce logement.

Je rapporte toujours avec soin les circonstances qui peuvent faire connoître le caractère de M. le Dauphin et de Mesdames. Madame Adélaïde a un porte-manteau attaché à elle, qui est gentilhomme et pauvre ; il est tombé malade ici ; elle a su qu'il pouvoit avoir besoin d'argent, elle lui a envoyé 25 louis, mais elle ne veut pas qu'on le sache, et c'est lui faire de la peine que de lui en parler.

Du mercredi 9, Fontainebleau. — Samedi dernier, Mme la duchesse de Modène, en venant ici la nuit dans un carrosse noir, versa fort rudement entre Chailly et Fontainebleau. L'essieu cassa, la roue de derrière sauta et le carrosse tomba sur le côté. Mme de Modène se fit beaucoup de mal au bras et un peu à la tête. Mlle de Sens, qui revenoit de Paris, passa pendant que Mme de Modène étoit versée; elle prétend qu'ayant vu une chaise tout attelée auprès du carrosse, elle n'avoit besoin d'aucun secours, et en effet elle passa tout de suite. Mme de Modène dit qu'un de ses gens avoit été avertir Mlle de Sens de l'aventure qui venoit d'arriver et lui demander secours. Cependant comme Mlle de Sens dit n'avoir point été avertie, Mme de Modène dit fort sagement que c'étoit apparemment la faute de celui qu'elle avoit envoyé. Mme de Bouzols et Mme de Fitz-James qui venoient de Paris après Mme de Modène furent aussi averties de l'aventure; elles arrêtèrent, donnèrent une place à Mme de Modène, et la ramenèrent ici.

Il y a trois jours qu'il est réglé que le service de Mme la Dauphine à Notre-Dame se fera le 24.

On croit le départ fixé au 21, mais cela n'est pas encore sûr.

M. de Tournehem vint rendre compte au Roi il y a quelques jours de l'état des bâtiments de Versailles. La Reine pourra habiter son appartement le 25; cependant comme on mettra encore du plâtre ce jour-là au bâtiment qui se fait derrière l'appartement de la Reine, on croit que S. M. ne pourra l'habiter que le jour; il n'est pas encore décidé dans quel appartement elle couchera. On lui avoit proposé celui où Mme la Dauphine est morte; mais le souvenir de ce triste événement a empêché la Reine d'accepter cette proposition. Il est donc question de l'appartement de Mlle de Charolois, dans la galerie d'en bas, ou de M. le comte de Charolois et de M. le prince de Condé, ou plutôt de l'appartement de M. le comte de Clermont, qui n'est séparé de celui de la Reine que par l'escalier de marbre. La Reine paroît désirer celui-ci.

parce qu'elle pourroit faire usage de son appartement toute la journée.

L'appartement que l'on fait en bas pour M. le Dauphin et M*me* la Dauphine n'est pas encore près d'être achevé; et quand même il le sera, il ne pourra être habité que quand les plâtres seront secs, c'est-à-dire au mois de juillet ou d'août de l'année prochaine; ainsi la nouvelle Dauphine logera dans le même appartement de la dernière. Cet arrangement donne occasion de demander. pourquoi donc l'on fait un nouvel appartement pour M. le Dauphin et M*me* la Dauphiné, puisque celui qu'ils ont est beau et convenable. Il y a des gens qui répondent à cette question que Binet, premier valet de chambre de M. le Dauphin, est la principale cause du grand ouvrage que l'on fait actuellement pour le nouvel appartement de M. le Dauphin, parce qu'il est actuellement fort mal logé et qu'il le sera fort bien dans le nouveau.

Il arriva il y a quelques jours à Brest un vaisseau de l'escadre de M. d'Anville; il a été poursuivi à son retour par deux ou trois gros vaisseaux anglois qui n'ont pu le joindre. Ce vaisseau avoit été détaché pour aller de conserve avec celui du chevalier de Crénay qui faisoit une voie d'eau; mais par les signaux dont ils étoient convenus, il croit qu'il n'étoit dans aucun danger.

Du jeudi 10, *Fontainebleau.* — Nous apprîmes hier au soir que M. le maréchal de Belle-Isle étoit arrivé ici et qu'il étoit enfermé avec le Roi et M. d'Argenson. Cette nouvelle fit beaucoup de bruit, d'autant plus que l'on n'attendoit point ici M. de Belle-Isle. Effectivement, il avoit dit au Roi, à Versailles, qu'il s'en alloit à Bizy et qu'il ne feroit sa cour à S. M. qu'à son retour de Fontainebleau. Depuis le départ du Roi il a toujours resté à Bizy; il étoit venu passer deux fois vingt-quatre heures à Paris, à l'occasion de milord Morton, dont le frère milord Douglas, comme je l'ai dit, tué à Fontenoy, avoit été chargé de conduire MM. de Belle-Isle en Angleterre lorsqu'ils furent arrêtés. J'avois marqué qu'il les avoit ramenés d'Angleterre, mais ce fait n'est pas vrai. MM. de Belle-Isle, plus sensibles que qui que ce soit aux bons procédés et à l'amitié, ont cru devoir marquer leur reconnoissance des bons traitements qu'ils avoient reçus; c'est ce qui engagea Mme de Belle-Isle à tenir l'enfant dont la femme de milord Morton accoucha à Paris l'année dernière; à cela près, M. de Belle-Isle n'avoit conservé aucune correspondance avec milord Morton. Après avoir rempli ce qu'il croyoit devoir à sa reconnoissance, il étoit parti pour retourner à Bizy avec le chevalier de Belle-Isle, qui pendant cet intervalle étoit venu ici faire sa révérence au Roi.

Dimanche dernier, 6 de ce mois, M. de Belle-Isle reçut à Bizy une lettre de M. d'Argenson par laquelle ce ministre lui marquoit qu'il avoit une affaire importante et pressée à lui communiquer de la part du Roi, et qu'il le prioit de se rendre le lendemain matin à dix heures à Neuilly avec M. le chevalier de Belle-Isle. Les deux frères étant arrivés le 7 à Neuilly, M. d'Argenson dit à M. le maréchal que l'intention de S. M. étoit qu'il allât prendre le commandement de l'armée françoise en Provence. M. le maréchal et M. le chevalier firent les représentations les plus fortes, non-seulement sur les difficultés presque insurmontables qui se rencontroient dans les circonstances présentes et qui ôtoient toute espérance de succès, mais encore sur la certitude presque entière des malheurs les plus grands dans cette partie du royaume; M. le Maréchal ajouta que la saison étant aussi avancée, il paroissoit plus raisonnable de laisser finir la campagne à M. le maréchal de Maillebois, et que l'année prochaine le Roi prendroit les mesures les plus convenables pour le bien de son service; que ni lui ni M. son frère n'avoient nulle connoissance du pays où est actuellement notre armée. M. d'Argenson répondit qu'indépendamment du zèle qu'il connoissoit à M. le maréchal pour le service du Roi, ceci étoit un ordre absolu et qu'il devoit le regarder comme une lettre de cachet; ce furent ses termes. Après un pareil éclaircissement, il n'est plus question que d'obéir. M. de Belle-Isle arriva donc hier; l'audience que le Roi lui donna fut de près d'une heure. M. de Belle-Isle commença par des remercîments des nouvelles marques de bonté et de confiance dont le Roi l'honoroit, mais il prit la liberté de lui dire en même temps que la situation des affaires, sur ce qu'il en avoit appris, lui paroissoit dans un état hors d'espérance. « C'est par cette raison précisément, lui dit le Roi, que je vous ai choisi pour y aller; asseyons-nous. » Le Roi fit passer M. d'Argenson à sa gauche pour laisser la droite au maréchal de Belle-Isle; on entra dans tous les détails. M. de Belle-Isle voulut parler de sa santé et de la juste crainte où il étoit qu'un travail forcé ne le fît retomber bientôt dans l'état d'où il s'étoit tiré par un long repos. Le Roi lui dit : « Vous aurez avec vous votre frère, qui vous secourra; je suis très-content de lui, il m'a bien servi; il est capable et intelligent et il a une bonne santé. » De ce moment il n'a plus été question que de convenir avec M. d'Argenson de tout ce qu'il étoit possible de faire, et c'est en ce point que réside la principale difficulté. Les Espagnols retirent leurs troupes et les envoient en Savoie. On leur demande avec instance de nous laisser seize bataillons; mais jusqu'à présent ils ne veulent en laisser que huit, et ces huit ne font guère que trois mille cinq cents hommes au plus. Nous avons d'ailleurs onze mille hommes effectifs des troupes du Roi; il est vrai que l'on compte y en envoyer, et qu'elles marchent actuellement, mais elles n'arriveront que le 29 décembre. L'on ne doute pas que nous ne soyons obligés d'abandonner le Var lorsque la plus grande partie de l'armée espagnole se retirera; les ennemis, qui sont au nombre de cinquante mille hommes au moins, pouvant alors le passer sans obstacle, il paroît impossible de les empêcher de faire le siége de Toulon, et ensuite de venir à Marseille, où ils nous feroient tort de plus de 50 millions. Toulon est une place fort médiocre, et qui ne peut guère soutenir plus de huit ou dix jours de siége. Toutes ces représentations furent faites hier par M. le maréchal. Le Roi lui dit qu'il ne lui imputeroit point les mauvais succès qu'il pourroit avoir. M. le maréchal de Maillebois attendra M. le maréchal de Belle-Isle, et reviendra ici après avoir conféré avec lui. M. de Senneterre doit aussi revenir, et par cet arrangement M. le chevalier de Belle-Isle se trouvera le plus ancien lieutenant général de cette armée. M. le maréchal de Belle-Isle est reparti aujourd'hui pour Paris; il reviendra dans quatre jours, et continuera sa route d'ici pour la Provence. M. le chevalier de Belle-Isle est parti ce matin de Paris, et est parti tout de suite pour aller en Provence.

M. le duc de Rohan arriva hier ici; il vient de Bretagne, où il étoit allé se mettre à la tête de la noblesse, comme j'ai marqué ci-dessus. Il avoit assemblé la noblesse à Auray; il leur a donné à manger pendant un mois et a tenu le plus grand état et le plus magnifique, quoiqu'il n'ait mené avec lui que quatre domestiques. Tout étant présentement fort tranquille, il est venu se préparer à repartir pour aller tenir les États. Il m'a dit que les Anglois avoient brûlé dix ou onze villages dans la presqu'île de Quiberon, ce qui peut faire environ trois cents maisons, et que le dégât qu'ils ont fait peut aller à 100,000 écus, ce qui ne peut être comparé à 22 millions qu'on dit que coûte leur embarquement.

Du samedi 12, Fontainebleau. — On n'a point nouvelle que les ennemis aient passé le Var; on dit même que ce torrent est fort augmenté.

On ne croit pas que la flotte angloise soit encore dans

la Méditerranée, mais au contraire on dit qu'elle a passé le détroit.

Le Roi nous dit hier que le chevalier de Conflans, parti pour convoyer des vaisseaux marchands à la Martinique et à Saint-Domingue, les y avoit conduits à bon port; il avoit deux vaisseaux de guerre et deux frégates. Il fut chargé de ramener quatre-vingts vaisseaux marchands. Il fut attaqué à la hauteur de la Martinique par cinq vaisseaux de guerre anglois, suivis de plusieurs corsaires de la même nation. Les Anglois, voulant enlever le convoi, détachèrent une frégate pour tâcher de séparer M. de Conflans de la flotte marchande; la frégate s'étant trop avancée, ils furent obligés de faire un mouvement pour la dégager; ce mouvement donna occasion à un combat qui fut fort vif et dura quatre ou cinq heures. M. de Conflans y eut quatre ou cinq hommes tués et une vingtaine blessés. Les Anglois furent obligés de se retirer avec perte. M. de Conflans détacha un vaisseau et une frégate pour conduire les quatre-vingts vaisseaux marchands dans les ports auxquels ils étoient destinés. Après les avoir quittés et en revenant à Brest avec son vaisseau de soixante-dix pièces de canon et une frégate, il trouva vers la hauteur de cette rade, le 29 octobre, une flotte marchande angloise de quarante voiles, richement chargée, escortée par deux vaisseaux de guerre dont un de cinquante-six pièces de canon, qu'il attaqua, prit et ramena sans perdre un seul homme. Il coula à fond un des bâtiments marchands, et en prit deux autres. Le second vaisseau anglois prit le large; il laissa sa frégate après cette flotte pour couler à fond ou prendre tout ce qu'il seroit possible. Étant arrivé à Brest, il fit sortir les deux frégates qui sont toujours armées pour la garde du port, et les envoya après pour tâcher d'enlever quelques vaisseaux marchands; mais ni la frégate de M. de Conflans ni les deux de Brest n'ont pu faire aucune prise.

Le départ d'ici est remis au 22 ou 23.

Mme de Froulay, fille de M. de la Mothe, après trente-six heures de travail fort rude, est accouchée d'un garçon mort.

Mme de Montbazon, fille de M. de Bouillon, a la petite vérole. M. de Bouillon est allé à Paris.

M. et Mme de Chartres sont partis aujourd'hui pour Saint-Cloud. Ils font faire un château à l'extrémité du parc du côté de Versailles, qui sera fait au mois de juillet prochain.

Du mardi 15, Fontainebleau. — Vendredi dernier, le Roi étoit fort occupé de la nouvelle qu'il avoit reçue de M. de Conflans; il trouva M. d'Armentières chez Mme de Pompadour; il dit à Mme de Pompadour : « Non-seulement d'Armentières (1) me sert bien, mais ses parents me donnent aussi des marques de leur zèle », et sur cela conta l'histoire.

M. le prince de Conty partit d'ici il y a trois ou quatre jours pour aller à Paris, à Saint-Cloud et de là à l'Ile-Adam. Son séjour ici a été assez long; il a travaillé souvent avec le Roi et plusieurs fois avec M. d'Argenson. On a de la peine à comprendre quel peut être l'objet de ce travail. On ne peut imaginer que M. le maréchal de Saxe ne commande pas une armée l'année prochaine, et qu'il veuille s'exposer à joindre une armée commandée par M. le prince de Conty, et à se trouver à ses ordres, en conséquence de la patente accordée à ce prince, dont j'ai parlé ci-dessus.

M. le Dauphin continue toujours dans le goût de la musique et s'applique aussi à la lecture; il n'aime point à sortir, et passe plusieurs heures dans son cabinet. Il y a quelque temps qu'ayant remarqué une ode de Rousseau sur la Fortune, dont la pensée et les expressions lui

---

(1) Le Roi l'appelle cadet; s'est une plaisanterie dont ses amis particuliers font usage avec lui à l'exemple de S. M. (*Note du duc de Luynes.*)

plurent, il proposa à Royer, son maître de clavecin, de la mettre en musique. L'ouvrage étoit difficile, les vers de cette ode n'étant point faits pour être chantés ; cependant Royer y a fort bien réussi : il en a fait un divertissement qui dure environ trois quarts d'heure. La musique est belle et il y a des chants agréables ; il n'y a qu'une seule voix qui est une basse taille. Cette musique étoit faite pour la voix de M. le Dauphin ; il la chanta samedi dernier chez Mesdames avec les accompagnements, ce qui est fort singulier, ne faisant que de commencer à apprendre la musique. Sa voix a assez d'étendue dans le haut ; elle n'en a pas autant en bas. En général il a beaucoup de disposition pour la musique et une grande facilité à apprendre.

Le lendemain, dimanche, on exécuta cette même musique encore chez Mesdames ; elle fut chantée par Benoît, qui est la plus belle basse taille de la musique du Roi. La Reine voulut entendre ce petit concert, et elle y fut avant les vêpres.

Tous ceux qui reviennent de l'armée disent que M. de Bissy, commissaire général de la cavalerie, y a fait la plus grande dépense et tenu l'état le plus honorable. Beaucoup de gens sont persuadés qu'il épousera Mme de Marsan.

Le départ est enfin décidé d'hier ; tout le monde s'en va le 23 à Choisy. Mesdames iront le 24 à Notre-Dame, et reviendront coucher à Choisy, et toute la Cour retournera le 26 à Versailles. La Reine couchera chez M. le comte de Clermont ; elle a chargé Mme de Luynes d'écrire à M. le comte de Clermont pour lui demander son appartement.

J'ai marqué ci-dessus que l'on ne pouvoit comprendre quelle raison avoit déterminé à faire un nouvel appartement à M. le Dauphin et à la future Dauphine. On me dit il y a quelques jours que le motif avoit été de mettre M. le Dauphin plus à portée de sortir de chez lui et de se promener; il n'aime pas à sortir, comme je l'ai dit, et il trouve que c'est un embarras que de mettre beaucoup de monde en mouvement pour descendre un escalier pour entrer dans le jardin.

M. le maréchal de Saxe arriva ici hier au soir, et soupa avec le Roi dans ses cabinets. Il a été ce matin au moins une heure enfermé avec S. M. avant que tout le monde entrât. Il a reçu une lettre du roi de Prusse à l'occasion de la bataille de Raucoux, dont il lui avoit rendu compte. Rien n'est plus flatteur que les termes de cette réponse. Il en a reçu une aussi d'un poëte qui est à Paris qu'on appelle Piron; il mande à M. de Saxe qu'il croit ne pouvoir lui rien dire de plus agréable qu'un bon mot d'un Gascon qui, voyant porter à Notre-Dame les drapeaux pris à Raucoux, avoit dit en termes de son pays : « Cadédis, ce maréchal me scandalise; il veut donc faire de cette église un garde-meuble de Mme de Hongrie. »

On compte que M. le maréchal de Maillebois reviendra ici aussitôt que le chevalier de Belle-Isle sera arrivé. Mme de Maillebois dit que son mari désiroit depuis longtemps de revenir; que sa santé, qui n'est pas bonne, avoit besoin de repos, et qu'il en auroit demandé la permission déjà s'il n'avoit pas été aussi près des ennemis; elle ajoute que ce qui la console sur l'événement présent, c'est que le Roi ne paroît point être mécontent sur la conduite de M. de Maillebois, et que ce n'est que par complaisance pour l'Espagne que S. M. s'est déterminée à le rappeler. D'un autre côté, M. le duc d'Huescar me dit avant-hier que l'Espagne n'avoit point demandé le rappel de M. de Maillebois. Ces deux propos, si différents, pourroient en quelque manière se concilier, s'il étoit vrai que l'Espagne, sans demander expressément le rappel, eût paru seulement embarrassée de concerter les opérations militaires, ou bien que ce soit à l'occasion de quelque difficulté entre M. de la Mina et M. de Maillebois.

Les dernières nouvelles que l'on a de Provence sont du

9; on apprend que nous ne sommes plus sur le Var et que nous nous sommes retirés à un lieu nommé Biot auprès d'Antibes.

Du mercredi 16, *Fontainebleau.* — M. l'abbé de Vaubrun, frère de Mme la duchesse d'Estrées, mourut hier, à Paris, âgé de quatre-vingt trois ans, après six semaines de maladie (1).

Du vendredi 18, *Fontainebleau.* — On a appris ces jours-ci que *le Mars*, vaisseau de soixante-quatre pièces de canon, qui avoit été séparé de l'escadre de M. d'Anville par la tempête, et qui faisoit quatre voies d'eau, avoit été attaqué en allant à la Martinique pour être radoubé, par un vaisseau anglois; que le combat avoit duré deux heures, et qu'enfin ce vaisseau avoit été pris par les Anglois. M. le chevalier de Crenay, capitaine de vaisseau, qui le commandoit, est prisonnier de guerre en Angleterre.

Du samedi 19, *Fontainebleau.* — M. le maréchal de Belle-Isle est parti ce matin; il travailla encore hier avec le Roi. Il a été résolu d'envoyer encore en Provence vingt bataillons de plus que le premier arrangement. L'on compte que lorsque tout sera arrivé, nous y aurons cent cinq bataillons. Il y aura peu de cavalerie, mais elle n'est pas fort nécessaire dans le pays où nous faisons la guerre.

Le Roi a nommé ces jours-ci ceux qui doivent porter les mantes de Mesdames au service de Mme la Dauphine, qui se fera le 24 à Notre-Dame. Celle de Madame sera portée par M. de Meuse, par M. le prince de Tingry et

---

(1) On croyoit qu'il pouvoit avoir beaucoup d'argent comptant; mais il n'avoit pas 100,000 francs. Tout ce qu'il avoit de biens en fonds consistoit dans une terre en Anjou qui vaut 20,000 livres de rente; et on estime que ce qu'il doit en réparations de bénéfices, en legs à payer actuellement ou en donations à acquitter, montera bien à 240,000 livres, indépendamment de 11,000 livres de rente viagère dont il charge sa succession. (*Note* datée du 18 novembre.)

M. de Jonsac le fils. Celle de Madame Adélaïde, par M. le comte de la Marck (il a déjà fait cette même fonction à Saint-Denis, comme je l'ai marqué), par M. de Beuvron et par M. de Clermont d'Amboise.

M. le grand prieur a pris congé aujourd'hui; il est parti pour Paris. Il part jeudi prochain pour aller commander les galères du Roi à Marseille. Le Roi n'a que quinze galères; on compte qu'il y en a sept ou huit en état de mettre à la mer. Je crois cependant que c'est beaucoup que sept ou huit, et qu'il pourroit bien n'y en avoir que quatre.

Du jeudi 24, *Paris.* — Le Roi partit hier de Fontainebleau à dix heures, et arriva à deux heures à Choisy. M. le Dauphin étoit avec le Roi. La Reine partit à onze heures avec Mesdames, dîna en chemin, et arriva à cinq heures à Choisy. Mme de Pompadour étoit à la suite de la Reine comme en allant.

J'arrivai hier de Fontainebleau ici. J'appris en arrivant la mort de M. le maréchal de Montmorency; il n'y avoit que cinq ou six jours qu'il étoit tombé malade; on prétend que sa maladie étoit mêlée de fausse pleurésie, d'indigestion et même d'apoplexie. On lui avoit donné de l'émétique, qui avoit paru faire un bon effet; on lui en redonna une seconde prise avant-hier, après laquelle il tourna à la mort; il mourut hier à deux heures après midi. M. le maréchal de Montmorency avoit la lieutenance générale de Flandre (1) et le gouvernement de Valenciennes. M. le prince de Tingry a la survivance de la première de ces deux charges; il n'y a encore rien

---

(1) Elle vaut 28,000 livres. Outre ces deux charges, M. le maréchal de Montmorency avoit encore de bienfaits du Roi 8,000 livres de pension, 12,000 livres comme maréchal de France, et 3,000 livres comme chevalier de l'Ordre, ce qui faisoit en tout 83,000 livres. Des 8,000 livres de pension, il y en avoit 6,000 d'assurées à M. le comte de Montmorency, son second fils. (*Note du duc de Luynes.*)

de décidé pour la seconde. Le gouvernement vaut 32,000 livres de rente.

Mesdames sont arrivées aujourd'hui à onze heures et demie à l'archevêché. Le service n'a commencé qu'à midi passé; c'est M. l'archevêque qui a officié. L'oraison funèbre a été prononcée par M. l'évêque du Puy; il paroît qu'on n'en a pas été trop content. J'ai nommé ci-dessus ceux qui devoient porter la mante de Mesdames; il n'y a eu de changement que par rapport à M. le prince de Tingry, qui n'a pu y être, à cause de la mort de son père; c'est M. de Montmorin qui l'a remplacé. M. le duc de Chartres donnoit la main à Madame, et M. le comte de Clermont à Madame Adélaïde; ils auroient dû l'un et l'autre avoir leur collier de l'Ordre par-dessus leur manteau : ils ne l'avoient point, ce qui a été fort remarqué. M. le duc de Chartres avoit oublié son collier, ce qui le détermina à prier M. le comte de Clermont de ne point mettre le sien.

Dimanche dernier, à Fontainebleau, le Roi dit un mot tout bas à la Reine en sortant du salut, ce qui fut remarqué; et comme on attendoit le retour d'un courrier de Dresde, le soir au grand couvert, M. de Loss y étoit. Je lui demandai tout bas si son courrier étoit arrivé; il ne voulut pas me répondre. Le Roi remarqua que je lui avois parlé; il me demanda ce que je lui avois dit. Je dis à S. M. que j'avois parlé, mais que M. de Loss ne m'avoit pas répondu. Le Roi me demanda une seconde fois ce que j'avois dit, et je fus obligé de lui dire ma question. Le Roi me dit : « Je n'en sais rien; » il ajouta ensuite : « Est-ce qu'on en a envoyé un? Il faut donc que ce soit M. le Dauphin qui en ait envoyé un. » Cette espèce de secret, su cependant de tout le monde, a duré jusqu'au jour du départ de Choisy. Ce jour-là, qui étoit samedi, la Reine, avant que de partir pour revenir ici, alla voir le Roi, qui étoit encore dans son lit; Mme de Luynes suivoit la Reine. Lorsque la Reine sortit, le Roi appela Mme de Luynes et lui dit : « Faites donc vos compliments à M. le Dauphin sur son mariage. » Cette parole a été la première déclaration publique.

Du mardi 29, *Versailles.* — Le lendemain, dimanche, on alla avec empressement se présenter devant le Roi ; on alla aussi chez M. le Dauphin, chez Mesdames et chez la petite Madame. Les princesses vinrent ici faire leurs compliments et virent le Roi chez la Reine. Mme de Luynes alla avec plusieurs dames chez M. le Dauphin. Il n'y a point eu de compliments en cérémonie ; le Parlement n'est point venu en corps, ni les cours souveraines ; mais M. le premier président et plusieurs présidents à mortier, M. le lieutenant civil sont venus comme courtisans. Les ambassadeurs et ministres étrangers sont venus aujourd'hui ; c'est leur jour ; ils étoient tous ensemble, conduits par M. de Sainctot.

On doute fort que le mariage puisse se faire avant le carême. La princesse viendra à Strasbourg, où la maison ira la trouver, et de Strasbourg elle viendra ici par Belfort, Langres et Troyes. Il paroît qu'il y a deux raisons pour déterminer à cette route ; l'une pour éviter les partis qui pourroient sortir de Luxembourg et qui mettroient dans la nécessité de donner des escortes. L'autre par rapport à Lunéville. Le roi de Pologne, duc de Lorraine, étoit tout disposé à recevoir Mme la Dauphine ; il approuve le mariage ; il est même en commerce de lettres avec le roi de Pologne électeur de Saxe, mais on n'est pas aussi assuré des sentiments de la reine de Pologne, duchesse de Lorraine, et l'on a jugé qu'une Dauphine princesse de Saxe seroit un renouvellement de douleur et d'affliction pour elle.

M. de Loss, envoyé de Saxe, eut hier audience particulière du Roi et de la Reine ; l'on ignoroit quel pouvoit être le sujet de cette audience, la Reine elle-même n'en étoit point instruite : elle crut ne le pouvoir mieux savoir qu'en le demandant au Roi ; elle lui en par la hier matin mais le Roi n'en savoit rien. Cette audience n'a été qu'une espèce de compliment; M. de Loss a marqué la joie du Roi son maître et la sienne particulière.

Les nouvelles de Provence jusqu'à présent ne sont point encore mauvaises; les ennemis n'avoient pas passé le Var le 19. M. le chevalier de Belle-Isle a pris le commandement de l'armée, et M. le maréchal de Maillebois est en chemin pour revenir.

J'oubliois de parler du voyage de Choisy. Le Roi y a trouvé un nouveau meuble de velours à parterre, encadré dans du velours cramoisi avec des ornements en or. La galerie qui conduit à la salle à manger est accommodée, et les glaces y sont posées. Le Roi a paru fort occupé de la commodité et de l'amusement de la Reine, paroissant désirer qu'on lui donnât, à dîner et à souper, ce qu'elle pouvoit aimer davantage, cherchant à faire son jeu, et se mettant pour cela de moitié avec quelques-uns des hommes ou des femmes qui étoient du voyage, ayant même joué quelques moments, après quoi il alloit jouer son piquet. Le Roi a poussé l'attention pour la Reine jusqu'au point de remarquer une vieille écritoire dont la Reine se servoit depuis lontemps, et il lui en a envoyé une autre fort belle ces jours-ci.

On commence à choisir des présents pour Mme la Dauphine.

DÉCEMBRE.

Gouvernement donné. — Portail des Théatins. — Logements de Versailles. — L'évêque de Bayeux nommé premier aumônier de la Dauphine. — Nouvelles de Provence. — Nouveaux détails sur la flotte du duc d'Anville. — La maréchale de Balincourt. — Le maréchal de Saxe; discours qu'il tient sur le Roi, l'armée et les princes du sang. — Le maréchal de Maillebois et sa grandesse. — Réception des grands d'Espagne. — Bains de la Reine. — Voyage de la princesse de Saxe. — Le prince Édouard et son frère à Versailles. — Projet d'entreprise sur Madras. — Mariage du marquis de Villeroy. — Présentation de Mme de Marsan. — Affaire du mariage de

M. de Villequier avec Mlle de Duras. — Mariages projetés. — Présentation de Mme du Rumain. — Opéras de société chez Mmes de la Marck. — Service du roi d'Espagne à Notre-Dame. — Nouveaux aumôniers du Roi. — Révolte des Génois contre les Autrichiens. — Préparatifs du mariage du Dauphin. — Présentation de M. de Lewenhaupt. — Prétendu fils naturel du prince de Danemark. — Maison de la comtesse de Toulouse à Versailles. — Logements de Versailles; le chevalier de Saint-Simon. — Embarras pour les soupers de la Reine chez le duc de Luynes; Mmes du Deffand, de Brienne, de la Chau-Montauban et de Lowendal. — Mort de Mme de Mérode. — Incommodité de la Reine; elle occupe provisoirement l'ancien appartement de Mme de Maintenon. — Mme de Saulx nommée dame du palais de la Reine. — Nouvelles de l'armée de Provence.

Du vendredi 2, Versailles. — Ce ne fut qu'avant-hier que le Roi déclara qu'il avoit donné le gouvernement de Valenciennes à M. le prince de Tingry; il y avoit deux ou trois jours que cela étoit fait, mais on ne le savoit point. Le public n'avoit pas douté un moment que M. de Tingry n'obtînt ce gouvernement, personne même ne s'étoit présenté pour le demander; mais comme il y a eu du retardement, M. le maréchal de Duras avoit chargé M. d'Aumont de le demander, en cas qu'il ne fût point donné à la famille; il fit faire sur cela toutes sortes de politesses à M. le prince de Tingry.

Dimanche dernier le Roi n'alla point au sermon, étant enrhumé; la Reine n'y alla point non plus, par la même raison; il n'y eut que M. le Dauphin et Mesdames qui y allèrent. On avoit mis le carreau de M. le Dauphin seul sur le prie-Dieu, et ceux de Mesdames un peu en arrière. M. le Dauphin en arrivant, fit mettre les deux carreaux de Mesdames à côté du sien, et se mit au milieu d'elles. M. le Dauphin entendit le sermon dans un fauteuil noir, aux deux côtés duquel il y avoit des fauteuils cramoisis, pour Mesdames. Le prédicateur, en lui adressant la parole, l'appella Monseigneur, suivant l'usage. Comme ce ne fut que deux ou trois heures avant le sermon que l'on sut que la Reine n'iroit pas, le prédicateur ne fit point de compliment à M. le Dauphin. Il en avoit préparé un pour le Roi pour le jour de la Toussaint; le Roi n'alla point au sermon, comme je l'ai marqué ; il en avoit fait un depuis pour la Reine ; l'occasion ne s'est point encore trouvée de faire usage ni de l'un ni de l'autre.

On travaille actuellement au portail des Théatins à Paris ; cet ouvrage ne sera pas aussi beau qu'il auroit pu l'être, parce qu'il auroit fallu détruire les bâtiments qui sont au-dessus, et qui rapportent 2,000 livres de rente aux Théatins. C'est M. l'ancien évêque de Mirepoix (Boyer) qui fait faire cet édifice à ses dépens, voulant donner une marque de sa reconnoissance à un ordre dans lequel il a passé la plus grande partie de sa vie. Il emprunte actuellement cet argent qui ira environ à 35 ou 40,000 livres (1). Cette somme sera payée sur les revenus de son abbaye ; il a obtenu l'agrément du Roi afin que, s'il venoit à manquer, les payements fussent continués par celui qui lui succéderoit.

Il arriva avant-hier un courrier de M. le maréchal de Belle-Isle ; il n'étoit encore qu'à Villeneuve près d'Avignon, où il avoit eu une assez longue conversation avec M. de la Mina. Les troupes espagnoles qui alloient en Savoie ont reçu contre-ordre ; elles restent pour la défense de la Provence : le roi d'Espagne a déclaré que la conservation de cette province lui étoit aussi chère que celle de la Savoie. On a débarqué le trésor et l'artillerie qui étoient embarqués pour retourner en Espagne. Le roi d'Espagne a envoyé ordre au gouverneur de Tortone d'évacuer cette place ; la garnison en est sortie avec tous les honneurs de la guerre et sans être prisonnière de guerre. Le gouverneur a fait présent d'un fort beau cheval au roi de Sardaigne, qui de son côté lui a fait un présent considérable.

Du dimanche 4. — J'ai appris ces jours-ci qu'il y a eu du changement dans les logements. On a donné à M. de

---

(1) **La dépense a été à près de 60.** (*Note du duc de Luynes.*)

Froulay celui de tout en haut dans l'aile neuve, qui avoit été donné à Mme de Castries après la mort de M. de Courson ; et on a donné à Mme de Castries celui de M. le maréchal de Broglie, qui est au-dessus de M. de Chalmazel ; et celui qui avoit été destiné à M. et Mme de Froulay a été donné à M. et Mme de Montmorin.

M. l'évêque de Mirepoix, qui commence à être âgé, et dont le temps est d'ailleurs fort rempli par les occupations indispensablement attachées à la feuille des bénéfices, a trouvé que la charge de premier aumônier de Mme la Dauphine n'étoit qu'une importunité pour lui. Il l'a représenté au Roi, qui a différé pendant quelque temps à lui donner la permission de se démettre de cette charge ; enfin, il obtint l'agrément de S. M., il y a huit jours. Le Roi le laissa le maître de choisir qui il jugeroit à propos pour remplir cette place. M. de Mirepoix vint le lendemain nous en parler pour mon frère, et parut désirer savoir s'il accepteroit. M. de Bayeux a écrit à M. de Mirepoix qu'il acceptoit. M. de Mirepoix, en conséquence, l'a proposé ce matin au Roi ; il a été agréé. M. de Mirepoix est venu nous le dire sur-le-champ. Cette charge est honorable, mais le revenu n'est que de 1,200 livres. Celle de grand aumônier de France ne vaut guère davantage. Elles ne s'achètent ni l'une ni l'autre.

Les nouvelles de Provence sont assez bonnes ; on ne croit pas que les ennemis puissent passer le Var ; on croit même qu'ils seront obligés de se retirer faute de subsistances.

Du lundi 5, Versailles.

Détail rapporté par la frégate la Renommée *à M. le marquis de Rothelin, le 30 novembre 1746, à onze heures du matin.*

Il arrive dans le moment la frégate du Roi de l'escadre de M. le duc d'Anville nommée *la Renommée*, commandée par M. de Kersaint, qui s'est séparé de la flotte le 2 octobre dernier, aux environs de l'île de Sable près de l'Acadie. Cette frégate a atterré à Penmarc'h, où elle a rencontré 13 vaisseaux anglois qui l'ont chassée jusqu'à hier deux heures après midi, qu'une frégate ennemie, de 26 canons, a commencé, le combat qui a duré toute la nuit; et ce matin elle a été attaquée par un vaisseau de 74 canons, qui l'a démâtée de son grand mât de hune et qui alloit l'aborder sans le canon du grand fort de l'île de Groix, à deux lieues du Port-Louis, qui a tiré et obligé ce vaisseau ennemi de revirer de bord. Cette frégate est entièrement désemparée; le corps, les voiles et les cordages criblés de coups de canon et de mitraille; il y a 3 hommes de tués et 30 ou 40 de blessés. Le capitaine rapporte que M. le duc d'Anville (1) est mort de maladie à Chibouctou (2); M. d'Emery et tous les officiers de Piémont se portoient bien quand il les a quittés; il estime 3,000 morts et beaucoup de malades dans l'escadre, ce qui a fait manquer le projet et leur a fait prendre le parti de s'en revenir. Il compte que dans peu la flotte arrivera à la vue du Port-Louis, attendu que leur atterrage est à Belle-Isle. La même frégate *la Renommée* a été reconnoître Louisbourg à la portée du canon; elle y a reconnu 6 vaisseaux de guerre, dont 3 frégates, et a rejoint l'escadre après cette découverte.

Nous ne pouvons assez nous louer des marques de bonté que nous avons reçues de M. le Dauphin, à l'occasion de la charge donnée à M. de Bayeux. Il vit hier Mme de Luynes à la chapelle, et lui dit avec beaucoup de grâce qu'il étoit fort aise que mon frère fût dans la maison de Mme la Dauphine. C'est une louange que l'on peut donner justement à M. le Dauphin que celle d'être capable d'attention, de savoir marquer de l'amitié et même de l'estime, et de dire avec grâce des choses agréables et flatteuses. La Reine, qui a ce caractère mieux que personne, nous a donné toutes sortes de marques de bonté en cette occasion.

---

(1) M. d'Anville étoit arrivé le 17 septembre à l'Acadie, et le 29 toute la flotte étoit rassemblée (à la réserve des cinq vaisseaux dont on a su le sort). C'est ce jour 29 que M. d'Anville est mort subitement. M. le chevalier d'Estourmel se trouvoit le plus ancien; il assembla un conseil de guerre, où l'on fit le rapport de l'état de la flotte et de l'impossibilité de faire aucune entreprise. Cependant on essaya de faire tâter un des forts des Anglois. Cette attaque ne réussit point; M. d'Estourmel, à cause de son âge et de ses infirmités, avoit cédé le commandement au capitaine le plus ancien après lui. On prit enfin le parti de se retirer. Il y a eu depuis ce temps un coup de vent violent dont on craint les effets. (*Note du duc de Luynes.*)

(2) Aujourd'hui Halifax.

DÉCEMBRE 1746.   25

Du mardi 6, Versailles. — Mme la maréchale de Balincourt fut présentée avant-hier par Mme d'Argenson; elle n'étoit jamais venue à la Cour. Elle paroît assez âgée; elle a eu une figure agréable; elle est fort blanche et a encore de la beauté. Elle a été saluée par Mesdames; c'est l'usage pour les maréchaux de France et leurs femmes. Elles ont, comme je l'ai dit ailleurs, un carreau chez la Reine (1), et chez les princesses une chaise à dos.

Le fils aîné de Mme de Tessé, qui a dix ans, prêta serment avant-hier entre les mains du Roi pour la charge de lieutenant général du pays du Maine. Il prêta serment ensuite entre les mains de la Reine pour la charge de son premier écuyer, dont M. de Béthune a l'exercice, comme je l'ai déjà marqué. M. de Béthune exerce cette charge sans en retirer aucun profit, ni même aucune commodité; ses gens ne portent ni ne porteront point la livrée de la Reine; il ne se sert ni des chevaux ni des voitures, et n'a pas voulu même avoir auprès de lui un valet de pied de la Reine, comme c'est l'usage pour le premier écuyer.

M. le duc de Richelieu a pris congé aujourd'hui. Il part après-demain pour Strasbourg, d'où il ira à Dresde faire la demande et assister au mariage. La maison de Mme la Dauphine doit partir, comme je l'ai dit, le 2 du mois prochain. Il y a eu quelques difficultés entre M. de la Fare et Mme de Brancas pour le commandement de la maison. On a recherché ce qui s'étoit pratiqué à Mme la Dauphine-Bavière, et l'on a trouvé que M. et Mme de Richelieu avoient été chargés conjointement de recevoir Mme la Dauphine et du commandement de la maison. On en usera de même dans cette occasion-ci. Le commandement sera en commun entre M. de la Fare et Mme de Brancas.

Il n'est pas douteux que le chevalier d'honneur a la

---

(1) Aux audiences publiques. (*Note du duc de Luynes.*)

préférence sur la dame d'honneur en plusieurs occasions. Il y a deux ans qu'au mariage de feu Mme la Dauphine M. de la Fare prêta serment entre les mains de Mme la Dauphine immédiatement après M. l'évêque de Mirepoix et avant Mme de Brancas. Nous voyons tous les jours à la chapelle, lorsque la Reine est dans sa niche à la grande tribune, que l'aumônier est le premier auprès de la niche, ensuite le chevalier d'honneur et après lui la dame d'honneur.

Du mercredi 7, Versailles. — Le Roi nous dit hier qu'il avoit reçu des nouvelles de Toulon, du 1er, de M. le maréchal de Belle-Isle, qui alloit joindre l'armée; qu'il en avoit eu aussi de M. le chevalier de Belle-Isle. Les ennemis ont passé le Var le 30. On ne dit point ce qu'ils ont fait depuis, mais il paroît que ce passage n'est effrayant que pour les habitations qui se trouveront à portée d'eux. Le roi de Sardaigne a la petite vérole à son armée; cela est certain.

Les Anglois semblent vouloir faire quelques nouvelles entreprises dans l'Océan. Une de leurs flottes (les uns disent de 14 vaisseaux, les autres de 40) est à l'île de Groix. Peut-être ne sont-ils là que pour attendre le retour de notre malheureuse escadre.

M. le maréchal de Maillebois arriva hier ici, et fut très-bien reçu du Roi.

La princesse de Saxe arrivera vraisemblablement plustôt qu'on ne l'espéroit; on a avancé de quelques jours son retour de Varsovie.

Du jeudi 8, Versailles. — La Reine a fait ses dévotions ce matin; elle s'enferma hier, suivant son usage ordinaire, et ne fut point à la comédie. M. le Dauphin ni Mesdames ne furent point non plus à la comédie. Mesdames s'enfermèrent par la même raison que la Reine. Il y eut comédie italienne. Le Roi y alla à son particulier, comme il fait ordinairement.

M. le maréchal de Saxe part ces jours-ci pour aller

passer une quinzaine de jours à Chambord ; il travailla
il y a quelques jours avec le Roi. En arrivant à Fontainebleau, il fut quelque temps sans travailler avec le Roi ;
cependant comme il en avoit été très-bien reçu, on voulut
lui faire une espèce de compliment sur la manière dont
le Roi le traitoit ; ce compliment ne parut pas le toucher
beaucoup, d'autant plus qu'il étoit peiné du brevet qu'a-
voit obtenu M. le prince de Conty, comme je l'ai marqué
ci-dessus. Voici à peu près ce qu'il dit dans ce temps à
un homme digne de foi, de qui je le sais : « Le Roi me
parle, il est vrai, mais il ne me parle pas plus qu'à l'Assematte (gentilhomme de la vénerie). Si j'étois actuellement dans la même situation où je me trouvois il y a
sept ou huit ans, c'est-à-dire simple courtisan, je n'aurois
pas sujet de me plaindre ; mais puisqu'il faut parler
de soi, si l'on veut examiner ce que j'ai fait depuis la
prise de Prague, je crois qu'on pourra dire que j'ai ranimé
le courage et la valeur des troupes françoises, qui paroissoient un peu endormies. Qu'on les examine à Dettingen
et à Fontenoy, et l'on verra si le même esprit règne dans
l'armée ; c'est peut-être pour me flatter qu'elles prétendent être invincibles quand je suis à leur tête, mais au
moins les ennemis du Roi craignent-ils d'être battus
lorsque je commande une armée vis-à-vis d'eux. Je sais
le respect qui est dû aux princes de la maison de France,
et je ne m'en écarterai jamais ; que le Roi les déclare tous
généralissimes de ses armées au berceau, je n'ai rien à
dire ; mais que M. le prince de Conty ait acquis ce titre
comme une récompense de services, je crois avoir droit
de me plaindre. Après-cela, j'aime le Roi, et je dois exécuter ses ordres ; quand il voudra que je marche, il faudra
bien marcher ; mais dans le fonds qu'ai-je à espérer ? J'ai
plus de bien qu'il ne m'en faut, j'ai tous les honneurs que
je peux désirer ; si les affaires de l'État devenoient pres-
santes à un certain point, je crois pouvoir dire qu'on auroit recours à moi. Je souhaite que cette situation malheu-

reuse n'arrive jamais, et qu'on veuille bien me laisser jouir d'un repos dont ma santé a besoin. Je n'ai qu'à perdre ; un événement malheureux flétrit les lauriers. On prétend m'avoir obligation du mariage de M. le Dauphin, cela n'est pas juste ; le Roi l'a fait parce que cela lui a convenu, je n'y ai point de mérite. »

J'ai mis ce détail pour faire connoître le caractère de M. le maréchal de Saxe. Il paroît qu'il pense fort différemment pour M. le comte de Clermont de ce que je viens de marquer par rapport à M. le prince de Conty. Il croit être sûr des sentiments de M. le comte de Clermont et pouvoir être persuadé qu'il ne trouvera jamais qu'attentions et politesses de sa part.

La princesse de Saxe écrivit il y a quelques jours à M. le maréchal de Saxe ; elle le traite de : M. le maréchal comte de Saxe, et signe : Marie-Josèphe, duchesse de Saxe ; il n'est point question de la Pologne. Cette lettre est pour le remercier de ce qu'il a contribué à son mariage.

Du samedi 10, Versailles. — Il n'est point encore décidé quel rang M. le maréchal de Maillebois aura aux cérémonies de l'Ordre ; cependant il ne doute pas d'être admis à y marcher comme grand d'Espagne, c'est-à-dire après les ducs ; et quand je dis qu'il n'est pas décidé, c'est dans l'esprit du public ; je ne prétends pas juger si cela doit faire une question ou non. Ce qui est certain, c'est que le feu roi d'Espagne Philippe V a eu la volonté et l'intention de donner la grandesse à M. le maréchal de Maillebois ; qu'en conséquence il a reçu une lettre du secrétaire du cabinet, écrite par ordre du roi d'Espagne, où il étoit marqué que le Roi le faisoit grand. En conséquence, l'Infant, à qui cette lettre étoit adressée, écrivit au Roi pour lui demander la permission que M. de Maillebois acceptât cette grâce. La réponse du Roi fut telle que M. de Maillebois pouvoit la désirer. Mme la maréchale de Maillebois prit son tabouret, comme je l'ai dit dans le temps, et le Roi fit expédier un brevet pour que M. le maréchal de

Maillebois eût la jouissance en France des honneurs attachés à la grandesse. Il est pourtant vrai que ce qui constate la grandesse en Espagne, c'est la cérémonie de se couvrir devant le Roi. En conséquence de cette cérémonie, l'on expédie des lettres patentes enregistrées au conseil de Castille, lesquelles sont enregistrées ensuite au parlement de Paris. En vertu de ces lettres, la grandesse passe aux enfants. M. le maréchal de Maillebois n'a pas fait la cérémonie de se couvrir, puisqu'il n'a pas été à Madrid. Il n'auroit pas pu se couvrir devant l'Infant, puisqu'il ne s'étoit pas couvert devant le roi d'Espagne. Il prétend que l'enregistrement des lettres patentes au conseil de Castille, et ensuite au Parlement, n'est que pour attacher la grandesse à une terre, suivant l'usage de France pour les duchés; mais que ce manque de formalité que l'on a retardé (1) jusqu'à présent en Espagne n'empêche point que la grandesse ne subsiste en France pour lui et pour Mme la maréchale de Maillebois, qui a déjà joui des honneurs, d'autant plus qu'il a un brevet du Roi, comme je viens de le dire, et que par conséquent il doit marcher à la cérémonie de l'Ordre comme grand d'Espagne. La réflexion que l'on peut faire sur ce raisonnement, c'est par rapport à l'espèce de brevet que le Roi a donné. Un brevet pour jouir des honneurs donne sans contredit l'entrée au Louvre et le tabouret, mais il ne donne point de rang particulier aux cérémonies de l'Ordre. M. le maréchal d'Isenghien a un brevet pour les honneurs et n'a aucun rang distingué pour les cérémonies; M. de Forcalquier seroit dans le même cas s'il étoit chevalier de l'Ordre; cependant Mme de Forcalquier est assise, ainsi que Mme d'Isenghien le seroit si elle venoit ici. Un brevet pour jouir des honneurs de la grandesse donne sans contredit le rang après les ducs aux cérémonies de l'Ordre,

---

(1) Non-seulement les lettres ne sont point enregistrées, mais elles ne sont pas même expédiées. (*Note du duc de Luynes.*)

mais ce brevet est fondé sur une grandesse réelle et revêtue de toutes les formalités, et l'on voit par ce qui a été dit qu'il en manque plusieurs à M. de Maillebois.

Je me suis informé à cette occasion de ce qui se pratique à la réception des grands et de la différence des grandesses. Trois classes comme l'on sait. Voici ce qui se passa à la réception de M. le prince de Chalais. Le roi d'Espagne lui avoit dit : « Prince de Chalais, je vous fais grand d'Espagne de la première classe, » comme je l'ai marqué ci-dessus. Quelques jours après, M. de Chalais ayant été averti de se rendre chez le roi d'Espagne, se trouva à la porte de la chambre du Roi avec le secrétaire du cabinet, qui fait quant à cette partie les fonctions de secrétaire d'État. Il étoit accompagné outre cela d'un des grands d'Espagne qu'il avoit choisi pour son parrain; c'est l'usage. Le roi d'Espagne étoit dans sa chambre, appuyé sur une table qui étoit à côté de lui. Le secrétaire du cabinet entra le premier, ensuite M. de Chalais, et après lui son parrain. Lorsqu'ils furent dans la chambre, le secrétaire du cabinet se mit à la gauche, le parrain à la droite, et M. de Chalais dans le milieu; ils firent ensemble une profonde révérence au Roi; le secrétaire du cabinet resta à cette place, et M. de Chalais et son parrain s'avancèrent et firent une profonde révérence. Le parrain demeura à cette place et M. de Chalais approcha un peu plus avant. Le roi d'Espagne étoit debout et couvert. M. de Chalais lui baisa la main; alors le Roi lui dit : *Cobrios*, c'est-à-dire : couvrez-vous. M. de Chalais mit son chapeau, et fit un compliment au Roi pour lui marquer sa reconnoissance. Le Roi lui répondit. Après quoi, M. de Chalais alla prendre sa place au-dessus de tous les grands; c'est l'usage le jour de la réception, excepté le majordome major, au-dessus duquel le nouveau grand ne se met point. Le Roi demeure encore quelque temps en place; ensuite on fait passer, et chacun se retire. Tout se fait de la même manière pour les différentes classes de grands; la seule distinction est que ceux qui ne sont que de la seconde classe, après avoir baisé la main du Roi font leur compliment découverts, après quoi le Roi leur dit : *Cobrios;* ils mettent leur chapeau, et reçoivent couverts la réponse du Roi. Ceux de la troisième classe, après avoir baisé la main du Roi, font leur compliment découverts et reçoivent de même la réponse du Roi; après quoi le Roi leur dit : *Cobrios;* ils mettent leur chapeau et vont prendre leur place.

J'ai vu les lettres patentes de M. de Chalais; elles sont en parchemin dans un livre couvert de plaques d'argent avec les armes de M. de Chalais. Ce livre est orné de cartouches et de vignettes à toutes les pages; chacun en fait mettre à sa fantaisie; elles sont signées du roi d'Espagne suivant l'usage, *Yo el Rey.* M. de Chalais m'a dit que les droits à payer pour cette expédition montoient à 2,000 écus de notre monnoie. M. le maréchal de Maillebois m'a dit que les droits qu'il auroit eu à payer étoient beaucoup plus considérables, mais que le roi d'Espagne l'avoit exempté de tout payement.

Du jeudi 15, Versailles. — La Reine se baigna avant-hier; les bains qu'elle a dans son appartement ont été changés pendant le voyage de Fontainebleau. Ce changement fait partie de ceux qui ont été faits dans les cabinets de la Reine; et comme les plâtres ne sont pas encore secs, la Reine ne fait nul usage de cette partie de ses cabinets et ne se sert que du cabinet qu'elle a fait peindre en vert, comme je l'ai marqué dans le temps, et des petits qui sont à droite et à gauche par delà ce cabinet. Ces bains qui précèdent son grand cabinet vert ne pouvant donc lui être d'aucune utilité présentement, elle a fait demander, ou demandé elle-même au Roi la permission de se baigner dans ses bains. Le Roi a accordé cette permission de la meilleure grâce qu'il soit possible, et a répondu : « J'y consens et très-volontiers. » Ce fut donc chez le Roi que la Reine se baigna avant-hier.

M. le Dauphin est parti ce matin à neuf heures et demie pour aller au service du roi d'Espagne à Notre-Dame.

Il paroît décidé que le Roi veut faire le mariage de M. le Dauphin le dimanche gras au plus tard, et que si l'on prévoit que Mme la Dauphine venant à journée ne puisse arriver pour ce jour, on lui fera prendre la poste. Quelques gens sensés prétendent qu'il y auroit eu moins d'inconvénient à ne faire le mariage qu'à Strasbourg, quoique l'usage ordinaire soit de marier les princesses dans le lieu de leur résidence. Les circonstances d'une guerre vive sembleroient devoir faire changer cet usage ; quelque observation qu'on ait faite que Mme la Dauphine, en venant de Dresde à Strasbourg, ne passera par aucun domaine appartenant à la reine de Hongrie, il n'est pas hors de possibilité que la reine de Hongrie, bien avertie de sa route, trouvât les moyens de la faire enlever si elle l'avoit bien résolu. Il est en même temps très-certain que cette idée d'enlèvement ne lui pourroit pas venir si Mme la Dauphine n'étoit que princesse de Saxe. Il est vrai que par cet enlèvement la cour de Vienne se brouilleroit avec les Cercles de l'Empire, mais c'est une question de savoir si cette brouillerie pourroit avoir des suites fâcheuses. On commenceroit vraisemblablement par les négociations ; pendant ce temps-là Mme la Dauphine resteroit à Vienne, et le mariage seroit retardé. Il faut espérer que ce raisonnement, qui n'est pas dépourvu de toute vraisemblance, n'aura aucune réalité par l'événement.

Le prince Édouard, qui demeure à Clichy près de Paris avec son frère le duc d'York, est venu ici aujourd'hui ; il doit voir le Roi, la Reine, M. le Dauphin et Mesdames.

Il y a quelques jours que l'on parle ici d'une entreprise projetée par la Compagnie des Indes contre une habitation des Anglois dans un lieu de l'Inde nommé Madras, où il y a un port et une place fortifiée appartenant aux Anglois, et où l'on espère de trouver des sommes considérables. Celui qui est à la tête de cette entreprise est le gouverneur de l'île de Bourbon, nommé M. de la Bourdonnais. Il a une escadre de 11 vaisseaux appartenant à la Compagnie et 15,000 hommes de pied. MM. les directeurs de la Compagnie vouloient que ce projet fût caché sous un profond silence; mais aujourd'hui la nouvelle est publique. On sait même que M. de la Bourdonnais, qui est homme de mérite et estimé dans le métier de la marine, a été blessé très-considérablement. Malgré cet événement on croit que nous avons remporté déjà quelque avantage, et l'on attend des nouvelles de la suite de cette entreprise.

Toutes choses sont encore au même état en Provence, dont on n'a point reçu de nouvelles depuis le 6.

Du vendredi 16, *Versailles.* — Le Roi arriva avant-hier de Choisy, où il avoit dîné. M. le Dauphin étoit de ce voyage. Les dames étoient Mme de Pompadour, Mmes d'Estrades, du Roure et de Livry. Le Roi tint ici son conseil d'État, à huit heures du soir, le même jour.

Du dimanche 18, *Versailles.* — M. le duc de Villeroy et M. le duc d'Aumont ont demandé aujourd'hui l'agrément du Roi pour le mariage de M. le marquis de Villeroy avec Mlle d'Aumont. M. le marquis de Villeroy, qui a quinze ans, jouit actuellement de 200,000 livres de rente et doit en avoir beaucoup plus si M. le duc de Villeroy, son oncle (1), meurt sans enfants.

Mme la princesse de Pons présenta avant-hier Mme de Marsan, sa seconde fille, qui est chanoinesse de Remiremont et n'est point encore mariée. Elle lui fit prendre son tabouret d'abord chez le Roi, ensuite chez la Reine, suivant l'usage. Elle n'est ni si grande ni si bien faite que sa sœur Mme de Turenne; pour son visage, il n'y a rien à en dire.

On trouvera ci-dessus, à l'article du 3 mai, un détail par

---

(1) M. le marquis de Villeroy est fils de M. le duc d'Alincourt, frère de M. le duc de Villeroy. (*Note du duc de Luynes.*)

rapport au mariage de Mlle de Duras avec M. de Villequier; il y a plusieurs observations à ajouter sur ce mariage. Il est vraisemblable, comme je l'ai dit, que M{mc} la maréchale de Duras auroit trouvé des difficultés à faire jouir Mlle de Duras du duché de Mazarin. Mais, bien loin de chercher à lever ces obstacles, elle n'a été occupée que du projet du mariage. En conséquence, elle a demandé et obtenu que le duché de Mazarin fût déclaré éteint. Le Roi a fait une nouvelle érection de duché qui sera héréditaire et enregistré au Parlement; cette érection n'est ni en faveur de M. de Villequier, ni en faveur de Mlle de Duras séparément, mais en faveur de M. de Villequier épousant Mlle de Duras, et pour les enfants qui proviendront de ce mariage; de sorte que Mlle de Duras épousant tout autre ne seroit point duchesse, et de même pour M. de Villequier. Cet arrangement de mariage demandoit à être amené de loin, surtout pour le conduire dans les vues de Mme la maréchale de Duras. Mme de Mazarin (Rohan-Soubise), veuve du dernier duc de Mazarin et mère de feu Mme la duchesse de Duras, étoit tutrice de sa petite-fille; il étoit question de l'engager à renoncer à cette tutelle et en même temps à son droit d'habitation dans le château de Chilly; il falloit pour cela lui faire un arrangement qui convînt à la situation de ses affaires et à son goût. Mme de Mazarin avoit pour 50,000 écus de dettes et jouissoit d'un revenu peu considérable; on lui a représenté que les entretiens de Chilly seroient un objet pour elle, que le soin de la tutelle n'étoit qu'un embarras, qu'il falloit la mettre en état de vivre à son aise, et qu'il étoit juste que Mlle sa petite-fille y contribuât; que par cette raison même elle ne devoit pas désirer de garder la tutelle, parce qu'elle ne pourroit obtenir, et ne voudroit pas même demander pour elle, étant tutrice, les avantages que Mlle sa petite-fille pourroit lui faire. Mme de Mazarin, persuadée par ces raisonnements, a renoncé à la tutelle, et M. le duc de Duras a été seul tuteur. Après ce premier pas, le plus essentiel de tous, il en restoit un second à faire ; c'étoit d'obtenir le consentement de M. le duc de Duras. Pour y parvenir, sachant le crédit absolu qu'a sur lui Mme la duchesse de Duras, sa femme, on n'a été occupé qu'à la persuader. Mme la maréchale de Duras lui a donné toutes les marques d'attention et d'amitié possibles, et enfin toutes les parties étant d'accord, les arrangements se sont faits. Dans ces arrangements entroit l'intérêt de M. le duc de Duras, et l'on peut croire qu'il n'a pas été oublié ; il jouit par lui-même d'un revenu médiocre ; mais ayant une fille qui a 400,000 livres de rente et qui n'a que douze ans, il étoit naturel qu'il désirât d'avoir quelque augmentation de revenu ; mais c'est ce qui ne se pouvoit faire que par un contrat de mariage. Le mari, devenu maître de la communauté, peut disposer des revenus comme il le juge à propos, et personne ne peut lui en demander compte ; 50,000 écus de rente pour de nouveaux mariés de cet âge doivent être plus que suffisants. On prétend que c'est sur ce principe que l'on a agi. Il est vrai que l'arrangement ne peut être que pour un certain nombre d'années, ou quatre ou six ans, mais avec un revenu aussi considérable, même un petit nombre d'années fait un objet.

Du lundi 19, *Versailles.* — Il est question encore de plusieurs mariages ; je ne les marquerai que lorsqu'ils seront sûrs. Celui de M. de Maulevrier-Colbert avec la fille de M. Chauvelin, ci-devant garde des sceaux, paroît certain. L'on donne 100,000 écus d'argent comptant à Mlle Chauvelin et on lui en assure autant. La mère de M. de Maulevrier est d'Estaing. M. Chauvelin a fait demander au Roi l'agrément pour le mariage de sa fille et s'il vouloit honorer le contrat de sa signature, ce qui lui a été accordé.

Mme de Luynes présenta hier Mme du Rumain, fille de

M. de Gayeux (Gamaches) et de Mlle de Pomponne. Mme de Croissy et Mme de Tillières étoient à cette présentation, mais c'est Mme de Luynes qui l'a faite; elle est parente des Gamaches.

On a recommencé depuis peu de jours à jouer l'opéra chez Mme de la Marck (Noailles). Mme de la Marck est grande musicienne : elle joue du clavecin parfaitement ; outre cela elle a de la voix, et même aime beaucoup mieux chanter que jouer du clavecin, quoique ce talent ne soit pas à beaucoup près aussi supérieur en elle que l'autre. M. de la Marck son mari joue de la basse de viole. M. de la Marck s'est mis dans le goût de faire exécuter des opéras chez elle sans se servir d'aucun des acteurs de l'opéra ; ce sont toutes personnes de ses amis en hommes et en femmes. Mme la duchesse de Brancas (Clermont-Gallerande) est de ce nombre, M. le duc d'Ayen, M. de la Salle (des gendarmes), M. le duc d'Antin. L'orchestre même est composé de gens de connoissance, excepté deux ou trois violons de l'opéra pour conduire ceux qui jouent. C'est Royer, fameux maître de musique, qui bat la mesure. A l'égard des chœurs, ils sont composés de chantres de la Sainte-Chapelle ; mais comme ce sont des prêtres, ou au moins qui en portent l'habit, ils sont derrière le théâtre et on ne les voit point. Il y a des habits et des machines à ces opéras, et la dépense se fait à frais communs ; tous les acteurs du théâtre et de l'orchestre y contribuent.

J'ai parlé ci-dessus du service du roi d'Espagne. On avoit compté que M. le Dauphin y iroit dans un grand carrosse, et comme il n'en a point de noirs, mais seulement des berlines drapées, on avoit d'abord voulu emprunter deux carrosses de Mme la duchesse d'Orléans ; enfin M. le Premier avoit pris le parti de faire draper et accommoder deux carrosses de M. le Dauphin. Il y avoit outre ces deux carrosses, les deux berlines noires ; on comptoit qu'elles serviroient pour la suite, mais quelque représentation qu'on pût faire à M. le Dauphin, il voulut absolument monter dans une berline. Il avoit avec lui M. d'Aumont et M. de Fleury. Il ne changea point de voitures en entrant dans Paris, et fut descendre à l'archevêché. M. l'archevêque le reçut à la descente du carrosse, et le conduisit ensuite dans l'appartement d'en haut; il alla après cela s'habiller pour être prêt à commencer la messe à l'arrivée de M. le Dauphin dans l'église. Il ne salua point M. le Dauphin avant que de commencer la messe; ce n'est point l'usage en pareil cas, mais il le salua avant les encensements. La queue du manteau de M. le Dauphin étoit portée par M. le duc d'Aumont, M. de Gesvres et M. de Fleury. M. le duc d'Aumont, comme étant en année, faisoit dans cette occasion les fonctions de grand chambellan en l'absence de M. de Bouillon. M. de Bouillon est dans la quarantaine de la petite vérole de sa fille (Mme de Montbazon), qu'il a gardée. L'oraison funèbre dura plus d'une heure; elle fut prononcée par M. de Sisteron (1); on trouva le discours fort beau, surtout en certains endroits; il y en eut un entre autres extrêmement applaudi sur l'événement de la succession au trône d'Espagne; la comparaison fut heureuse du choix que Dieu fit de David pour le trône d'Israël. M. de Sisteron, en parcourant les divers prétendants à la couronne d'Espagne, répéta toujours ces paroles: *Non eum elegit Dominus*. La cérémonie dura environ trois heures. Aussitôt qu'elle fut finie, M. le Dauphin rentra dans l'archevêché; on lui avoit porté à manger de ses cantines; il n'avoit pas voulu que M. l'archevêque lui donnât à dîner : cependant il y en a des exemples, M. l'archevêque de Paris ayant donné à dîner à M. le duc de Bourgogne en pareil cas. M. le Dauphin mangea debout, et ceux qui avoient l'honneur

---

(1) **Laffitau.**

de le suivre, même l'écuyer de main, mangèrent en même temps que lui et dans la même chambre. M. le Dauphin voulut attendre que ses cantines fussent serrées avant de remonter en carrosse; on eut beau lui représenter que l'on remporteroit les cantines dans un des carrosses de suite, les représentations furent inutiles; cependant il y avoit un de ces carrosses totalement à vide; les deux autres avoient été remplis par les menins et M. de Muy.

Nous avons deux nouveaux aumôniers du Roi à la place de M. de Saint-Sauveur, nommé à l'évêché de Bazas, et de M. l'abbé d'Andlau, qui a quitté. L'un s'appelle Tanneguy du Châtel, l'autre de Sainte-Aldegonde.

Il arriva avant-hier un courrier de Provence avec une lettre de M. le maréchal de Belle-Isle et une de M. Guymont, résident de France à Gênes. L'on a appris par ces lettres que le 11 il y avoit eu une révolte générale à Gênes contre les Autrichiens. L'occasion de ce soulèvement a été la dureté avec laquelle les Autrichiens ont voulu obliger les Génois à les aider pour la conduite de l'artillerie d'un lieu à un autre dans la ville de Gênes. La disposition des esprits étoit déjà peu favorable, par les impositions énormes que les Autrichiens avoient exigées de cette république (1). Tout ce que l'on sait jusqu'à présent est que tout le pays a pris les armes, que les Autrichiens ont été chassés de la ville et des faubourgs; il y en a eu beaucoup de tués et d'autres faits prisonniers; on s'est emparé de leurs magasins, et les Génois marchoient en force à Savone (2) pour faire lever le siége.

---

(1) Les Autrichiens ont demandé à la république de Gênes, dans la monnoie du pays qu'on appelle génoise, jusqu'à la somme de 28 millions de notre monnoie, sur quoi les Génois en ont déjà payé 14 millions. Outre cela, la reine de Hongrie a fait retirer d'autorité des diamants à elle qu'elle avoit envoyés en gage à Gênes. (*Addition du duc de Luynes*, datée du 24 décembre.)

(2) Celui qui commande à Savone s'appelle Adorno, nom fameux aussi bien

On attend avec impatience des nouvelles de la suite de cette affaire. Il seroit bien à désirer que nos troupes fussent arrivées et que nous eussions des subsistances.

On commence à espérer plus que jamais que Mme la Dauphine pourra être mariée au plus tard le dimanche gras; le Roi, qui veut absolument que le mariage soit fait, s'il est possible, avant le carême, avoit dessein de la faire venir en poste de Strasbourg ici. Sur ce projet, M. de Maurepas a représenté à S. M. que la dépense seroit moins grande en envoyant la maison d'ici en poste à Strasbourg. Le Roi y a consenti, et l'arrangement s'est fait en conséquence; ainsi la maison, qui devoit partir le 2 janvier, partira quelques jours plus tard. Il est aussi décidé que le Roi ira à Corbeil au-devant de Mme la Dauphine; il s'avancera peut-être même un peu par delà. Mme la Dauphine couchera au Tremblay, maison de campagne fort près de Corbeil; le Roi et M. le Dauphin viendront coucher dans la ville de Corbeil.

Une partie des pierreries, qui appartenoient à feu Mme la Dauphine sera employée à faire des présents à celle-ci; ces pierreries composées de celles qui lui venoient d'Espagne et de celles données par le Roi, ont été rachetées par S. M. suivant l'estimation qui en a été faite. Cette estimation monte à environ 1,500,000 livres; et comme les pierreries appartiennent à la petite Madame, le Roi lui en fait la rente.

---

que les Frégose dans la république de Gênes. Ce commandant a mandé à la république qu'il défendroit jusqu'à la dernière goutte de son sang la place qui lui avoit été confiée; qu'il avoit donné permission d'en sortir à tous ceux qui le voudroient; qu'il avoit fait son testament, par lequel il instituoit ses héritiers les veuves et enfants de ceux qui seroient tués pendant le siége, et que pour lui il étoit résolu de s'ensevelir sous les ruines de sa place. La république lui a envoyé ordre de remettre Savone entre les mains des Autrichiens; il a répondu que cette place lui avoit été confiée par l'ordre d'une république libre, qu'il ne pouvoit reconnoître de nouveaux ordres d'une république captive. On peut dire que ce sont là des sentiments dignes d'un Romain. (*Addition du duc de Luynes*, datée du 24 décembre.)

M. le baron de Scheffer, envoyé de Suède, est venu aujourd'hui amener M. le comte de Lewenhaupt chez Mme de Luynes et la prier de le présenter à la Reine. M. de Lewenhaupt est actuellement au service de France; il est fils de celui qui eut l'année passée le col coupé en Suède à l'occasion de la guerre entre cette couronne et la Russie.

Il a paru ici ces jours derniers un petit homme âgé d'environ cinquante ans, qui s'est dit fils naturel du frère du feu roi de Danemark, et qui mourant de faim venoit implorer la protection de la Reine et lui demander des secours, voulant, disoit-il, retourner en Danemark et ayant toutes les preuves pour constater sa naissance. J'en ai parlé à M. de Bernstorff, envoyé de Danemark, qui m'a dit que cet homme lui étoit connu; qu'il est de Montpellier, où il exerçoit le métier de cord^{er} [sic], qu'on lui avoit persuadé que le prince de Danemark étant venu à Montpellier en 1697 avoit eu une galanterie, et que la fille étoit devenue grosse et avoit exposé son enfant; que c'étoit là son origine. Sur ce discours destitué de preuves, cet homme a quitté son métier et a été en Danemark; il y a fait peu d'impression sur les esprits et n'a pu en tirer qu'une petite somme d'argent donnée comme par aumône. Depuis son retour en France, sa misère lui a fait renouveler ses prétentions chimériques. Il a été trouver M. de Bernstorff, qui a écrit à sa cour en conséquence; la réponse a été que le roi de Danemark s'étoit fait informer, avec le plus grand scrupule, de tous ceux qui existoient encore et qui avoient vu le prince de Danemark à Montpellier et de ceux qui étoient auprès du prince pendant ce voyage; qu'il n'avoit rien découvert qui pût donner le moindre soupçon de réalité à la chimère du cord^{er}; que cependant il souhaitoit que M. de Bernstorff lui donnât encore une petite somme d'argent par aumône, à condition qu'il ne seroit plus question désormais d'aucune prétention de sa part. M. de

Bernstorff, sur cet ordre, a écrit à Montpellier; l'homme a répondu par une lettre, qui est entre les mains de M. de Bernstorff, qu'il consentoit à renoncer à tout et à recevoir les bienfaits du roi de Danemark. Il paroît cependant que la chimère n'est pas entièrement sortie de son esprit; mais comme M. de Bernstorff a ordre, en cas qu'il persiste, de demander qu'il soit arrêté, les démarches de cet homme pourroient bien être hasardées.

Du samedi 24, *Versailles.* — Les premières vêpres aujourd'hui ont été comme à l'ordinaire, excepté qu'il n'y a point eu d'évêque qui ait officié. Ordinairement M. le cardinal de Rohan est ici à Noël; il est fort instruit des usages, et n'auroit pas manqué de faire avertir un évêque; mais M. le coadjuteur a cru qu'il n'en falloit point pour aujourd'hui. Cependant le Roi et la Reine sont descendus en bas, et le Roi en revenant de la chapelle a dit que l'évêque avoit été oublié.

C'est Mme la duchesse de Brancas (Clermont-Gallerande) qui est nommée pour quêter demain.

Du lundi 26, *Versailles.* — C'est M. l'évêque de Gap (Condorcet) qui officia hier, jour de Noël. On dit qu'il avoit été averti pour venir officier la veille, et apparemment par un malentendu il ne s'y trouva pas. Il est certain, comme je l'ai marqué ci-dessus, que M. le coadjuteur ne croyoit pas qu'il fallût un évêque pour la veille; il avoit fait avertir M. de Gap, mais il comptoit que c'étoit pour le jour de Noël.

Le Roi soupa hier au grand couvert; M. le Dauphin et Mesdames y soupent toujours. Je ne le marque plus qu'en général, parce que cela est devenu un usage constant; il n'y a que les jours maigres, lorsque M. le Dauphin ou Mesdames font gras, qu'ils soupent dans leurs chambres. Après le souper, le Roi descendit chez Mme la comtesse de Toulouse, qui vient exprès dans son appartement, le soir, les jours de grand couvert. Depuis que M. le duc et Mme la duchesse de Penthièvre sont en Bretagne, elle n'habite plus son logement ici au château; elle demeure dans une maison près la paroisse Notre-Dame de Versailles; elle a été bâtie par les soins et aux frais de M. le curé, dans l'intention d'en faire usage pour le service d'un collége qu'il a trouvé le moyen de faire établir à Versailles, il y a déjà plusieurs années; et le fonds de la maison doit être au profit des pauvres. Il a loué cette maison 2,000 livres à Mme la comtesse de Toulouse, qui l'a fait ajuster pour son usage et pour sa plus grande commodité. Comme elle n'est séparée de l'église que par une petite rue, elle a fait faire une espèce de galerie sur cette rue, qui lui donne une communication de sa chambre à l'église. Elle a fait faire une espèce d'entre-sol au-dessus d'une des chapelles qui est à côté du chœur; dans cet entre-sol est un autel et une petite niche pour elle; l'appartement en tout est simple, mais bien commode.

Il y a quelques jours le Roi a donné un appartement à M. le chevalier de Saint-Simon, frère de M. de Metz. Il y a longtemps que M. le chevalier de Saint-Simon, qu'on appelle le bailli, et que la Reine appelle aussi son bailli, demandoit un appartement ici par la protection de la Reine. Il lui fait sa cour fort assidûment depuis quelques années, et surtout à son cavagnole, où il jouoit fort régulièrement. Il n'a pas négligé non plus de voir Mme de Pompadour et de faire sa cour au Roi. Le logement qu'on lui a donné est dans l'aile des Princes, tout en haut sous le toit; c'est celui qu'avoit Courson, celui qui jouoit. Il avoit été donné depuis à Mme de Castries, qui n'en avoit point voulu, le trouvant trop haut et trop éloigné de son père, M. de Chalmazel. On lui en a donné un autre depuis, plus près et plus commode, c'est celui qu'avoit feu M. le maréchal de Broglie.

Du vendredi 30, *Versailles.* — Le Roi a donné ces jours-ci l'appartement qu'avoit Mme de Montmorin à M. de Flamarens. Cet appartement est tout en haut, dans l'aile neuve; il a été autrefois occupé par M. de Saint-Aignan et depuis par M. de Tallard. M. de Flamarens avoit un appartement de ce côté-ci, au bout de l'aile des Princes, dans la surintendance; cet appartement vient d'être donné à Mme de Belzunce, qui n'en avoit point.

L'honneur que la Reine nous fait de venir souper ici fort souvent a quelquefois donné occasion à quelque embarras par rapport aux dames qui s'y sont trouvées. Les nièces de Mme de Luynes (Mmes du Deffand et de Brienne), qui ne viennent jamais à la Cour et qui n'ont point été présentées, ont eu l'honneur de manger quelquefois avec la Reine, parce que S. M. l'a voulu absolument. La Reine, sachant qu'elles étoient ici pour voir Mme de Luynes, et venant, si l'on ose le dire ainsi, familièrement dans cette maison, leur a accordé dans cette occasion une grâce qui ne tire point à conséquence, puisque ces dames n'ont aucune prétention. Mais lorsqu'il s'est trouvé quelques dames venant à la Cour, elles n'ont point eu l'honneur de manger avec la Reine, jusqu'à ce qu'il eut été décidé qu'elles devoient avoir cet honneur. La Reine ne veut point faire cette décision d'elle-même, et elle sait que c'est l'intention du Roi. Lors donc que quelque dame désire d'avoir l'honneur de manger avec S. M., elle en parle ordinairement à Mme de Luynes, qui en rend compte à la Reine; la Reine en parle ordinairement au Roi. M. de Maurepas aussi quelquefois en rend compte au Roi. Lorsque le Roi est en campagne, Mme de Luynes, par ordre de la Reine, en écrit au premier gentilhomme de la chambre, soit pour manger, soit pour monter dans les carosses; et l'un et l'autre ne s'accorde qu'avec la permission du Roi. Comme l'on ne sait presque jamais ici que la Reine y vienne souper qu'un quart d'heure avant que la Reine se mette à table, il s'y est trouvé quelquefois des dames arrivées pour souper qui n'avoient point encore obtenu d'avoir l'honneur de manger avec la Reine. En ce cas, Mme de Luynes les avertit avec beaucoup de politesse; ordinairement elles s'en vont, ce qui les embarrasse quelquefois, parce qu'étant arrivées pour souper elles ont renvoyé leurs gens. Mme de la Chau-Montauban s'est trouvée souvent dans ce cas; son mari est attaché à M. le duc d'Orléans et colonel d'un de ses régiments; elle sollicite depuis longtemps d'avoir l'honneur de manger avec la Reine, et ne l'a point encore obtenu. Elle aime la Cour, et y vient souvent. Il lui est arrivé plusieurs fois de s'en aller quand la Reine vient souper ici. Il a quelques jours que Mme de Lowendal se trouva ici dans le dessein d'y souper; elle n'a jamais mangé avec la Reine. Dès que l'on sut que la Reine venoit, Mme de Luynes le dit à Mme de Lowendal, croyant qu'elle entendroit ce que cela signifioit; Mme de Lowendal répondit que la Reine lui marquoit tant de bontés, qu'elle seroit fort aise d'avoir une nouvelle occasion de lui faire sa cour. Le moment de se mettre à table arriva; Mme de Lowendal étoit toujours restée dans la grande chambre, pendant que la Reine étoit dans le cabinet. La Reine savoit bien que Mme de Lowendal étoit là; mais elle ne vouloit ni même ne pouvoit décider, comme je viens de l'expliquer. Mme de Luynes fut obligée de parler plus clairement à Mme de Lowendal, mais toujours fort poliment; elle lui demanda si elle voudroit bien venir souper avec les hommes qui étoient chez moi et avec moi. Mme de Lowendal prit le parti de passer dans le cabinet, et ne soupa point; elle joua après souper avec la Reine. Quelques jours après, Mme de Rieux se trouva ici : elle avoi renvoyé ses gens; on fut averti que la Reine alloit venir souper. Mme de Rieux, qui par elle est d'Illiers d'Entragues, et par son mari qui est d'une haute et ancienne noblesse, a toutes les raisons les plus justes pour obtenir l'honneur de manger avec la Reine, se trouvoit cependant dans le cas de ne pouvoir y souper. La circonstance n'avoit point été prévue, et par conséquent l'agrément du Roi n'avoit point été demandé. Mme de Luynes ut obligée d'en parler tout naturellement à

Mme de Rieux avec beaucoup de politesse, et Mme de Rieux s'en alla. Il ne peut y avoir de question sur Mme de Rieux ; il ne s'agit que de l'agrément du Roi, qui ne sera certainement pas refusé. A l'égard de Mme de Lowendal, c'est bien aussi le même cas de l'agrément du Roi ; mais il pouvoit y avoir plus de doute sur cet agrément. M. de Lowendal est petit-fils du feu roi de Danemark, mais bâtard ; et ce soupçon étoit fondé sur ce que son père s'étant marié sans le consentement du roi de Danemark, et lui étant venu au monde, le mariage fut cassé ; mais ce mariage a depuis été réhabilité dans la forme la plus authentique par un diplôme, et M. de Lowendal a été reconnu prince de l'Empire. Tout ce détail de preuves a été examiné, parce que M. de Lowendal a été fait chevalier de l'Ordre. Pour Mme de Lowendal, elle s'est imaginé avoir quelque parenté avec la Reine, mais sans fondement ; il y a seulement un de ses oncles qui avoit épousé une Leczinska, parente éloignée de la Reine et de même maison.

Mme de Mérode, dame du palais de la Reine, mourut ici dans son appartement, le 27, âgée d'environ soixante-dix ans. Elle étoit fille de grande condition de Flandre. Elle ne laisse qu'une fille, qui a au moins trente ans et qui n'est point mariée. Mme de Mérode étoit une fort bonne femme, qui vivoit d'une manière particulière, voyant fort peu de monde et petite compagnie ; son mari avoit été au service d'Espagne et est lieutenant général au service de France, mais il ne sert plus. Feu M. le duc d'Orléans avoit connu M. et Mme de Mérode en Espagne, et avoit promis de leur rendre service. Mme de Mérode étant venue en France, se trouva à portée d'être de quelque utilité lors du renvoi de l'Infante ; elle fut chargée d'écrire en Espagne pour tâcher d'adoucir un peu les esprits ; M. le Duc fut content du succès de cette négociation : elle fut nommée dame du palais à la création de la maison.

La Reine est incommodée depuis quelques jours d'un rhumatisme, et elle ne sort point de l'appartement où elle couche, qui est, comme je l'ai dit, celui de M. le comte de Clermont (1). Le Roi a été la voir tous les jours ; le premier jour même il y fut deux fois. Le mercredi, il devoit y avoir un grand couvert ; la Reine souffroit assez considérablement, et voyant qu'elle ne pourroit pas souper au grand couvert, elle envoya M. de la Mothe chez le Roi lui rendre compte de l'état où elle étoit. Le Roi ne voulut point changer son arrangement, et dit seulement qu'il souperoit dans son antichambre. Ce souper est le premier qui ait été fait du Roi avec ses enfants. Le feu Roi mangeoit toujours dans cette antichambre avec la famille royale. Louis XV y a mangé avant que d'être marié ; je ne me souviens pas de l'avoir vu, mais on me l'a assuré ; mais depuis 1725 le grand couvert a toujours été chez la Reine. Il y a eu des soupers avec la Reine et avec des dames dans l'œil de bœuf ; mais quand le Roi a mangé seul, même avec M. le Dauphin, il a toujours mangé dans sa chambre.

Hier il y eut encore grand couvert comme mercredi.

Depuis la mort de Mme de Mérode, la Reine avoit toujours été occupée de demander la place pour Mme de Saulx, fille de M. le marquis de Tessé ; il y avoit longtemps qu'elle la désiroit ; et comme la place qui étoit vacante devoit être remplie par une dame non titrée, suivant l'arrangement qui a été fait : de deux titrées et de deux non titrées dans chaque semaine, la Reine a profité de cette occasion-ci pour avoir Mme de Saulx dans son palais ; cela fut décidé hier au soir, dans le travail de

---

(1) Il est à remarquer que cet appartement avait été celui de Mme de Maintenon. Voy. Recherches sur cette question : *Dans quelle partie du château de Versailles l'appartement de Mme de Maintenon se trouvait-il placé?* par M. J.-A. Le Roi, conservateur de la bibliothèque de la ville de Versailles (tome II des *Mémoires de la Société des Sciences morales, Lettres et Arts de Seine-et-Oise.* — 1848).

M. de Maurepas avec le Roi. Ce qu'il y a de singulier, c'est que le Roi sortant de ce travail vint chez la Reine avant que d'aller se mettre à table; il lui demanda de ses nouvelles, fit la conversation pendant quelque temps, et ne lui dit pas un mot de Mme de Saulx. Ce fut M. de Maurepas qui vint en rendre compte à la Reine.

Du 31. Il n'y a encore rien de nouveau en Provence; les ennemis se sont emparés des îles Sainte-Marguerite, où il y a un petit fort, qui n'a tenu tout au plus que deux jours. Ils se sont avancés jusqu'à Draguignan, et lèvent des contributions dans la haute Provence. Ils font actuellement le siége d'Antibes. M. le maréchal de Belle-Isle n'aura toute son armée rassemblée et en état d'agir que le 18 ou le 20 du mois prochain. Ce qu'il y a de plus fâcheux est que M. de la Mina, qui commande les troupes espagnoles, ne paroît pas agir de concert, ce qui rend nécessairement les opérations embarrassantes.

M. le comte de Maillebois arriva ici avant-hier; il s'étoit trouvé assez incommodé vers la fin de la campagne et avoit demandé la permission de revenir ici faire son année. M. le maréchal de Belle-Isle, quand il a été nommé pour commander l'armée de Provence, a eu les procédés les plus honnêtes et les plus remplis d'attention à l'égard de Mme la maréchale de Maillebois; il est ami depuis longtemps de M. le maréchal de Maillebois; il aime beaucoup aussi M. le comte de Maillebois; il a fait tout ce qui dépendoit de lui pour l'engager à rester avec lui.

APPENDICE A L'ANNÉE 1746.

1. **Arrêt du conseil d'état du roi,** *qui ordonne qu'à l'avenir, et à commencer du jour de sa publication, les sujets des États généraux des Provinces-Unies cesseront de jouir dans tous les ports et villes du Royaume de tous les avantages qui leur ont été accordés par le traité de commerce du 21 décembre 1739.*

Extrait des registres du conseil d'État.

Le Roi s'étant fait représenter en son conseil le traité de paix et d'amitié fait à Utrecht le 11 avril 1713 entre le feu Roi et les États généraux des Provinces-Unies, ensemble celui de commerce fait à Versailles le 21 décembre 1739, Sa Majesté auroit reconnu que les dispositions desdits traités, notamment celles des art. 1 et IV dudit traité d'Utrecht et celles des articles XI et XLI du traité de 1739 n'ont eu pour objet que d'établir entre les deux puissances réciproquement une parfaite confédération, amitié et bonne correspondance, en sorte qu'il ne pût être respectivement donné aucune atteinte ni commis aucune contravention auxdits traités directement ou indirectement, principalement en ce qui pourroit intéresser la sûreté du commerce et de la navigation des sujets des deux États dans tous les pays de leur domination ; que c'est par ces seules considérations que Sa Majesté, en suivant les vues du feu Roi, s'est déterminé à continuer par le traité du 21 décembre 1739 dans ses États et ceux de sa domination, au préjudice même de ses propres sujets à plusieurs égards, les avantages que ceux desdits États généraux pouvoient désirer pour le bien de leur commerce ; et Sa Majesté étant bien informée que lesdits États généraux ont formellement contrevenu auxdits traités, soit en obligeant plusieurs armateurs françois d'abandonner dans les ports desdits États généraux les prises qu'ils y avoient conduites, et en forçant d'autres d'en sortir sans y avoir reçu les secours dont ils avoient besoin, soit en permettant aux Anglois, qui ont pris trois navires de la Compagnie des Indes de France, de les conduire dans un port desdits États généraux, où ils ont même été vendus et expédiés ensuite pour Hollande sous pavillon hollandois, afin de les mettre à l'abri de la reprise, soit enfin en donnant d'ailleurs à Sa Majesté de justes sujets de se plaindre de leur conduite à son égard dans différentes occasions qui sont connues de toute l'Europe, notamment par l'infraction aux capitulations de Tournay et d'Endermonde; Elle auroit jugé que des contraventions si marquées auxdits traités, et dont elle a vainement demandé et attendu les réparations qui lui sont dues, détruisent les engagements auxquels Elle avoit consenti en faveur desdits États généraux et qu'Elle a jusqu'à présent remplis avec la fidélité la plus scrupuleuse, en même temps qu'elles font cesser les motifs qui avoient porté Sa Majesté, à les prendre, sur quoi Sa Majesté, voulant faire connoître ses intentions;

Ouï le rapport du Sr de Machault, conseiller ordinaire au conseil royal, contrôleur général des finances, le Roi étant en son conseil a ordonné et ordonne qu'à l'avenir, et à commencer du jour de la publication du présent arrêt, les sujets des États généraux des Provinces-Unies cesseront de jouir dans tous les ports et villes du royaume de tous les avantages qui leur ont été accordés par le traité de commerce du 21 décembre 1739, et qu'en conséquence ils seront traités, tant pour leurs personnes que pour leurs navires, cargaisons, biens et effets, navigation et commerce, comme les nations neutres avec lesquelles il n'a été fait ni convention ni traité de commerce. Sa Majesté dérogeant à cet effet à tous traités, conventions, déclarations, arrêts et règlements de quelque nature qu'ils soient qui pourroient être contraires au présent arrêt, sur lequel toutes lettres nécessaires seront expédiées.

Fait au conseil d'État du Roi, Sa Majesté y étant, tenu à Versailles le trente et unième jour de décembre 1745.

Signé PHÉLYPEAUX.

2. *Copie d'une lettre de Novi, du* 18 *mars* 1746.

Il ne faut point s'endormir sur la foi des traités ; c'est une vieille maxime de guerre qui n'est que trop négligée : on en est puni quelquefois. Nous venons d'en faire la triste expérience. Le détail suivant vous en convaincra de reste.

Vous savez, Monsieur, que depuis longtemps il est question d'un arrangement entre les cours de France, d'Espagne et de Turin. Les nouvelles de France, celles d'Italie, tout s'accordoit à nous donner ce fait pour certain. On disoit le jour de la signature du traité. Enfin nous n'attendions que le moment de la publication d'un armistice. Cependant toutes les troupes du roi de Sardaigne qui hivernoient du côté de Verceil, de Turin et sur la rive gauche du Pô, avoient levé leurs quartiers dès le 23 février, passoient ce fleuve à Verrue, suivies d'un corps de 3,000 Autrichiens, et s'approchoient insensiblement de nos quartiers d'Asti et Monte-Calvo. La marche des ennemis n'avoit rien de simulé ; elle se faisoit, comme on dit, tambour battant ; on l'annonçoit de toutes parts à M. le Maréchal ; mais par je ne sais quelle fatalité, ou séduit par les apparences d'une paix prochaine, ou enfin par des raisons qu'on ignore et que l'avenir seul peut dévoiler, il ne paroissoit faire aucune attention à ces avis. Enfin le 4 mars, les Piémontois, au nombre de 28 bataillons, 2 régiments de cavalerie, 4 régiments de dragons, investissent Asti pendant que les 3,000 Autrichiens investissent de leur côté Monte-Calvo.

Asti est une ville assez grande, fermée d'une simple muraille élevée, mais point terrassée; elle a un château assez mauvais, que nous prîmes à la fin de la dernière campagne. M. de Montal, lieutenant général, y commandoit et y avoit à ses ordres les régiments de Lyonnois, Ségur, Flandre, Brie, Conty et Santerre, faisant en tout 9 bataillons.

Monte-Calvo est un gros bourg du Montferrat, ouvert de toutes parts. Il est situé entre Asti et Pont-Sture. M. de Chevert, maréchal de camp, y commandoit et y avoit à ses ordres les 3 bataillons des régiments de la Reine et Agénois.

A la nouvelle des investissements de ces postes, on se réveille comme en sursaut, on lève précipitamment les quartiers tant au delà qu'en deçà du Pô. M. le Maréchal, avec ce qu'il peut ramasser de troupes tirées des garnisons d'Alexandrie, Valence et autres endroits, marche à tire d'aile sur Asti et donne commission à M. de Senneterre, lieutenant général, d'aller avec la garnison de Casal dégager M. de Chevert. Le 6, M. le Maréchal arriva à Annone, fort près d'Asti, à la tête de ses troupes, résolu d'engager un combat inégal et de tout risquer pour forcer les ennemis à abandonner leur entreprise. On fit plusieurs signaux à M. de Montal pour lui apprendre l'arrivée du secours. On les répéta, mais en vain; il n'y fut point répondu. M. de Montal capituloit déjà et se rendoit prisonnier de guerre avec toute sa garnison.

Il n'en étoit pas de même de M. de Chevert, qui défendoit son terrain pied à pied et vendoit bien cher aux ennemis le peu qu'il leur en cédoit, au point qu'ils n'étoient guère plus avancés après deux heures d'attaque qu'au moment de leur arrivée; aussi le laissèrent-ils là pour se replier sur Asti et se joindre aux Piémontois victorieux.

M. de Chevert, libre, évacua pour lors Monte-Calvo, et vint joindre M. de Senneterre à Grana, sans autre perte que 10 ou 12 hommes. Cette petite tentative coûta aux Autrichiens plus de 150 hommes tués ou blessés.

Asti pris, il ne resta plus au Maréchal, désespéré, que le parti de la retraite; elle se fit en bon ordre, sans que les ennemis fissent le moindre mouvement pour l'inquiéter. L'armée se replia d'abord sur Fieubine, d'où elle partit le 9 pour venir cantonner à San-Salvador et Corniente. Le 10, le blocus de la citadelle d'Alexandrie fut levé, et nous marchâmes sur deux colonnes à Bassignano et Monte-Castello. Le 11, Alexandrie évacué, nous passâmes le Tanaro, abandonnant à ses propres forces Valence, où nous avons laissé une garnison de 3 bataillons espagnols. Enfin le 14 toute l'infanterie, au nombre de 18 bataillons, est venue cantonner à Novi sur les terres de Gênes et dans les villages voisins, bien harassée des marches pénibles et continuelles qu'elle a faites pendant neuf jours et neuf nuits. Notre cavalerie est cantonnée à Voghera et dans les environs. M. de Gramont, maréchal de camp, avec un petit corps de cavalerie et d'infanterie, tient toujours sur le bord du Pô.

Voilà, Monsieur, notre position actuelle, qui n'est rien moins qu'agréable. Nous sommes les uns sur les autres dans un pays ruiné, où nous aurons bien de la peine à nous garantir, nous et nos équipages, de mourir de faim.

On ne sait encore que penser de cette aventure. Les bruits de paix ne se dissipent point. Cependant la manœuvre du roi de Sardaigne n'en a pas du tout les apparences. Les Espagnols tranchent sur cela et disent tout haut que nous jouons la comédie et que nous sommes des traîtres. Je n'en crois pas un mot. On attend avec impatience des nouvelles de France pour savoir à quoi s'en tenir.

Je ne puis vous rien dire de M. de Montal au sujet de sa défense d'Asti. Bien des gens le condamnent, peut-être trop légèrement et sans l'entendre; pour moi, je me garde bien de décider sur un fait aussi délicat et dont nous ne savons pas la moindre circonstance; nous ignorons de même les conditions de sa capitulation.

Nous ne sommes pas plus instruits de la position des Espagnols dans le Milanois. On dit qu'ils ne font plus le siége du château de Milan, et qu'ils ont renvoyé leur gros canon à Pavie; nous n'avons nulle nouvelle d'eux, et le peu de troupes de cette nation qui est dans notre voisinage ne reconnoît plus les ordres du Maréchal.

3. *Copie du mémoire sur la campagne d'Italie.*

Avril 1746.

La campagne de 1745 ayant fini par les siéges des châteaux d'Asti et de Casal, rendus l'un et l'autre vers la fin de novembre, les deux armées combinées se séparèrent et marchèrent dans des quartiers d'hiver.

Le premier projet de ces quartiers, et le plus raisonnable, étoit de garder en force la communication de Nice à Gênes, dans laquelle on destina 22 bataillons, d'établir toutes les [troupes] françoises dans les villes d'Acqui, Asti, Montcalvo et Cazal, qui formoient la première ligne de nos quartiers depuis l'Apennin jusqu'au Pô, et de placer une grosse garnison dans les villes d'Alexandrie et de Valence, ainsi que dans les quartiers de Solery, Corniente, Castello et San Salvador, lesquels formoient le blocus de la citadelle d'Alexandrie, où M. de Corail, lieutenant général, s'étoit renfermé avec 7 bataillons piémontois. Quelques bataillons et escadrons espagnols devoient être joints, dans cette partie, au corps des troupes françoises, et M. le maréchal de Maillebois devoit être chargé du commandement de toute cette partie depuis le Pavesan oltre Pô jusqu'au Var.

Toute l'armée d'Espagne devoit établir ses quartiers dans le Parmesan, le Plaisantin, le Modénois et le Guastallois, occupant cependant sur la rive gauche du Pô la ville de Pavie, avec une très-nombreuse garnison, afin de se conserver par cette place et le pont du Pô établi au-dessous de l'embouchure du Tessin, la facilité d'entrer dans le Milanois quand on voudroit et le moyen d'en tirer les subsistances dont on auroit besoin.

M. de Gages restoit chargé de cette partie de la droite, comme M. le Maréchal l'étoit de la gauche.

L'Infant devoit établir son quartier à Plaisance, et M. le Maréchal le sien à Valence.

Le pont que cette dernière place nous donnoit sur le Pô nous facilitoit les moyens de tirer nos subsistances de la Lomelline, d'y établir un corps de troupes et avoir par ce moyen une communication sûre avec Pavie par la rive gauche du Pô et le pont que cette ville a sur le Tessin.

Telle étoit la disposition faite par M. le Maréchal et M. de Gages. Mais les projets ambitieux de la cour d'Espagne, qui se flattoit d'envahir le Milanois pendant l'hiver et de prendre le château de Milan, détruisirent ce premier arrangement et obligèrent l'Infant et son armée de se porter dans le duché de Milan et dans la ville de ce nom et d'étendre ses troupes le long du Tessin, depuis le lac Majeur jusqu'au Pô, et le long de l'Adda, depuis le Pô jusqu'au lac de Côme, en masquant Pizzighettone et bloquant le château de Milan par les troupes qu'on mit en garnison dans cette capitale.

Ce nouvel arrangement, pour lequel il falloit une quantité prodigieuse de troupes, énerva tous les autres quartiers, et on ne resta en force nulle part.

M. le prince de Lichtenstein, qui ne s'étoit pas attendu à cette invasion du duché de Milan, et dont l'armée étoit restée unie avec celle du roi de Sardaigne entre la Doria-Baltea et la Sesia, passa sur-le-champ cette dernière rivière, et dirigeant sa marche par Novarre, il se porta à Ollegio par le Tessin, dans l'intention d'y passer cette rivière, gagner l'Adda et aller se rejoindre au corps qu'il avoit envoyé dans le Mantouan aux ordres du général Palavicini; mais les Espagnols l'ayant gagné de vitesse sur le Tessin, le projet du général Autrichien échoua, et il fut obligé d'établir ses quartiers sur cette rivière, depuis le lac Majeur jusques à hauteur de Novarre.

Mortara et Vigevano furent en même temps occupés en force par les Espagnols, qui firent un pont sur le Tessin, au-dessous de Vigevano pour communiquer d'une rive à l'autre de cette rivière, et M. le Maréchal poussa un corps de cavalerie dans la Lomelline, qui forma une ligne des quartiers, depuis Brême, à l'embouchure de la Sesia, jusque sur la rivière d'Agogna, à hauteur de Mortara.

Tout ce que je viens de dire s'est passé depuis la fin de novembre jusqu'au 20 décembre, jour auquel l'Infant fit son entrée dans Milan.

Le roi de Sardaigne, dans le même temps, fit passer le Pô à une partie de son infanterie, et l'établit entre cette rivière et le Tanaro; une partie de son infanterie s'avança même jusque vers Asti, comme pour attaquer ce quartier ; mais les troupes que M. le Maréchal y fit avancer firent échouer les projets de l'ennemi sur cette ville, et il se retira établissant sa droite à Saint-Damien et sa gauche à Verrue, laissant un corps à Crescentino, Trin et Verceil.

M. le Maréchal, craignant que le projet du siége de Milan n'eût des suites fâcheuses, parce que la plus grande partie de l'armée d'Espagne y étant occupée laissoit au roi de Sardaigne la facilité d'entreprendre sur les quartiers du Montferrat et de tenter le ravitaillement de la citadelle d'Alexandrie, qui étoit pour ce prince un objet si important, M. le Maréchal, dis-je, ne cessa, par ses lettres à l'Infant, [de marquer] la témérité de cette entreprise. Voyant que ses lettres ne produisoient aucun effet, il se rendit à Milan pour le représenter encore plus fortement à S. A. Royale.

Les ordres de la cour de Madrid étoient si positifs, que l'Infant ne put se dispenser d'y obéir, et les préparatifs du siége de Milan furent continués.

La certitude que l'on avoit de l'arrivée des secours d'Allemagne, qui avoient été déclarés et mis en marche immédiatement après la paix du roi de Prusse signée le 25 décembre à Dresde et dont la conclusion devoit naturellement faire changer le projet du siége du château de Milan, ainsi que M. le Maréchal le représenta, n'arrêta pas l'obstination de la cour de Madrid sur ce projet. Il étoit bien évident cependant que la plus grande partie de ces secours devoit être à Mantoue avant qu'on pût se flatter d'être maître du château de Milan.

M. le Maréchal proposa de profiter de la foiblesse de M. de Lichtenstein pour achever de l'écraser en attaquant ses quartiers le long du Tessin. L'Infant approuva ce projet, et il devoit être exécuté dans les derniers jours de janvier. Le projet arrêté fut qu'on marcheroit à lui sur trois colonnes.

Celle de la droite, composée de 14 bataillons, de 17 escadrons, 1600 grenadiers ou piquiers, et de 9 pièces de canon, devoit partir de Sonnia, passer le Tessin sur deux ponts, pour lesquels tout étoit préparé, venir attaquer le quartier d'Ollegio et marcher ensuite par sa gauche, pour venir se rejoindre avec la colonne du centre.

Cette colonne, composée de 3,000 grenadiers ou piquiers, de 8 bataillons, de 25 escadrons et de 10 pièces de canon, devoit déboucher de Vigevano, se porter sur les quartiers de Galéate et Trécate, et aller ensuite se rejoindre à la colonne de la droite.

La troisième colonne, composée de 1,200 grenadiers ou piquiers, de 12 bataillons, de 17 escadrons et de 6 pièces de canon, devoit de même déboucher de Vigevano et remonter le Terdupio, le laissant à sa gauche, et aller se poster à des points indiqués sur cette rivière à la jonction des chemins qui d'Ollegio conduisent à Novarre. Son objet étoit de couper la communication de cette place avec les quartiers du Tessin, d'empêcher l'arrivée des secours qui pourroient venir de Verceil, et de recevoir les fuyards des quartiers attaqués.

Toutes les mesures étoient prises pour l'exécution du projet; les troupes étoient en marche pour les différents lieux de leur destination, lorsque M. de Lichtenstein, averti de ces mouvements, replia à la hâte sur Novarre tous les quartiers du Tessin, et se retira deux jours après à Verceil, mettent la Sesia devant lui.

La retraite précipitée de M. de Lichtenstein n'ayant pas permis l'exécution de ce projet, M. le Maréchal n'en fut que plus inquiet pour ses quartiers du Montferrat et pour ceux qu'il avoit dans la Lomelline; et il fut convenu avec l'Infant que pour mettre M. le Maréchal plus en état de s'opposer aux projets que l'ennemi pourroit former sur le Montferrat, 22 bataillons espagnols et 33 escadrons des troupes placées sur le Tessin se tiendroient prêts à marcher au premier ordre pour passer le Pô à Valence et aller joindre M. le Maréchal et les troupes françoises à San-Salvador et dans les plaines de Filissano, où il avoit résolu d'attendre l'ennemi s'il vouloit tenter en force le ravitaillement d'Alexandrie.

Avec la parole positive de ce secours et l'état de ces bataillons et escadrons dans sa poche, M. le Maréchal revint à Valence le 12 de février.

Peu de jours après, le bruit commença à se répandre d'une paix faite avec le roi de Sardaigne et la France; l'Infant, se croyant trahi par les François, fit revenir successivement d'Alexandrie et du Montferrat les bataillons et escadrons espagnols qui y avoient été jusqu'alors. On acheva de tirer de la ville d'Alexandrie tout le canon qui y restoit encore, n'y laissant que quatre pièces de 4, et on affecta de marquer à Milan division et méfiance entre les deux nations.

M. le Maréchal ne cessa de représenter la foiblesse où étoient ses quartiers par la retraite des troupes espagnoles ; ses représentations ne furent point écoutées, et la cour de Milan les regarda comme un nouveau piége que M. le Maréchal lui tendoit pour l'empêcher de se renforcer contre les troupes du Mantouan, qui journellement devenoient plus nombreuses et menaçoient de passer l'Adda à Pizzighettone.

Le roi de Sardaigne profita habilement de cette espèce de mésintelligence. Il fit passer brusquement le Pô à ses troupes dans les premiers jours de mars ; les troupes piémontoises furent suivies de 8 bataillons autrichiens et de 18 compagnies de grenadiers de cette armée.

Ces troupes, au nombre de 40 bataillons et 30 escadrons, avec 6 à 7,000 paysans armés, se portèrent par des marches forcées sur Asti et Monte-Calvo qui furent investis le 5 au matin, Asti par les Piémontois et Monte-Calvo par les Autrichiens.

Sur l'avis de ce mouvement, M. le Maréchal ressembla ce qu'il put de troupes françoises, et envoya courrier sur courrier à Milan pour demander les troupes qu'on lui avoit promises ; il n'en eut pour toute réponse que la permission de tirer ce qu'il pourroit des garnisons de Tortone, Valence et Alexandrie.

M. le Maréchal, qui par les dispositions précédentes de cette cour s'étoit attendu à ce refus, leva tous ses quartiers ce même jour 5 mars, laissant seulement 250 hommes dans le château de Cazal aux ordres du commandant du bataillon du régiment de Poitou, et se trouva à Fubine le 7 avec une partie de ses troupes, attendant pour marcher à l'ennemi le reste, qui devoit arriver à la fin du jour.

Ce même jour 7, les Autrichiens, informés de l'arrivée de M. le Maréchal à Fubine, abandonnèrent l'attaque de Monte-Calvo et se replièrent sur les Piémontois, qui depuis le 6 au matin battoient Asti avec 13 pièces de gros canon qu'ils avoient fait venir en vingt-quatre heures de Turin à force de relais.

Le même jour, à dix heures du soir, six pièces de canon de 4 arrivèrent sur les hauteurs d'Annone, et tirèrent deux coups chacune afin d'annoncer à M. de Montal l'arrivée de M. le Maréchal avec de l'artillerie.

M. de Chevert, maréchal de camp, avec la garnison de Monte-Calvo dégagée, eut ordre de se joindre le 8 au matin, dans la marche, à l'armée de M. le Maréchal, qui marcha sur trois colonnes aux ennemis.

Celle de la droite, aux ordres de M. de Senneterre, composée de 11 bataillons y compris les 4 qui sortoient de Monte-Calvo, devoit se porter sur les hauteurs qui dominent la rivière de la Versa en avant de Porta Comara.

Les deux autres colonnes, composées de 13 bataillons, ou la valeur en piquiers, et de 2,500 chevaux, devoient déboucher de Refrancone et du défilé d'Annone pour prendre l'une par la droite et l'autre par la gauche les cassines du village de Quarto, où l'ennemi avoit jeté toutes ses compagnies franches et paysans armés, soutenus de quelques bataillons, balayer ces postes et aller se former, l'infanterie sur les hauteurs qui dominent la Versa, en avant de Castigliole, et la cavalerie dans la plaine entre les hauteurs et le Tanaro.

Par cette disposition, l'armée se trouvoit en bataille sur les hauteurs, la cavalerie dans la plaine sur la gauche, ayant la petite rivière de Versa devant soi, qui est guéable en plusieurs endroits; les troupes menant avec elles tout ce qu'on avoit pu ramasser de madriers pour jeter des ponts sur cette petite rivière.

Ce même jour 8, à neuf heures du matin, M. le Maréchal arriva dans cette disposition sur les hauteurs d'Annone, d'où l'on découvre distinctement la ville d'Asti et son château, qui n'est qu'à quatre petits milles d'Annone.

Le profond silence qui régnoit à l'entour et dans cette place fit soupçonner à M. le Maréchal qu'elle avoit capitulé; le soupçon fut bien réalisé, et l'on apprit par les déserteurs et les prisonniers des postes avancés qu'on avoit fait attaquer, que M. de Montal, lieutenant général commandant dans cette ville, avoit capitulé à une heure après minuit, et qu'il s'étoit rendu prisonnier de guerre, lui et sa garnison, composée de 9 bataillons, n'ayant pas eu un seul homme ni tué ni blessé.

La reddition de cette place et du château, à laquelle M. le Maréchal ne s'attendoit pas, l'obligea de se retirer, ce qu'il fit sans être suivi.

Le 9, il porta toute son infanterie sur les hauteurs de Castello et de San-Salvador, plaçant 5 bataillons au village de Lu et sa cavalerie dans la plaine à Corniente et aux environs, occupant le village de Solery et les deux têtes du pont sur le Tanaro placé à Cazal-Bayano.

Il se préparoit à soutenir cette position, lorsque le 10 au matin M. de Lacy, lieutenant général des troupes de Sa Majesté Catholique, gouverneur de la ville d'Alexandrie, vint lui demander les troupes espagnoles et lui annoncer qu'il avoit ordre exprès de l'Infant d'évacuer la ville d'Alexandrie et de se retirer à Tortone avec toutes les troupes espagnoles, napolitaines et génoises, et qu'il alloit exécuter cet ordre le même jour, ayant déjà pris toutes ses précautions pour cela et construit un pont sur la Bormida pour sa retraite.

Sur ce propos, M. le Maréchal lui demanda si les Espagnols se séparoient des François et s'il avoit ordre de le laisser avec des forces aussi modiques contre un ennemi aussi supérieur. Il répondit à ce propos avec une morgue singulière : « Vous ne me persuaderez pas, monsieur le Maréchal, que vous avez besoin d'être soutenu contre les Piémontois, vous êtes trop bien d'accord ensemble. »

M. le Maréchal n'ayant pu engager M. de Lacy à attendre de nouveaux ordres de l'Infant, ne crut pas, avec 16 bataillons et environ 2,000 chevaux qui lui restoient, devoir attendre l'ennemi, fort de 39 bataillons et de 30 escadrons, et auxquels pouvoient se joindre 7 bataillons dont étoit composée la garnison de la citadelle d'Alexandrie. Il repassa le même jour et le lendemain le Tanaro sur un pont de bateaux, à Bassignano, laissant dans Valence 4 bataillons napolitains ou suisses au service de Naples aux ordres de M. Descoiquis (?), brigadier capitaine au régiment des gardes espagnoles, gouverneur de cette place.

Il envoya en même temps ordre à M. de Payan, brigadier qui commandoit à Crequi, où étoit en garnison le bataillon des grenadiers royaux de Modène, de se replier à Ovada, parce que cette ville, qui étoit sans canon et qui étoit par rapport à notre nouvelle position placée au delà de la Bormida, n'étoit pas soutenable, l'ennemi pouvant l'accabler avec toutes ses forces, et la rivière de la Bormida, enflée alors par les pluies et les fontes des neiges, ne nous permettant pas d'aller la secourir.

Le 11 les troupes françoises cantonnèrent à Salé, Piovera, Rivellixo et quelques autres cassines au bord du Tanaro. Le temps affreux qu'il fit ce jour-là obligea à faire séjourner les troupes le 12.

Le 13 l'infanterie vint cantonner à S. Juliano et aux environs, et le 14 elle occupa les quartiers de Novi, Pasturana, Tassaroli et Francavilla, couvrant par cette position le grand chemin qui conduit à Gênes par la montagne de la Boquette.

La cavalerie fut établie le même jour à Castelnovo di Scrivia, et quelques autres quartiers entre la Stafora et la Scrivia, ayant un corps de dragons et un bataillon à Salé, et un poste avancé à Piovera pour observer les mouvements de l'ennemi sur le Tanaro et la Bormida.

Dans cette position, M. le Maréchal remplit trois objets principaux qu'il doit avoir en vue dans une circonstance aussi fâcheuse. Le premier, de se conserver une communication avec l'armée de l'Infant par Saravelle et Tortone; le second, de couvrir les États de la république de Gênes, et le troisième, de rester à portée de recevoir les secours qu'on peut lui envoyer de France en soutenant la communication de la côte de Gênes.

4. *Journal de la maladie et de la mort de Mme la Dauphine et des cérémonies faites à cette occasion dans son appartement à Versailles.*

Juillet 1746.

Le 18, Mme la Dauphine sentit des douleurs à une heure après minuit, et on l'accoucha dans une très-grande foiblesse le 19, à dix heures du matin, d'une princesse. La même foiblesse dura jusqu'à près de midi, ce qui fit rester le Roi et la Reine auprès de Mme la Dauphine jusqu'à ce qu'elle fût revenue; M. le Dauphin y resta quelque temps après que Leurs Majestés furent sorties.

Le 20, Mme la Dauphine fut assez bien pour son état.

Le 21, Mme la Dauphine eut un peu de fièvre le soir.

Le 22, Mme la Dauphine eut un redoublement très-fort à trois heures après minuit; elle envoya chercher M. Bouillac, son premier médecin, et ensuite M. Peyrard, accoucheur; ils ne furent point effrayés de l'augmentation de la fièvre, et ils dirent qu'elle étoit occasionnée par le lait, et ils retournèrent se coucher; on les renvoya chercher à huit heures du matin. Mme la Dauphine commença à avoir beaucoup d'inquiétude de son état; elle demanda son confesseur, qui arriva sur les neuf heures. Après qu'il fut sorti, la tête commença à s'embarrasser, et on fut éveiller le Roi, qui vint un quart d'heure après. M. le Dauphin avoit été éveillé à sept heures; Mme la Dauphine ne le reconnut point. On la saigna du pied à dix heures; on apporta les saintes huiles, après lesquelles on saigna Mme la Dauphine pour la seconde fois sur les onze heures. Cette princesse, qui se nommoit Marie-Thérèse-Antoinette-Raphaelle, mourut à onze heures et un quart du matin, âgée de vingt ans un mois et quelques jours. Elle étoit fille de feu Philippe V, roi d'Espagne; elle avoit épousé M. le Dauphin, à Versailles, le 23 février 1745. Aussitôt que Mme la Dauphine fut morte, Mme la duchesse de Brancas lui ferma la bouche et les yeux, comme dame d'honneur.

La garde l'a déshabillée; sa dépouille entière, les draps du lit, les oreillers et couvre-pieds garnis de dentelles, lui appartiennent.

Ensuite, on a remis une autre chemise et un manteau de lit à Mme la Dauphine; deux femmes de chambre lui tinrent la tête, et Mme la duchesse de Lauraguais, dame d'atours, la coiffa. On a ôté le premier lit, on en a reposé un autre, et on y a mis Mme la Dauphine, qui y est restée pendant trente-six heures, visage découvert, exposée en public.

Après midi, Mme de Brancas, instruite que le corps de Mme la Dauphine n'étoit point froid comme il devoit l'être, en fit avertir le Roi qui y envoya M. de Maurepas; il fit rester un chirurgien pour garder le corps.

Le Roi, la Reine, M. le Dauphin et Mesdames partirent pour Choisy sur les six heures.

Vers le soir, un chirurgien donna quelques coups de lancette sous les pieds sans aucun effet; le corps a conservé la même chaleur jusqu'à dix heures du soir et même plus tard.

Il y a eu quatre Missionnaires et quatre Récollets pour les prières.

Le service de la chambre s'est fait comme du vivant de Mme la Dauphine, savoir; les dames d'honneur et d'atours, deux dames de compagnie, une titrée et l'autre non titrée, la première femme de chambre, deux femmes de chambre de jour, huissiers, valets de chambre et garçons de la chambre.

Le 23, la faculté s'est assemblée sur les quatre heures du soir, par ordre du Roi, pour faire l'ouverture du corps de Mme la Dauphine. Cette faculté étoit composée de M. de la Peyronie, premier chirurgien du Roi, de M. Bouillac, premier médecin de Mme la Dauphine, de M. Delavigne, médecin ordinaire, du Sr Grenier, chirurgien ordinaire, du Sr Loustonneau, chirurgien ordinaire des enfants de France, du Sr Peyrard, accoucheur, et du Sr Gueindre, apothicaire du corps et de la maison de Mme la Dauphine. Le Sr Evin, comme premier chirurgien du corps, en présence de la dame d'honneur, la dame d'atours, absente par indisposition, de la première femme de chambre, et de quatre femmes de chambre, a commencé par laver le corps avec de l'esprit-de-vin ; il a ouvert le crâne : on a vu du lait épanché dans la tête.

Il a ouvert depuis la gorge jusqu'au défaut des côtes ; il en a levé le cœur ; on l'a trouvé un peu flétri ; on l'a ouvert et tout de suite embaumé ; on l'a mis dans un cœur de plomb ; sur lequel étoit gravé : *Ici est le cœur de très-haute, très-puissante et excellente princesse Mme Marie-Thérèse, infante d'Espagne, épouse de très-haut, très-puissant et excellent prince Louis, Dauphin, décédée au château de Versailles, le 22 juillet 1746, âgée de vingt ans un mois et onze jours. Requiescat in pace.* On a mis celui de plomb dans un autre de vermeil avec une semblable inscription. Il a ouvert le ventre, en a levé les entrailles, qui ont été lavées avec de l'esprit de vin, embaumées et mises dans un seau de plomb avec une inscription pareille à celle du cœur ; on a mis ce seau dans une boîte de bois de noyer, couverte de velours noir, avec une croix de moire d'argent attachée tout autour à deux rangs de clous argentés, deux mains de velours noir et une plaque d'airain et la même inscription.

La faculté a trouvé toutes les parties très-saines.

On a lavé le dedans du corps avec de l'esprit-de-vin et on l'a embaumé suivant l'usage.

On a enveloppé la tête dans une coiffe nouée autour de la gorge.

Après tous les bandages ordinaires de l'embaumement, on a mis sur la poitrine une plaque d'airain avec la même inscription que les autres.

On a enveloppé le corps dans une toile cirée, liée au-dessus de la tête et au-dessous des pieds. On l'a mis ensuite dans un cercueil de plomb sur lequel étoit aussi une plaque d'airain avec même inscription. Après que le cercueil a été soudé, on l'a mis dans un cercueil de bois de noyer, dont le dessus est couvert de velours noir avec une croix de moire d'argent, attachée tout autour avec deux rangs de clous comme les entrailles, et avec dix mains de fer pour le porter.

On a mis sur le cercueil, au-dessus de la poitrine, une plaque d'airain pareille à celles ci-dessus.

Les valets de chambre ont posé le cercueil sur des tréteaux sous le lit de parade qui étoit de damas cramoisi, dans la chambre à coucher; ils l'ont couvert du poêle de la couronne, et ont mis les entrailles à côté du cercueil, sur lequel a été mise la couronne couverte d'un crêpe. La dame d'honneur a posé le cœur sur le cercueil et l'a couvert d'un crêpe.

On a mis dix cierges autour du corps; toutes les chambres, cabinets, éclairés à l'ordinaire.

On dressa un autel de chaque côté du lit, où l'on disoit des messes depuis six heures du matin jusqu'à midi; il y avoit auprès du corps quatre Missionnaires, quatre Récollets et quatre Feuillants pour les prières, qui psalmodioient jour et nuit et qui se relevoient de deux en deux heures.

La dame d'honneur, deux dames de compagnie, une titrée, l'autre non titrée, la première femme de chambre, deux femmes de chambre de jour, huissiers, valets de chambre, garçons de la chambre, un de chaque corps, a veillé.

Le 24, on a observé le même service et les mêmes cérémonies.

Le 25, de même jusqu'à huit heures et demie du soir, où l'on se disposa à transporter le corps dans la chambre ardente, ci-devant le grand cabinet de Mme la Dauphine, et qui étoit préparée, savoir:

Tout le grand cabinet tendu et plafonné de drap noir, avec grands et petits cartouches de carton doré, aux armes de M. le Dauphin et d'Espagne; seize girandoles de cristal à trois et quatre bobèches, tant aux murs que sur des piédestaux, et deux lustres de douze bobèches chacun; un dais de velours noir, sur quatre colonnes couvertes de velours galonné de très-petits galons et franges or et argent, posées sur une estrade élevée d'environ huit pieds, cintrée de quatre marches pour une gradation de chandeliers d'église, au nombre de quatre-vingts. Le dais appuyé au mur contre la cheminée, opposé aux croisées sur le jardin, faisant le milieu du grand cabinet.

Deux autels en face l'un de l'autre pour les messes. L'intervalle de la gauche de l'estrade à l'autel étoit rempli de formes couvertes de drap noir pour les dames d'honneur, d'atours, chevalier d'honneur absent, premier écuyer et les autres dames titrées et non titrées qui seront invitées, la première femme de chambre, les femmes de chambre de garde, et derrière elles, en tirant vers l'autel, se mettront les Feuillants. L'intervalle de la droite aussi rempli de formes couvertes de drap noir pour quatre évêques, le premier aumônier, l'aumônier ordinaire et l'aumônier de quartier en rochet avec l'étole, un chapelain et clerc de chapelle qui se relèvent d'heure en heure, pour les grands officiers de Mme la Dauphine et officiers de la chambre de garde, et derrière eux, tirant vers l'autel, des Récollets et des Missionhaires, le curé de Notre-Dame à leur tête en surplis et étole ; une balustrade ouverte par le milieu vis-à-vis l'estrade pour fermer les intervalles.

Au pied, les hérauts d'armes et le bénitier posé entre eux, avec plusieurs carreaux de drap noir de chaque côté, que lesdits hérauts doivent présenter à toutes les personnes titrées, ainsi que le goupillon pour jeter de l'eau bénite.

On fit la cérémonie du transport de la manière suivante :

Les grand maître et maître des cérémonies ont ouvert la marche ;

Quatre Récollets,

Huit Feuillants,

Trois Missionnaires,

M. le curé de Notre-Dame en surplis et étole,

Deux valets de chambre portant les entrailles,

Six valets de chambre portant le cercueil (1),

M. l'évêque de Mirepoix, premier aumônier, portant le cœur sur un carreau noir couvert d'un crêpe,

L'exempt des gardes du corps faisant fonction de capitaine des gardes,

M. le premier écuyer portant la couronne couverte d'un crêpe, représentant M. le chevalier d'honneur absent,

M. le chevalier de Piolens, écuyer ordinaire,

L'écuyer cavalcadour,

L'écuyer de quartier absent,

La dame d'honneur,

La dame d'atours,

Quatre dames de compagnie, dont deux titrées et deux non titrées,

La première femme de chambre,

Quatre femmes de chambre,

Le surintendant absent, le premier maître d'hôtel,

Les deux secrétaires des commandements absents,

L'intendant de la maison,

Le maître d'hôtel de semestre,

Le contrôleur général absent,

Le trésorier absent,

Le contrôleur ordinaire de la bouche absent,

---

(1) Ces huit valets en manteaux longs et tenant chacun deux aunes de taffetas noir à la main.

Le contrôleur de quartier,
Le commis au contrôle général absent.

Les valets de chambre ont posé le cercueil sur l'estrade et les entrailles à côté, et les ont couvertes du poêle de la couronne.

L'aumônier de quartier, en rochet avec l'étole, a reçu des mains du premier aumônier le cœur et l'a posé sur le cercueil au-dessus de la poitrine, couvert d'un crêpe; M. le premier écuyer a posé la couronne couverte d'un crêpe au-dessus de la tête du cercueil.

Et dans l'enfoncement, derrière la tête du cercueil, étoient posés sur une tablette une grande croix et quatre grands chandeliers d'église d'argent, où étoient quatre cierges non allumés, à cause du dais.

On a chanté le *De Profundis*. Les ecclésiastiques et religieux se sont distribués de droite et de gauche pour les prières.

Ensuite le roi d'armes a paru; il a la cotte de velours violet distinguée de celles des héraults, ayant de plus une broderie de trois fleurs de lis et une couronne d'or sur le dos; son bâton est terminé d'une couronne et fleurs de lis de vermeil; celles des héraults aussi de velours violet, seulement des fleurs de lis d'or brodées; et leurs bâtons en fleurs de lis brodées sont terminés par de petites franges d'or.

Le roi et les quatre héraults d'armes ont un crêpe sur la tête en forme de camail. Le roi d'armes a placé deux héraults au pied de l'estrade; ils sont deux heures en faction et ne se peuvent relever d'eux-mêmes.

Après cette cérémonie, la chambre à coucher de Mme la Dauphine devint cabinet et sacristie.

Le 26, M. le Dauphin écrivit une lettre à Mme Dufour, sa nourrice, dont voici la copie: « Je suis, ma belle, moins étourdi du malheur qui m'est arrivé; mais cela ne sert qu'à me faire sentir plus vivement ma perte; je ne l'oublierai de ma vie. »

On commença à garder le corps en cérémonie. M. le cardinal de Rohan nomma quatre évêques qui sont MM... Ils furent avertis par le grand maître des cérémonies.

L'écuyer de quartier de Mme la Dauphine avoit été la veille à Paris de la part du Roi inviter seize dames, huit titrées et huit non titrées, qui doivent être averties par le grand maître des cérémonies, et les titrées annoncées par l'huissier de la chambre de Mme la Dauphine. La dame d'honneur et la dame d'atours et les dames de compagnie ne sont point comprises dans le cérémonial, parce qu'elles ne sont point averties par le grand maître des cérémonies; elles se relèvent de deux heures en deux heures, comme les autres dames.

Les huit dames non titrées manquèrent toutes ce jour-là. A neuf heures du matin, Mme la comtesse de Marsan et Mme la duchesse d'Aumont ayant été averties, se rendirent dans la chambre ardente, où elles restèrent jusqu'à onze heures, que Mme la comtesse de Noailles et Mme la duchesse d'Ayen les relevèrent ; elles restèrent jusqu'à une heure.

Ensuite tout le monde sortit, à l'exception des religieux ; on ne laisse allumé que le dernier rang de cierges autour du corps.

A quatre heures la cérémonie recommença.

A 4 heures, { Mme la princesse de Guémené,
Mme la duchesse de Montbazon.

A 6 heures, { Mme la duchesse de Luxembourg,
Mme la princesse de Robecque.

Le 27, mêmes choses qu'au 26 pour les cérémonies.

Quatre évêques, savoir MM...

A 9 heures, { Mme la duchesse de Randan,
Mme la duchesse de Lorges,
Mme de Montorson,
Mme de Poitiers.

A 11 heures, { Mme la maréchale de Broglie,
Mme la duchesse de Sully,
Mme de Béthune,
Mme D'Armentières.

A 4 heures, { Mme la duchesse de Brancas,
Mme la duchesse de Boufflers,
Mme de Simiane,
Mme la comtesse de Tresmes.

A 6 heures, { Mme la duchesse de Mortemart,
Mme la princesse de Berghes,
Mme de Montmorin,
Mme de Sassenage.

Le Roi décida à Choisy que le convoi ne passeroit pas dans Paris, le cortége ne pouvant être assez nombreux à cause de l'absence de presque toutes les troupes de la maison de Sa Majesté, et qu'il passeroit par le rempart, le Roi ne jugeant point à propos qu'il passe par la plaine, à cause du temps des moissons.

Le 28, mêmes choses que le 27 pour les cérémonies.

Quatre évêques, savoir MM...

A 9 heures, { Mme la princesse de Montauban,
Mme de Rohan,
Mme la marquise de la Force,
Mme de Crussol.

A 11 heures,	Mme la duchesse de Brancas, Mme la duchesse d'Antin, Mme la marquise de Flavacourt, Mme la comtesse de Molde.
A 1 heure,	Mme la princesse de Turenne, Mme la princesse de Beauvau, Mme la maréchale d'Armentières, Mme la comtesse de Laval.
A 6 heures,	Mme la comtesse de Marsan, Mme la princesse de Soubise, Mme la marquise de la Châtre douairière, Mme la marquise de la Châtre.

Madame Henriette et madame Adélaïde arrivèrent de Choisy à deux heures après midi, et descendirent à leur appartement, où elles dînèrent.

Les princes et princesses du sang s'y sont rendus.

Les grand maître et maître des cérémonies ont été prendre l'ordre de Mesdames pour l'heure de la cérémonie de l'eau bénite, qu'elles ont fixée à quatre heures.

Les dames d'honneur et d'atours de Mme la Dauphine se sont réunies chez Mesdames, et la marche a commencé en cet ordre :

Les grand maître et maître des cérémonies, les dames d'honneur et d'atours de Mme la Dauphine, Mesdames accompagnées de M. le duc et Mme la duchesse de Chartres, M. le comte de Charolois, Mme la princesse de Conty, Mme la duchesse de Modène, Mlle de la Roche-sur-Yon, M. le duc et Mme la duchesse de Penthièvre, de tous les seigneurs et dames d'honneur des princes et princesses. On a traversé les grands appartements du Roi, la galerie des Princes, et ils sont entrés par la salle des Gardes de Mme la Dauphine, les gardes sous les armes, l'exempt qui les commande étant resté à sa place auprès de l'estrade, à la gauche du premier écuyer.

L'huissier de la chambre a annoncé à haute voix Madame et Madame Adélaïde; elles se sont mises à genoux au pied de l'estrade, sur des carreaux noirs qui leur étoient préparés.

L'aumônier de quartier a pris le goupillon et l'a présenté à Madame, qui l'a remis à Madame Adélaïde, des mains de laquelle l'aumônier l'a repris. On a chanté le *De Profundis*, pendant que Mesdames faisoient leurs prières. Elles se sont retirées pour que les princes et princesses du sang pussent s'approcher, chacun selon leur rang; ils se sont mis à genoux sur les mêmes carreaux ;.l'aumônier de quartier leur a présenté le goupillon et l'a remis dans le bénitier; ensuite les hérauts d'armes l'ont présenté aux personnes titrées qui avoient été annoncées par l'huissier; celles qui ne sont point titrées ont pris le goupillon dans le bénitier, et n'ont point droit d'être annoncées.

Mesdames sont sorties par la même porte et dans le même ordre qu'elles étoient entrées; on les a conduites jusqu'à leur appartement, d'où elles sont parties pour retourner à Choisy.

Le 29, mêmes choses qu'au 27 pour les cérémonies.

Quatre évêques.

A 9 heures,
- Mme la princesse de Beauvau,
- Mme la maréchale de Maillebois,
- Mme la comtesse de Maillebois,
- Mme la comtesse de Sourches.

A 11 heures,
- Mme la duchesse de Beauvilliers douairière,
- Mme la duchesse de Randan,
- Mme la comtesse de Sabran,
- Mme la marquise de Vigean.

A 4 heures,
- Mme la duchesse de Biron,
- Mme la duchesse d'Ancenis,
- Mme la marquise du Guesclin,
- Mme la marquise de Bissy.

A 6 heures,
- Mme la princesse de Montauban,
- Mme de Rohan chanoinesse,
- Mme la marquise de Mailly (Sebbeville),
- Mme la marquise du Châtelet.

Le 30, mêmes choses.

Quatre évêques.

A 9 heures,
- Mme la duchesse de Gramont,
- Mme la duchesse de Beauvilliers,
- Mme la marquise de Pons,
- Mme la marquise du Plessis-Châtillon.

A 11 heures,
- Mme la duchesse de Fitz-James,
- Mme la duchesse de Lorges,
- Mme la marquise de Bouzols,
- Mme la comtesse de Molde.

A 4 heures,
- Mme la comtesse de Forcalquier,
- Mme la duchesse de la Vallière,
- Mme la marquise de Chastellux,
- Mme la comtesse de Lutzelbourg.

A 6 heures,
- Mme la duchesse de Brancas,
- Mme la maréchale de Maillebois,
- Mme la marquise de Puisieux,
- Mme la comtesse d'Estrées.

Le 31, mêmes choses.

Quatre évêques.

A 9 heures,
- Mme la duchesse de Lorges,
- Mme la princesse de Guémené,
- Mme la comtesse de Mailloc,
- Mme de Machault.

A 11 heures,
- Mme la duchesse d'Aumont,
- Mme la duchesse de Saint-Pierre,
- Mme la comtesse de Coigny,
- Mme la comtesse de Croissy,
- Mme la comtesse de Choiseul-Meuse.

A 4 heures,
- Mme la duchesse de Luxembourg,
- Mme la princesse de Robecque,
- Mme la maréchale de Montmorency,
- Mme la comtesse de Ribérac.
- Mme la marquise de Senneterre.

A 6 heures,
- Mme la princesse de Rohan,
- Mme la princesse de Soubise,
- Mme la comtesse de la Rivière,
- Mme la comtesse de Ségur.

Le 1er août, mêmes choses pour les cérémonies.

A 9 heures,
- Mme la duchesse de Sully,
- Mme la princesse de Guémené,
- Mme la marquise de Prie,
- Mme la comtesse de Clermont,
- Mme la maréchale de Polignac.

A 11 heures,
- Mme la duchesse d'Ancenis,
- Mme la duchesse de Biron,
- Mme la comtesse de Cossé,
- Mme la comtesse de Bissy.

A 4 heures,
- Mme la duchesse de Boufflers,
- Mme la maréchale de Broglie,
- Mmes de Bauffremont mère et fille.

A 6 heures,
- Mme la duchesse d'Ayen,
- Mme la comtesse de Noailles,
- Mmes de Clermont-Tonnerre.

A six heures un quart Mme la duchesse de Chartres, Mme la princesse de Conty, Mlle de Sens et Mlle de la Roche-sur-Yon sont arrivées chez Mme la Dauphine, conduites par M. des Granges, maître des cérémonies. Une partie du clergé des deux paroisses et les deux curés sont entrés; celui de Notre-Dame étoit en étole. Les Récollets étoient rangés dans la galerie. M. le grand maître des cérémonies a donné l'ordre pour la marche. On a chanté le *De Profundis*. Ensuite les officiers de la chambre ont monté sur l'estrade ; un aumônier a pris le carreau sur lequel étoit le cœur, et l'a remis à M. l'évêque de Mirepoix revêtu de ses habits pontificaux, la mitre d'argent en tête. M. le comte de Rubempré a pris la couronne, et s'est rangé à côté de M. de Mirepoix. Deux valets de chambre ont descendu les entrailles ; dix officiers de la chambre ont descendu le corps de l'estrade et l'ont porté jusque dans la salle des gardes ; dix gardes du Roi l'ont pris et l'ont porté par la galerie des Princes, la salle des gardes de la Reine et l'escalier de marbre. Deux autres gardes portoient les entrailles devant le corps. M. de Mirepoix marchoit après les entrailles portant le cœur.

M. de Rubempré portoit la couronne derrière le corps, et l'exempt des gardes à côté de lui.

Les quatre princesses, Mme de Brancas, Mme de Lauraguais et dix-huit dames ont suivi pendant que les gardes ont mis le corps et les entrailles dans le char, et M. de Mirepoix le cœur dans le carrosse. La musique du Roi a chanté le *De Profundis* en faux bourdon ; ensuite on s'est mis en marche.

Les Feuillants qui gardoient le corps ne l'ont accompagné que jusqu'à la porte de la chambre ardente ; ils ne sont point dans l'usage de suivre le corps plus loin. Il n'y a eu de tendu de noir que les endroits ci-après, savoir :

Deux hauteurs de bandes tout du long de la galerie des Princes, des deux côtés.

Les deux arcades dans la cour, devant l'escalier des Princes.

La grille de la cour des Princes, deux largeurs de grille couvertes et trois hauteurs d'étoffe sur le chapiteau.

Les deux arcades du bas de l'escalier de marbre en dehors de la cour, la grande grille et celle de la cour des Ministres comme celle des Princes.

Marche du convoi parti à sept heures du soir.

Le carrosse de M. de Dreux, grand maître des cérémonies ;
Environ 40 cavaliers de la maréchaussée portant des flambeaux ;
Un carrosse de Mme de Marsan, celui de Mme de Turenne, celui de Mme de Montauban, dans lesquels étoient leurs écuyers et plusieurs palefreniers de chaque maison autour portant des flambeaux à pied ;
Deux gardes du Roi portant chacun un flambeau ;
Soixante pauvres ;

A L'ANNÉE 1746.

Environ trente officiers de la chambre et de la bouche en manteaux longs, leurs chevaux caparaçonnés ;

Les deux intendants des Menus à cheval [suivis] de quatre huissiers du cabinet, de la chambre et de l'antichambre ;

Les Récollets ;

Les missionnaires des deux paroisses et de la chapelle ont accompagné le corps jusqu'aux bornes qui commencent l'avenue ;

Un carrosse de Mlle de la Roche-sur-Yon et celui de Mme la duchesse de Chartres, dans lesquels étoient leurs écuyers, et leurs pages à cheval autour desdits carrosses ;

Celui de M. de Rubempré, premier écuyer, dans lequel il y avoit la couronne, portée par M. le chevalier de Piolens, écuyer de main ordinaire ;

Cinq carrosses du Roi à huit chevaux caparaçonnés, éclairés chacun par quatre hommes à cheval, savoir : dans le premier Mlle de la Roche-sur-Yon, Mme de Montauban à côté d'elle, sur le devant Mme la comtesse du Roure et Mme de Bellefonds, et aux portières M de Champagne et Mme de Tournemine, dame d'honneur ;

Dans le second, Mlle de Sens ; Mme de Marsan à côté, sur le devant Mme de Turenne et Mme la comtesse de Lorges, et aux portières Mme de Montmorin et Mme de Prulay, dame d'honneur ;

Dans le troisième, Mme la princesse de Conty, à côté d'elle Mme la duchesse de Rohan, sur le devant Mme la marquise de Tessé et Mme de Faudoas, et aux portières Mme de Roussillon et Mme de Fontanges, dame d'honneur ;

Dans le quatrième, Mme la duchesse de Chartres, à côté d'elle Mme de Brancas, sur le devant Mmes de Lauraguais et de Caumont, et aux portières Mme de Pons et Mme de Simiane, dame d'honneur ;

Et dans le cinquième, M. l'évêque de Mirepoix tenant un carreau sur lequel étoit le cœur ; à côté de lui l'évêque de Troyes ; sur le devant, l'évêque de Saint-Claude et de Bethléem ; l'abbé de Saint-Cyr, aumônier ordinaire à la portière droite, et le curé de la paroisse de Notre-Dame à la portière gauche, tous deux en étole ;

Soixante palefreniers de la grande et de la petite écurie à cheval pour éclairer le cortége de distance en distance ;

A la droite, huit pages de la Reine ;

A la gauche, douze de Mme la Dauphine, dont les chevaux n'avoient que des selles et housses noires ;

Dix pages de la grande écurie ;

Dix de la petite ;

Le gouverneur des pages de Mme la Dauphine et celui des pages de la grande écurie en manteau long ;

Deux écuyers du Roi, M. de Neuilly, de la grande écurie, et M. de Croismare, de la petite ;

M. de la Rivoire, écuyer cavalcadour de Mme la Dauphine;

Quatre trompettes de l'écurie, avec leurs habits uniformes, sans crêpes à leurs trompettes;

Quatre hérauts d'armes;

Le roi d'armes derrière eux, marchant au centre;

Les officiers des cérémonies;

Quatre gardes du Roi;

Deux suisses des écuries de Mme la Dauphine, à cheval à la tête du char;

Le char, attelé de huit chevaux caparaçonnés de panne noire, avec des croix de moire d'argent; le poêle du char de panne noire avec une croix de moire d'argent, quatre grands cartouches brodés en cartisane or et argent aux armes de M. le Dauphin et d'Espagne, le poêle bordé d'hermine;

Quatre aumôniers à cheval pour porter le poêle aux quatre coins du char;

M. de Rubempré à cheval à côté du char à droite, un écuyer de quartier à gauche;

Les valets de pied de Mme la Dauphine autour du char, à pied;

L'exempt des gardes derrière le char, son cheval caparaçonné;

Deux brigadiers;

Deux sous-brigadiers;

Et vingt-quatre gardes du corps qui fermoient la marche.

Le carrosse de Mme la duchesse de Brancas et celui de Mme de Lauraguais, leurs écuyers dedans.

Les tambours des gardes françoises et suisses étoient couverts de crêpes; ils ont battu, pendant le temps que le cortége a passé dans les deux cours, une marche qui ne sert que pour les convois. Il est d'usage aussi que les soldats mettent leurs fusils sous le bras en présentant la crosse, le canon en bas, et les officiers le sponton renversé.

LETTRE DU MARÉCHAL DE SAXE AU ROI DE PRUSSE [1].

12 octobre 1746.

Sire,

Apres nous aitre rendus maitre des chataux de Namur, il ne nous restet plus rien a faire saite campagne et l'on ne donne guere une bataille pour le plesir de la doner mais comme les ennemis saitet mis a cheval sur le Jar, jay etez tentez de les attaquer dans lesperance de

---

[1] *Dépôt de la guerre*, volume 3149, pièce 70. — Cette lettre n'est pas signée, mais elle est tout entière de la main du maréchal de Saxe.

detruire a partye gauche que je pouves tourner, a sait efet je me suis
foit joindre par les troupes du siege qui sont venus se plasser a ma
droite, la position des ennemis etet bonne ten que sais troupes ne
mavet pas joint, par la nature du peis, un grand ravein qui vas jus-
qua Vilers. Sein Si mon (1) couvret leur gauche et les debouches que
javes devant mon camp entre Longre et Bilsem etet tres difisille, einsi
il me fallet les troupes du siege pour tourner et ataquer la gauche des
ennemis, la veille que ses troupes mont joint M. le P. Charle a fait
passer le Jar a sa droite et a etendus sa gauche jusque a Liége au
faubourg de Saint-Walburge ou il y a un grand ravein très-profond
en prenant saite position jay fait sortir de mon camp quelque brigade
avec un nombre dartillerye avec laquelle jay canones a la droite et à la
gauche du Jar son ariere garde et les ennemis ont perdus dans saite
a faire environ 1200 homme, le lendemein qui etet le neuf jay changes
ma position et jay mis ma gauche a Longre et ma droite a Auray.
M. le C. de Clermon P. ma joint se jour la avec les troupes du siege et
a apuies sa gauche a ma droite en longeant le Jar ; le 10 jay passes le
Jar avec toute les troupes, et jay apuies ma gauche a Glan qui ait sur
le Jar et ma droite à Orion, les ennemis avet leur droite a Houtain
et leur gauche au faubourg de Ste Walburge san rien entre nous, sait
de ces deux position quil faut partir de Liége deriere eux ; il paretra
seingulier a V. M. que M. le P. Charle se soit comis a une bataille sur
la fein d'une campagne et que je me sois hasardes de gaietés de cœur
a la donner, mais sa position mi einvitet et jesperés detruire saite armée naiant nulle retrete entre le Jar et la Meuse que le camp des romein a lesetremités du mon St-Piere et qui a pene peut contenir 12
mille homme, voilla Sire, la raison qui ma determines a ataquer
M. le P. Charles et jorés reusy, si par un hasard qui na point desample,
l'ataque avet comenses a midis comme sela se pouvet car des les 11
heures nous etions en presance a la portée du canon qui tiret san sese
de part et dautre, lataque na comenses sur ma droite qua 3 heure
par le faubourg Ste Walburge et, a la gauche de mon sentre un moment apres, lafaire na point balenses ; le faubourg Ste Walburge a etes
enportes par le corps du Cte Detres ou etet les pandures et les Bavarois, la hauteur en desa, par M. le C. de Clermon et Leubendal (2) et
le comte Détres salongant par le faubourg a pris les Holandois en
daux pendant que M. le Cte de Clermon et Lenbendal que javois renforcé de trois brigade dinfanterye de ma seconde reserve commandée
par M. de Contat, les ataquet en flanc, dan se tamp la javes fait ata-

---

(1) Saint-Simon.
(2) Lowendal.

quer les vilages de Rocou et de Liers qui etet au santre par les brigades de Navare et de Royal Montmorin soutenus des brigades de. . . et de. . . ; ses villages etet oqupes par 12 batalions englois, hessois et hanovriein, soutenues de leinfanterye des memes nations et V. M. sait que sait la melieure einfanterye quils ayet sependant sais vilages on etés emportés dans une demi heures, et nostre einfanterye si ait comportes avec une vigeur que je ne saurés depeindre et dont je lavoue je ny point vûe dexample, nous avons perdus a lataque de ses vilage qui etet retranchés et lardés dartillerye chargés a cartouches, pandan se tamp la je coules avec toute la droite de leinfanterye, tou du longe du vilage de Raucous pour tournés une grande redoute que les enemis avet sur leur fron, ou il avet du grau canon qui nous eincomodet, pour me joindre au troupe de ma droite. M. de Leubendal (1) qui etet dejai sur la hauteur dans le champ de bateille des enemis auquel je voulés me joindre, jugea de se que je voules faire et donas un coup de coliés de maneiere que nous nous jonîme ensamble deriere la redoute, les enemis se voiant pris en flanc par un si grand nombre de troupes, ne songere plus à tenir, la déroute fut generalle a leur gauche, et entrenas la droite, je naves pas peu faire agir la cavallerye de ma droite par se quil y avet un grand ravein qui coupet le terein sur le fron de la gauche des ennemis, et je fus obligés de la faire marcher en lessant la redoute a droite pour la porter sur la hauteur dou nous avon poursuivis les ennemis jusque sur le mon St Piere ou la nui nous a pris, leur droite set retires au camp des romein, toute leur gauche et le santre sait sauvés par le bas, le long de la Meuse, et si nous avions eu deux heure de plus, peu de ces troupes nous auret echapés, je ne parle pas a Vostre M. de la droite des ennemis, qui na point combatus, elle etet couverte du grand ravein de Villers S. Simon, je lay fait amuser par le corps de M. de Mortagne et seluy de M. de Clermon Gallerande pour quil ne se portasse pas sur le centre. Les enemis ont perdues otent que j'au ay peu juger par le nombre des mors 10 a 12 mille homme... prisonies... piesse de canon... drapaux... nostre perte se monte a.... blessés (2).

Je souhaite que les disposition que jay faite puisse mériter laprobation de V. M. et quelle soit persuadée du profont respect avec lequel jay lhoneur daitre etc.

---

(1) Lowendal.
(2) Tous ces chiffres sont restés en blanc dans l'original.

RÉPONSE DU ROI DE PRUSSE (1).

De Charlotembourg, le 3 novembre 1746.

Monsieur le maréchal, la lettre que voús me faites le plaisir de m'écrire m'a été très-agréable ; je crois quelle peut servir d'instruction pour tout homme qui se charge de la conduite d'une armée.

Vous donnés des préceptes que vous soutenés par vos exemples et je puis vous assurer que je n'ay pas été des derniers a applaudir aux manœuvres que vous avez faittes.

Dans les premiers bouillons de la jeunesse lorsque lon ne suit que la vivacité d'une imagination qui n'est pas réglée par l'expérience, on sacrifie tout aux actions brillantes et aux choses singulières qui ont de l'éclat, a vingt ans Boileau estimoit Voiture, a trente, il lui préféroit Horace.

Dans les premières années que j'ay pris le commandement de mes troupes, j'étois pour les pointes, mais tant devenemens que j'ay vû arriver et auxquels j'ay eu part m'en ont desabusé, ce sont ces pointes qui m'ont fait manquer ma campagne de 1744, et c'est enfin pour avoir mal assuré la position de leurs quartiers que les François et les Espagnols ont enfin été reduits a abbandonner l'Italie.

J'ay suivi pas a pas votre campagne de Flandres et sans que j'aye assés de presomption pour me fier à mon jugement je crois que la critique la plus sévère ne peut y trouver prise. Le grand art de la guerre est de prévoir tous les événements, et le grand art du général est d'avoir préparé d'avance toutes les ressources pour quil ne soit point embarassé de son party lorsque le moment décisif den prendre est venu, plus les troupes sont bonnes, bien composées et bien disciplinées moins il y a dart à les conduire ; et comme c'est à surmonter les difficultés que s'acquiert la gloire, il est sûr que celui qui en a le plus a vaincre doit avoir aussi une plus grande part à l'honneur, on fera toujours de Fabius un Annibal, mais je ne crois pas qu'un Annibal soit capable de suivre la conduite dun Fabius.

Je vous félicite de tout mon cœur sur la belle campagne que vous venés de finir, je ne doute pas que le succès de votre campagne prochaine ne soit digne des deux précédentes ; vous préparés ces évenemens avec trop de prudence pour que les suites ne doivent pas y répondre, le chapitre des événemens est vaste, mais la prévoyance et l'habileté peuvent corriger la fortune.

Je suis avec bien de l'estime votre affectionné ami,

FÉDÉRIC.

---

(1) Dépôt de la guerre, volume 3149, pièce 1431.

ANNÉE 1747.

JANVIER.

Chapitre de l'ordre du Saint-Esprit. — Le roi de Pologne Auguste III. — Étrennes données par le Roi. — Ordre de l'Aigle blanc. — Mort de M. de Verneuil. — Logements de Versailles. — Voyage de Choisy. — Répétitions pour les spectacles des petits cabinets. — Nouvelles de l'armée de Provence. — M. d'Argenson l'aîné. — Départ des dames de la Dauphine. — Noce de Mlle de Mailly d'Aucourt. — Retraite du marquis d'Argenson ; sa négligence dans l'affaire de Gênes. — M. de Bussy et Mme de Pompadour. — M. de Puisieux. — Le maréchal de Saxe nommé maréchal général ; détails sur les maréchaux généraux. — Peine que le Roi éprouve à disgracier les ministres. — Le maréchal de Coigny fait duc héréditaire. — Indisposition de la Reine ; ses soupers chez le duc de Luynes. — Mort du marquis de Tavannes. — M. de Jonsac et le commandement de Saintonge. — Représentation du *Tartufe* dans les petits appartements ; difficulté d'y assister. — Faveur nouvelle de M. de Nivernois et de Mme de Brancas. — L'abbé de Bernis. — M. de Puisieux nommé secrétaire d'État. — M. de Richelieu annonce à la Reine le mariage de la Dauphine. — Mort de M. de Bellefonds. — Nouvelles de Provence. — Mort de la princesse de la Tour-Taxis. — Présentation de Mme Bachi, belle-sœur de Mme de Pompadour. — Maladie de M. de Puisieux. — Comédie dans les petits appartements. — Départ du prince Édouard. — Présentation de M. et de Mlles Ratcliffe. — Mme de Rubempré nommée dame de la Dauphine et Mme de Saulx dame du palais de la Reine. — Charge de secrétaire du cabinet avec la plume. — Incendie au château de Versailles. — Incertitude de la Reine levée par un ordre du Roi. — Mort de M. Talon. — Pension du Roi à Mlles Ratcliffe. — Arrivée de la Dauphine à Strasbourg. — Nouvel éclairage des galeries de Versailles. — Régiment donné. — Relation du maréchal de Belle-Isle sur ses opérations en Provence.

Du dimanche 1er. — Il y a eu chapitre de l'Ordre ce matin, avant la grande messe ; mais il n'y a été question que d'admettre les preuves de milord Clare et de M. d'Ardore, qui ont été reçus aujourd'hui. Milord Clare auroit pu être reçu plus tôt, s'il n'avoit pas été absent l'année passée, à cause du projet d'expédition sur l'Angleterre. Il y a eu grande messe de l'Ordre comme à l'ordinaire; c'est M. l'archevêque de Tours qui a officié; Mme de la Rivière la fille a quêté.

On croit que ce qui a empêché qu'il n'y ait eu une promotion aujourd'hui, c'est le roi de Pologne, électeur de Saxe. Il désire d'avoir l'ordre du Saint-Esprit; il en a déjà plusieurs autres, comme celui de Prusse et de Russie, mais il ne les porte point; il les met seulement les jours des fêtes de ces ordres. Il est contre les statuts de l'ordre du Saint-Esprit de ne le point porter, ce qui a déterminé le Roi à écrire au roi de Pologne s'il comptoit en user ainsi que des autres, parce qu'en ce cas il ne pourroit pas le lui envoyer. La réponse n'étant pas encore arrivée, c'est ce qui a différé la promotion. M. le comte de Loss a eu aujourd'hui audience particulière, en qualité d'ambassadeur de Pologne (1). M. des Issars, notre ambassadeur à Dresde, a été aussi honoré du même ordre, après en avoir obtenu l'agrément du Roi. M. le marquis d'Argenson paroît très-content de M. le marquis des Issars. Il m'a dit ce matin qu'il ne l'avoit proposé qu'après avoir connu son esprit et son caractère, et que sans cela toutes les recommandations qui lui ont été faites en sa faveur par M. le duc de Chartres et Mme la princesse de Conty auroient été inutiles; mais qu'il ne pouvoit se repentir de son choix; que M. des Issars avoit réussi tout au mieux dans la diète de Pologne, qu'il s'y étoit fait aimer, et que ses dépêches étoient telles qu'on pouvoit les désirer.

Du mercredi 4, Versailles. — Le Roi a donné à la Reine pour étrennes une fort belle tabatière. Il a donné à Madame un fort beau collier de diamants; il a donné aussi des étrennes à M. le Dauphin et à Madame Adélaïde. Le Roi a donné à Mme de Pompadour de parfaitement belles tablettes garnies de diamants, sur lesquelles sont les armes de S. M., et aux quatre coins des tours; ce sont les armes

---

(1) Il a outre cela l'ordre de Pologne. (*Note du duc de Luynes.*)

qu'a pris Mme de Pompadour. Dans les tablettes il y avoit un billet de 50,000 livres payable au porteur (1).

Lundi dernier il y eut grande messe pour les chevaliers morts dans l'année, suivant l'usage observé depuis quelques années.

On a eu des nouvelles de Dresde. Le mariage doit s'y faire le 10. Il sera suivi de beaucoup de fêtes jusqu'au 13, et Mme la Dauphine partira le 14. On compte qu'elle arrivera le 27 à Strasbourg, et qu'elle pourra être mariée ici le 8 ou le 9 février.

M. de Loss, ambassadeur de Pologne, mit le jour de son audience le cordon de l'Aigle blanc; c'est l'ordre de Pologne. Le ruban est bleu, et se porte de gauche à droite; la plaque se met à gauche, comme celle du Saint-Esprit. M. de Loss n'est point ambassadeur de la République, mais du roi de Pologne.

Du jeudi 5, Versailles. — M. de Verneuil mourut il y a deux ou trois jours, à Paris. Il étoit introducteur des ambassadeurs et secrétaire du cabinet du Roi, chargé de la plume. Il ne laisse qu'un fils, qui est marié et qui a depuis quelques années la survivance d'introducteur des ambassadeurs.

Du dimanche 8. — L'appartement de feu Mme de Mérode, qui est dans l'aile des Princes, auprès de celui qu'a présentement Mme la maréchale de Maillebois, a été donné à M. et Mme de Nivernois; et celui qu'avoient M. et Mme de Nivernois dans l'aile neuve, qui étoit à Mme d'Egmont, comme je l'ai marqué, vient d'être donné à M. et à Mme de Saulx.

Le Roi alla hier à la chasse; il revint ici prendre M. le Dauphin et les dames qu'il mène à Choisy; il entra chez

---

(1) Dans les comptes de Mme de Pompadour, publiés par M. Le Roi, il est dit en effet que la marquise reçut du Roi, au 1er janvier 1747, 50,000 livres. (*Relevé des dépenses de Mme de Pompadour*, mss. des archives de la préfecture de Seine-et-Oise, publié par M. Le Roi, dans les *Mémoires de la société des sciences morales et politiques de Versailles.*)

la Reine, qui avoit pris médecine et qui dînoit; il y resta fort peu de temps. Il a toujours l'air embarrassé avec la Reine, et la Reine avec lui; cependant, il faut convenir qu'il en agit bien avec elle et a des attentions. Le Roi partit ensuite pour Choisy. Les dames de ce voyage sont Mmes de Pompadour et d'Estrades, Mme la duchesse de Brancas (Clermont), la petite Mme de Pons (1), Mme du Roure et Mme de Sassenage. Le projet dans ce voyage est d'y faire des répétitions pour une comédie que l'on doit jouer, au retour ici, dans les petits cabinets (2). On croit même que ce sera dans la petite galerie auprès du cabinet vert (3). La première pièce que l'on jouera est *le Tartufe;* on dit que Mme de Pompadour joue à merveille dans cette pièce. Les six dames qui sont à Choisy, toutes doivent jouer, hors Mme du Roure et Mme d'Estrades.

Du lundi 9, Versailles. — On attend à chaque instant des nouvelles de quelque événement du côté de la Provence; M. le maréchal de Belle-Isle a envoyé ici le plan de son projet pour marcher aux ennemis, lequel a été vraisemblablement agréé. Son armée est presque entièrement rassemblée; il a envoyé M. de Chevert avec 8 bataillons dans la haute Provence pour s'opposer aux contributions que les ennemis y exigent; pour lui, il est toujours au Puget. Il paroît qu'il a trouvé le moyen de rassembler des subsistances; mais comme il ne peut marcher en avant qu'en formant un dépôt suffisant pour son armée, il a choisi le Luc pour ce dépôt. La difficulté étoit d'y faire voiturer les farines et fourrages, n'ayant ni chevaux ni mulets suffisants. Ainsi après avoir fait construire des fours au Luc, il a fait avertir les baillis des environs de la résolution où il étoit de les délivrer du

---

(1) Lallemant de Betz (*Note du duc de Luynes.*)
(2) Il y en a déjà eu quelques-unes de faites ici à Versailles. (*Note du duc de Luynes.*)
(3) *Voy.* l'article du 24 janvier.

séjour des ennemis, et en même temps de l'impossibilité où il se trouvoit d'exécuter ce projet s'il n'étoit aidé par les communautés pour le transport des fourrages ; il a donc demandé que l'on commandât 6,000 paysans pour lesdites provisions, ce qui s'exécute actuellement.

J'ai déjà marqué ci-dessus que l'on parle beaucoup, depuis longtemps, sur M. d'Argenson l'aîné ; le bruit se renouvelle depuis trois ou quatre jours. On prétend même que ce changement est déterminé, et que ce qui empêche qu'il ne soit déclaré aujourd'hui, c'est par rapport à la noce de M. d'Argenson, fils du cadet, avec Mlle de Mailly d'Aucourt, qui se fait aujourd'hui à Paris, chez Mme de Mailly, dans la maison que le Roi lui a donnée rue Saint-Thomas du Louvre.

Du jeudi 12, Versailles. — Les dames qui vont au-devant de Mme la Dauphine doivent prendre congé du Roi au retour de S. M. Elles partent après-demain ; elles doivent se trouver à neuf heures du matin aux Tuileries ; c'est là qu'elles montent dans les carrosses du Roi pour aller en poste coucher à Brie-Comte-Robert. Le Roi a réglé que chacune des dames de Mme la Dauphine auroit 1,000 écus pour ce voyage. Mme de Lauraguais a 2,000 écus à.......... Comme elles ne sont chargées ni des frais de la poste ni de leur nourriture, ni même de celle de leurs femmes de chambre, cette espèce de gratification est censée être pour les habits et les faux frais du voyage. Mme la duchesse de Brancas a demandé deux carrosses à elle, qui vont en poste à la suite de ceux du Roi ; Mme de Lauraguais n'en a qu'un. Outre cela, elles ont donné l'état du nombre d'hommes à cheval dont elles avoient besoin. Le payement des frais de la poste sera avancé par Mme de Brancas ; ils lui seront remboursés. Toutes ces dames ne seront point en grand habit, ni en allant ni en revenant (1).

---

(1) Mme de Lauraguais disoit il y a quelques jours que lorsqu'il y avoit

Lorsque Mme de Duras alla conduire Mlle de Beaujolois sur les frontières d'Espagne, le Roi lui fit donner 10,000 écus, mais le voyage étoit beaucoup plus long, et d'ailleurs Mme de Duras étoit obligée à une grande représentation.

La noce de Mlle de Mailly se fit lundi, comme je l'ai dit. MM. d'Argenson les deux frères y étoient et tous les ministres; il y avoit en tout quarante personnes. La mariée est extrêmement petite et point du tout jolie. Le lendemain le dîner fut chez M. le comte d'Argenson. A la fin du dîner, les deux frères reçurent chacun une lettre du Roi. On a su depuis que c'étoit pour le changement dans le ministère dont j'ai parlé ci-dessus. M. le marquis d'Argenson se retire des affaires étrangères. Tout le monde dit que cette place est donnée à M. de Puisieux; on ajoute même qu'il ne sera point secrétaire d'État, mais seulement ministre des affaires étrangères, et que le département des provinces dont étoit chargé M. le marquis d'Argenson sera ajouté à celui de M. de Saint-Florentin. A l'égard des conférences de Bréda, les uns nomment M. de Saint-Séverin, les autres M. de Courteil pour remplacer M. de Puisieux; mais jusqu'à présent rien n'est public que ce qui regarde M. le marquis d'Argenson. Il paroît que ce changement par rapport à lui étoit le vœu unanime tant des François que des étrangers, et même il avoit été poussé jusqu'au point de faire dire par certaines puissances, ou ennemies ou alliées de la France, que le Roi en gardant un tel ministre prouvoit bien qu'il ne vouloit pas sérieusement la paix. Cette clameur publique n'est pas l'effet d'une prévention particulière contre M. le marquis d'Argenson, car il n'a point d'ennemis. Tout le monde convient qu'il est honnête homme, qu'il

---

séjour dans une ville, elles étoient en grand habit, et même pour entrer dans une ville où Mme la Dauphine couchoit. (*Addition du duc de Luynes*, datée du 6 septembre 1747.)

a de très-bonnes intentions et qu'il veut le bien ; mais malheureusement il manque des talents nécessaires pour y parvenir. Cette manière générale de penser sur son compte étoit à la connoissance du Roi il y a longtemps; mais ce que l'on croit qui a déterminé S. M. a été l'aventure de Gênes. Dans le moment de la révolution, M. de Guimont, résident du Roi vers cette république, écrivit à M. le comte d'Argenson; il ne lui mandoit qu'un mot de ce qui se passoit à Gênes, se remettant pour le détail à une relation qu'il envoyoit à M. le marquis d'Argenson dans un gros paquet joint à sa lettre; il le prioit de faire passer sur-le-champ ce paquet à M. son frère. M. le comte d'Argenson l'envoya dans le moment. Étant ensuite allé travailler avec le Roi, il lui dit ce que contenoit la lettre de M. Guimont, ajoutant que M. son frère auroit l'honneur de rendre compte du détail à S. M. Le lendemain matin, étant venu faire sa cour au Roi, il crut devoir demander à S. M. si elle n'avoit pas quelque ordre à lui donner en conséquence de la révolution de Gênes; le Roi lui dit qu'il ne savoit rien de plus que ce qu'il lui avoit dit la veille, qu'il n'avoit pas encore vu son frère. M. le marquis d'Argenson arriva l'instant d'après; mais ce retardement déplut et avec raison. On prétend que M. le marquis d'Argenson jouoit à quadrille quand il reçut le paquet, et qu'il donna ordre qu'on le portât au bureau, et qu'il a rejeté la faute du retardement sur M. de Bussy; l'un des principaux commis des affaires étrangères, qui a déjà été employé dans plusieurs négociations. Ce qui est certain c'est que M. de Bussy a été renvoyé. Une circonstance qu'il n'est pas hors de propos de remarquer par rapport à l'événement présent, c'est que M. de Bussy trouva il y a quelques jours Mme de Pompadour dans l'appartement; il eut une longue conversation avec elle, et la conduisit même chez elle. Soit qu'il voulût se justifier, soit qu'elle voulût lui donner quelque consolation par des espérances prochaines, il est vraisemblable que s'il avoit déplu au Roi, elle ne l'auroit pas entretenu si longtemps.

Une autre circonstance qui pouvoit servir à annoncer un événement dans le ministère, c'est que M. de Maurepas ayant travaillé vendredi dernier avec le Roi et vidé son portefeuille, reçut ordre du Roi d'aller mardi dernier, avant-hier, à Choisy; il n'est point dans l'usage de travailler deux fois de suite avec le Roi, à moins que S. M. n'ait quelque ordre nouveau à lui donner.

J'ai oublié de marquer que M. le maréchal de Maillebois ne s'est point trouvé à la procession des chevaliers de l'Ordre. Il est d'usage d'appeler les chevaliers, présents ou absents, suivant leur rang; M. de Maillebois n'a été appelé que suivant la date de sa promotion, et non comme grand d'Espagne.

Du vendredi 13, Versailles. — On continue à parler toujours de M. de Puisieux; il paroît même que ce n'est plus une chose douteuse : on l'a mandé de Choisy comme certain; cependant il n'est pas arrivé, mais on l'attend aujourd'hui ou demain. Il paroît décidé que le Roi donne 30,000 livres de pension à M. le marquis d'Argenson, et outre cela 10,000 livres à son fils. A l'égard de l'arrangement pour la charge, on l'ignore encore. Il y a un brevet de retenue à payer de 400,000 livres, qui est le prix de cette charge; elle vaut 47 ou 48,000 livres, en comptant les 20,000 livres de pension comme ministre.

Le Roi voulant donner des marques particulières de bonté en cette occasion à M. le comte d'Argenson, lui a accordé les grandes entrées, pour que le public pût juger que la disgrâce de son frère ne retomboit en aucune manière sur lui.

Le Roi a donné aussi à M. le maréchal de Saxe la patente de maréchal général des camps et armées. Cet honneur avoit été accordé anciennement à M. le maréchal de Biron et à M. le maréchal de Lesdiguières; M. de Turenne l'obtint en 1660. On voit que ce ne fut point une création faite en sa faveur, comme il est dit dans son histoire. Il est même assez singulier que l'auteur de cette histoire, M. de Ramsay, ait avancé ce fait en rapportant en même temps dans les pièces, qui font le second volume, les provisions de cette charge, dans lesquelles il est dit qu'elle est vacante depuis longtemps. Il n'y a rien dans ces provisions qui donne au maréchal général le commandement sur les autres maréchaux de France ; cependant le Roi voulut en 1672 que MM. les maréchaux de Bellefonds, de Créqui et d'Humières prissent l'ordre de M. de Turenne; ils refusèrent d'obéir, et furent disgraciés; ils se soumirent quelques mois après aux ordres du Roi. Il y eut dans ce temps une délibération signée de quatre maréchaux de France, portant que leurs confrères doivent obéir aux volontés de S. M. et recevoir l'ordre de M. de Turenne ; mais, dans cette délibération, M. de Turenne n'est point qualifié de maréchal général des camps et armées; il est seulement traité de maréchal de France. M. le maréchal de Saxe fut avant-hier à Choisy, et le Roi lui dit : « Vous m'avez aussi bien servi que M. de Turenne avoit servi le feu Roi ; il étoit juste que je vous donnasse le même grade; je souhaite que vous l'imitiez en tout (1). »

Il est vraisemblable, après tout ce que j'ai dit ci-dessus, que ce qui a retardé le changement qui vient de se faire par rapport à M. le marquis d'Argenson a été principalement la peine qu'a le Roi à se déterminer à de pareilles démarches. Mme de Lauraguais me contoit aujourd'hui ce qu'elle a vu dans le temps de la disgrâce de M. Amelot. C'étoit pendant la grande faveur de Mme de Châteauroux. Elle étoit chez sa sœur; elle y vit arriver le Roi, fort pâle et d'une tristesse profonde; elle en fut

---

(1) Louis XV fait allusion à l'abjuration de Turenne.

effrayée et en demanda sur-le-champ la raison à Mme de Châteauroux, craignant qu'il ne fût arrivé quelque grand malheur. Mme de Châteauroux la rassura en lui disant qu'il n'y avoit autre chose que le renvoi de M. Amelot. Le Roi convint que pareille démarche lui faisoit de la peine et prenoit sur lui.

Du samedi 14, Versailles. — Le roi revint hier de Choisy sur les six heures.

Les dames de Mme la Dauphine comptoient prendre congé de la Reine et de Mesdames avant de prendre congé du Roi. C'est même le plus grand respect de prendre congé du Roi le dernier, de même que de lui faire la révérence d'abord en arrivant; mais M. de Gesvres les fit avertir comme elles alloient entrer chez la Reine. C'est lui qui est d'année et qui a relevé M. d'Aumont.

On apprit hier que Mme d'Estissac est accouchée d'un garçon à la Roche-Guyon; c'est une grande joie dans cette famille. Mme d'Estissac avoit déjà eu un garçon, mais il est mort.

Nous apprîmes hier, au retour du Roi, que S. M. a fait duc héréditaire M. le maréchal de Coigny. Cette même grâce fut accordée, comme l'on sait, à M. le maréchal de Broglie sur les plaintes vives de ce qu'on l'avoit accordée à M. le maréchal de Belle-Isle. M. de Coigny s'étoit plaint aussi d'avoir été oublié, d'autant plus que la campagne d'Allemagne et le siége de Philipsbourg sembloient lui donner quelques justes espérances; on croyoit même dès ce temps-là qu'il auroit cette dignité, d'autant plus qu'il avoit en sa faveur, de plus que les autres, une raison particulière : que le Roi a toujours conservé beaucoup d'amitié pour son fils, M. le comte de Coigny. Une réflexion que l'on peut faire, c'est que par les circonstances M. de Belle-Isle a été l'occasion qui a déterminé S. M. à faire sept maréchaux de France et trois ducs. Ce que je viens d'expliquer le prouve pour les ducs, et l'on sait que les maréchaux de France étoient les anciens de M. de Belle-Isle, et que l'on vouloit lui donner cette dignité en l'envoyant à Francfort.

M. de Verneuil vint ici hier pour la première fois depuis la mort de son père. Il a un brevet de retenue de 200,000 livres sur la charge de secrétaire du cabinet, qui est le prix de cette charge. La plume qui est attachée à cette charge n'est point encore donnée; l'usage est assez de la donner à l'ancien : c'est par cette raison que M. de la Faye la demande ; cependant c'est une grâce qui dépend absolument de la volonté du Roi.

Le roi soupa hier dans ses cabinets. Avant de se mettre à table, il alla voir la Reine, qui est toujours incommodée de son rhumatisme. L'ordre étoit donné dès le matin pour le souper dans les cabinets. A sept heures le Roi dit qu'il souperoit au grand couvert, et à huit heures cet ordre fut changé.

Depuis le départ du Roi, la Reine a soupé chez moi tous les jours.

On apprit hier que Mme de Lautrec (Rohan-Chabot) est tombée en apoplexie; elle est en couches : elle s'est blessée étant grosse de six mois.

On a appris aujourd'hui que M. le marquis de Tavannes est mort à Paris, d'une inflammation d'entrailles; c'est celui qui avoit eu le grand procès avec M. de Brun pour l'enlèvement de Mlle de Brun. Il avoit été condamné, et depuis peu avoit obtenu sa grâce, comme je l'ai marqué. Il avoit été lieutenant réformé à la suite de mon régiment. Depuis son procès il avoit été obligé de passer dans les pays étrangers; il étoit entré au service de l'électeur de Bavière, depuis empereur; pendant ce temps-là il avoit fait plusieurs voyages en France assez indiscrètement, pouvant être arrêté en conséquence du jugement qui avoit été rendu. Il s'étoit trouvé à portée de M. de Brun pendant que nos troupes étoient en Bavière; il avoit fait toutes les démarches possibles pour le fléchir, sans pouvoir y parvenir. Il n'avoit quitté le service de Bavière que lorsque l'électeur d'aujourd'hui a quitté l'alliance de la France; je ne sais pas précisément quel âge il avoit, mais ce doit être quarante ans.

J'ai marqué ci-dessus que l'appartement qu'avoit Mme de Montmorin ici dans l'aile neuve avoit été donné à M. de Flamarens; il vient de changer cet appartement contre un plus petit que M. de Clermont-Gallerande avoit dans un petit corridor qui rend dans celui du contrôleur général. C'est Mme la duchesse de Brancas qui fait principalement usage de cet appartement et avec qui cet arrangement s'est fait.

J'ai toujours oublié de marquer que M. de Jonsac, lieutenant général de la province de Saintonge, qui étoit depuis un an ou deux dans ses terres, vint ici il y a quelque temps. La descente des Anglois en Bretagne ayant donné occasion de pourvoir à la sûreté de toutes nos côtes, M. de Chabannes fut envoyé pour commander dans l'Aunis et dans la Saintonge. M. de Jonsac, qui est maréchal de camp de 1738 et qui a toujours demandé à servir avec la plus grande instance, fit ici de fortes représentations sur ce qu'il avoit toujours eu l'honneur de commander en Saintonge, en vertu de sa charge de lieutenant général de la province; en conséquence, ce commandement lui a été rendu et a été séparé de celui de M. de Chabannes.

Du mardi 17, Versailles. — Hier il y eut, comme je l'ai dit, comédie dans les petits appartements; on joua *le Tartufe*. Les actrices étoient : Mme de Pompadour, Mme de Sassenage, Mme la duchesse de Brancas et Mme de Pons. Les acteurs : M. de Nivernois, M. d'Ayen, M. de Meuse, M. de la Vallière, M. de Croissy, qui joua même fort bien; je crois que j'en oublie quelques-uns. Il y avoit fort peu de spectateurs : le Roi, Mme d'Estrades, Mme du Roure et M. le maréchal de Saxe, et je crois M. de Tournehem, M. de Vandières, Champcenetz et son fils, quelques autres domestiques du Roi ; en tout il n'y avoit que quatorze personnes ; il n'y avoit point de musiciens de profession à l'orchestre, mais seulement M. de Chaulnes, M. de Sourches, avec quelques-uns de leurs domestiques qui sont musiciens, et outre cela M. de Dampierre, gentilhomme des Plaisirs (1).

M. le maréchal de Noailles avoit demandé avec instance à assister au petit spectacle ; il a été refusé ; M. le prince de Conty a été aussi refusé ; M. le comte de Noailles a extrêmement sollicité la même grâce sans l'obtenir, et comme il avoit envie d'aller à Paris, il dit au Roi qu'après un aussi grand dégoût il falloit bien qu'il prît le parti d'aller à Paris chercher à calmer sa douleur. Le Roi lui répondit en badinant qu'il feroit fort bien. Il dit ensuite à M. le Dauphin : « Le comte de Noailles va à Paris se consoler entre les bras de sa femme d'un dégoût qu'il a eu à la Cour. » M. le Dauphin voulut savoir ce que c'étoit que ce dégoût ; le Roi lui dit : « C'est un secret. » Le théâtre comme je l'ai déjà marqué est dressé dans la petite galerie ; ce ne sont point les Menus qui se sont mêlés de cet ouvrage, ce sont les Bâtiments. M. de Gesvres, quoiqu'en année, est censé l'ignorer et n'a point eu la permission d'assister au spectacle.

Ce n'est que depuis peu que M. de Nivernois est admis dans le particulier du Roi ; cette faveur est nouvelle aussi pour Mme de Brancas ; l'une et l'autre vient de Mme d'Estrades. Mme de Brancas est fort amie de Mme d'Estrades et fort peu de Mme de Pompadour. A l'égard de M. de Nivernois, il est fort ami de M. l'abbé de Bernis, lequel est ami depuis longtemps de Mme d'Estrades. C'est ce même abbé de Bernis qui, par Mme d'Estrades, et en-

---

(1) Voy. aussi : *Spectacles des petits cabinets de Louis XV*, dans les œuvres de Laujon. — Ce curieux chapitre a été réimprimé dans la *Bibliothèque des mémoires* de MM. Didot, t. III, p. 155. — Mais les Mémoires du duc de Luynes nous en apprennent bien davantage que Laujon.

suite par Mme de Pompadour, a déterminé le Roi en faveur de M. le baron de Montmorency pour la place de menin. L'abbé de Bernis est un homme de lettres, mais qui n'est point à son aise. Le baron de Montmorency l'avoit logé chez lui; il a cherché à lui marquer sa reconnoissance. Mme de Pompadour avoit grand désir d'obtenir une pension du Roi sur un bénéfice pour l'abbé de Bernis; mais cette proposition n'a point été goûtée par M. l'évêque de Mirepoix, et comme le Roi s'en rapporte entièrement à lui pour ce qui regarde les bénéfices, l'affaire a manqué; mais le Roi y a suppléé par une pension de 1,800 livres sur sa cassette.

Du mercredi 18, *Versailles*. — M. de Puisieux est arrivé ce matin; il a fait sa révérence au Roi. S. M. l'a reçu avec beaucoup de bonté. Il a dit au Roi qu'il étoit toujours prêt à exécuter ses ordres, mais qu'il sentoit combien il étoit peu capable d'un emploi d'une aussi grande confiance; qu'il ne s'étoit jamais appliqué à cette sorte d'étude que par quelques lectures qui ne pouvoient lui avoir donné les talents et les instructions nécessaires; que pour son zèle et son attachement, ils étoient sans bornes; qu'il sacrifioit volontiers son repos et sa santé, mais qu'il avoit tout lieu de craindre que, par faute de lumières et d'expérience, le succès ne répondit pas à ses désirs; que par rapport à la charge de secrétaire d'État, il savoit que l'on avoit dit sans aucun fondement qu'il ne voudroit pas l'accepter; qu'il étoit bien éloigné d'avoir des sentiments si peu convenables; qu'il n'oublioit point que cette charge avoit déjà été dans sa famille, et qu'il se tiendroit toujours honoré de tout emploi dans lequel S. M. le pourroit juger utile à son service. Après que le remercîment de M. de Puisieux a été fait, le Roi l'a fait entrer dans son cabinet et a eu une conversation avec lui d'environ trois quarts d'heure, tête à tête, dans laquelle il lui a donné encore des marques de bonté plus particulières. M. de Puisieux sera donc secrétaire d'État;

ce titre même est nécessaire pour qu'il puisse signer les expéditions qui regardent les affaires étrangères ; mais il n'aura point le département des provinces, et par conséquent ne rapportera point au conseil de dépêches.

Du vendredi 20, Versailles. — M. de Puisieux entra hier au conseil d'État pour la première fois ; il n'y a eu que deux conseils d'État depuis que M. le marquis d'Argenson est remercié.

Hier au soir, M. de Puisieux apporta à la Reine, pendant qu'elle étoit à souper chez moi, une lettre de M. de Richelieu. Cette lettre venoit d'arriver avec plusieurs autres par un gentilhomme de M. le duc de Richelieu. Les lettres sont datées du 10. Elles ont été écrites immédiatement après le mariage qui venoit de se faire. Mme la Dauphine devoit partir le 14.

Du dimanche 22, Versailles. — Avant-hier, on apprit ici la mort de M. de Bellefonds ; il avoit environ trente-huit ans. Sa femme, qui est attachée à Mme la Dauphine, reste grosse de deux ou trois mois ; elle est fille de M. du Châtelet, gouverneur de Vincennes. A son mariage, le gouvernement de Vincennes fut donné à M. de Bellefonds ; M. du Châtelet s'en réservoit l'exercice pendant quinze ou dix-huit ans ; ce temps est expiré ou prêt à finir ; par conséquent ce gouvernement étoit perdu pour M. du Châtelet ; Mme sa fille a écrit au Roi. Le Roi lui a répondu : les termes de sa lettre sont remplis de bonté ; il lui mande qu'il rend à M. du Châtelet le gouvernement de Vincennes. M. et Mme de Bellefonds n'avoient point d'enfants.

Jeudi dernier, Mme de Luynes mena Mme de Puisieux faire ses remercîments au Roi, à la Reine, à M. le Dauphin et à Mesdames.

On a eu ces jours-ci des nouvelles de Provence. On compte que M. le maréchal de Belle-Isle a dû marcher aux ennemis le 18 ou le 20. Il lui faut cinq ou six jours de marche. Toutes les mesures qu'il a prises pour rassembler des subsistances sont presque incroyables ; il a trouvé le moyen d'avoir 6,000 ânes et 10 ou 12,000 paysans, tant hommes que femmes, sans compter les mulets qu'il fait fournir par corvées, au lieu qu'on avoit coutume de les faire payer au Roi assez cher. Par tous ces expédients il s'est mis en état d'avoir pour dix-huit ou vingt jours de vivres et de fourrages. En attendant les fonds qui lui ont été envoyés, il a emprunté sur ses billets les sommes qui lui étoient absolument nécessaires.

La révolution de Gênes subsiste toujours; on dit que les Génois ont 38,000 mille hommes armés, sans compter 7,000 Corses qui sont venus les joindre.

Du 23. — On apprit ici il y a cinq ou six jours la mort de Mme la princesse de la Tour-Taxis : elle est morte à Vienne; elle étoit fille de M. le prince de Lambesc.

Mme de Pompadour amena hier ici chez Mme de Luynes Mme Bachi; sa belle-sœur; elle est sœur de M. d'Étioles; son mari est homme de condition de Provence ou de Languedoc, neveu et de même nom que MM. d'Aubigné. Il fut présenté il y a quelques jours; pour elle, elle sera présentée demain; elle demeurera avec M. de Tournehem à la surintendance et fera les honneurs de sa maison.

L'appartement qu'avoit feu M. de Verneuil au bout de l'aile des Princes, dans la surintendance, au-dessus de M. de Mirepoix, vient d'être donné à M. le comte de Maillebois avec celui qu'avoit M. de Puisieux.

Du mardi 24. — Avant-hier dimanche, M. de Puisieux prêta serment entre les mains du Roi pour la charge de ministre d'État. Il entra ensuite au conseil d'État, où il se trouva mal; il y resta cependant jusqu'à la fin; mais il en sortit ayant la fièvre. Il l'eut avant-hier et une partie de la journée d'hier, sans voir de médecin. Cette nuit on a envoyé querir Bouillac et Castera, médecin de Metz, qui s'est trouvé ici depuis hier au soir; il a été saigné une fois du bras et deux fois du pied, et a pris de l'émétique. Il n'est pas encore hors de danger. Hier il y eut comédie dans les petits appartements. Le théâtre est dans la petite galerie d'en bas qui donne sur l'escalier des ambassadeurs ; on y joua *Le préjugé à la mode*, et pour la petite pièce *L'esprit de contradiction* (1). Ces deux pièces furent fort bien exécutées, et Mme de Pompadour joua à merveille, à ce que l'on dit. M. le duc de Duras joue aussi très-bien et M. de Croissy. Mme de Brancas, Mme de Pons, M. de Gontaut y jouent médiocrement; M. de Nivernois tout au mieux. M. de Grimberghen fut admis au nombre des spectateurs; Mme de Pompadour l'aime beaucoup. Après le souper, il y eut un petit bal; Mme de Pompadour dansa un menuet avec M. de Clermont-d'Amboise ; ensuite il y eut des contredanses où le Roi dansa.

Du jeudi 26, Versailles. — Nous avons su, au sortir du conseil d'État, que M. du Theil a été nommé ministre plénipotentiaire pour remplacer M. de Puisieux à Bréda.

Il est arrivé un courrier de Provence; il ne paroît pas qu'il y ait aucun sujet d'inquiétude à avoir sur la santé de M. le chevalier de Belle-Isle. M. le maréchal devoit marcher le 21.

Il est décidé que ce sera à Troyes que le Roi enverra un de MM. les premiers gentilshommes de la chambre (2), et la Reine son chevalier d'honneur.

Le prince Édouard partit de Paris la nuit d'avant-hier à hier; les uns disent qu'il n'est pas content du peu de secours qu'on lui a donné et qu'il se retire à Avignon. D'autres, qu'il y a plusieurs articles préliminaires pour la paix d'arrêtés, et qu'entre autres les Anglois ont demandé et obtenu que ce prince sortît du royaume. D'autres raisonnements enfin veulent que l'Angleterre soit fort inquiète d'une flotte que l'on arme à Brest.

M. de Puisieux a été purgé aujourd'hui; il est presque sans fièvre.

Mme la comtesse de Linange, qui étoit dame d'hon-

---

(1) Comédies de La Chaussée et de Dufrény.
(2) C'est M. de Fleury. (*Note du duc de Luynes.*)

neur de la reine de Pologne depuis vingt-neuf ans, mourut à Lunéville il y a quelques jours.

M. Ratcliffe ou Devenwater, qui je crois s'appelle aussi Doromat, fut présenté ici il y a deux ou trois jours. Ses trois sœurs ont été présentées aujourd'hui à la Reine, dans les appartements; ils viennent d'Angleterre ou d'Écosse; leur père étoit jacobite, et vient d'être décollé, non pas en conséquence de la dernière révolution d'Écosse, mais par une ancienne condamnation qui avoit été prononcée contre lui. Son frère avoit eu le même sort.

Du vendredi 27, *Versailles*. — Mme de Rubempré fut déclarée hier au soir dame de Mme la Dauphine; il n'y a aucune des neuf places vacante; ainsi elle sera surnuméraire.

Mme de Luynes a mené aujourd'hui Mme de Saulx chez le Roi, chez la Reine, etc., faire ses remercîments pour la place de dame du palais de la Reine. Elle a eu cette place à la mort de Mme de Mérode.

M. de Verneuil vient d'obtenir l'agrément du Roi pour la charge de secrétaire du cabinet avec la plume; cette grâce ne sera publique que dimanche, parce qu'il y a quelques arrangements à prendre et qu'il ne fera ses remercîments que ce jour-là. Son père avoit un brevet de retenue sur cette charge; c'est le prix entier. La charge de secrétaire du cabinet vaut 8,000 livres de rente; quand la plume y est jointe, elle en vaut 16,000. Celui qui a la plume est chargé d'entretenir l'écritoire du Roi d'encre, plumes, papier, etc. Cette dépense va à environ 1,000 ou 1,100 livres par an.

Du dimanche 29. — Avant-hier M. de Puisieux étoit aussi bien qu'il soit possible et presque sans fièvre, cependant avec de l'agitation et de l'insomnie. La nuit d'avant-hier à hier la petite vérole parut. Il fut transporté sur-le-champ, suivant la règle et l'usage; on le porta dans la maison où loge M. l'abbé de la Ville auprès des

Récollets. Il est jusqu'à présent aussi bien qu'il soit possible. Castera, le médecin de Metz, qui s'y est acquis une grande réputation et qui est estimé de tous ceux qui le connoissent, est enfermé avec M. de Puisieux. Il s'étoit trouvé ici par hasard, et ce fut Mme de Luynes qui le proposa dans le commencement de la maladie.

Le feu prit hier au château de Versailles, au bout de l'aile neuve. Il commença par un entre-sol qui est au-dessus de la porte de M. le duc de Charost, soit par la négligence du Suisse de M. de Charost, soit qu'il se fût endormi; ce qui est certain, c'est que ce Suisse a pensé y périr. Le feu fut très-violent; heureusement il ne s'est point étendu au delà des quatre murailles qui forment l'enceinte de l'antichambre de M. de Charost; mais il a monté jusqu'en haut et a fort endommagé l'appartement de M. de Luxembourg, dont il a fallu jeter les meubles par les fenêtres. Les secours ont été portés le plus promptement qu'il a été possible par les compagnies des gardes françoises et suisses qui sont ici. MM. des Bâtiments y ont toujours resté, M. de Tournehem à la tête, qui donnoit les ordres nécessaires; et quand tout a été apaisé avec une prodigieuse quantité d'eau, on y a laissé une garde de trente Suisses de la garde pour y passer la nuit. Les Récollets sont venus pour aider à éteindre le feu.

Il arriva hier ici un courrier de M. le maréchal de Belle-Isle. On trouvera ci-après (1) le détail des nouvelles qu'il a apportées; c'est l'extrait d'une lettre que M. de Belle-Isle a écrite à Mme de Luynes. M. de Belle-Isle n'a envoyé à M. d'Argenson que la lettre que lui a écrite M. de Maulevrier.

La Reine avoit toujours été dans l'incertitude si elle coucheroit à Choisy, en allant au-devant de Mme la Dauphine; le Roi lui fit dire avant-hier par M. de Maurepas

---

(1) Voyez à la page 95.

qu'elle iroit au-devant de Mme la Dauphine jusqu'à Juvisy, à l'endroit qu'on appelle la cour de France ; que de là elle viendroit à Choisy y faire un dîner-souper, et qu'ensuite elle retourneroit coucher à Versailles.

M. Talon mourut il y a deux ou trois jours, à Paris ; il avoit épousé Mme Larcher, mère de Mme la comtesse d'Argenson. Le Roi a envoyé chez M. et Mme d'Argenson. S. M. envoya à l'occasion de la mort de Mme de Mazarin chez M. et Mme de Maurepas, chez M. et Mme de Saint-Florentin. On dit que ce n'est point l'usage que le Roi envoie chez les ministres, et l'on verra ci-dessus que c'étoit sans tirer à conséquence.

Du mardi 31. — Le Roi accorda il y a trois ou quatre jours une pension de 1,500 livres à chacune des filles de milord Ratcliffe ou Doromat ; elles sont trois, comme je l'ai marqué. Le premier mouvement de S. M. avoit été de leur donner à chacune 2,000 livres ; mais M. d'Argenson lui représenta qu'elles seroient mieux traitées que leur frère, à qui le Roi a donné une commission de colonel réformé, qui ne vaut que 1,800 livres.

Samedi, le Roi, après avoir soupé dans les petits cabinets, fut au bal ici à la petite écurie, chez M. de Croismare.

M. de Puisieux, qui est actuellement dans le quatrième jour de sa petite vérole, est tout au plus mal depuis hier ; il a reçu ses sacrements cette nuit.

Le courrier que l'on attendoit de Strasbourg arriva hier ; il apporta la nouvelle de l'arrivée de Mme la Dauphine à Strasbourg. Elle y arriva vêtue à la polonoise. Il paroît par tout ce que l'on en dit qu'elle est assez grande pour son âge, qu'elle a d'assez belles dents et une belle taille, un vilain nez ; et quoiqu'elle ne soit point belle, qu'elle a en tout une figure qui plaît. Le courrier apporta une lettre de M. de la Fare au Roi. M. de la Fare en écrit une en même temps à Mme de Luynes, dans laquelle il lui envoie la copie de celle qu'il écrit au Roi. Dans cette lettre que j'ai lue, il commence par rendre compte de la réception de Mme la Dauphine, et se sert du terme de *nous*, parce que c'est à lui et à Mme de Brancas qu'elle a été remise.

Il y a sept ou huit jours qu'on a fait ici un nouvel arrangement pour les lanternes des galeries (1). Ce ne sont plus des lanternes avec des bougies jaunes, suivant l'usage ancien, mais des lampes à l'huile; on les élève plus que les autres, et elles touchent presque à la voûte. Le marché est fait avec l'entrepreneur à 3 sols par jour par chaque lanterne; elles durent beaucoup plus longtemps que les autres.

J'ai toujours oublié de marquer que le régiment des volontaires royaux qu'avoit M. de Mortani a été donné depuis peu à M. de Chabot, qui avoit un régiment de cavalerie. M. de Mortani, qui est lieutenant général, ne s'est pas soucié de garder plus longtemps le commandement de ce régiment.

J'ai marqué ci-dessus que l'on trouveroit la relation de ce qui s'est passé en Provence. Je fais copier ci-après l'extrait d'une lettre que M. le maréchal de Belle-Isle a écrite à Mme de Luynes, et la relation qui a été envoyée à Mme la maréchale de Belle-Isle.

Extrait de la lettre de M. le maréchal de Belle-Isle, du 23 janvier 1747.

Je suis enfin parvenu à rassembler l'armée et à marcher en avant. Je ne saurois assez me louer de M. de la Mina, qui a acquiescé à tout ce que j'ai proposé. Ce qu'il y a eu de troupes d'Espagne à l'attaque de Castellane y a combattu avec une émulation et une fraternité admirables. M. de Maulevrier, que j'avois chargé de cette commission, s'en est acquitté avec autant d'activité que d'intelligence; il l'a pris de vive force, et y est entré l'épée à la main; il y avoit dedans quatre bataillons, dont trois autrichiens et un piémontois, commandés par M. de Neuhaus, lieutenant général autrichien, qui y a été pris avec beaucoup d'autres, dont je ne sais pas encore le détail. Nos soldats

---

(1) Ces galeries ou corridors desservaient les appartements et ont été converties depuis en galeries de sculptures.

ont tué tout ce qui y étoit de troupes irrégulières. La prise de ce poste est encore moins importante par ce qui y étoit que par tous les avantages qu'il nous procurera pour resserrer les ennemis dans leurs subsistances. M. de Browne (1) en avoit bien pensé de même, en ayant retiré M. d'Ormea, dont on fait peu de cas, pour y mettre M. de Neuhaus. Il avoit poussé plusieurs bataillons en échelons pour soutenir ce poste et s'étoit avancé lui-même avec le gros de son armée à Grasse, qui en est fort à portée. L'on a achevé de construire aujourd'hui tous nos ponts. J'ai plusieurs détachements du côté de l'Argens qui ont chassé les ennemis de tous les postes qu'ils y gardoient. L'armée passera demain cette rivière et ira camper à Lorgues. Notre expédition durera autant que le fourrage nous le permettra.

Relation envoyée à Mme la maréchale de Belle-Isle, du camp de Lorgues, le 24 janvier 1747.

Il n'y a rien eu à mander de nouveau depuis le 8, notre général ayant employé tout ce temps à rassembler les fourrages ; et pour pouvoir plus tôt se mettre en mouvement, il a engagé les soldats à porter eux-mêmes le fourrage destiné aux officiers de l'infanterie pour dix jours, au moyen d'une gratification qu'il leur fait chaque jour de marche. Tous ces expédients l'ont enfin mis en état de rassembler toutes les troupes et de se mettre en marche le 21 de ce mois. Il avoit fait occuper par M. de Puisignieux, détaché avec douze cents hommes, les postes importants de Saint-Auban, de Soleillas, de Braye et de Briançonnet, ce qui, en fermant l'entrée des vallées d'Entrevaux, resserre les ennemis, qui n'avoient plus d'ouverture que par Castellane, qu'il ne vouloit faire attaquer que lorsqu'il seroit en état de faire son mouvement général. L'armée est venue camper à Goufaron ledit jour 21. M. le marquis de Mirepoix, qui commande le corps de réserve de la droite, a campé au Luc, et l'avant-garde, commandée par M. d'Arnault, maréchal de camp, s'est portée jusqu'au pont du Canet avec tous les agrès nécessaires pour jeter des ponts sur la rivière d'Argens. M. le maréchal de Belle-Isle avoit pris la veille un rendez-vous avec M. le marquis de la Mina pour concerter toutes choses ; et en effet les Espagnols ont marché le même jour 21 sur deux colonnes. Les troupes qui étoient à Saint-Maximin et à Brignolles se sont portées au Val, et le 22 à Carces, où on a commencé à construire deux ponts sur la même rivière. Le reste des troupes espagnoles,

---

(1) Browne (Maximilien-Ulysse, comte de), général autrichien d'origine irlandaise, né à Bâle, le 23 octobre 1705, mort à Prague, le 26 juin 1757. C'est lui qui commandait l'armée autrichienne en Provence.

JANVIER 1747.

qui étoit dans le derrière du côté d'Aix, se sont portées à Barjols, dont elles ont poussé une avant-garde à Salernes. Les ennemis ayant fait mine de s'opposer le 21 au passage de l'Argens, vis-à-vis Vidauban, M. de Poulpry, qui s'y étoit porté avec l'avant-garde de M. de Mirepoix, leur fit tirer quelques coups de canon, qui ayant causé quelques désordres dans une troupe d'environ cinq cents houssards, les nôtres, commandés par M. de Ferrary, soutenus des dragons de la Reine, passèrent l'Argens, partie au gué, partie à la nage, chargèrent l'ennemi considérablement supérieur, le culbutèrent, en tuèrent beaucoup, et firent un capitaine et onze autres prisonniers. Nous n'y avons eu que six houssards et six dragons de tués et onze blessés. Ceux qui étoient vis-à-vis le Canet se sont contentés de faire une décharge et puis se sont retirés. L'intention de notre général étant de mettre M. de Browne dans l'incertitude, il a fait paroître cinq têtes à la fois, ayant encore un gros détachement d'environ deux mille hommes sur Aups.

Le même jour 21, M. le comte de Maulevrier, qui étoit à Riez et à Moustiers avec treize bataillons et les dragons du Roi et d'Aubigny, a marché toute la nuit avec une telle diligence, ramassant en chemin les différents détachements qui occupoient les postes du Verdon et autour de Castellane, qu'il est arrivé sur les hauteurs qui dominent cette ville à la pointe du jour, tandis que les Suisses au service d'Espagne, qui étoient en marche de Savoie pour joindre l'armée, sont arrivés le même jour 21 et à la même heure sur les hauteurs de Castellane par le chemin qui vient de Senez. M. le maréchal de Belle-Isle dans cette vue avoit fait agréer à M. le marquis de la Mina de changer la route de ces Suisses à Sisteron, en leur faisant prendre le chemin de Senez au lieu de celui de Manosque. M. le marquis de Taubin, brigadier-capitaine des gardes wallonnes, que M. de la Mina a choisi pour prendre le commandement desdits Suisses, s'étoit rendu pour cela à Riez pour y recevoir les ordres de M. de Maulevrier; ce qui a été si bien concerté, que M. le baron de Neuhaus, lieutenant général des armées de la reine de Hongrie, qui commandoit à Castellane, n'a été informé de la marche de nos troupes que quand il en a été attaqué le 21 à la pointe du jour. L'action a été très-vigoureuse; les troupes espagnoles et les nôtres se sont comportées à l'envi et avec la plus grande émulation. L'action a duré trois heures, et l'on est entré dans Castellane l'épée à la main. Il y avoit dedans les trois bataillons autrichiens d'Hagenbach, Berenklau et Palfi, et celui de Casal, Piémontois, avec un assez grand nombre de troupes irrégulières. L'on a tué beaucoup de ces derniers et fait quantité de prisonniers, du nombre desquels est M. de Neuhaus lui-même, blessé. M. de Maulevrier, qui a écrit fort à la hâte, mande à notre général qu'il ne peut pas encore lui marquer la quantité des morts, des blessés, ni des prisonniers.

mais seulement qu'il y en a beaucoup et que nous n'y avons perdu personne de marque.

Le 22, l'armée est venue camper au Luc; M. de Mirepoix à Vidauban. L'avant-garde de M. d'Arnauld a passé l'Argens sur un pont provisionnel propre à l'infanterie et a poussé un gros détachement sur l'Argens, d'où il a chassé les ennemis. Le reste des divisions espagnoles sont arrivées à Carse, à Barjols et à Salernes. M. de Maulevrier a séjourné à Castellane et a dû faire occuper plusieurs postes en avant pour se communiquer avec M. de Puisignieux. Le 23, l'on a séjourné pour achever de perfectionner les ponts.

FÉVRIER.

Audience du baron de Keller. — Le duc d'York à Versailles. — M. de Bissy fils. — Lettres du roi et de la reine de Pologne et de la Dauphine. — Mort de M. de Volvire. — Mandement de l'évêque d'Amiens. — Sermon du P. d'Héricourt. — Maladie de M. de Puisieux. — Préparatifs pour l'arrivée de la Dauphine. — Présentation de la marquise de Villeroy. — Invitations pour Choisy. — Portrait de la Dauphine. — Plaisanterie de Mme de Pompadour sur sa position. — Arrivée de la Dauphine. — Suite du portrait de la Dauphine. — Diner à Choisy. — Difficulté pour la cérémonie du mariage du Dauphin. — La Dauphine à Versailles; son mariage à la chapelle. — La Dauphine reçoit les serments de sa maison. — Bal paré à la salle du manége. — Coucher de la Dauphine. — Fêtes à la suite du mariage. — Mort du chevalier Daguesseau. — Ballet de *l'Année Galante*. — Souper de la Reine chez le duc de Luynes. — Bal masqué dans le salon d'Hercule et dans la grande galerie. — Titre des dames de la Dauphine. — Cérémonie du jour des Cendres. — Les ennemis repassent le Var. — Illuminations de Versailles. — La Dauphine à la chasse du Roi. — Caractère et habitudes de la Dauphine. — Présents donnés par la Dauphine. — Dames de la Dauphine avant son mariage et seigneurs de Dresde venus à sa suite. — Députation du Parlement; discours du Roi; affaire du mandement de M. d'Amiens; arrêté du Parlement. — Continuation des fêtes du mariage. — Représentations du premier président du Parlement. — Départ de M. de Puisieux. — Le Dauphin à la comédie des cabinets. — Mariage du chevalier de Brancas.

Du vendredi 3, Versailles. — Mardi 31 du mois dernier, un envoyé extraordinaire de Wurtemberg (1) eut audience particulière; il étoit conduit par M. de Verneuil

---

(1) Le baron de Keller.

et par M. de Maurepas, lequel fait les fonctions de ministre des affaires étrangères pendant la maladie de M. de Puisieux. On prétend que si M. de Puisieux étoit mort, ç'auroit été M. de Maurepas qui auroit eu sa place, et que la marine auroit été donnée à M. le contrôleur général (1), sans qu'il quittât pour cela les finances. On ajoute que si M. de Montmartel avoit voulu être contrôleur général, on auroit bien pu lui donner cette place; mais on doute beaucoup qu'il eût voulu l'accepter.

Le même jour mardi, M. le duc d'York vint ici; il vit le Roi en particulier et ensuite la Reine. Il dit que le prince Édouard est parti, ne pouvant soutenir les nouvelles qu'il recevoit tous les jours des cruautés qu'on exerce en Angleterre sur ceux qui lui ont été attachés.

Il y a deux ou trois jours que le Roi dit à M. de Bissy le fils qu'il pouvoit se préparer à aller en Provence. M. de Bissy commandoit la cavalerie l'année passée dans l'armée de M. le prince de Conty. Comme il est vraisemblable que cette armée ne s'assemblera pas cette année, tout au plus sur le papier, il a désiré avoir une occupation plus réelle; il est fort bien avec M. le maréchal de Belle-Isle.

M. de Richelieu arriva avant-hier après midi, après le débotté du Roi, à qui il remit des lettres du roi et de la reine de Pologne et de Mme la Dauphine; il en remit aussi à la Reine. La Reine m'a montré celles qui lui sont adressées; elles sont écrites en mauvais françois, un style dur et des expressions allemandes, particulièrement celles du roi et de la reine de Pologne, qui sont lettres de style. Il y en a une particulière de la reine de Pologne à la Reine, dont le style est un peu meilleur. Celle de Mme la Dauphine n'est pas trop bien écrite pour le style, mais le caractère n'est pas mal. Les suscriptions sont;

---

(1) M. de Machault.

du Roi de Pologne : « A Madame ma sœur la reine de France; » de la reine de Pologne : « A la reine de France, Madame ma sœur; » celle de Mme la Dauphine : « A la Reine, Madame ma mère ». M. de Richelieu a confirmé au Roi ce qu'il lui avoit déjà mandé, que Mme la Dauphine entend assez mal le françois et qu'elle le parle encore plus mal.

M. de Richelieu nous a appris ici la mort de M. de Volvire. M. de Volvire est fils du lieutenant général qui est mort il y a plusieurs années; son oncle, le chevalier de Volvire, est employé en Bretagne. Ces deux frères ont été tous deux officiers supérieurs dans les gendarmes de la garde. Celui-ci, qui étoit fils de l'aîné, avoit un régiment; ce régiment étant hors d'état de servir actuellement, il avoit obtenu la permission d'aller avec M. de Richelieu à Dresde, et même de Dresde d'aller faire un tour à Berlin, ce qui avoit fait dire qu'il y étoit chargé de quelque commission. C'est en revenant de Dresde qu'il est mort de la petite vérole, à une journée avant d'arriver à Strasbourg.

Il y a déjà du temps que l'on parle d'un mandement de M. l'évêque d'Amiens (1), qui a donné occasion à beaucoup de mouvement dans le Parlement. Comme la Constitution y est qualifiée règle de foi, le Parlement ne peut voir cette qualification sans peine. Voulant donc agir contre ce mandement, il a cru user de ménagement en ne nommant point cette partie du mandement, et s'arrêtant à quelques autres expressions. M. l'ancien évêque de Mirepoix (2) a saisi cette affaire avec vivacité; sur ses représentations, le Roi a parlé très-fortement à M. le chancelier. M. de Mirepoix me dit hier que l'affaire étoit arrangée comme le Roi le désiroit, et que le Parlement faisoit ce qu'on lui avoit demandé.

---

(1) Louis-François-Gabriel d'Orléans de la Motte.
(2) Boyer, précepteur du Dauphin.

Hier, jour de la Chandeleur, il n'y eut point de chapitre de l'Ordre; on ne sait point ce qui a empêché qu'il y eût une promotion. On prétend que le Roi a dit que la moitié des lieutenants généraux quitteroient s'ils n'obtenoient pas cet honneur; si cette raison étoit vraie, elle pourroit empêcher longtemps qu'il n'y eût de promotion.

Le prédicateur du carême qui prêcha hier est le P. d'Héricourt, théatin. Il parle assez lentement et d'une voix aisée à entendre. Son sermon me parut beau, et surtout le compliment, qui est fort sage et fort convenable. Ce fut la petite Mme de Pons qui quêta, et M. l'archevêque de Tours qui officia comme prélat de l'Ordre.

Les comédies continuent toujours dans les cabinets.

Mardi dernier, la Reine, M. le Dauphin et Mesdames firent leurs dévotions. La Reine par cette raison ne fut point à la comédie; mais on la joua toujours comme à l'ordinaire. Le Roi y va presque toujours.

On commence à espérer beaucoup de M. de Puisieux; on dit il y a trois jours au Roi qu'il étoit mort, et il y avoit lieu de croire effectivement qu'il ne passeroit pas la journée. Tous les accidents diminuent et il n'y a presque plus de fièvre.

Du dimanche 5, Versailles. — La Reine n'ira point jusqu'à Juvisy au-devant de Mme la Dauphine, comme je l'ai marqué; elle n'ira que jusqu'à la vieille poste entre Villejuif et Juvisy. La Reine a fait avertir toutes les princesses du sang pour aller avec elle; outre cela, S. M. mène toutes ses dames du palais, excepté Mme de Périgord, qui est grosse et qui garde sa chambre; Mme d'Antin même, qui a fini ses trois semaines depuis la rougeole de M. son fils, sera de ce voyage. Les trois carrosses de la Reine n'étant pas suffisants pour tenir toutes ces dames, S. M. a demandé à M. le Premier un carrosse du Roi pour quatrième; par cet arrangement il y a deux places de plus qu'il ne faut pour les dames attachées à la Reine; S. M. a nommé pour les occuper Mme de Talmont et Mme d'Ayen.

Il y aura à Choisy plusieurs dames invitées de la part du Roi, comme Mme la comtesse d'Egmont, Mme de Luxembourg, etc.

M. de Gesvres a fait avertir les dames qui ont été présentées pour le jour du bal paré. Cet avertissement se fait par des billets. On trouvera ci-joint la copie d'un de ces billets.

Copie d'un billet d'invitation au bal paré.

Madame,

M. le duc de Gesvres a reçu l'ordre du Roi de vous avertir de sa part qu'il y aura bal paré à Versailles le jeudi 9 février 1747, à six heures du soir. S. M. compte que vous voudrez bien vous y trouver.

Les dames qui dansent seront coiffées en grandes boucles.

Mme la marquise de Villeroy a été présentée aujourd'hui par Madame au Roi et à la Reine (1), et par Mme la maréchale de Duras à M. le Dauphin et à Mesdames; elle est fort maigre; elle n'est pas grande et point du tout jolie.

Du lundi 6, Versailles. — J'ai marqué que l'on a envoyé de la part du Roi des billets d'invitation à plusieurs dames pour Choisy. Mme de Villeroy en a reçu un avant que d'avoir été présentée; c'est le Roi lui-même qui a

---

(1) Mme de Luynes étoit chez la Reine au moment de la présentation. C'est elle qui nomme à la Reine toutes les dames présentées; mais Mme de Villeroy étant présentée par Madame, Mme de Luynes n'imagina pas qu'elle dût la nommer. La Reine lui dit qu'il falloit qu'elle la nommât. Madame étoit présente qui l'entendit. Mme de Luynes fut étonnée de cet ordre, et dit à Madame qu'il lui falloit un ordre aussi précis pour qu'elle osât nommer en sa présence; après quoi elle nomma Mme de Villeroy. (*Addition du duc de Luynes,* datée du 13 février.)

voulu qu'elle fût sur la liste. J'ai encore marqué ci-dessus les difficultés qu'il y a eu par rapport aux dames qui se sont trouvées chez moi lorsque la Reine m'a fait l'honneur d'y venir soúper ; cette difficulté s'est présentée aujourd'hui par rapport à Mme de Villeroy. La Reine, à qui j'en parlai hier, convint sans aucun doute que la circonstance d'avoir été invitée par le Roi pour mercredi levoit tout obstacle. Cette invitation est plus qu'une permission demandée et accordée.

Il n'est pas certain que la Reine aille jusqu'à la vieille poste au-devant de Mme la Dauphine. Le Roi lui a dit de partir à midi, et que lorsqu'elle seroit arrivée à la traverse du chemin à Fontainebleau, de suivre ce chemin au pas et d'envoyer un homme à cheval au-devant de lui pour l'avertir. Le Roi a ajouté qu'il régleroit sa marche, pour aller plus vite ou plus doucement, sur celle de la Reine.

La table du Roi à Choisy sera de quarante-deux places, le Roi, M. le Dauphin et quarante dames, en comptant la Reine. Cette table sera dans la petite galerie. Il y en aura une autre pour les autres dames dans la salle à manger; celle-ci sera tenue par Mme de Coigny.

C'est jeudi le mariage de Mme la Dauphine ; elle couche mercredi à Choisy. La Reine lui envoya à Troyes, par M. de la Mothe, un fort beau nœud de diamants.

Le Roi, qui est à Choisy depuis hier, va demain à Corbeil; il s'avancera de là au-devant de Mme la Dauphine environ une lieue et la ramènera coucher à Corbeil ; et mercredi la Reine ira au-devant d'elle sur le chemin de Corbeil à Choisy. Lorsqu'elle rencontrera la Reine, elle se mettra à genoux, c'est l'usage; mais elle n'en fera que le semblant, car la Reine la relèvera et l'embrassera. Ensuite le Roi, la Reine, M. le Dauphin, Mme la Dauphine et Mesdames monteront tous six dans le carrosse de la Reine pour aller à Choisy, où il y aura un dîner-souper à quatre heures après midi. Mme la Dauphine couchera à Choisy.

Le Roi, la Reine, M. le Dauphin et Mesdames reviendront coucher ici.

Tous les sentiments de ceux qui ont vu Mme la Dauphine paroissent s'accorder. On dit qu'elle n'est point grande, que son nez est fort mal, et que quoiqu'elle entende fort bien le françois, elle le parle mal et avec peine. D'ailleurs elle a de beaux yeux et est fort bien faite; elle est blanche, a de beaux cheveux; beaucoup de désir de plaire, remplie d'attention; de l'esprit, de la vivacité; sentant parfaitement tout son bonheur; souhaitant passionnément de réussir dans cette cour-ci; une très-bonne santé, point délicate de corps ni d'esprit; encore un peu enfant; une extrême envie de bien apprendre le françois; demandant qu'on la reprenne sur les mauvais mots qu'elle pourra dire. On dit qu'elle a été fort bien élevée et qu'elle a de la religion.

M. de Pontchartrain, ancien ministre d'État et père de M. de Maurepas, est tombé en apoplexie.

Du vendredi 10, *Versailles.* — La liste des dames pour Choisy a été faite par M. le duc de Gesvres. Je ne parle point de celles du voyage, qui étoient Mmes de Brancas douairière, de Pompadour, d'Estrades, du Roure et de Livry, mais des dames qui ont été invitées de la part du Roi. L'arrangement de S. M. a été de nommer toutes les femmes, filles et sœurs de ceux qui sont en charge; et comme ce nombre n'étoit pas suffisant pour ce que l'on désiroit, on y a ajouté d'anciennes dames du palais, comme Mme la maréchale de Villars et Mme d'Egmont; Mme de Luxembourg a été aussi invitée. Mais dans ce nombre il y en a eu vingt ou vingt-deux qui ont remercié. Je marquerai ci-après le nombre de celles qui y étoient.

Mme de Pompadour désiroit beaucoup que Mme de Bachi fût aussi invitée; mais on ne savoit pas trop à quel titre elle pouvoit l'être; et le Roi même, qui le désiroit, pour faire plaisir à Mme de Pompadour, en étoit un peu embarrassé. Mme de Pompadour dit à M. de Gesvres que puisque le Roi vouloit inviter les femmes, filles et sœurs des grands officiers et gens en charge, qu'elle se regardoit comme pouvant être admise parmi les grands officiers, et que par conséquent Mme de Bachi, sa belle-sœur, pouvoit être mise sur la liste. Mme de Pompadour répéta le lendemain matin cette plaisanterie tout haut à sa toilette. Ce fut le Roi qui ajouta de sa main le nom de Mme de Bachi sur la liste.

A l'égard de la liste des places pour le bal paré, M. de Gesvres étoit un peu embarrassé par la quantité de gens qui en demandoient. Il en parla au Roi, et le Roi lui dit : « Vous avez un peu perdu de vue les dames de Paris ; donnez-moi votre liste ; Mme de Pompadour les connoît, et elle fera l'arrangement. » En effet, c'est Mme de Pompadour qui avec le Roi a examiné cette liste, et le Roi a mis de sa main le nombre de places qu'il jugeoit à propos de faire donner.

Mardi dernier le Roi alla de Choisy au-devant de Mme la Dauphine au delà de Brie, à trois lieues plus loin que Corbeil, avec M. le Dauphin. L'entrevue se fit suivant l'usage ordinaire. Le Roi la ramena dans son carrosse à Corbeil (1). Tous les gens de la Cour qui étoient à Choisy suivirent S. M. dans ce petit voyage (2). Le Roi et M. le Dauphin ne couchèrent pas dans la même maison que Mme la Dauphine : c'est l'usage ; et comme la maison où logeoit le Roi (3) étoit un peu

---

(1) Le Roi monta dans son carrosse avec M. le Dauphin, Mme la Dauphine, Mme de Brancas et Mme de Lauraguais. (*Note du duc de Luynes.*)

(2) Les princes du sang et les ministres s'étoient rendus à Corbeil. (*Note du duc de Luynes.*)

(3) La rivière, comme l'on sait, passe au milieu de Corbeil. La maison où logeoit Mme la Dauphine et où le Roi soupa est de l'autre coté de la rivière. La maison où le Roi coucha et celle où coucha M. le Dauphin sont toutes deux en deçà de la rivière du côté de Fontainebleau. C'est ce qui détermina à faire le pont de communication, le pont de Corbeil étant trop éloigné ; et

éloignée du pont de Corbeil, M. l'intendant (1) avoit fait faire un pont de bateaux couvert. Le Roi donna à souper à Mme la Dauphine. Il y avoit dans une autre pièce la table du grand maître pour les hommes, et M. l'intendant tenoit aussi une grande table. Le lendemain, mercredi, le Roi partit à onze heures et demie de Corbeil, avec M. le Dauphin, Mme la Dauphine, Mme de Brancas et Mme de Lauraguais, comme la veille. La Reine devoit partir d'ici à midi; mais comme elle partit un peu plus tard, le Roi étoit arrivé à la vieille poste avant qu'on aperçût les carrosses de la Reine, ce qui le détermina à aller au très-petit pas. Il envoya M. de Croismare, le neveu, écuyer de la petite écurie, au-devant de la Reine. La Reine étant avertie avança tout le plus vite qu'il fut possible. La Reine avoit dans son carrosse : Mesdames, Mme la duchesse de Chartres, Mme la princesse de Conty et Mlle de Charolois. Mlle de Sens et Mlle de la Roche-sur-Yon étoient dans le second carrosse, avec Mme de Luynes, Mme de Villars, Mmes de Bouzols et de Fitz-James. Mme la maréchale de Duras et les autres dames, tant du palais que celles que la Reine avoit nommées, étoient dans le troisième carrosse de la Reine et dans le quatrième, qui étoit un carrosse du Roi. Il ne manquoit que deux dames du palais de la Reine : Mme de Périgord, qui est grosse et garde sa chambre, et Mme d'Antin, qui est malade. La Reine nomma pour remplir ces deux places dans les carrosses : Mme la duchesse d'Aumont et Mme la duchesse de Duras. Il y avoit un carrosse seulement de Mesdames, dans lequel étoient leurs six dames. Mme d'Estrades étoit revenue de Choisy la veille pour être à la suite de Mesdames. Mme de Modène alla dans son carrosse. Comme elle auroit été à une portière dans le carrosse de la Reine et qu'elle

---

ce fut par ce pont de bateaux couvert que le Roi et M. le Dauphin revinrent à pied dans leur maison. (*Note du duc de Luynes.*)

(1) Bertier de Sauvigny, intendant de la généralité de Paris.

ne trouvoit pas cette place commode, elle avoit prié S. M. de la dispenser de la suivre, sous prétexte qu'elle incommoderoit S. M. Elle se trouva sur le grand chemin au moment que la Reine joignoit le Roi; ce fut à un demi-quart de lieue de la jonction des deux chemins. Le Roi mit pied à terre ayant Mme la Dauphine à sa droite. Elle s'avança au-devant de la Reine, et après une profonde inclination, la Reine l'embrassa; il ne fut point question de se mettre à genoux; et on ne lui apporta point de carreau. Le Roi monta dans le carrosse de la Reine avec M. le Dauphin, Mme la Dauphine et Mesdames. Le Roi avoit présenté sur le grand chemin les six princesses et aucune autre dame. A l'autre Dauphine, le Roi avoit présenté non-seulement les princesses sur le grand chemin d'Orléans, mais Mme de Luynes, Mme de Villars et les dames du palais de la Reine. Les six princesses montèrent dans le carrosse du Roi, et les autres dames dans les carrosses de la Reine. Le Roi alla tout de suite à Choisy, où il y avoit déjà grand nombre de dames et d'hommes. L'on entra d'abord dans le grand salon d'assemblée; ensuite Mme la Dauphine passa dans l'appartement du Roi; c'est là où se firent toutes les présentations, ce qui fut fort long. Tous les hommes et femmes baisèrent le bas de sa robe, après quoi ceux et celles qui étoient titrés avoient l'honneur de la baiser.

Mme la Dauphine paroissoit recevoir avec attention tous ceux et celles qui venoient la voir; son maintien et sa physionomie annonçoient le désir de plaire. Mme la Dauphine trouva occasion de parler à la Reine, et lui dit combien elle désiroit avec passion de mériter ses bontés, qu'elle la supplioit de vouloir bien l'avertir des fautes qu'elle pourroit faire, et qu'elle lui demanderoit toujours ses conseils avec le plus grand empressement. C'est à Corbeil que le Roi lui a fait remettre les présents destinés pour elle. Mme la Dauphine les regarda avec l'attention de quelqu'un qui ne trouve pas ce qu'il désire. Le

Roi lui demanda ce qu'elle cherchoit; elle dit qu'elle cherchoit le portrait du Roi, que c'étoit de tous les présents celui qui lui auroit été le plus agréable.

Ce que j'ai marqué ci-dessus sur la figure de Mme la Dauphine est à peu près ce qu'il y a à en dire : un beau teint, assez blanche, de beaux yeux bleu foncé, un assez vilain nez, des dents qui seront belles quand on y aura travaillé, la taille très-jolie; elle se tient un peu en avant en marchant; un peu plus grande que Madame. Toutes les dames qui sont venues avec elle disent qu'elle est charmante, que tout ce qu'il y a à désirer est qu'elle ne se gâte point dans ce pays-ci. On lui parloit en chemin du caractère de Mesdames, et on lui dit que Madame étoit assez sérieuse et Madame Adélaïde fort gaie; elle répondit qu'elle prendroit conseil de Madame, et qu'elle se divertiroit avec Madame Adélaïde.

Après les présentations, Mme la Dauphine revint dans le salon d'assemblée. Le Roi ordonna que l'on mît une table de cavagnole. Le Reine se mit au jeu avec Mesdames, Mme la Dauphine et toutes dames [*sic*]. Pendant ce temps, le Roi alla voir les préparatifs du dîner; il fut même jusqu'à la cuisine. On fut assez longtemps sans servir; on devoit souper à quatre heures et demie, il étoit environ cinq heures quand on se mit à table. La table du Roi étoit dans la galerie nouvelle, qui est ornée assez simplement, mais avec beaucoup de goût, blanchie et dorée. Cette pièce, qui a peut-être le défaut d'être un peu étroite, étoit fort bien éclairée; il devoit y avoir quarante-quatre dames en comptant la Reine; le Roi et M. le Dauphin, cela faisoit quarante-six couverts. Mme la duchesse d'Ayen, qui crut apparemment qu'il y avoit auprès d'elle un couvert de trop, ou qui vouloit être plus à son aise, le fit ôter, de sorte que Mme la duchesse de Rohan, qui devoit être à la table du Roi, n'y trouva point de place. Toutes les femmes titrées étoient sur la liste du Roi pour sa table; j'en suis sûr, car je l'ai vue. Ç'auroit été à M. de Gesvres à faire cette liste, puisqu'il est d'année; mais il avoit demandé permission au Roi de rester à Versailles pendant le voyage de Choisy, pour donner les ordres nécessaires pour les fêtes. C'est cette même raison qui a empêché M. de Gesvres d'aller à Troyes. Ce fut donc M. le duc d'Aumont qui fit la liste à Choisy; elle fut présentée au Roi, qui la lut avec assez d'attention. Il n'y avoit à la table du Roi de dames d'honneur des princesses que Mme de Simiane. Les dames des maisons de Bouillon et de Lorraine (1), qui ont grande attention en toutes occasions à tâcher de prendre les premières places et à marcher toujours ensemble, s'étoient placées à la gauche, immédiatement après Mlle de la Roche-sur-Yon; mais les duchesses étoient à la droite immédiatement après Mlle de Sens; la première étoit Mme de Luynes. Il y avoit une seconde table dans la seconde antichambre du Roi qui est auprès de la salle des gardes; cette table étoit tenue par Mme de Coigny, qui en faisoit les honneurs avec beaucoup de politesse. Il y avoit en la comptant dix-neuf dames à cette table, et pas une seule duchesse que Mme de Rohan, encore c'étoit par la raison que je viens de dire. Il y avoit quinze hommes aussi à cette table. Il y en avoit une autre de trente couverts dans la salle des gardes, où ils n'étoient que dix-sept ou dix-huit, tous hommes; c'étoit M. le maréchal de Coigny qui la tenoit. Il y en avoit encore une autre, dans la petite salle basse, qui est du côté de la chapelle et qui tient à l'escalier; elle étoit de vingt couverts; ils n'étoient que quatre aussi, tous hommes (2). Mme de Brancas, qui étoit sur la liste pour la

---

(1) Mmes de Turenne, de Soubise, de Marsan et de Montbazon.

Mme de Tallard étoit au dîner; elle crut apparemment que si elle se mettoit du côté des duchesses, elle devoit être à la première place et avant Mme de Luynes. Pour éviter ce désagrément, elle s'en donna volontairement un autre; elle fit passer les quatre dames de Lorraine et de Bouillon avant elle, et se mit immédiatement après sur le retour de la table. (*Note du duc de Luynes.*)

(2) Les princes du sang, qui avoient été non pas au-devant de Mme la Dau-

table du Roi, ne voulut point se mettre à table. Mme de Villars voulut manger dans une chambre à part, avec M. le maréchal de Noailles. Mme de Lauraguais et les quatre dames du voyage ne mangèrent point à Choisy ; elles revinrent à Versailles ; Mme d'Ardore, qui étoit à Choisy, s'en revint aussi sans manger. J'ai déjà marqué que les ambassadrices ne peuvent manger avec le Roi. Après le souper, qui dura jusqu'à sept heures, il y eut peu de conversation. Le Roi étoit revenu ici avant dix heures ; la Reine resta quelque temps avec Mme la Dauphine, mais elle revint aussi de bonne heure ici.

J'étois parti de Choisy pendant le souper pour revenir ici. Je trouvai en arrivant chez moi M. le coadjuteur (1), qui venoit voir mon frère au sujet d'une difficulté qu'il prétendoit être en droit de faire pour la cérémonie du lendemain. J'avois entendu dire au Roi que quoique mon frère ne dût prêter serment qu'après la messe, cependant il devoit tenir le poêle pendant la messe, comme M. de Mirepoix avoit fait au premier mariage de M. le Dauphin. M. le coadjuteur ne pouvoit pas nier cet exemple ; mais il disoit que c'étoit un abus, d'autant plus, ajoutoit-il, que nulle charge ne peut être exercée qu'après qu'on a prêté serment. On lui cita l'exemple de Mmes de Brancas et de Lauraguais, de MM. de la Fare et de Rubempré

---

phine avec le Roi, mais à Corbeil, et qui y avoient soupé avec le Roi, M. le Dauphin, Mme la Dauphine et les dames du voyage seulement, se rendirent aussi à Choisy; mais ils s'en allèrent tous lorsqu'on se mit à table. A Corbeil, il n'y eut que M. le comte de Charolois qui ne soupa pas avec le Roi ; il tenoit la table du grand maître, où mangèrent presque tous les hommes. M. de Sauvigny, qui avoit tenu une grande table à Nangis, en avoit aussi une grande à Corbeil, vingt-cinq personnes à dîner et soixante à souper. M. de Loss, qui avoit été au-devant de Mme la Dauphine jusque par delà Strasbourg et qui étoit revenu avec elle, soupa chez M. l'intendant. M. d'Ardore y mangea aussi ; il étoit venu de Paris pour faire sa cour. M. le cardinal Tencin ne mangea point à Corbeil ; il n'y alla que l'après-dînée, et alla coucher à Étioles, chez M. de Tournehem. (*Note du duc de Luynes.*)

(1) M. de Ventadour, coadjuteur de Strasbourg, évêque de Ptolémaïde, grand aumônier de France en survivance du cardinal de Rohan.

qui faisoient actuellement les fonctions de leurs charges auprès de Mme la Dauphine sans avoir prêté serment. Il répondoit que c'étoit en conséquence d'un ordre exprès de S. M., et soutenoit que le poêle devoit être tenu par deux aumôniers du Roi. Il fut convenu que la question seroit portée au Roi et qu'on s'en rapporteroit à sa décision. M. le coadjuteur et mon frère se trouvèrent au coucher; le coadjuteur vouloit que mon frère parlât; il lui répondit qu'il n'avoit rien à dire; ce fut donc le coadjuteur qui proposa la question au sortir du prie-Dieu. Le Roi lui dit que cela ne souffroit pas de difficulté, et il cita non-seulement l'exemple de M. de Mirepoix, mais celui de M. de Coislin et encore un autre que j'ai oublié. En conséquence le lendemain, M. de Bayeux, en rochet et camail, tint le poêle du côté de Mme la Dauphine, et M. de Termont, aumônier du Roi, du côté de M. le Dauphin.

Mme la Dauphine coucha à Choisy le mercredi 8. Le lendemain jeudi, 9, elle arriva ici avant dix heures du matin. Le Roi et la Reine allèrent la voir en arrivant. Mme de Luynes en grand habit y suivit la Reine. La toilette fut fort longue; il étoit près d'une heure et demie avant que la cérémonie commençât. M. le Dauphin donnoit la main à Mme la Dauphine en allant; en revenant elle marchoit seule. Ils allèrent d'abord chez la Reine, et avec la Reine chez le Roi, d'où ils allèrent tous ensemble par la porte de glaces à la chapelle. La galerie et les appartements étoient assez remplis, mais il n'y avoit d'hommes et femmes parés que ceux qui étoient à la suite du Roi; tous les autres étoient à la chapelle. Il y avoit beaucoup d'ordre; l'on entroit et sortoit fort aisément. Ce fut M. le coadjuteur qui fit le mariage et dit la messe. Le prie-Dieu du Roi étoit plus en arrière qu'à l'ordinaire, suivant l'usage en pareille cérémonie. M. le Dauphin et Mme la Dauphine étoient à genoux sur la première marche du chœur. J'ai déjà marqué ce détail à l'autre mariage.

Il n'y eut rien de nouveau à celui-ci. Les princes légitimés étoient en seconde ligne. Ils n'étoient que deux : M. le prince de Dombes et M. le comte d'Eu. M. et Mme de Penthièvre sont en Bretagne. Un peu en arrière du prie-Dieu du Roi il y avoit six hommes titrés (1), avec des carreaux, comme à l'autre mariage. En avant du prie-Dieu, sur la gauche, étoit M. le cardinal Tencin, et ensuite dix-huit ou dix-neuf évêques en rochet et camail; sur la droite, les aumôniers. M. le Dauphin en manteau, Mme la Dauphine en mante. La cérémonie commença par un discours que fit M. le coadjuteur; comme j'étois en haut, je ne pus pas l'entendre. Ce discours fut assez long, et cependant il me paroît qu'on en a été content; il fut fort bien prononcé. M. le cardinal de Rohan auroit fait la cérémonie s'il n'étoit pas relevant de maladie. Après le discours, le mariage; ensuite la messe. Après l'Évangile, ce fut M. le cardinal Tencin qui présenta le livre à baiser au Roi et à la Reine. Immédiatement après la messe, toute la famille royale revint chez le Roi, de là chez la Reine. M. le Dauphin et Mme la Dauphine allèrent dîner chez eux avec Mesdames, comme à l'autre mariage. La table étoit dans l'antichambre avant le grand cabinet; elle étoit servie moitié du détachement de la bouche du Roi qui sert M. le Dauphin, moitié de la bouche de Mme la Dauphine. Mon frère dit le *Benedicite* du côté de M. le Dauphin; il n'y avoit point d'aumônier du Roi.

J'oubliois de marquer qu'immédiatement après la messe, Mme la Dauphine étant entrée chez elle reçut tous les serments de sa maison. M. de Maurepas ne s'y trouva point, à cause de la mort de M. de Pontchartrain. Ce fut M. de Saint-Florentin qui fit les fonctions de secrétaire

---

(1) M. de Luxembourg, M. de Tallard, M. le duc de Biron, M. le duc de Chaulnes, M. le prince de Chalais. On m'avoit mis aussi sur la liste, mais je ne fus pas averti. (*Note du duc de Luynes.*)

d'État de la maison. Le premier qui prêta serment fut M. de Bayeux; après lui M. de la Fare. Comme il n'y avoit point de carreau, il dit qu'on en apportât, ce qui fut exécuté. Mme de Brancas fit beaucoup de difficulté pour prêter serment en troisième; elle prit d'abord pour prétexte qu'on ne l'avoit point avertie du premier moment du serment, et de ce que M. de la Fare demandoit des carreaux, prétendant qu'il ne devoit point donner d'ordre dans la chambre et qu'elle devoit être instruite de tout ce qui s'y passoit. Cela fut si long que M. de Saint-Florentin fut obligé de lui dire que Mme la Dauphine étoit fort lasse et désiroit que l'on finît, ajoutant qu'il ne se passoit rien que suivant la règle et ce qui avoit été décidé ; enfin, Mme de Brancas se détermina avec beaucoup de peine. Cette question avoit été agitée à l'autre mariage et décidée contre la prétention de Mme de Brancas.

Il n'y eut rien l'après-dînée jusqu'à six heures. A six heures, le Roi et toute la Cour allèrent au bal paré dans la nouvelle salle (1). Mme la Dauphine avoit mal au pied; elle ne put pas danser : ce fut M. le Dauphin qui ouvrit le bal avec Madame; il dansa ensuite avec Madame Adélaïde; Madame Adélaïde avec M. le duc de Chartres; Mme la duchesse de Chartres ne dansa point parce qu'elle est grosse. Il n'y avoit pas une seule duchesse qui dansât. Après les princesses, la première femme que le Roi ordonna de prendre fut Mme de Turenne; et après les princes le premier homme fut M. le duc de Fitz-James et ensuite M. le duc de Boufflers. Le Roi étant instruit par M. de Verneuil qu'il y avoit quelques étrangers (2) qui désiroient de

---

(1) Au manége de la grande écurie.

(2) Comme les princes étrangers dont les noms sont ici marqués pouvoient n'être pas instruits des usages qui s'observent dans ces sortes de bals, tant par rapport au moment de se lever pour venir danser, que pour la manière de danser vis-à-vis le Roi sans lui tourner le dos dans le premier tour, et pour recevoir l'ordre du Roi après le menuet pour prendre celle que S. M. ordonne, quoiqu'ils fussent tous trois dans le rang des danseurs, à chaque

danser eut l'attention de les nommer ; il y en avoit trois : M. de Loss le fils, M. le prince Colonne et un Italien qu'on appelle M. de Somaglia, neveu du nonce qui est ici ; il a épousé la fille de Mme la marquise de Belle-Joyeuse ; sa femme et sa belle-mère étoient au bal. M. le duc d'York, sous le nom de comte d'Albany, étoit aussi du nombre des spectateurs; avec cet incognito il avoit le cordon de l'ordre de la jarretière par-dessus son habit. On dansa une vingtaine de menuets ; ensuite il y eut une grande collation, après laquelle on dansa deux contre-danses.

La salle étoit parfaitement belle et fort éclairée, remplie de beaucoup de beaux habits. La foule étoit si grande à la porte que le Roi même eut de la peine à entrer. Un des gens de Mme de Lauraguais ayant parlé insolemment à M. du Fretoy, chef de brigade, M. du Fretoy lui donna quelques coups de bâton, assez for pour casser son bâton. Il étoit près de huit heures trois quarts quand le bal finit. Au retour, il y eut festin royal dans l'antichambre de la Reine, la table en fer à cheval au milieu comme à l'autre mariage, et des gradins des deux côtés de cette pièce. Ce même arrangement subsistera jusqu'à mercredi, excepté la table en fer à cheval qui ne sert que ce jour. On mit le lendemain à la même place la table ordinaire du grand couvert.

Du lundi 13, *Versailles.* — Le Roi n'a point été à la chasse tous ces jours-ci et n'ira que jeudi prochain. Samedi, il soupa dans ses cabinets, et la Reine vint souper chez moi.

. Le vendredi matin, mon frère reçut les serments de la chapelle de Mme la Dauphine ; les aumôniers, chapelains, clercs de chapelle en habits longs et à genoux ; mon

---

fois le Roi fit venir M. de Verneuil, qui alla les avertir. (*Note du duc de Luynes.*)

frère assis, en rochet et camail; les sommiers de chapelle (1) prêtèrent aussi serment.

On expédie des provisions et commissions nouvelles à toute la maison de Mme la Dauphine, et tous prêtent de nouveau serment.

Le coucher de Mme la Dauphine se fit à l'ordinaire; une femme de chambre présenta la chemise à Mme la duchesse de Chartres, et Mme de Chartres à la Reine, qui la donna à Mme la Dauphine.

Il y eut le soir une conversation particulière de Mme la duchesse de Brancas avec Mme la Dauphine pour lui donner les instructions nécessaires. Les réponses de Mme la Dauphine qu'on a sues prouvent son innocence et son ingénuité. Le lendemain vendredi, Mme la Dauphine entendit la messe du Roi. Ce jour-là il y eut seulement appartement; le Roi, la Reine y entrèrent à six heures précises. Il y eut un lansquenet dans le milieu de la galerie; le Roi y joua avec M. le Dauphin, Mme la Dauphine et Mesdames. La Reine joua à cavagnole dans un des bouts de la galerie, du côté de son appartement. La Reine a permis pour ces jours de fête que l'on fit usage de son salon; ainsi l'on a ôté la porte qui le sépare de la galerie, et l'on y a mis même des tables pour la collation. L'appartement dura jusqu'à neuf heures, après quoi il y eut grand couvert. Le samedi il y eut comédie ici, dans la petite salle. C'étoit *la Gouvernante*, dont l'auteur est la Chaussée. M. le Dauphin, Mme la Dauphine et Mesdames allèrent dans la loge de la Reine; le Roi n'y parut point; il y fut peut-être en particulier, dans sa loge grillée.

Ce fut vendredi, après dîner, que les dames qui n'avoient point été présentées à Mme la Dauphine le furent;

---

(1) *Sommier*, officier qui porte les draps de pied et les carreaux dans la chapelle. Le *drap de pied* est une pièce d'étoffe ou tapis que l'on met sur un prie-Dieu, et qui sert de marchepied aux princes et prélats, quand ils viennent dans les églises. (*Dict. de Trévoux*.)

la plupart des hommes le furent le samedi; tous baisèrent le bas de la robe, comme à Choisy, et ceux qui sont titrés eurent l'honneur de baiser Mme la Dauphine. Les ministres étrangers lui seront présentés demain. Les ambassadeurs et les envoyés demandent toujours à baiser Mme la Dauphine, et on leur répond aussi toujours qu'ils ne doivent avoir cet honneur que le jour de leur entrée.

Hier dimanche, il y eut appartement comme le vendredi, excepté que le vendredi, au commencement de l'appartement, il y eut une musique dans le salon vis-à-vis celui de la Reine; mais comme le bruit empêchoit qu'on ne s'entendît au jeu, on la fit cesser. Hier il n'y eut point de musique; il y eut grand couvert le soir. Aujourd'hui de même.

Aujourd'hui, à six heures, a été le ballet dans la salle de l'Opéra (1). Les loges n'ont pas été remises pour ce ballet comme il y a deux ans. Ce ballet, comme je l'ai dit ci-dessus, est *l'Année galante;* les paroles sont de Roy, et la musique de Mion.

M. le chevalier Daguesseau, maréchal de camp et fils de M. le chancelier, mourut avant-hier à Paris, de la poitrine.

Du mercredi des cendres 15, *Versailles.* — Il paroît que le ballet d'avant-hier a été un peu critiqué. Les amateurs de la musique de Rameau trouvent celle de Mion foible et peu travaillée. On critique aussi les paroles, au moins quelques expressions; tous cependant conviennent qu'il y a des morceaux charmants, et surtout le troisième acte; mais on sait qu'il est impossible qu'un pareil ouvrage soit universellement approuvé. Il y a des partis et des cabales, comme sur toute autre chose. Mion est protégé par Mme de Pompadour, et par conséquent on peut croire que le Roi est disposé à approuver sa musique.

---

(1) A la grande écurie.

FEVRIER 1747.

Hier, mardi, la Reine, M. le Dauphin, Mme la Dauphine et Mesdames allèrent aux prières de quarante heures à la paroisse. Au retour, il y eut appartement. Le vendredi il commença à six heures précises. Le dimanche le Roi ne vint prendre la Reine qu'à six heures et demie. Hier il ne commença qu'à cette même heure.

Le Roi soupa hier dans ses cabinets, et la Reine a soupé chez moi.

J'ai oublié de marquer que le samedi, la Reine étant chez moi, Mme de Luxembourg vint pour souper avec Mme de Robecque sa fille, qui n'avoit point encore eu l'honneur de manger avec la Reine. Mme de Luxembourg s'en alla; la Reine la fit rappeler, et lui dit qu'il n'y avoit point de règle sans exception; elle voulut que Mme de Robecque eût l'honneur de souper avec elle. La Reine avoit pensé différemment sur Mme de Rieux, comme je l'ai marqué, puisqu'elle approuva fort le compliment que lui fit Mme de Luynes.

Hier la Reine, qui étoit en grand habit, s'en alla immédiatement après le souper se déshabiller pour aller au bal. Ce ne fut pas sans peine qu'elle arriva chez elle, par la foule excessive qu'il y avoit aux barrières. M. le Dauphin, Mme la Dauphine et Mesdames se rendirent en habit de masque dans le petit appartement de la Reine. Vers minuit à minuit et demi, la Reine masquée, accompagnée de Mme de Luynes, de M. de la Mothe, de M. de Béthune aussi masqués, et suivie de ses enfants, entra dans le bal, après qu'on eut un peu fait écouler la foule des masques. La Reine alla jusqu'au salon d'Hercule, où elle s'assit; elle y vit danser pour la première fois Mme la Dauphine, qui dansa avec beaucoup de grâce, de justesse et de légèreté. Mme la Dauphine dansa le menuet avec M. d'Ardore et M. d'Huescar; ensuite elle dansa des contredanses. Pendant ce temps, la troupe du Roi masquée arriva dans le salon d'Hercule; ils étoient sept ou huit, tous en dominos pareils. Les hommes étoient

M. de Luxembourg, M. d'Ayen, M. de Meuse. Madame ayant remarqué dans le salon d'Hercule deux masques pareils qui donnoient la main à Mme de Pompadour, qui étoit à visage découvert, le dit à Mme la Dauphine, et elles allèrent toutes deux prendre les deux hommes. Celui que Mme la Dauphine prit étoit le Roi.

Après que la Reine eut été longtemps dans le salon d'Hercule, elle revint avec ses enfants se placer dans son fauteuil, dans une espèce de tribune que M. de Gesvres avoit fait construire dans la galerie. On avoit fait un retranchement de six pieds de large environ, avec des planches, dans l'œil-de-bœuf; l'on avoit ouvert les deux portes de glaces qui sont depuis la porte ordinaire où l'on passe jusqu'à la statue de Diane, et l'on avoit élevé une estrade de trois marches de haut, qui avançoient environ de quatre pieds dans la galerie et s'étendoient depuis la porte ordinaire d'entrée jusque par delà la statue de Diane. Au bout de cette estrade, du côté de la statue, il y avoit une porte et trois marches pour y entrer; ce fut par là que la Reine vint s'y placer. Toute cette estrade étoit garnie de velours cramoisi. Il y avoit vis-à-vis cette estrade un Suisse dans la galerie pour empêcher les masques indiscrets. La Reine parut s'y amuser beaucoup et y a resté jusqu'à près de trois heures. Mme de Pompadour étoit dans un gradin, dans une des croisées, vis-à-vis la Reine, mais un peu à droite. M. le Dauphin paroissoit avoir assez grande impatience de sortir du bal.

Du jeudi 16, Versailles. — J'ai déjà marqué que les dames attachées à Mme la Dauphine sont quelquefois nommées dames du palais de Mme la Dauphine. Quoique le Roi même les ait quelquefois nommées ainsi en conversation, et qu'à la création de la maison Mme de Châteauroux, alors surintendante, ait envoyé quelques billets à ces dames pour les avertir qu'elles étoient dames du palais de Mme la Dauphine, nulle raison ne peut leur donner ce titre, puisqu'il n'y a qu'un seul palais, qui est celui de la Reine. Il est vrai que Mme la duchesse de Bourgogne devenue Dauphine avoit des dames du palais; mais il n'y avoit point de Reine. Il y a quelques jours que M. le Dauphin, en badinant, s'étoit enfermé au verrou dans le grand cabinet de Mme la Dauphine avec elle et Mme de Brancas. Mme de Faudoas (présentement Rochechouart) et Mme du Roure, étant venues à l'heure que Mme la Dauphine leur avoit donnée, furent obligées d'attendre dans l'antichambre; ennuyées d'attendre, elles dirent à l'huissier de gratter et de les nommer. L'huissier gratta. M. le Dauphin demanda qui c'étoit; l'huissier, mal instruit, répondit : « Ce sont les dames de compagnie de Mme la Dauphine. » M. le Dauphin répondit : « Dites donc les dames de Mme la Dauphine; les dames de compagnie, cela est bon pour les princesses. »

Hier mercredi des Cendres, mon frère, en rochet et camail et en étole, attendit Mme la Dauphine dans la chapelle de la Vierge en haut, et lui donna des cendres; après quoi il se remit à sa place, et la messe commença. Immédiatement après la messe, un chapelain donna des cendres à M. de la Fare, à Mme de Brancas et à tous ceux et celles de la maison de Mme la Dauphine. L'année dernière, M. l'évêque de Mirepoix dit la messe à Mme la Dauphine le jour des cendres, et après lui avoir donné des cendres, il en donna à toute sa maison. M. de Bayeux s'est informé de ce qui se pratiquoit chez la Reine, et il a su que le grand ou premier aumônier ne disent la messe que quand la Reine communie, et que la règle est que lorsqu'ils ne disent pas la messe à la Reine, c'est l'aumônier de quartier ou l'aumônier ordinaire, mais jamais le chapelain, à moins que par hasard le grand aumônier, le premier aumônier, les aumôniers de quartier et les aumôniers ordinaires ne fussent absents, ce qui n'arrive jamais. C'est donc toujours un aumônier qui remplace le grand ou le premier, et il n'est point d'usage que l'aumônier dise la messe le jour des Cendres. M. l'archevêque de Rouen a dit à mon frère qu'il ne donnoit des cendres qu'à la Reine, et que c'étoit le chapelain qui les donnoit à la maison. M. de la Mothe, Mme de Luynes lui ont dit de même; en conséquence mon frère a averti M. de la Fare et Mme de Brancas de cet usage; tout s'est passé avec beaucoup de politesse, et il n'y a pas eu la moindre difficulté. Mon frère en avoit aussi rendu compte à Mme la Dauphine pour qu'elle ait la bonté d'attendre un peu après la messe jusqu'à ce que sa maison eût reçu des cendres.

Jeudi dernier, immédiatement après le mariage, M. d'Argenson trouva en rentrant chez lui un courrier de M. le maréchal de Belle-Isle qui l'attendoit. Ce courrier apportoit la nouvelle que les ennemis avoient repassé le Var, et qu'il n'y en avoit plus un seul en Provence. Ils ont été obligés de lever le siége d'Antibes, et se sont retirés avec beaucoup de précipitation. L'expédition de Provence leur coûte au moins 5 ou 6,000 hommes. On en trouvera la relation ci-jointe envoyée par M. de Belle-Isle. On peut dire avec raison que la disette de fourrages et presque l'impossibilité d'en avoir auroit mis tout autre général que M. le maréchal de Belle-Isle dans l'impossibilité de délivrer la Provence aussi promptement. Pour vaincre toutes ces difficultés, il a fallu non-seulement réunir et concilier les esprits des Espagnols, mais encore travailler quinze et seize heures par jour, et imaginer des moyens et des expédients que tout autre que lui auroit crus impossibles.

Copie de la relation envoyée par M. le maréchal de Belle-Isle, du repassage du Var (1).

Le 28, le 29 et le 30 janvier ont été employés à se porter sur la

---

(1) Nous ne croyons pas que cette relation soit du maréchal lui-même; elle vient évidemment de son armée, mais elle n'a pas été écrite par lui. Voir au 4 mai 1751 de nouveaux détails sur la défense du Var par M. de Belle-Isle.

Siagne; nos avant-postes ont poussé les ennemis au delà de cette rivière: Les Espagnols ont fait vingt-sept prisonniers, et en ont tué environ autant. M. d'Arnault a pris poste sur le haut de Tournon, et M. de Mirepoix s'est porté sur la Napoule.

M. le maréchal a séjourné le 31 pour donner le loisir aux colonnes de la gauche et aux détachements qui faisoient le tour des grandes montagnes d'arriver au point fixe qu'il avoit déterminé pour attaquer les ennemis par cinq endroits à la fois, le 1er février, à la pointe du jour; mais les ennemis ayant abandonné tous leurs postes et retranchements pendant la nuit, et nos patrouilles s'en étant aperçues dès dix heures du soir au pont de Tournon, on fit passer tous les grenadiers aux gués; on poursuivit les ennemis, et l'on fit une centaine de prisonniers. Toute l'armée passa la Siagne le 1er, et toutes les colonnes arrivèrent, par les différents chemins reconnus à travers les hautes montagnes, presque à la même heure, à Grasse, que l'ennemi n'avoit évacué que la nuit. L'on y fit encore grand nombre de prisonniers. M. de Mirepoix arriva aussi à la même heure devant Antibes, où il fit entrer un détachement. Le 2 M. le maréchal poussa en avant de très-gros détachements sur le Loup. Le défaut de pain ayant obligé de séjourner, et comme, suivant tous les rapports des émissaires et déserteurs, M. de Browne avoit rassemblé toute son armée sur la Siagne, M. le maréchal fit de nouvelles dispositions pour les y aller combattre. Pour cet effet le corps de M. de Maulevrier marcha droit sur Saint-Jeannet; les Espagnols envoyèrent un gros détachement sur Vence, et M. le chevalier de Belle-Isle fut détaché avec dix mille hommes, dont tous les grenadiers de l'armée, les volontaires royaux, et cinq escadrons espagnols pour se porter à Villeneuve et à Saint-Paul, où il a fait toutes les dispositions pour attaquer ces postes, ce matin 3, à la pointe du jour, devant être soutenu par toute l'armée, qui s'est mise en marche à la même heure, sans équipages. M. de Mirepoix devant venir s'y joindre au Biot, l'action eût été générale, M. de la Mina devant attaquer par Vence, toutes nos forces devant se réunir sur Cagny, où étoit l'armée ennemie. Mais M. le chevalier de Belle-Isle s'étant aperçu cette nuit que les ennemis évacuoient le château de Villeneuve, a fait passer une partie de ses troupes au gué; tout a plié, et il n'a pu joindre leur arrière-garde qu'à Saint-Laurent, que les ennemis tenoient en force. Il les y a fait attaquer si vivement qu'on les a culbutés sur leur pont, dont il s'est rendu maître dans toute la partie qui est sur le grand bras du Var jusqu'à une île où les ennemis ont fait des retranchements garnis de beaucoup de grosse artillerie; en sorte qu'il n'a pas été possible d'aller plus loin; mais nous sommes restés maîtres de cette partie du pont, et il n'y a plus un seul Autrichien ni Piémontois en deçà du Var.

Antibes a été secouru à temps, et il ne reste à nos ennemis que la honte de l'entreprise, dont ils avoient fait un éclat prématuré. Il étoit temps que cette expédition finît, car notre général l'a faite avec si peu de moyens et de subsistances, qu'il eût été impossible de rester encore quelques jours en corps d'armée. L'armée désiroit ardemment de pouvoir joindre les ennemis, mais ils ne s'en sont jamais mis à portée; cependant les différentes affaires qu'il y a eu leur coûtent en tués, prisonniers ou déserteurs, cinq ou six mille hommes, et nous n'en avons pas perdu deux cents.

Extrait de la lettre de M. le maréchal de Belle-Isle à M. le duc de Béthune, de Grasse le 4 février 1747.

La nouvelle de ce pays-ci est la meilleure que vous puissiez en attendre; il n'y a plus d'ennemis en deçà du Var depuis hier matin. M. de Browne a évité deux fois de recevoir bataille, en se retirant de nuit avec la plus grande précipitation. Mon frère, que j'avois détaché avec dix mille hommes, le 2 (l'armée n'ayant pu, par le défaut du pain, marcher que le lendemain 3), ne put joindre l'arrière-garde M. de Browne qu'à Saint-Laurent, où il les poussa si vivement qu'il les culbuta sur leur pont du Var, etc.

Ma santé est bonne, mais je suis dans un épuisement total, et j'ai besoin de repos.

Du samedi 18, *Versailles.* — J'ai oublié de parler des illuminations. Il y en eut une le jour du mariage, et une le mardi gras, qui réussit fort mal, à cause du grand vent. Il devoit y en avoir une troisième, mercredi, jour de la naissance du Roi. Le Roi a voulu qu'elle soit différée, à cause du vilain temps. Les deux écuries, les bâtiments de la cour des ministres, la cour royale, le château étoient illuminés; la cour des princes, celle de la chapelle et les toits n'étoient point illuminés. On avoit mis des ifs de lampions dans la cour des ministres sur les deux balustrades; on en avoit mis aussi dans l'avenue pour communiquer d'une écurie à l'autre. Le second jour on fit une augmentation; on construisit une porte de charpente dans l'avenue de Paris pour y mettre des lampions et des ifs à côté, alignés des corps de gardes au coin des deux chemins qui conduisent aux écuries, du côté des avenues.

Le Roi a ordonné que l'on laissât dans l'antichambre de la Reine les deux gradins, la table tournée du même côté qu'elle l'a été tous ces jours-ci, et que cet arrangement subsistât jusqu'au dimanche de la Passion, parce que les ballets et opéra que l'on doit représenter ici toutes les semaines attireront du monde, et que cela sera plus commode pour faire sa cour.

Mme de Maurepas et Mme de Nivernois firent hier leurs révérences ; elles n'avoient pas paru ici depuis la mort de M. de Pontchartrain.

Les nouvelles de Provence du 8 marquent que les ennemis sont toujours de l'autre côté du Var, et l'on croit qu'ils ont beaucoup de peine à subsister.

Le Roi annonça il y a quelques jours qu'il y auroit un voyage de Marly après le dimanche de Quasimodo ; on dit qu'il sera de treize ou quatorze jours.

Mme la Dauphine, qui a marqué un assez grand désir d'aller à la chasse du Roi, y est allée aujourd'hui, à Saint-Germain, avec S. M. Il y avoit dans la gondole du Roi : M. le Dauphin, Mme la Dauphine, Mesdames, Mme la duchesse de Brancas, Mme la maréchale de Duras, Mme de Montbazon, Mme de Pompadour.

Mme la Dauphine paroît fort vive, et en même temps fort douce ; elle aime à s'occuper continuellement ; et pendant le voyage elle vouloit avoir ses dames presque toujours avec elle. Elle leur donnoit peu de temps pour aller se reposer, et elle étoit fort aise en arrivant de jouer une partie de quadrille. C'est le jeu qu'elle paroît aimer le mieux. Elle connoît la chasse à tirer ; elle tiroit même à Dresde ; mais elle ne connoît pas celle à courre. A Dresde elle étoit accoutumée à jouer après son souper. Ici jusqu'à présent il faut qu'elle s'accoutume à une vie différente. M. le Dauphin, comme je l'ai déjà dit, n'aime ni le monde ni les amusements. Il paroît qu'elle craint fort tout ce qui peut déplaire à M. le Dauphin. Elle n'a pas encore acquis la politesse qui est d'usage dans ce pays-ci, qui est de faire la révérence à la françoise ; elle la fait un peu comme les religieuses, mais c'est l'usage en Allemagne. Mme la princesse de Conty disoit l'autre jour que la révérence de Mme la Dauphine la faisoit souvenir de celle de feu Madame.

Du dimanche 19. — Mardi ou mercredi dernier, Mme la Dauphine fit beaucoup de présents en montres, boîtes, étuis, etc. C'étoit M. de Gesvres qui avoit acheté tous ces présents par ordre du Roi, et l'on avoit même marqué à chacun, par un petit billet, le nom de celui ou de celle à qui il étoit destiné. M. de la Mothe et M. de Fleury, qui ont été à Troyes, M. de Maillebois, qui a été à Langres, ont eu chacun un présent, et c'est Mme la Dauphine qui les a donnés elle-même ainsi qu'aux principaux officiers de sa maison et à ses dames. On a eu l'attention pour les dames de Mme la Dauphine de leur donner des présents assortissant à ceux qu'elles avoient eus au premier mariage : une montre assortisant à un étui ; un étui à une montre. Il y a eu outre cela plusieurs médailles de distribuées par M. de Gesvres par ordre du Roi, tant en or qu'en argent. Ces médailles représentent d'un côté le Roi et de l'autre un autel, où est d'un côté l'Amour et de l'autre.................. Il y a trois ou quatre grandeurs différentes de médailles, tant en or qu'en argent. Le total de cette dépense monte déjà à 114,000 livres, et l'on en demande encore pour 35 ou 36,000 livres. L'on en a envoyé à Dresde, et l'on en a distribué et distribue encore tous les jours ici à la Cour et dans Paris. Dans la maison de Mme la Dauphine on en a donné même aux valets de pied.

Du mercredi 22, Versailles. — J'ai toujours oublié de parler des dames qui ont accompagné Mme la Dauphine jusqu'à Strasbourg. L'une étoit sa gouvernante ou *laya* (elle se nomme Mme la comtesse Martinitz), qui est assez âgée ; les deux autres sont deux filles assez jeunes : elles portent le titre de dames d'honneur, mais elles sont en effet comme dames du palais de la reine de Pologne ; l'une est Mme de Talimberk et l'autre Mme de Brebindowska. Aucune de ces dames du palais ne s'assied devant la reine de Pologne, hors à la campagne, quand elles jouent avec la Reine. Elles sont toutes filles, et quand elles sont parvenues à un certain âge, elles se retirent avec des pensions qui les mettent en état de vivre honorablement.

Il est venu aussi plusieurs seigneurs de Dresde avec Mme la Dauphine. Premièrement, le prince Lubomirski, grand maître de la maison du roi de Pologne ; le grand maître de cuisine, M. Schoemberk ; deux chambellans, M. le comte Bosc et M. Spoinsky, deux gentilshommes de la chambre, M. Schoemberg et Bratkowski, et un conseiller d'ambassade qu'on appelle le baron Defert. Une partie de ces seigneurs est retournée à Dresde ; M. de Lubomirski est venu jusqu'ici avec son neveu. Outre cela, le grand maréchal de la couronne, M. de Bielinski, frère de Mme de Bezenval, est venu quelques jours après Mme la Dauphine ; il est fort grand, pas si grand cependant que le roi de Pologne ; il a soixante-trois ans ; il y en a quarante qu'il étoit venu en France ; il a l'ordre de Saxe, qui est un cordon bleu comme celui du Saint-Esprit, mais tourné de l'autre sens.

Le Parlement est venu ici aujourd'hui en députation ; il a été mandé par le Roi. C'est M. de Maurepas qui a été chargé de cette commission. Ils étoient douze en comptant le premier président. Il y avoit deux présidents à mortier, deux conseillers de grande chambre, et l'ancien de chacune des autres chambres. Le premier président est entré le premier et seul dans le cabinet, mais sans parler au Roi. Il a parlé aux ministres pour leur faire quelques représentations sur ce que le Parlement avoit été mandé : il prétendoit qu'il n'y avoit point d'exemple qu'il l'eût été ainsi ; mais on l'a assuré que la même chose étoit déjà arrivée. Le premier président, qui n'avoit fait vraisemblablement cette démarche que pour satisfaire sa Compagnie, en ressortit pour se mettre à la tête de la Compagnie. Il n'y avoit personne dans le cabinet que les grandes entrées, le chancelier, les ministres et le contrôleur général. Le Roi a dit au premier président : « Je suis extrêmement mécontent de votre dernier arrêté; je l'ai cassé et annulé par un arrêt de mon conseil; je vous défends sous peine de désobéissance de faire aucune délibération, ni aucune remontrance sur ce sujet (1). » Le premier président a très-bien répondu et en termes fort respectueux; il a assuré le Roi de la douleur extrême où étoit la Compagnie d'avoir eu le malheur de lui déplaire, ajoutant qu'ils n'avoient pu en douter lorsqu'ils avoient reçu l'ordre de se rendre auprès de S. M.; mais qu'il pouvoit lui protester que la Compagnie n'auroit jamais d'autres désirs et d'autre objet que de donner en toutes occasions à S. M. les preuves les plus essentielles de son obéissance et de son respect. Le Roi a répondu : « Je jugerai de vos sentiments par votre conduite. » Le Parlement s'est retiré après cette réponse. Le premier président avoit demandé au Roi de vouloir bien la lui donner par écrit, le Roi l'a remise écrite de sa main à M. le chancelier.

Pour entendre ce qui a donné lieu au Roi de mander son Parlement, il faut reprendre l'affaire dès son commencement.

---

(1) Je n'étois pas présent à ce discours, et je n'ai pas vu par écrit la réponse que le Roi a remise à M. le chancelier, mais je la sais par plusieurs personnes qui étoient présentes. Tous s'accordent sur les termes les plus essentiels, mais il y a quelques variations par rapport aux mots de délibération et de remontrances. On prétend que le Roi a dit : « Je vous défends de faire aucune délibération à ce sujet. » On me dit hier que dans la copie de la réponse qui a été remise au Parlement, le mot de délibération, ni celui de remontrances n'y étoient point, mais seulement ceux-ci : « De me faire aucune représentation à ce sujet. » (*Addition du duc de Luynes*, datée du 25 février.)

M. de la Mothe, évêque d'Amiens, a fait imprimer un avis en forme de mandement qu'il adresse à tous ses curés, dans lequel il leur prescrit la conduite qu'ils doivent tenir par rapport à ceux qui sont notoirement rebelles à la décision que l'Église a rendue dans la constitution *Unigenitus*. Il établit dans ce mandement que cette constitution est un jugement irréformable de l'Église universelle en matière de doctrine, qualification déjà donnée à cette constitution par des asemblées du clergé de France et par les mandements de plusieurs évêques. Il dit que le jugement rendu par l'Église dispersée, dans cette occasion, exige la soumission intérieure de cœur et d'esprit de la part des fidèles, comme la décision d'un concile général. Il en conclut que tout fidèle qui est notoirement rebelle à cette décision est dans un état qui le rend indigne de la participation aux sacrements de l'Église à l'heure de la mort, à moins qu'il ne change de disposition. Pour les sacrements qui sont demandés publiquement par les réfractaires dans l'Église, il ordonne à ses curés de ne faire aucune démarche à ce sujet sans le consulter auparavant. Il déclare devant Dieu qu'il n'a entendu ni voulu conférer l'ordination à ceux de ses ecclésiastiques qui lui en auroient imposé, en affectant dans l'extérieur et dans les paroles une soumission à la bulle *Unigenitus* qu'ils n'auroient point dans le cœur.

Cet avis, en forme de mandement, ayant été dénoncé au Parlement par MM. les gens du Roi, il intervint arrêt, le 7 janvier de cette année, qui en ordonna la suppression. On trouvera à la fin de cette année (1) la copie de cet arrêt. Le Roi en fut extrêmement mécontent. L'on crut pouvoir y remédier en profitant de l'occasion des *Nouvelles ecclésiastiques* (2), ouvrage très-dangereux.

---

(1) *Voy.* à l'appendice à l'année 1747.
(2) *Nouvelles ecclésiastiques,* ou *Mémoires pour servir à l'histoire de la*

MM. les gens du Roi firent donc, le 1ᵉʳ février, rapport à la Cour des sages observations qu'ils avoient faites sur les expressions indécentes et peu mesurées dont l'auteur de ces nouvelles s'étoit servi. On trouvera encore à la fin de ce livre la copie de leur réquisitoire, en conséquence duquel intervint arrêt qui ordonna que les deux feuilles des *Nouvelles ecclésiastiques* (1) seroient lacérées et brûlées par la main du bourreau, ce qui fut exécuté. Les gens du Roi furent mandés ici, et S. M. leur dit qu'elle étoit extrêmement contente de leur conduite. Vraisemblablement il ne seroit rien arrivé de nouveau si les chambres ne s'étoient pas assemblées; mais l'assemblée s'étant faite à l'occasion de la réception d'un conseiller, les esprits s'échauffèrent, et malgré tout ce que put faire le premier président, il fut décidé à la pluralité des voix pour un arrêté dont voici la copie (2).

---

constitution Unigenitus *depuis* 1713 *jusqu'en* 1739. Les auteurs de ce livre sont les abbés Boucher, Berger, de la Roche, Troya, Guidy, Rondet, Larrière et de Saint-Mars. Cette publication se distribuait en secret, par les soins du parti janséniste; tous les mois il en paraissait deux feuilles in-4°.

(1) Parues en janvier.

(2) Ce ne fut pas dans cette assemblée que l'arrêté fut déterminé; il y parut quelque volonté de traiter de cette matière; mais le premier président détourna sagement ce premier mouvement, et ce ne fut que quelques jours après que cet arrêté fut déterminé. (*Addition du duc de Luynes*, datée du 1ᵉʳ mars.)

M. le président de Guébriant, président honoraire, qui étoit à toutes ces assemblées, m'a dit aujourd'hui que ce fut le vendredi d'avant les jours gras qu'il y eut une assemblée des chambres à l'occasion de deux déclarations du Roi, l'une par rapport aux matières de cuivre, l'autre par rapport aux cartes; que dans cette assemblée il y eut une voix qui s'éleva et qui dit qu'ils auroient à délibérer sur des affaires plus importantes; mais que le Parlement suivant l'usage ne devant pas s'assembler pendant les jours gras, il valoit mieux remettre ces délibérations au premier vendredi de carême. Ce jour-là il y eut une assemblée des chambres indiquée au sujet des dispenses dont M. de Gourgues avoit besoin pour être reçu. La Cour fut instruite de cette assemblée. Le Roi fit avertir M. le premier président de venir lui parler, et comme S. M. s'étoit recouchée au sortir du bal et ne se releva qu'entre cinq et six heures du soir, ce fut à cette heure-là qu'elle parla au premier président. Le premier président répondit au Roi qu'il lui étoit impossible

FÉVRIER 1747.

Arrêté du 17 février 1747 au parlement de Paris.

La Cour, pour prévenir l'abus que l'on pourroit faire de certaines expressions portées dans le réquisitoire des gens du Roi sur lequel est intervenu l'arrêt du 1er février 1747, a arrêté qu'en se conformant aux intentions du Roi données à entendre par sa lettre aux évêques du 22 juillet 1731, par sa réponse aux remontrances du 15 mai 1733 et par sa réponse aux remontrances du 28 juillet 1738, elle continuera de veiller plus exactement que jamais à réprimer tout ce qui tend manifestement à introduire le schisme dans le royaume, et à ce qu'il ne soit donné à la bulle *Unigenitus* aucune qualification qui puisse, soit directement soit indirectement, donner atteinte aux modifications portées par l'arrêt d'enregistrement, du 15 février 1714, lesquelles modifications ont été (termes de la déclaration du 18 août 1732) si solennellement et tant de fois approuvées et confirmées par ledit seigneur Roi; et qu'au surplus la Cour persiste dans les maximes contenues dans ses arrêtés et arrêts rendus jusqu'à ce jour, maximes dont son inviolable fidélité pour ledit seigneur Roi ne lui permet pas de s'écarter.

C'est en conséquence de cet arrêté que le Parlement a été mandé.

Samedi et lundi il n'y a point eu de musique chez la Reine. Dimanche il y eut sermon à l'ordinaire. Mme la Dauphine y assista, et mon frère eut un tabouret à côté de M. l'archevêque de Rouen. Il s'étoit informé à M. de Maurepas de ce qu'il devoit faire; M. de Maurepas lui dit que cela ne devoit pas faire de difficulté, mais que comme c'étoit un arrangement de chapelle, il falloit en parler à M. le coadjuteur. Tout cela s'est passé sans aucune contestation.

Le dimanche, après le salut, la Reine joua dans son salon comme à l'ordinaire. Le mercredi des Cendres, elle

---

d'empêcher l'assemblée, que c'étoit l'usage et la règle pour recevoir un conseiller. Ce fut dans cette assemblée du premier vendredi de carême que l'on se détermina à l'arrêté. (*Seconde addition du duc de Luynes*, datée du 3 mars.)

fut obligée de jouer dans le cabinet avant sa chambre, le salon n'étant pas encore nettoyé.

Le Roi a réglé qu'il y auroit appartement tous les mardis, et ballets ou opéra tous les mercredis, dans la salle du manége, jusqu'à la semaine de la Passion. Il y eut donc hier appartement, non pas dans la galerie, comme ces jours derniers, mais dans la pièce aux deux tribunes et les deux pièces en deçà. Il n'y eut point de musique; beaucoup de tables de jeux dans la pièce aux deux tribunes. La première en deçà de cette pièce étoit celle où la Reine jouoit à cavagnole, et dans l'autre, qui est la pièce du trône, étoit la table de lansquenet, où jouoit le Roi avec M. le Dauphin, Mme la Dauphine et Mesdames.

Aujourd'hui est le ballet; c'est le même que l'on joua le lundi gras.

Du vendredi 24. — Avant-hier, M. le chancelier, après avoir montré aux députés la réponse écrite de la main de S. M., en remit une copie au premier président. Cette réponse fut portée hier à l'assemblée des chambres, où l'on en fit la lecture; on demanda au premier président s'il avoit apporté l'arrêt du conseil; il répondit qu'on ne le lui avoit pas encore remis. L'assemblée se sépara sans qu'il fût question d'aucune difficulté.

J'ai dit ci-dessus que le premier président fit avant-hier quelques représentations aux ministres du Roi sur la manière dont le Parlement avoit été mandé. Ces représentations pourroient avoir quelque fondement si l'intention du Roi avoit été de mander son Parlement; car en effet la forme et l'usage ordinaire en pareil cas est que S. M. fait mander au parquet, c'est-à-dire aux gens du Roi, de se rendre à la Cour. Lorsqu'ils sont arrivés, le Roi leur donne ordre d'avertir le Parlement qu'il ait à se rendre auprès de lui. Les gens du Roi rendent compte des ordres du Roi aux chambres assemblées, et c'est dans cette même assemblée que l'on nomme des députés pour se rendre auprès de S. M. Mais ici ce n'est point le Parlement que le Roi a voulu mander ; M. de Maurepas a écrit par ordre de S. M. à M. le premier président que le Roi désiroit qu'il se rendît à Versailles un tel jour avec deux présidents à mortier, deux conseillers de grande chambre et l'ancien conseiller de chacune des autres chambres. On a même eu l'attention de ne pas mettre le doyen afin d'éviter tout sujet de difficulté sur le choix, en cas que le doyen fût absent ou malade.

M. de Puisieux partit hier pour aller prendre l'air à Bièvre, chez la Martinière, d'où il doit aller à Plaisance chez Duvernet. Il est fort foible, et a été tourmenté depuis huit ou dix jours par beaucoup de clous qu'on lui a ouverts. Il est fort rouge, et on doute qu'il puisse paroître au bout de six semaines.

Les comédies continuent toujours dans les cabinets ; il y en eut une lundi dernier, où le Roi fit venir M. le Dauphin.

Du samedi 25, *Versailles.* — M. le chevalier de Brancas est venu aujourd'hui demander l'agrément du Roi pour son mariage avec Mlle de Giseux. Il étoit avec son oncle, M. de Céreste. M. le chevalier de Brancas est le second fils de M. le maréchal de Brancas, lequel a obtenu en faveur du mariage la permission de se démettre du gouvernement de Nantes au profit du chevalier de Brancas. Mlle de Giseux est fille unique ; on lui donne 20,000 livres de rente actuellement, et on lui assure 5 ou 600,000 livres. Le père a été écuyer de quartier du Roi ; il a vendu depuis peu cette charge pour acheter celle de M. Desgranges, de maître des cérémonies. M. de Giseux est fils d'un M. Grandhomme qui a fait une fortune considérable en Amérique, où il avoit épousé une riche veuve. Il a acheté des terres dans ce pays-ci, entre autres la terre de Giseux en Anjou, où il y a un fort beau château. C'est de M. le marquis de Saché qu'il a fait cette acquisition, moyennant une rente viagère.

L'arrêt du conseil parut hier; les expressions ont été choisies et examinées avec grand soin; il m'a paru mériter d'être transcrit à la fin de ce livre.

MARS.

Mariages de M. de Saint-Chamant et du prince d'Elbeuf. — Service de la Dauphine chez la Reine et à la chapelle. — Grâces de la Dauphine. — Détails sur les spectacles des cabinets. — Nouvelles de Gênes. — Mariage de M. d'Escorailles. — Médailles du mariage du Dauphin. — Suites de l'affaire du Parlement. — Mort de M. de Vaubecourt. — Guidons de gendarmerie et régiments donnés. — Mort de Bontemps, premier valet de chambre du Roi. — Procès de Mme de Rupelmonde. — Assemblée du Clergé. — — Dons du Roi. — Mme de Peyre. — Mariages. — Bonté de la Reine pour M. de la Mothe. — Détail sur l'ouverture de l'assemblée du Clergé. — Présentation de la marquise de Brancas. — Spectacle des cabinets. — Présentations. — Mariage. — Maladie de la reine de Pologne. — Nouvel opéra de Rameau; jugement sur sa musique. — Désordre au théâtre de la Cour pour les places. — Nouvelles étrangères. — M. de Macanas. — La Reine et la famille royale au spectacle des petits cabinets. — Mort de la duchesse de Lesdiguières. Sa liaison avec le comte d'Évreux. — Mort de Mme du Bellay. — Mort de la reine de Pologne; douleur de la Reine. — Détails sur les deuils de Cour. — Arrivée de M. de Brassac, premier gentilhomme du roi Stanislas. — Obsèques de la reine de Pologne. — Départ de M. de Lubomirski et ses prétentions. — Attachement de la Reine pour M. de la Mothe. — Arrangements pour les chevau-légers. — Tentures de deuil des appartements. — Mmes de Montesquiou et de Ségur montent dans les carrosses de la Reine. — Mme de Mauconseil. — Plaisanterie du Roi au prince de Conty. — Morts. — Départ du maréchal de Saxe. — Retard de l'entrée de l'ambassadeur de Venise. — Procès de Mlle de Duras contre la famille de Mailly. — Révérences pour le deuil de la Dauphine. — Pâques de la Dauphine et de la Reine. — Cène du Roi; rétablissement du droit des ducs. — Cène de la Reine. — Réponse du maréchal de Saxe au duc de Luynes. — Détail sur la grande écurie.

Du mercredi 1er mars. — M. de Saint-Chamant, guidon des gendarmes de la garde et fils de celui qui étoit dans les gardes du corps, doit épouser incessamment Mlle de Louvois, fille de M. de Souvré et de sa seconde femme (Mlle Desmaretz). M. de Souvré épousa en troisièmes noces il y a quelques années Mlle de Sailly, dont il a des enfants; il avoit épousé en premières noces une fille de M. le maréchal de Brancas.

M. le marquis de Rougé est venu aujourd'hui demander l'agrément du Roi pour le mariage de Mme de Coëtenfao avec M. le prince d'Elbeuf. Mme de Coëtenfao est âgée de trente-neuf ans; son nom est du Plessis-Bellière ou Rougé, qui est la même chose; elle est veuve depuis trois ans ou environ. M. le prince d'Elbeuf, frère de M. le duc d'Elbeuf a, à ce que l'on dit, soixante-neuf ans; il jouit tout au plus de 50,000 livres de rente en y comprenant 38,000 livres de pension viagère que lui fait le grand-duc. En considération du mariage, le grand-duc veut bien assurer à Mme de Coëtenfao la moitié de cette pension viagère pour sa dot. Mme de Coëtenfao jouit au moins de 80,000 livres de rente claire et nette. Elle eut un héritage fort considérable il y a quelques années, par la mort de son frère, M. du Plessis-Bellière, et de deux enfants qu'il avoit laissés de ma cousine germaine, la fille de M. le maréchal de Chaulnes.

Il y a quelques jours que Mme la Dauphine étant chez la Reine et désirant de boire, elle demanda à la Reine à qui elle devoit s'adresser pour en demander; la Reine lui dit que c'étoit à Mme de Luynes. Mme de Luynes aussitôt demanda à boire pour Mme la Dauphine; un garçon de la chambre en apporta, et présenta le service à Mme de Luynes pour servir Mme la Dauphine. Quoique Mme de Brancas soit présente, cela ne fait nulle difficulté que le service soit présenté à Mme de Luynes; mais depuis ce temps, Mme la Dauphine ayant demandé à boire un jour que Mme de Luynes n'étoit pas chez la Reine, elle s'adressa, suivant la règle, à Mme de Villars; Mme de Villars donna l'ordre à un garçon de la chambre, et s'en alla sans attendre le service; le garçon de la chambre ne trouvant ni dame d'honneur ni dame d'atours, présenta lui-même à boire à Mme la Dauphine. Mmes de Brancas et de Duras ont voulu sur cela faire naître une question; elles prétendent qu'en pareil cas, pour Mme la Dauphine ou pour Mesdames chez le Roi, c'est à elles qu'on présente le service lorsque le grand chambellan ou le premier gentilhomme de la chambre ne s'y trouvent point. Elles ont désiré que Mme de Luynes demandât les ordres de la Reine. Mme de Luynes en a rendu compte aujourd'hui à S. M. La Reine a dit que sans aucune difficulté en pareil cas le garçon de la chambre devoit avertir une des femmes de chambre pour présenter le service à Mme la Dauphine ou à Mesdames, quoique Mme de Brancas ou Mme de Duras fussent présentes (1).

Il y a quelques jours que M. le Dauphin, étant avec Mme la Dauphine dans la petite niche à gauche de la tribune du Roi à la chapelle, dit qu'on allât chercher une tabatière que Mme la Dauphine avoit oubliée chez elle ; un valet de chambre de Mme la Dauphine apporta cette tabatière. Mme de Brancas ni Mme de Lauraguais n'étoient point à la chapelle, il n'y avoit que M. de la Fare et des dames de Mme la Dauphine ; ainsi ce fut le valet de chambre qui présenta lui-même la tabatière, et c'est la règle.

Tout ce que l'on a annoncé jusqu'à présent des grâces de Mme la Dauphine se confirme tous les jours par l'expérience ; on voit qu'elle a désir de plaire et de se faire aimer. Le jour qu'elle demanda à boire à Mme de Luynes chez la Reine, elle lui dit, avec toutes sortes de bontés et d'attentions, qu'elle ne vouloit pas demander un second coup à boire, de peur de la faire attendre.

---

(1) Les garçons de la chambre ont fait naître une autre question. Ne pouvant avoir l'honneur de servir Mme la Dauphine en l'absence de la dame d'honneur et de la dame d'atours, ils ne pouvoient se résoudre à présenter le service à une des femmes de chambre et représentoient que ce devoit être plutôt un officier du gobelet. Mme de Luynes a rendu compte à la Reine de ces représentations. La Reine lui a répondu que l'officier du gobelet ne devoit point entrer dans sa chambre, qu'un garçon de la chambre devoit apporter le service sur la table entre les deux croisées et aller ensuite avertir une femme de chambre qui viendroit prendre le service sur cette table pour le présenter soit à la dame d'honneur ou à la dame d'atours, ou le donner elle-même à Mme la Dauphine. (*Addition du duc de Luynes*, datée du 3 mars.)

M. l'ancien évêque de Mirepoix étant venu lui faire sa cour à sa toilette, il y a trois ou quatre jours, elle lui demanda si les évêques n'étoient pas habillés de violet; elle se fit apporter en même temps une montre violette émaillée qu'elle lui donna, en lui disant qu'elle savoit qu'il en avoit une d'une couleur différente, mais qu'elle étoit bien aise de lui en donner une uniforme à son habit.

Lundi dernier, il y eut comédie dans les cabinets; c'étoit *les Trois Cousines* de Dancourt. On joua ensuite un acte d'un opéra de Bourgeois qui n'a point eu de succès; les paroles sont de Fuselier. Les acteurs de la comédie étoient M. de la Vallière, qui faisoit le bailli; le duc de Villeroy, qui faisoit M. de Lorme et qui joua parfaitement bien; M. le duc de Duras, qui faisoit Blaise et qui joua bien aussi; M. de Luxembourg est aussi un des acteurs. Les actrices étoient : Mme de Brancas douairière, qui faisoit la meunière et qui joua assez bien, un peu froidement cependant; Mme de Pompadour joua Colette, tout au mieux; Mmes de Livry et de Pons faisoient les deux filles de la meunière. Les danseurs dans les divertissements étoient : M. de Clermont-d'Amboise, qui a fait les danses; M. de Courtenvaux, M. de Luxembourg, M. de Villeroy. La comédie et l'acte d'opéra furent exécutés à merveille. Mme de Pompadour, qui a une jolie voix, chanta très-bien. Il n'y a de femmes qu'elle et Mme de Brancas dans cet acte. Le duc d'Ayen y joua, et chanta aussi avec applaudissements.

Ces comédies sont arrangées les lundis, de même que l'appartement les mardis, et l'opéra les mercredis. M. le Dauphin et Mme la Dauphine étoient lundi dernier à la comédie. Il n'y avoit d'autre dame avec Mme la Dauphine que Mme de Brancas, sa dame d'honneur.

Il arriva hier un officier dépêché par M. le maréchal de Belle-Isle; c'est un aide de camp de M. le marquis de Mirepoix, qu'on appelle Milot. M. le maréchal de Belle-Isle l'avoit envoyé à Gênes pour savoir des nouvelles de la révolte, et l'a envoyé ici pour en rendre compte lui-même; il est venu en six jours d'Antibes ici. Il paroît que le poste de la Bocchetta n'est pas entièrement occupé par les Autrichiens; les Génois y ont environ 4,000 hommes sur les hauteurs. Il y a souvent de petits combats, dans lesquels ils ont presque toujours l'avantage. La ville de Gênes paroît en état de défense, et la République déterminée plus que jamais à soutenir le parti qu'elle a pris. L'ordre est donné pour y faire passer des troupes. M. le maréchal de Belle-Isle y envoie 4,000 hommes sous les ordres de M. de Mauriac, maréchal de camp, et de M. de Lannion, brigadier, qui avoit été chargé de la défense de Marseille et qui y a fait des merveilles pour les préparatifs en cas de siége. Les colonels que l'on envoie sont MM. de la Faye et de Roquépine. On leur donne à commander à chacun un bataillon de douze piquets, auquel on joint une compagnie de grenadiers royaux, et l'on donne des drapeaux à ces bataillons.

Du vendredi 3. — M. d'Escorailles, officier supérieur des chevau-légers de la garde (1), a demandé ce matin l'agrément du Roi pour son mariage avec Mlle de Fortia, petite-fille du conseiller d'État et chef du conseil de la maison de Condé.

J'ai déjà marqué que le Roi fait distribuer un grand nombre de médailles d'or et d'argent; on en donne à tous les évêques, mais seulement d'argent; et l'on en donne d'or aux valets de chambre du Roi. Mme de Luynes en avoit demandé soixante-dix-huit pour distribuer dans la maison de la Reine; M. de Gesvres ne lui en a envoyé que soixante et une, dont quarante-neuf grandes et douze petites. M. de Gesvres, qui en avoit déjà donné à Mme de Luynes une grande d'or, lui en a envoyé une autre grande et une petite aussi d'or, et outre cela huit d'argent pour distribution dans sa maison.

---

(1) Il est sous-lieutenant de cette compagnie. (*Note du duc de Luynes.*)

J'ai marqué dans l'article du 22 février et dans les notes le détail de ce qui s'est passé dans l'affaire du Parlement. J'ai marqué depuis qu'il n'y avoit eu aucun mouvement dans cette Compagnie, comme on l'avoit craint. Ce n'est pas sans peine qu'on a pu empêcher les esprits échauffés de faire quelque éclat. L'arrêt dont on a parlé, et qui fut rendu sur le réquisitoire des gens du Roi, n'est qu'un arrêt de la grande chambre, et les chambres n'en eurent de connoissance que lorsque l'arrêt fut imprimé. Pour calmer un peu les esprits dans la circonstance présente, on leur a représenté que l'arrêt du conseil ne leur ayant point été signifié par lettres patentes, comme c'est l'usage, ils devoient en prétendre cause d'ignorance et le regarder comme non avenu. Malgré ces représentations, la commotion étoit encore grande hier au soir; cependant il ne s'est rien passé aujourd'hui dans les chambres assemblées pour la réception de M. de Gourgues.

M. d'Argenson a dit aujourd'hui au Roi que M. de Vaubecourt est mort à l'armée de Provence, où il étoit avec son régiment qui est celui de Dauphiné; il se portoit bien la veille; on l'a trouvé mort le matin dans son lit. On croit qu'il a été empoisonné par un de ses domestiques, lequel est en fuite. M. de Vaubecourt avoit vingt-cinq ou trente ans; il avoit épousé la fille de feu M. le maréchal de Puységur.

On a su aujourd'hui que M. de la Mothe, chevalier d'honneur de la Reine, n'est point employé sur l'état des officiers généraux pour cette année. La Reine, par la bonté qu'elle a pour M. de la Mothe, a paru fort fâchée en apprenant cette nouvelle.

Du samedi 4, Versailles. — Le Roi donna, il y a trois ou quatre jours, quatre guidons de gendarmerie; l'un à M. de Fosseux, fils du baron de Montmorency; l'autre à M. de Fougère, fils du chef de brigade; un autre à M. de Châteaurenard, qui a été capitaine de dragons dans le régiment d'Egmont; l'autre à M. de Forbin.

On apprit, il y a quelques jours, la mort de M. de Tombebeuf, colonel du régiment de la Sarre; il étoit avec son régiment en Provence. Le Roi a donné son régiment à son frère, mais à condition qu'il ne pourra le vendre.

J'ai marqué ci-dessus la mort de M. de Volvire; il avoit le régiment Dauphin-cavalerie. Le Roi donna hier ce régiment à M. de Marbeuf, fils du président de Marbeuf et neveu de l'abbé. Ce régiment, dont la taxe est de 100,000 livres, ne sera payé que 90,000 par M. de Marbeuf, et cette somme sera employée à rembourser quatre régiments de cavalerie de 22,500 livres chacun, lesquels seront donnés gratuitement lorsqu'ils seront vacants. M. de Marbeuf ne pourra vendre le régiment que 90,000 livres.

On a appris ce matin la mort de Bontemps, premier valet de chambre du Roi. Il est mort d'une écorchure à la jambe et d'une indigestion; il avoit environ cinquante ans; il n'a pas été longtemps malade; la gangrène étoit dans son sang. Bontemps, outre la charge de premier valet de chambre, avoit le gouvernement des Tuileries et une capitainerie des chasses auprès de Paris. Il laisse un fils, qui n'a que sept ou huit ans. Le Roi a donné à cet enfant la charge et le gouvernement. Les premiers valets de chambre se sont chargés d'exercer la charge, ce qui leur sera facile, parce qu'ils sont cinq. Bachelier a un survivancier, qui est Binet, premier valet de chambre de M. le Dauphin; Champcenetz a un fils qui a la survivance de sa charge; Le Bel est le cinquième. La capitainerie n'est point encore donnée. Le petit Bontemps a été présenté ce matin; il est venu remercier.

Mme de Rupelmonde, dame du palais de la Reine, gagna hier un grand procès à la grande chambre contre les héritiers de son mari, qui lui disputoient son douaire et son droit d'habitation; par ce jugement elle aura 12,000 livres de douaire et 3,000 livres d'habitation.

Cette affaire n'étoit pas sans difficulté, parce que les biens de la succession étoient dans la coutume de Bruges et celle du pays de Wast. Il n'y a que celle de Bruges où l'on puisse avantager sa femme, et la plus grande partie des biens se trouve dans l'autre coutume. Il y avoit des formalités à observer qui avoient été négligées. Ce qui a fait gagner Mme de Rupelmonde, c'est qu'elle a été regardée comme la plus ancienne et même la seule créancière; elle n'a point eu les 12,000 livres de préciput qu'elle demandoit, mais seulement son douaire et habitation. Elle auroit été à plaindre si elle avoit perdu ce procès.

M. le marquis de Villeroy, gendre de M. le duc d'Aumont, a été reçu ces jours-ci garde du corps dans la compagnie de son oncle.

Du dimanche 5, Versailles. — J'ai oublié de parler de l'assemblée du Clergé qui vint ici le 12 février haranguer le Roi. Ce fut M. l'archevêque de Tours (Rastignac) qui porta la parole et qui fit un fort beau discours.

Le Roi donna hier ou avant-hier le gouvernement de Brouage à M. le marquis de Mirepoix, qui est revenu de Provence depuis quelques jours et qui servira la campagne prochaine en Flandre.

S. M. donna aussi hier à M. de Vandières, frère de Mme de Pompadour, la capitainerie de Grenelle, vacante par la mort de Bontemps; il y avoit 100,000 livres de brevet de retenue sur cette capitainerie; c'est le Roi qui paye ces 100,000 livres en faisant 5,000 livres de rente au petit Bontemps. M. de Vandières n'a point jusqu'à présent de brevet de retenue, mais il ne désespère pas d'en obtenir un.

Mme de Peyre a été présentée aujourd'hui à la Reine; il y avoit vingt-deux ans qu'elle n'étoit venue à la Cour; elle est venue ici avec Mme de Crussol, la belle-fille, Mme de Poyanne et Mme de Surgères. Mme de Peyre est fille de feu M. de Gassion et d'une sœur de feu M. de Morville. Comme elle a été présentée au Roi, il n'y aura point de nouvelle présentation pour le Roi ; on la nommera à S. M. à son souper, mais elle n'avoit point vu la Reine.

Le Roi a signé ce matin le contrat de mariage de M. le chevalier de Brancas et celui de M. d'Escorailles.

M. de Laval, qu'on appelle Laval-Montmorency (1), lieutenant général et beau-frère de M. l'évêque de Metz et du bailli de Saint-Simon, marie sa fille avec d'Helmstadt, qui a dix-huit ans, qui est capitaine de cavalerie et qui jouit actuellement de 60 ou 80,000 livres de rente. M. de Laval avoit beaucoup d'enfants; il ne lui en reste que trois, un garçon qui a quinze ans, une fille religieuse et celle-ci.

Du jeudi 9. — J'ai parlé ci-dessus des médailles que le Roi fait distribuer. Cette distribution se fait avec beaucoup plus d'ordre qu'au premier mariage. C'est M. le duc de Gesvres qui la fait, et on ne peut assez louer sa politesse et ses attentions dans le détail immense dont il est chargé à cette occasion.

Le Roi a fait donner des médailles aux ministres étrangers; deux d'or et deux d'argent aux ambassadeurs; une d'or et deux d'argent aux envoyés, et une d'or seulement aux chargés d'affaires. C'est l'introducteur en semestre à qui on remet ces médailles. Il ne les porte point chez les ministres, mais il les leur donne lorsqu'il les rencontre.

M. le comte de la Mothe, qui avoit été à Paris, est revenu ici aujourd'hui. La Reine, sachant la douleur extrême où il étoit de n'être point employé cette campagne, non-seulement lui a fait l'honneur de lui écrire, mais outre cela elle a parlé au Roi. Le Roi a répondu qu'il étoit fort content de M. de la Mothe et a dit à la Reine qu'elle pouvoit l'en assurer et que quoiqu'il n'ait pas pu l'employer cette

---

(1) Guy-Claude-Rolland de Montmorency, comte de Laval, depuis maréchal de France.

année, M. de la Mothe devoit être tranquille, qu'il ne feroit point de maréchaux de France sans qu'il fût du nombre (1). Il est juste de marquer dans ces mémoires, à cette occasion, que non-seulement la Reine sait donner des marques de bonté avec beaucoup de grâces à ceux qui ont l'honneur de lui être attachés, mais qu'outre cela elle fait avec vivacité tout ce qui dépend d'elle pour leur rendre service.

M. le marquis de Flamanville fit hier signer ici le contrat de mariage de Mlle sa fille avec M. le marquis de Raré.

Du mardi 14. — Vendredi dernier, Mme la duchesse de Mortemart (Nicolaï) vint ici faire ses révérences; elle n'avoit pas encore paru à la Cour depuis la mort de son mari; ce fut Mme de Chalais, sa belle-sœur, qui alla partout avec elle.

Avant-hier dimanche, le Clergé vint ici haranguer le Roi pour la clôture de l'assemblée; ce fut M. l'archevêque d'Arles (Jumilhac) qui porta la parole. Cette harangue fut suivie de celle de l'abbé de Saint-Bertin au nom des États d'Artois.

L'usage est qu'à l'ouverture de l'assemblée du Clergé il harangue le Roi et M. le Dauphin, et à la clôture il ne harangue que le Roi. Cette assemblée est composée de seize évêques et de seize du second ordre. M. de Mau-

---

(1) La première fois que la Reine en parla au Roi, il ne lui répondit rien; la Reine prit le parti d'écrire au Roi. J'ai ouï dire à M. de la Mothe, qui a vu la lettre, qu'elle étoit parfaitement bien écrite et dans les termes les plus pressants. Tout ce qui pouvoit faire impression au Roi étoit rappelé, sa naissance, ses services, son exactitude à son devoir et la mémoire de Mme de Ventadour. La Reine en parla à M. d'Argenson, comptant la lui faire remettre au moment qu'il iroit travailler avec le Roi; M. d'Argenson demanda à la Reine si le Roi ne lui avoit point parlé, et lui dit qu'il croyoit que ce seroit pour la première fois qu'elle le verroit. En effet, la Reine alla le lendemain chez le Roi, lorsqu'il fut éveillé, comme elle y va souvent, et ce fut là que le Roi lui dit ce qui est marqué dans cet article; ainsi la lettre devint inutile. (*Addition du duc de Luynes* datée du 22 mars.)

repas leur donna le même jour un grand dîner, tout en maigre, après lequel ils allèrent chez M. le chancelier pour la signature du contrat que le Clergé passe avec le Roi pour le don gratuit de 11 millions. M. le chancelier reçoit le Clergé dans la grande pièce qui sépare son appartement d'avec celui de Mme Daguesseau. Il s'y trouva, suivant l'usage, seize commissaires du Roi, parce qu'il y avoit seize évêque : son en met toujours un nombre pareil à celui des évêques. M. le chancelier est du nombre des seize; M. le duc de Béthune comme chef du conseil des finances, M. l'abbé de Pomponne, M. de Maurepas et douze conseillers d'État. Les seize commissaires sont assis et ont leur chapeau sur la tête ; ils ne se découvrent point dans le moment que le Clergé entre ; mais lorsqu'il a fait quelques pas dans la salle, ils ôtent leur chapeau sans se lever. Les évêques sont assis suivant leur rang vis-à-vis les commissaires du Roi. Bronod, notaire du Clergé, fait la lecture du contrat où sont les noms de tous les archevêques et évêques qui composent l'assemblée, le discours de M. de Maurepas à l'ouverture de l'assemblée, la réponse de l'assemblée; on passe tout ce qui n'est que de forme et de style, et l'on commence les signatures; elles se font sur deux colonnes. M. le chancelier signe le premier sur l'une des colonnes, et M. l'archevêque de Tours vis-à-vis, comme président de l'assemblée, à la tête de l'autre colonne; ensuite alternativement M. le duc de Béthune et un archevêque ou évêque, etc. L'usage est que le Clergé, au commencement de l'assemblée, vient faire une visite à M. le chancelier. A cette première visite, M. le chancelier prend la droite sur eux; dans la seconde et dernière, il leur donne, la droite, et les reconduit jusqu'à la porte de la salle; cette salle lui sert d'antichambre, et c'est la dernière pièce de son appartement.

Avant-hier dimanche, après dîner, Mme la duchesse de Brancas, la dame d'honneur, présenta Mme la marquise de Brancas. J'ai parlé ci-dessus du mariage. M. le chevalier de Brancas a pris le nom de marquis de Brancas. Mme la duchesse de Brancas douairière, quoique belle-grand-mère, ne présenta point; elle étoit à la suite de la présentation. Mme la marquise de Brancas n'est point jolie, mais elle est grande et bien faite. Mme de Luynes, ce même jour, mena Mme de Puiguyon (La Boëssière) faire ses révérences; elle n'avoit point paru depuis la mort de son mari.

Le petit divertissement des lundis s'exécuta hier chez le Roi à l'ordinaire. On représenta *les Trois Cousines;* on exécuta ensuite un petit opéra dont la musique est de Mondonville et les paroles de la Bruëre; cet opéra est extrêmement joli; tout fut fort bien exécuté. Il n'y a d'acteurs que Mme la duchesse de Brancas douairière, Mme de Pompadour et M. le duc d'Ayen. Je vis deux acteurs nouveaux à la comédie, M. le duc de Chartres et M. d'Argenson le fils. Les meilleurs acteurs sont sans contredit M. le duc de Villeroy pour les rôles de paysans, M. le duc de Duras et Mme de Pompadour.

Mme de Saint-Chamant a été présentée aujourd'hui; elle n'est pas belle; elle est brune; son visage ressemble un peu à celui de M. de Souvré, son père; cependant il plaît beaucoup.

Du jeudi 16. — Mme d'Helmstadt a été présentée aujourd'hui; elle n'est point jolie, cependant elle ne déplaît pas; elle est petite et paroît nouée, mais elle n'a que treize ans.

Hier ou avant-hier, M. de Crussol (d'Amboise), neveu de M. l'évêque de Blois, et qui est dans la gendarmerie, épousa à Paris la fille de M. de Bersen, grand audiencier de France. On dit qu'elle a actuellement 60,000 livres de rente et qu'elle en aura encore autant.

Les nouvelles de Lunéville sur la santé de la reine de Pologne sont fort mauvaises; elle est asthmatique depuis longtemps et hydropique; ces maladies avoient réduit son corps et encore plus son esprit dans l'état le plus fâcheux ; elle n'avoit plus de mémoire et avoit des absences continuelles; elle jouoit cependant toujours à quadrille. On apprit il y a deux jours que ses jambes, qui étoient fort enflées, s'étoient ouvertes, que sa tête étoit entièrement revenue, qu'elle connoissoit son état, mais que l'enflure montoit, et que tout paroissoit annoncer une fin prochaine.

Du samedi 18. — J'ai toujours oublié de parler du ballet de mercredi. Les paroles sont de M. Cahusac et la musique de Rameau ; on l'avoit d'abord intitulé *les Dieux d'Égypte*, mais on a changé ce nom, et on l'a nommé *les Fêtes de l'Hymen et de l'Amour*. La musique de Rameau en général a un grand nombre de partisans, et il faut convenir qu'elle est remplie d'harmonie. Les amateurs de Lully trouvent que Rameau est quelquefois singulier, et que plusieurs de ses ouvrages sont dans le goût italien : c'est le jugement que ses critiques ont porté sur les opéras de sa composition qui ont paru; cependant on ne peut s'empêcher d'avouer que c'est un des plus grands musiciens que nous ayons. L'opéra de mercredi dernier a été jugé suivant ces différents sentiments; tous les connoisseurs, et Rameau lui-même, conviennent que l'ouverture n'est pas bonne, et il compte en faire une autre. D'ailleurs il y a des morceaux de musique admirables, une musette, un chœur qui est singulier, mais qui fait un très-bel effet. Le Roi parut en être content; il s'arrêta pour parler à Rameau; il lui dit qu'il feroit peut-être jouer encore cet opéra après Pâques. Il lui demanda s'il n'en avoit point d'autres prêts à donner. Pour la Reine en général, elle n'aime point cette sorte de musique ; d'ailleurs, elle ne se portoit pas bien : elle avoit été effrayée de la foule et de la presse prodigieuse; elle avoit eu assez de peine à entrer, et on lui arracha même son mantelet dans la foule. Ceux qui y ont été disent qu'on ne peut pas se représenter jusqu'à quel point étoit la difficulté de trouver des places. On les prenoit sans permission, après cela on ne vouloit plus en sortir, malgré des ordres réitérés. Il y eut quinze ou vingt jeunes gens de la Cour, et des noms les plus illustres, qui ne purent pas entrer. M. de Lubomirski et M. de Bielinski ne purent pas avoir de places convenables, et furent obligés de s'en revenir. A peine Madame Adélaïde put-elle avoir un pliant tout entier. Le chef de brigade qui est derrière la Reine fut obligé de se mettre à genoux, n'ayant qu'un coin de tabouret pour s'asseoir. Il n'y avoit point d'espace vide devant le Roi et la Reine; et Mme de Modène étoit assise presque sur les genoux de la Reine.

Il y eut comédie le lendemain jeudi, dans la petite salle, comme à l'ordinaire, et ce sont les derniers spectacles jusqu'après la Toussaint, à moins que le Roi ne veuille, comme je l'ai dit, faire exécuter l'opéra de Rameau après la quinzaine.

Il y a aujourd'hui le petit divertissement dans les cabinets; on y joue *le Préjugé à la mode* et on répète le petit opéra de Mondonville. Le Roi a paru désirer que la Reine y allât, et lui a dit de n'amener avec elle que Mme de Luynes et M. de la Mothe (1).

Les nouvelles de Londres et de la Haye semblent annoncer quelques dispositions à la paix. Il paroît que le duc de Cumberland n'a pas réussi dans son voyage en Hollande; les Hollandois paroissent effrayés du voisinage de notre armée et peu contents de leurs alliés. Le prince de Galles est à la tête d'un parti considérable qui

---

(1) Ce fut le jour que le Roi parla à la Reine sur M. de la Mothe, comme je l'ai marqué ci-dessus. La Reine parut fort touchée de la réponse du Roi, et ayant voulu lui baiser la main, le Roi l'embrassa, et il lui dit qu'il n'avoit pas voulu lui proposer d'assister au dernier petit divertissement de ses cabinets parce qu'il avoit trouvé que la pièce qu'on y jouoit étoit trop libre et ne lui convenoit pas, mais qu'on en joueroit une autre samedi, qui pourroit l'amuser, et qu'elle lui feroit plaisir d'y venir. (*Addition du duc de Luynes*, datée du 22 mars.)

veut la paix. Le mauvais succès pour les ennemis de l'expédition en Provence, la retraite précipitée des Autrichiens, qui né leur a pas permis de détruire leur pont sur le Var, le déplorable état de l'armée de M. de Browne, quoiqu'on essaye de le cacher, les dispositions que nous faisons pour ouvrir de bonne heure la campagne en Flandre avec des forces supérieures, la révolution de Gênes qui se soutient, la juste crainte qu'ont les Hollandois de perdre quelques-unes de leurs places, ou au moins de voir leur pays exposé au pillage et aux contributions, enfin l'union subsistante entre les couronnes de France et d'Espagne, tout paroît faire faire des réflexions sérieuses aux États Généraux.

Les conférences de Bréda sont ouvertes depuis quinze jours ou environ. M. de Macanas, ambassadeur d'Espagne, a demandé à y être admis, protestant contre tout ce qui s'y passera sans lui. La proposition a paru raisonnable, et les ministres plénipotentiaires ont envoyé demander des ordres à leurs cours.

Du mercredi 22, Versailles. — M. de Macanas, dont il est parlé dans l'article ci-dessus, est le même qui se brouilla avec l'inquisition en Espagne, il y a environ trente ans, et qui étant obligé d'abandonner sa patrie vint se réfugier en France; il a demeuré un grand nombre d'années à Paris caché; il a quatre-vingts ans.

Je n'ai marqué aucun détail sur le petit divertissement de samedi dernier. On joua d'abord la comédie du *Préjugé à la mode*, qui est de La Chaussée. Les acteurs étoient Mme de Pompadour, qui faisoit Constance, rôle très-difficile et qu'elle joua parfaitement bien; M. le duc de Duras faisoit Durval, rôle encore plus difficile à jouer que celui de Constance; il l'exécuta supérieurement. Le comte de Maillebois faisoit Damon; il joua fort bien. M. d'Argenson le fils (Voyer) et M. de Coigny le fils faisoient Clitandre et Damis. M. de Croissy faisoit Argant; il joue bien, mais d'une manière un peu trop forcée. Mme de Pons faisoit Sophie; Mme de Livry joua très-bien le rôle de Florine, et le marquis de Gontaut celui de Henri. Après la comédie on joua le petit opéra de Mondonville. Il n'y a, comme je l'ai dit, que trois acteurs. Mme de Pompadour chanta tout au mieux; elle n'a pas un grand corps de voix, mais un son fort agréable, de l'étendue même dans la voix; elle sait bien la musique, et chanta avec beaucoup de goût; elle fait Érigone. Mme de Brancas, qui fait Antonoë, joue assez bien; elle a une grande voix, mais elle ne chante pas avec la même grâce que Mme de Pompadour, et en tout sa voix n'est pas flexible. M. d'Ayen faisoit Bacchus; sa voix est son ouvrage : il s'est formé une basse-taille assez étendue, mais déparée, parce qu'il parle gras et que ses cadences ne sont pas agréables; outre cela quelquefois sa voix baisse un peu en chantant; d'ailleurs il chante avec goût et en musicien. Les danses, qui sont faites par Deshayes, de la Comédie Italienne, sont fort jolies; il n'y a de femme qui danse que Mme de Pompadour. Les hommes sont M. le duc de Chartres, M. le duc de Villeroy, M. de Luxembourg, M. de Coigny le fils, M. de Guerchy, Champcenetz le fils, M. de Clermont-d'Amboise, le père, et M. de Courtenvaux; ces deux derniers pour les danses hautes et les entrées. M. de Courtenvaux, qui est grand musicien, danse avec une légèreté, une justesse et une précision admirables. Mme la Dauphine, qui étoit enrhumée, ne put pas venir à ce petit spectacle; ainsi il n'y avoit que le Roi, la Reine, M. le Dauphin et Mesdames, mais sans aucune représentation; le Roi et la Reine sur des chaises à dos; M. le Dauphin et Mesdames sur des pliants. Il n'y avoit ni officiers des gardes ni capitaine des gardes derrière. M. le maréchal de Noailles y étoit comme amateur, M. le comte de Noailles, M. le maréchal de Saxe, M. de Grimberghen et moi, M. et Mme de Bachi; d'ailleurs Mme de Luynes, M. de la Mothe, Mme la maréchale de Duras, M. d'Aumont.

Mme la duchesse de Lesdiguières (Duras) mourut hier,

à Paris, âgée de soixante-cinq ans; elle étoit propre sœur de M. le maréchal de Duras et de feu M. le duc de Duras, père de Mmes d'Egmont et de Lambesc ; elle avoit eu une sœur abbesse de Saintes ; elle avoit eu une figure fort agréable, quoique toujours avec le défaut d'avoir le visage un peu trop long. Elle étoit d'un caractère fort aimable ; elle avoit une mauvaise santé et étoit sujette à des vapeurs continuelles. Elle menoit une vie fort retirée; elle voyoit sa famille et un très-petit nombre d'amis. Il y avoit plus de quarante-cinq ans que M. le comte d'Évreux dînoit et soupoit tous les jours avec elle. Il n'y avoit personne d'admis à ces dîners, ou bien il falloit être ami très-intime. Les soirs il y avoit quatre ou cinq personnes à souper. L'on jouoit quelque partie de quadrille les soirs chez elle pour l'amusement de M. le comte d'Évreux. Lorsque M. le comte d'Évreux alloit à Monceaux, et depuis à Saint-Ouen, elle y alloit et y demeuroit tout l'été avec lui. A Paris il arrivoit tous les jours à midi chez elle, s'en retournoit à trois heures chez lui pour se mettre dans son lit, revenoit à six ou sept heures et s'en retournoit chez lui à dix. Par ce détail on peut juger de la douleur extrême de M. le comte d'Évreux. Mme de Lesdiguières fut mariée en 1696 à M. de Lesdiguières ; il avoit dix-neuf ans ; il mourut en Italie, en 1704, sans avoir eu d'enfants. Avant même que d'être veuve, elle connoissoit déjà M. le comte d'Évreux, et depuis cette liaison a toujours subsisté. Dans cette dernière maladie, Mme de Lesdiguières a reçu tous ses sacrements. Depuis plusieurs années elle vivoit chrétiennement ; elle avoit fait ses dévotions à Noël dernier. Mme de Lesdiguières jouissoit tout au plus de 24 ou 25,000 livres de rente, sur quoi il y a son douaire, qui revient à M. le duc de Villeroy ; elle donne beaucoup à ses domestiques ; elle fait M. le maréchal de Duras son légataire universel et M. le comte d'Évreux son exécuteur testamentaire ; elle laisse sa vaisselle d'argent à Mlle d'Épinoy, son amie depuis longtemps, et quelques petits présents à Mme d'Egmont pour marque d'amitié, et à quelques autres de ses parents, parentes et amies. Elle logeoit dans la rue Saint-Dominique, dans une maison qu'elle avoit achetée 40,000 livres il y a environ quarante-trois ans (1).

Mᵐᵉ du Bellay mourut il y a deux ou trois jours, à Paris; elle avoit soixante-treize ou soixante-quatorze ans. Elle avoit été dame d'honneur de feu Mᵐᵉ la Duchesse. Elle laisse deux garçons : l'aîné, qui n'est point dans le service (2), et un autre, qui est évêque de Fréjus. Elle étoit Rochechouart.

Hier, il devoit y avoir appartement; tout étoit préparé; le Roi étoit au conseil et la Reine attendoit à six heures qu'il la fît avertir; M. le Dauphin, Mesdames et toutes les dames étoient dans la chambre de la Reine attendant le moment pour la suivre à l'appartement. On sut dans ce moment que le courrier qu'on attendoit de Lunéville à chaque instant étoit arrivé, et que la Reine de Pologne étoit morte le dimanche, entre cinq et six heures du soir. Ce triste événement étoit prévu depuis longtemps, et le Roi avoit déjà dit à Helvétius qu'il le feroit avertir sur-le-champ, qu'il faudroit aussitôt envoyer querir le confesseur de la Reine pour lui apprendre cette nouvelle. Le Roi avoit aussi dit à Helvétius d'avertir dans le moment Mᵐᵉ de Luynes. Tout cet arrangement fut suivi; mais avant que la Reine fût instruite, tout Versailles l'étoit déjà. La Reine, qui étoit extrêmement inquiète, surtout depuis quelques questions qu'elle avoit faites la veille à Mᵐᵉ de Villars, se trouvoit au milieu de toute la

---

(1) Tout le devant de cette maison sur la rue a été bâti par Mᵐᵉ de Lesdiguières. Cette maison en tout est fort petite; elle ne contient que quatre pièces et un cabinet dont elle avoit fait une chapelle pour entendre la messe tous les jours. Mᵐᵉ de Lesdiguières n'avoit qu'un petit nombre de domestiques, et depuis très-longtemps point de chevaux. (*Note du duc de Luynes.*)

(2) M. du Bellay a été dans le service de France; mais ayant vendu son régiment pour payer des dettes, il a passé au service de Naples, où il est actuellement. (*Note du duc de Luynes.*)

Cour la seule qui ignorât la perte qu'elle venoit de faire, et le Roi attendoit qu'elle le sût pour contremander l'appartement. La Reine faisoit des questions à tous ceux qu'elle croyoit pouvoir être instruits; elle en fit beaucoup à Madame dans son salon, et d'une manière si pressante que Madame, qui n'osoit dire ce qu'elle savoit, se trouva mal quand la Reine fut rentrée dans la chambre. Enfin Helvétius amena le confesseur dans les cabinets de la Reine; on vint l'avertir dans sa chambre que son confesseur la demandoit; elle s'en alla les larmes aux yeux; elle resta tout au plus une demi-heure dans ses petits cabinets (1), et repassant par son antichambre, elle alla tout de suite dans son petit appartement fondant en larmes. Elle entra dans le cabinet de cet appartement; elle vit quelque temps après Mme de Luynes, Mme de Villars, M. de la Mothe et Mme de Saint-Florentin, qui n'étoit pas habillée, et à qui elle dit cependant de l'attendre dans sa chambre. M. le Dauphin et Mesdames entrèrent aussi un moment. Mme la Dauphine, qui garde sa chambre à cause d'un soupçon de grossesse, vint aussi chez la Reine sans être habillée, et entra un instant dans le cabinet. M. le Dauphin, Mme la Dauphine et Mesdames revinrent s'asseoir dans la chambre, qui étoit remplie d'un grand nombre d'hommes et de femmes de la Cour qui ont les entrées. A six heures et demie, le Roi arriva chez la Reine, et resta près de cinq quarts d'heure tête à tête avec elle. Il vint ensuite lui-même ouvrir la porte, et fit appeler M. le Dauphin, Mme la Dauphine et Mesdames, avec lesquels il resta encore environ une demi-heure. Le grand couvert avoit été contremandé. Le Roi sortit un peu avant neuf heures, et soupa seul dans sa chambre (2).

---

(1) Pendant ce temps elle envoya querir Mme de Luynes, qui la suivit dans son appartement à coucher. (*Note du duc de Luynes.*)

(2) Avant que de se mettre à table, il envoya M. de Champcenetz demander à Mme de Luynes comment étoit la Reine et ce qu'elle alloit faire; elle ré-

M. le Dauphin, Mme la Dauphine et Mesdames étant sortis, la Reine revint dans sa chambre fondant en larmes; elle se mit à table pour souper, et ne voulut plus voir personne (1). Mme de Villars, Mme de Saint-Florentin y passèrent la soirée. M. de la Mothe est aussi admis dans ce particulier.

Aujourd'hui la Reine a été à onze heures à la messe, et au retour elle a vu dans son grand appartement tous ceux et celles qui ont voulu lui faire leur cour; elle est revenue dans le cabinet de son petit appartement. M. le Dauphin, Mme la Dauphine et Mesdames sont venues la voir. Le Roi, qui devoit aller à la chasse, n'y a point été; il est venu chez la Reine, où il a resté une demi-heure. La Reine s'est mise à table pour dîner, et l'on n'y a laissé entrer que les entrées de la chambre.

Le roi de Pologne, dans le moment de la mort de la reine de Pologne, est allé de Lunéville à Juville et de là à Jolivet, où il est actuellement. La Reine a fait partir aujourd'hui M. de Saint-Cloud, son écuyer ordinaire, pour porter une lettre d'amitié au roi son père. L'écuyer de quartier de la Reine, comptoit être chargé de cette commission; mais comme il est fort jeune, la Reine a cru qu'elle seroit mieux exécutée par M. de Saint-Cloud.

Le Roi a réglé que l'on prendra le deuil samedi pour six mois. Les dames du palais, quoique non titrées, draperont, ce qui a déjà été fait à la mort du roi Victor, et

---

pondit qu'elle pleuroit beaucoup, qu'elle alloit se déshabiller et manger un peu de potage. M. de Champcenetz dit que le Roi seroit venu souper avec elle s'il n'avoit craint de l'incommoder. Mme de Luynes sentit que c'étoit une politesse dont il n'étoit pas convenable d'abuser; elle répondit que la Reine seroit fort touchée de cette marque d'amitié, mais que dans l'état où elle étoit cela attristeroit trop le Roi, mais qu'elle alloit lui en rendre compte et prendre ses ordres, ce qu'elle fit. La Reine trouva qu'elle avoit bien répondu, et fit faire de très-tendres remercîments au Roi de ses bontés. (*Note du duc de Luynes.*)

(1) Le Roi vint une troisième fois, le soir, après souper, voir la Reine, mais il n'y resta qu'un moment. (*Note du duc de Luynes.*)

de même les dames de Mme la Dauphine et de Mesdames, et par conséquent les menins. C'est le seul cas où les femmes peuvent avoir leurs gens de livrée habillés de noir, quoique ceux de leurs maris ne soient point en deuil. Le Roi auroit désiré que l'on fît les révérences mardi prochain, mais les appartements ne pourront être tendus pour ce temps; elles sont remises après la Quasimodo (1). C'est le premier gentilhomme de la chambre chez le Roi et la dame d'honneur chez la Reine qui sont chargés de faire tendre les appartements; l'on tend chez le Roi l'antichambre et l'œil-de-bœuf en noir, et la chambre à coucher en violet; chez la Reine, il n'y a que l'antichambre et le cabinet d'avant la chambre. S'il y avoit une troisième pièce, elle seroit tendue, mais il n'y en a point à l'appartement de la Reine. L'on met un dais noir chez la Reine, c'est l'usage; par la même raison il devroit toujours y avoir un dais de couleur. M. de Dreux prétendoit que l'on devoit couvrir les glaces chez le Roi. Tout ce détail fut traité hier pendant le souper du Roi; c'étoit M. de Gesvres qui le servoit. M. de Gesvres dit qu'il n'avoit jamais vu cet usage, qu'il ne s'observoit point chez les particuliers. Le Roi dit aussi qu'il ne se souvenoit point d'avoir vu couvrir les glaces chez lui; que le deuil du feu Roi ne pouvoit être un exemple, étant d'une espèce bien différente; que d'ailleurs il n'avoit point de glaces dans son appartement des Tuileries; que sûrement elles auroient été couvertes s'il y en avoit eu, puisque le plafond, le parquet et les volets étoient tendus de violet. Dans la suite de cette conversation, le Roi ajouta que les fils de France devoient avoir deux pièces de leur appartement tendues de noir, et les petits-fils seulement une.

---

(1) Le Roi a réglé depuis que les révérences seroient pour mercredi, mais seulement celles de la Cour. Les cours supérieures ne viendront ici qu'après la Quasimodo, afin que les appartements puissent être tendus. (*Addition du duc de Luynes,* datée du 24 mars.)

Le Roi travailla hier avec M. d'Argenson, et fit une promotion de quatre-vingt-dix brigadiers.

Du vendredi 24. — Le Roi a continué tous ces jours-ci à marquer les mêmes attentions à la Reine; il va lui rendre visite tous les jours deux fois.

La Reine continue jusqu'à présent à voir, au retour de la messe, ceux et celles qui sont dans son appartement, et ensuite un peu avant neuf heures, dans son petit appartement.

M. de Brassac arriva hier de Lunéville à Paris; il est venu ici aujourd'hui faire part de la mort de la reine de Pologne; il a été chez le Roi en manteau long et en pleureuse, conduit seulement par M. Hulin, qui est chargé ici des affaires du roi de Pologne. L'arrivée de M. de Brassac a donné occasion d'agiter une question, savoir s'il devoit paroître en grand manteau et être présenté par l'introducteur des ambassadeurs comme venant de la part d'un prince étranger. Mais on a jugé que cette qualité ne pouvoit être donnée au roi de Pologne, duc de Lorraine; que d'ailleurs M. de Brassac n'avoit aucun caractère, qu'il étoit seulement chargé de remettre une lettre du roi de Pologne au Roi; d'ailleurs que M. Hulin, qui le conduisoit, n'avoit point d'autre caractère que celui de chargé des affaires, qu'il disoit lui-même n'avoir aucune prétention, et qu'il n'étoit venu avec M. de Brassac que pour lui montrer le chemin. De tout ce raisonnement il a été conclu que M. de Brassac et M. Hulin entreroient dans la chambre du Roi. M. de Gesvres a fait entrer M. de Brassac dans le cabinet du Roi et M. Hulin est resté à la porte. M. de Brassac en remettant la lettre a fait un petit compliment fort court; il a été ensuite chez la Reine, qu'il a vue en particulier; il a même ôté son manteau pour ne point donner à la Reine le triste spectacle qui n'auroit servi qu'à renouveler sa douleur.

M. de Brassac est premier gentilhomme de la chambre du roi de Pologne; ce n'est que depuis peu que le roi de

Pologne a créé cette charge en sa faveur. Le roi de Pologne, comme je l'ai marqué ci-dessus, dans ce que j'ai écrit de Lunéville, depuis la mort de M. de Lamberti, capitaine de ses gardes, avoit partagé la charge en deux ; ces deux officiers faisoient tour à tour l'exercice de capitaine des gardes sans en avoir le titre. Il avoit aussi des chambellans, qui servoient chacun à leur tour, et point de premier gentilhomme de la chambre ; mais ayant rétabli depuis peu la charge de capitaine des gardes en faveur de M. le marquis de Boufflers, il a créé en même temps celle de premier gentilhomme de la chambre, en faveur de M. de Brassac.

M. le duc de Fleury, qui n'oublie point les bontés du roi de Pologne et la reconnoissance qu'il lui doit pour le gouvernement de la Lorraine, avoit demandé au Roi la permission d'aller à Lunéville ; le Roi lui a dit d'attendre, qu'il l'enverroit de sa part ; cependant jusqu'à ce moment il n'y a point encore d'ordre de donné.

La reine de Pologne avoit fait un testament ; elle se l'est fait apporter une heure avant que de mourir et l'a déchiré. Elle a recommandé sa maison au roi de Pologne, et l'a prié qu'on la fît enterrer sans l'ouvrir. Le roi de Pologne, pour se conformer à ses intentions, l'a fait porter dès le lundi, qui étoit le lendemain de sa mort, à la chapelle de Bon-Secours, près de Nancy, où elle est enterrée. Cette cérémonie s'est faite avec tout l'appareil de dames, de carrosses et de gardes qui a pu être préparé dans un aussi court espace de temps. Il y avoit douze carrosses drapés. Il est vraisemblable que, prévoyant depuis longtemps ce triste événement, on s'y étoit préparé.

M. le prince de Lubomirski, général des troupes du roi de Pologne, électeur de Saxe, prit congé le 16 de ce mois. On trouvera ci-après les observations de M. de Verneuil sur les présentations de ce général à son arrivée et à son départ.

M. de Lubomirski, que le roi de Pologne avoit choisi

pour conduire Mme la Dauphine sur la frontière de France, obtint permission du Roi de la suivre jusqu'à Versailles. Il y arriva le 8 février, veille du mariage; la crainte qu'il témoigna de ne pouvoir être présenté à S. M. avant la cérémonie détermina M. le duc de Richelieu à le présenter; ce fut dans le cabinet, sans avoir vu le ministre des affaires étrangères et contre les fonctions de l'introducteur des ambassadeurs. La présentation dans le cabinet est d'ailleurs contre la règle; elle ne doit être accordée qu'aux princes souverains ou héréditaires et aux grands d'Espagne. Celle-ci pouvoit donc tirer à conséquence.

M. de Verneuil, introducteur des ambassadeurs, se proposa d'y remédier au départ de M. de Lubomirski, duquel étant averti, il crut devoir prévenir M. le duc de Gesvres que ce seigneur comptoit prendre congé du Roi le vendredi 17 mars; que lui M. de Verneuil se trouveroit à Versailles ce jour-là, et il pria M. de Gesvres de ne le point présenter s'il demandoit à l'être avant ledit jour 17, comme il en étoit convenu avec M. de Lubomirski. M. de Lubomirski vint le jeudi 16 pour prendre congé, sachant que M. de Verneuil n'étoit point à Versailles, mais à la campagne. M. de Gesvres, qu'il alla trouver, lui représenta que ce n'étoit point à lui, que c'étoit à l'introducteur des ambassadeurs qu'il devoit s'adresser, et le pria d'attendre au lendemain, que M. de Verneuil seroit sûrement à Versailles. Ce général saxon voulut être présenté ce même jour jeudi, et répondit à M. de Gesvres que ce n'étoit point l'introducteur des ambassadeurs qui l'avoit présenté à son arrivée, qu'il n'avoit aucune affaire à lui, qu'il n'étoit que simple courtisan, et que si M. de Gesvres refusoit de le faire entrer, il se présenteroit de lui-même devant le Roi pour prendre congé. M. de Gesvres prit donc le parti d'en rendre compte au Roi, et S. M. dit à M. de Gesvres de présenter puisqu'il étoit si pressé de partir. Sur quoi M. de Verneuil ayant fait ses représentations au Roi, S. M. lui a ordonné d'écrire sur ses registres que rien de ce qui s'étoit passé aux présentations de M. de Lubomirski, soit à son arrivée, soit à son départ, ne pourroit tirer à conséquence pour l'avenir et seroit regardé comme non avenu.

Du dimanche 26. — Le Roi donna hier ses ordres à M. le duc de Fleury pour aller de sa part faire compliment au roi de Pologne à Lunéville. Dès que le Roi envoie un premier gentilhomme de la chambre, il n'est pas douteux que la Reine envoie son chevalier d'honneur. M. de la Mothe s'attendoit à partir; mais la Reine, qui est bien aise de le garder ici, parce qu'il est fort assidu à lui faire sa cour dans tous les moments, a pris le parti de charger M. de Fleury de la lettre que M. de la Mothe auroit dû remettre au roi son père. La Reine fait des excuses au roi de Pologne de ne pas lui envoyer M. de la Mothe ; elle mande qu'elle auroit eu de la peine à se passer de lui, d'autant plus que dans ces premiers moments-ci, où elle ne sort point de chez elle et ne voit personne, il lui est encore plus utile; effectivement Mme de Villars, Mme de Saint-Florentin et M. de la Mothe passent toutes les soirées chez la Reine depuis la mort de la reine de Pologne.

On prit hier le deuil, et c'est de ce jour qu'on en comptera la durée. Il est vrai qu'au deuil de Mme la Dauphine on le compta du jour de la mort, mais ce fut par la circonstance du mariage et que Mme la Dauphine auroit été obligée de porter le deuil en route.

Mon frère, en qualité de premier aumônier de Mme la Dauphine, a présenté une semaine sainte (1) au Roi, à la Reine, à M. le Dauphin, à Mesdames, et en a porté une à Mme la duchesse d'Orléans à Paris; c'est l'usage pour les fils, filles, petit-fils et petites-filles de France. C'est chez

---

(1) Livre d'heures pour la semaine sainte.

la Reine le grand aumônier ou en son absence le premier aumônier qui fait cette fonction. Un aumônier de quartier en porte aux princes et princesses du sang, et le secrétaire du premier aumônier distribue celles destinées pour la maison de Mme la Dauphine.

Dans le travail que M. de Chaulnes fit il y a trois ou quatre jours avec le Roi, il communiqua à S. M. un projet auquel elle eut la bonté de donner son approbation ; c'est d'attacher à la compagnie des chevau-légers, pour le manége, M. de Lubersac, écuyer de la grande écurie, qui a une très-grande réputation. Pour cet effet, M. de Chaulnes fait acheter à M. de Lubersac la place de cornette de M. de Toulongeon. Le Roi voulant bien traiter M. de Lubersac lui donne non-seulement un brevet de retenue de 50,000 livres, suivant l'usage ordinaire, mais encore outre cela un particulier de 30,000 livres. Une grâce plus singulière, c'est que le Roi donne à la compagnie des chevau-légers 2,000 écus par an, lesquels dans ce moment-ci serviront à payer l'intérêt des 40,000 écus, prix de la charge de cornette ; et lorsque M. de Lubersac, qui n'est pas riche, sera en état de rembourser les 40,000 écus, cette même somme de 6,000 livres servira pour une partie des frais d'une espèce de manége que M. de Chaulnes veut établir aux chevau-légers. Cet établissement est fait dans l'intention que la noblesse qui vient servir dans les chevau-légers de la garde puisse trouver avec facilité dans ce corps, sans sortir de la maison où il demeure ici, les moyens d'apprendre à bien monter à cheval, et qu'en même temps les chevaux soient bien dressés. M. de Chaulnes fit faire il y a deux ans un manége couvert, beau et grand, dans la maison qu'il a achetée ici dans l'avenue de Sceaux, où les chevau-légers demeurent. Il y a déjà des chevau-légers assez habiles pour donner des leçons à leurs camarades. L'on fait usage de ce manége pour ces leçons, et M. de Chaulnes compte qu'à la paix cet arrangement sera suivi avec encore plus d'assiduité. M. de Lubersac étant attaché à la compagnie sera plus à portée de donner ses conseils pour la continuation de cet établissement et le rendre utile aux chevau-légers.

Outre ce qui regarde l'art de monter à cheval, M. de Chaulnes a établi la discipline la plus exacte pour les mœurs et la régularité du service. Les chevau-légers trouvent à Versailles et dans la maison toutes les facilités pour apprendre leurs autres exercices, et à très-peu de frais. Ils mangent ensemble, sont bien nourris et à un prix modique, ce qui entretient l'union et épargne leurs bourses. M. de Chaulnes voulant aussi qu'ils apprennent toutes les évolutions militaires, a jeté les yeux sur un M. de Bongard, ancien officier d'infanterie fort expérimenté dans ce genre. Le Roi lui a donné une commission de lieutenant-colonel et l'a attaché à la compagnie en qualité de maréchal des logis. Cet arrangement s'est fait aussi dans le dernier travail. M. de Chaulnes a obtenu tout ce qu'il a demandé. Indépendamment des deux brevets de retenue de M. de Lubersac, le Roi a accordé 17 ou 18,000 livres de rente annuelle, et à peu près autant de gratifications, sur les représentations de M. de Chaulnes.

Tous ces arrangements pour les chevau-légers se font sous les ordres de M. de Chaulnes par M. de Channes de Vézannes, gentilhomme de Bourgogne, qui est major, chargé du détail, et dont on ne peut assez louer la capacité et le zèle pour la gloire et l'avantage de la compagnie.

Du mardi 28. — J'ai marqué ci-dessus, au 22, ce que le Roi avoit dit par rapport aux tentures des appartements. Ce discours donna de l'inquiétude et de l'agitation à Mme de Brancas par rapport à Mme la Dauphine; elle en parla à M. de Gesvres; on en parla à M. de Dreux; enfin M. de Gesvres prit le parti d'en aller parler au Roi. Il entra dans le cabinet pendant que le Roi travailloit avec

M. d'Argenson ; le Roi lui répondit que ce qu'il avoit dit sur cela étoit en conséquence d'une ancienne idée qu'il avoit de l'avoir entendu dire, mais que son discours n'étoit point une décision, qu'il falloit suivre l'usage. Voici donc la règle que l'on suivra, et que l'on prétend être conforme aux anciens usages : les salles des gardes ne sont tendues en noir que pour la mort des rois ou reines de France ; toutes pièces qui sont entre la salle des gardes et l'antichambre sont tendues de noir chez le Roi et chez la Reine, et la différence par rapport au Roi, c'est que sa chambre est tendue de violet, au lieu qu'il n'y a aucune tenture dans la chambre de la Reine (1). La salle des gardes de M. le Dauphin ne sera pas tendue non plus que chez le Roi ; et comme il n'y a que deux pièces entre cette salle et la chambre de M. le Dauphin, il n'y aura que ces deux pièces de tendues de noir. Il y en aura trois de tendues chez Mme la Dauphine, parce qu'elle n'a point de salle des gardes et que la première pièce est son antichambre. Mesdames auront aussi trois pièces tendues de noir. A la mort de feu Mme la Dauphine, la salle des gardes de M. le Dauphin fut tendue de noir, mais c'étoit un deuil de veuf ; et outre cela M. le Dauphin étoit la principale personne du deuil, puisque le Roi ni la Reine ne drapoient point.

Mmes de Montesquiou et de Ségur, qui demandoient depuis longtemps d'avoir l'honneur de monter dans les carrosses de la Reine, l'ont obtenu dans ce carnaval, pendant les ballets. Le Roi, comme l'on sait, y alloit dans le carrosse de la Reine, avec M. le Dauphin et Mesdames. Ces deux dames montèrent dans un des carrosses de la Reine. Mme de Mauconseil n'a jamais pu obtenir d'avoir l'honneur de monter dans les carrosses de la Reine ; du temps de Mme de Prie, sa parente, elle avoit été envoyée

---

(1) Toutes les pièces tendues chez le Roi le sont en violet. (*Note du duc de Luynes*, datée du 10 avril.)

par elle auprès de la reine de Pologne à Chambord ; la reine de Pologne l'avoit prise en amitié et l'avoit fait sa dame d'atours; la disgrâce de Mme de Prie entraîna celle de Mme de Mauconseil; le Roi désira qu'elle ne restât point auprès de la reine de Pologne, et ce ne fut qu'avec grand regret que la reine de Pologne y consentit. Comme Mme de Mauconseil, étant dame d'atours, avoit monté dans les carrosses de la reine de Pologne, la reine de Pologne désira qu'elle pût monter dans ceux de la Reine sa fille; elle en écrivit à M. de Gesvres ; le roi de Pologne à son dernier voyage ici en parla au Roi ; M. de Gesvres en parla aussi au Roi plusieurs fois, et S. M. n'a jamais voulu y consentir.

C'est M. l'évêque de Troyes (1) qui est nommé pour faire l'oraison funèbre de la reine de Pologne; M. le cardinal de Rohan lui en a écrit de la part du Roi, et M. de Troyes a accepté. C'est à Notre-Dame que se fera le service. Le Roi demanda, il y a quelques jours, à M. de Gesvres s'il avoit donné les ordres pour le catafalque, et à cette occasion il parla des princes du sang qui assisteroient au service. M. le prince de Conty étoit présent; le Roi lui dit : « Voilà une occupation pour vous cet été. » M. le prince de Conty ne parut pas trop content de la plaisanterie.

On a appris aujourd'hui que Mme de Beaumont, mère de M. l'archevêque de Paris, est morte à Sarlat. On a appris aussi que M. le comte de Croissy est tombé en apoplexie à Paris. Il est frère de feu M. le marquis de Torcy, de feu M. l'évêque de Montpellier et de Mme la duchesse de Saint-Pierre. Il avoit épousé Mlle de Rancy, sœur de M. d'Evry, dont il a eu un fils, qui fut tué dans les mousquetaires à Dettingen, en 1743, et une fille, qui a épousé M. de Chabannois.

---

(1) Mathias Poncet de la Rivière.

M. le comte de Seignelay est mort cette nuit, à Paris, d'une fluxion de poitrine. Il avoit été abbé; il avoit quitté le petit collet et avoit épousé Mlle de Valsassine, dont il avoit eu deux filles. Il a épousé en secondes noces une fille de M. le maréchal de Biron, dont il a un fils. M. le comte de Seignelay étoit fils de feu M. de Seignelay, secrétaire d'État et frère de M. de Seignelay, père de Mme de Luxembourg, lequel avoit épousé Mlle de Furstemberg, et de M. de Creuilly, qui avoit pris le nom d'Estouteville et qui avoit épousé Mlle Spinola. M. le comte de Seignelay étoit aussi frère de mère de M. le prince de Pons et de feu M. le prince de Lixin.

M. le maréchal de Saxe prit congé vendredi dernier, avec un uniforme bleu, brodé d'or sur toutes les tailles, et de petites manches. Les officiers généraux ont ordre pour le 15 avril; les colonels pour le 1er.

Du mercredi 29. — L'ambassadeur de Venise (1), qui attendoit depuis longtemps à faire son entrée, se préparoit enfin pour la faire incessamment; ses carrosses et sa livrée sont faits. La mort de la reine de Pologne l'a extrêmement affligé. Six mois de retardement pour un ambassadeur de Venise sont plus considérables que pour un autre, parce qu'ils n'ont que trois ans à rester ici. L'entrée de celui-ci a déjà été retardée par le départ du Roi pour la guerre; depuis, pour le deuil de feu Mme la Dauphine; toutes ces considérations ont été représentées au Roi, qui a bien voulu y avoir égard et qui a permis que l'ambassadeur fît son entrée malgré le grand deuil et qu'il fît usage des carrosses et livrées qu'il a fait faire. Sa personne seulement sera en grand deuil. Il viendra ici dans ses carrosses dorés; et dans l'avenue il montera dans les carrosses drapés du Roi. Il y a eu trois exemples d'entrées faites en couleur pendant des deuils : en 1701,

---

(1) Le sieur Tron.

le connétable de Castille ; les deux cours de France et d'Espagne étoient en deuil de Charles II (1). MM. de Buys et de Goslinga, ambassadeurs de Hollande, n'ont point drappé en 1714 : l'on étoit en deuil de la reine d'Espagne (Savoie). Le troisième exemple est de la même année 1714 ; l'ambassadeur de Sicile fit son entrée en couleur pendant le deuil.

Lundi dernier le grand procès de Mlle de Duras contre Mmes de Mailly, de Lauraguais et de Flavacourt et contre M. de Vintimille, représentant sa mère, fut jugé à la grande chambre. Ce jugement a été rendu sur l'appel d'une sentence des requêtes du Palais, par laquelle ces dames avoient gagné une grande partie de ce qu'elles demandoient. Il s'agissoit de trois chefs de demande : l'un par rapport au duché de Mazarin, l'autre pour ce que l'on appelle les devoirs du Port-Louis, et le troisième sur le fief de Plotsheim en Alsace. Ces dames ont été entièrement déboutées de cette dernière demande ; elles l'ont été aussi de celle du Port-Louis, excepté les neuf années de jouissance de M. le duc de Mazarin (Paul-Jules), lesquelles ont été jugées devoir entrer dans la masse de la succession. Le chef du duché de Mazarin étoit le plus important de tous. Ces dames prétendoient que sur le prix de l'acquisition de ce duché, qui est de deux millions, 800,000 livres devoient entrer dans la masse de la succession, parce qu'il n'y avoit que 1,200,000 livres de substituées. Mlle de Duras prétendoit au contraire que le total faisoit partie de la substitution. Il a été jugé que sur l'estimation du duché il y en auroit trois cinquièmes compris dans la substitution, et deux cinquièmes qui entreroient dans la masse de la succession. Présentement ces dames prétendent que ce duché estimé deux millions

---

(1) Il est vrai qu'en Espagne l'usage n'est point de draper. M. d'Huescar disoit il y a quelques jours qu'à la mort de Philippe V, même la reine douairière d'Espagne n'a point drapé.

ou 2,500,000 livres, sur le pied du denier vingt-cinq, n'est pas à beaucoup près porté à sa valeur. Il va donc être question de faire faire une nouvelle estimation, ce qui ne peut se faire qu'avec de grands frais et beaucoup de temps. Les frais seront à la charge des deux parties. Mais ce ne sont pas les seules difficultés qui restent. Mlle de Duras demandera que ces dames rapportent dans la masse de la succession ce qu'elles ont déjà touché. Le fond de cette partie est entre les mains de Mlle de Duras, qui en paye l'intérêt à ces dames. Il sera question encore de savoir si ces dames doivent entrer dans les dettes de feu M. de Mazarin, qui sont considérables. Enfin, il y aura une question particulière entre Mme de Lauraguais et Mmes ses sœurs. Mme de Lauraguais prétend réunir sur sa tête deux parts dans la succession, en conséquence de la donation qui lui a été faite par le testament de Mme de Châteauroux. Premièrement, on avoit fait renoncer Mme de Châteauroux à la succession dans le temps de son mariage avec M. de la Tournelle. D'ailleurs, dans la coutume de Paris, la même personne ne peut pas être donataire et héritière, et c'est dans cette coutume qu'a été fait le testament de Mme de Châteauroux. Il est vrai que les biens dont il s'agit sont dans une coutume particulière, qui est, je crois, celle de Vitry, qui n'impose pas la même loi; mais il est assez vraisemblable que la coutume dans laquelle a été fait le testament est celle que l'on doit suivre. En attendant la fin de toutes ces discussions, les deux parties disent qu'elles ont gagné.

Aujourd'hui, jour destiné pour les révérences, le Roi avoit donné l'heure pour midi, et elles n'ont commencé qu'à une heure. Il y avoit plusieurs maîtres des requêtes en manteau. On peut voir ce que j'ai marqué sur eux par rapport au deuil de Mme la Dauphine. La même question fut renouvelée hier et avant-hier. M. le chancelier et M. le contrôleur général parlèrent pour les maîtres des requêtes, et le Roi décida que non-seulement les conseillers d'État, mais même les maîtres des requêtes feroient leurs révérences en grand manteau. M. le chancelier a été obligé de nommer un certain nombre de maîtres des requêtes pour ne pas trop augmenter la foule; il a choisi pour la plupart ceux qui sont intendants ou qui l'ont été. Les évêques, les abbés, tous ont fait leurs révérences en même temps; il n'y avoit que deux cardinaux : M. le cardinal de Rohan et M. le cardinal Tencin. M. le duc de Sully, le plus ancien des ducs qui sont ici, étoit à la porte du cabinet lorsqu'on a fait entrer; il étoit suivi de plusieurs ducs et grands d'Espagne. Il est entré dans le cabinet du Roi avant même les cardinaux. Chez la Reine, chez M. le Dauphin, chez Mme la Dauphine et Mesdames, nous nous sommes trouvés plusieurs ducs ensemble, M. de Sully à notre tête, et nous avons marché immédiatement après les cardinaux. Chez la petite Madame (1), les cardinaux étoient déjà sortis quand nous y sommes entrés. Le Roi avoit d'abord dit qu'il falloit aller chez la petite Madame avant que d'aller chez Mesdames; mais comme elle est logée tout au bout de l'aile neuve, et qu'en sortant de chez Mme la Dauphine on étoit fort près de Mesdames, le Roi a fait dire par M. de Maurepas qu'il trouvoit bon qu'on allât d'abord chez Mesdames; et afin que cette permission ne tire point à conséquence, il a donné ordre que l'on écrive sur les registres qu'on avoit été de chez Mme la Dauphine chez la petite Madame avant d'aller chez Mesdames. Les princes du sang étoient tous à la cérémonie, et sont restés avec M. le Dauphin chez le Roi pendant les révérences. Ils sont revenus ensuite accompagner M. le Dauphin chez la Reine, et y sont aussi restés pendant ses révérences; ils ont ensuite été chez M. le Dauphin, chez Mme la Dauphine, chez Mesdames et chez la petite Madame, sans rester nulle part. Le Roi a

---

(1) Fille du Dauphin.

reçu les révérences dans son grand cabinet de glaces, debout, et l'on sortoit ensuite dans la galerie par le cabinet des perruques. On a été ensuite chez la Reine, entrant par le salon qui donne dans la galerie. La Reine étoit dans le grand cabinet avant sa chambre, assise comme aux audiences publiques. On a été tout de suite chez M. le Dauphin; il n'étoit pas encore rentré. Tout le monde étoit d'abord entré dans sa chambre; on a fait sortir tous ceux qui n'ayant point d'entrées ne devoient pas y être. M. le Dauphin a reçu les révérences dans le cabinet qui est par de là sa chambre. L'on a passé tout de suite chez Mme la Dauphine pour lui aller faire la révérence dans le salon avant sa chambre, et l'on est sorti par l'antichambre dans la galerie pour aller chez Mesdames. Elles étoient toutes deux dans le cabinet en galerie, où elles ont coutume de manger. On a traversé leurs chambres à coucher et ensuite l'appartement de Mme de Duras, d'où l'on est sorti dans la galerie. Chez la petite Madame, on est entré par la porte qui est au bout de la galerie auprès de celle de l'appartement de Mme la princesse de Conty, et l'on est sorti par l'appartement de Mme de Tallard. On dit qu'on a compté ce matin cent quatre-vingt-dix-sept hommes en manteau. Les appartements ne sont pas encore tendus.

Le même arrangement de ce matin a été observé cette après-midi pour les dames. Le Roi avoit donné heure à six heures et demie, après les ténèbres. Les révérences des hommes n'ont pas duré une heure, celles des dames ont été plus longues. Mme de Luynes, Mme de Villars et les dames du palais de la Reine ont d'abord été chez le Roi. Toutes les dames du palais y étoient, excepté Mme de Périgord, qui garde sa chambre, et Mme de Bouzols, qui est à Paris à cause de son mari, qui est à l'extrémité. Mme de Malignon, ancienne dame du palais, étoit avec les autres. Indépendamment de ces treize dames qui sont revenues chez la Reine pour la suivre dans son grand cabinet, et sans compter Mme la Dauphine, Mesdames et les cinq princesses (1), j'ai compté cent seize dames qui ont fait la révérence; je comprends dans ce nombre les dames de Mme la Dauphine et celles de Mesdames. Les veuves avoient des voiles et point de mantes.

La Reine n'a point été chez le Roi avant les révérences; elle est revenue de la messe dans son grand appartement. Mesdames ont été chez Mme la Dauphine, et ont ensuite retourné dans leur appartement. Mme la Dauphine n'a point été chez Mesdames, comme quelques gens hier prétendoient que cela devoit être; la question même a été proposée au Roi qui a décidé suivant ce qui se pratique dans les familles particulières où les aînés ont des priviléges qui ne sont point réciproques avec les cadets.

Du jeudi saint 30, Versailles. — J'ai oublié de marquer que Mme la Dauphine fit ses pâques mardi dernier à la paroisse. Ce fut Mme la duchesse de Brancas, sa dame d'honneur, qui tint la nappe avec Mme de Caumont (2). Ce service ne se fait point à titre de charge, mais à titre de duché, la plus ancienne à la droite. Mme de Brancas devoit l'avoir, ayant par l'ancienneté de duché les honneurs à la Cour avant le duché de la Force, quoiqu'au Parlement la Force soit plus ancien de beaucoup que Villars-Brancas. A la Cour, c'est la création de duché qui décide; au Parlement, c'est la réception. C'est par cette raison que, quoique M. d'Uzès soit sans contredit le plus ancien pair laïque au Parlement, à la Cour il ne l'est pas; M. de la Trémoille passe devant lui.

La Reine fit ses pâques lundi dernier. Mme de Luynes

---

(1) Mme la duchesse de Chartres n'y étoit point : elle est fort avancée dans sa grossesse; ni Mme de Penthièvre, qui est aussi grosse et qui outre cela est en Bretagne. (*Note du duc de Luynes.*)

(2) M. l'abbé de Nicolaï tenoit le coin droit du côté de l'autel, et M. l'abbé de Saint-Cyr l'autre coin à gauche. C'est l'usage que l'aumônier ordinaire n'ait que la gauche avec les aumôniers de quartier. (*Note du duc de Luynes.*)

eut la droite, étant la première duchesse. Mme de Fitz-James devoit avoir la gauche. Il y eut une petite erreur par rapport à l'ancienneté de Duché, ce qui fit que Mme d'Antin tint la nappe.

Du samedi 31, Versailles. — Avant-hier au soir, je reçus avant que de me coucher un petit billet de M. de Gesvres. On en trouvera la copie ci-jointe (1). Il avoit envoyé de pareils billets à MM. de Brissac, de Luxembourg et Nivernois. Nous nous rendîmes tous hier au matin au lever du Roi, et nous le suivîmes dans la grande salle des gardes qu'on appelle le magasin, où se fait la cène. L'arrangement de cette cène est le même que j'ai marqué pour celle de la Reine, excepté qu'à la cène de la Reine, vis-à-vis le fauteuil de la Reine et dessous la chaire du prédicateur, il y a des banquettes où se mettent les dames qui doivent servir à la cène. A la cène du Roi, il n'y avoit que des banquettes un peu plus reculées, où se mirent les gens de la musique et des gens qui ne sont pas de la Cour. M. de Brissac, M. de Luxembourg et moi nous nous mîmes sur des banquettes en arrière du Roi. La cérémonie, comme j'ai marqué les autres années, commence par le sermon; ensuite le *Miserere* en faux-bourdon, l'absoute, l'évangile, que l'on chante, le lavement des pieds, et finit par les plats que l'on porte au Roi, que S. M. remet tout de suite entre les mains de son grand ou premier aumônier, ou un aumônier de quartier. Hier c'étoit M. le coadjuteur; et le Roi fut toujours debout pendant qu'on lui portoit les plats. Le prédicateur est un petit abbé que l'on appelle des Bordes; c'est le P. Neuville qui l'a proposé à M. le cardinal de Rohan. Il y auroit quelques corrections à faire dans sa diction et dans ses gestes, mais il a de l'esprit; quel

---

(1) A Versailles 29 mars 1747. M. le duc de Gesvres a l'honneur de mander à M. le duc de Luynes que le Roi l'a nommé pour porter demain des plats à la cène.

ques gens même ont trouvé le sermon assez beau. L'évêque qui officia étoit M. l'évêque de Dijon (Bouhier). Ceux qui servirent à la cène étoient : premièrement M. le Dauphin, M. le prince de Condé, M. le prince de Conty, M. le comte de la Marche, M. le prince de Dombes, M. le comte d'Eu, M. le duc de Brissac (1), moi, M. de Luxembourg, M. de Nivernois, M. de Flamarens, Croissy, Sourches, d'Ecquevilly le fils et un gentilhomme servant. M. de Gesvres avoit présenté une liste au Roi de plusieurs ducs et gens de condition, et le Roi avoit écrit de sa main sur un papier, qu'il donna à M. de Gesvres, ceux qu'il avoit jugé à propos de choisir. M. de Gesvres fit aussi avertir des gens de condition par des billets pareils à celui qu'on trouvera page 167. On trouvera aussi la copie de la liste écrite de la main du Roi (2). M. de Maille-

---

(1) Ce fut par erreur que M. de Brissac passa avant moi. Il prétendoit que l'ancienneté de duché devoit décider du rang à la Cour, comme l'ancienneté de pairie décide au Parlement; la maxime est vraie jusqu'à un certain point : ce n'est pas la création du duché ou pairie qui constitue la date, c'est l'enregistrement des lettres. Quoique le duché de M. de Brissac ait été créé avant le mien, les lettres n'ont été enregistrées qu'après les miennes. M. de Brissac, se fondant sur cette possession momentanée et abusive, voulut me disputer le rang lorsque je fus fait chevalier, en 1748. L'affaire fut examinée sur les statuts de l'Ordre et rapportée au Roi, et il fut décidé que je passerois avant M. de Brissac, ce qui a toujours été exécuté depuis. (*Addition du duc de Luynes.*)

(2) Liste des princes et seigneurs portant des plats à la cène, 1747.

    M. le Dauphin.
    Prince de Condé.
    — de Conty.
    — de la Marche.
    — de Dombes.
    — d'Eu.
    MM. les ducs de Brissac, grand premier panetier.
    — de Luynes.
    — de Luxembourg.
    — de Nivernois.
    MM. de Buron, grand premier échanson.
    La Chesnaye, premier écuyer tranchant.
    Maillebois, Ecquevilly.
    Croissy.
    Sourches.
    Un gentilhomme servant.

bois, qui étoit sur cette liste, ayant demandé à en être exempté, le Roi a mis à sa place M. d'Ecquevilly le fils. M. le comte de Buron, comme premier échanson, et M. de la Chesnaye, comme premier tranchant, étoient aussi sur la liste du Roi ; ils ne s'y trouvèrent point, et ils furent remplacés. Les gentilshommes servants prétendent que c'est un droit de leur charge qu'il y en ait toujours un qui serve à la cène. M. de Brissac a le même droit de servir aussi comme premier panetier, de même que M. de Buron et M. de la Chesnaye ; mais en ce cas M. de Brissac ne marcheroit qu'après le gentilhomme servant, ce qui fait qu'il ne s'y trouve jamais. Hier il marchoit à son rang de duc. Quoique les charges de panetier, d'échanson et de tranchant prennent le titre de grand, je ne leur donne que celui de premier, parce que le Roi a déclaré qu'ils n'en devoient point avoir d'autre. Ces charges ne prêtent pas serment entre les mains du Roi, mais seulement du grand maître. Tout ce qui se passa hier par rapport aux ducs n'est que le rétablissement du droit qu'ils avoient de servir à la cène. Depuis qu'ils n'ont plus été admis à avoir cet honneur, le Roi ne nommoit point ceux qui serviroient. Le grand maître faisoit donner des serviettes à un certain nombre de ceux qui se présentoient pour servir. On avoit déjà représenté au Roi qu'il paroissoit plus convenable que le service lui fût présenté par les grandes dignités de sa cour ; qu'en accordant cet honneur aux ducs, il ne feroit que se conformer à ce qui s'étoit pratiqué pendant longues années sous Louis XIV ; qu'enfin cet arrangement ne devoit point souffrir plus de difficultés pour la cène du Roi que pour celle de la Reine, où les duchesses servent régulièrement et marchent chacune à leur rang, sans qu'il y ait aucune difficulté entre qui que ce soit depuis que le Roi l'a réglé. Ces représentations n'eurent point d'effet l'année dernière, parce qu'on les fit trop tard. Le Roi a bien voulu y avoir égard cette année ; et Mme de Pompadour, à qui elles ont été communiquées, s'est porté avec plaisir à tout ce qui a dépendu d'elle pour déterminer le Roi. Il n'y eut hier d'autres difficultés que quelques représentations de M. de Charolois, mais faites seulement en conversation avec M. de Gesvres. M. de Charolois, qui sert à la cène comme grand maître, prétendoit que c'étoit à lui à nommer ceux qui porteroient les plats, et disoit outre cela que M. de Brissac ne devoit marcher qu'à son rang de premier panetier. Cette conversation fut pendant le sermon, et par conséquent un moment avant la cène. M. de Gesvres lui montra la liste écrite de la main du Roi, lui offrit même de lui laisser l'original, et représenta que s'il y avoit quelques observations à faire, c'étoit au Roi même qu'il falloit s'adresser. Il est aisé de voir que de pareilles représentations ont peu de solidité.

La cène de la Reine se fit l'après-dînée à l'ordinaire. Mme de Luynes avoit donné une liste de dames à la Reine; sur quoi S. M. choisit. Mme la Dauphine, qui est toujours dans un soupçon de grossesse, n'y assista point. Ce fut donc Madame qui porta le pain, et Madame Adélaïde le vin. Il n'y avoit point de princesses; ainsi Mme de Brissac marchoit immédiatement après, excepté que Mme la maréchale de Duras marchoit derrière Mesdames; mais elle ne portoit point de plat. Après Mme de Brissac, Mme la duchesse de Brancas douairière, Mme de Boufflers, Mme de Tessé comme grande d'Espagne, Mme d'Antin, Mme de Nivernois. Mmes de Flavacourt, de Talleyrand, de Rupelmonde et de Saulx marchoient ensuite les premières comme dames du palais de la Reine; après elles, Mme d'Estrades comme dame de Mesdames; enfin Mme la comtesse de Montmorency et Mme de la Rivière. Le prédicateur étoit l'abbé Poule, des missions étrangères, qui prêcha fort bien, d'une manière touchante, sur l'humilité et la charité. Il a peu de voix et n'a pas de beaux gestes; malgré cela il a de la réputation; il paroît que c'est avec raison. M. l'évêque de Clermont (Le Maître) devoit officier à la cène de la Reine, mais il se trouva incommodé et fit prier M. de Dijon de faire la cérémonie pour lui.

Le Roi, après avoir fait la cène, alla à l'office à la chapelle, à onze heures et demie; il l'entendit en bas. Il n'y avoit point d'évêque qui officiât; ce fut l'abbé Brosseau, chapelain de la musique. C'est l'usage, quand l'office est chanté, comme il le fut hier, par les chantres de la musique. C'est ce que les musiciens appellent la grande chapelle. Ce fut Mme de l'Hôpital qui quêta.

Aujourd'hui, le sermon de la Passion et le service à l'ordinaire. Mme la Dauphine n'a point été au sermon, elle est venue dans sa niche en haut pour entendre l'office. Il y a eu grand couvert à dîner, suivant l'usage; c'étoit dans l'antichambre de la Reine, la table tournée du même sens qu'elle l'étoit pendant les fêtes du mariage. La Reine n'avoit point mangé au grand couvert depuis la mort de la reine de Pologne; et depuis ce temps, quand il y a eu grand couvert, ç'a toujours été dans l'antichambre du Roi.

M. le maréchal de Saxe partit il y a quelques jours, comme je l'ai marqué. J'ai toujours oublié d'écrire ce qu'il me dit huit ou dix jours avant son départ. Je lui parlois d'un jeune homme dont il connoît la famille et pour lequel je le priois de demander une compagnie de cavalerie. Il me dit : « Quand je la demanderois, je ne l'obtiendrois pas ; je n'ai que le droit de faire tuer des hommes et non pas de les faire récompenser. Tous les jours on me présente des officiers de l'état-major qu'on a nommés sans me consulter; je crois qu'il y en a bien près de quarante actuellement. »

Madame étant aujourd'hui chez la Reine a demandé des mouchoirs; on a été en chercher chez elle : un valet de chambre de la Reine les a pris et remis à Mme de Luynes, qui les a présentés à Madame. La Reine étoit présente ; elle a dit à Mme de Luynes qu'en pareil cas il falloit que le valet de chambre allât avertir une de ses femmes, et que c'est la femme de chambre qui doit présenter à la dame d'honneur sur une soucoupe.

M. de Monchenu remit il y a quelques jours sa démission à M. le prince Charles, qui a nommé M. de Vandeuil, qui tenoit une académie à Paris, pour tenir le manége de Versailles. Il y a à la grande écurie deux charges d'écuyer pour tenir le manége ; ils le tiennent chacun trois fois la semaine. MM. d'Avricourt et de Neuville, les trois frères Mesmont, M. de Salvert, et en dernier lieu M. de Lubersac, qui vient d'être fait cornette des chevau-légers, ont eu ces charges de la grande écurie pour le manége. Il y a outre cela trois écuyers cavalcadours qui courent devant le Roi à la chasse. M. de Monchenu a été page du Roi ; il est fort bon homme de cheval ; il a depuis plusieurs années une des charges d'écuyer cavalcadour, et outre cela M. le prince Charles lui avoit fait obtenir la première des charges d'écuyer du manége. Cette place vaut 50,000 livres, au lieu que l'autre n'en vaut que 30,000. Comme c'est un talent particulier que de tenir un manége, et qui non-seulement demande de la patience, mais exige qu'on s'y livre tout entier, M. de Monchenu avoit prié M. le prince Charles de vouloir bien faire exercer les deux charges par M. de Lubersac ; la retraite de M. de Lubersac a déterminé M. le prince Charles à proposer à M. de Monchenu au moins d'exercer la sienne ; M. de Monchenu lui a représenté qu'il falloit avoir plus de patience qu'il n'en a pour remplir cette fonction. Je ne sais s'il y a eu quelques vivacités de sa part dans sa réponse, mais il a dit à M. le prince Charles qu'il lui donneroit la démission de cette charge. M. le prince Charles, mécontent des procédés, a envoyé redemander à M. de Monchenu la démission de la charge d'écuyer cavalcadour ; les deux démissions ont été données, et M. le prince Charles a nommé, comme je viens de dire, M. de

Vandeuil. M. le prince Charles a rendu compte au Roi de cette affaire ; il lui a dit que quoiqu'il se trouvât hors de portée de demander des grâces pour M. de Monchenu, qui lui avoit manqué et qui s'étoit conduit d'une manière peu respectueuse pour le Roi lui-même, il ne pouvoit s'empêcher de dire au Roi que ce gentilhomme l'avoit bien servi depuis vingt-trois ans.

AVRIL.

Pâques du Dauphin. — Accouchement de la comtesse de Noailles. — Prix de la garde-robe de la feue Dauphine. — Le jour de Pâques à la Cour. — Retour de M. de Belle-Isle et de M. de Puisieux. — Mariage du comte de Boufflers. — Présentation de Mme de Crussol-d'Amboise. — Conversation avec le duc d'Huescar. — Voyage projeté de M. de Richelieu. — Pension à Mme d'Antin. — Révérences des ministres étrangers. — Départ projeté du duc de Boufflers. — Secours envoyé à Gênes. — Naissance de Louis-Philippe-Joseph d'Orléans. Caractère du duc d'Orléans. — Accouchements et mort. — Harangues des cours supérieures. — Procès de Mlle de Brun. — Visite du duc d'York. — Entrée de l'ambassadeur de Venise. — Voyage de Crécy. — Arrivée du roi Stanislas. — Promotion de cardinaux. — Dîner donné par M. de Loss. — Départ du duc de Boufflers. — Le Minquiat, jeu de cartes. — Charges de président achetées. — Nouvelles de l'armée de Flandre. — Audience de M. de Loss. — Bâtiments de Crécy. — Départ des officiers pour l'armée. — Voyage de Choisy. — Mort des chirurgiens Peyrat et la Peyronie. — Le roi Stanislas à Versailles. — Mort du cardinal d'Auvergne et de l'archevêque d'Alby. — Retraite du maréchal de Biron. — Singularité du maréchal de Duras. — Donation faite par la duchesse de la Force. — Capitulation de L'Écluse. — Lettre du marquis d'Argenson à la duchesse de Luynes. — Le roi Stanislas dine chez le duc de Luynes. — Séance du dîner du roi de Pologne à Trianon.

Du samedi 1er, Versailles. — M. le Dauphin a fait ses pâques aujourd'hui à la paroisse ; c'est M. le cardinal de Rohan qui l'a communié. M. de Gesvres avoit fait avertir M. le prince de Chalais et M. le comte de Noailles, tous deux grands d'Espagne, pour tenir la nappe de communion. M. le comte de Noailles a reçu un courrier cette nuit par lequel il a appris que Mme la comtesse de Noailles étoit en travail, ce qui l'a obligé de partir sur-le-champ pour

Paris; il l'a mandé sur-le-champ à M. de Chalais, qui a été seul à la communion de M. le Dauphin. Il tenoit la nappe à droite, du côté de M. le Dauphin, et le P. Perrusseau, confesseur du Roi, de M. le Dauphin et de Mesdames, tenoit du même côté droit le coin vers l'autel. Les deux côtés gauches étoient tenus par deux aumôniers du Roi.

La Reine a été ce matin au commencement de l'office à la chapelle, en grand habit, dans la tribune, à neuf heures. C'est la petite chapelle qui officie aujourd'hui, c'est-à-dire les Missionnaires, et il n'y a point de musique. Le Roi n'a été qu'à dix heures à la chapelle; il a entendu le reste de l'office dans la tribune. Au sortir de la messe, il est revenu chez lui, et a monté un moment après en carrosse pour aller courre le cerf. C'est M. le maréchal de Noailles qui a conduit le Roi à la chapelle, et au sortir de la tribune il a remis le bâton à M. le duc de Béthune, qui entre de quartier aujourd'hui.

Pendant la messe, il est arrivé un courrier de M. le comte de Noailles à M. son père, qui lui a appris que Mme la comtesse de Noailles est accouchée d'un garçon; c'est son second enfant; le premier est une fille. Le Roi, en sortant de la tribune, a d'abord fait son compliment à M. le maréchal de Noailles, d'un air fort agréable; ensuite il est retourné sur ses pas pour aller apprendre cette bonne nouvelle à Mme de Villars, qui étoit à la tribune, à la suite de la Reine.

Du lundi de Pâques, 3. — J'ai parlé ci-devant (1) de ce qui pouvoit revenir à Mme de Lauraguais de la garderobe de feu Mme la Dauphine, mais je n'en pouvois parler que par conjectures; j'ai su depuis peu que ce qu'elle n'a pas voulu garder, en linge et dentelles, a été estimé 72,000 livres et vendu en effet 82,000 li-

---

(1) *Voy.* l'article du 8 août 1746.

vres; qu'outre cela, il y a un article de deuil, de 8,000 livres, pour du linge qu'on avoit fait faire à cause de la mort du roi d'Espagne, et dont elle ne s'est jamais servi. Ce que Mme de Lauraguais a gardé pour son usage est estimé, en linge et dentelles, 20,000 livres, et les étoffes, 30,000, ce qui fait en total 140,000 livres.

J'ai oublié de marquer qu'aux derniers appartements les princesses, qui étoient presque toutes ici, ne firent point porter leur robe dans la galerie comme elles faisoient depuis quelques années qu'elles en ont introduit l'usage. En tout l'on remarque que les princesses du sang font peu de séjour à Versailles; et je crois que Mesdames n'en sont pas fâchées, surtout Madame Adélaïde.

Hier dimanche, le Roi et la Reine descendirent en bas pour entendre la grande messe à onze heures et demie. M. de Dijon (1) officia, et Mme de Castries (Chalmazel) quêta. Mme la Dauphine entendit l'office de sa tribune en haut. Mme la princesse de Conty étoit en bas dans la chapelle, mais sans être habillée, et par conséquent censée incognito. Il est d'usage que tous les dimanches, lorsque le Roi descend en bas, il y ait du pain bénit à sa messe. Lorsque le grand ou premier aumônier y est, il présente du pain bénit au Roi, à la Reine, à M. le Dauphin, à Mme la Dauphine et à Mesdames, et l'aumônier de quartier le présente aux princes et aux princesses. Après que M. le cardinal de Rohan eut présenté hier le pain bénit, l'aumônier de quartier alla en porter à Mme la princesse de Conty; M. le cardinal de Rohan le désapprouva avec raison, et lui dit que Mme la princesse de Conty n'étant point habillée et à son rang de princesse, on ne devoit point lui porter de pain bénit, ou bien il faudroit donc en porter à plus forte raison à Mme la Dauphine dans sa tribune en haut.

---

(1) Claude Bouhier.

L'après-dînée il y eut sermon à l'ordinaire, qui fut fort beau, et le compliment très-beau aussi et très-convenable. Il est malheureux que la mémoire du P. d'Héricourt souffre, comme cela se remarque dans tous ses sermons; il prêche avec zèle, en très-bons termes, et a du talent. Le Roi resta à vêpres, après lesquels il retourna chez lui et revint au salut.

Le soir il y eut grand couvert dans l'antichambre de la Reine. Le Roi a fait retourner la table, comme elle est ordinairement, devant la cheminée.

M. le duc de Fleury revint hier au soir de Lunéville.

J'appris hier que le roi de Pologne conserve toute la maison de la feue Reine, et qu'il a fait l'arrangement qu'une des dames du palais feroit les honneurs par semaine, chacune à son tour, de l'appartement où se tient la cour, qui est le même que la Reine occupoit.

Du mardi 4, Versailles. — M. le maréchal de Belle-Isle arriva hier de Provence : il a été très-bien reçu; il doit travailler aujourd'hui avec le Roi.

M. d'Argenson a été ce matin enfermé avec S. M. pendant une heure. La Reine, qui vouloit aller chez le Roi, a attendu que M. d'Argenson en fût sorti.

M. de Puisieux revint hier ici de Paris; il est fort changé et fort abattu. Il donne aujourd'hui un grand dîner à tous les ministres étrangers.

Du dimanche 9. — Il y a deux ou trois jours que le mariage du fils de M. le duc de Boufflers est déclaré. Il épouse une Mlle de Montmorency, fille de M. de Montmorency de Flandre et de Mlle de Belem; elle a deux ou trois frères et une ou deux sœurs; elle est l'aînée de tous et elle n'a que quinze ans. On lui donne actuellement 100,000 écus valant 15,000 livres de rente, et on espère qu'elle pourra avoir encore 200,000 livres. Le mariage se fait à Gand; M. et Mme de Boufflers partent ces jours-ci pour y aller. Le petit comte de Boufflers est à peu près de même âge que celle qu'il va épouser; il est poli, doux, sage et d'une assez jolie figure. Son père lui donne 20,000 livres de rente en le mariant. M. et Mme de Boufflers prennent les mariés chez eux; ils les logent et nourrissent, sans aucun terme fixé. M. le comte de Boufflers restera en Flandre pour la campagne, et Mme de Boufflers reviendra ici avec sa belle-mère.

Mme la duchesse d'Uzès (la Rochefoucauld) a présenté aujourd'hui une nouvelle mariée, Mme de Crussol-d'Amboise, qui est bien faite et assez jolie; elle est fille de M. Bersin, grand audiencier de France, et nièce d'un M. le Blanc, connu dans le temps du système. M. de Crussol-d'Amboise est neveu de M. l'évêque de Blois; il porte le nom d'Amboise par une héritière de cette maison qui est entrée dans leur branche; ils sont de même maison que M. le duc d'Uzès.

Les révérences des cours supérieures (car on ne doit point dire souveraines) sont remises à jeudi.

Il n'y a point eu de grande messe aujourd'hui pour le Roi; tout s'est passé à la chapelle comme les autres dimanches de l'année.

Il n'y a point de grand couvert aujourd'hui, parce que le Roi prend médecine demain.

J'ai été voir M. d'Huescar aujourd'hui, qui est malade depuis fort longtemps ici. Il paroît fort content du concert qui règne entre les troupes de France et d'Espagne. Il m'a dit que le roi d'Espagne avoit écrit une lettre à M. le maréchal de Belle-Isle, remplie de marques d'estime et de bonté. Il prétend que toutes les recrues et renforts pour les troupes espagnoles seront arrivées et en état d'agir pour la fin de ce mois.

Dans la conversation que nous avons eue, M. d'Huescar et moi, il m'a dit que tout le tabac d'Espagne, qui se fabriquoit à Séville, montoit à 3,500,000 livres pesant, pour la consommation d'Espagne. C'est le roi d'Espagne qui le fait vendre à son profit; il se vend sur le pied de 8 francs la livre. On en fabrique plus de 3,500,000 livres, parce qu'il s'en débite aussi dans les pays étrangers ; le revenu de cette fabrique de Séville vaut 20 millions par an au roi d'Espagne.

Du lundi 10. — Il y a déjà longtemps que l'on parle d'un voyage de M. de Richelieu; les uns disent que c'est pour aller à Bréda ou dans quelque cour étrangère; les autres que c'est pour quelque expédition militaire. Ce qui est certain, c'est que depuis trois semaines, ou environ, il a parlé plusieurs fois au Roi en particulier et qu'il a travaillé avec M. de Puisieux; cependant il est encore à Paris et il étoit même hier ici.

Tout sera tendu aujourd'hui chez le Roi, chez la Reine et chez M. le Dauphin.

Du mercredi 12, *Versailles.* — M. de Belle-Isle compte repartir à la fin de ce mois, ou au commencement de l'autre, pour la Provence. Il travaille continuellement ici avec nos ministres. L'Espagne paroît extrêmement contente de ce général, et M. de la Mina, général des troupes espagnoles, a reçu ordre de suivre le sentiment de M. de Belle-Isle, préférablement au sien, quand ils seroient partagés. Cet ordre a été donné à l'occasion d'une diversité d'opinion entre eux sur le mouvement qu'auroient à faire les deux armées, lorsque les ennemis étoient en Provence; les sentiments de l'un et de l'autre devoient être communiqués aux deux cours respectives; M. de Belle-Isle demanda que les réponses fussent mises par écrit à côté, ce qui fut exécuté.

Du samedi 15, *Versailles.* — Il y a déjà cinq ou six jours que nous savons que le Roi a donné 8,000 livres de pension à Mme la duchesse d'Antin. Il paroît que le refus qu'elle a fait, comme je l'ai marqué, de la place de dame d'atours n'a rien diminué des bontés du Roi pour elle; elle s'est conduite dans tous les temps avec le même respect pour le Roi et le même désir de lui plaire. Il y avoit longtemps que Mme la comtesse de Toulouse sollicitoit quelque grâce du Roi pour Mme d'Antin;

ce qui a retardé la décision a été la raison d'attendre que les affaires de feu M. d'Antin fussent entièrement éclaircies. Cette discussion a duré fort longtemps; M. d'Antin a eu même un procès contre ses créanciers, qu'il a gagné presque entièrement.

Mardi dernier, 11 de ce mois, les ministres étrangers vinrent ici faire leurs révérences, en grand manteau, au Roi; ils allèrent ensuite chez la Reine, chez M. le Dauphin, Mme la Dauphine et chez Mesdames. Le nonce étoit à la tête de tous les ministres étrangers; il porta la parole pour tous et parla en françois. Il n'y avoit d'ambassadeurs avec lui que celui de Hollande (Van Hoey) et celui de Naples (d'Ardore); ainsi il n'y eut qu'eux trois qui se couvrirent. L'ambassadeur de Malte n'ayant point fait d'entrée ne pouvoit jouir de cet honneur; l'ambassadeur de Venise (Tron) et le nouvel ambassadeur de Pologne (Loss) n'en auroient pu jouir par cette même raison. Pour M. d'Acunha, ambassadeur de Portugal, son grand âge l'a empêché de s'y trouver. Le nonce eut l'honneur des armes, suivant l'usage qui s'observe actuellement. On trouvera ci-dessus mes réflexions sur cet usage; mais il est supposé et convenu que le nonce parlant au nom de tous les ambassadeurs, envoyés et ministres, agit comme si chacun d'eux avoit reçu ordre de son maître de faire un compliment. C'est par cette raison qu'ils ont l'honneur des armes, c'est-à-dire dans les salles seulement, car la garde n'entre point dans la cour, et l'escalier par où ils montent n'est point garni; mais les gardes du corps sont en haie sous les armes; le capitaine des gardes vient les recevoir à la porte de la salle, du côté de l'antichambre; et de même chez la Reine, chez M. le Dauphin, le chef de brigade; car chez Mme la Dauphine il n'y a point de salle des gardes, ni chez Mesdames. Tout étoit tendu, dès la veille : de violet, les trois pièces de chez le Roi; de noir, deux pièces chez la Reine, deux chez M. le Dauphin, trois chez Mme la Dauphine, deux chez Mesdames; les tableaux couverts et point les glaces. Le Roi reçoit ces compliments dans son balustre; la Reine, M. le Dauphin, Mme la Dauphine et Mesdames, sur une estrade au-dessus de laquelle est un dais. L'estrade de Mesdames est dans la salle où elles mangent ordinairement. Actuellement elles mangent chez Madame. Le chevalier d'honneur seul derrière le fauteuil de la Reine, et de même chez Mme la Dauphine. M. de Puisieux accompagna partout le nonce et les ministres à ces compliments. Le nonce étoit conduit par M. de Verneuil, introducteur des ambassadeurs en semestre, précédé par le sous-introducteur des ambassadeurs.

Du dimanche 16, *Versailles.* — Ce même jour mardi, M. le duc de Boufflers et M. le baron de Montmorency-Fosseux, menin de M. le Dauphin, firent signer le contrat de mariage de M. le comte de Boufflers avec Mlle de Montmorency de Flandre. L'arrangement qui paroissoit certain alors,étoit que M. le duc et Mme la duchesse de Boufflers alloient à Gand, où le mariage se fait; que Mme de Boufflers ramèneroit ici sa belle-fille, qui n'a plus ni père ni mère et qui est auprès de sa grande mère, Mme de Belem, et que MM. de Boufflers, père et fils, resteroient en Brabant. Mais il y a eu depuis du changement par rapport à la personne de M. le duc de Boufflers. Il y a cinq ou six jours que l'on sait qu'il ne doit point servir dans l'armée du Roi, quoiqu'il ait reçu sa lettre pour cette armée, comme les autres officiers généraux. On ne dit point précisément où il va; quelques gens croient que c'est en Provence; mais s'il n'avoit pas d'autre objet, il n'est pas vraisemblable qu'il l'ait préféré à celui d'être aide de camp du Roi. D'autres gens croyoient qu'il étoit question pour lui d'aller remplacer M. l'évêque de Rennes (1) à Madrid; mais on sait depuis

---

(1) Louis Guy de Guérapin de Vauréal, ambassadeur extraordinaire et plénipotentiaire en Espagne.

deux jours que son départ pour le lieu où on le destine est si pressé qu'il n'aura pas même le temps d'aller à Gand pour le mariage de son fils; c'est ce qui fait juger que c'est à Gênes qu'il va, d'autant plus que le projet est, il y a longtemps, d'y envoyer un homme principal pour commander les troupes de la république et les secours qu'on a dessein d'y faire passer.

Des cinquante barques que M. le maréchal de Belle-Isle avoit fait partir de Toulon et de Marseille, on sait qu'il y en a quarante-deux d'arrivées, ou au moins en sûreté; l'on est sûr que trois ont été prises, et on soupçonne qu'il pourroit y en avoir outre cela cinq autres; mais le total de ces huit barques ne fait pas en tout plus de cinq cents hommes. Il paroît constant que les Génois se soutiennent et remportent même des avantages assez considérables sur les ennemis.

J'ai parlé ci-dessus de M. de Monchenu; le Roi lui a accordé 4,000 livres de pension de retraite.

Jeudi dernier, M. le duc de Chartres vint ici rendre compte au Roi et à la Reine que Mme la duchesse de Chartres venoit d'accoucher d'un garçon, qu'on appelle M. le duc de Montpensier (1). Elle étoit encore à midi à table; le travail a été fort court. M. le duc de Chartres avoit envoyé un courrier; Mme la princesse de Conty en avoit aussi envoyé un dès le commencement des premières douleurs; ils arrivèrent tous deux pendant la messe du Roi, après laquelle le Roi envoya, suivant l'usage, un secrétaire d'État. Ce fut M. de Saint-Florentin, celui des secrétaires d'État qui se trouvoit ici le plus en état de faire ce voyage. Tout se passa si promptement, que Mme de Chartres étoit accouchée quand il arriva. M. le duc de Chartres envoya aussi un courrier chez M. le duc d'Orléans qui demeure à Sainte-Geneviève et qui passe

---

(1) Louis-Philippe-Joseph d'Orléans, guillotiné en 1793.

son temps à écrire sur l'Écriture sainte et les Pères, et qui s'applique à l'étude de l'hébreu, du grec, du chaldéen et du syriaque. Cette application et sa grande retraite paroissent avoir un peu altéré son esprit; il a été assez de temps à vouloir douter des morts les plus certaines. Présentement, il veut douter de la naissance de ses petits-enfants; il s'est imaginé que M. son fils ne pouvoit pas avoir d'enfants. On peut juger quelles sont les conséquences qu'il tire de ce principe. Ainsi, lorsque l'écuyer de M. le duc de Chartres vint lui apporter la nouvelle, il ne fut pas bien reçu. Le Roi a envoyé M. de Gesvres chez S. A. R. (1), et M. le maréchal de Maillebois chez M. le duc d'Orléans, chez M. le duc et Mme la duchesse de Chartres et chez Mme la princesse de Conty, qui est à Saint-Cloud. La Reine a envoyé au Palais-Royal M. le duc de Béthune, faisant les fonctions de premier écuyer, et M. de Chalmazel chez M. le duc d'Orléans. Mme la Dauphine a envoyé M. de Rubempré chez S. A. R., et M. de Muy chez M. le duc d'Orléans. Le premier gentilhomme de la chambre et le maître de la garde-robe parlent au nom de M. le Dauphin. Mesdames n'ont que leurs écuyers à envoyer. M. le duc d'Orléans répondit à M. de Chalmazel : « Monsieur, plaisanterie ou compliment, je suis bien obligé à la Reine; je vous prie de la remercier de l'honneur qu'elle me fait. »

Il y a déjà quelques jours que Mme la marquise de Gontaut (du Châtel) est accouchée d'un garçon; c'est une nouvelle considérable pour cette famille, M. de Biron, qui est l'aîné, n'ayant point de garçon jusqu'à présent.

Mme de Middelbourg (la Rochefoucauld) est accouchée aussi depuis quelques jours, mais d'une fille.

---

(1) Françoise-Marie de Bourbon, fille de Louis XIV et de Mme de Montespan, appelée Mademoiselle de Blois, née le 4 mai 1777, duchesse douairière d'Orléans, veuve du Régent. Elle mourut le 1er février 1749.

Mercredi dernier, 12 de ce mois, le vieil abbé de Bissy, frère du feu cardinal, mourut à Paris; il étoit âgé de près de quatre-vingt-un ans. Il a donné presque tout son bien aux pauvres et le surplus à son petit-neveu, fils de celui qu'on appeloit le collatéral; il a fait son exécuteur testamentaire sa mère Mme de Bissy-Langeron; il lui donne un diamant d'environ 10,000 livres.

Jeudi, les cours supérieures vinrent haranguer le Roi. Quelques jours après la mort de la reine de Pologne, MM. les gens du Roi, étoient venus demander à S. M. le jour qu'elle voudroit bien leur donner. Ordinairement le Roi répond : « Je vous le ferai savoir; » mais comme l'arrangement du Roi étoit décidé pour le mercredi de la Quasimodo, il leur donna ce jour-là. L'usage est que les gens du Roi rendent compte de leur commission. Ainsi le Parlement, instruit par eux de la réponse verbale du Roi, croyoit qu'il ne pouvoit y avoir de changement; cependant les arrangements de S. M. ayant déterminé à remettre à jeudi, M. de Maurepas écrivit par son ordre au Parlement. La lettre du ministre, contraire à la réponse du Roi, donna occasion à quelques représentations du Parlement à M. de Maurepas. On peut juger qu'elles n'eurent pas grand effet. Le Roi reçut jeudi les audiences, suivant l'usage, dans sa chambre, le dos de son fauteuil tourné vers la cheminée. La Reine les reçut sous son dais dans son grand cabinet. M. le Dauphin de même sous son dais. Pour Mme la Dauphine, elle les reçut dans son lit, à cause du soupçon de grossesse qui existoit alors. Ce n'est que par ordre du Roi que le Parlement va faire des compliments à M. le Dauphin et à Mme la Dauphine; c'est un ancien usage que la nécessité de cet ordre: Mesdames ne reçurent chez elles aucun compliment ce jour-là. M. le Dauphin assista à toutes les harangues chez le Roi et ensuite chez la Reine. C'est le premier président de chaque cour supérieure qui porte la parole; ensuite les gens du Roi de chaque cour font un petit discours.

Ce discours, quoiqu'en peu de mots, est presque toujours trop long. Anciennement les gens du Roi ne parloient point; ils se présentoient et faisoient la révérence. Ce fut M. Talon, avocat général, qui en 1674 fit une espèce de petite harangue; depuis ce temps cet usage a continué. La harangue de M. le premier président fut fort bien, et celle de M. de Nicolaï, premier président de la chambre des comptes. Il me parut que celles de l'Académie furent aussi fort approuvées. Ce fut M. l'abbé de Bernis qui porta la parole. L'usage est que c'est le directeur. Ses trois mois étoient finis du samedi, veille de Pâques; mais comme on ne s'assemble point pendant la quinzaine, il se trouvoit tout naturellement être continué pour cette cérémonie, et il l'avoit accepté avec plaisir. On avoit donné à chacun des corps un endroit pour s'assembler, la salle du conseil, celle des ambassadeurs, même des appartements particuliers les plus à portée de chez le Roi. Celui de M. d'Aumont étoit destiné à cet usage; la clef ne s'étant point trouvée, ce fut chez Mme la maréchale de Duras. L'Académie s'assembla dans le bout de la grande galerie du côté du salon de la Reine. Il n'y eut point de table du Roi pour aucune des Compagnies.

Le matin ce fut le Parlement (premier président M. de Maupeou), la chambre des comptes (M. de Nicolaï), la cour des aides (M. de Blancmesnil), la cour des monnoies (M. de Gouzangré) et la Ville (M. de Bernage) qui haranguèrent à genoux, suivant l'usage. A la cour des aides il y eut une circonstance différente des autres; c'est que M. de Blancmesnil, après sa harangue, demanda permission de nommer les députés; on prétend que ce petit agrément fait mieux vendre les charges.

L'après-dînée, il y eut le grand conseil; M. de Caumartin en est premier président cette année; il trembloit prodigieusement en parlant; ensuite l'Université et l'Académie.

C'est M. de Maurepas qui présente tous ces différents corps. Il prend l'ordre pour le moment qu'ils doivent arriver; il va les prendre dans leur salle d'assemblée et les y remène; il va tout de suite prendre dans une autre salle un autre corps (1), car l'ordre qu'il a reçu est pour tous. Il est accompagné dans toute cette cérémonie par M. de Dreux. M. de Gesvres présente la Ville. A ces cérémonies il ne devroit y avoir d'homme sur l'estrade derrière le fauteuil de la Reine que le chevalier d'honneur, et derrière M. le Dauphin que les premiers gentilshommes de la chambre; d'autres personnes s'y glissèrent pour entendre plus facilement. Le Roi, la Reine, M. le Dauphin et Mesdames étoient en grand manteau et en mante, et il n'y avoit personne en manteau et en mante que ceux et celles qui ont l'honneur de leur être attachés.

Le lundi de la semaine de la Passion, Mlle de Brun, si connue par son enlèvement, perdit un grand procès qu'elle avoit au Parlement pour la succession de son père. J'ai marqué ci-dessus la mort de M. de Tavannes, qui avoit enlevé Mlle de Brun, et qui ayant été condamné avoit obtenu sa grâce depuis fort peu de temps.

Il y a cinq ou six jours qu'on fit une grande opération à M. le comte de Saint-Séverin. Il lui étoit venu une tumeur très-considérable; les chirurgiens ont été longtemps partagés de sentiment sur les moyens de le guérir; ce n'a été qu'après de longues et fréquentes consultations qu'ils sont tous revenus au sentiment de Morand de faire l'opération; c'est Morand qui l'a faite, et le malade est aussi bien qu'on peut le désirer.

Hier nous apprîmes la mort de Mme de Gontaut; la fièvre la prit le même jour qu'elle accoucha, et elle est morte le troisième jour de sa couche.

---

(1) On trouvera en 1749 des observations plus justes, où le secrétaire d'État va prendre les cours supérieures et les remène. (*Note du duc de Luynes.*)

Il paroît plus certain que jamais que c'est à Gênes que va M. de Boufflers.

M. de Puisieux, qui a presque toujours été malade ou absent depuis qu'il a été nommé conseiller d'État d'épée, à la place de feu M. de Fénelon, n'a prêté serment et pris séance en cette qualité au conseil qu'aujourd'hui. Il a pris séance à son rang de réception, c'est-à-dire le dernier des conseillers d'État.

Du mardi 18. — Le duc d'York, qui est toujours à Paris incognito sous le nom de comte d'Albany, vint hier au soir ici; il vit le Roi en particulier, et ensuite la Reine. Sa visite à la Reine fut après neuf heures, au sortir de son jeu (1); elle étoit dans le cabinet de son petit appartement à coucher. Cette visite du duc d'York ne paroît point un compliment à l'occasion de la mort de la reine de Pologne, mais seulement un désir de voir le Roi de temps en temps. Une circonstance qui peut y avoir donné lieu est le retour du prince de Galles, son frère, qui est arrivé depuis peu à Paris. J'ai marqué ci-dessus le temps de son départ, qu'il ne paroissoit même pas trop content de la France et qu'on le disoit allé à Avignon; il a fait un voyage un peu plus loin; il a été en Espagne. La Gazette dit qu'il y a été assez mal reçu et que le roi d'Espagne n'a pas voulu le voir, mais le fait n'est pas vrai. Il a vu le roi d'Espagne en particulier; on prétend même qu'il en a été fort bien reçu, et que cette réception favorable lui a été procurée par le crédit du premier ministre d'Espagne, qui prétend appartenir à la maison de Stuart. Ce qui est certain, c'est que le retour du prince de Galles en France n'annonce pas une paix prochaine avec l'Angleterre.

L'ambassadeur de Venise, Tron, fit dimanche son entrée à Paris. Ce jour, il fut complimenté de la part du

---

(1) S. M. a recommencé à jouer dimanche dernier. (*Note du duc de Luynes.*)

Roi, suivant l'usage, par M. le duc de Gesvres, premier gentilhomme de la chambre; de la part de la Reine, par M. le duc de Béthune, faisant les fonctions de premier écuyer. Il étoit conduit dans cette entrée par M. le maréchal d'Isenghien. Aujourd'hui il a fait son entrée ici conduit par M. le prince Camille, fils de M. le prince de Pons, et par l'introducteur (M. de Verneuil) suivant l'usage. Il étoit en deuil sur sa personne et en grand manteau, comme sont les ambassadeurs de Venise; mais son équipage est en couleur, carrosse et livrée, suivant la permission qu'il en a obtenue, comme je l'ai marqué ci-dessus. Il a eu l'honneur des armes dans la cour; la garde a monté même exprès pour cela, et a rappelé à son passage; il l'a eu dans le grand escalier, dans la salle des gardes. Il dîne à la table du Roi dans la salle des ambassadeurs, le prince lorrain à sa droite et l'introducteur à sa gauche. A ce dîner, l'ambassadeur est le seul qui soit servi avec une soucoupe à pied. Cette distinction a empêché depuis dix ans les autres ambassadeurs de se trouver à ce repas; ils ont apparemment senti que cette difficulté étoit mal fondée, puisque cela les regarde tous et ne pouvoit tirer à conséquence pour d'autres occasions.

Le Roi a entendu la messe aujourd'hui à huit heures et demie, et est parti tout de suite pour aller courre le cerf à Sainte-Apolline, d'où il continuera sa route pour Crécy. Il y a beaucoup d'hommes au voyage, quoiqu'il y ait peu de logements, à cause des bâtiments qu'on y fait.

Du vendredi 21, Versailles. — Le roi de Pologne arriva hier de Commercy à Trianon, à cinq heures. Il avoit couché à Villers-Cotterêts et dîné à Villeneuve, dans la maison de l'abbé de Ravannes; il a amené avec lui M. le duc Ossolinski, son grand maître, un de ses chambellans et un officier de ses gardes. Il a aussi amené un maître-d'hôtel et des officiers pour sa table. Il mange seul et il y a une table pour M. d'Ossolinski et ses principaux officiers. La Reine fit dire hier le salut à cinq heures, et partit un instant après pour aller à Trianon ; elle y arriva un instant avant le roi de Pologne; elle fut longtemps enfermée avec le roi son père. Elle désira que M. le Dauphin, Mme la Dauphine et Mesdames remissent à aujourd'hui à aller à Trianon ; elle ne revint ici qu'à huit heures et demie ; elle ne joua point avant le souper. Elle vint souper chez moi ; c'est la première fois depuis la mort de la reine de Pologne.

Aujourd'hui, avant le dîner, M. le Dauphin, Mme la Dauphine et Mesdames ont été à Trianon. Le roi de Pologne est venu ici cette après-dînée, dès trois heures ; il a été assez longtemps avec la Reine. Ensuite il a été rendre visite à M. le Dauphin, chez lui ; de là il a passé chez Mme la Dauphine et ensuite chez Mesdames ; il n'est parti d'ici qu'après sept heures, espérant qu'il pourroit voir le Roi à son retour de Crécy ; mais le Roi n'est arrivé qu'à huit heures et demie.

Avant-hier il arriva un courrier de Rome avec la nouvelle que le pape a fait onze cardinaux. M. l'archevêque de Bourges est de ce nombre, et on l'appelle présentement le cardinal de la Rochefoucauld ; c'est à la nomination de la France. M. le coadjuteur a obtenu aussi un de ces chapeaux à la nomination du roi Jacques ; cette nomination étoit promise à M. l'évêque de Soissons (Fitz-James). Le Roi, qui est mécontent de M. de Soissons, comme l'on sait, n'a pas voulu que la nomination eût lieu, et l'a demandé au roi d'Angleterre pour M. le coadjuteur. Le Roi parla de tout cet arrangement à M. le cardinal de Rohan, étant à Tournay, il y a deux ans. MM. de Rohan disent qu'ils n'y ont aucune part. On appellera M. le coadjuteur le cardinal de Soubise.

M. de Loss, ambassadeur du roi de Pologne, mais qui prend le titre d'ambassadeur de Pologne, donna hier un très-grand dîner dans sa maison à Paris, rue de la Planche.

Le carême et les premiers temps du grand deuil l'avoient empêché jusqu'à présent de donner une fête, suivant l'usage, à l'occasion du mariage. Cette fête s'est bornée à un dîner, sans aucun autre divertissement, à cause du deuil; il y avoit trois grandes tables parfaitement bien servies; il n'y avoit de dames que Mme de Loss et Mme d'Ardore.

Mme de Loss doit venir ici dans quelques jours prendre son audience publique comme ambassadrice; c'est une suite de la grâce qu'on a accordée à M. de Loss, comme je l'ai dit, d'être reçu publiquement comme ambassadeur sans avoir fait d'entrée.

M. le duc de Boufflers partit de Paris la nuit du lundi au mardi 18 de ce mois pour aller en Provence s'embarquer pour Gênes.

Mme la Dauphine depuis quelques jours voit du monde à cinq heures jusqu'à six, qui est l'heure du jeu de la Reine. Pendant ce temps elle joue à un jeu qui vient d'Italie et qu'elle a appris à Dresde; on le nomme le minquiat; il se joue ordinairement à quatre personnes; les cartes sont à peu près comme celles du taro, mais il y en a quatre-vingt-dix-sept.

Du dimanche 23. — J'ai marqué ci-dessus l'arrivée, il y a trois jours, du courrier qui apporta la nouvelle de la promotion des cardinaux. Voici l'usage qui s'observe dans ces occasions, et qui a été suivi à l'égard de M. le coadjuteur. Aussitôt que la promotion est déclarée à Rome, on fait partir un courrier pour en porter la nouvelle à chaque cardinal absent. Ce courrier achète dans Rome une calotte rouge; étant arrivé au lieu où est ce cardinal, il se met à genoux à la porte de sa chambre, et s'avance dans cette posture jusqu'auprès du cardinal, à qui il présente la calotte.

Avant-hier au soir, M. le coadjuteur porta au coucher du Roi sa calotte dans sa main, et lorsque le Roi vint à son prie-Dieu il la lui présenta, en lui faisant un compliment, dont le sens est qu'il ne veut tenir que du Roi la grâce que le pape vient de lui faire. Le Roi lui dit : « Mettez-la sur votre tête. » La cérémonie de la barrette est différente; elle se fait à l'église lorsqu'elle a été apportée de Rome au nouveau cardinal.

J'ai oublié, je crois, de marquer qu'il y a environ huit jours que M. de Morveau (Bâville-Courson) acheta la charge de président à mortier de M. de Lamoignon; je viens d'apprendre dans le moment que M. de Turgot, maître des requêtes, fils du conseiller d'État, a acheté celle de M. de Portail, fils de l'ancien premier président.

On a appris ces jours-ci de Flandre que M. de Lowendal a fait un mouvement et a investi le Sas de Gand et L'Écluse. Ces deux places sont gardées par des garnisons hollandoises, et appartiennent aux États Généraux. Le commandant hollandois a envoyé demander à M. de Lowendal ce qu'il vouloit, lui offrant de le recevoir avec toutes sortes de politesses s'il vouloit y entrer seul. M. de Lowendal a répondu qu'il vouloit se rendre maître de la place et prendre le gouverneur et sa garnison prisonniers de guerre. C'est ainsi que M. d'Argenson le dit hier au Roi à son lever.

Les officiers généraux pour l'armée de Provence ont été nommés ces jours-ci.

M. le comte de Loss a aujourd'hui son audience publique comme ambassadeur de Pologne. J'ai parlé ci-dessus de ce titre. On lui donne l'honneur des armes dans la cour, dans l'escalier et dans les salles des gardes. Il est conduit par M. le prince de Pons et par M. de Verneuil, introducteur des ambassadeurs. Il n'a point fait d'entrée dans Paris par une grâce particulière, comme je l'ai marqué. Il est venu de Paris dans un carrosse du Roi, et dans l'avenue, entre les deux écuries, il est monté dans ses carrosses. Toute cette entrée se fait en deuil.

J'ai parlé du voyage de Crécy. Le Roi s'y est beaucoup

promené, et l'on y a joué fort gros jeu. Il y étoit arrivé mercredi de fort bonne heure et étoit allé voir les bâtiments nouveaux; on y travaille beaucoup, surtout dans les deux ailes, qu'on reconstruit presque à neuf. C'est M. de Lassurance, contrôleur de Marly, qui est chargé de diriger ces ouvrages.

Mme de Fénelon vint avant-hier ici; elle pria Mme de Luynes de vouloir bien la mener faire ses révérences, ce qui fut fait hier; elle n'avoit point paru depuis la mort de son mari. Quelques gens ont remarqué que les trois semaines après les six mois n'étoient pas encore finies; apparemment que l'incertitude du départ du Roi l'a déterminée à venir quelques jours plus tôt.

Nous n'avons vu tous ces jours-ci que des congés pris par des officiers qui vont à l'armée. Tous les hommes, titrés ou non, prennent congé de la Reine par une révérence profonde et respectueuse, qui devroit même être faite avec la main pour plus grand respect; plusieurs n'observent pas cette règle, et quelquefois même ne font pas d'assez profondes révérences. On fait de même la révérence à Mesdames, et elles font l'honneur à ceux qui sont titrés de les baiser. A toutes ces révérences de congé, de même qu'à celles d'arrivée, il n'est point question de baiser la robe. Mme la duchesse de Brancas est la seule qui ait établi cet usage chez Mme la Dauphine. Mme la Dauphine fait l'honneur aux gens titrés de les baiser; mais Mme de Brancas veut que tous, titrés ou non, baisent le bas de la robe, quoique ce ne soit point une présentation; elle dit que c'est la volonté du Roi. Tous ceux qui ont vu les révérences que l'on faisoit à feu Mme la duchesse de Bourgogne paroissent étonnés de cet usage. Les hommes dans aucun cas ne baisent jamais la robe de la Reine. Il est vrai qu'aux présentations faites à Mme la Dauphine, à Choisy on a baisé la robe; mais à Troyes M. de Fleury et M. de la Mothe ne la baisèrent point, lorsqu'ils allèrent au-devant d'elle.

Le Roi est parti sur les cinq heures pour Choisy, jusqu'à samedi. Il y a douze hommes, outre le service. Les dames sont Mme de Pompadour, Mmes de Brancas douairière, du Roure et de Livry; Mme d'Estrades n'en est point, parce qu'elle est de semaine chez Mesdames.

Du lundi 24, Versailles. — Peyrat, fameux accoucheur, mourut avant-hier à Paris; c'étoit un bon homme, vertueux et très-charitable. Il étoit depuis quelque temps fort incommodé de la pierre; il avoit essayé sans succès le remède anglois avec du savon, et comptoit se faire tailler cette année, si un remède nouveau, moins désagréable que le savon, dont il faisoit faire des expériences, ne réussissoit pas bien. Ce n'est cependant pas de cette maladie qu'il est mort; il est mort de la fièvre continue. J'ai marqué ci-dessus que la place d'accoucheur de la Reine et de Mme la Dauphine avoit été donnée à Jar, en survivance.

M. de la Peyronie mourut hier au soir. Depuis deux mois ou environ il avoit la fièvre continue. Il étoit âgé d'environ soixante-dix ans. Mme de Saissac et M. le chevalier de Luynes, qui l'avoient connu à Montpellier, où il étoit en grande réputation, l'engagèrent à venir à Paris faire l'opération des hémorroïdes à M. le duc de Chaulnes, depuis maréchal de France. Cette opération, qui fut très-considérable, augmenta la réputation de la Peyronie, et par conséquent excita beaucoup d'envie et de jalousie contre lui. On prétend même que ces passions furent si violentes alors, que l'on essaya de l'empoisonner; ce qui réussit assez pour lui donner une mauvaise santé pendant longtemps; en effet, soit par cette raison ou par d'autres, il y avoit plusieurs années qu'il étoit obligé de garder un régime très-exact, ne vivant presque que de lait. On prétend que la place de premier chirurgien vaut environ 50,000 écus de rente. Les droits que les chirurgiens barbiers payent au premier chirurgien, lorsqu'ils entrent en charge, montent à des sommes très-considérables, environ 100,000 écus. La Peyronie a fait des établissements avantageux et honorables pour la chirurgie ; il a excité et protégé les talents dans cet art, dans lequel en effet il y a eu de grands progrès depuis qu'il étoit à la tête. Il a assuré un fonds de plus de 30,000 livres de rente pour un établissement qu'il a fait à Montpellier ; il donne sur ce fonds 25,000 livres de pension à sa sœur et 6,000 livres à sa mère, reversibles de l'une à l'autre. Il donne à l'école de Saint-Côme une terre en Brie qu'il avoit achetée aux environs de Meaux. Le procès que La Peyronie avoit entrepris pour soutenir les droits de la chirurgie contre la médecine lui a donné beaucoup de travail et de chagrins ; il répandit dans le public, il n'y a pas longtemps, un très-grand mémoire, fort bien écrit et très-détaillé sur cette matière. Il prit il y a quelques années le parti de se faire recevoir médecin lui-même (1), et ce n'est peut-être pas ce qu'il fit de mieux. La grande maladie du Roi à Metz a donné occasion de tenir de mauvais discours contre lui ; on crut alors qu'il auroit mieux fait de demander du secours plus tôt. Il paroît qu'il n'y a que quatre sujets pour lui succéder dans cette place : Morand, qui a une grande réputation dans Paris ; Bagieux, qui s'en est acquis beaucoup à l'armée, et surtout par la guérison de la blessure de M. le chevalier d'Apchier ; La Martinière, que le Roi paroît aimer beaucoup et qui a été chirurgien major de l'armée du Roi en Bohême ; et un nommé Quenet, qui est à M. le duc de Villeroy : c'est celui qui a le plus travaillé, à ce que l'on dit, au grand mémoire des chirurgiens.

Hier, le roi de Pologne, qui reste toujours ici depuis trois heures jusqu'à six ou sept, alla au salut à la chapelle avec la Reine. La Reine revint après le salut dans son petit appartement à coucher, où elle s'enferma encore près

---

(1) Il alla se faire recevoir à Reims. (*Note du duc de Luynes.*)

d'une heure avec le roi son père. Pendant ce temps, Mme la Dauphine et Mesdames avoient passé dans le grand cabinet de la Reine ; Mme de Lauraguais étoit avec Mme la Dauphine. Mme la Dauphine demanda à boire de la limonade ; un garçon de la chambre vint avertir Mme de Luynes, qui étoit dans la chambre à coucher de la Reine ; en attendant que S. M. sortît de son cabinet, Mme de Luynes ne pouvoit quitter, étant incertaine du moment que la Reine sortiroit ; il n'y avoit qu'une seule femme de chambre, dont la Reine pouvoit avoir besoin à tout moment. Ce fut donc le garçon de la chambre qui présenta à boire à Mme la Dauphine ; il ne crut pas devoir présenter le service à Mme de Lauraguais, et Mme de Lauraguais ne crut pas devoir le prendre.

Du mercredi 26. — M. le cardinal d'Auvergne mourut dimanche ou lundi dernier ; il étoit âgé d'environ soixante-seize ans. Par cette mort, M. l'archevêque de Bourges, cardinal de la Rochefoucauld, entre en possession de l'abbaye de Cluny, dont il étoit coadjuteur. Cette abbaye donne une grande quantité de collations de bénéfices. La belle maison que M. le cardinal d'Auvergne avoit dans la rue de l'Université va être à vendre. M. et Mme de Beauvau, qui y logeoient avec leur oncle, cherchent une maison à louer pour se rapprocher de M. le comte d'Évreux, qui l'a désiré.

Il y a deux ou trois jours que l'on apprit la mort de M. l'archevêque d'Alby dans son diocèse. Il étoit frère de feu M. le marquis de Castries, chevalier d'honneur de Mme la duchesse d'Orléans ; il avoit au moins quatre-vingts ans ; il avoit été aumônier de quartier de Mme la duchesse de Bourgogne ; il savoit beaucoup ; il avoit l'esprit et la conversation fort aimables, quoiqu'il eût un peu d'embarras dans la parole. Il avoit été archevêque de Tours.

M. le maréchal de Biron, doyen des maréchaux de France, âgé d'environ quatre-vingt-trois ans, se retire à l'Institution (1). L'absence de M. le maréchal de Noailles, qui va en Flandre avec le Roi, et celle de M. le maréchal de Coigny, qui va dans son gouvernement de Strasbourg, et l'état de la santé de M. le maréchal de Brancas, rendra M. le maréchal d'Isenghien doyen du tribunal; par conséquent c'est lui qui le tiendra et qui aura chez lui la connétablie (2).

Mme la duchesse de la Force douairière a fait une donation entre vifs de tous ses biens libres à M. le comte du Roure, qui est de ses parents et qui est officier dans les mousquetaires gris (3).

On apprit avant-hier que L'Écluse, dont j'ai parlé ci-dessus, a capitulé après un ou deux jours de tranchée ouverte; la garnison hollandoise qui y étoit, composée de trois bataillons y compris les troupes à la solde de Hollande, s'est rendue prisonnière de guerre. Nous y avons eu environ trente grenadiers et quatre officiers tués ou blessés. On y a trouvé beaucoup de canons et une prodigieuse quantité de poudre; le commandant a dit même pour se justifier du peu de défense qu'il a fait

---

(1) De l'Oratoire.

(2) Feu M. le maréchal de Duras, père de celui-ci, lorsqu'il devint doyen des maréchaux de France, fit mettre l'épée de connétable à ses armes, et l'a portée jusqu'à sa mort. C'étoit un homme singulier; il regardoit comme un usage peu convenable celui de payer une certaine somme pour les serments prêtés chez le Roi; et sur ce principe, ou plutôt sur ce prétexte, on eut beau lui demander les droits du serment qu'il avoit prêté comme maréchal de France, comme gouverneur de province et comme capitaine des gardes, il ne voulut jamais les payer, et ne les paya point en effet. La singularité de ce caractère détermina le Roi à ne lui pas faire ôter l'épée de connétable; mais le maréchal d'Estrées, qui devint doyen après lui, ayant demandé au Roi permission de porter cette même marque d'honneur, le Roi la lui refusa. (*Note du duc de Luynes.*)

(3) Mme de la Force a des parents beaucoup plus proches que M. du Roure, et des héritiers naturels, desquels est Mme de Luynes, sa cousine; quelques attentions que Mme de Luynes ait eues pour elle dans tous les temps, les assiduités de Mme du Roure ont prévalu sur Mme de la Force, dont l'esprit a toujours été médiocre et dont la tête est aujourd'hui fort affoiblie. (*Note du duc de Luynes.*)

qu'il n'avoit dans sa place nul lieu pour mettre cette poudre à couvert.

Du vendredi 28, Versailles. — La nouvelle de L'Écluse a été apportée au Roi par M. le chevalier de Beauteville, colonel d'infanterie, et M. de Gouru, commandant de bataillon du régiment de Lowendal. M. d'Argenson les envoya avant-hier ici pour rendre compte à la Reine de cet événement; il les adressa à Mme de Luynes, à qui il écrivit pour la prier de les présenter à la Reine et lui faire agréer ses excuses de ce qu'il n'avoit pas l'honneur de les lui amener lui-même (1).

Le roi de Pologne me fit l'honneur de venir hier dîner ici chez moi. La Reine auroit été assez tentée de venir y dîner avec le Roi son père; ce qui l'en empêcha fut que, suivant toutes les règles, elle doit prendre la droite sur le roi de Pologne, et qu'elle aime mieux en éviter toutes les occasions. Ce cérémonial ne lui fait pas la même peine quand elle est chez le roi son père. Aujourd'hui, elle est allée dîner à Trianon; le roi de Pologne a voulu lui donner à dîner avec M. le Dauphin, Mme la Dauphine et Mesdames.

Du samedi 29, Versailles. — La séance du dîner de Trianon formoit quelque embarras. Le roi de Pologne, lorsqu'il est tête à tête avec la Reine, prend un fauteuil à sa gauche. M. le Dauphin ne peut pas avoir un fauteuil, ni même une chaise à dos, devant la Reine, et il ne doit être ni sur une chaise ni sur un pliant lors-

---

(1) *Lettre autographe de M. le marquis d'Argenson.*

Paris, 26 avril 1747.

Je vous supplie, Madame, de vouloir bien présenter à la Reine MM. le chevalier de Beauteville, colonel d'infanterie, et de Gouru, commandant de bataillon du régiment de Lowendal, dépêchés par M. le maréchal de Saxe pour apporter au Roi la nouvelle de la prise de L'Écluse, et de faire agréer à S. M. mes excuses de ce que je n'accompagne pas moi-même ces officiers. Je suis avec respect, Madame, votre très-humble et très-obéissant serviteur,

M. D'ARGENSON.

Mme la duchesse de Luynes.

que le roi de Pologne est dans un fauteuil. Hier, avant que de partir, M. le Dauphin parla à la Reine de cette difficulté, et la Reine lui dit qu'il ne se mît pas en peine, que tout iroit bien. Lorsque la Reine arriva à Trianon, la table étoit mise dans la salle à manger ordinaire, qui est à droite en entrant; elle n'étoit pas tournée du même sens que les autres années; il y avoit au milieu un seul fauteuil pour la Reine, quelques chaises à dos et des pliants. On apporta quelque temps après un fauteuil, vis-à-vis celui de la Reine; ensuite on rangea ce fauteuil, et l'on mit devant ce fauteuil plus près de la table une chaise à dos. Lorsque la Reine vint se mettre à table, elle fit ranger le fauteuil et se fit apporter un pliant. On en avertit le roi de Pologne, qui fit ôter sa chaise à dos et fit mettre un pliant. On avoit déjà ôté toutes les chaises à dos; la Reine, toute la famille royale, le roi de Pologne et toutes les dames avoient également des pliants. La Reine avoit à sa droite : M. le Dauphin, Madame; à sa gauche, Mme la Dauphine et Madame Adélaïde; Mme de Luynes étoit à droite de Madame; Mme de Brancas à gauche de Madame Adélaïde. Le roi de Pologne étoit vis-à-vis la Reine, ayant à droite et à gauche Mme la princesse de Beauvau et Mme de Mirepoix; Mme la maréchale de Duras étoit à la droite de Mme de Luynes. Après le dîner, la Reine joua à cavagnole; elle revint ici à six heures, joua encore à cavagnole jusqu'à neuf heures, qu'elle vint souper chez moi.

MAI.

Mort de M. de Bouzols. — Audience de Mme de Loss. — Présentation de Mme de Vérac. — Départ du maréchal de Belle-Isle et du marquis de Villeroy. — Nouvelles de Gênes. — Élection d'un stathouder de Hollande. — Audience du prince héréditaire de Saxe-Gotha. — Logement de La Peyronie donné. — Renvoi du confesseur du roi d'Espagne. — Portrait de la Reine par Carle Vanloo. — Capitulation du Sas de Gand. — Préparatifs du départ du Roi. — Règlement pour les cérémonies de Notre-Dame.

— Château de Maisons. — L'abbé de la Rochefoucauld nommé archevêque d'Alby. — Expédition de M. de la Bourdonnais à Madras. — Maladie de Madame Adélaïde. — Conseil de commerce tenu par le Roi. — Pont de bateaux et cloches à plongeur d'une invention nouvelle. — Nouvelles de Bruxelles. — Siége et capitulation de Hulst. — Présentation de la comtesse de Boufflers. — Voyage de Choisy. — Mariage. — Service de la reine de Pologne à Notre-Dame. — Mort de M. Méliand. — M. de Marville quitte la police. — Capitulation d'Axel. — Présentation de Mme de Civrac. — Grâce du Roi à M. de Bauffremont. — Promotions de chevaliers du Saint-Esprit. — Sermon de l'abbé Bardonnet. — M. Berrier nommé lieutenant général de police. — Nouvelles de Gênes et de Flandre. — Mme de Pompadour à Dampierre. — Départ du Roi pour l'armée. — Nouvelles dames de Mesdames. — Nouvelles des armées.

Du lundi 1er. — Avant-hier, M. de Bouzols mourut à Paris; il étoit âgé d'environ trente-cinq ou trente-six ans; il avoit la vue extrêmement basse, cependant il avoit bien servi; il est mort de la poitrine. Il étoit maréchal de camp. Il laisse trois garçons de Mlle de Berwick, qui est dame du palais de la Reine. Il a été longtemps entre les mains d'un empirique. Il vint ici il y a deux ou trois mois; il croyoit être guéri.

Mme de Loss arriva ici avant-hier au soir; elle logea à l'hôtel de Gesvres. Elle eut hier son audience chez la Reine. Je pourrois éviter la répétition du cérémonial de cette audience, ayant déjà mis en détail celle de Mme Zéno, celle de Mme de Lichtenstein, de Mmes de la Mina, de Campo-Florido, de Castropignano et d'Ardore; cependant comme il y a toujours quelques circonstances nouvelles à observer, je mettrai encore le détail de celle-ci.

Un carrosse de la Reine à deux chevaux alla prendre hier Mme de Loss à l'hôtel de Gesvres, vers midi; ce n'étoit point un carrosse du corps, car M. de Verneuil n'auroit pas pu y monter. M. de Verneuil monta seul dans le carrosse avec Mme de Loss à gauche et se mit à côté d'elle. Mme de Loss avoit deux de ses carrosses drapés. Le carrosse de M. de Verneuil étoit aussi drapé et à deux chevaux. Celui de la Reine drapé. Elle vint descendre dans la salle des ambassadeurs. Le Roi n'étoit pas encore à la messe; Mme de Loss y attendit pendant quelque temps; M. de Verneuil monta chez le Roi, et y ayant pris ses ordres, au retour de la messe, il redescendit à la salle des ambassadeurs. J'y étois alors avec Mme de Loss. Elle avoit avec elle son mari, son fils et trois chambellans du roi de Pologne (1), dont il y en a un François; les carrosses avoient été renvoyés. Mme de Loss, précédée par M. de la Tournelle (2), se rendit dans sa chaise au bas du degré du Roi; M. de Verneuil l'y attendoit, et lui donna la main; elle sortit dans la cour pour monter par l'escalier de marbre. L'audience auroit dû être dans le cabinet avant la chambre de la Reine, parce que c'est une ambassadrice étrangère, et qu'il n'y a que les ambassadrices de famile qui aient audience dans la chambre; la circonstance du deuil empêcha de suivre cet usage. Dans le grand cabinet de la Reine, il y a un dais et une estrade; la Reine auroit été dans son fauteuil sous ce dais; lorsque le Roi seroit arrivé, il auroit fallu ou que le Roi montât sur l'estrade, ou que la Reine en descendît; pour éviter cet embarras, il fut décidé que cette audience seroit dans la chambre à coucher de la Reine, mais sans tirer à conséquence pour l'avenir. Le fauteuil de la Reine étoit dans le fond de la chambre, le dos tourné à la cheminée, M. de la Mothe derrière debout, Mme de Luynes et Mme de Villars assises aux deux côtés du fau-

---

(1) Il y en a un qui est jeune, grand et d'une assez jolie figure, qu'on appelle Guerstoff.

Il y a aussi ici un abbé polonois, que l'on appelle Kouarski; la Reine dit que c'est un homme de grande condition. Il étoit ici en 1735, et resta longtemps à Marly avec la reine de Pologne, duchesse de Lorraine, qui vient de mourir; il est revenu ici depuis quelque temps pour sa santé. C'est un homme d'une taille médiocre, qui paroit avoir environ quarante-cinq ou cinquante ans, un caractère fort sérieux et même triste; il voyage beaucoup, et l'on prétend qu'il se mêle de beaucoup de choses. Les deux autres chambellans sont M. de Sboinski; le François est M. le comte d'Ague. Les trois chambellans étoient dans les carrosses de Mme l'ambassadrice. (*Note du duc de Luynes.*)

(2) Secrétaire à la suite des ambassadeurs. (*Note du duc de Luynes.*)

teuil en arrière. Les dames assises étoient du côté des fenêtres et le long du balustre; les dames debout aux deux côtés du fauteuil de la Reine jusqu'aux dames assises. Mme de Loss traversa la salle des gardes, où l'on ne prit point les armes pour elle; lorsqu'elle fut prête d'arriver dans le grand cabinet, Mme de Luynes, étant avertie, quitta sa place, et ayant fait une grande révérence à la Reine et aux dames, elle s'avança jusqu'à la porte de la chambre; il n'y avoit qu'un battant d'ouvert, c'est la règle : on ne donne point les deux battants chez la Reine aux ambassadrices, ni chez Mme la Dauphine, ni chez Mesdames; on découvre (1) seulement pour elles, c'est l'usage. Mme de Luynes sortit quelques pas dans le cabinet au-devant de Mme l'ambassadrice, qu'elle salua et baisa; elle la fit entrer devant elle chez la Reine, en quoi elle fit une faute, car elle auroit dû entrer la première. Mmes de Brancas, de Duras et de Tallard ne firent pas la même faute, elles entrèrent les premières. Mme de Luynes prit la droite sur Mme l'ambassadrice, en faisant les trois révérences, et se mit à gauche de Mme l'ambassadrice immédiatement après. Mme de Loss baisa le bas de la robe de la Reine. Pendant ce temps-là on apporta deux pliants vis-à-vis le fauteuil de la Reine; Mme de Loss s'assit sur celui du côté du balustre, et Mme de Luynes à sa gauche. M. de Verneuil alla avertir le Roi, qui étoit au conseil et qui vint aussitôt par la galerie et le salon. Le Roi salua et baisa Mme de Loss. La conversation ne fut pas longue; le Roi retourna chez lui par le même chemin; Mme de Luynes fit quelques pas pour le reconduire; le Roi lui fit signe de rester. La Reine se rassit, et par conséquent Mme de Loss, Mme de Luynes et toutes les dames titrées; il y eut encore quelque moment de conversation, après quoi la Reine se leva; Mme de Loss se

---

(1) *Découvrir*, tirer le rideau, la tapisserie, la portière.

retira, ne faisant pas aussi exactement les trois révérences qui doivent être faites en reculant. Mme de Luynes la suivit jusque hors de la chambre de la Reine; elles se saluèrent sans se baiser, quoique ce soit l'usage. Chez Mme la Dauphine il y eut un baiser à la reconduite; mais cet article du cérémonial n'est pas fort important. De chez la Reine, Mme de Loss alla tout droit chez Mme la Dauphine, sans retourner dans la salle des ambassadeurs. Avant que M. le Dauphin fût marié, il venoit voir les ambassadrices chez la Reine; mais présentement c'est chez Mme la Dauphine. L'audience fut aussi dans la chambre à coucher chez Mme la Dauphine et chez Mesdames, par la même raison que chez la Reine, à cause de l'estrade et du dais. Cette raison n'étoit pas la même chez Mesdames, puisque le Roi ni M. le Dauphin n'y venoient point. Cependant on se conforma à ce qui s'étoit pratiqué dans ces deux premières [sic]. Il seroit inutile de faire la description de ces deux audiences, puisqu'elles furent de même que chez la Reine.

Celle de la petite Madame ne fut qu'après celle de Mesdames. On écrira sans doute qu'elle a été devant, pour conserver le rang; la proximité des appartements de Mme la Dauphine et de Mesdames est ce qui décide. Il y avoit eu une espèce de difficulté ou plutôt d'embarras par rapport à la petite Madame. Mme de Tallard doit la tenir sur ses bras pour l'audience, et cependant elle doit aussi aller recevoir l'ambassadrice et remplir le même cérémonial, comme gouvernante, que j'ai marqué chez la Reine. Elle fit en effet l'un et l'autre. Pendant que Mme de Bukler, l'une des sous-gouvernantes, tenoit Madame, Mme de Tallard alla recevoir l'ambassadrice, et lorsque Mme de Loss fut entrée dans la chambre, Mme de Tallard alla prendre la petite Madame et la tint debout dans ses bras jusqu'au moment qu'elle fit apporter un pliant à Mme l'ambassadrice; elle la mit alors dans un fauteuil. Après une conversation assez courte, elle remit ensuite la princesse entre les mains de Mme de Bukler et reconduisit l'ambassadrice.

Du mardi 2, Versailles. — Mme de la Rivière la mère présenta hier Mme de Vérac ; elle est fort grande et d'une figure sur laquelle il n'y a rien à dire. Sa sœur, qui est morte, avoit épousé M. de Coëtlogon. Leur mère étoit sœur de M. de la Rivière, sous-lieutenant des mousquetaires noirs. Il y a déjà quelque temps que Mme de Vérac est mariée, mais elle n'étoit pas venue ici.

M. le maréchal de Belle-Isle a pris congé hier et aujourd'hui. Il retourne en Provence ; il emmène avec lui son fils unique (M. de Gisors), qui a environ quinze ans ; il est grand et d'une assez jolie figure. M. de Gisors n'avoit point encore été présenté ; il le fut hier, et prit congé en même temps.

M. le marquis de Villeroy prit aussi congé ; il est, comme je l'ai dit, dans les gardes du corps ; il va faire la campagne en Flandre, aide de camp de M. d'Aumont, son beau-père, et fera en même temps son service dans les gardes. J'étois présent lorsqu'ils prirent congé de la Reine ; M. de Villeroy ne fit qu'une révérence, parce que c'est congé ; M. de Gisors baisa le bas de la robe, parce que c'étoit une présentation.

Le soir, M. de Belle-Isle travailla assez longtemps avec le Roi ; M. d'Argenson étoit à ce travail. M. de Belle-Isle paroît très-touché des bontés du Roi. S. M. connoît parfaitement toutes les difficultés que M. de Belle-Isle aura à surmonter, et lui a dit qu'il ne connoissoit personne plus propre que lui à faire tout ce qu'il seroit possible pour exécuter ses ordres malgré ces difficultés.

On savoit dès hier que les Autrichiens qui sont devant Gênes, après avoir été repoussés avec quelque perte, avoient demandé aux Génois une conférence. M. de Mauriac a demandé au sénat qu'il y eût un officier françois qui assistât à cette conférence ; la demande a été acceptée, et il y a envoyé le major de sa petite armée, qui est François, mais qui entend l'italien et même l'allemand. Les propositions qui ont été faites aux Génois étoient extrêmement avantageuses s'ils vouloient se soumettre; et au contraire remplies de beaucoup de menaces s'ils refusoient. Les députés ont été en rendre compte au sénat; ils ont été ensuite rendre la réponse du sénat en présence du même major. Cette réponse est que les Génois ont résolu de se défendre jusqu'à la dernière extrémité.

L'on a eu nouvelle aujourd'hui de l'élection d'un stathouder en Hollande; c'est le prince d'Orange (1); il n'a été élu jusqu'à présent que par la province de Zélande; c'est même le peuple qui a déterminé cette élection. On craint qu'elle n'entraîne celle de deux autres provinces; reste à savoir quel parti prendront les autres, et surtout celle de Hollande, qui est la plus considérable de toutes. Le stathouder élu par un vœu unanime acquiert une grande autorité dans la république; cette dignité n'est pas seulement pour le temps de la guerre, il la conserve toute sa vie.

Nous avons eu aujourd'hui l'audience du prince héréditaire de Saxe-Gotha; il porte en France le nom de comte de Rooth. Il n'a eu qu'audience particulière; par conséquent chez le Roi, dans le cabinet; et chez la Reine, dans sa chambre, la Reine debout contre sa table. Il étoit conduit par M. de Verneuil. Ce prince est un enfant de douze ans, fort petit. D'ailleurs il n'y a rien à dire sur sa figure; il vient faire ses exercices en France.

---

(1) Guillaume-Henri Frison, prince de Nassau, né posthume, le 1ᵉʳ septembre 1711, de Jean-Guillaume Frison, prince de Nassau-Diest, et de Marie-Louise de Hesse-Cassel, fut déclaré par les États Généraux, le 4 mai 1747, stathouder, capitaine et amiral général de toutes les forces de la république. Ce prince mourut à La Haye, le 22 octobre 1751. Il avait épousé, le 25 mars 1734, Anne, fille de Georges II, roi d'Angleterre.

Le Roi a disposé du logement de feu La Peyronie. Ce logement étoit fort grand ; il étoit terminé d'un côté par le corridor au-dessus du cabinet de Mme de Luynes, et de l'autre par un degré qui descend à côté de la grande porte du milieu de la cour de la Bouche. Le Roi réserve la moitié de ce logement pour le premier chirurgien qui sera nommé ; et de l'autre moitié il en donne une pièce à M. de Meuse, dont l'appartement n'est séparé que par le corridor ; le surplus est donné à Binet le fils, reçu en survivance de Bachelier, lequel troque aussitôt ce logement contre celui qui joint celui de son père et qui avoit été donné à M. Jar, accoucheur de Mme la Dauphine.

Du mercredi 3. — Avant-hier, premier jour de mai, le Roi soupa au grand couvert, comme à l'ordinaire, dans l'antichambre de la Reine, quoique cette antichambre soit tendue de noir et que les premières six semaines du deuil ne soient pas finies. Les vingt-quatre violons jouèrent pendant le souper. Cette musique n'alloit pas trop avec la tenture.

J'ai oublié de parler du dîner de dimanche. Mme de Luynes, suivant l'usage, étoit convenue avec M. de Chalmazel de ceux et celles qu'il convenoit de prier ; la règle est que les dames doivent être en grand habit. Mme d'Ardore, qui étoit priée, ne savoit point cet usage, et comme elle s'étoit déshabillée, elle ne put se trouver au dîner.

Du jeudi 4, Versailles. — Il y a quelques jours que l'on sait que le roi d'Espagne a renvoyé son confesseur. C'étoit un jésuite nommé le P. Lefèvre, de la province d'Alsace ou de Champagne, qui est la même. Les confesseurs du roi d'Espagne, Philippe V, ont toujours été de cette même province. Le confesseur du roi d'Espagne l'est en même temps de la reine et des infants ; il a outre cela la charge de précepteur des infants et la feuille des bénéfices. Le P. Lefèvre étoit fort aimé du roi, de la reine d'Espagne et des infants ; tous ont pleuré à son départ avec douleur. Il est fort singulier qu'il ait été renvoyé, mais c'est l'effet du prodigieux crédit de M. de Caravajal. Ce nouveau premier ministre est entièrement dévoué aux Espagnols. Il a su persuader au Roi qu'il n'étoit pas convenable qu'il eût un autre confesseur qu'un Espagnol, et que toute la nation le désiroit, et il a mis dans cette place son propre confesseur qui est un jésuite espagnol. Cet événement prouve bien la foiblesse du roi d'Espagne, et même celle de la reine régnante, ou son peu de crédit, puisqu'on assure qu'elle a été véritablement affligée. Le roi d'Espagne a voulu que le P. Lefèvre fût traité tout au mieux ; il lui a fait offrir de rester en Espagne avec le même état qu'il avoit étant confesseur, tant pour la pension que pour un carrosse entretenu. Le P. Lefèvre a refusé toutes ces offres ; il ne viendra point à Paris ; il s'en retourne dans sa province ; il a dit qu'étant religieux il n'avoit besoin de rien.

On a exposé aujourd'hui dans les appartements un grand tableau de Carle Vanloo ; c'est un portrait de la Reine, de hauteur naturelle, regardant un buste du Roi qui est fort ressemblant ; au-dessous du buste est un bouquet de fleurs, et au pied de la Reine est un petit épagneul (1). La tête de ce portrait a été copiée par Carle Vanloo sur le beau portrait que La Tour fit en pastel il y a deux ans, dans le temps que la Reine logeoit chez M. le Dauphin. L'ordonnance de ce tableau-ci et la peinture sont admirables ; on en va faire une copie pour envoyer à Madrid à Madame Infante ; le Roi garde l'original (2). Charles Vanloo est celui que le roi de Prusse

---

(1) Ce portrait est au musée du Louvre, n° 330 de la notice des tableaux de l'école française par M. Frédéric Villot.

(2) C'est la copie de ce portrait que le Roi a eu la bonté de donner à Mme de Luynes cette année. Il est marqué sur la bordure « donné en 1745 »,

avoit engagé d'aller s'établir à Berlin ; mais le Roi n'a pas voulu consentir à laisser sortir de son royaume un homme d'une aussi grande réputation.

Hier, sur les cinq heures du soir, M. Chabrier, major de Royal-artillerie, arriva ici apportant la nouvelle que le Sas de Gand avoit capitulé le dimanche 3 avril, à onze heures et demie du soir (1). Le commandant étoit si pressé de se rendre, dans la crainte d'être emporté d'assaut, qu'il ne voulut pas attendre au lendemain matin, et fit arborer le drapeau blanc avec des flambeaux de poing pour le faire voir. La garnison étoit d'environ huit cents hommes ; elle auroit été de mille si les bataillons étoient complets. Il est singulier qu'ils se soient aussi mal défendus, d'autant plus qu'on ne pouvoit arriver à eux que par deux chaussées, une de chaque côté, de neuf à dix pieds de large, inondées d'un côté par l'eau de la mer et de l'autre par celle de l'Escaut. C'est sur ces chaussées qu'il a fallu ouvrir la tranchée, et quoique les ennemis eussent cinquante pièces de canon, que l'on a trouvées dans la place, ils ont songé à capituler dès qu'ils ont vu que nous étions parvenus au bout de la chaussée et que nous pouvions nous étendre sur le glacis, dont tout le haut n'est point inondé, dans une petite partie du côté du couchant. On a appris par M. Chabrier que M. de Lowendal comptoit faire ouvrir hier la tranchée devant le fort des Philippines. Ce fort est encore plus important

---

parce que Mme de Luynes, qui demandoit un portrait de la Reine depuis longtemps, avoit obtenu cette grâce dès 1745. On devoit copier un ancien portrait de la Reine et on avoit fait faire la bordure. Cet ouvrage a été retardé ; Mme de Luynes, à l'occasion du portrait dont c'est ici l'article, fit de nouvelles représentations. L'ordre fut donné et n'a été exécuté que cet hiver dernier ; on s'est servi de l'ancienne bordure. (*Addition du duc de Luynes*, datée du 31 mai 1747.)

(1) Nous n'avons eu que dix hommes de tués pendant ce siége et quelques-uns de blessés, entre autres un mousquetaire qui étoit aide de camp de M. de Lowendal et qui a été blessé dangereusement d'un coup de canon. (*Note du duc de Luynes.*)

que celui du Sas, parce que c'est là où sont les écluses. M. de Contades fait en même temps le siége de Hulst.

L'armée des ennemis est assemblée ; on prétend qu'ils ont le projet de faire le siége d'Anvers. M. le maréchal de Saxe le désireroit beaucoup. M. le duc de Broglie et M. d'Hérouville sont à la tête de dix-neuf bataillons, prêts à se jeter dans la place. M. le maréchal a nommé M. de Montmorin pour commander dans le fort de L'Écluse ; celui des Philippines dépend de ce commandement ; M. de Bombelle va commander dans le Sas de Gand.

Tout paroît disposé pour le très-prochain départ du Roi ; on croit que le plus tard est mardi ou mercredi, et que d'ici là il peut partir tous les jours suivant les nouvelles qu'il aura de M. le maréchal de Saxe. Il avoit été question d'un petit voyage d'un jour ou deux à Compiègne, où Mme de Pompadour auroit été ; mais elle n'a pas voulu y aller.

La Reine a dit aujourd'hui à Mme de Luynes qu'elle avoit parlé au Roi au sujet de Mme de Lowendal, qui désiroit d'avoir l'honneur de manger avec elle, et que le Roi l'avoit permis.

Le Roi vient de faire un règlement par rapport aux cérémonies de Notre-Dame. Dans les dernières, il y a eu de la dispute entre le grand maître des cérémonies et le capitaine des gardes pour savoir lequel des deux devoit donner les places. Le Roi a réglé que toutes les fois que le capitaine des gardes assisteroit à ces cérémonies par les fonctions de sa charge, que ce seroit lui qui donneroit toutes les places ; que seulement, par honnêteté, il en laisseroit vingt à la disposition du grand maître des cérémonies ; que lorsqu'il n'y auroit d'autre officier des gardes (comme cela se pratique aux *Te Deum*) que l'exempt que l'on appelle des cérémonies, ce seroit le grand maître qui donneroit les places ; enfin lorsque le capitaine des gardes n'assisteroit point aux cérémonies, mais que quelques-uns des enfants de France y assistant,

Ils seroient suivis par des chefs de brigade ou des exempts, le grand maître donneroit toutes les places du chœur; que les autres seroient séparées en deux, que le capitaine des gardes, quoique absent, donnera les places de la droite et le grand maître celles de la gauche.

Mme de Pompadour est allée aujourd'hui voir le beau château de Maisons, près Saint-Germain; cette terre, qui appartenoit au feu président de Maisons, a été depuis vendue; elle appartient présentement à des mineurs; elle vaut 45,000 livres de rente; on la veut vendre 1,800,000 livres. Il paroît que Mme de Pompadour auroit grand désir de l'acheter, si cela étoit possible, et de vendre Crécy, dont elle ne trouve pas la vue agréable, quoiqu'elle soit assez étendue. Cependant, on continue toujours les ouvrages de Crécy, et M. de Lassurance, contrôleur de Marly, qui est chargé de ces ouvrages, partit lundi dernier pour y retourner; Mme de Pompadour ne voulut pas même qu'il différât son voyage d'un seul jour.

Du lundi 8, *Versailles.* — Il y a déjà quelques jours que le Roi a donné l'archevêché d'Alby à M. de la Rochefoucauld, grand vicaire de Bourges. M. l'abbé de la Rochefoucauld s'appelle Delpi, branche de la maison de la Rochefoucauld (1); ils sont du diocèse de Mende. Il y a quelques années que M. l'évêque de Mende (Choiseul) faisant une tournée de visites s'arrêta dans le lieu d'où est M. Delpi. Comme il faisoit un grand tonnerre et une pluie violente, il voulut entrer dans la maison du curé; le curé le reçut le mieux qu'il lui fut possible,

---

(1) Cette branche est mentionnée dans le Dictionnaire de la noblesse de la Chenaye-Desbois, tome XII, page 213, sous le nom de comtes de Saint-Ilpice. On n'y trouve pas trace de ce nom de Delpi. L'archevêque d'Alby se nommait Dominique de la Rochefoucauld; il était fils de Jean-Antoine de la Rochefoucauld, comte de Saint-Ilpice, et de Marie-Madeleine de Michel, dame de Lachaut.

mais il lui représenta que s'il vouloit aller chez le seigneur il y seroit mieux que chez lui ; ce seigneur étoit M. Delpi. M. de Mende trouva une maison qui n'annonçoit pas une fortune fort considérable, et un grand nombre d'enfants. M. de Mende fut reçu très-poliment et avec toutes sortes de marques de considération. Il s'informa qui étoient MM. Delpi, et ayant su qu'ils étoient de la maison de la Rochefoucauld, il voulut voir leurs titres; il reconnut que tout ce qu'ils lui en avoient dit étoit exactement vrai; il en écrivit à M. l'archevêque de Bourges, qui désira d'avoir auprès de lui deux des enfants de M. Delpi; je crois même que M. de la Rochefoucauld avoit eu envie d'en marier un à sa fille, qui a épousé depuis M. le duc d'Estissac. De ces deux enfants, l'un est entré dans le service, et a aujourd'hui un régiment; l'autre choisit l'état ecclésiastique, dans lequel il s'est fait extrêmement estimer. M. de Bourges l'ayant fait son grand vicaire en a rendu les témoignages les plus avantageux. Il y a grande apparence qu'il aura le prieuré de La Charité. M. l'archevêque de Bourges a ce prieuré, qui est une dépendance, et, comme l'on dit, une fille de l'abbaye de Cluny. Étant devenu titulaire de Cluny, il ne peut plus garder La Charité, parce que l'usage est que la mère et la fille ne peuvent pas être au même titulaire. Ce bénéfice et l'archevêché d'Alby feront un revenu considérable à M. l'abbé de la Rochefoucauld. Telle est la conduite de la Providence, que nous ne pouvons pas expliquer; un coup de tonnerre, un orage fait la fortune d'un homme, de grand nom, mais qui sans cet événement n'auroit jamais été avancé, parce qu'il n'étoit pas connu.

Le Roi travailla hier dimanche avec M. l'évêque de Mirepoix, suivant l'usage ; dans ce travail furent donnés plusieurs bénéfices de M. le cardinal d'Auvergne; entre autres l'abbaye d'Ainay, qui est à Lyon, au cardinal de la Rochefoucauld ; celle d'Anchin, qu'avoit eue le cardinal de Polignac avant le cardinal d'Auvergne, a été donnée à un fils de M. le duc de Modène; elle vaut 50,000 livres de rente au moins. L'abbaye de Saint-Faron, qu'avoit l'abbé de Bissy, diocèse de Meaux, a été donnée à un fils de M. de Lambesc, frère de M. de Brionne.

Il arriva hier un courrier de M. de Lowendal pour apporter les drapeaux pris au Sas de Gand. Cet officier est M. d'Allo, major général du corps d'armée de M. de Lowendal.

Il en arriva aussi un envoyé des Indes par M. de la Bourdonnais; il en étoit parti au mois d'octobre de l'année dernière. L'on savoit il y a longtemps que M. de la Bourdonnais, avec plusieurs vaisseaux de la Compagnie des Indes, devoit être parti de l'île de Bourbon pour aller faire une entreprise sur un comptoir des Anglois à Madras, à 30 lieues de Pondichéry; on savoit aussi que l'on ne pourroit savoir des nouvelles ici de cette entreprise que vers le mois de mai. Cet officier a rapporté que M. de la Bourdonnais avoit trouvé une escadre angloise le 6 de juillet, qu'il y avoit eu une canonnade très-vive entre ces deux petites flottes, qui avoit duré toute la journée, après laquelle les Anglois avoient pris le parti de se retirer; que notre escadre étant sous le vent n'avoit pu suivre les ennemis et que les Anglois avoient été se radouber chez les Hollandois, qui font un gros commerce dans ces contrées avec la permission du souverain. M. de la Bourdonnais s'étant retiré à Pondichéry en étoit reparti au mois de septembre avec environ 2000 hommes, tant des troupes de la Compagnie que des Cafres ou habitants du pays; qu'il avoit été débarquer à Madras, et qu'ayant fait sommer le gouverneur de se rendre, la proposition avoit été acceptée; qu'il y avoit eu une capitulation par laquelle la ville de Madras s'obligeoit à payer une somme d'environ 10 millions, ce qui fait 1,100,000 pièces de la monnoie du pays qu'on appelle des pagodes (elle vaut 9 livres); mais que cette capitulation ayant été envoyée au gouverneur de l'île de Bourbon, qui est brouillé avec M. de la Bourdonnais, il n'avoit voulu avoir aucun égard à la capitulation; qu'il avoit envoyé 300 hommes de garnison dans la ville, et que l'on s'étoit emparé non-seulement de la ville, mais du fort Saint-Georges, qui la défend. M. de la Bourdonnais est en chemin pour revenir en France; on espère savoir plus de détails sur cette expédition.

M. de Montmorin le fils est arrivé aujourd'hui avant que le Roi soit revenu de la chasse. Quoique l'on ne dise encore rien, il n'est pas douteux qu'il apporte la prise des Philippines, dont son père fait le siége.

Avant-hier, le Roi allant courre le daim à Saint-Germain, alla voir le château de Maisons; il paroît qu'il n'est point content des dedans de cette maison, qu'il ne trouve ni commode ni agréable.

Le départ du Roi paroît retardé au moins jusqu'à la semaine prochaine.

Madame Adélaïde, qui ne se portoit pas bien depuis deux jours, tomba malade hier; elle se mit dans son lit avec la fièvre et une grande sueur; comme elle n'a point eu la petite vérole, on craignoit que ce ne fût le commencement de cette maladie; cependant les symptômes ne l'annoncent point. Il y eut quelque peu d'augmentation de fièvre dans la journée; cependant il paroît que cette maladie n'a point de suite. Comme il y a encore de la fièvre, on a voulu la saigner ce matin; mais comme elle est fort grasse on n'a pu lui tirer que très-peu de sang. Le Roi et la Reine ont été la voir hier et aujourd'hui plusieurs fois.

Du mercredi 10, Versailles. — Depuis ce que j'ai écrit de Madras, on a été instruit d'un plus grand détail par les lettres qui n'avoient point été déchiffrées dans le premier moment. Il est arrivé même encore aujourd'hui un officier qui a apporté de nouvelles lettres de cette expédition; l'on n'en dit point encore le détail. L'officier qui arriva mercredi dernier s'appelle La Garrenay ; c'est un Breton, qui est établi aux Indes ; il n'est point officier de marine au service du Roi, ni même de la Compagnie ; mais comme il est ami de M. de la Bourdonnais, il lui avoit donné à commander un vaisseau qu'on appelle *la Renommée*. M. de la Bourdonnais avoit avec lui neuf vaisseaux ; il en perdit un avant son expédition de Madras par un coup de vent ; quoique le vaisseau, ni l'équipage, n'ait pas été perdu, il fut mis hors d'état d'en pouvoir faire usage ; ce fut près de Madagascar qu'arriva cet accident. M. de la Bourdonnais, qui étoit parti de l'île de Bourbon, trouva une flotte de six vaisseaux anglois à la hauteur de Négapatam, à 30 lieues de Pondichéry ; quoiqu'il eût deux vaisseaux de plus, ceux des Anglois étoient bien plus gros ; malgré cette supériorité, M. de la Bourdonnais les canonna pendant quatre heures ou environ ; il auroit bien voulu venir à l'abordage, mais les Anglois qui avoient la supériorité du vent ne s'y présentèrent pas ; ils se retirèrent, comme il est dit ci-dessus, et allèrent se radouber chez les Hollandois. Nous nous sommes plaints ici de cette infraction à la neutralité. M. de la Bourdonnais se retira à Pondichéry, où il tomba malade ; lorsqu'il fut en état de se remettre à la mer, il tint un grand conseil pour délibérer sur les moyens d'exécuter son entreprise. Elle ne pouvoit se faire que par un débarquement ; il y avoit tout sujet de craindre que cette même flotte qu'il avoit battue ne vînt brûler ou prendre ses vaisseaux à la rade de Madras (car il n'y a point de port) pendant que les troupes en seroient débarquées. Malgré cet obstacle, il fut résolu d'entreprendre cette expédition, qui ne devoit être qu'un coup de main, et de combattre en chemin la flotte angloise si on la trouvoit. M. de la Bourdonnais trouva en effet cette flotte, qui avoit eu le temps de se radouber pendant l'espace de plus de deux mois qui s'étoient écoulés depuis le combat. Les Anglois ne jugèrent pas à propos d'en hasarder un second, et se retirèrent. M. de la Bourdonnais continua sa route vers Madras ; étant arrivé à la rade, il débarqua d'abord 1,000 hommes à trois lieues de la ville, et bientôt après 900 ; il débarqua aussi quelques mortiers, et s'étant approché en même temps à portée de canonner avec ses vaisseaux, il fit un grand feu de bombes et de canons, qui détermina le commanda à demander une capitulation. M. de la Bourdonnais s'avançoit toujours vers la ville ; il y entra avant que la capitulation fût entièrement signée. Il n'y eut aucun pillage par le bon ordre qu'il y établit ; il fut convenu qu'il seroit payé sur-le-champ 500,000 pagodes en lettres de change sur Londres, et 600,000 pagodes en trois années, dont la première au mois de janvier 1747. La lettre de change fut remise et en même temps des otages, entre autres deux fils du gouverneur et plusieurs habitants. Il fut aussi convenu que tous les effets appartenant aux Anglois seroient partagés par moitié avec nous ; on estime que cette moitié peut faire un objet d'environ 3 millions. Cette capitulation ne fut point approuvée par M. Dupleix, qui étoit venu commander à l'île de Bourbon ; il est frère de M. de Bacquencourt, fermier général. Pendant l'espace de temps pour avoir la réponse de M. Dupleix, nos vaisseaux, qui étoient restés à la rade, essuyèrent un coup de vent affreux, qui en fit périr entièrement deux, et même une prise angloise que nous avions faite, montant à un million. J'oubliois de marquer que M. de la Bourdonnais en partant pour l'île de Bourbon avoit emporté avec lui, pour le compte de la Compagnie, 1,500,000 piastres faisant 5,500,000 livres ; il avoit encore cet argent lorsqu'il combattit contre les Anglois.

Du jeudi 11, *Versailles*. — Avant-hier mardi, il y eut un conseil de commerce ; il y avoit quatre ou cinq ans que le Roi n'en avoit tenu. Les résolutions prises dans ce conseil sont secrètes jusqu'à présent ; l'on sait seulement que l'on y a examiné des propositions faites par les directeurs de la compagnie des Indes pour le maintien et l'augmentation du commerce de cette compagnie. Ils prétendent que ces arrangements ne coûteront rien au Roi; il paroît que ces propositions ont été bien reçues et approuvées unanimement. Apparemment que dans quelque temps on saura de quoi il a été question.

Samedi dernier, M. d'Argenson alla dîner à Clichy pour y voir l'épreuve d'un pont de bateaux d'une invention nouvelle; on fit cette épreuve sur un bras de la rivière assez près de Clichy. Chaque bateau tient sur une charrette, que l'on démonte sur-le-champ au bord de la rivière; l'essieu même de la charrette sert pour la construction du pont. Au lieu que nos pontons ordinaires se mettent en travers et à une certaine distance les uns des autres, ceux-ci se mettent dans leur longueur, qui est de 12 pieds, et on les joint les uns aux autres sans aucun intervalle, ce qui pourroit faire quelque inconvénient pour l'usage ordinaire, les ponts sans intervalle étant beaucoup plus sujets à être rompus par l'ennemi. Ce nouveau ponton s'ouvre par le milieu, et se déploie et se rabat à droite et à gauche, ce qui forme une largeur de 13 à 14 pieds; il y peut passer onze hommes de front. On emploie plus ou moins de pontons, et par conséquent de charrettes, suivant la largeur de la rivière. Il faut toujours supposer que l'on a trouvé le moyen d'établir des câbles de l'autre côté de la rivière; ces câbles bien tendus servent d'appui, ou plutôt de garde-fou, pour ceux qui passent sur le pont. Il ne faut que neuf charrettes pour la largeur du bras de la rivière sur lequel on l'avoit mis. On en avoit déjà établi plus de la moitié quand M. d'Argenson y arriva, mais on dit qu'il ne faut pas en tout plus de deux heures. Ce pont a été inventé par un ingénieur que l'on appelle Bazin ou Mazin.

Il y a une invention nouvelle d'une autre espèce, dont MM. de la compagnie des Indes prétendent faire usage pour repêcher un de leurs vaisseaux qui fit naufrage l'année passée auprès de Belle-Isle ; ils disent qu'on en a déjà fait plusieurs expériences avec succès. C'est une grande boîte que l'on enfonce dans l'eau avec des poids, et dans laquelle il peut tenir un homme assis ; cet homme, à ce que l'on prétend, peut rester sous l'eau pendant trois quarts d'heure ; il a une corde avec laquelle il sonne une cloche pour avertir du moment qu'il veut être retiré. On a éprouvé qu'étant dans cette boîte, il peut attacher des cordes pour retirer les effets qui sont au fond de la mer ; il faut savoir pour cela l'endroit où sont précisément lesdits effets.

Mardi dernier, le Roi alla à la chasse du vol pour la dernière fois de l'année ; il y fut dans sa gondole, dans laquelle il mena avec lui Mme de Pompadour, Mme de Brancas douairière et Mme de Livry.

Le départ du Roi paroît assez retardé, ce qui le détermine à aller faire un voyage à Choisy ; il y va dimanche pour jusqu'à jeudi.

M. le maréchal de Saxe est toujours extrêmement tranquille à Bruxelles ; ses troupes ne sont point encore sorties de leurs cantonnements, malgré les inquiétudes que les ennemis ont voulu nous donner ; il n'y a qu'eux qui aient souffert des mouvements qu'ils ont faits. Lorsqu'ils se sont approchés d'Anvers, le pain valoit dans leur armée de 20 à 25 sols la livre, et le pot de bière 12 sols. On prétend que le roi d'Angleterre et le duc de Cumberland sont peu contents de l'élection d'un stathouder. Ce raisonnement est fondé sur ce que quand le roi d'Angleterre passe par la Hollande pour aller dans ses États de Hanovre, il s'arrête toujours au bout de l'avenue du château du prince d'Orange, qu'il y fait venir sa fille pour la voir et qu'il ne veut point voir son gendre. Ces circonstances ne peuvent pas fournir une preuve bien certaine, parce que jusqu'à ce moment-ci le prince d'Orange a toujours été fort haï de la plupart des Hollandois, et que l'intérêt du roi d'Angleterre étant de se conserver l'amitié de ses bons alliés, il affectoit de ne vouloir pas voir son gendre. Le prince d'Orange, qui aura trente-six ans au mois de septembre, est petit et bossu; d'ailleurs il a de l'esprit; on prétend que le caractère de son esprit est d'être porté à la critique. Voici le moment que la scène s'ouvre pour juger de lui. Ce qui est certain, c'est qu'il n'est point militaire, au moins il n'a aucune expérience pour commander des troupes.

Le siége de Hulst paroît tirer en longueur; la place est forte et la garnison nombreuse; nous y avons déjà perdu assez considérablement pour la durée du siége. Il y a quatre jours que quatre piquets d'infanterie périrent presque entièrement par l'effet de quelques-uns de nos barils de poudre qui sautèrent dans la tranchée; il y eut deux de ces piquets dont il n'est pas revenu un seul homme. L'exemple de M. de Talleyrand à Tournay et plusieurs de même espèce devroient à ce qu'il semble engager à plus de précautions. Le siége de Hulst et celui d'Axel, que l'on doit faire immédiatement après, sont vraisemblablement les entreprises que l'on veut terminer avant que d'en faire de nouvelles.

Le Roi ne partira point que M. le maréchal de Saxe ne le lui mande; et M. de Saxe, qui sait que la présence du Roi et de ce qui l'environne fait une augmentation de 10,000 rations par jour, ne se pressera sûrement point de faire venir le Roi lorsqu'il ne sera question que de la conservation des conquêtes de Sa Majesté.

Du lundi 15. — On croyoit, comme je l'ai marqué ci-dessus, que Hulst feroit une résistance assez longue; mais M. de Contades le fils, colonel du régiment de Berry-infanterie, arriva hier; il apporta la capitulation de cette place, qui avoit été annoncée la veille par l'arrivée de M. de Saint-Sauveur; elle fut signée le samedi 13, au matin. M. de Contades, avec qui j'ai raisonné, dit que la garnison étoit de 2,000 hommes, tous Hollandois;

que les honneurs de la guerre, trois mortiers et trois pièces de canon ont été accordés à M. de la Rocque, commandant dans cette place; que les mêmes honneurs sont donnés aussi à deux officiers généraux et à 400 soldats; les 1,600 autres et les officiers à proportion sont prisonniers de guerre.

Il y avoit dans le fort de Sandberg 150 hommes, qui ont été faits prisonniers de guerre; et dans la retraite que les ennemis ont faite pour s'embarquer, on a joint leur arrière-garde à Stoppeldik, et on leur a pris 200 dragons à cheval et 150 soldats, outre 20 pièces de canon et 2 obus encloués et 2 pièces de 24 de fonte qui ne l'étoient pas.

Toutes les digues auprès d'Axel sont rompues, et cette place est entièrement inondée : on ne peut en sortir ni y arriver qu'en bateaux; cependant M. de Contades, lieutenant général, y marche.

Le fort Sainte-Anne, qui est marqué auprès du Staestinger-Gat ne subsiste plus, et Terneuse qui est de l'autre côté n'est point fortifié; ainsi après la prise d'Axel il ne restera plus rien à prendre dans toute cette partie (1).

J'ajouterai encore sur les observations de M. de Contades que notre première position a été près du fort Bedmar, d'où nous nous sommes portés au Kikuit. Ce fort est mal placé dans la carte copiée sur celle de Freich; il est à peu près aussi éloigné du fort de Sandberg que du fort Bedmar, et sur la carte on l'a mis fort près de Sandberg. Sandberg est très-fort, et auroit pu certainement être mieux défendu; les ennemis même firent une action de vigueur en nous chassant de la place d'armes que nous avions occupée, et on auroit pu croire qu'ils auroient tenu plus longtemps; d'autant plus qu'ils étoient soutenus par sept bataillons postés derrière un canal sur lequel est

---

(1) De la Flandre Hollandaise.

Sandberg, et nous ne pouvions déboucher que par quatre hommes de hauteur, vis-à-vis ces sept bataillons. Cependant ils se sont déterminés à la retraite avec tant de précipitation, qu'ils ont laissé plusieurs tentes tendues et l'artillerie dont je viens de faire le détail.

Du mercredi 17. — Dimanche dernier, 14 de ce mois, Mme la duchesse de Boufflers présenta sa belle-fille, qu'on appelle la comtesse de Boufflers; elle est petite, fort blanche; un grand nez; elle n'est point jolie, n'a pas l'air jeune, quoiqu'elle n'ait que dix-sept ans; en tout elle ressemble beaucoup à Mme de Clermont-Creuzy, dont le mari est mestre de camp général de la cavalerie.

Ce même jour Mme la duchesse de Fitz-James mena chez le Roi et chez la Reine sa nièce Mme de Resnel (Du Jonquoy), qui n'avoit pas paru depuis la mort de son mari. Mme de Resnel est encore jolie; cependant elle est maigrie et changée. La Reine, qui soupa ici le samedi et le dimanche, vouloit absolument que Mme de Boufflers fît venir sa belle-fille dès le samedi, et qu'elle eût même l'honneur de souper avec elle; Mme de Boufflers lui demanda en grâce de permettre qu'elle ne vînt pas, mais le lendemain Mme la comtesse de Boufflers eut l'honneur de souper avec la Reine ici chez moi.

Ce même jour, le Roi partit pour Choisy; les dames de ce voyage sont Mmes de Pompadour, d'Estrades, du Roure et d'Egmont.

Ce même jour, le mariage de Mlle d'Antin avec M. de Civrac se fit, à la paroisse Notre-Dame, et la noce chez Mme la comtesse de Toulouse, dans sa petite maison auprès de Notre-Dame; et le soir, la Reine voulut voir chez moi après le souper Mme de Civrac : elle est grande, bien faite, jolie, mais elle est un peu grasse.

Lundi dernier, Mme la Dauphine alla à Saint-Cyr avec Mesdames; c'est la première fois qu'elle y ait été; on lui donna une petite fête comme à la Reine il y a trois ans. Les vers sont de Roy.

MAI 1747.

Ce même jour, M. le Dauphin alla à Choisy. Hier mercredi, M. le Dauphin, Mme la Dauphine et Mesdames allèrent souper à Choisy, et revinrent ici entre une et deux heures après minuit.

Aujourd'hui on a fait le service de la reine de Pologne à Notre-Dame. Le Roi avoit décidé que M. le Dauphin iroit avec quatre carrosses et avoit ordonné qu'ils fussent remplis sans que l'on prît aucun des hommes qui sont à Choisy. M. le Dauphin m'ayant fait l'honneur de me nommer, je reçus il y a trois jours le billet de M. le duc de Gesvres, dont on trouvera ci-après la copie (1). M. le duc de Chartres et M. le prince de Conty devoient aller avec M. le Dauphin, M. de Bouillon et M. de Gesvres; et M. le Dauphin désiroit d'avoir un de ses menins dans son carrosse. Il regarde même cette place du menin comme une espèce de droit et comme service, de même que la Reine mène, quand elle le peut, au moins une de ses dames de semaine; cependant M. le Dauphin n'avoit point absolument décidé, et M. de Gesvres alla hier à Choisy pour prendre les ordres du Roi. Comme M. de Gesvres désiroit que le plus ancien des ducs sans charge pût être dans le carrosse de M. le Dauphin, on avoit proposé de mettre trois personnes sur le fond de devant; mais M. le prince de Conty n'avoit pas paru approuver cet arrangement, et il auroit été en effet difficile à exécuter, d'autant plus que l'on étoit en grand manteau en partant d'ici. L'arrangement s'est fait plus facilement, parce que M. le duc de Chartres, s'étant trouvé un peu incommodé, a fait demander la permission à M. le Dauphin, par M. le

---

(1) Versailles 14 mai 1747.

Mgr le Dauphin m'a ordonné de vous mander, Monsieur, qu'il vous a nommé pour avoir l'honneur de l'accompagner au service de la reine de Pologne, qui se fera jeudi, 18 de ce mois, à Notre-Dame. Mgr le Dauphin partira de Versailles entre huit et neuf heures du matin, en grand manteau, pleureuses et habit de grand deuil. Vous savez, Monsieur, les sentiments avec lesquels j'ai l'honneur d'être votre très, etc. Duc de GESVRES.

prince de Conty, de ne point partir d'ici avec lui, mais de se trouver seulement à Notre-Dame. M. le Dauphin avoit par-dessus son manteau le collier du Saint-Esprit et celui de la Toison d'or. Tous ceux qui accompagnoient M. le Dauphin et qui sont chevaliers de l'Ordre avoient le collier par-dessus le manteau; M. le duc de Villars avoit le collier de la Toison par-dessus son manteau; M. le prince de Conty avoit oublié son collier.

Mesdames, qui ont été au service à Notre-Dame, sont parties ce matin à dix heures un quart. M. le Dauphin est parti environ une demi-heure après; M. le prince de Conty étoit à gauche de M. le Dauphin; sur le fond de devant, M. de Bouillon et M. le duc de Gesvres; à la portière du côté de M. le Dauphin, M. de Montaigu, l'un de ses menins; j'étois à l'autre portière, du côté de M. le prince de Conty. Dans le second carrosse étoient MM. les ducs de Villars, de Saint-Aignan et de Tallard et M. le prince de Chalais aux deux fonds, et aux portières M. le comte de la Mark le fils et M. le comte de Montmorency, qui est toujours prisonnier d'Asti. Ces deux carrosses sont à sept glaces; les deux autres sont des berlines, où il y avoit des gens de condition, point titrés, comme M. de Bissy le père, M. de Flamarens, M. de Champagne, deux menins, etc. M. le Dauphin n'a ici que trois menins; les autres sont à la guerre. M. le prince de Talmond avoit été nommé pour suivre M. le Dauphin; je ne sais si c'est sa santé ou ses affaires qui l'en ont empêché, mais il n'y est pas venu. M. le Dauphin a passé par le Cours, où il n'y avoit personne; et de l'endroit où étoit l'ancienne porte de la Conférence jusqu'à Notre-Dame, il n'a été qu'au pas; ses relais et ceux de Mesdames étoient à la porte du Cours du côté de Versailles. Leurs relais sont venus les attendre à Sèvres pour le retour.

M. le Dauphin a été descendre à l'archevêché; les gardes françoises étoient dans le parvis de Notre-Dame, et à l'archevêché ils ont battu au champ. M. le Dauphin monta dans l'appartement où étoient Mesdames. L'escalier et tout l'appartement étoient tendus de noir. M. le Dauphin n'a pas resté longtemps dans cet appartement; il est descendu donnant la main à Madame; M. le duc de Chartres donnoit la main à Madame Adélaïde, et M. le prince de Conty à Mme sa mère. La queue de la mante de Madame, qui est de sept aunes de long, étoit portée par les trois menins de M. le Dauphin, M. de Montaigu, M. de Sassenage, M. de Saint-Hérem. Celle de Madame Adélaïde, aussi de sept aunes, étoit portée par M. d'Oise, M. de Saulx, frère de M. l'archevêque de Rouen, et M. de Champagne. La queue du manteau de M. le Dauphin n'étoit portée que par M. de Calvières, chef de brigade, qui est auprès de lui. M. de Bouillon, comme grand chambellan, prétend qu'il ne doit pas porter la queue du manteau avec les premiers gentilshommes de la chambre, mais qu'il doit la porter seul; il l'a portée effectivement seul lorsque M. le Dauphin est sorti de sa place pendant l'office pour aller faire les révérences ordinaires avec Madame.

On avoit fait un chœur dans la nef. Le catafalque étoit fort beau et aussi agréable qu'il soit possible. La nef tendue jusqu'à la voûte, exclusivement; la croisée de l'église étoit libre (1).

L'office a commencé à une heure et quart et a fini à quatre heures. Les révérences du roi d'armes, de M. de Dreux et ensuite de M. le Dauphin, de Mesdames et de Mme la princesse de Conty se font en allant à l'offrande; ces révérences durent fort longtemps.

L'oraison funèbre a commencé immédiatement avant la préface. Comme on avoit fait un chœur dans la nef,

---

(1) La pompe funèbre de Catherine Opalinska, reine de Pologne, etc., en l'église de Notre-Dame de Paris, le 18 mai 1747, conduite par M. de Bonneval, a été gravée par J. Ouvrier, d'après C. N. Cochin. Cette planche se trouve à la Calcographie du Louvre.

comme je viens de le dire, on y avoit établi des stalles et un sanctuaire. A la tête de ces stalles, vers l'autel, à gauche en entrant, c'est-à-dire du côté de l'Évangile, on avoit établi une chaire pour le prédicateur. M. le Dauphin étoit placé au haut des stalles après la chaire, de manière que la chaire l'empêchoit de voir l'autel; il ne pouvoit le voir que lorsqu'il se mettoit à genoux. L'aumônier de quartier qui sert auprès de M. le Dauphin étoit placé tout contre la chaire, un peu au-dessus de la stalle de M. le Dauphin et auprès de l'endroit où il se mettoit à genoux. M. le duc de Chartres et M. le prince de Conty étoient à droite de M. le Dauphin, sans aucun intervalle. La chambre des comptes étoit dans les stalles, du même côté que M. le Dauphin, mais avec un intervalle. M. le Dauphin n'avoit point de prie-Dieu; il s'est mis à genoux à la première place de l'appui qui est devant les stalles. Au-dessous de cet appui il y avoit un autre rang de stalles, suivant l'usage ordinaire. Les quatre premières stalles de ce second rang étoient occupées par quatre ducs. J'étois à la première du côté de l'autel, et à ma droite M. de Villars, M. de Bouillon, M. de Gesvres. Après ces quatre places étoit l'ouverture et la marche pour monter à la place de M. le Dauphin. De l'autre côté de cette porte, toujours dans le même rang, étoient M. de Saint-Aignan, M. de Tallard et M. de Chalais. Devant ces stalles basses où nous étions, il y avoit deux ou trois rangs de banquettes, sur lesquelles étoient les gens de condition qui avoient suivi M. le Dauphin, comme M. de Flamarens et les autres qui n'étoient point en fonctions auprès de Mesdames.

Mesdames et Mme la princesse de Conty étoient placées aux hautes stalles de l'autre côté, vis-à-vis M. le Dauphin et la chaire. Après Mme la princesse de Conty un intervalle; ensuite le Parlement. C'est M. l'archevêque qui a officié. M. de Dreux, malgré son grand âge, a fait toute cette cérémonie. Les révérences qui se font dans le temps de l'offrande ont été fort longues. L'oraison funèbre a duré environ trois quarts d'heure ; c'est M. l'évêque de Troyes (Poncet de la Rivière) qui l'a faite ; son texte étoit : *Gloria et divitiæ in domo ejus et justitia ejus manet in æternum.* Il a adressé la parole à M. le Dauphin, qui étoit presque sous la chaire, et l'a appelé Monseigneur. M. de Troyes a rempli avec esprit et avec éloquence tous les objets qu'il s'étoit proposé dans son discours ; peut-être y avoit-il un peu trop d'antithèses, et peut-être s'est-il aussi trop étendu sur le roi de Pologne, électeur de Saxe ; il a très-bien traité l'article de la grandeur de la maison Opalinski, et a représenté la reine de Pologne au-dessus de la grandeur dans le peu de temps qu'elle en a joui et encore plus au revers de la fortune, regardant non-seulement sans envie, mais même avec plaisir, l'élévation de son concurrent au trône, parce qu'elle n'étoit plus occupée alors que du bonheur d'une nation dont elle avoit toujours été extrêmement aimée, et que ce bonheur lui paroissoit assuré sous le règne du roi Auguste. Après que la grand'messe et les prières autour de la représentation ont été finies, il étoit environ quatre heures.

M. le Dauphin est retourné à l'archevêché, mais au lieu de passer par la grande porte il est sorti par celle qui donne près de l'archevêché ; il a remonté dans le même appartement où il avoit été d'abord, a ôté son manteau. Ceux qui avoient l'honneur de l'accompagner ont fait de même. Un moment après, il est remonté dans ses carrosses, et a été au pas jusqu'à l'ancienne porte de la Conférence, comme en venant.

La Reine a resté tout le jour dans ses cabinets, et n'a pas voulu jouer. Mme la Dauphine n'a point été à cette cérémonie, parce qu'elle n'a pas encore été à Paris et qu'on n'a pas jugé à propos que son premier voyage fût pour une cérémonie aussi lugubre ; elle a passé toute l'après-dînée chez elle à jouer à cavagnole, tête à tête avec Mme de Lauraguais.

Du lundi de la Pentecôte 22, Versailles. — M. Méliand, conseiller d'État, dont la fille a épousé le fils de M. le marquis d'Argenson, mourut à Paris, le 17 ou le 18, fort âgé. Par cette mort M. Poulletier, ancien conseiller d'État, avance d'un grade; il devient conseiller d'État ordinaire, ce qui vaut environ 2,000 livres de plus; il a remercié le Roi ce matin. La place de conseiller d'État vacante fut donnée hier à M. de Marville, lieutenant de police. Quoique ces deux places ne soient point incompatibles, M. le chancelier a représenté au Roi qu'il étoit du bien du service que les conseillers d'État fussent plus assidus au conseil. Les occupations continuelles que donne la charge de lieutenant de police auroient empêché M. de Marville d'avoir cette assiduité; mais comme il préfère infiniment la place de conseiller d'État, il donne sa démission de la police. On ne sait point encore qui sera nommé pour cette charge, qui est de 50,000 écus; il est certain que ce sera un intendant, et on juge que ce sera M. Berrier, intendant de Poitiers, qui est fort estimé. M. de Marville avoit une pension de 2,000 écus; le Roi lui donne une augmentation de 4,000 livres; il conserve outre cela pour environ 10,000 livres de bureaux. La charge de lieutenant de police vaut 25,500 livres par an, dont il y a 8,000 livres pour éclairer les bureaux; il y a outre cela assez considérablement de bougies et trois minots de sel. M. de Marville est conseiller honoraire du Parlement et maître des requêtes; cette dernière charge, qu'il va vendre, est d'environ 90,000 livres.

Samedi dernier, veille de la Pentecôte, le Roi alla courre le cerf du côté de Rambouillet.

La veille de ce même jour, M. le comte de Broglie arriva à Choisy à quatre heures après midi; il a été envoyé par M. de Contades à M. le maréchal de Saxe et par M. de Saxe au Roi pour lui apporter la nouvelle qu'Axel a capitulé sans attendre qu'on l'attaquât. C'est M. le comte de Broglie qui a été chargé par M. de Contades d'aller proposer au commandant de se rendre. Sa commission portoit d'accorder les honneurs de la guerre s'il ne pouvoit pas l'engager à se rendre prisonnier de guerre. Le commandant ayant demandé les honneurs de la guerre et offert à cette condition d'évacuer non-seulement Axel mais tout le pays jusqu'à Terneuse inclusivement, M. de Broglie lui a accordé sur-le-champ les honneurs de la guerre, et les 3,500 hommes qui gardoient cette place et la grande île dans laquelle elle est située en sont sortis. J'ai marqué ci-dessus qu'Axel étoit entièrement inondé et qu'on ne pouvoit y arriver qu'en bateau. Cet article m'a été expliqué par M. le comte de Broglie. Il est vrai qu'on ne peut arriver qu'en bateau à Axel, parce qu'il est tout entouré d'eau, étant situé dans une grande île; mais cette île n'est point inondée, et la place est en terre ferme, entourée seulement d'un fossé plein d'eau. Le jeudi, un M. de Broglie, parent du feu maréchal, étoit arrivé à Choisy avec les drapeaux d'Hulst; il y en a six et un étendard de dragons. Le Roi ne fait point chanter de *Te Deum* pour la prise de toutes ces différentes places, parce qu'il regarde ne les avoir qu'en dépôt, suivant les termes de sa déclaration, dont la copie est à la fin de ce livre (1).

J'ai parlé ci-dessus des différentes nouvelles apportées par MM. Chabrier, de Saint-Herem (Montmorin) et de Saint-Sauveur; depuis j'ai appris les grâces que le Roi leur a accordées : une pension à M. Chabrier, je ne sais pas de combien; une de 3,000 livres à M. de Saint-Herem, et le grade de brigadier à M. de Saint-Sauveur.

On trouvera à la fin de ce livre le détail d'une petite action de M. de Méric, qui y a été tué (2). Le Roi le regrette beaucoup; c'étoit un officier de distinction, principale-

---

(1) N° 4 des pièces justificatives de l'année 1747.
(2) N° 6 des pièces justificatives.

ment pour la petite guerre, qu'il avoit toujours faite avec succès.

Mme de Civrac fut présentée hier par Mme la maréchale de Duras; elle doit être déclarée ces jours-ci dame de Mesdames.

Mme de Luynes mena hier Mme de Bauffremont, la jeune, faire son remerciment au Roi; le Roi a rendu à M. de Bauffremont, son mari, maréchal de camp, le régiment qu'il avoit. MM. de Bauffremont, dans le temps de la conquête de la Franche-Comté, ayant levé quatre régiments pour le service du Roi, S. M. a bien voulu leur accorder qu'un de leur maison conserveroit son régiment quoique devenu officier général. Cet usage a toujours été observé, et MM. de Bauffremont ont toujours eu un régiment de dragons. Le grand-père de M. de Bauffremont, dont c'est ici l'article, est le seul qui ait interrompu cet usage pendant quelques années seulement; il vendit son régiment à un M. de Paysac, qui, étant devenu brigadier à la tête de ce corps et étant mal dans ses affaires, obtint la permission de revendre ce régiment. Il le vendit à M. de Listenay, oncle de M. de Bauffremont, ce qui fit rentrer le régiment dans leur maison. M. de Bauffremont ayant été fait maréchal de camp en 1744, supplia le Roi de vouloir bien permettre qu'il donnât ce régiment au chevalier de Listenay, son frère, colonel d'infanterie; il ne voulut point le faire payer à son frère et se contenta des 10,000 écus du prix du régiment d'infanterie. Le chevalier de Listenay comptoit par son ancienneté être en droit d'espérer d'être fait brigadier à la dernière promotion; n'ayant point vu son nom dans cette dernière promotion, il prit le parti de donner sa démission. M. d'Argenson ne voulut point faire usage de cette démission, et quelque temps après il fut fait brigadier; mais comme on n'a pas voulu lui rendre son rang, il a demandé que sa démission subsistât. Il quitte le service, et s'en va à Malte. C'est dans ces circonstances que M. de Bauffremont, son frère, a redemandé le régiment de son frère, qui lui a été accordé.

Le Roi a beaucoup parlé pendant Choisy des arrangements de son départ; cependant il y a près d'un mois qu'on a établi 140 chevaux de poste sur la route, à chaque poste; enfin samedi il déclara à son débotter qu'il partiroit lundi 29 de ce mois au plus tard.

Avant-hier on croyoit qu'il n'y auroit point de promotion de chevaliers, pas même pour les trois places de commandeurs ecclésiastiques qui étoient vacantes; cependant le Roi nomma hier pour remplir ces trois places: M. l'archevêque de Rouen, M. l'archevêque de Paris et M. l'abbé d'Harcourt. On croyoit que M. l'archevêque d'Aix (Brancas) pourroit avoir une de ces trois places; mais le Roi, qui vouloit accorder cet honneur à M. l'abbé d'Harcourt, a regardé comme convenable de le donner en même temps à M. l'archevêque de Paris. A l'égard de M. l'archevêque de Rouen, il étoit en droit de l'espérer il y a longtemps, par sa charge, par sa naissance et par son mérite personnel. La Reine, qui l'aime beaucoup, en avoit parlé plusieurs fois au Roi; le Roi a paru occupé du plaisir qu'il feroit à la Reine en cette occasion; il lui annonça cette nouvelle le matin, avant que la promotion fût faite.

Du mardi 23, *Versailles*. — Avant-hier dimanche, la quêteuse fut Mme de Saulx. Le Roi et la Reine entendirent la messe en bas; ce fut M. l'archevêque de Tours, comme prélat de l'Ordre, qui officia. M. l'archevêque de Narbonne étoit venu ici, mais il s'en retourna malade. M. le coadjuteur ne peut plus officier devant le Roi depuis qu'il est devenu cardinal, car les cardinaux prétendent ne devoir officier qu'avec un dais.

Il n'y avoit point eu de premières vêpres du Roi la veille; ce n'est point l'usage, à cause de la cérémonie de l'Ordre; s'il y en avoit, ce seroit le même évêque qui officieroit la veille et le jour. Le jour, il n'officie que comme prélat de l'Ordre. Il est vrai qu'il pourroit officier la veille comme évêque, mais cela ne se pratique pas. Cela s'est pratiqué cependant en l'absence du Roi, il y a deux ou trois ans ; je l'ai marqué dans le temps.

Il y eut sermon dimanche, suivant l'usage ; ce fut un chapelain de quartier du Roi qui prêcha ; il s'appelle Bardonnet. Il auroit mieux fait vraisemblablement de laisser remplir ce ministère à un autre ; il a paru que son sermon n'étoit point composé en conséquence du texte qu'il avoit annoncé ; son discours en total a paru peu approuvé ; son second point fut extrêmement court ; comme il avoit déjà parlé du Roi, on le crut fini ; lorsqu'il commença son compliment, la Reine avoit déjà fait le mouvement de se lever pour aller à son prie-Dieu.

On sut hier que le Roi a nommé lieutenant général de police M. Berrier, intendant de Poitou.

Les dernières nouvelles de Gênes sont bonnes ; tout s'y soutient vigoureusement ; l'artillerie des ennemis n'est point arrivée. De notre côté, presque tous les fourrages dont M. le maréchal de Belle-Isle a besoin pour passer le Var sont arrivés ; tout étoit prêt pour attaquer les îles Sainte-Marguerite ; on n'avoit plus besoin que de six heures de calme.

Du mardi 23, *Dampierre*. — Je suis venu ici de Versailles aujourd'hui avec Mme de Luynes passer quelques jours. Il venoit d'arriver un courrier de Flandre avec la nouvelle que les ennemis se sont déterminés à faire le siége d'Anvers. M. de Bathiany sentoit combien cette entreprise étoit peu sensée devant une armée de 140,000 hommes, et ne pouvant investir la place de tous côtés ni empêcher que la garnison soit rafraîchie autant qu'on le voudra et qu'il n'y entre journellement des subsistances et des munitions. Il a dépêché un courrier à Vienne. La reine de Hongrie a mandé que le roi d'Angleterre le vouloit absolument et qu'il le falloit faire. On n'a point encore nouvelle que la tranchée soit ouverte. M. le maréchal de Saxe a dû aller aujourd'hui dîner à

MAI 1747.

Anvers pour donner tous les ordres nécessaires. Il a fait entrer dans cette place M. de Lowendal, lieutenant général, qui y commande; il a sous lui quatre maréchaux de camp, qui sont M. le duc de Broglie, M. de Claye d'Hérouville, M. le comte de Lorges et M. de Montmorin. M. de Contades, lieutenant général, qui vient de prendre Hulst et Axel, se rapproche d'Anvers avec le corps qu'il commandoit. M. de Laage, chef d'escadre, ayant par conséquent rang de maréchal de camp, est resté commandant dans Axel et dans tout le pays des environs; il commande aussi un assez grand nombre de petits bâtiments qu'on avoit rassemblés pour l'expédition d'Axel.

Du dimanche 28, Versailles. — Le mercredi, lendemain de mon arrivée à Dampierre, Mme de Pompadour y vint dîner avec Mmes d'Estrades et de Livry. Le Roi, qui couroit le cerf du côté de Rambouillet, avoit amené ces dames jusqu'au coin du bois de Trappes; il avoit dit à Mme de Pompadour que si sa chasse finissoit d'assez bonne heure, il viendroit la reprendre à Dampierre et qu'elle l'y attendît jusqu'à sept heures; en ce cas il ne seroit retourné à Versailles qu'à la nuit et auroit fait médianoche dans ses cabinets. Mme de Pompadour attendit jusqu'à sept heures passées. Le Roi ne vint point; il ne rentra qu'à huit heures et demie à Versailles; il étoit près de sept heures quand il manqua son cerf.

Le départ du Roi est toujours fixé à demain, à huit heures du matin; il va dans son vis-à-vis et mène d'abord M. le Premier avec lui, et le lendemain il prendra un autre de ceux qui ont l'honneur d'aller avec lui. Il mène outre cela dans deux berlines, premièrement tout son service; M. le duc de Villeroy suit le Roi; M. le duc d'Ayen devoit y aller aussi, mais il est malade actuellement; M. d'Aumont; M. de Richelieu et M. de Maillebois le fils; et outre cela quatre qui ne sont point en charge : M. de Meuse, M. de Luxembourg, M. le duc de Duras et M. le marquis de Gontaut, qui sont tous quatre aides de camp.

Il veut arriver de bonne heure à Compiègne pour voir quelques nouveaux bâtiments qu'il y a fait faire; il doit en partir mardi à quatre heures du matin pour aller coucher à Mons, ce qui fait une grande journée; le Roi veut arriver mercredi de bonne heure à Bruxelles et y assister le jeudi à la procession du Saint-Sacrement.

Je revins hier de Dampierre. L'on croyoit que les trois nouvelles dames de Mesdames seroient déclarées, le Roi ayant travaillé avec M. de Maurepas. Il y a longtemps que l'on sait qu'une de ces places est destinée à Mme de Civrac, fille de Mme d'Antin. Lorsqu'il fut question, dans le temps du mariage de Mme de Civrac, de savoir si on habilleroit ses gens de livrée ou de noir, Mme la comtesse de Toulouse le demanda au Roi, et il dit qu'il n'y avoit qu'à les habiller de noir. Cependant rien n'est encore déclaré; on croit qu'il y en aura en même temps deux autres, dont une titrée. On ne doute pas, s'il y en a d'autres, que la seconde non titrée ne soit Mme de la Rivière, fille de M. de la Rivière, sous-lieutenant des mousquetaires noirs. Pour la titrée, on croyoit que ce pourroit être Mme la duchesse de Brancas douairière, mais il y a de l'incertitude. On croit que ce sera Mme la duchesse de Broglie; la Reine s'y intéresse beaucoup, et Madame l'a demandé au Roi.

M. le duc et Mme la duchesse de Chartres sont partis cette nuit ensemble pour aller à Bruxelles; Mme la duchesse de Chartres compte rester en Flandre toute la campagne.

Du lundi 29. — Le Roi soupa hier au grand couvert, et après avoir été chez Mme la comtesse de Toulouse, comme à l'ordinaire, il monta chez Mme de Pompadour. La maréchale de Duras y étoit; le Roi lui dit qu'il lui donnoit les entrées de la chambre.

On croyoit que le Roi se coucheroit de bonne heure, ayant dit qu'il partiroit à huit heures; cependant à trois heures du matin il n'étoit pas encore couché, et lorsque l'on vit à deux heures qu'il écrivoit de sa main un petit billet à M. de Croismare, écuyer de la petite écurie, on jugea qu'il pourroit bien être question de départ de bon matin. J'allai chez le Roi, sur les trois heures; il étoit avec M. le duc de Gesvres dans son cabinet et venoit à tout moment dans sa chambre; il avoit envoyé éveiller M. le duc de Villeroy, plusieurs officiers des gardes, tous les gardes du corps (il y en a vingt qui le suivent en poste), M. le Premier, MM. d'Aumont, de Richelieu, de Maillebois, de Duras, de Meuse, de Luxembourg, de Gontaut. Il s'est passé environ une heure ou une heure et demie jusqu'à ce que tout ait été prêt pour le départ. Le Roi a donné ordre que ses carrosses n'entrassent point dans la petite cour du château pour ne point éveiller la Reine, qui couche dans un appartement dont les fenêtres donnent sur cette petite cour. A quatre heures et demie, le Roi s'est habillé dans le cabinet du conseil, a descendu l'escalier de derrière son appartement et traversé la nouvelle salle des gardes, près la voûte de la chapelle; il a été dans la grande cour qu'on appelle la cour des ministres, qu'il a traversée presque tout entière à pied, en attendant M. de Maillebois, qui avoit été le dernier averti, et les gardes du corps qui arrivoient successivement sur des chevaux de poste; il est parti avant les trois-quarts. On avoit envoyé un courrier devant, à Senlis, avertir M. l'évêque de faire tenir prêt une messe pour le Roi à Senlis.

J'ai parlé ci-dessus du discours de M. le duc de Boufflers au sénat de Gênes et je l'ai fait copier à la fin de ce livre (1). On ne sera pas fâché d'y trouver la réponse des Génois.

Du mercredi 31, *Versailles.* — Le Roi, qui partit d'ici lundi dernier, un peu avant quatre heures trois quarts du matin, arriva à midi à Compiègne. Il dîna à trois heu-

---

(1) N° 5 des pièces justificatives.

res, et donna l'ordre pour en partir à quatre heures et demie du matin. Ce même jour lundi, il arriva à Compiègne un courrier de M. le maréchal de Saxe avec la nouvelle que les ennemis paroissent absolument avoir abandonné le projet de faire le siége d'Anvers. Ils se sont portés entre la grande et la petite Nèthe, appuyant leur droite à Lierre et leur gauche à Herenthals. Ce mouvement a déterminé M. le maréchal de Saxe à se porter sur la Dyle avec son infanterie seulement, laissant sa cavalerie dans ses cantonnements.

Il est arrivé aussi un courrier de M. le maréchal de Belle-Isle. M. le chevalier de Belle-Isle, chargé de l'attaque des îles Sainte-Marguerite et Saint-Honorat, l'a exécutée fort heureusement, le 25 de ce mois ; les deux îles ont été reprises malgré le grand feu de l'artillerie ennemie ; nos troupes de terre et de mer ont fait des prodiges de valeur. Le fort Saint-Honorat avoit déjà capitulé quand le courrier en partit, et l'on espéroit obliger le commandant du fort Sainte-Marguerite à suivre bientôt le même exemple. La prise de ces deux îles a été conduite avec toute l'intelligence et la capacité que l'on connoît à M. le chevalier de Belle-Isle ; elle est d'une très-grande conséquence pour le transport de nos subsistances.

JUIN.

Procession du Saint Sacrement. — Capitulation du fort Sainte-Marguerite. — Soupers de la Reine chez le duc de Luynes. — Arrivée du Roi à Mons. — Nouvelles de Gênes. — MM. de Béranger et de Polignac faits prisonniers de guerre. — La Martinière nommé premier chirurgien du Roi. — Départ de M. de Van Hoey. — Mort de M. de la Tour. — Combat naval du cap Finistère. — Lettre du Roi à Madame. — Mme de Pompadour reste à Choisy pendant l'absence du Roi. — Brigadiers nommés. — Nouvelles des armées. — Dévotions de la Reine. — Contestations dans la maison de la Dauphine. — Régiments donnés. — Relation du passage du Var. — Meubles neufs de la Dauphine et de Mesdames. — Mort de milord Stairs. — Appartements de Versailles. — Les ermites du mont Valérien. — Révolte des gardes du corps à Bruxelles. — Prise de Villefranche. —

Salle des gardes du Dauphin. — Mort de M. de Bonneval et de Mme de Campo-Florido. — Présentation des princes de Saxe-Cobourg et du comte d'Ettingue. — Le duc de Chaulnes achète la lieutenance générale de Bretagne. — Mme de Mauconseil. — Anecdote sur l'ordre du Saint-Esprit. — Tremblement de terre de Lima. — La Dauphine à Paris. — Mort du prince de Guise. — Détails sur la réception de la Dauphine à Notre-Dame et à Sainte-Geneviève.

Du vendredi 2, Versailles. — Depuis le départ du Roi, il ne s'est rien passé d'intéressant ici; Mme la Dauphine a été incommodée d'une fluxion dans la tête, et la Reine a été jouer chez elle. Madame Adélaïde est aussi incommodée d'une fluxion dans l'oreille; hier la Reine alla chez elle, y joua à cavagnole, et Mme la Dauphine y vint sans être habillée. La Reine alla hier à la procession du Saint-Sacrement. L'ordre fut donné pour neuf heures et demie, et Madame alla dans le carrosse de la Reine. La procession commença à dix heures et finit à midi; ensuite la grande messe, qui finit à une heure. M. le Dauphin alla de son côté dans son carrosse. La procession s'arrêta, en allant et en retournant, à un reposoir qui est à l'hôtel de Conty, rue Dauphine (1). La Reine alla à l'offrande; ce fut M. le Dauphin seul qui la suivit et lui porta l'offrande; Mme la Dauphine et Madame Adélaïde n'y étoient point. M. le Dauphin et Madame n'allèrent point à l'offrande.

La Reine avoit à la procession un petit parasol, qu'elle portoit elle-même, et un grand qu'un valet de pied portoit; Madame avoit aussi un parasol, et toutes les dames en avoient. M. le Dauphin en avoit un aussi, et c'est le seul homme qui en eût.

L'après-dînée, les vêpres furent chantées par la musique de la chapelle; la Reine les entendit dans sa niche de la tribune.

Le jour même du départ du Roi, comme il n'avoit point

---

(1) Aujourd'hui rue Hoche. Voy. *Histoire des rues de Versailles*, par J.-A. le Roi, 1861, in-8°, page 52.

entendu la messe ici, on chanta à la messe le *Domine salvum fac regem.*

Depuis le bulletin qu'on trouvera ci-dessus, on a eu nouvelle de Provence que le fort Sainte-Marguerite a capitulé ; ainsi voilà les deux îles absolument prises. On a appris aussi que M. le maréchal de Belle-Isle a passé le Var, le 28.

Il se répandit il y a deux jours une nouvelle que M. le duc de Boufflers ayant été informé que les ennemis avoient un poste de 2 ou 3,000 hommes à Voltri, à huit milles de Gênes, et qu'ils y avoient débarqué de l'artillerie, y avoit marché et remporté un très-grand avantage sur eux ; que la plus grande partie des ennemis avoient été tués, pris ou noyés, et qu'il leur avoit pris deux à trois pièces de canon ; cette nouvelle s'est confirmée ; elle est vraie, et on n'en dit point encore d'autre détail.

Depuis le départ du Roi, la Reine a soupé tous les jours chez moi ; il n'y a guère de jours qu'elle ne me fasse cet honneur, quand le Roi est absent ou qu'il soupe dans ses cabinets ; il n'y a que les jours de jeûne, de grand couvert, ou la veille de ses dévotions, qu'elle n'y vient point ; encore même vient-elle quelquefois après souper, les jours de grand couvert et les jours de jeûne.

Du samedi 3, Versailles. — On trouvera ci-après le double du bulletin qui a été envoyé à la Reine et qu'elle a reçu aujourd'hui ; il est de Mons, du 31 mai.

<small>Le Roi est arrivé hier au soir en cette ville sur les six heures. S. M., après avoir reçu les respects des personnes les plus considérables de la province, qui s'étoient rendues ici pour lui faire leur cour, a soupé en public. Ce matin elle a reçu les compliments des États de la province et du conseil supérieur. Elle a été entendre la messe, suivie d'un *Te Deum*, dans l'église des dames chanoinesses, qui lui ont ensuite été présentées. S. M. au sortir de l'église est montée en carrosse pour se rendre à Bruxelles.</small>

Par les nouvelles que l'on a eues de Gênes, depuis ce que j'ai écrit, il paroît que l'avantage n'est pas aussi

considérable qu'on l'avoit dit d'abord ; l'action s'est passée
à la Polsevera : elle a été vive ; les ennemis y ont perdu
700 hommes et leur canon, et quoique nous n'ayons perdu
que 80 hommes, cette perte doit être regardée comme
plus grande pour nous, par rapport aux circonstances et
avec un aussi petit nombre de troupes qu'il y a dans
Gênes. Il seroit difficile de recommencer souvent pareille
expédition. On a su que 700 hommes de nos troupes, qui
étoient à Monaco, ont trouvé moyen d'entrer dans Gênes.

Du dimanche 4, Versailles. — M. de Langeron, fils de
M. de Maulevrier, arriva avant-hier de Provence. Ce fut
lui qui apporta la capitulation du fort de Sainte-Marguerite. Il est arrivé dans ce fort un accident bien malheureux. Pendant que nous le bombardions, les habitants
entendoient la messe dans une petite chapelle qui est dans
ce fort ; une grosse bombe tomba sur la chapelle, tua le
prêtre à l'autel et celui qui servoit la messe.

C'est aussi par M. de Langeron que M. de Belle-Isle a
mandé les nouvelles qu'il avoit reçues de Gênes de M. de
Boufflers. Nous n'avions pas su tout le détail de cette
nouvelle que j'ai appris depuis. Le poste que les ennemis
occupoient étoit la Notre-Dame de la Miséricorde sur la
rivière de la Polsevera, près d'une maison de campagne
qui appartient à MM. de Pallavicini. M. le duc de Boufflers
a fait attaquer ce poste par un détachement que commandoit le chevalier Chauvelin, et duquel étoit M. de la
Faye, qui a été exempt des gardes du corps et qui depuis
a eu un régiment. On a chassé les ennemis de ce poste ;
M. le chevalier Chauvelin y a été blessé légèrement à la
joue, et le pauvre la Faye y a été tué. On prétend que les
ennemis y sont revenus en grand nombre et qu'ils nous
ont obligés de nous retirer, ce qui s'est fait en très-bon
ordre ; mais on prétend que nous y avons perdu 250
hommes. M. de la Faye laisse une veuve fort affligée et
deux filles ; il avoit beaucoup d'esprit, de volonté et de
courage.

Par les nouvelles qu'on a eues de Flandre on a appris que M. Béranger, qui avoit perdu au commencement de la campagne son fils aîné, capitaine de cavalerie, par maladie, a eu un nouveau malheur. Comme il retournoit de Bruxelles à Namur avec M. de Polignac, qui est attaché à M. le comte de Clermont, ils ont été pris par les hussards et par conséquent pillés comme on peut le croire; il y a apparence qu'ils ne resteront pas longtemps prisonniers de guerre; on dit même qu'ils sont déjà échangés.

Une lettre du 1er de ce mois, de Flandre, dit que le Roi a dû se rendre hier samedi à Malines, d'où il doit aller à son quartier qui est au château de Stein. La position des ennemis n'est point encore fixe; il semble qu'ils veuillent se porter sur Maestricht. M. le maréchal de Saxe n'avoit encore fait camper que l'infanterie; le 1er, la cavalerie et les dragons étoient encore dans leurs cantonnements; cette inaction est sans doute pour observer les mouvements des ennemis et se porter ensuite sur leur droite ou sur leur gauche, suivant la partie qu'ils découvriront.

Le Roi en arrivant à Bruxelles tint conseil avec MM. les maréchaux de Saxe et de Noailles et M. d'Argenson.

S. M. déclara, avant son dîner, La Martinière son premier chirurgien.

M. de Sailly, qui a un régiment et est beau-frère de M. de Souvré, s'en allant joindre l'armée de Provence, a été arrêté sur sa route par des déserteurs, qui lui ont pris tout son argent et l'ont même dépouillé, à ce que l'on dit.

M. de Van Hoey, ambassadeur de Hollande ici, qui avoit été rappelé il y a deux ou trois ans, et qui n'avoit jamais eu ordre de partir, quoique son successeur ait été nommé, a reçu enfin ces jours-ci un ordre précis de retourner en Hollande; il dit que c'est pour rendre compte aux États généraux des véritables dispositions de la

France au sujet de la paix. Il est parti ce matin avec deux domestiques seulement, laissant toute sa maison à Paris.

J'ai toujours oublié de marquer que M. de la Tour, intendant de Provence et premier président du parlement d'Aix, mourut il y a environ cinq mois; son fils vient d'être nommé aux mêmes places.

Du mardi 6, Versailles. — On a eu nouvelles ces jours-ci d'un combat naval auprès du cap Finistère (1) entre six de nos vaisseaux et dix-huit vaisseaux anglois; on n'en sait pas encore le détail. Les nouvelles que l'on a eues viennent de la Morlaix, et on ne les a même sues que par un bâtiment anglois; mais il paroît que nous avons eu un désavantage considérable. Notre escadre étoit commandée par M. de la Jonquière et par M. de Saint-Georges; ils escortoient des vaisseaux de la Compagnie des Indes, et après les avoir mis en sûreté ils devoient aller en Canada. Les dix-huit vaisseaux anglois étoient commandés par l'amiral Anson et par le contre-amiral Warren. Les Anglois prétendent que tous nos vaisseaux ont été pris ou démâtés, et que le contre-amiral Warren étoit à la poursuite des vaisseaux de la Compagnie des Indes; il paroît qu'on est assez persuadé que nous avons eu au moins deux de nos vaisseaux de pris.

Du mercredi 7. — Madame reçut hier une lettre du Roi, qu'elle envoya sur-le-champ à la Reine; le Roi lui mande qu'il lui donne trois dames d'augmentation, qui sont : Mme la duchesse de Brancas douairière, Mme de Civrac et Mme de la Rivière. Mme de Brancas, qui étoit à Choisy avec Mme de Pompadour, est venue ici aujourd'hui. C'est Madame qui la présente à la Reine; elle présentera de même les deux autres.

---

(1) Le cap Finistère est au N.-O. de l'Espagne. La date du combat est le 14 mai; il y en eut un second, en octobre 1747, dans les mêmes circonstances.

Mme de Pompadour, qui alla à Crécy le jour même du départ du Roi, n'y resta que jusqu'au mercredi ; elle repassa par ici et alla à Choisy, où elle compte rester pendant l'absence de S. M. On continue toujours les ouvrages que l'on faisoit à Crécy, mais ils vont un peu plus lentement.

M. de Maurepas, qui est venu ici ce matin, m'a dit que la nouvelle du combat du cap Finistère étoit venue à Morlaix par un bâtiment françois qui avoit été pris par un vaisseau anglois et que nous avions pris ensuite. Les vaisseaux de la Compagnie des Indes que nos vaisseaux escortoient sont au nombre de onze, et l'on craint fort qu'ils n'aient été tous enlevés. Ces vaisseaux alloient aux Indes; tout l'argent que la Compagnie envoie dans ces contrées n'étoit pas sur ces bâtiments; il y en avoit eu une partie d'envoyée par un précédent convoi. M. de Maurepas compte que pour rétablir la marine de France il faudroit soixante-dix vaisseaux de ligne; il estime qu'un gros vaisseau tout armé revient à un million; il dit qu'il avoit environ trente vaisseaux au commencement de la guerre, mais que présentement c'est tout au plus s'il y en a quinze en état de mettre en mer, et que la marine doit actuellement dix-huit millions (1).

Du vendredi 9, Versailles. — Par les nouvelles de Flandre d'hier, l'on a appris que le Roi avoit fait brigadiers de ses armées deux colonels de son armée de Provence : M. de Langeron, fils de M. de Maulevrier, qui a apporté la prise des îles Sainte-Marguerite, et M. de Bezons, petit-fils du feu maréchal, celui-ci parce qu'il est l'ancien de M. de Langeron, qu'il sert bien et qu'il y avoit déjà eu une ou deux promotions faites sans qu'il y soit compris.

---

(1) M. le duc de Béthune me dit hier qu'il avoit été à l'assemblée de la Compagnie; que l'estimation de la perte qu'elle a faite, tant en vaisseaux, agrès que cargaison, monte en total à 7 millions. (*Addition du duc de Luynes*, datée du 15 juin 1747.)

JUIN 1747.

Par le bulletin du 6, qu'on a reçu aujourd'hui, il est marqué que les armées sont toujours dans la même position. Le Roi, qui étoit encore ce jour-là à Bruxelles, a donné à M. le comte de Cossé, maréchal de camp, le cordon rouge vacant par la mort de M. de Puynormand.

Les nouvelles que l'on a reçues aujourd'hui, du 31 du mois passé, disent que M. le maréchal de Belle-Isle étoit sur les bords du Var avec 54 bataillons, et que quoiqu'il n'y en eût encore que 2 des Espagnols d'arrivés, M. de la Mina avoit joint M. de Belle-Isle pour se trouver au passage de cette rivière, que l'on devoit entreprendre le 4 ou le 5 de ce mois. On ne sait pas encore si les ennemis voudront disputer le passage; ils n'ont de l'autre côté que 32 bataillons, tant autrichiens que piémontois, mais les bataillons autrichiens sont extrêmement foibles.

Les nouvelles de Gênes disent qu'il est arrivé 2,500 hommes de troupes, tant François qu'Espagnols, et qu'on espère que M. de Boufflers sera en état de se maintenir jusqu'à l'arrivée de notre armée.

La Reine alla hier à la paroisse avec Mme la Dauphine et Mesdames. Les deux portières étoient remplies par Mme de Luynes et Mme de Villars; Mmes de Brancas et de Duras étoient dans le second carrosse. La Reine, qui se trouva incommodée, ne suivit point la procession; elle la suivit dans l'église. Mme la Dauphine ne suivit pas non plus le Saint-Sacrement. Plusieurs des dames du palais et de Mme la Dauphine allèrent à la procession. M. le Dauphin n'alla point dans les carrosses de la Reine, il alla dans le sien; il étoit accompagné par M. de Gesvres, M. de Flamarens et quelques-uns de ses menins. M. de Gesvres, qui est toujours ou à Paris ou à Saint-Ouen depuis le départ du Roi, vient seulement ici de temps en temps pour le service de M. le Dauphin et lui faire sa cour.

Aujourd'hui, qui est la fête établie depuis 1742 à la paroisse Notre-Dame, de la dévotion au sacré cœur de Jésus, la Reine a été à la grande messe à la paroisse. Elle donna l'ordre hier pour dix heures et demie. Comme hier elle y est arrivée à onze heures moins demi-quart ; M. le Dauphin y étoit arrivé près d'une demi-heure auparavant. Comme il n'avoit point donné d'ordre hier au soir et qu'il avoit même dit qu'il entendroit la messe aujourd'hui à midi, il n'avoit dans son carrosse que M. de Saint-Herem. M. de Muy et M. de Sassenage ont été le joindre, et sont revenus avec lui. La Reine avoit dans son carrosse Mme la Dauphine, Mesdames, Mme de Duras, Mme la duchesse de Boufflers. Mme de Luynes n'a point suivi la Reine, sachant que Mme de Villars devoit y être sûrement ; mais Mme de Villars s'est trouvée incommodée ce matin.

Du samedi 10, *Versailles.* — Avant-hier, lorsque la Reine alla à la paroisse, M. de Rubempré avoit fait venir pour Mme la Dauphine ses deux carrosses du corps. Mme la Dauphine alla dans le carrosse de la Reine, et comme je l'ai dit les deux portières étoient remplies par Mme de Luynes et par Mme de Villars. Mme de Brancas alla dans un des carrosses de Mme la Dauphine avec Mme de Lauraguais et Mme de Tessé ; les deux autres dames de Mme la Dauphine montèrent dans l'autre carrosse. Lorsqu'elles furent arrivées à la paroisse, M. de Rubempré renvoya un des carrosses de Mme la Dauphine, qui est celui où elle monte ordinairement ; il prétend que c'est le véritable carrosse du corps, et qu'aucune dame n'y doit monter quand Mme la Dauphine n'y est pas. Il est certain qu'il restoit assez de place dans un seul carrosse pour les cinq dames qui étoient à la suite de Mme la Dauphine ; mais cette distinction entre les carrosses du corps ne se fait point chez la Reine, et on ne regarde point comme un manque de respect de monter sans elle dans le carrosse dont elle se sert ordinairement. Lorsque la reine de Pologne étoit à Saint-Cyr et que la Reine y alloit dîner, elle renvoyoit dans ses mêmes carrosses les dames qui l'avoient suivie et retournoient la prendre l'après-midi dans les mêmes carrosses.

Il y a un autre sujet de contestation dans la maison de Mme la Dauphine. Les écuyers de quartier ont cru remarquer que M. de Rubempré vouloit s'établir un droit de leur ôter le service quand il jugeroit à propos, et que pour cela il attendoit Mme la Dauphine dans la galerie, et que l'écuyer de quartier marchant alors devant elle à sa droite, c'est-à-dire présentant la main gauche, M. de Rubempré prenoit le service. Ils disent que le premier écuyer n'a point le droit de leur ôter le service quand il est commencé, que lorsque Mme la Dauphine est arrivée à la chapelle; alors il peut prendre le service pour la ramener, mais qu'ils doivent continuer le service qu'ils ont pris en son absence.

Du dimanche 11, Versailles. — Par les nouvelles de Flandre on a appris que le Roi avoit disposé du régiment Royal-Comtois, vacant par la mort de M. de la Faye, en faveur de M. de Roquépine. Ce régiment, qui étoit de la taxe de 40,000 livres, lui est donné pour rien; et lorsqu'il voudra le revendre, il n'en aura que 30,000 livres, prix du régiment de Nivernois. Celui de Nivernois, qu'avoit M. de Roquépine, a été donné à M. de Monteil, major des dragons de Septimanie et lieutenant-colonel réformé à la suite dudit régiment. M. de Monteil n'ayant point actuellement de régiment ne pourra le vendre; ainsi le prix de ce régiment est supprimé pour l'avenir.

Mme de Luynes a reçu aujourd'hui la relation que lui a envoyée Mme la maréchale de Belle-Isle du passage du Var, dont voici la copie.

Au camp de Nice, ce 3 juin 1747.

L'on a vu dans le précédent bulletin les difficultés qu'il y avoit eu à surmonter pour reprendre les îles Sainte-Marguerite. Le passage du Var n'ayant pu se faire dans les mois de l'hiver et du printemps, par le défaut de fourrages, l'on est parvenu à l'époque de la fonte des neiges, qui rend cette rivière presque impraticable jusqu'à la fin de juillet et réduit les gués à un si petit nombre, tous également nécessaires et connus, qu'il est fort facile à l'ennemi de s'y opposer. Il y avoit dans le comté de Nice 17 bataillons piémontois et 10 autrichiens, nombre suffisant pour faire acheter cher une pareille entreprise; mais il y a lieu de croire que le roi de Sardaigne n'a pas voulu compromettre une partie aussi considérable de ses troupes. Quoi qu'il en soit, notre général, connoissant l'importance dont il est de secourir Gênes, soit en y faisant passer des troupes par mer, soit par une diversion capable d'obliger le roi de Sardaigne de retirer les troupes qu'il a devant cette place pour courir à sa propre défense, n'a pas perdu un instant après la prise des îles Sainte-Marguerite à faire toutes les dispositions pour le passage du Var. C'est ce qui a été exécuté ce matin à la pointe du jour sur cinq colonnes composées de 44 bataillons françois et 2 espagnols, 2 escadrons de hussards, 2 de dragons d'Aubigné et 1 de dragons de la reine d'Espagne. Ces cinq colonnes étoient conduites par MM. le chevalier de Belle-Isle, comte de Maulevrier, marquis de la Ravoye, marquis de Bissy et comte de Mailly-d'Haucourt. Au moyen des précautions prises de rassembler un grand nombre de gayeurs, il n'y a pas eu un seul homme de noyé, quoiqu'en beaucoup d'endroits il y eût de l'eau jusqu'au ventre, d'une excessive rapidité.

Les postes ennemis qui bordoient le Var n'ont fait aucune résistance, et se sont retirés après avoir fait quelques décharges de distance en distance, ce pays étant extrêmement propre à de pareilles retraites. M. le comte de Leutrum, lieutenant général du roi de Sardaigne, n'ayant eu le temps que de se lever et de sortir à la hâte de cette ville avec les cinq bataillons qui y étoient en garnison, les hussards de Ferrari, qui étoient de la division de M. de Bissy, ont fait une soixantaine de prisonniers; il y en a eu à peu près autant de tués.

La principale partie de l'armée a passé la moitié du Var sur le pont, dont on se rendit maître le 2 février, qui traverse le grand bras du Var, ce qui a beaucoup diligenté le passage, qui n'a duré en total que quatre heures.

M. le maréchal avoit fait sortir les galères d'Antibes pour venir masquer le port de Villefranche, et intercepter les bâtiments qui seroient obligés d'en sortir; ayant trouvé le moyen de faire porter sur un mulet un mortier de sept pouces, que M. de Bissy a établi en batterie sur la hauteur et a commencé à jeter des bombes à deux heures après midi, ce qui a en effet obligé sur-le-champ tous les bâtiments d'en sortir; mais le vent qui s'est élevé avoit obligé nos galères à rentrer dans Antibes.

Il paroît que les ennemis ne nous veulent rien disputer, ayant abandonné des postes excellents dans la crainte d'être tournés, et selon toute apparence ils ne tiendront ferme qu'à Vintimille. Nous allons cependant diligenter les siéges de Montalban et de Villefranche; une partie de la grosse artillerie passera dès demain le Var sur le pont, qui sera fait dans vingt-quatre heures, par les précautions prises dès le lendemain que les ennemis eurent repassé le Var, de faire préparer tous les bois, fers et autres choses nécessaires à cette construction. Le reste qui a servi à l'expédition des îles a été rembarqué tout de suite, jusqu'aux gabions, fascines, saucissons et piquets, en sorte que l'on sera en état de pouvoir ouvrir la tranchée devant Montalban dans deux ou trois jours au plus tard.

On a mis depuis environ un mois un meuble neuf dans la chambre et le grand cabinet de M{ᵐᵉ} la Dauphine; il est de gros de Tours. M. le Dauphin prétendoit et avoit dit qu'il coûtoit 50,000 écus; M. de Fontanieu, qui l'a fait faire, a été très-peiné de ce que M. le Dauphin a dit publiquement; il assure qu'il ne coûte que 50,000 livres. Il y a 800 aunes d'étoffe à 33 livres, outre la façon, qui est un objet considérable.

On a mis aussi depuis deux jours dans les deux chambres de Mesdames deux meubles pareils, qui sont de taffetas flambé et qui sont fort beaux.

On apprit ici il y a quelques jours la mort de milord Stairs; il étoit fort âgé et avoit été ambassadeur d'Angleterre en France; on ne peut oublier la manière indécente dont il se conduisit ici à la mort de Louis XIV.

Du jeudi 15, Versailles. — Il est décidé depuis deux jours que lorsque M. le Dauphin et M{ᵐᵉ} la Dauphine entreront dans leur appartement en bas, ce qui ne doit être qu'au retour de Fontainebleau, Mesdames entreront en même temps dans l'appartement de M. le Dauphin et de M{ᵐᵉ} la Dauphine. Ces deux appartements ont chacun leur entrée particulière actuellement; du côté de M. le Dauphin, la salle des gardes, et du côté de M{ᵐᵉ} la Dauphine, une sentinelle; mais comme la règle et l'usage est qu'il n'y ait qu'une entrée à l'appartement de Mesdames, on bouchera l'entrée qui est actuellement du côté de M{ᵐᵉ} la Dauphine, et cette entrée, qui est la première, antichambre deviendra un cabinet de compagnie pour Mme la maréchale de Duras, à qui l'on ôte le cabinet qu'elle a de l'autre côté pour le donner avec l'appartement de Mesdames à M. le duc et Mme la duchesse de Chartres. L'appartement de M. et de Mme de Chartres et celui de Mlle de la Roche-sur-Yon sont destinés pour la petite Madame et Mme de Tallard. Dans ces trois appartements on en arrangera un pour Mlle de la Roche-sur-Yon.

M. le Dauphin, Mme la Dauphine et Mesdames allèrent hier au Mont-Valérien en calèche; M. le Dauphin donna 30 louis aux ermites; ils entendirent le salut dans la principale église du Mont-Valérien, tous quatre sur le même prie-Dieu, et firent collation en revenant.

Extrait d'une lettre datée de Bruxelles le 7 juin 1747, concernant la révolte des gardes du corps.

Le Roi a paru hier chagrin d'un accident dont on est venu lui rendre compte. Les gardes [du corps] du Roi étant cantonnés à Alost, y ont fait toutes les sottises imaginables, les carillons les plus indécents, en un mot ont poussé les choses à l'extrême. M. de Montesson a d'abord voulu leur parler et a été très-mal reçu; il a fait parler les officiers, pour lesquels ils n'ont pas eu plus de respect. Il a ordonné des gardes et des patrouilles, que les gardes ont forcé de rentrer l'épée dans les reins; de là ils se sont attroupés sur la place l'épée à la main et ont menacé leurs officiers; ils ont même poussé la chose au point de parler mal du Roi. M. de Montesson a fait arrêter un des plus mutins et l'a fait mettre en prison. Cent gardes l'épée à la main ont été l'en faire sortir et ont recommencé les propos scandaleux contre leur commandant et leurs officiers. Le Roi a ordonné qu'ils partiroient d'Alost hier matin, coucheroient hier en cantonnement et viendroient camper ce soir à une demi-lieue de Bruxelles et qu'il se serviroit pour sa garde d'escadrons de telle troupe qu'il lui plairoit. Voilà où en sont les choses au moment que j'écris. On ne peut penser à un pareil événement sans que les cheveux en dressent à la tête. La garde de la personne du Roi eût-elle jamais été soupçonnée de mal parler de son maître!

Du lundi 19, *Versailles*. — Ce que j'ai mis ci-dessus des gardes du corps m'a été écrit par un homme qui est sur les lieux et bien à portée d'être instruit; cependant on prétend que le fait des discours contre le Roi n'est pas exact; mais un autre bien singulier et bien criminel, c'est qu'un d'entre eux, de la compagnie de Noailles (1), nommé Guillot, avoit engagé un grand nombre à lui prêter un serment, en conséquence duquel il leur promettoit de les exempter de toute subordination. C'est ainsi que je l'ai ouï conter à M. le duc de Béthune. Ceux qui ont eu part à cette aventure sont de jeunes gens entrés dans le corps depuis 1745 et 1746. Les vieux gardes n'y ont eu nulle part, au moins dans la compagnie de M. de Béthune, car c'est de lui que je sais ce détail. Une des occasions de cette rébellion a été une chasse du cerf, comme les jeunes gens en font souvent dans les garnisons (2); il y eut du vacarme; on en mit un en prison; ses camarades allèrent l'épée à la main l'en faire sortir; pour lui il eut le bon sens d'y rentrer dès le lendemain; mais les esprits échauffés ne s'en tinrent pas là. M. de Montesson, commandant la maison et d'autres officiers furent insultés. Cette affaire a fait un grand bruit dans Paris. La rébellion dans un corps à qui la garde intime du Roi est confiée fait trembler avec raison pour la personne de S. M. Je suis témoin que M. le duc de Béthune, qui a des sentiments dignes d'un Romain, a pensé que la sévérité ne pouvoit être trop grande en pareil cas. L'affaire a été remise à M. le maréchal de Noailles, qui l'a examinée fort en détail avec deux officiers du corps; nous apprîmes avant-hier qu'il y a eu trente et un gardes de cassés, de différentes compagnies. Guillot est condamné à vingt-cinq ans de prison; d'autres à six, à quatre, à deux années aussi de prison.

---

(1) Barbier nous apprend que le détachement se composait de deux cents gardes appartenant aux compagnies de Noailles, de Béthune et de Villeroy; il n'y en avait pas de la compagnie d'Harcourt.

(2) Dans ces chasses du cerf, un des jeunes gens faisait le cerf et les autres couraient après; cette chasse se faisait la nuit, après boire, et était l'occasion de tapage, de scandales et de désordres de tous genres. (*Journal de Barbier.*)

Les bulletins de Flandre n'annoncent encore aucune entreprise décisive, ni de la part des ennemis ni de la nôtre. Il paroît que les ennemis se détermineront plutôt à découvrir Maestricht que Berg-op-Zoom. L'on assure que les Hollandois l'ont absolument exigé. M. le maréchal de Saxe fait toutes les dispositions pour obliger les ennemis à se décider et pour profiter de ce qu'ils feront.

Les nouvelles de l'armée de M. de Belle-Isle annoncent que nous nous sommes rendus maîtres de Villefranche; c'est M. de Goas qui en a porté la nouvelle au Roi. Il étoit question de Vintimille, où toutes les troupes ennemies qui ont gardé le Var s'étoient rassemblées; M. le maréchal de Belle-Isle ne croyoit pas qu'ils voulussent défendre ce poste. Gênes continue à se soutenir toujours parfaitement bien.

On continue de travailler très-assidûment ici à l'appartement de M. le Dauphin et de Mme la Dauphine en bas. La pièce qui doit lui servir d'antichambre est au-dessous de la grande salle des gardes que l'on appelle le magasin. Il y avoit quatre gros piliers de pierre dans cette pièce en bas qu'on a jugé à propos d'ôter, et l'on a remarqué qu'une des poutres que ces piliers soutenoient étoit pourrie. On a entièrement défait tout le plancher de la salle, et l'on y remet de grandes poutres parallèlement au mur de face, au lieu que les deux autres portoient sur ledit mur de face.

Du jeudi 22, Versailles. — Il y a environ un mois que l'on sait la mort de M. de Bonneval; il avoit épousé, il y a déjà longtemps, une fille de M. maréchal de Biron, qui est morte; il n'en a point eu d'enfants; il avoit vécu fort peu avec elle. Il avoit passé en Turquie, et s'étoit fait Turc.

On a appris ces jours-ci la mort de Mme de Campo-Florido; elle étoit Gravina; elle est morte à Naples. C'étoit une bonne femme; elle n'avoit jamais pu apprendre le françois et parloit mal, à ce que j'ai ouï dire, l'espagnol et l'italien ; elle étoit fort âgée et fort laide. Son mari, qui est toujours à Naples, sans aucun caractère, est à ce que l'on dit fort affligé.

M. le Dauphin, Mme la Dauphine et Mesdames vont aujourd'hui à l'abbaye de Poissy.

Il y a déjà plusieurs jours que les princes de Saxe-Cobourg, qui sont deux jeunes gens, ont été présentés au Roi et à la Reine ; ils sont de la maison de Saxe. L'aîné de ces deux frères, qui est prince héréditaire de cette branche, jouit d'environ 500,000 livres de rente.

Il y a eu aussi à peu près dans le même temps une présentation d'un seigneur allemand qu'on appelle le comte d'Ettingue ; c'est un jeune homme.

Du lundi 26, Versailles. — J'ai toujours oublié de marquer que Mme la duchesse de Chaulnes vint nous faire part il y a trois semaines ou un mois de la résolution que M. de Chaulnes et elle avoient prise d'acheter la lieutenance générale de Bretagne. Il est certain que le nom de Chaulnes est en grande considération en Bretagne ; et apparemment que cette considération jointe à beaucoup d'autres, a déterminé M. de Chaulnes à un marché qui ne paroît pas avantageux. M. le maréchal de la Fare, qui avoit cette charge, la vend 560,000 livres ; elle ne vaut que 24,000 livres de rente toute déduction faite, et le brevet de retenue que M. de Chaulnes a obtenu est de 280,000 livres, comme celui de M. de la Fare. Il est convenu dans le marché que 100,000 livres demeureront entre les mains de M. de Chaulnes à fonds perdu, dont il fait 10,000 livres de rente à M. de la Fare. Par cet arrangement, M. de la Fare se trouve vis-à-vis le même revenu qu'il avoit, et 180,000 livres d'argent pour payer ses dettes ou faire tel usage qu'il jugera à propos.

J'ai parlé ci-dessus de la difficulté faite par M. de Rubempré au sujet des carrosses de Mme la Dauphine. Mme la duchesse de Brancas a pris le parti d'écrire au Roi ; elle m'a dit aujourd'hui qu'elle avoit reçu la réponse du Roi signée de S. M., ce qu'il n'a pas coutume de faire ordinairement. Il mande à Mme de Brancas que son intention est que tout se passe chez Mme la Dauphine comme chez la Reine; par conséquent lorsque Mme la Dauphine ne sera point dans ses carrosses, on pourra se mettre dans le fond du carrosse même où Mme la Dauphine monte; on observera seulement de laisser dans ce carrosse deux places vides, lorsque Mme la Dauphine ira avec la Reine, afin qu'elle puisse y monter d'un moment à l'autre si quelque raison l'y obligeoit.

J'ai parlé aussi ci-dessus, il y a même déjà longtemps, de la prétention de Mme de Mauconseil qui aspire depuis longtemps à l'honneur de manger avec la Reine et de monter dans ses carrosses. Cette prétention est fondée sur ce qu'elle a été dame d'atours de la reine de Pologne, duchesse de Lorraine. Apparemment qu'on avoit voulu lui disputer cette qualité; le roi de Pologne duc de Lorraine, qui l'aime beaucoup et s'intéresse vivement à ce qui la regarde, lui écrivit une lettre remplie d'amitié que je lus il y a quelques jours; elle est tout entière de sa main; c'est une espèce de certificat authentique pour prouver qu'elle a été bien réellement dame d'atours de la reine de Pologne, qui l'a regardée toujours telle jusqu'à sa mort.

M. le duc de Gesvres me dit l'autre jour une anecdote par rapport à l'ordre du Saint-Esprit, qui mérite de n'être pas oubliée; que cet ordre n'a jamais été regardé comme une récompense militaire; que le premier exemple qu'il ait été donné pour récompense de services à la guerre (1) a été à M. de Revel, qui avoit épousé une sœur de feu M. le duc de Tresmes. M. de Revel, lieutenant général des armées du Roi, étoit avec M. le maréchal de Villeroy lorsque ce général se laissa surprendre dans Crémone, où il fut fait

---

(1) Voyez sur ce sujet l'*Addition de Saint-Simon* au Journal de Dangeau, t. II, p. 258, du Journal du marquis de Dangeau.

prisonnier; malgré cet avantage, le prince Eugène, qui y étoit entré, fut obligé d'en sortir promptement. M. de Revel fut regardé comme le principal auteur des mesures sages et promptes qui furent prises dans ce malheureux événement, et comme ayant principalement contribué à la conservation de Crémone. Pour récompense de ce service important le Roi le fit chevalier de l'Ordre.

Il y a déjà plusieurs jours que l'on sait le malheur arrivé aux Espagnols dans le Pérou. La riche ville de Lima a été renversée par un tremblement de terre; il n'en est resté que très-peu de maisons sur pied.

Du mercredi 28, *Versailles.* — Mme la Dauphine partit hier entre dix et onze heures du matin; comme il n'y avoit point de princesses du sang avec elle, elle étoit seule dans le fond de son carrosse; Mme de Brancas sa dame d'honneur et Mme de Lauraguais sur le devant; Mme la duchesse d'Ayen à une portière et Mme de Rochechouart (Faudoas) à l'autre. Dans le second carrosse étoient Mme de Tessé, Mme de Lorges, Mme du Roure, Mme de Pons, Mme de Froulay et Mme de Rubempré. Il y a quatre des dames de Mme la Dauphine qui sont hors d'état de la suivre, Mme de Caumont à cause de sa santé, Mmes de Rohan, de Champagne et de Bellefonds parce qu'elles sont grosses. Il n'en falloit en tout que dix. Quoiqu'il ne soit resté ici que 72 gardes du corps pour la Reine, M. le Dauphin, Mme la Dauphine et Mesdames, sur quoi il y en a quelques-uns de malades, on en avoit envoyé 54 à Paris ou sur la route. Mme la Dauphine alla descendre à Notre-Dame; elle fut reçue par M. l'archevêque de Paris à la tête du chapitre et complimentée par lui; elle entendit la messe d'un de ses chapelains dans une chapelle particulière. Les difficultés qui ont été faites en d'autres occasions par les chanoines de Notre-Dame ont déterminé à faire marcher la chapelle de Mme la Dauphine. Mon frère y étoit comme premier aumônier, l'aumônier de quartier, etc. On porte les ornements et tout jusqu'aux burettes, et deux tapis de pied, l'un pour Notre-Dame, l'autre pour Sainte-Geneviève.

De Notre-Dame elle alla à Sainte-Geneviève. M. le duc d'Orléans, qui y est retiré depuis longtemps, comme l'on sait, et qui n'avoit jamais vu Mme la Dauphine, vint au-devant d'elle; il ne fut question d'aucune présentation; après lui avoir fait la révérence, il se retourna et marcha toujours devant elle; il l'accompagna toujours jusqu'à ce qu'elle fût remontée dans son carrosse.

J'ai oublié de marquer qu'en partant d'ici, il y eut une dispute par rapport au carrosse des écuyers. M. de la Fare et M. de Rubempré étoient dans le fond, ce qui ne peut être douteux; M. de Muy, qui fait les fonctions de premier maître d'hôtel pour son fils, se mit sur le devant; la quatrième place fut l'occasion de la dispute. M. Bouillac, premier médecin, la prétendit; l'écuyer de quartier la disputa. La Reine prétend que cette dispute a duré pendant quinze ans chez elle. Hier elle fut jugée par provision en faveur de M. Bouillac; l'écuyer de quartier se mit à une portière.

De Sainte-Geneviève, Mme la Dauphine fit un grand tour dans Paris pour revenir aux Tuileries. Les officiers de sa bouche l'y attendoient; elle y dîna avec les dix dames qu'elle avoit menées; elle étoit tournée le visage du côté de la fenêtre, Mme de Brancas, sa dame d'honneur, à sa droite à quelque distance, Mme de Lauraguais, sa dame d'atours, à gauche de Mme la Dauphine, aussi à quelque distance; à droite de Mme de Brancas, Mme la duchesse d'Ayen, Mme de Rochechouart, Mmes de Pons et du Roure; à gauche de Mme de Lauraguais, Mmes de Tessé, de Froulay, de Lorges et de Rubempré. Presque aussitôt qu'elle fut sortie de table, Mme la duchesse d'Orléans vint lui rendre visite; elle resta quelque temps à faire la conversation avec elle, ensuite elle se mit au jeu; elle joua à cavagnole environ une heure. Elle descendit dans le jardin des Tuileries environ à six heures et demie (on n'a laissé entrer dans les appartements de Mme la Dauphine ni même dans le jardin des Tuileries que ceux qui étoient habillés de noir); elle se promena d'abord dans la grande allée, où la foule étoit excessive; elle monta plusieurs fois sur la terrasse pour se faire voir au peuple qui la trouva charmante; elle parut remarquer leurs applaudissements, et tout le monde dit qu'elle fit à merveille et que l'on fut fort content d'elle dans Paris. Quand elle fut près du pont tournant, elle monta dans un petit jardin particulier où étoient Mme la comtesse de Toulouse et Mme de la Vallière; elle remonta ensuite de l'autre côté dans un petit jardin où étoient Mlle de Tourbes, Mme de Seignelay et plusieurs autres dames. Elle revint ensuite prendre ses carrosses dans la cour des Tuileries; elle alla de là au Cours que l'on appelle le Cours Dauphin; elle le traversa au pas; il y avoit beaucoup de carrosses, tous arrêtés, et beaucoup de gens à pied. Mme la Dauphine arriva ici sur les dix heures. La Reine étoit dans ce moment chez moi; elle n'étoit pas encore à table.

M. le Dauphin avoit appris chez la Reine par Mme d'Ardore que la reine des Deux-Siciles (1) est accouchée d'un garçon le 13 de ce mois; ce fut la première chose qu'il dit à Mme la Dauphine à son arrivée. Mme la Dauphine entra chez Mme de Luynes pour voir la Reine; elle avoit l'air très-gaie et fort contente; elle étoit très-bien mise. Elle avoit fort désiré que M. le Dauphin allât la trouver aux Tuileries et y dînât avec elle; la proposition en a été faite au Roi, dont les ordres étoient nécessaires, mais il n'y a point eu de réponse.

Il arriva hier à Paris un courrier de l'armée de M. le maréchal de Belle-Isle. On ne dit rien encore des nouvelles qu'il a apportées; on sait seulement, soit par ce courrier, soit par quelque autre précédent, le funeste accident

---

(1) Marie-Amélie de Saxe, sœur aînée de la Dauphine.

de M. le prince de Guise qui est à cette armée ; il s'est tué tout roide en chargeant ses pistolets. Il n'étoit point marié, et n'a ni frère ni sœur ; ses deux sœurs, qui sont mortes, étoient la seconde femme de M. de Richelieu, et la quatrième de M. de Bouillon. Il reste de Mme de Bouillon une fille, qui est Mme de Beauvau. M. de Guise étoit un homme fort singulier, très-poli, mais extrêmement embarrassé et toujours distrait ; il étoit assez instruit, mais on avoit peine à le déterminer à faire usage de sa science ; et soit par distraction ou par son caractère, il étoit gauche à tout ce qu'il faisoit.

On joint ci-après le détail que mon frère m'a envoyé du voyage de Mme la Dauphine à Paris.

Mme la Dauphine est arrivée à Notre-Dame à midi et demi ; M. l'archevêque de Paris en habits pontificaux et tout le chapitre de Notre-Dame, les dignités en soutane rouge, et les chanoines en soutane violette (selon l'usage observé dans ce chapitre et dans plusieurs autres du royaume dans les jours solennels), tous revêtus de chapes, attendoient depuis une demi-heure Mme la Dauphine dans la sacristie, prêts à sortir aussitôt qu'ils apprendroient que son arrivée étoit prochaine. Ayant été avertis qu'elle étoit prête à entrer dans la rue Notre-Dame, M. l'archevêque, précédé de son chapitre marchant processionnellement, est arrivé en chape, mitre et crosse jusqu'à trente pas environ de distance de la grande porte de l'église de Notre-Dame, en dedans. M. l'archevêque s'est avancé accompagné de quatre principales dignités de son église, le chapitre étant en haie de côté et d'autre, et est demeuré la face tournée vers l'autel, appuyé sur sa crosse, jusqu'au moment que Mme la Dauphine est descendue de son carrosse ; alors il s'est retourné la face vers la grande porte, a avancé dix pas environ, c'est-à-dire jusqu'à vingt pas à peu près de distance de la porte d'entrée, en dedans ; là il a attendu Mme la Dauphine. Aussitôt qu'elle a été près de M. l'archevêque, on a jeté un carreau devant elle ; elle s'y est agenouillée ; M. l'archevêque lui a donné l'eau bénite, lui a présenté à baiser une croix de vermeil doré qui renferme du bois de la vraie croix. Mme la Dauphine étant relevée, M. l'archevêque l'a encensée de trois coups d'encensoir, suivant l'usage, et l'a haranguée ; elle a marché ensuite vers le maître autel, tout le chapitre marchant processionnellement devant elle, et M. l'archevêque en chape, en crosse et en mitre, marchant à sa droite tout près d'elle ; il l'a conduite jusqu'au prie-Dieu, couvert d'un drap de pied et d'un carreau de drap noir, qu'on avoit placé pour elle à une petite distance de la marche qui sépare le plan du chœur d'avec celui du sanctuaire. Mme la Dauphine étant placée, M. l'archevêque a été se placer dans son trône et MM. les chanoines dans leurs stalles. M. l'archevêque a dit les oraisons accoutumées et a donné la bénédiction pontificale, pendant que Mme la Dauphine faisoit sa prière, ayant à la droite de son prie-Dieu son premier aumônier, les abbés de Poudens et de Sailly, aumôniers de quartier, et à sa gauche son confesseur. La prière finie, Mme la Dauphine s'est levée, a approché de l'autel ; on lui a fait remarquer la richesse et le goût des ornements du chœur de Notre-Dame, et on lui a expliqué tout ce qui pouvoit piquer sa curiosité. De là, MM. les chanoines restant dans leurs stalles, M. l'archevêque est venu la conduire jusqu'à la porte du chœur, où il l'a laissée ; elle est venue se placer sur un prie-Dieu couvert d'un drap de pied et d'un carreau de drap noir posé en face de la chapelle de la Vierge, où elle a entendu la messe dite par son chapelain de quartier servi par deux clercs de sa chapelle. L'abbé de Nicolaï, aumônier de quartier de Mme la Dauphine et chanoine de Notre-Dame, étoit venu dans son rang de chanoine la recevoir avec tout le corps du chapitre. Pendant la messe qu'elle a entendue à Notre-Dame, il est venu avec ses habits de chanoine se mettre à la place de service auprès du prie-Dieu ; il a ensuite reconduit Mme la Dauphine avec le chapitre, à sa place de chanoine. Le premier aumônier avoit fait porter tous les coffres de la chapelle, et même jusqu'à des cierges, du pain et du vin ; mais Messieurs du chapitre ayant demandé en grâce qu'on leur laissât fournir tout ce qui étoit nécessaire pour la célébration de la messe et pour la décoration de la chapelle, on le leur a accordé, conformément à l'ordre qu'en avoit donné le premier aumônier dans ce cas.

La place où Mme la Dauphine a entendu la messe étoit fermée par une enceinte, formée avec des planches couvertes de tapis, qui donnoit beaucoup d'espace et de commodité. Sur la gauche de la place où étoit Mme la Dauphine, la rue du milieu de la nef entre deux, on avoit placé des gradins sur lesquels étoient tous les musiciens de Notre-Dame, qui ont exécuté parfaitement, pendant la messe, un motet dont la composition étoit admirable.

La messe finie, M. l'archevêque et MM. les chanoines, qui étoient restés dans le chœur pendant le temps de la messe, se sont remis en marche processionnellement. M. l'archevêque est venu prendre Mme la Dauphine et l'a reconduite, étant à sa droite, jusqu'au même endroit où il l'avoit reçue. On a fait sortir du chœur de Notre-Dame tous ceux qui n'étoient point en habit noir.

De Notre-Dame Mme la Dauphine a été à Sainte-Geneviève. M. le duc d'Orléans, qui y fait son habitation ordinaire, l'attendoit à la porte de l'église; l'abbé de Sainte-Geneviève, en chape, crosse, mitre et croix pectorale, l'attendoit à dix pas de la porte d'entrée, en dedans, avec tous ses religieux rangés en haie des deux côtés et revêtus de chapes. Mme la Dauphine étant arrivée, l'abbé ayant sa mitre lui a présenté l'eau bénite; on a jeté un carreau devant elle; elle s'y est agenouillée; l'abbé lui a donné à baiser une croix de vermeil doré. Mme la Dauphine étant relevée, l'abbé lui a donné trois coups d'encensoir, s'est découvert et l'a haranguée. Ensuite Mme la Dauphine a marché vers le chœur, l'abbé marchant quelques pas devant elle, comme fermant la procession; il l'a conduite jusqu'au prie-Dieu qui lui étoit préparé au pied des marches du sanctuaire (on avoit découvert la châsse de sainte Geneviève en entier). Mme la Dauphine étant à genoux à son prie-Dieu, l'abbé a monté les marches du sanctuaire, et, tourné en face de cette princesse, il a récité une prière pour elle, qu'il a finie par une oraison. Les religieux ont chanté l'antienne de sainte Geneviève, le *Domine salvum fac regem*; ils ont entonné ensuite le psaume *Beati omnes qui timent Dominum*, pendant lequel l'abbé a apporté à Mme la Dauphine un bassin d'argent où il y avoit deux boîtes pleines de petits pains de sainte Geneviève, et sur le tour du bassin de ces petits pains à découvert. Mme la Dauphine en a pris un et l'a mangé dans l'église. L'abbé lui a présenté ce bassin lui-même. Un religieux voulant présenter à Mme la Dauphine une prière, très-bien écrite et ornée de belles vignettes, qu'il avoit composée pour Mme la Dauphine, il a remis ce cadre au premier aumônier, qui l'a présenté à Mme la Dauphine, en lui faisant des éloges de l'ouvrage et de l'auteur. On chantoit pendant ce temps dans le chœur.

Mme la Dauphine s'est levée; on l'a conduite dans la chapelle de Sainte-Clotilde, où elle a trouvé un prie-Dieu garni à l'ordinaire. Deux religieux avec une étole ont pris la châsse de sainte Clotilde, qui étoit posée découverte sur l'autel de la chapelle, l'ont apportée à Mme la Dauphine, qui l'a baisée avec respect; après avoir fait sa prière elle s'est levée. L'abbé et les religieux l'ont reconduite jusqu'à la porte de l'église dans le même ordre qu'en entrant.

M. Chalut, trésorier de la maison de Mme la Dauphine, a demandé au premier aumônier, la veille du départ pour Paris, quels fonds il jugeoit nécessaires pour les aumônes de Mme la Dauphine dans ce voyage; le premier aumônier lui a demandé 50 louis, qui lui ont été remis; outre cela, le premier aumônier a remis 10 louis en petits écus à l'exempt des gardes du corps pour distribuer aux pauvres mendiants aux portes de Notre-Dame, de

Sainte-Geneviève, aux relais. Il a ensuite distribué lui-même, dans l'église de Notre-Dame, à deux sœurs de Sainte-Claire qui quêtoient, 2 louis; aux enfants trouvés, 20 louis; à l'Hôtel-Dieu, 12 louis; au curé de la paroisse de Saint Étienne du Mont, 10 louis pour ses pauvres; ce qui fait en tout 54 louis (1) pour les aumônes. Il n'est point encore décidé si les 54 louis donnés seront pris sur la cassette de Mme la Dauphine ou regardés comme un extraordinaire qui doit être payé par le trésorier de sa maison (2).

Mme la Dauphine n'a point jeté d'argent au peuple dans Paris; ce droit n'appartient qu'au souverain. Lorsque M. le Dauphin alla à Paris, il y a quelques années, il jeta de l'argent, mais ce fut en conséquence d'un ordre exprès du Roi; le Roi le dit à M. le Dauphin en présence de M. de Maurepas. Je crois que l'on avoit écrit au Roi sur cette circonstance, à l'occasion du voyage de Mme la Dauphine; mais il n'y a point eu de réponse.

JUILLET.

Voyage de M. de Maulevrier. — Première nouvelle de la victoire de Lawfeld. — Petits escaliers de l'Œil-de-bœuf à Versailles. — Bulletin de M. d'Argenson et détails venus par lettres particulières. — Nouvelles de l'armée de Provence. — Présents de la famille royale à M. de Cabanac. — Mort de M. de Fontpertuis. — Le *François II* du président Hénault. — Échange de MM. d'Agénois et de Montmorency. — Mort du duc de Boufflers et de M. de Froulay. — Qui doit ôter la poussière des meubles de la Reine. — Levée du siége de Gênes. — Présentation de M. Onorati, camérier du Pape. — Anniversaire de la feue Dauphine à Saint-Denis. — Office du jour de la Madeleine. — Droit des fils de duc à la mort de leur père. — Dîner de la Reine à Trianon. — Retraite de la reine Élisabeth Farnèse. — Combat d'Exilles. — Mort du chevalier de Belle-Isle et de M. de Brienne.

---

(1) Au lieu de 10 louis, le premier aumônier en remit 20 à l'exempt, ce qui fait que les aumônes ont monté à 64 louis au lieu des 54 dont il est parlé. (*Note du duc de Luynes.*)

(2) N'a point été pris sur la cassette. (*Note au crayon et en marge du manuscrit.*)

— Mort de l'abbé de Guistel. — Siége de Berg-op-Zoom. — Honneur rendu à M. de Boufflers. — Accident de M. de Grimberghen.

Du lundi 3, Versailles. — On est toujours ici dans l'attente des nouvelles de Provence; on croit que Vintimille doit être repris, mais le courrier n'est point encore arrivé. Gênes continue à se bien défendre.

Le voyage de M. de Maulevrier ici a donné occasion à plusieurs raisonnements. On a cru que M. de Maulevrier pouvoit avoir des affaires personnelles, peut-être quelque mécontentement; mais au contraire il n'a parlé de M. le maréchal de Belle-Isle qu'avec les plus grands éloges; il a dit d'ailleurs qu'il étoit très-content de son voyage. On soupçonne actuellement que ce voyage a pu être l'occasion de quelque négociation avec le roi de Sardaigne. On mande de Dauphiné que quelques officiers françois ont été à Turin (sans doute avec permission), qu'ils ont vu le roi de Sardaigne, qu'il les a très-bien reçus et qu'il leur a beaucoup demandé des nouvelles de Madame Adélaïde.

Les nouvelles de Flandre commencent à donner de justes inquiétudes; il paroît que les ennemis n'ont encore pris aucune position qui découvre leur droite ou leur gauche. M. le maréchal a pris le parti de s'approcher d'eux; il s'est avancé jusqu'à Saint-Tron; et le Roi, qui devoit coucher à Tirlemont, en est parti le 30, à six heures du soir, pour s'avancer à Saint-Tron.

J'allai avant-hier à Dampierre et j'en revins hier. La Reine, qui fit hier ses dévotions, s'étoit enfermée la veille; elle parut fort touchée hier de savoir que nous revenions pour avoir l'honneur de lui donner à souper si cela lui convenoit; elle dit à mon frère, avec bonté, avant notre retour, qu'elle sentoit tout l'embarras qu'elle pouvoit nous causer, et qu'elle vouloit raisonner très-sérieusement avec Mme de Luynes sur les moyens de diminuer cet embarras. Tout ce raisonnement sérieux se réduisit, à notre arrivée, à des compliments remplis de bonté.

Du mercredi 5, Versailles. — Hier, la Reine, après avoir soupé chez moi et joué à cavagnole, étoit rentrée chez elle, et elle venoit de se coucher, lorsqu'il arriva un page du Roi. La dernière position que M. le maréchal de Saxe avoit prise donnoit juste sujet de penser qu'il pourroit y avoir une bataille; cependant on ne le croyoit point, même à l'armée; et ce sentiment étoit fondé sur l'idée que les ennemis ne nous attendroient pas. M. de Cabanac, gentilhomme de Périgord, qui est premier page de la petite écurie, arriva environ à une heure dans la cour des princes; on peut juger de l'inquiétude que ce moment donna à tous ceux et celles qui en furent avertis. Tout ce qui étoit chez moi, hommes et femmes, en grand habit ou non, allèrent au-devant du page et le suivirent chez la Reine, chacun lui faisant des questions sur ce qui l'intéressoit. Le page présenta une lettre du Roi à la Reine; un moment après tous les hommes et les femmes de la Cour entrèrent. La Reine eut la bonté de nous lire la lettre du Roi; elle portoit en substance qu'il venoit de remporter une grande victoire par une protection marquée de la sainte Vierge; que la bataille s'étoit donnée le jour de sa fête (1); que c'étoit contre les hérétiques que l'on avoit combattu, parce que les Autrichiens avoient été, comme à leur ordinaire, spectateurs bénévoles; que le prince de Hesse avoit défendu vigoureusement le village de Laufeld, dont la bataille porteroit le nom; mais que M. le comte de Clermont, l'ayant attaqué encore plus vigoureusement, l'avoit enfin emporté; que les troupes françoises avoient combattu comme des héros; que M. le comte de Bavière avoit été tué, et que nous avions fait prisonnier un général anglois nommé Ligonier. Le

---

(1) Le 2 juillet, fête de la Visitation de la Vierge.

page apportoit plusieurs lettres, entre autres une pour M. le Dauphin. Le Roi marque à M. le Dauphin qu'il n'a pas le temps d'écrire à Mme la Dauphine ni à Mesdames, mais qu'il le charge de dire à Mme la Dauphine qu'elle fera bien d'écrire à M. le maréchal de Saxe, et qu'elle n'oublie pas de le gronder de ce qu'il s'expose comme un simple soldat.

Une demi-heure après, arriva un second courrier, qui donna de nouvelles inquiétudes; mais c'étoit un des gens de M. de Turenne, qu'il envoyoit à sa femme.

J'oubliois de marquer qu'il y avoit dans la lettre du Roi que nous avions pris du canon, des drapeaux, des étendards et des timbales.

Cette nuit il est arrivé un second courrier, envoyé par M. d'Argenson, avec un peu plus de détail; on le trouvera ci-après; j'y fais ajouter ce que l'on a appris de plus par des lettres particulières ou par le rapport des différents courriers.

Il arriva aussi hier un courrier de M. de Belle-Isle; on trouvera ci-après l'extrait des nouvelles qu'il a apportées.

La musique de la chapelle a chanté aujourd'hui à la chapelle un *Te Deum*, avec des timbales, mais sans cérémonial, comme un simple motet. La musique de la chambre en exécutera un demain, au salut, dans la forme ordinaire.

En parlant des bâtiments que l'on fait ici, j'ai oublié de marquer que l'on construit actuellement un escalier tournant dans la petite cour sur laquelle donnent les petits cabinets de la Reine, l'œil de bœuf et l'antichambre du Roi. Cet escalier donne dans l'œil de bœuf. Il existe de tous les temps un petit escalier auprès de la pièce où se tient le premier valet de chambre au fond de l'œil de bœuf; c'est par là que le Roi et la Reine ont souvent descendu chez M. le Dauphin. Cet escalier va du haut en bas du château; mais comme il est étroit et fort incommode par la hauteur des marches, le Roi a jugé à propos d'en faire construire un nouveau (1).

Copie du bulletin de M. d'Argenson.

A la Commanderie (2), 2 juillet 1747.

Le Roi étant parti le 30 avec sa maison pour se rendre le même jour à Tirlemont reçut en chemin de nouveaux avis de M. le Maréchal, qui l'engagèrent à partir de Tirlemont à sept heures du soir. S. M. ayant appris que l'artillerie qui étoit partie de la veille n'avoit pas encore passé le pont de la grosse Gèthe à Osmael, Elle prit le parti d'y rester et de faire coucher au bivouac les troupes qui l'accompagnoient. Le feu prit la nuit dans la maison où logeoit S. M. Elle monta à cheval à quatre heures du matin pour se rendre à Tongres. S. M. en y arrivant hier s'est portée sur le champ de bataille qu'avoit pris M. le Maréchal pour combattre les ennemis, qui avoient leur droite à la Commanderie longeant les hauteurs, et leur gauche tirant vers Maëstricht, occupant les villages en avant de cette position qu'ils avoient fortifiés et retranchés et dans lesquels ils avoient mis plusieurs batteries de canons.

S. M. s'est portée en arrivant sur la hauteur du village de Heerderen, où Elle s'est arrêtée jusqu'à près de neuf heures pour voir par elle-même la disposition de son armée, que M. le Maréchal avoit fait mettre sur deux lignes d'infanterie et de cavalerie, dont la droite alloit au delà du village de Remst et de la Maison-Blanche, laissant le village en avant couvert de deux brigades d'infanterie, sa gauche faisant face à la Commanderie.

Le même jour, sur les sept heures du soir, les ennemis ont tenté de s'emparer du village de Remst, et ont canonné sans succès ce poste pendant près d'une heure avec trente pièces de canon, dont le feu a été très-vif. S. M. a été passer la nuit dans une mauvaise cense près de l'armée, qui a couché en bataille.

Aujourd'hui le Roi, après avoir entendu la messe, s'est rendu à quatre heures sur le champ de bataille, et ses troupes se sont mises en mouvement pour attaquer l'armée ennemie. M. le comte d'Estrées avec sa réserve a marché sur le flanc gauche de l'ennemi; M. le comte de Clermont avec le corps qui étoit à ses ordres, renforcé de quelques brigades d'infanterie et de cavalerie, s'est porté sur le village de Laufeld, qui étoit défendu par les troupes angloises, hanovriennes et

---

(1) Ces deux escaliers existent encore.
(2) La commanderie du Vieux-Jonc.

hessoises et quelques régiments hollandois. Ce corps a essuyé un feu terrible d'artillerie, malgré lequel ces colonnes se sont toujours avancées en bon ordre et ont commencé l'attaque de ce village à dix heures du matin. Les ennemis, qui par leur position soutenoient ce village en colonnes, l'ont repris deux fois; mais à la troisième il a été emporté de vive force par nos troupes, qui en ont chassé l'ennemi et s'y sont établies de façon que notre cavalerie a pu déboucher des deux côtés de ce village et charger la cavalerie ennemie, qui, quoique protégée de toute son infanterie, s'est retirée en désordre vers Maëstricht, ayant perdu des étendards, des timbales et du canon. On a fait plusieurs prisonniers, entre autres le général Ligonier, commandant les Anglois, qui a été pris à la première charge des carabiniers, que M. le Maréchal avoit fait avancer pour renforcer sa cavalerie.

Pendant cette action, M. le comte d'Estrées, qui avoit emporté le village de Wilre, a chargé la cavalerie ennemie qu'il a trouvée sur son chemin, et leur a fait beaucoup de prisonniers.

Cette action finie à la gauche des ennemis, on a marché au corps des Autrichiens, commandé par M. de Bathiany, qui jusque-là étoit resté en panne sur la hauteur, la droite à la grande Commanderie, et la gauche au village de Spauwe (1).

Détails appris par des lettres particulières.

Par la lettre que la Reine reçut hier du Roi, il n'est parlé que de M. le comte de Bavière tué. On a su depuis que M. de Froulay a le bras cassé. Le Roi mande à M. le Dauphin que la blessure a été examinée par Bagieux, qui la trouve aussi heureuse qu'elle puisse l'être. M. de Bonnac, la cuisse emportée; M. de Ségur le fils, le bras cassé, qu'on alloit lui couper; M. de Guerchy, blessé à un doigt de la main, d'un coup de feu, et un cheval tué sous lui; M. le comte de Lorges, son cheval tué, un peu froissé de la chute. M. le duc de Biron a eu son cheval tué; M. de Cernay, neveu de Mme de Fulvy, un bras cassé; M. le chevalier de Dreux, une contusion légère d'un coup de feu. Le régiment du Roi, qui a attaqué le village de Laufeld,

---

(1) Les Autrichiens, forts de quarante mille hommes, battirent en retraite à la hâte, en bon ordre et sans brûler une amorce.

a beaucoup perdu ; on croit qu'ils ont eu 600 hommes tués ou blessés et 34 officiers.

Nouvelles de l'armée de Provence.

Un courrier de M. de Belle-Isle, arrivé hier, a appris qu'il avoit trouvé le moyen d'éloigner les vaisseaux anglois en établissant des canons à la suédoise et des mortiers, à la faveur desquels il a fait passer sa grosse artillerie; qu'il l'avoit fait mettre en batterie; ce qui fait juger que le château de Vintimille est pris présentement.

M. de Belle-Isle avoit reçu des nouvelles de M. de Boufflers, du 24, de Gênes, qui lui mandoit que le rapport des déserteurs et des espions apprenoit que les ennemis faisoient toutes les dispositions pour lever le siége de Gênes.

Du vendredi 7, Versailles. — Hier matin la Reine donna à M. de Cabanac un flacon de chasse d'or ; M. le Dauphin lui avoit donné une tabatière, et Mesdames une autre tabatière; Mme la Dauphine lui a fait présent d'une montre d'or.

Le lendemain de l'arrivée du page, et environ six heures après lui, arriva un courrier de M. d'Argenson avec une espèce de détail; ce courrier avoit laissé passer le page, et ne s'étoit point pressé. Depuis ce moment jusqu'aujourd'hui, on n'avoit reçu aucune nouvelle ; ce matin M. le Dauphin et Mesdames ont eu chacun une lettre du Roi; mais la relation de la bataille n'est arrivée que cette après-midi ; on en trouvera la copie ci-après. On n'a point encore la liste des blessés.

Du mardi 11, Versailles. — J'ai toujours oublié de parler de la mort de M. de Fontpertuis. C'est une famille de robe; son nom étoit Angran ; il avoit soixante-dix-huit ans. C'étoit un homme d'esprit, qui avoit beaucoup d'amis : il étoit directeur de la Compagnie des Indes; il avoit épousé il y a trente ans une fille de l'Opéra, par principe de conscience et d'honneur, en ayant eu un fils; ce fils, qui est conseiller au Parlement, lui a donné du chagrin; sa femme au contraire a vécu à merveille avec lui et vit encore.

Depuis la bataille de Laufeld, il paroît que M. le maréchal de Saxe n'est occupé qu'à empêcher les ennemis de repasser la Meuse, à les incommoder pour leurs subsistances et à les empêcher de faire quelque entreprise qui puisse nous donner quelque inquiétude. Pendant ce temps, le corps de nos troupes commandé par M. de Lowendal, qui s'étoit avancé du côté de la grande armée, a reçu ordre de retourner sur ses pas; il est actuellement en marche vers Anvers; on ne doute pas que ce ne soit pour faire le siége de Berg-op-Zoom, peut-être même auparavant celui de Lillo. C'est le prince de Hesse-Philipstal qui commande dans Berg-op-Zoom; c'est le même qui a défendu Ypres dans le temps que le Roi l'a pris.

Les relations différentes ne s'accordent pas sur le nombre des morts et des blessés de part et d'autre; on dit que les ennemis avouent qu'ils ont eu 10,000 hommes tués ou blessés, et on ne fait monter notre perte qu'à 7,000 aussi tués ou blessés; dans ce nombre sont compris au moins 600 officiers que nous avons eu tués ou blessés dans cette action; on dit même 800. Nous avons pris au moins 17 étendards; on me mande aussi 2 paires de timbales et 30 pièces de canon; on ajoute même au nombre des étendards; l'on parle aussi de quelques drapeaux que nous avons pris.

Il paroît depuis peu une tragédie faite dans le goût du théâtre anglois; elle est intitulée le *Théâtre François* et ensuite *François second*. C'est en effet l'histoire du règne de ce prince, tirée des meilleurs auteurs. Tous les faits qui y sont rapportés sont vrais, à l'exception de quelques-uns dont le lecteur est averti par des notes curieuses. Cette pièce est en prose et a un grand succès dans Paris;

elle n'a point été jouée et ne le sera peut-être jamais; elle est agréable à lire, intéressante et instructive. Tout le monde l'a attribuée d'abord au président Hénault; quoiqu'il ne veuille pas trop en convenir, dans le public on ne doute pas qu'elle ne soit de lui, et elle lui fait honneur.

M. le maréchal de Belle-Isle envoya il y a quelques jours au Roi pour lui mander qu'il est enfin parvenu à conclure l'échange de M. d'Agénois et de M. le comte de Montmorency, prisonniers du roi de Sardaigne depuis le siége d'Asti. M. le comte de Montmorency est parti pour la Flandre dès le même jour qu'il reçut cette nouvelle; quoique suivant la lettre de M. de Belle-Isle, aux conditions de l'échange, il eût pu attendre quatre ou cinq jours de plus.

On a su à peu près dans le même temps, par les nouvelles du 24 juin, de Gênes, que les ennemis rembarquoient leur artillerie et se disposoient à lever le siége; mais le 25 ils l'avoient redébarquée. Cependant ce second débarquement n'a point eu de suite, et on apprit hier par un courrier que le 3 ils avoient entièrement levé le siége et se retiroient. Ce courrier a en même temps apporté la triste nouvelle que M. le duc de Boufflers étoit mort le 2 à Gênes, de la petite vérole; il disoit qu'il avoit déjà eu cette maladie; mais on prétend que s'il l'avoit eue, c'étoit très-légèrement. C'est une vraie perte pour le Roi et pour l'État que M. de Boufflers. Il avoit quarante et un ans; il avoit de l'esprit, du courage, de la capacité et beaucoup de politesse; on craignoit qu'il n'eût un peu trop de hauteur pour réussir à Gênes; mais il avoit profité des conseils qu'on lui avoit donnés, et les Génois lui donnoient les plus grands éloges. Il avoit eu le gouvernement de Flandre à la mort de M. le maréchal de Boufflers, son père. De son mariage avec Mlle de Villeroy il ne reste qu'un fils, qui est marié avec Mlle de Montmorency de Flandre, comme je l'ai marqué dans le temps.

On a peut-être cru que c'étoit M. de Boufflers qui avoit

demandé à aller à Gênes; mais des gens qui le connoissoient plus particulièrement que moi, et auxquels il a parlé avec confiance, m'ont assuré qu'il n'avoit jamais songé à demander cette commission, mais qu'il l'avoit acceptée lorsqu'on la lui avoit proposée.

Du samedi 15. — Suivant les nouvelles de Flandre, il ne paroît pas que l'armée du Roi ait fait aucun mouvement considérable; elle est toujours au-dessus et au-dessous de Maëstricht à observer celle des ennemis, qui est de l'autre côté de la Meuse.

On a appris aujourd'hui par une lettre du 12 la mort de M. de Froulay; il étoit, comme l'on sait, menin de M. le Dauphin et gendre de M. de la Mothe. Sa femme étoit accouchée d'une fille pendant le voyage de Fontainebleau; elle a été bien malade depuis, des suites de cette couche; cette fille est morte. M. de Froulay, qui étoit fort jeune, et Mme de Créquy, sa sœur, qui est vivante, étoient les seuls enfants qui restoient de M. de Froulay, ambassadeur à Venise, frère de M. de Froulay, ambassadeur ici de la Religion, et de M. l'évêque du Mans. M. de Froulay avoit une figure assez agréable; il étoit bien fait; sa physionomie étoit aussi douce que son caractère; il avoit beaucoup de politesse, de sagesse et de religion; il étoit maréchal de camp.

Avant-hier, la Reine, en sortant de table et se promenant dans sa chambre, aperçut de la poussière sur la courte-pointe de son grand lit, où elle ne couche point depuis que l'on travaille chez M. le Dauphin; elle le fit dire à Mme de Luynes, qui envoya querir le valet de chambre tapissier de la Reine en quartier. Celui-ci, qui est aussi valet de chambre tapissier du Roi, prétendit que cela ne regardoit point les tapissiers; que ce sont bien eux qui font le lit de la Reine, mais qu'ils ne doivent point toucher aux meubles; que c'est l'affaire des gens du garde-meuble. Suivant ce raisonnement, non-seulement le lit de la Reine, mais les siéges et canapés, qui sont toujours couverts de housses, doivent être et sont en effet remplis de poussière, sans que ce soit la faute des valets de chambre tapissiers. Mme de Luynes dit au tapissier que c'étoit à lui à avertir le garde-meuble; ce qui fut exécuté, et la poussière fut ôtée.

Du mardi 18, *Versailles.* — Hier matin, M. de Roquépine arriva à Paris, passant pour aller trouver le Roi à l'armée. C'est M. le maréchal de Belle-Isle qui l'envoie porter à S. M. la nouvelle de la levée du siége de Gênes. Les ennemis ont entièrement levé ce siége le 6 de ce mois et ont laissé 12 pièces de canon, que les Génois ont prise. M. de Roquépine, dont la femme est nièce de M. le duc de Boufflers, est un jeune homme qui s'est fait infiniment estimer; il avoit été mis en dernier lieu au poste Madona del Monte, poste important pour empêcher les approches de Gênes; il s'y est maintenu avec fermeté, et a toujours dit qu'il y soutiendroit un siége, qu'il falloit ouvrir la tranchée.

M. le maréchal de Belle-Isle a envoyé M. de Bissy, maréchal de camp, pour commander à Gênes à la place de M. de Boufflers. Cette commission auroit été parfaitement bien entre les mains de M. le chevalier Chauvelin, aussi maréchal de camp, qui est un officier d'un mérite distingué, et qui, outre tous les talents que l'on peut désirer dans un militaire, est fort aimable dans la société; mais M. Chauvelin n'est pas l'ancien; c'est M. de Mauriac, aussi maréchal de camp, qui n'a pas à beaucoup près aussi bien réussi à Gênes. M. de Bissy est l'ancien de tous deux, et d'ailleurs fort ami de M. Chauvelin; ce sont apparemment ces raisons qui ont déterminé en partie M. de Belle-Isle à donner la préférence à M. de Bissy.

Le camérier que M. le cardinal de Rohan attend depuis longtemps est enfin arrivé; il s'appelle Onorati; c'est un jeune homme de vingt-deux à vingt-trois ans; il est venu avec son frère, qu'on appelle le comte Onorati. M. le cardinal de Rohan doit les amener ici jeudi; ils ne verron la Reine que comme courtisans; il doit dans peu de jours le mener au Roi à l'armée. Ce camérier, qui apporte la barrette à M. le cardinal de Soubise, est chargé d'un bref du Pape pour le Roi et d'un autre pour la Reine; mais il ne peut remettre celui de la Reine qu'après celui du Roi; ainsi il n'aura audience de la Reine qu'à son retour.

Du dimanche 23. — Jeudi dernier, ce fut Mme de Luynes qui présenta à la Reine M. Onorati et son frère; il n'y avoit point ici d'introducteur des ambassadeurs, et d'ailleurs, comme je l'ai dit, M. Onorati garde une espèce d'incognito pour la Reine jusqu'à ce qu'il ait vu le Roi. Ce M. Onorati est un peu plus âgé que ce que j'ai marqué, c'est-à-dire environ vingt-cinq ou vingt-six ans. Quoiqu'il soit vêtu en abbé, sans aucune marque de distinction, cependant on le nomme prélat. Nous ne connoissons ce terme en France que pour les évêques, mais il est fort en usage en Italie; c'est un titre d'honneur qui tire son origine du mot latin *prelatus*, préféré.

La maison de Mme la Dauphine se rendit vendredi dernier à Saint-Denis pour les premières vêpres de l'anniversaire de feu Mme la Dauphine. C'est toujours un évêque qui officie à cette cérémonie et qui dit le lendemain la grande messe. C'étoit naturellement à M. l'ancien évêque de Mirepoix à officier à cette cérémonie, parce qu'il étoit premier aumônier de Mme la Dauphine; et quoique cela ne regardât nullement mon frère, qui n'étoit point à feu Mme la Dauphine, M. de Mirepoix, voulant s'épargner la fatigue de cette cérémonie, a prié mon frère de vouloir bien s'en charger. Les vêpres commencèrent vendredi à quatre heures. Mmes de Brancas et de Lauraguais et quelques-unes des dames de Mmes la Dauphine s'y trouvèrent; elles ne pouvoient pas y être toutes. Mmes de Tessé, de Lorges et de Champagne, qui étoient de semaine, étoient restées auprès de Mme la Dauphine; M. de la Fare, M. de Rubempré et la plupart des officiers de la maison s'y étoient aussi rendus. Il y eut une petite dispute entre

Mme de Brancas et M. de Rubempré. M. de Rubempré devoit donner les ordres pour les voitures nécessaires aux officiers et femmes de chambre de Mme la Dauphine qui iroient à Saint-Denis ; il falloit pour cela qu'il eût un état de ceux que l'on jugeoit à propos d'y envoyer. Mon frère lui avoit remis les noms de ceux de la chapelle de Mme la Dauphine, et avoit marqué au bas de cette liste qu'il prioit M. de Rubempré de vouloir bien leur faire donner des voitures. M. de Rubempré, très-satisfait de ce billet, signé de la main de mon frère, ne le fut pas de même de celui qui lui fut remis de la part de Mme de Brancas pour ce qui regardoit la chambre de Mme la Dauphine. La politesse n'y étoit pas si bien observée, et les termes ne signifioient qu'une espèce d'ordre pour les voitures ; ce qui choqua M. de Rubempré, quoique son nom n'y fût pas, comme on peut le croire. Il dit avec assez de raison que si ce billet étoit pour l'écurie, elle n'étoit pas faite pour y donner des ordres ; que si c'étoit pour lui, il n'étoit pas fait pour recevoir les ordres de Mme de Brancas, et qu'il n'ordonneroit point de voitures qu'elle ne lui eût donné un autre billet. L'affaire s'est apparemment accommodée, car les voitures ont été fournies.

Mon frère avoit dîné le vendredi au couvent des Bénédictins de Saint-Denis ; il y soupa aussi le même jour ; ces deux repas aux frais des religieux. Il n'y avoit personne de la maison de Mme la Dauphine au dîner ni au souper. Le lendemain samedi, Mesdames partirent d'ici sur les dix heures avec Mme la maréchale de Duras et les neuf dames qui ont l'honneur de leur être attachées ; ce qui faisoit deux carrosses entièrement remplis. Mesdames passèrent par-dessus le boulevard et arrivèrent à Saint-Denis à onze heures trois quarts, sans être habillées ; elles allèrent descendre dans une chambre qu'on leur avoit préparée dans l'abbaye ; elles n'allèrent à l'église qu'à environ midi et demi ; il ne s'y trouva aucune princesse du sang. Il y avoit seulement deux princes du sang, M. le prince de Conty et M. le comte de la Marche, qui n'avoient aucune fonction, n'y ayant ni révérences ni offrandes dans cette cérémonie. On a dit seulement une grande messe solennelle, dont la plus grande partie a été chantée en musique. Après la messe, l'évêque a été avec ses officiers s'asseoir vis-à-vis le catafalque. On a chanté le *Libera* en plain-chant et le *De Profundis* en musique ; l'évêque a fait les aspersions d'eau bénite et les encensements accoutumés, et a dit les versets et les répons convenables. Tout ce qui étoit en plain-chant étoit chanté par les religieux, et ce qui étoit en musique par la musique du Roi ; elle s'étoit rendue à cet effet à Saint-Denis ; ce qui a fait qu'hier et avant-hier il n'y a point eu de musique à la messe de la Reine. La grande messe dura environ jusqu'à deux heures. Le Clergé avoit été invité par un billet de M. de Dreux envoyé à MM. les agents et conçu dans ces termes : « Je vous prie, Messieurs, d'avertir MM. les évêques qui sont à Paris que l'anniversaire de feu Mme la Dauphine sera célébré à Saint-Denis samedi prochain, afin que ceux de MM. les évêques qui auroient la dévotion d'y venir puissent s'y trouver. » Cette invitation a été trouvée singulière par le Clergé. Il y est venu un archevêque et dix évêques en soutane noire, ceinture de crêpe, souliers bronzés, boucles et boutons noirs, crêpe au chapeau, rochet uni, camail de drap, rabat blanc, qui est le grand deuil des évêques hors de leur diocèse. Dans leur diocèse, au lieu d'habits d'étoffe de laine noire, ils en portent d'étoffe de laine violette sans aucun cramoisi. Après l'office fini, Mesdames retournèrent dans le même appartement où elles s'étoient habillées, s'y déshabillèrent, mangèrent avec leurs dames une halte qu'elles avoient fait apporter avec elles. Elles revinrent par le même chemin, et n'arrivèrent qu'à sept heures passées ; elles rencontrèrent dans l'avenue la Reine, qui se promenoit au pas avec M. le Dauphin et Mme la Dauphine, n'ayant pas voulu jouer ce jour-là ; la Reine les fit monter dans son carrosse, quoiqu'elles fussent en robes de chambre, et les ramena ici. Immédiatement après la grande messe, mon frère alla dîner dans une salle de la maison avec M. de Dreux, M. Desgranges l'aide des cérémonies, le père prieur, le père maître des cérémonies et quelques autres personnes que M. de Dreux avoit invitées. C'est le grand maître des cérémonies qui prie à ce dîner, lequel est aux frais du Roi; le dîner étoit fort grand; on n'y avoit invité aucun des archevêques ni évêques qui avoient assisté à la cérémonie, ni personne de la maison de Mme la Dauphine, mais seulement quelques officiers des gardes françoises.

Ce même jour samedi, M. le Dauphin et Mme la Dauphine firent leurs dévotions à la chapelle. Comme c'étoit le jour de la Madeleine, dont l'office est double dans le romain, l'usage n'est pas en pareil cas de dire des messes de *Requiem;* cependant, on passa par-dessus cet usage pour la Reine, qui entendit la messe des morts, et pour M. le Dauphin, qui en avoit entendu deux aussi de *Requiem*, à la première desquelles il communia. Pour Mme la Dauphine, à la première messe, à laquelle elle communia, son aumônier avoit des ornements de couleur. La seconde messe fut de *Requiem*.

Il est à remarquer qu'à Saint-Denis les religieux ont fait toutes les fonctions auprès de l'évêque officiant; son aumônier même n'a eu aucunes fonctions auprès de lui; deux de ses valets de chambre lui ont seulement présenté l'aiguière, le bassin et la serviette pour se laver les mains. Lorsqu'il y a des offrandes, les religieux prétendent que ces offrandes leur appartiennent; les clercs de chapelle forment la même prétention. Pour accorder ce différend aux obsèques de feu Mme la Dauphine, ou plutôt à son service, le Roi fit donner double offrande, dont une fut pour les religieux, et l'autre, de même somme, pour les clercs de chapelle.

Du lundi 24. — J'ai oublié de marquer en parlant de

la mort de M. de Boufflers que son fils, immédiatement après avoir appris cette nouvelle, a pris le nom de duc de Boufflers; c'est l'usage, et cela ne fait aucune difficulté. L'on en rend compte au Roi pour une plus grande marque de respect; mais en pareil cas l'agrément de S. M. est de droit; ce n'est que la suite de la première grâce. Le Roi a fait l'honneur au nouveau duc de Boufflers d'envoyer un gentilhomme ordinaire lui faire compliment, suivant l'usage. Le Roi a écrit une lettre à Mme la duchesse de Boufflers la veuve, remplie de toutes sortes de marques de bonté pour la mémoire de son mari et pour son fils. On prétend que Mme de Boufflers auroit désiré une pension sur le gouvernement; elle dit cependant qu'elle ne sait pas si ses amis ont fait quelque démarche pour solliciter cette pension, mais que pour elle elle n'a rien demandé. Il est certain qu'elle est fort riche par elle-même; on fait monter son bien à plus de 80,000 livres de rente, sur quoi, dit-on, elle a signé pour 100,000 écus aux dettes de son mari; mais elle est encore outre cela obligée, par le contrat de mariage de son fils, à lui donner 20,000 livres de rente sur son bien.

Du vendredi 28, Versailles. — Lundi dernier, la Reine alla dîner à Trianon. C'est le premier voyage que S. M. ait fait de cette année. Elle partit dans son carrosse avec M. le Dauphin, Mme la Dauphine, Mesdames et Mme de Luynes. Dans le second carrosse de la Reine étoient les dames du palais de semaine et Mme de Saulx, dont la semaine venoit de finir. Mme de Villars n'alla point à Trianon. Mme de Brancas alla dans le carrosse de Mme la Dauphine avec les dames de Mme la Dauphine; Mme de Lauraguais n'y étoit pas. Mme la maréchale de Duras alla dans le carrosse de Mesdames et leurs dames. Il y avoit à la table de la Reine quatorze couverts dont cinq pour la famille royale et neuf dames; toutes les autres dînèrent avec M. de Chalmazel. L'après-dînée la Reine se renferma avec ses enfants, et il y eut dans la galerie quelques petites parties de jeu. A cinq heures, la Reine se promena dans le jardin ; elle revint à sept heures et demie, et joua à cavagnole dans le cabinet du grand appartement du côté du canal. M. le Dauphin, pendant le cavagnole, joua au reversis ; le jeu finit un peu avant neuf heures ; la Reine remonta en carrosse et vint souper chez moi, comme à l'ordinaire.

M. le Dauphin, Mme la Dauphine et Mesdames continuent à souper tous les jours ensemble et font de temps en temps des parties de promenade à Marly, à Saint-Germain et à Trianon.

Ce même jour lundi, l'on apprit ici que la reine douairière d'Espagne (1) avoit eu ordre de se retirer à Saint-Ildefonse. Il y a longtemps que l'on sait qu'elle n'a nulle autorité dans le gouvernement présent ; la démarche que vient de faire le roi d'Espagne est un événement bien important. Saint-Ildefonse n'est que pour un temps ; on a nommé à la reine douairière quatre villes pour qu'elle choisisse celle de ces quatre où elle voudra se retirer.

On apprit mardi dernier, 25 de ce mois, que le 19 M. le chevalier de Belle-Isle ayant attaqué un retranchement piémontois entre Oulx et Exilles, avoit été repoussé avec perte, et que s'étant mis à la tête des grenadiers, il y avoit été tué tout roide. Cette nouvelle, dont on ne sait pas même encore actuellement les détails, étoit arrivée, à ce que l'on croit, dès le dimanche à Paris. M. de Villemur, lieutenant général, qui étoit à l'action et qui, à ce que l'on dit, a été blessé, jugeant de la douleur extrême où seroit Mme la maréchale de Belle-Isle, avoit cru devoir la lui faire parvenir avec tout le plus de ménagement qu'il étoit possible ; il avoit écrit pour cela à son confesseur, qui est le P. Neuville, jésuite, fameux prédicateur ; mais, ne sachant pas bien le nom, il avoit adressé la lettre au P. La Neuville ; et comme il y a un jésuite de ce nom, cela

---

(1) Élisabeth Farnèse.

a fait une erreur et un retardement de vingt-quatre heures. On croit que cette lettre de M. de Villemur est venue par un courrier adressé à M. le duc d'Huescar. Le lendemain matin mercredi, il arriva ici un des gens de M. le marquis de Brienne, colonel du régiment d'Artois, qui nous apprit que son maître a été tué à cette même action ; il dit que M. de Brienne avoit été pendant plus de trois heures sans recevoir aucune blessure ; qu'il avoit eu après cela le bras droit cassé ; que les grenadiers à la tête desquels il étoit ayant voulu l'emmener, il leur avoit dit de le laisser, qu'il lui restoit encore un bras pour le service du Roi ; et qu'enfin il avoit été tué tout roide d'un coup de feu dans la poitrine. Il paroît que l'action a été très-vive, et l'on nomme beaucoup de colonels tués et blessés. Il vaut mieux attendre à marquer le détail jusqu'à ce que nous ayons les éclaircissements. Ce qui fait le retardement, c'est qu'on est obligé de rendre compte au général, qui est M. le maréchal de Belle-Isle, et que c'est lui qui en doit rendre compte à la Cour, et il est éloigné de trente ou quarante lieues (1).

Dès le lundi 24 de ce mois, l'on a appris la mort de M. l'abbé de Ghistelle ; il est mort à Lille et d'une indigestion, à ce que l'on dit, ayant été saigné mal à propos. Il avoit une dignité dans le chapitre de Lille ; il étoit de Flandre et assez jeune ; il avoit été plusieurs années aumônier du Roi. S. M. l'avoit nommé évêque de Béziers, et il avoit refusé ; il étoit d'un caractère doux, poli et aimable, et il avoit des mœurs et un maintien très-convenables à son état.

Du dimanche 30, *Versailles*. — Les nouvelles de Flandre nous apprennent que M. de Lowendal continue avec la même espérance de succès le siége de Berg-op-Zoom, malgré le secours que les ennemis sont à portée d'y faire

---

(1) *Voy.* au n° 8 de l'Appendice, à l'année 1747, plusieurs pièces relatives à cette affaire.

entrer par terre et par l'Escaut. M. de Saxe-Hildburghausen, qui commandoit le corps de troupes ennemies qui est auprès de cette place, a quitté le commandement et s'est retiré sous prétexte d'incommodité ; il commandoit les Bavarois qui font partie de ce corps, et on lui avoit déféré le commandement des autres troupes jointes aux Bavarois ; mais le stathouder ayant jugé à propos d'envoyer un vieux général hollandois, nommé M. de Cronstrom, M. de Saxe-Hildburghausen a pris le parti de se retirer.

J'ai toujours oublié de marquer, dans l'article de M. de Boufflers, ci-dessus, une circonstance qui fait honneur à sa mémoire. M. Doria, noble génois, ci-devant envoyé de la République en France, qui a été remplacé dans cet emploi par M. Pallavicini, et qui ayant été depuis ce temps-là faire un tour à Gênes, revint ici il y a environ six ou sept mois pour exécuter, à ce que l'on disoit alors, une commission en Angleterre. M. Doria a été chargé par la république de Gênes d'aller au nom de ladite république faire des compliments à la veuve et à la sœur de M. le duc de Boufflers, et outre cela d'envoyer à M. de Pallavicini, qui est en Flandre auprès du Roi, une lettre de la République pour demander à S. M. le gouvernement de Flandre pour le fils de M. de Boufflers. La grâce étoit déjà accordée, et par conséquent la lettre inutile ; mais la chose n'en est pas moins honorable.

Je n'ai point parlé encore de ce qui arriva à M. le prince de Grimberghen il y a douze ou quinze jours ; c'est le même accident qui lui arrive presque tous les ans, soit par l'effet de la goutte, à laquelle il est fort sujet, ou plutôt et vraisemblablement par l'effet d'une ancienne blessure, qu'il reçut à la bataille de Nervinde, en 1690, d'un coup de feu dans les reins, dont on n'a jamais pu trouver la balle. Cette balle fait quelques mouvements ; la jambe de ce même côté se raccourcit ; il survient de la fièvre, et après quelques jours il se fait une ouverture vers l'endroit des cicatrices, laquelle n'est annoncée par aucune enflure, ni par aucune rougeur, et qui forme une plaie assez profonde.

Tous les détails que l'on apprend de l'affaire arrivée près d'Exilles confirment que l'entreprise étoit presque impossible. On croit que M. le chevalier de Belle-Isle a été trompé par le rapport des espions, et que de désespoir du malheureux succès il a peut-être cherché les occasions de se faire tuer. On dit qu'il a été tué à coups de pierres au pied du retranchement. Il faut attendre encore un plus grand éclaircissement pour être certain de la vérité.

Hier la Reine soupa chez moi, comme à l'ordinaire. Mme la duchesse d'Aiguillon soupa avec S. M., et y amena Mme de Crussol-d'Amboise, qui n'avoit jamais mangé avec la Reine. Mme de Luynes en rendit compte à la Reine, qui trouva bon qu'elle eût cet honneur.

AOUT.

La Reine reçoit les États de Languedoc. — Nouveaux détails sur le combat d'Exilles. — Siège de Berg-op-Zoom. — Mort du chevalier d'Aubeterre. — Vie de la Reine pendant l'absence du Roi. — Service du Dauphin chez la Dauphine. — Conduite de M. de Roquépine à Gênes. — Dames qui mangent avec la Reine. — Suite du siége de Berg-op-Zoom. — Le duc de Boufflers associé à la noblesse génoise. — Régiments donnés; la vente des régiments est supprimée en cas de mort des colonels. — Raisonnements sur l'affaire d'Exilles. — Équipages de Mesdames à Fontevrault. — Les princes de Wurtemberg. — Le duc d'York accepte le chapeau de cardinal. — Service de la veille de Saint-Louis; rideaux aux fenêtres de la chapelle.— Mort de M. de Croissy et du comte de Matignon. — Accouchement de Mme de Périgord.

Du jeudi 3. — J'allai dimanche matin à Dampierre, et n'en suis revenu que mardi. La Reine devoit souper ce jour-là au grand couvert; l'ordre en étoit donné le samedi matin; l'importunité de s'habiller en grand habit lui fit changer cet ordre le soir. C'est M. de la Mothe qui reçoit l'ordre pour faire avertir les gentilshommes servants, et M. de Chalmazel pour ce qui regarde la bouche. La Reine soupa le dimanche et le lundi chez Mme de Saint-Florentin avec trois ou quatre dames.

Hier les États de Languedoc vinrent haranguer la Reine; ce fut l'évêque d'Agde (Charleval) qui porta la parole. MM. les archevêques de Toulouse et d'Embrun et quelques autres évêques de Languedoc étoient ici pour cette cérémonie. Les États étoient conduits par M. de Saint-Florentin et accompagnés par M. de Dreux et M. Desgranges. La Reine leur donna audience sous son dais, dans le grand cabinet qui précède sa chambre. Ils allèrent ensuite haranguer M. le Dauphin, Mme la Dauphine et Mesdames.

Plus on apprend de détails de la malheureuse affaire d'Italie et plus on a de sujets d'affliction. L'on compte qu'il y a eu 405 officiers tués ou blessés, sur quoi 44 capitaines tués et 64 blessés dangereusement. Dans ce nombre de 405, est M. le chevalier de Belle-Isle, lieutenant général, et M. d'Arnauld, maréchal de camp, et 20 ou 21 colonels, tant tués que blessés, et plus de 4,500 soldats tués ou blessés. On mande que les retranchements que M. le chevalier de Belle-Isle a attaqués avoient dix-huit pieds de hauteur sur autant d'épaisseur; que nos troupes y ont fait des prodiges de valeur et sont revenues six fois à la charge, malgré le désordre que le feu violent des ennemis y avoit d'abord mis.

Le siége de Berg-op-Zoom paroît ne pas avancer beaucoup, et la perte que l'on y fait chaque nuit est très-considérable. Pendant ce temps, le prince de Waldeck s'avance pour secourir cette place. M. de Lowendal a chargé mon fils de faire le siége du fort de Roovers, qui est au milieu d'un marais inondé. Le projet de ce siége est une fausse attaque, et il ne paroît pas que M. de Lowendal ait le dessein de prendre ce fort. Notre perte à cette fausse attaque devient considérable depuis quelques jours.

Il y a déjà quelques jours qu'on a appris que le chevalier d'Aubeterre est mort en Flandre, de ses blessures.

De trois garçons qu'avoit M. de Jonsac, il ne reste plus que l'aîné, que l'on appelle le marquis de Jonsac, et en badinant le beau François. Il est marié depuis quelques années avec Mlle de Seignelay (1), de la première femme (Valsassine), dont il n'a point d'enfants.

Du mercredi 8, Versailles. — L'absence du Roi fait qu'il y a peu de nouvelles à la Cour. La Reine mène une vie assez uniforme ; elle va à la grande messe à neuf heures et demie les fêtes et dimanches, suivie d'une seule de ses dames, qu'elle fait avertir la veille ; elle retourne ces mêmes jours à la messe à l'ordinaire, à midi et demi ; les autres jours elle n'entend la messe qu'à midi et demi. Sa toilette est toujours à l'ordinaire dans son grand appartement, quoiqu'elle n'y couche pas. Les mardis il vient toujours ici quelques ministres étrangers, en petit nombre, parce que la plupart sont à la suite du Roi à l'armée. Il n'y a d'ambassadeurs restés ici que le nonce et le vieil ambassadeur de Portugal, M. d'Acunha ; mais il ne sort plus de Paris. Nous eûmes hier ici M. Durazzo, noble génois, qui est revenu de Flandre ; c'est celui qui a été envoyé au Roi par la République pour le remercier du secours qu'il lui a donné ; il est venu faire sa cour à la Reine avec son frère, qui est en France depuis environ un an. Les jours de fête, la Reine va aux vêpres et au salut à la chapelle ; elle va aussi à la paroisse et aux Récollets quand il y a quelques dévotions particulières. A six heures, elle va quelquefois se promener dans le jardin ; elle ne sort presque jamais en carrosse. Mme la Dauphine et Mesdames se rendent toujours chez la Reine à six heures ; elles vont aux offices de la chapelle dès après dîner, les jours de fête et de dimanche. Depuis trois ou quatre mois,

---

(1) François-Pierre-Charles d'Esparbès de Lussan, marquis de Jonsac, avait épousé, le 6 février 1736, Élisabeth-Pauline-Gabrielle Colbert, fille de Charles-Éléonor Colbert, comte de Seignelay, et d'Anne de la Tour-Taxis, comtesse de Valsassine, sa première femme.

Mme la Dauphine tient une espèce de cour depuis cinq heures jusqu'à six ; Mesdames se rendent chez elle ; elles jouent ensemble à un jeu italien, dont j'ai déjà parlé, qu'on appelle le minquiat, ou au reversis, quelquefois à quadrille. Le cavagnole de la Reine commence après le salut, ou bien au retour de la promenade. Les jours que la Reine ne sort point, le jeu commence un peu après six heures ; il dure jusqu'à neuf heures. M. le Dauphin vient chez la Reine un peu avant neuf heures, et demeure jusqu'à la fin du jeu. La Reine vient souper chez moi ; M. le Dauphin soupe chez Mme la Dauphine, dans le grand cabinet, tous les jours, avec Mesdames. La Reine joue tous les soirs à cavagnole jusqu'à minuit trois quarts ou environ. Mme la Dauphine a fait la plaisanterie quatre ou cinq fois de tenir un cercle chez elle avec Mesdames ; elles gardoient leurs dames jusqu'à onze heures ou environ, et après quelques moments de conversation elles jouoient une demi-heure à cavagnole.

Depuis hier M. le Dauphin a mal aux dents ; la douleur a beaucoup augmenté ce matin parce qu'on a été obligé de toucher à la dent qui lui fait mal. La faculté a ordonné qu'il feroit gras, mais M. le Dauphin n'avoit rien demandé à sa bouche, ni hier au soir ni ce matin ; il étoit resté dans son lit avec la joue enflée. On a envoyé demander à la bouche de Mme la Dauphine un petit dîner gras pour M. le Dauphin. Ce petit événement a donné occasion à quelque petit embarras. M. le Dauphin, quand il mange chez Mme la Dauphine, est servi par la dame d'honneur, ou la dame d'atours, ou la première femme de chambre ; ce sont les femmes de chambre qui apportent les plats. Lorsque M. le Dauphin mange dans sa chambre, il est servi par le premier gentilhomme de la chambre, ou par son premier valet de chambre ; mais le service alors vient de sa bouche. Lorsque M. le Dauphin a mangé dans l'antichambre de Mme la Dauphine au grand couvert, ils étoient servis par les gentilshommes servants. Enfin, comme il falloit que M. le Dauphin mangeât (1), il a été arrangé que les femmes de Mme la Dauphine porteroient les plats jusqu'à la porte de la chambre de Mme la Dauphine qui donne dans le cabinet de M. le Dauphin ; là, M. de Muy les a pris et les a portés jusqu'au lit de M. le Dauphin qu'il a eu l'honneur de servir. Il fait, comme je l'ai dit, les fonctions de premier maître d'hôtel pour son fils.

On apprend par les nouvelles de Berg-op-Zoom, du 6, que M. de Lowendal a fait attaquer le chemin couvert ; qu'il s'en est rendu maître ; que l'on y a fait un très-bon logement, malgré trois mines que les ennemis ont fait sauter, lesquelles n'ont eu aucun effet. Nous y avons eu 3 officiers tués, 27 de blessés, 30 soldats tués et environ 400 de blessés. Le siége du fort de Roovers va fort lentement, à cause du grand feu des assiégés, tant de ce fort que de ceux de Moermont et de Pinsen, qui donnent sur notre tranchée. On démonte à tout moment des batteries des ennemis, et à tout moment ils remettent de nouvelles pièces.

M. de Roquépine vint ici vendredi dernier ; il arrivoit de Flandre : c'est lui qui a porté au Roi, comme je l'ai marqué, la nouvelle de la délivrance de Gênes. Il est venu faire sa cour à la Reine ; il est reparti pour aller rejoindre M. le maréchal de Belle-Isle et se rendre ensuite à Gênes. Il a été chargé pendant le siége de défendre le poste des Deux-Frères et celui de la Madona-del-Monte ; ces deux postes étoient de la dernière importance. Il a fallu autant de présence d'esprit et de fermeté qu'en a montré M. de Roquépine pour pouvoir s'y maintenir. Quelque intérêt qu'eussent les Génois à la conservation de leur liberté, il étoit nécessaire de ranimer de temps en temps le courage des habitants du pays ; M. de Roquépine usoit de toutes

---

(1) Le Dauphin fut plus heureux que Louis XV, qui en pareille occasion fut obligé de renoncer à prendre un bouillon.

sortes de stratagèmes pour parvenir à cette fin ; il assembloit les curés du voisinage, et après leur avoir donné à dîner, il leur représentoit dans les termes les plus pathétiques les violences, la cruauté et même la barbarie presque inouïe, exercées par les troupes irrégulières de la reine de Hongrie et poussées jusqu'au point de manger des enfants. Il pria les curés de répéter à leurs peuples ces descriptions capables de ranimer leur zèle contre les ennemis de la patrie. Il alla le lendemain à un prône, où il trouva que le curé ne faisoit pas une exhortation assez vive ; il demanda la permission de monter en chaire ; y parla en peu de mots, mais d'une manière si forte et si touchante, que tous les habitants au sortir de cette exhortation vinrent s'offrir à lui pour tous les ouvrages où il désireroit de les employer. Il faisoit travailler dans ce temps-là à quelques ouvrages pour augmenter les fortifications du poste qu'il défendoit ; non-seulement les hommes, mais les femmes et les filles mêmes le suivirent avec tous les outils nécessaires pour le travail, et dès cette journée l'ouvrage fut extrêmement avancé. Dans une autre occasion, ayant été attaqué, une partie de ses troupes plia et s'enfuit, de manière que les ennemis qui le poursuivoient auroient pris en flanc et par derrière le reste du corps qu'il commandoit. Il courut aussitôt à l'entrée du défilé pour arrêter la tête des fuyards, et ayant présenté la pointe de son épée dans la poitrine au premier, il arrêta tout le désordre. Dans cette course, il essuya une prodigieuse décharge des ennemis ; mais ayant remarqué qu'ils tiroient toujours en avant pour être plus sûrs de l'attraper dans la course, il s'arrêta et marcha ensuite lentement pour leur donner le temps de finir leurs décharges. Dans une autre occasion, il faisoit faire différents mouvements à ses troupes sans remuer de leurs places, pour tromper les ennemis, qui étant trop éloignés ne pouvoient s'assurer de la vérité ; enfin, il s'est acquis beaucoup d'honneur dans ses différentes commissions.

Il n'y a que deux ou trois ans qu'il a un régiment. Le Roi l'a fait brigadier.

J'ai toujours oublié de marquer qu'il fut réglé il y a environ quinze jours que les officiers de la maison du Roi prendroient jour comme les autres officiers généraux de l'armée. Il y avoit longtemps qu'ils avoient cette prétention, ils n'avoient pas pu parvenir à l'obtenir.

Du dimanche 20, Versailles. — J'allai dimanche dernier à Dampierre, d'où je suis revenu mardi 15 ; il n'y a rien eu d'ailleurs d'intéressant, c'est ce qui fait qu'il y a une lacune de plusieurs jours.

J'ai toujours oublié de parler des dames qui ont eu l honneur de manger pour la première fois avec la Reine ; cela s'est passé chez moi à souper. Premièrement, Mme la comtesse de Crussol-d'Amboise (Bersin), il y a longtemps, et j'en ai déjà parlé ; depuis ce temps, Mmes de Rieux (d'Illiers-d'Entragues), de Crussol (d'Armenonville), de Grave (Laval). Il y avoit longtemps que Mme de Grave désiroit d'avoir cet honneur, et il y avoit eu plusieurs tentatives de faites sans succès ; ce qui a déterminé la Reine, c'est que Mme de Grave avoit enfin obtenu l'honneur de monter dans ses carrosses.

Les ouvrages de Berg-op-Zoom vont toujours lentement ; nous ne sommes maîtres encore que de quelques angles du chemin couvert, et non pas du total ; nous avons encore des demi-lunes à prendre et le passage du fossé. Nous trouvons des mines partout ; il y en a même dans le fossé, et outre cela un petit ruisseau qui passe dans une partie dudit fossé et peut être augmenté d'un moment à l'autre quand les ennemis le voudront ; on peut mettre jusqu'à quarante pieds d'eau. Le feu des ennemis continue à être vif, et quoiqu'on démonte ou blesse des pièces de canon, ils en remettent sur-le-champ de nouvelles. Nous avons toujours plusieurs soldats tués et un très-grand nombre de blessés ; les deux derniers bulletins disent près de 80 chaque nuit ; il y en a toujours au moins 70. Il y a aussi toujours plusieurs officiers tués et blessés ; nous venons d'y perdre M. de Lorme, maréchal de camp, capitaine de mineurs, homme de grande réputation. A l'égard du fort de Roovers, l'on n'y fait plus rien que de garder la tranchée et réparer le dommage qu'y cause l'artillerie des ennemis et le vent ; ces tranchées sont faites dans du sable extrêmement fin, ce qui les rend fort aisées à renverser. Cette attaque n'a jamais été sérieuse ; on n'a cherché qu'à partager les forces et l'artillerie des ennemis.

J'appris hier par M. Doria que la république de Gênes, voulant donner à la mémoire de M. le duc de Boufflers de nouvelles marques de reconnoissance, a associé M. son fils par un acte solennel à la noblesse génoise. Il est dit par la patente que cette association passera à tous ses descendants.

Depuis quelques jours le Roi a disposé de plusieurs régiments. Celui d'Artois, qu'avoit feu M. de Brienne, a été donné au chevalier de Brienne, son frère. L'abbé de Brienne, qui est l'aîné, n'a pas voulu quitter, et a dit à sa mère qu'il étoit juste qu'elle demandât le régiment pour son frère cadet ; cependant l'aîné, qui vient d'être tué, avoit fait donner parole à l'abbé, avant que de partir pour la campagne, qu'il quitteroit le petit collet, voulant qu'il eût son régiment s'il lui arrivoit malheur, ajoutant que ce sentiment ne lui faisoit aucune impression ; il l'a bien prouvé en effet par la valeur avec laquelle il s'est conduit à l'affaire des retranchements d'Exilles, comme on l'a vu ci-dessus.

Le régiment des Vaisseaux qu'avoit M. d'Aubeterre a été donné à M. de Civrac, gendre de Mme d'Antin ; et le régiment d'Aunis, qu'avoit M. de Civrac, a été donné à M. de Broc, capitaine dans le régiment du Roi ; c'est un gentilhomme du Maine. Tous ces régiments sont donnés suivant le nouvel arrangement ; le prix en est totalement éteint. Ceux à qui le Roi les donne ne les vendront point ; il n'y a de différence dans cet arrangement que celui des circonstances. M. le chevalier de Brienne, qui de capitaine de dragons devient colonel d'infanterie, ayant le régiment pour rien, ne le vendra pas; ce que son frère avoit payé de plus lors de l'achat dudit régiment est une affaire particulière entre sa succession et M. des Salles qui avoit le régiment d'Artois; le Roi n'y entre point. M. de Broc, qui a le régiment d'Aunis pour rien, ne le vendra point; mais M. de Civrac, qui ne fait que changer de régiment, vendra celui des Vaisseaux, non pas le prix du régiment des Vaisseaux, mais le prix du régiment d'Aunis; c'est toujours la suite du même arrangement; les colonels morts à la guerre ou autrement perdent le prix de leurs régiments.

L'affaire des retranchements d'Exilles a donné occasion à beaucoup de raisonnements. Une personne instruite me disoit hier que l'on a fait monter notre perte beaucoup plus qu'elle n'est réellement; nous avons eu 71 officiers de tués et environ autant de blessés; il y a eu 8 à 900 soldats tués, et environ 1,500 de blessés; de ces blessés, tant en officiers qu'en soldats, il faut compter la moitié qui rejoindra avant la fin de la campagne. Une circonstance bien malheureuse de cet événement, c'est que M. le chevalier de Belle-Isle a été obligé de retarder pendant trois jours son expédition, par la volonté des Espagnols et en conséquence des ordres de la Cour que M. son frère lui avoit envoyés, et pendant ces trois jours il entra 12 bataillons piémontois dans les retranchements.

On parle beaucoup de la paix du roi d'Espagne avec le roi de Sardaigne ; mais ces bruits, quoique universellement répandus, méritent confirmation.

Du mercredi 23. — Les équipages que le Roi envoie à Mesdames à Fontevrault (1) sont partis aujourd'hui. Le

---

(1) Les quatre dernières filles du Roi étaient élevées à Fontevrault depuis le mois de juin 1738.

Roi, voulant que Mesdames de Fontevrault pussent avoir la facilité d'aller se promener en carrosse, leur envoie un carrosse et une gondole, deux cochers, deux postillons, deux palefreniers, deux valets de pied et un piqueur de la petite écurie, lequel commandera toute l'écurie; il y a en tout trente ou trente-deux chevaux; il n'y a ni gardes du corps ni pages. On leur mène outre cela quatre ânes tout harnachés pour se promener.

Mme la duchesse de Boufflers vint ici hier voir la Reine en particulier dans ses cabinets; elle nous dit que M. le duc de Boufflers seroit enterré à Gênes, mais aux dépens de la famille, et que cet enterrement coûteroit 15,000 livres.

Les princes de Wurtemberg vinrent ici hier; ils viennent de temps en temps faire leur cour à la Reine; ils sont deux; ce sont les frères du duc régnant. Ils ont auprès d'eux un François qui est protestant, qui s'appelle Montaulieu; il est Languedocien et a l'ordre de Wurtemberg; c'est un homme d'esprit et qui a l'usage du monde. Ils ont à leur suite un gentilhomme qui leur est attaché et un abbé italien qui étoit en France, et qui va toujours avec eux.

Du jeudi 24. — J'ai toujours oublié de marquer qu'il y a un mois ou six semaines au moins que le duc d'York, qui est à Rome et qui est frère du Prétendant, s'est déterminé à accepter un chapeau de cardinal. Il paroît certain qu'il n'a pas pris ce parti de concert avec son frère, qui en est extrêmement fâché. L'attachement que l'on a dans les trois royaumes d'Angleterre pour la religion protestante avoit déjà mis de mauvaises dispositions dans de certains esprits contre les deux princes Stuart, élevés à Rome. On peut juger de l'avantage que les ennemis de cette maison tireront de la nouvelle démarche du duc d'York.

Du samedi 26, *Versailles*. — J'ai parlé ci-dessus des équipages qu'on envoyoit à Mesdames à Fontevrault. Cet arrangement n'est pas le seul qui ait été fait pour ces princesses; le Roi a réglé, outre cela, que Madame Victoire, qui est l'aînée de celles qui sont à Fontevrault, auroit 1,000 écus par mois pour ses menus plaisirs; Madame Sophie et Madame Louise n'auront chacune que 2,000 livres aussi par mois.

Avant-hier jeudi, veille de Saint-Louis, ce fut M. le curé de Notre-Dame qui officia au salut, à la chapelle; et hier, jour de la fête, il chanta la grande messe; c'est l'usage pour ce jour-là quand il n'y a point d'évêque qui officie. La Reine, M. le Dauphin, Mme la Dauphine et Mesdames allèrent à dix heures un quart à cette grande messe. La Reine n'étoit point en grand habit. Mesdames, qui la suivoient, crurent avec raison qu'elle ne se mettroit point sur le drap de pied; et au lieu d'entrer dans la tribune, elles descendirent par le petit escalier pour se mettre dans leur niche en bas. Elles commençoient à descendre lorsqu'on vint les avertir que la Reine se mettoit sur le drap de pied; elles remontèrent aussitôt et se mirent sur le drap de pied avec M. le Dauphin et Mme la Dauphine. On n'avoit point encore vu la Reine sur le drap de pied sans être en grand habit.

L'après-dînée, la Reine entendit le salut et les vêpres dans la niche.

On met actuellement cinq rideaux de toile aux fenêtres de la chapelle, du côté de la cour, d'en haut. C'est le garde-meuble qui fournit ces rideaux. Il y a longtemps que l'on en a mis un à la fenêtre de la tribune de la musique; ceux-ci, quoique très-nécessaires, ont été beaucoup plus difficiles à obtenir. On en a mis un aussi il y a longtemps en bas pour garantir la niche où se mettent Mesdames; on vient de mettre deux toiles aux deux premières fenêtres tout en haut; on en a mis depuis aux trois autres fenêtres, parce que le soleil donnoit sur le drap de pied.

On apprit avant-hier la mort de M. de Croissy, arrivée à Paris; il étoit lieutenant général de 1710 et frère de

M. de Torcy ; il avoit été ambassadeur auprès du roi de Suède Charles XII. Depuis nombre d'années, il étoit extrêmement tourmenté de la goutte ; il est mort d'apoplexie ou plutôt d'une goutte remontée. Il avoit épousé une Brunet de Rancy, dont j'ai mis la mort ci-dessus ; il en avoit eu un fils et une fille ; le fils a été tué ; la fille est Mme de Chabannois.

Du mardi 29, Versailles. — On a appris ce matin la mort de M. le comte de Matignon. Il étoit chevalier de l'Ordre, lieutenant général des armées du Roi et gouverneur de La Rochelle et du pays d'Aunis ; il avoit soixante-huit ans et jouissoit de près de 80,000 livres de rente, en comptant son gouvernement, qui en valoit environ 28 à 30. Tout ce bien, hors le gouvernement, revient à M. le comte de Matignon, son frère ; ils ont encore un autre frère, qui est l'évêque de Coutances, tous trois fils du feu maréchal de Matignon, frère cadet du comte de Matignon. L'aîné de cette famille est M. de Valentinois, fils du comte de Matignon et devenu duc par son mariage avec la fille de M. le prince de Monaco. Le comte de Matignon, qui vient de mourir, avoit été marié premièrement avec la sœur de M. le duc de Valentinois, sa cousine germaine, et étoit marié depuis plusieurs années avec la fille de feu M. le maréchal de Châteaurenaud, mais séparé depuis longtemps d'avec sa femme, qui est dans un couvent. Il ne laisse point d'enfant. Il est mort à Paris, d'un dévoiement.

M. le Dauphin, Mme la Dauphine et Mesdames allèrent hier courre le daim à Verrières.

J'ai oublié de marquer que Mme de Périgord accoucha, il y a près de trois semaines, fort heureusement, mais d'une fille.

SEPTEMBRE.

La famille royale au collége d'Orléans à Versailles. — Naissance du prince de Lamballe. — Audiences du baron de Kieler et du comte de Swarem. — Chasse au daim manquée ; le Dauphin n'aime pas la chasse. — Dons du Roi. — Prise de Berg-op-Zoom. — M. de Lowendal est fait maréchal de France et MM. de Vallière et de Gourdon maréchaux de camp. — Lettre de M. de Lowendal au maréchal de Saxe. — Bulletins de l'armée. — Fin du deuil de la reine de Pologne. — Arrivée du Roi à Compiègne ; Mme de Pompadour l'y rejoint. — Retour du Roi à Paris et à Versailles. — Lettre du duc de Luynes au prince de Grimberghen. — Conduite du duc de Chevreuse à l'armée. — Dons du Roi. — Présentation de la maréchale de Lowendal. — M. de Saulx nommé menin du Dauphin. — Harangue de la ville de Paris et de l'Académie. — Murmures sur la nomination de M. de Lowendal. — Conversation du Roi et du duc de Biron. — Prétentions des huissiers de la Reine pour les tentures de deuil.

Du vendredi 1er, Versailles. — M. le Dauphin, Mme la Dauphine et Mesdames allèrent avant-hier au collége qui est fondé ici depuis dix ou douze ans, et qu'on appelle le collége d'Orléans ; ils y virent jouer une tragédie et une comédie, qui furent assez bien exécutées pour des écoliers ; l'une et l'autre pièces sont en françois. La tragédie est en vers : c'est l'histoire du martyre de Cassius ; la pièce est assez belle, et il y a de beaux vers. La comédie est l'histoire de don Quichotte, sous le nom de Moraletes, et de Sancho, sous le nom d'Alvaro ; la pièce est trop longue, assez ennuyeuse d'ailleurs par beaucoup de mauvaises plaisanteries ; cependant le rôle d'Alvaro fut joué avec distinction par un petit écolier dudit collége, que l'on appelle Le Grain. Ces deux pièces furent jouées dans la cour du collège, qui n'est séparée de la paroisse Notre-Dame que par une rue. Cette cour étoit couverte d'une grande toile, qui n'empêcha pas que la famille royale et toute l'assemblée ne fût incommodée d'une pluie d'orage qui dura un quart d'heure. Les deux pièces durèrent depuis deux heures et demie jusqu'à six heures, y compris le temps de la distribution des prix. Le revenu qui a été assigné par M. le duc d'Orléans monte à plus de 1,000 écus par an, qui sont assurés en rentes et qui sont employés au payement des prêtres qui enseignent aux enfants. Ce sont des prêtres séculiers et non des missionnaires; il y a un principal qui est à la tête de cet établissement, quoique M. Jomard, curé de la paroisse, en soit regardé comme le supérieur.

Aujourd'hui, la Reine, M. le Dauphin, Mme la Dauphine et Mesdames ont entendu des messes de *Requiem* pour l'anniversaire de Louis XIV. Il n'y a point eu de musique à la messe de la Reine, une partie des musiciens étant allée à Saint-Denis pour le service de Louis XIV.

Du jeudi 7, Dampierre. — J'ai déjà parlé des honneurs rendus à M. de Boufflers à Gênes. M. Doria, ci-devant envoyé de la République, qui est ici, vient de me dire que feu M. de Boufflers avoit demandé en arrivant à Gênes les mêmes honneurs que la République avoit accoutumé de rendre aux grands d'Espagne, qui est entre autres choses une députation de quatre gentilshommes; que ne s'étant point trouvé d'exemple pour des ducs et pairs, l'affaire avoit souffert quelque difficulté, mais qu'elle avoit été décidée d'une manière bien honorable pour M. de Boufflers, puisqu'au lieu de quatre gentilshommes on lui en avoit député six.

Du samedi 9, Paris. — Mme la duchesse de Penthièvre accoucha jeudi dernier, à Paris, d'un garçon, qu'on a nommé le prince de Lamballe (1). M. le duc de Béthune a été de la part de la Reine faire compliment à Mme la duchesse d'Orléans, et M. de Chalmazel chez Mme la duchesse de Modène, Mme la comtesse de Toulouse et Mme de Penthièvre. M. le Dauphin oublie très-souvent d'envoyer

---

(1) C'est une marque d'attention et d'amitié que M. de Penthièvre a voulu donner à la province de Bretagne en faisant porter à son second fils le nom de prince de Lamballe; c'est le chef-lieu du duché de Penthièvre, et où fut tué le fameux La Noue, bras de fer, au siège de cette ville en 1591. (*Note du duc de Luynes.*)

faire compliments. Mme la Dauphine comme la Reine. Pour Mesdames, elles n'ont que leurs écuyers à envoyer.

Mme la duchesse de Fitz-James accoucha, la veille ou le même jour, aussi d'un garçon ; elle en avoit déjà un.

Du mardi 12, *Versailles*. — Je ne marque plus les nouvelles du siége de Berg-op-Zoom parce qu'elles sont presque toujours les mêmes. On a appris par le bulletin d'aujourd'hui que nous avons cinq batteries, faisant en tout dix-neuf pièces de canon, qui tirent en brèche.

Depuis le départ du Roi et de presque tous les ministres étrangers qui ont suivi S. M., il n'est venu ici les mardis que le nonce et M. Doria, ci-devant envoyé de Gênes, lequel est nommé par sa république pour assister au congrès d'Aix-la-Chapelle quand il commencera, et qui reste toujours ici en attendant de nouveaux ordres.

Aujourd'hui il y a deux étrangers de plus ; l'un est M. le baron de Kieler, envoyé de Wurtemberg, qui étoit venu ici vraisemblablement pour solliciter l'affaire pour M. de Wurtemberg contre les princes de Montbelliard. M. de Kieler s'en retourne. Il a eu aujourd'hui audience particulière, conduit par M. de la Tournelle, sous-introducteur des ambassadeurs. Cette audience a été au retour de la messe, dans la chambre de la Reine, suivant l'usage. L'autre étranger a été présenté ce matin à la toilette de la Reine par M. de la Tournelle ; il s'appelle le comte de Swarem ; il est fils du grand écuyer du roi de Prusse. Il arrive de Berlin ; il est venu prier le Roi de la part du roi de Prusse d'accepter un présent de vingt beaux chevaux de Prusse bai-clair.

Les ministres étrangers qui étoient à la suite du Roi eurent leur audience de congé à l'armée il y a aujourd'hui huit jours ; ils arrivent tous ces jours-ci.

Du vendredi 15. — M. le Dauphin, Mme la Dauphine et Mesdames allèrent hier à la chasse du daim, ou plutôt en eurent le projet ; ils dînèrent chez Mme la Dauphine avec les dames qui devoient aller à la chasse ; le dîner fut dans le grand cabinet; c'est la même pièce où M. le Dauphin et Mme la Dauphine dînent seuls et où ils soupent avec Mesdames. Hier, c'étoit M. de Muy le père qui les servoit. Mme la maréchale de Duras étoit la première à droite sur le retour de la table du côté de Madame; et Mme de Brancas vis-à-vis d'elle la première à gauche du côté de Mme la Dauphine; Mme de Lauraguais étoit à droite de Mme de Duras, et toutes les dames étoient en habit de chasse. Je comprends dans cet habillement les habits qui ne sont pas de véritables habits de chasse, mais qui sont pour la chasse. L'ordre avoit été donné à l'équipage d'attaquer à deux heures, et M. le Dauphin devoit partir à trois; mais le départ fut retardé jusqu'à près de quatre heures. La chasse qui avoit commencé à Verrières avoit changé de pays; M. le Dauphin ne songea pas à la suivre. M. le Dauphin n'a jamais aimé la chasse; Mme la Dauphine, qui l'aimoit d'abord, ne l'aime plus; ils prirent donc le parti tous quatre d'aller avec les dames qui les suivoient voir la maison et les jardins de Sceaux et revinrent sans avoir entendu parler de chasse.

L'on apprit hier, par le bulletin du 11 de l'armée du Roi, que S. M. avoit donné à M. le comte de Lautrec le gouvernement du Quesnoy, vacant par la mort de M. de Fénelon, tué à la bataille de Lawfeld, et que l'inspection d'infanterie de M. de Lautrec avoit été donnée en même temps à M. le comte d'Hérouville de Claye, maréchal de camp.

Du samedi 16, *Versailles.* — Il y a sept ou huit jours que le guet du Roi arriva de l'armée; on l'avoit fait rester à Cambray jusqu'à nouvel ordre; il n'y a séjourné que quelques jours. Les gardes du corps sont à Saint-Denis.

Du mardi 19, *Versailles.* — Le bulletin de Berg-op-Zoom annonçoit hier les brèches presqu'en état, et l'on attendoit à tout moment la nouvelle de la prise de la place. Le courrier qui apportoit cette nouvelle arriva hier à Paris à trois heures et demie chez M. de Maurepas.

M. de Maurepas vint aussitôt ici. La lettre écrite de Berg-op-Zoom étoit datée du 17 par erreur, car le courrier étoit parti le 16. C'est la nuit du 15 au 16 que la ville a été prise. On n'en sait point encore le détail; la lettre dit seulement que M. de Lowendal ayant fait ses dispositions pour l'assaut, nos troupes y avoient monté en même temps à la demi-lune et aux bastions, et avoient forcé les ennemis dans tous les réduits et retranchements; mais qu'ayant trouvé de nouveaux retranchements dans les rues, nos troupes s'étoient mises en bataille dans la ville; que notre feu supérieur avoit bientôt fait taire celui des ennemis, dont un grand nombre avoit mis les armes bas; que tous ceux qui avoient voulu se rendre avoient été faits prisonniers de guerre; que l'on n'en pouvoit encore savoir le nombre, parce qu'il en arrivoit à tous moments une très-grande quantité; que tout s'est passé avec beaucoup d'ordre; que nous avons peu perdu, et personne de considération. Le courrier qui a apporté cette nouvelle est venu en droiture de Berg-op-Zoom ici, suivant l'ordre que le Roi en avoit donné. Il y a toujours eu pendant le siége un commis du bureau de la guerre auprès de M. de Lowendal; c'est ce commis qui pendant tout le siége a envoyé les bulletins en droiture ici. Voilà donc enfin cette ville, qui n'avoit jamais être prise (1), emportée d'assaut par les troupes du Roi, après deux mois et un jour de tranchée ouverte. Le fameux Cohorn, ingénieur hollandois et rival de M. de Vauban, avoit fortifié cette place et disoit que tout son désir étoit de pouvoir la défendre contre M. de Vauban. On attend les ordres du Roi pour savoir si on chantera un *Te Deum*. Le maître de musique de la chapelle en a fait chanter un aujourd'hui

---

(1) Elle fut assiégée, en 1588, par le prince de Parme, qui fut obligé de lever le siége. En 1622, le marquis Spinola tenta inutilement de prendre cette place; le prince d'Orange l'obligea de lever le siége. Spinola perdit plus de dix mille hommes. (*Note du duc de Luynes.*)

à la messe de la Reine, mais sans cérémonie et comme un autre motet.

Du mercredi 20, *Versailles*. — La relation de la prise de Berg-op-Zoom est arrivée ce matin à la Reine ; on en trouvera la copie ci-jointe.

Relation de la prise de Berg-op-Zoom, le 16 septembre 1747.

Les brèches ayant été reconnues praticables le 15, M. le comte de Lowendal fit ses dispositions pour monter à l'assaut le lendemain matin. En conséquence, il ordonna à quatre compagnies de grenadiers et treize bataillons, trois cents volontaires et neuf cents travailleurs, de se rendre le même soir dans la tranchée pour être en état de déboucher à la pointe du jour. Six compagnies de grenadiers soutenues de six bataillons et suivies de trois cents travailleurs, trois brigades de sapeurs, vingt canonniers et dix ouvriers étoient destinés pour l'attaque de chaque bastion de droite et de gauche. Deux compagnies de grenadiers précédées de cent volontaires et soutenues par un bataillon, deux compagnies de grenadiers auxiliaires avec trois cents travailleurs étoient destinés pour l'attaque de la demi-lune.

Toutes les troupes débouchèrent à quatre heures du matin au signal qui fut donné par deux salves de tous nos mortiers. Les trois attaques commencèrent en même temps ; nos troupes enfoncèrent tout ce qui se trouva sur leur passage, forcèrent les retranchements que les ennemis avoient faits dans les bastions et sur la demi-lune. Ils se mirent en bataille dans un très-bel ordre dans la gorge de chaque bastion et sur le rempart à droite et à gauche de chaque bastion attaqué.

On s'empara ensuite des portes de la ville du côté d'Anvers et de Bréda ; nos troupes y entrèrent l'épée à la main sans aucune confusion. Les ennemis s'étoient rangés sur la place et dans les maisons où ils faisoient un feu très-vif. Ils en furent chassés en très-peu de temps et poussés bien loin hors de la ville. Alors le soldat se voyant maître, il fut impossible d'empêcher le pillage, qui se fit cependant avec l'ordre qu'il est possible de mettre en pareil cas.

M. de Lowendal avoit chargé M. de Custine de contenir les forts de Moërmont, Pinsen et Roovers avec un corps de troupes à ses ordres, pendant l'assaut. Aussitôt la ville prise, les forts demandèrent à capituler ; la garnison qui y étoit fut faite prisonnière de guerre, ainsi que celle du fort de Zude.

On ne peut trop louer la valeur de nos troupes. Toutes les sages dispositions de notre général ont été exécutées avec toute la vigueur possible et sans la moindre confusion.

On peut évaluer la perte des ennemis dans cette journée à plus de quatre mille hommes, dont quinze cents prisonniers ; outre cela une centaine d'officiers.

Nous avons trouvé dans la ville ainsi que dans les forts plus de deux cents bouches à feu avec quantité de munitions.

Nous nous sommes en outre emparés de dix-sept vaisseaux qui se trouvèrent dans le port de Berg-op-Zoom chargés de munitions de toutes espèces.

Nous avons eu sept officiers tués, trente-huit blessés ; cent trente-sept soldats tués et deux cent soixante blessés.

Copie du bulletin de l'armée du Roi.

Au camp de Hamal, le 17 septembre 1747.

M. le chevalier d'Hallot, aide major général, est arrivé ce matin sur les huit heures pour apporter à S. M. la nouvelle que la ville de Berg-op-Zoom avoit été emportée d'assaut hier matin ; ce qui a répandu une joie universelle dans l'armée.

Le Roi a tenu après la messe conseil d'État.

S. M. a fait M. de Lowendal maréchal de France, et MM. de Vallière et de Gourdon maréchaux de camp.

La Reine a reçu la relation ci-dessus ce matin et le bulletin en revenant de la messe. Mme de Lowendal, qui est ici depuis avant-hier, suivoit la Reine ; S. M. l'a appelée, et lui a appris, dans le salon de la Guerre, que M. de Lowendal étoit maréchal de France.

Du jeudi 21, *Versailles.* — Avant-hier, il passa ici sur les sept heures un courrier de M. d'Argenson. Comme il étoit adressé à M. de Maurepas, qui venoit de partir pour Pontchartrain, nous ne sûmes rien ce jour-là des nouvelles que le courrier apportoit. Mais hier matin, M. de Maurepas envoya à la Reine la relation dont la copie est ci-dessus.

Hier au soir, Mme de Lowendal reçut la copie de la lettre que son mari écrivit à M. le maréchal de Saxe après la prise de Berg-op-Zoom. En voici la copie.

J'espère que le chevalier d'Hallot sera arrivé à bon port, et que les circonstances de la prise de Berg-op-Zoom n'auront pas manqué de vous avoir surpris. Si on avoit pu prévoir que M. de Cronstrom auroit pris si peu de précautions, on auroit pu le prendre lui, le prince de Hesse et le prince d'Anhalt, qui se sont sauvés si précipitamment qu'ils en ont été quittes à ne pouvoir rien emporter avec eux.

Comme dans mes dispositions j'avois voulu obvier à l'éparpillage des troupes, j'avois ordonné que les bataillons resteroient en bataille sur les remparts, ce qui a donné le temps à beaucoup de monde de se sauver. Tout ce qui étoit dans les retranchements a été tué ou fait prisonnier. Jusqu'à présent, j'ai environ quinze cents prisonniers entre mes mains, sans compter les blessés qui sont dans la ville, dans les forts et dans les hôpitaux, outre une centaine d'officiers; M. de Leuwe, maréchal de camp, est parmi les derniers, ainsi que plusieurs colonels et lieutenants-colonels. J'aurai l'honneur de vous envoyer les états.

Comme j'avois suivi, Monseigneur, en tous points vos idées, j'avois détaché M. de Custine avec deux bataillons et quelques compagnies de grenadiers pour faire des démonstrations vis-à-vis les forts de Roovers et de Moërmont; cela a si bien réussi que l'ennemi attentif sur ces démarches n'a point observé le redoublement du feu dans la ville; et lorsque la garnison est sortie en déroute, M. de Custine a saisi le moment de brusquer le fort de Moërmont et de Pinsen et de s'en emparer. Il a fait vingt prisonniers à Moërmont et cent vingt au fort Pinsen, après en avoir tué une cinquantaine. L'ennemi en fuyant a abandonné le fort de Roovers.

Vous verrez, Monseigneur, par le détail de l'artillerie, la quantité de pièces de canon que nous venons de prendre, et on peut dire que fort peu de places en Europe soient si formidables.

J'aurois voulu garantir cette misérable ville du pillage; il n'a pas été possible de le faire. Trois cents volontaires qui me tombèrent des nues de votre armée ont donné de si mauvais exemples qu'il n'y a pas eu moyen d'empêcher que les équipages des généraux et des officiers, les approvisionnements et ce que les habitants y avoient laissé encore ne fussent pillés. Cela a enrichi l'armée prodigieusement, et j'espère que cela la rendra aussi audacieuse que cela humiliera celle des ennemis.

Les caisses et trésors arrivés quelques jours auparavant, joints aux vaisselles des généraux et princes, ont fait une grande partie de ce butin.

J'ai envoyé tout de suite les volontaires bretons aux trousses des ennemis qui certainement augmenteront le nombre des prisonniers, et j'espère qu'à leur faveur je tirerai des connoissances de Stenberg et des environs.

On a pris dix-sept bâtiments dans le port; je vous prie de m'honorer de vos ordres sur ce que vous voulez que j'en fasse.

M. de Leuwe, maréchal de camp, étant très-malade, m'a demandé la permission d'aller à Tertelen, sur sa parole d'honneur, avec trois officiers de sa maison, de même que le major Nhiel blessé depuis quinze jours. J'ose espérer que vous approuverez que je leur aie accordé.

Tous les autres, je les ai envoyés à Anvers. Je vous prie, Monseigneur, de leur envoyer des ordres où vous voulez qu'ils soient transportés. Plusieurs d'entre eux m'ont demandé d'être renvoyés sur leur parole; vous aurez la bonté de faire savoir si vous voulez m'autoriser à leur accorder leur prière sur leur parole d'honneur.

MM. de Périgord, prince de Rochefort et prince de Robec, et M. de Pusigneu, surtout M. de Lugeac, ont fait des prodiges de valeur. Les brigadiers Famon et Courbuisson se sont parfaitement bien comportés. M. de Tondu a eu le malheur d'être blessé en débouchant. Je vous rendrai un compte plus circonstancié des différents corps qui se sont le plus distingués pendant le cours de cette expédition, et vous supplie, Monseigneur, de vouloir bien être leur protecteur pour leur faire obtenir les grâces qu'ils ont si bien méritées.

J'ai chargé M. d'Hallot de vous rendre compte des dispositions que j'ai faites pour cet assaut, et j'avoue que je dois une grande partie de la réussite de cette expédition à l'intelligence supérieure de M. de Vallière et généralement aux secours que j'ai eus du corps de l'artillerie. J'oubliois de vous dire que MM. de Pratz et de Saint-Afrique, du régiment de Rochefort, se sont extrêmement distingués à la tête des grenadiers qu'ils conduisoient.

M. de Cronstrom, à son arrivée à Altermal, m'écrivit en grande hâte le billet ci-inclus par un tambour; un moment après j'ai reçu la lettre ci-jointe de M. le prince de Hesse.

La déroute du corps qui étoit campé dans les lignes a été si complète que tout leur camp a été pillé sans qu'ils aient pu sauver une tente. Plus de vingt bataillons, tant de la garnison que de ceux qui étoient campés dans les lignes, ont laissé leurs armes aux faisceaux.

Les officiers prisonniers avouent unanimement avoir perdu pendant le siège cinq mille hommes, et je taxe leur perte d'hier à à peu près autant en y comprenant les prisonniers.

La nôtre d'hier ne va pas à cent hommes tués et deux cents blessés, parmi lesquels il y en a qui le sont très-légèrement. Ce qui a été de plus affligeant pour moi, c'est que le feu a été pendant toute la nuit dernière dans la ville; on a fait humainement tout ce qu'on a pu pour l'éteindre; j'ai envoyé des pionniers et travailleurs.

Bulletin du camp de Hamal, du 18 *septembre* 1747.

Le Roi n'est point sorti aujourd'hui.

M. le comte de Périgord, colonel du régiment de Normandie, est arrivé ici sur les deux heures après midi pour apporter à S. M. le détail des suites de la prise de Berg-op-Zoom et cinq drapeaux qui ont été pris aux ennemis.

Du dimanche 24, *Versailles.* — Depuis la prise de Berg-op-Zoom, on a toujours envoyé des bulletins ; mais il n'y a plus rien d'intéressant jusqu'à ce que le Roi ait déterminé les opérations à faire par l'armée de M. de Lowendal. Tous les détails particuliers que l'on apprend de la prise de Berg-op-Zoom font voir l'importance dont elle est dans les circonstances présentes ; on ne peut pas douter que les ennemis n'aient perdu considérablement pendant le siége et au moment de la prise. Quelque ordre que l'on ait pu mettre dans le pillage, c'étoit un triste spectacle, et cette ville est entièrement ruinée pour un très-grand nombre d'années. On trouvera ci-après la marche du Roi extraite du bulletin reçu hier.

Hamal, 20 septembre 1747.

Le départ de S. M. est fixé à samedi prochain. Il ira coucher le même jour à Bruxelles, dimanche 24 à Lille, lundi 25 à Compiègne, et mardi 26 il arrivera à Versailles.

Demain lundi on quitte le deuil ; les six mois finissent ce soir. On a déjà détendu d'hier tout l'appartement du Roi et aussi celui de Mesdames ; il n'y a plus que l'appartement de la Reine et celui de Mme la Dauphine à détendre ; c'est ce que l'on fera demain matin. La tenture violette de chez le Roi appartient à M. le duc de Gesvres, premier gentilhomme de la chambre en année, de même que celle de M. le Dauphin, chez lequel on a aussi détendu la tenture noire. La tenture noire de chez la Reine appartient à Mme de Luynes comme dame d'honneur (1); celle de Mme la Dauphine à Mme de Brancas à même titre, et celle de Mesdames à Mme la maréchale de Duras.

Du lundi 25. — M. de Maurepas rendit compte hier à la Reine de l'ordre qu'il avoit reçu du Roi au sujet du *Te Deum* pour Berg-op-Zoom (2). En conséquence la Reine a donné l'ordre pour qu'on le chantât demain à sa messe. Comme c'est en grande représentation, c'est le surintendant de la musique de la chambre qui le fait exécuter, comme il a été déjà marqué en d'autres occasions.

Comme le Roi couche à Compiègne aujourd'hui, Mme de Pompadour est partie aujourd'hui pour l'y aller trouver avec Mmes d'Estrades, du Roure et Mme de Livry.

Il y a trois ou quatre jours que Mme de la Guiche, nièce de M. de Lassay, est accouchée d'un garçon ; c'est son second fils.

J'ai oublié de marquer que la Reine a envoyé M. Raymond au quartier du Roi; il est parti le 18; il va faire compliment à S. M. sur la prise de Berg-op-Zoom. M. de Louvain, écuyer de quartier de Mme la Dauphine, partit le même jour pour pareille commission. Mesdames et M. le Dauphin n'envoient point en pareil cas.

Du mercredi 27, *Versailles*. — Le Roi étoit venu de l'armée à Bruxelles dans une grande voiture ; de Bruxelles à Lille dans son vis-à-vis avec M. de Luxembourg, et de

---

(1) Voir l'article du 28 septembre.

(2) On doutoit qu'il y eût un *Te Deum* pour la prise de Berg-op-Zoom, à cause de la déclaration du Roi aux États Généraux, du 17 avril dernier, et parce qu'il n'y en a point eu de chanté pour la prise de Hulst, d'Axel et du fort des Philippines ; mais ces trois places ne faisoient pas un objet assez important, et les actions de grâces qui ont été rendues au Seigneur pour ces conquêtes ont été jointes à celles pour la bataille de Lawfeld. Au reste, les termes de la déclaration ne pouvoient empêcher le Roi de regarder Berg-op-Zoom comme une conquête ; quoique les places des Hollandois ne soient censées qu'être en dépôt entre ses mains, il n'en est pas moins le légitime souverain pendant le temps du dépôt. Le *Te Deum* sera chanté à Notre-Dame dans quelques jours. (*Note du duc de Luynes.*)

Lille à Compiègne avec M. le duc d'Ayen; de Compiègne avec M. le marquis de Gontaut.

Extrait de ma lettre à M. de Grimberghen.

Le Roi, après avoir été reçu hier à son passage à Paris avec les acclamations et les démonstrations de joie les plus vives, arriva ici à six heures. M. le Dauphin, qui étoit allé au-devant du Roi, le joignit au Point-du-Jour et monta dans le vis-à-vis de S. M. La Reine, Mme la Dauphine, Mesdames et toutes les princesses, excepté Mme de Chartres et Mlle de la Roche-sur-Yon, attendoient le Roi dans les cabinets par delà sa chambre. Le nombre de dames qui suivoient étoit prodigieux; elles entrèrent toutes sans exception dans le cabinet du conseil. Les dames en charge allèrent plus loin selon l'usage. Le Roi, après avoir été une petite demi-heure dans sa chambre avec sa famille, entra dans le cabinet du conseil pour voir les dames; on en compta près de quatre-vingts; on fit entrer aussi plusieurs hommes de ceux qui n'avoient point d'entrées. Le Roi parut très-gai et avoir très-bon visage; il me fit l'honneur de me dire des nouvelles de mon fils, qui lui a fait sa cour à Bruxelles et qu'il lui avoit ordonné de revenir (1). Le Roi

---

(1) Pendant le siége de Berg-op-Zoom, mon fils a été détaché par M. le maréchal de Lowendal pour faire le siége du fort de Roovers, qui est à une demi-lieue de la ville au milieu des inondations, et pour faire faire des lignes qui pussent mettre à couvert de toutes entreprises des ennemis l'armée du siége. C'étoit même là le principal objet, car le fort de Roovers est par sa situation presque imprenable, les ouvrages étant extrêmement enterrés et les inondations dont il est entouré n'étant point guéables. Mon fils les a fait sonder plusieurs fois. Le projet de M. de Lowendal, le faisant attaquer, n'étoit donc que de diviser les forces des ennemis; et même au milieu du siége, comme il vit qu'on perdoit beaucoup de monde à cette tranchée, il en fit discontinuer les ouvrages, et l'on se contenta de garder ceux qui avoient été faits. Il avoit été question d'essayer d'emporter ce fort l'épée à la main; M. de Lowendal l'auroit désiré, mais il changea d'avis après avoir examiné combien il en coûteroit d'hommes à cette entreprise, dont le succès même pouvoit être douteux. Il a paru extrêmement satisfait de la conduite de mon fils dans la commission dont il l'avoit chargé. On a vu par ce qui a été dit ci-dessus que la tentative des ennemis sur le village de Woude ne leur avoit pas réussi et qu'ils n'avoient pas osé se commettre davantage, voyant la disposition de nos troupes. Pendant le siége de Roovers, mon fils étoit logé dans une maison à peu de distance de la tranchée. Tous les champs, dans ces cantons, sont entourés de fossés qui se remplissent d'eau lorsque l'on forme les inondations. Ces eaux s'étoient desséchées par la grande ardeur du soleil, ce qui donne des exhalaisons de fort mauvaise odeur et fort dange-

resta dans le cabinet du conseil jusqu'à huit heures à faire la conversation. A neuf heures, il alla souper au grand couvert où il y avoit un monde prodigieux, et la musique des vingt-quatre, suivant l'usage. Il descendit après le souper chez M{{me}} la comtesse de Toulouse. Aujourd'hui il a été tirer malgré le vilain temps.

Nous apprîmes hier que M. le maréchal de Saxe avoit été nommé capitaine général des Pays-Bas, aux mêmes appointements de 24,000 livres par mois payés par le pays, qu'avoit le prince Eugène, mais non pas avec les mêmes droits de nommer aux gouvernements particuliers et aux emplois subalternes. Sur cet article il est sur le même pied que les autres gouvernements (1).

Nous apprîmes aussi que le Roi a donné 1,000 écus de pension à M. de Périgord, qui a apporté au Roi les drapeaux pris à Berg-op-Zoom et qui est entré le premier dans la ville à la tête du régiment de Normandie.

Hier, après que la famille eut quitté le Roi, M{{me}} de Luynes présenta au Roi M{{me}} la maréchale de Lowendal,

---

reuses pour la santé; c'est ce qui a donné occasion à beaucoup de maladies, les chaleurs ayant été grandes cette année et ayant duré longtemps. Ces maladies étoient des coliques fort douloureuses, auxquelles la fièvre se joignoit souvent par le régime et la faute des malades. Mon fils, après avoir eu un grand nombre de ses domestiques attaqués de ces maladies, est tombé malade lui-même; après avoir été saigné quatre fois, il parut pendant quelques jours qu'il étoit mieux; il n'étoit point sorti de son quartier et espéroit être en état de continuer de s'acquitter de la commission dont il étoit chargé; les douleurs étant revenues très-vivement, M. de Lowendal lui ordonna précisément et absolument de s'en aller à Anvers et de là à Bruxelles. Mon fils vint d'Anvers à Bruxelles dans une barque avec cinquante-quatre de ses domestiques malades; il y arriva très-peu de jours avant la prise de Berg-op-Zoom. S'y étant trouvé mieux, il comptoit retourner à l'armée lorsque le Roi passa; S. M. lui ordonna d'un ton de maître de s'en revenir à Paris, disant que la campagne étoit finie. (*Note du duc de Luynes.*)

(1) C'est en effet ce qui fut dit d'abord sur cette nouvelle; mais j'ai su depuis qu'on avoit demandé à M. d'Argenson ce qui en étoit réellement; il répondit qu'il n'étoit point question d'aucun titre, ni de gouvernement, ni de capitaine général; que M. le maréchal de Saxe continueroit de commander dans les Pays-Bas comme l'année passée, avec la seule différence que le Roi lui accordoit les 1,000 louis par mois, comme il est expliqué à l'article ci à côté. (*Addition du duc de Luynes*, datée du 3 octobre 1747.)

qui venoit faire son remerciement. Elle a été chez la Reine aujourd'hui ; c'étoit à l'audience publique donnée à la Ville, comme il est marqué ci-après. Il ne s'y est point trouvé de carreau ; Mme de Luynes lui en a fait des excuses ; elle en a eu un chez Mme la Dauphine.

Ce matin, le Roi a dit à la Reine qu'il avoit nommé M. de Saulx, mari de la dame du palais et neveu de l'archevêque de Rouen, pour remplir la huitième place de menin de M. le Dauphin, vacante par la mort de M. de Froulay.

La Ville est venue aujourd'hui haranguer le Roi (1); demain ce seront les cours supérieures. La Reine, M. le Dauphin, Mme la Dauphine, Mesdames, et même la petite Madame, ont été harangués ; c'est M. le prévôt des marchands qui a parlé à tous, excepté au Roi.

Aujourd'hui encore grand couvert; demain chasse du cerf; samedi le Roi va à Choisy. On dit que c'est pour jusqu'au vendredi suivant. C'est ce qui s'étoit dit d'abord, mais le Roi reviendra mercredi.

Le fils dont Mme de Fitz-James vient d'accoucher est mort.

---

(1) C'est M. Le Camus, conseiller au Parlement, qui est venu aujourd'hui avec la Ville présenter le scrutin au Roi. C'est l'usage qu'un conseiller du Parlement soit toujours chargé de cette commission. Le scrutin, que le Roi décachète et remet ensuite à M. de Maurepas, est sur-le-champ lu tout haut par ce ministre; il contient le nom des scrutateurs de chaque corps de métiers et celui du premier échevin, qui est aussi élu à la pluralité des voix. Le nombre des voix qu'il a eues en sa faveur est marqué dans le scrutin. Il n'y a que le conseiller au Parlement qui parle dans ces occasions. Le prévôt des marchands ne dit rien au Roi; il présente seulement le premier échevin, qui prête serment aussitôt entre les mains de S. M. C'est M. de Maurepas qui fait la lecture du serment. Chez la Reine, M. le Dauphin, Mme la Dauphine et Mesdames, c'est le prévôt des marchands qui harangue. Cela s'est fait aujourd'hui.

Demain, jour destiné pour les harangues des cours supérieures, le prévôt des marchands reviendra avec la Ville et haranguera le Roi seulement.

Le Roi a donné une pension de 50,000 livres à M. le maréchal de Lowendal; on ne sait pas encore si elle doit revenir à sa femme après lui. (*Addition du duc de Luynes*, datée du 27 septembre 1747.)

Du jeudi 28, *Versailles*. — Aujourd'hui les Compagnies ont harangué le Roi ; une partie le matin, les autres l'après-dînée, au retour de la chasse du daim, où le Roi a été avec M. le Dauphin, Mme la Dauphine et Mesdames. Le premier daim a été pris sur le grand chemin, auprès des premières maisons de Sèvres, de ce côté-ci. La Ville qui a harangué ce matin s'en retournoit à Paris en robe rouge ; elle s'est trouvée à la prise du daim, ce qui a fait un spectacle.

C'est M. l'abbé de Bernis, comme directeur, qui harangue au nom de l'Académie. Il n'y a aucune harangue pour la Reine ni pour la famille royale.

La grâce accordée à M. de Lowendal a donné occasion à quelques murmures ; c'est ce qui arrive toujours en pareille occasion. Quelques-uns de ses anciens ont dit qu'ils auroient fait comme lui s'ils avoient été chargés de cette commission ; il y a eu même des propos qui ont été jusqu'à dire que l'ouvrage n'étoit pas aussi difficile qu'on avoit voulu le persuader. Tous cependant n'ont pas tenu le même langage. M. de Clermont-Gallerande a déclaré qu'il n'avoit point d'autre parti à prendre que celui de se retirer dans ses terres. M. de Clermont-Tonnerre a dit que pour lui il continueroit à servir avec le même zèle et la même assiduité ; qu'il espéroit seulement de la bonté du Roi qu'il voudroit bien que ce ne fût pas sous les ordres de M. de Lowendal. M. de Senneterre a dit que pour lui il serviroit partout où le Roi voudroit, même sous les ordres de M. de Lowendal.

La veille du jour que le Roi apprit la prise de la ville de Berg-op-Zoom, M. le duc de Biron étoit chez S. M. et ne savoit point que l'on dût donner l'assaut. Le Roi, qui en étoit instruit, demanda à M. de Biron ce qu'il pensoit du siége ; M. de Biron lui répondit qu'il étoit trop vrai pour pouvoir lui déguiser ses sentiments, qu'il y avoit peut-être des gens qui flattoient S. M. sur le succès de cette entreprise, mais que pour lui il sentoit l'impossibilité d'y réussir et qu'il ne pouvoit s'empêcher de le dire. Le lendemain, M. de Biron revint chez le Roi, qui dans l'intervalle avoit appris la nouvelle de la prise. Le Roi lui dit : « Hé bien, duc de Biron, qu'est-ce que vous dites aujourd'hui ? » — « Que c'est un événement très-heureux, Sire, et presque incroyable ; mais je ne puis changer ma façon de penser par rapport à la nature de l'entreprise. » Comme, malgré cette réponse, il paroissoit un peu embarrassé, le Roi, à ce qu'on prétend, lui dit pour le consoler : « Je crois bien que si vous aviez été dans Berg-op-Zoom, il n'auroit pas été pris. »

J'ai marqué ci-dessus que toute la tenture noire de chez la Reine a été détendue lundi dernier. Les huissiers de la Reine s'étoient adressés à Mme de Luynes pour un prétendu droit qu'ils disoient avoir sur les portières. Mme de Luynes s'est rapportée à ce qui se feroit par M. le duc de Gesvres pour la tenture de chez le Roi. M. de Gesvres, à qui j'en ai parlé, m'a dit que les huissiers de chez le Roi ne lui avoient fait aucune représentation ; que quand on lui en feroit, elle lui paroîtroit sans aucun fondement ; qu'au deuil de M. le Dauphin, à la mort de Mme la Dauphine, M. de Gesvres, qui eut le deuil, quoique ce fût son prédécesseur qui l'eût fait faire, n'avoit rien donné de toute la tenture que le drap de pied de l'estrade, qu'il donna aux frotteurs, ce qui assurément ne fait pas un grand objet.

OCTOBRE.

Mort de la duchesse d'Estrées à Anet. — Harangue de M. de Bernis. — Le Roi à Choisy. — Les chirurgiens de la Cour. — Bâtiments de la Meutte. — Voyage de la Reine à Choisy et à Fontainebleau. — Le président de Guébriant. — Prise du fort Frédéric-Henri. — Dîner de la Reine. — Maladie du duc de Charost. — Nouvelles de Gênes. — Le duc et la duchesse de Chartres à Versailles. — Lettre de la Reine à la duchesse de Luynes ; attentions du Roi pour la Reine. — Appartement de la Reine à Fontainebleau. — Prise de Lillo. — Loterie royale. — Mort du duc de Charost ; son portrait. — Nouvelles de l'armée de M. de Belle-Isle. — Santé de la

Reine. — Présentation des princes de Saxe-Hildburghausen. — L'abbé de Catelan nommé évêque de Rieux. — Mort de la duchesse de Luxembourg. — Le comte de Wiette. — Dévotions de la famille royale. — Le prince Édouard à Saint-Ouen. — Compliments à Mme de Luynes sur la mort de M. de Charost.

Du dimanche 1er, Versailles. — On apprit avant-hier la mort de Mme la duchesse d'Estrées (Mancini), sœur de M. le duc de Nevers (1) ; elle étoit intime amie de Mme la duchesse du Maine et passoit la plus grande partie de sa vie à Sceaux ou à Anet. C'est à Anet qu'elle est morte, la nuit du 27 au 28 ; elle se trouva extrêmement mal à minuit et perdit connoissance ; on vint avertir Mme la duchesse du Maine, qui y monta. La connoissance ne revint point ; elle mourut à quatre heures du matin. Elle avoit fait une chute considérable trois semaines auparavant sur l'escalier d'Anet ; quoiqu'elle crût que sa tête n'avoit point porté et que malgré cela elle eût cependant été saignée sur-le-champ, on a prétendu qu'elle pouvoit être morte des suites de cette chute. Mme la duchesse du Maine, dans la lettre qu'elle a écrite à M. de Lassay, paroit ne pas douter que ce ne soit une apoplexie. Mme la duchesse d'Estrées étoit d'une taille qui pouvoit lui donner lieu de craindre cet accident ; d'ailleurs extrêmement gourmande et mangeant beaucoup ; elle avoit au moins soixante ans ; il est certain qu'elle avoit quelques années de moins que son frère, et M. de Nevers en a près de soixante et onze.

J'ai parlé ci-dessus des harangues qu'il y eut jeudi ici ; on m'a répété celle de l'Académie, qui est fort courte ; on en trouvera la copie ci-après. Je la crois exacte à très-peu de chose près ; la voici :

Harangue.

Les exploits rapides ont mérité aux princes le titre de conquérants. Les obstacles vaincus de toutes parts ont acquis à Votre Majesté

---

(1) Diane-Adélaïde-Philippe Mancini-Mazarini avoit épousé, le 1er août 1707, Louis-Armand d'Estrées de Lauzières-Thémines, duc d'Estrées.

celui de héros, et son amour constant pour la paix au milieu des plus grands succès lui assure celui de père de la patrie.

Du mercredi 4, Versailles. — Le Roi est parti samedi dernier avec M. le Dauphin pour aller courre à Sénart et de là coucher à Choisy. Les dames de ce voyage sont Mmes de Pompadour, d'Estrades, du Roure et de Livry. Le Roi, qui devoit revenir aujourd'hui, ne revient que demain.

Le Roi soupa vendredi dernier au grand couvert. Au sortir du souper il dit à la Reine que M. de Maurepas l'avoit chargé de lui dire que Dulattiers étoit premier chirurgien de M. le Dauphin. La Reine répondit sur le même ton de plaisanterie, et lui dit qu'en attendant qu'elle l'en remerciât elle le prioit de vouloir bien en faire ses remerciements à M. de Maurepas. Dulattiers est attaché à la Reine depuis plusieurs années. Depuis que La Fosse, son premier chirurgien, a cessé de la saigner, la Reine avoit eu le nommé du Phénix pour la saigner. Il étoit attaché à feu M. le Duc. Du Phénix est mort, et c'est sa place qu'a eu Dulattiers. Le premier chirurgien de M. le Dauphin étoit La Martinière; comme il est devenu premier chirurgien du Roi, cette place est devenue vacante. Outre que Dulattiers saigne parfaitement bien, la protection de la Reine a décidé en sa faveur.

Il y avoit une autre place de chirurgien vacante depuis quelques mois; c'est ce qu'on appelle chirurgien-dentiste, ou pour se servir d'un nom plus commun, arracheur de dents. Il s'agissoit d'en nommer un pour Mesdames, cette place étant vacante par la mort de Lodumier. L'usage est apparemment que ce ne soit pas le même que celui du Roi, pour donner plus d'émulation en multipliant les places, car c'est Capron qui a cette charge depuis longtemps chez le Roi. Celle-ci a été extrêmement sollicitée, et enfin M. de Maurepas ayant travaillé avec le Roi, elle vient d'être donnée au nommé Bunon, que l'on dit être en grande réputation.

Du dimanche 8. — Le Roi depuis son retour de Choisy a été tirer tous les jours ; hier il alla voir ses nouveaux bâtiments à la Meutte, où l'on a refait la moitié du château, du côté de la cour ; l'autre moitié, du côté du jardin, avoit été faite, il y a déjà du temps ; je dois l'avoir marqué. Il revint de la Meutte de bonne heure, et alla tirer dans le parc ; il y va encore demain avant d'aller à Choisy. Aujourd'hui il ne sort point ; il a tenu conseil d'État et a travaillé avec différents ministres.

Il y avoit eu beaucoup d'incertitude pour le voyage de la Reine à Fontainebleau, même à Choisy. Quoiqu'elle n'ait que quarante-quatre ans, elle s'est trouvée dans une situation, depuis quelque temps, qui n'arrive souvent que dans un âge plus avancé ; cependant comme elle est mieux depuis deux jours, il a été décidé qu'à moins d'accident nouveau elle ira mercredi à Choisy et vendredi à Fontainebleau. Mme la Dauphine doit y aller avec la Reine, s'il n'y a pas quelque soupçon de grossesse ; car il est décidé qu'en ce cas elle restera ici. M. le Dauphin y resteroit avec elle sans déranger le voyage de la Reine ni de Mesdames.

M. le président de Guébriant, qui depuis quelque temps a pris l'habit ecclésiastique, vient d'être nommé ministre plénipotentiaire auprès de l'électeur de Cologne. M. de Guébriant étoit président d'une des chambres des requêtes ; il a vendu sa charge, il y a quelque temps, et est honoraire à la grande chambre. Il avoit celle de lecteur du Roi, qui donne les entrées de la chambre, même du cabinet ; il avoit acheté cette charge de M. de Pont de Veyle-Fériol, fils d'une sœur du cardinal Tencin. Il vient de vendre cette charge 80,000 livres à un M. de Sincerre, petit-fils de M. Bernard. Il y a trois ans que M. de Guébriant s'est présenté pour entrer dans les négociations ; il est intime ami de M. le duc de Gesvres et est en quelque manière le chef de son conseil dans toutes ses affaires. Il est homme de condition de Bretagne. Les appointements d'un ministre plénipotentiaire à Cologne sont de 30,000 livres, monnoie de France. Depuis que M. le comte de Sade a cessé d'être employé dans cette cour, on y avoit envoyé l'abbé Onillon, qui est actuellement remplacé par M. de Guébriant.

Du mercredi 11, *Versailles.* — Avant-hier lundi, le Roi après avoir été tirer dans le parc, partit pour Choisy. Comme il n'y a pas encore une fort grande quantité de logements, l'arrivée de la Reine et de Mesdames, que l'on y attend aujourd'hui, fait qu'il y a peu de monde ce voyage-ci; il n'y a de dames que Mme de Pompadour, Mme de Brancas douairière et Mme de Coigny.

Le Roi, lundi avant son départ, reçut ici un courrier avec la nouvelle que le fort Frédéric-Henri avoit été pris; ce fort est entre Anvers et Berg-op-Zoom, et plus près de cette dernière place que Lillo et la Croix, que l'on compte prendre incessamment. Les ennemis y ont eu quatre-vingts hommes tués ou blessés, et deux cent quatre-vingts qui ont été faits prisonniers de guerre et huit officiers.

L'incertitude où l'on étoit ces jours-ci sur l'état de Mme la Dauphine subsiste encore, et par conséquent elle n'ira point à Fontainebleau s'il n'arrive rien à son état. Hier étant la veille du départ, les dames qui devoient suivre la Reine et Mesdames eurent la permission d'être en robe de chambre. Mme d'Antin, qui ne va point avec la Reine, étoit en grand habit, et par conséquent les dames qui lui sont attachées.

Aujourd'hui Mme la Dauphine étoit en robe de chambre; la Reine le lui permit hier; mais les dames de Mme la Dauphine étoient en grand habit. La Reine a été un peu plus tôt à la messe qu'à son ordinaire et a dîné ensuite dans son grand cabinet avant sa chambre avec ses enfants et des dames, M. le Dauphin et Madame Adélaïde à sa droite, Mme la Dauphine et Madame à sa gauche, Mme la duchesse de Brancas la dame d'honneur, la première à droite sur le retour, et vis-à-vis d'elle à gauche Mme la maréchale de Duras. Il y avoit en tout neuf dames, sans compter Mme la Dauphine et Mesdames. J'ai vu que l'usage étoit bien ou mal à propos de ne laisser entrer que les entrées de la chambre dans le cabinet où la Reine est à manger; en conséquence, l'huissier du cabinet a refusé aujourd'hui M. le président Hénault, qui n'a point d'entrée. La Reine a dit qu'il avoit tort; elle a fait entrer le Président; et un moment après l'huissier a laissé entrer M. le bailli de Saint-Simon qui n'a point d'entrée.

Mme de Luynes comptoit suivre la Reine à Choisy; mais l'état de M. le duc de Charost l'a obligée d'aller à Paris. M. de Charost, qui est dans sa quatre-vingt-cinquième année, est dans un état d'affoiblissement prodigieux; il s'y est joint depuis quelque temps un dévoiement qui faisoit tout craindre; il en a été guéri pendant quelques jours. Cet accident s'est renouvelé depuis; il est cessé actuellement, mais la fièvre lui a pris et l'on a été obligé de le saigner. Cette fièvre, qui paroît tierce et même double tierce, fait tout craindre à chaque moment. Mme de Luynes n'allant point dans les carrosses de la Reine, c'est Mme la duchesse de Villars qui a été à côté de Madame Adélaïde sur le devant, Mme la maréchale de Duras à une portière et Mme de Montauban à l'autre. La Reine ne mène que Mmes de Villars, de Montauban et de Saulx; celle-ci a monté dans le second carrosse avec les trois dames de semaine de Mesdames. La Reine n'arrivera que samedi à Fontainebleau, le même jour que le Roi.

Mme la Dauphine reste ici avec M. le Dauphin; elle a fait ses adieux à Mesdames avec des embrassades qui ne finissoient point et qui paroissoient marquer l'amitié la plus tendre. Il est arrangé que M. le Dauphin ira vendredi à Choisy pour en revenir le samedi, et samedi d'ensuite à Fontainebleau jusqu'au lundi. Malgré la douleur de l'un et de l'autre de la séparation, M. le Dauphin et Mme la Dauphine paroissent fort contents de l'espérance de la grossesse, mais cette espérance est bien légère encore.

La Reine nous a donné à Mme de Luynes et à moi toutes sortes de marques de bonté, et paroît véritablement affligée de ce que nous ne pouvons avoir l'honneur de la suivre dans ce moment.

On trouvera ci-joint l'extrait d'une lettre particulière écrite à M. le maréchal de la Fare contenant des nouvelles de Gênes.

Monseigneur,
Permettez que j'aie l'honneur de vous rendre compte d'un détachement de quatre mille hommes aux ordres de M. de Chauvelin qui a été enlever aux ennemis les ville et châteaux de Sasello au milieu de tous leurs postes, a fait contribuer et enlever des otages à Pont Invrea, à Mioglia, Peretto, Piani de la Castagnia et dans tous les villages du Montferrat à dix milles à la ronde, a fait un détachement qui s'est avancé jusqu'aux portes de Savone, à Celle, à Varagine, et château d'Invrea, que les ennemis avoient abandonnés une demi-heure avant son arrivée, les combinaisons qu'il avoit faites de sa marche n'ayant pu tenir contre une pluie continuelle de cinq jours et un débordement affreux de tous les torrents qui lui ont fait perdre une heure de marche qui a donné le temps aux ennemis de s'enfuir dans Savone. La terreur étoit si grande parmi eux qu'ils jetoient tout ce qui pouvoit les embarrasser, jusqu'à leurs armes, qu'on a ramassées dans les chemins, s'en allant par deux, par quatre et sans ordre, de sorte que M. Chauvelin n'a pu prendre en tout que cent prisonniers, neuf officiers, une quantité de bœufs et autres bestiaux, chevaux, mulets, dont quinze chargés de draps, de sucre, de tabac, savon, etc., et beaucoup d'otages.

Sans cette pluie continuelle depuis le jour de notre départ et le débordement affreux qui a gonflé les eaux de l'Erro, de la Bormida, de l'Orba et de tous les autres torrents, M. de Chauvelin auroit enlevé (indépendamment de toutes les troupes qui étoient dans le poste dont il s'est emparé) plusieurs officiers généraux qui étoient aux bains d'Acqui, auroit replié tout ce qui étoit le long de la Bormida passant par Cairo, Spirmo et les environs de ces villes, seroit revenu sur Celle et auroit coupé le chemin aux troupes qui étoient dans Varagine, château d'Invrea et tous les postes de Saint-Martino, Ripesella, le Molino, etc. Voilà, Monseigneur, toutes nos prouesses dont j'ai l'honneur de vous rendre compte.

Du vendredi 13, *Paris.* — J'ai toujours oublié de marquer que M. le duc de Chartres vint dimanche dernier à Versailles, avec Mme la duchesse de Chartres, pour remercier le Roi. S. M. a donné à M. le duc de Chartres le gouvernement de Dauphiné sur la démission de M. le duc d'Orléans, son père. On prétend que M. le duc de Chartres avoit demandé, pendant la campagne, la survivance de ce gouvernement, et que M. le duc d'Orléans en ayant été instruit envoya au Roi sa démission pure et simple; que quelque temps après ayant su que le Roi avoit donné ce gouvernement, il dit à M. de la Grandville, chef de son conseil : « Mon fils est sur l'état de ma dépense pour 60,000 livres par an, que je lui donne pour les bâtiments de Saint-Cloud ; il faut rayer ces 60,000 livres sur l'état ; ils ne sont plus nécessaires à mon fils, puisque le gouvernement de Dauphiné lui vaut cette même somme. » C'est en effet le revenu de ce gouvernement ; mais comme il y a 18,000 livres de charges, ces 18,000 livres sont en pure perte pour M. le duc de Chartres.

Depuis avant-hier que la Reine partit de Versailles pour Choisy et Mme de Luynes pour Paris, elle a fait l'honneur à Mme de Luynes de lui écrire deux fois. Elle lui manda hier que le Roi lui avoit donné toutes sortes de marques d'attention à son arrivée ; que pour lui éviter de monter, à cause de sa santé, il lui avoit cédé son appartement en bas ; qu'il lui avoit montré des portraits de Mesdames qui sont à Fontevrault ; que ç'avoit été une surprise agréable pour elle, ne sachant pas qu'elles fussent peintes. La Reine ensuite entroit dans quelque détail sur la figure de ses filles et finissoit par ces mots : « Vous trouverez peut-être ma lettre longue, mais prenez-vous-en à la tendresse d'une mère et à la confiance d'une amie. » Celle d'aujourd'hui est dans un autre genre, mais remplie également de toutes sortes de marques de bonté. La Reine compte toujours partir demain pour Fontainebleau, et nous sommes ici dans la même incertitude sur notre départ, l'état d'abattement et de foiblesse de M. le duc de Charost étant à un tel point que l'on ne peut pas compter sur un seul jour.

Du mercredi 18, *Fontainebleau.* — J'ai déjà parlé des attentions que le Roi a eues pour la Reine pendant le voyage de Choisy ; elles ont été au delà de tout ce qu'on peut dire, s'occupant de tout ce qui pouvoit intéresser la santé ou l'amusement de la Reine, voulant que Helvétius, médecin de la Reine, examinât le bouillon qu'on lui donnoit, songeant à lui former un jeu et se mettant pour cela de société avec ceux ou celles qui étoient à portée de jouer. Il n'a pas eu moins d'attentions pour Mesdames. Il savoit qu'elles aiment mieux le reversis que le cavagnole ; il a joué au reversis avec elles, et a paru s'y amuser.

Le Roi partit le samedi matin de Choisy, et vint courre le sanglier dans la forêt de Fontainebleau ; il arriva de bonne heure de la chasse, et ne fut occupé que du moment de l'arrivée de la Reine ; il abrégea même son débotter pour pouvoir être dans la chambre de la Reine avant elle et avoir le temps de voir tous les ouvrages qu'il a fait faire dans cet appartement. Il l'y attendit, et se fit un plaisir de lui montrer lui-même tous les changements qui ont été faits. La Reine a paru fort touchée des soins et des attentions du Roi.

On n'a rien changé dans le grand cabinet de la Reine, où elle dîne et où elle joue. Dans la pièce qui est entre ce cabinet et le commencement de la galerie de Diane, et que l'on appeloit le cabinet de Clorinde, il y a eu quelques petits changements : des retranchements, des entre-sols pour les femmes de chambre et pour les garçons de la chambre de la Reine ; mais les changements les plus considérables sont dans la chambre à coucher et dans les cabinets de la Reine. La chambre à coucher a été allongée d'environ la grandeur de l'alcôve, qui est actuellement dans le fond de ladite chambre ; le plancher a été relevé ; les ornements anciens qui étoient au plafond y ont été remis à la vérité ; mais la grandeur de la pièce, l'élévation du plancher et ce qu'on a ajouté pour interrompre la masse d'or qu'ils formoient les rendent actuellement beaux et agréables. Ces augmentations d'ornements sont faits dans le goût antique, étant nécessaire qu'ils assortissent au reste; mais cet antique est exécuté si agréablement que l'on ne peut presque y rien désirer. La cheminée est neuve et fort agréable, tant pour le marbre que pour la décoration du trumeau. Cette augmentation dans la chambre est un ouvrage considérable; il a fallu démolir un gros mur pour agrandir la chambre; sur ce qui composoit le cabinet, on a diminué de beaucoup la largeur des trumeaux, et l'on a mis une fenêtre d'augmentation. Malgré ce changement, le cabinet est encore assez grand, parce que l'on a pris pour l'augmenter un passage qui étoit entre ce cabinet et l'alcôve où est le lit du Roi. A côté de ce cabinet est une fort jolie garde-robe de commodité pour la Reine, et un peu plus loin un escalier qui monte à deux pièces en entre-sol, fort claires et fort bien meublées; l'une peinte en petit vert, qui sert de second cabinet à la Reine, et l'autre qui joint celle-là est un oratoire en couleur de bois, comme la Reine les aime, avec des tableaux de dévotion. Entre l'escalier et les deux pièces en entre-sol, il y a une première pièce, qui est destinée pour la femme de chambre de garde et à laquelle est jointe une petite garde-robe pour elle.

Le Roi a soupé samedi et lundi dans ses cabinets. Dimanche et mardi grand couvert.

Je n'arrivai ici qu'hier avec Mme de Luynes. M. le duc de Charost, qui nous avoit retenus à Paris, est considérablement mieux; mais l'état de foiblesse extrême dans lequel le réduit son grand âge ne peut pas donner espérance de le conserver longtemps.

J'ai oublié de marquer que dimanche dernier le Roi reçut ici, à son lever, la nouvelle de la prise de la petite ville de Lillo et du fort de Cruxchank ou fort de la Croix. Cette nouvelle a été apportée par M. de la Porterie, capitaine dans le régiment mestre-de-camp-général-dragons. Cet officier est attaché à mon fils depuis plusieurs années (1); il étoit son aide de camp; et après le départ de mon fils, M. de Lowendal l'avoit gardé auprès de lui en qualité de son aide de camp. Nous avons fait cinq cents hommes prisonniers de guerre dans les deux forts; il ne reste plus rien à prendre entre Berg-op-Zoom et Anvers; il paroît que la campagne est finie dans cette partie ainsi que du côté de la Meuse.

Du samedi 21, *Fontainebleau*. — Le Roi a donné la commission de mestre de camp à M. de la Porterie.

L'arrivée de M. le Dauphin ici, qui devoit être aujourd'hui, est remise à mardi; les espérances de grossesse qu'on avoit eues un peu légèrement sur Mme la Dauphine sont évanouies d'hier matin. M. le Dauphin envoya sur-le-champ un courrier au Roi, et manda qu'il ne viendroit que mardi avec Mme la Dauphine. On ne sait point encore s'il y aura quelque changement à la durée du voyage; les uns disent jusqu'au 20, les autres jusqu'au 30.

On mande de Versailles qu'il y a assez de monde en hommes et même en femmes qui ont été faire leur cour à Mme la Dauphine.

Le Roi vient de former une loterie. L'arrêt du conseil est daté de Choisy, des premiers jours de ce mois-ci; elle est de 30 millions, et paroît fort avantageuse aux particuliers. Il est dit qu'elle sera fermée au mois de mars de l'année prochaine. Les billets sont de 500 livres. Il y a des primes et des lots. Les billets qui gagneront des primes seront remis dans la roue jusqu'à ce qu'ils gagnent des lots; il y aura un tirage tous les ans; les billets qui ne gagneront point porteront intérêt pendant onze ans; la loterie en doit durer douze.

Le jour que j'arrivai ici, c'étoit le mardi 17. M. Chambrier, ministre du roi de Prusse, y étoit venu faire une course et étoit retourné tout de suite à Paris;

---

(1) Il a été page de M. le maréchal de Roquelaure. (*Note du duc de Luynes.*)

comme il est âgé et d'une mauvaise santé, un voyage aussi court et aussi prompt a fait une nouvelle; on ne peut encore en pénétrer la raison.

M. le duc de Charost, qui alloit tout au mieux par les nouvelles qu'on en reçut hier, est assez mal suivant celles qu'on a reçues aujourd'hui.

Du mercredi 25, Montargis. — M. le duc de Charost mourut avant-hier, à neuf heures du matin; nous en apprîmes la nouvelle à Fontainebleau, à trois heures après midi, par un courrier que Mme de Tessé envoya. Mme de Luynes, qui en recevoit des nouvelles tous les jours, avoit reçu à midi une lettre de M. le duc de Béthune, datée de la veille au soir, par laquelle il paroissoit que l'état de la maladie étoit toujours fort fâcheux, mais n'annonçoit point une fin aussi prochaine; M. le duc de Béthune même croyoit que cet état pouvoit durer quelque temps; il avoit fait partir ses gens pour venir l'attendre à Fontainebleau et marquoit que s'il n'arrivoit point de nouveaux accidents, il partiroit mardi pour y arriver mercredi, ses incommodités ne lui permettant pas de faire ce voyage en un jour. Cette même nuit, depuis la lettre écrite, M. le duc de Charost avoit eu un mouvement de fièvre, mais ce ne fut qu'à sept heures du matin qu'il tourna tout d'un coup à la mort et tomba en agonie, et mourut deux heures après. Il étoit dans sa quatre-vingt-cinquième année depuis le 25 mars. On ne peut assez louer sa grande piété, sa vertu toujours constante, la douceur de son caractère, son cœur bon, tendre et charitable. Il n'avoit jamais fait de mal à personne et avoit toujours cherché à faire le bien. Quoiqu'il n'eût pas un esprit supérieur, la considération que lui avoit acquise sa vertu et les emplois qu'il avoit occupés, surtout celui de gouverneur du Roi, l'avoient mis à portée de parler souvent au Roi, chez qui il avoit les entrées familières, et quelquefois il lui parloit d'une manière très-digne et très-convenable. M. le duc de Charost donnoit beaucoup aux pauvres.

J'ai parlé ci-dessus de son revenu, qui étoit très-considérable par les bienfaits du Roi. Excepté les appointements de gouverneur du Roi, qu'il avoit conservés, et les 1,000 écus de l'Ordre, M. le duc de Béthune, son fils unique, entre en jouissance de tout le même revenu. Fort peu de temps après que Mme de Luynes eût reçu cette triste nouvelle, elle crut devoir en rendre compte elle-même à la Reine, ce qu'elle fit avant que la Reine sortît pour la comédie, et étant encore dans ses cabinets. S. M. la reçut avec toutes sortes de marques de bonté. Mme de Luynes, ne pouvant pas rester dans son appartement, où elle auroit été exposée à recevoir beaucoup de visites importunes et indispensables, prit le parti d'aller coucher dans une maison à la ville. Hier nous vînmes ici, où nous comptons rester jusqu'à samedi.

Du dimanche 29, Fontainebleau. — M. le duc de Béthune et Mmes ses fille et belle-fille ne doivent venir ici faire leurs révérences que la semaine prochaine. Mme de Luynes auroit pu aussi attendre pour faire ses révérences à la tête de la famille, mais les devoirs de sa charge ne pouvant lui permettre d'attendre aussi longtemps, elle prit le parti de revenir dès hier. Cependant comme l'usage ordinaire est de ne point paroître à la Cour sans avoir fait ses révérences, il lui falloit un ordre pour la dispenser de ce devoir jusqu'au moment de l'arrivée de la famille. Elle alla donc descendre à la ville, et je vins demander l'ordre du Roi et de la Reine. Le Roi me fit dire par M. de Gesvres, et me fit l'honneur de dire ensuite lui-même, qu'il vouloit que Mme de Luynes reprît les fonctions de sa charge; en conséquence elle a été ce matin chez la Reine comme à l'ordinaire.

J'appris hier en arrivant ici que M. Chabo (1), colonel d'infanterie, arriva avant-hier de l'armée de M. le ma-

---

(1) Son nom est La Serre. (*Note du duc de Luynes.*)

réchal de Belle-Isle avec la nouvelle que les ennemis ayant paru vouloir faire le siége du château de Vintimille, M. de Belle-Isle et M. de la Mina, qui agissent de concert, marchèrent en avant le 18, ce qui obligea l'armée ennemie de se retirer laissant un corps de troupes pour protéger sa retraite; que le 19 et le 20, ces deux généraux attaquèrent cette arrière-garde et la chassèrent des postes qu'ils occupoient; que cette expédition ne nous a coûté tout au plus que vingt hommes tués ou blessés, et que les ennemis y ont eu six cents hommes tués ou prisonniers de guerre.

Pendant les cinq ou six jours que j'ai été à Montargis, la Reine a toujours gardé sa chambre et n'a pas même été en état d'aller à la messe ni de souper au grand couvert. Cependant il n'y a point eu d'autre dérangement pour les grands couverts, sinon que le Roi a soupé dans le salon qui est entre la galerie des Réformés et le cabinet ovale avec M. le Dauphin, Mme la Dauphine et Mesdames.

M. le Dauphin et Mme la Dauphine sont arrivés mardi, le même jour que je suis parti d'ici.

La situation où se trouve la Reine par rapport à sa santé rendra vraisemblablement son séjour ici fort court; il paroît déterminé que lorsque son état lui permettra de monter en carrosse, on en profitera aussitôt pour la transporter à Versailles.

Tous les officiers généraux et particuliers arrivent ici successivement. Il y a aussi grand nombre d'étrangers. M. de Sainctot, introducteur des ambassadeurs, a présenté aujourd'hui au Roi les deux princes de Saxe-Hildburghausen; ils sont de la même maison que celui qui commandoit les troupes hollandoises cette campagne. L'aîné de ces deux princes a été présenté dans le cabinet, et l'autre dans la chambre; c'est un usage observé pour les aînés de ces maisons souveraines, l'aîné étant le prince régnant.

M. l'ambassadeur de Malte a présenté aussi un chevalier de Malte, Florentin, qu'on appelle Panciatici.

Il y a déjà quelques jours que le Roi a nommé M. l'abbé de Catelan à l'évêché de Rieux, vacant par la mort de M. de Saumery. M. l'abbé de Catelan est conseiller clerc du parlement de Toulouse, où il est extrêmement estimé par ses lumières et la grande régularité de sa conduite.

Le Roi a dit aujourd'hui qu'il venoit de recevoir la nouvelle de la mort de Mme la duchesse de Luxembourg; elle n'avoit qu'environ trente-six ans; elle est morte de la poitrine; il y a sept ou huit mois qu'elle est malade. Elle laisse une fille mariée depuis deux ou trois ans à M. de Robecque, laquelle ne l'a point quittée pendant sa maladie et lui a donné toutes les marques de l'attachement le plus grand et le plus sincère. Mme de Luxembourg laisse aussi un fils, fort jeune. Elle étoit fille unique et la très-grande héritière de feu M. le marquis de Seignelay, fils du secrétaire d'État, et de Mlle de Furstemberg, qui est vivante et qui est dans une grande piété.

Pendant tout le temps que M. le duc de Charost a vécu, M. de Béthune a joui d'un revenu très-peu considérable; il avoit même été obligé d'avoir recours aux bontés du Roi qui lui avoit donné le gouvernement de Dourlans pour en jouir jusqu'à la mort de M. le duc de Charost. M. le duc de Béthune, en rendant ce gouvernement au Roi, supplie S. M. de vouloir bien le donner à son gendre, M. de la Vauguyon, ce qui sera vraisemblablement accordé, M. de la Vauguyon servant très-bien et étant fort estimé.

Du mardi 31, *Fontainebleau.* — Il y a dix ou douze jours que M. le comte de Wiette, envoyé de Bavière, fut présenté. L'électeur l'a envoyé ici pour faire part au Roi de son mariage avec la princesse de Pologne. M. le comte de Wiette est grand; il a un grand nez et un visage assez peu agréable. Il paroît avoir cinquante à cinquante-cinq ans. On dit que c'est un homme de grande condition; il est fort poli et parle fort bien françois.

Nous avons aussi un autre étranger; c'est un noble génois, que l'on appelle le chevalier Balbi, frère de celui qui vint ici en 1740 et qui fut présenté par M. de Lomellino, alors envoyé de Gênes en France.

Le Roi a couru le cerf aujourd'hui; il le courra encore jeudi et samedi.

M. le Dauphin, Mme la Dauphine et Mesdames furent enfermés hier; ils ont fait leurs dévotions aujourd'hui. La Reine, qui ne sort point de chez elle, même pour entendre la messe, n'a pas voulu jouer aujourd'hui, à cause de la fête de demain. Mme la Dauphine avoit grand désir de jouer, il y avoit même une table de cavagnole toute prête chez elle; apparemment que la Reine lui a dit qu'il étoit plus convenable de ne pas jouer; la table a été ôtée (1), et elle a resté chez elle jusqu'à sept heures trois quarts qu'elle est retournée chez la Reine.

Le Roi au retour de la chasse a été entendre les premières vêpres à la chapelle en bas; c'étoit M. l'évêque de Digne (Jarente) qui officioit.

J'ai déjà parlé du prince Édouard; il est toujours habitant la maison de M. le prince de Rohan à Saint-Ouen, d'où il va souvent à Paris. Jusqu'à présent il ne prend rien de la France; il a cependant une maison assez considérable.

J'ai marqué ci-dessus que Mme de Luynes alla à l'hôtel de Luynes le jour même qu'elle apprit la mort de M. le duc de Charost; ce fut là que le Roi envoya un gentilhomme ordinaire pour lui faire compliment. La Reine n'y a point envoyé; elle lui donne d'ailleurs tant de marques de bonté que ce cérémonial n'étoit point nécessaire. D'ailleurs il ne seroit point extraordinaire qu'il eût été oublié, parce que c'est la dame d'honneur qui donne l'ordre en

---

(1) La table ne fut point ôtée; Mme la Dauphine joua jusqu'à ce qu'elle allât chez la Reine et fit même tenir son jeu pendant ce temps-là; le jeu dura jusqu'à neuf heures. (*Addition du duc de Luynes*, datée du 2 novembre 1747.)

pareil cas pour les compliments; quand on lui envoie à Paris, c'est un page, et c'est le premier écuyer qui reçoit l'ordre de la Reine; mais quand c'est dans le château, c'est un valet de chambre, et c'est la dame d'honneur qui l'envoie. Suivant cette règle, c'est Mme de Brancas qui a envoyé ici de la part de Mme la Dauphine. M. le Dauphin a aussi envoyé, mais c'est un écuyer. Mesdames ont aussi envoyé un de leurs écuyers.

J'avois oublié de marquer que pendant le séjour que M. le Dauphin et Mme la Dauphine ont fait à Versailles depuis le départ du Roi, ils soupoient deux fois la semaine avec des dames, et M. de la Fare donnoit tous les jours un grand souper où toute la compagnie se rassembloit.

Depuis que la Reine est incommodée et qu'elle ne peut pas sortir de chez elle, elle soupe dans sa chambre avec ses dames de semaine et joue au piquet ou à quadrille avec elles et M. de la Mothe.

NOVEMBRE.

Révérences de la famille de Béthune. — Testament du duc de Charost. — Logements de Versailles. — Mort de Mme de Bérulle. — Princes et princesses du sang à Fontainebleau. — Incident de la chasse du cerf. — Gouvernement et pension donnés. — Départ de la Reine pour Versailles; elle demande la grâce d'un déserteur. — Le château de Petit-Bourg. — Billet de la Reine à Mme de Luynes. — Promotion de maréchaux de France. — Grâce accordée à des déserteurs. — Mme de Mauconseil. — La Dauphine remplace la Reine à Fontainebleau. — M. de Courteil nommé conseiller d'État. — La journée des grâces. — Mariages, naissance et morts. — Vie de la Reine avec Mesdames. — Combat naval contre les Anglais. — Le médecin Cigogne. — Hôtel de Pontchartrain. — M. de Schmettau. — La Cour à Choisy. — Description de l'appartement du Dauphin à Versailles; goût des décorations de cette époque. — Le Roi presse la Reine de venir à Choisy. — Détails sur le combat naval du Finistère. — La Reine à Choisy et son retour à Versailles. — Service des gardes françoises et suisses. — Maladie de Mme de Pompadour; prolongation du séjour du Roi à Choisy. — Soupers de la Reine chez le duc de Luynes.

Du samedi 4, Fontainebleau. — Il fut enfin réglé avant-hier que la Reine, qui est en meilleur état, partira mardi 7 de ce mois. Mesdames vont avec la Reine; M. le Dauphin et Mme la Dauphine restent ici avec le Roi.

M. le duc de Béthune est arrivé aujourd'hui; Mme de Tessé et Mme la duchesse d'Ancenis sont arrivées aussi; Mme de la Vauguyon n'est point venue étant incommodée. M. le duc de Béthune et M. de la Vauguyon, son gendre, font aujourd'hui leurs révérences. Ils ont demandé permission de n'être point en grands manteaux. La même permission pour les mantes à Mme de Luynes et ses deux nièces qui feront demain leurs révérences. Le Roi trouve bon que ceux ou celles qui ont l'honneur de lui faire la révérence la fassent avant lui à M. le Dauphin et à Mesdames, lorsque cet arrangement leur est plus commode pour les heures; et cela s'est pratiqué aussi en dernier lieu lorsque Mmes de Gouffier, de Bellefonds et de Montmorency ont fait leurs révérences à la fin de leurs premiers six mois de veuves.

M. le duc de Charost a fait un testament par lequel il défend toutes sortes de cérémonies. Il est fait depuis plusieurs années; il contient plusieurs legs pour des domestiques et gens qui lui étoient attachés; une pension de 1,000 écus à une Mlle Taussier, qui est une fille fort vieille, fort pieuse et qu'il connoissoit depuis longtemps; il laisse 30,000 livres une fois payées à l'hôpital de Bourbon, auquel il prenoit grand intérêt depuis qu'il avoit été prendre les eaux dans ce lieu et qu'il avoit connu la grande utilité de cet hôpital, auquel il donnoit 1,000 livres tous les ans. Il donne à Mme de Luynes un diamant qui étoit le seul qu'il eût; il peut valoir 7 ou 8,000 livres.

Il paroît décidé que l'appartement de M. le duc de Charost dans le bout de l'aile neuve à Versailles, est donné à M. le maréchal de Noailles, et celui de M. le duc de Béthune et de Mme d'Ancenis qui est tout auprès à M. et Mme d'Ayen. M. le maréchal de Noailles a actuellement un appartement dans ce qu'on appelle la Surintendance, au bout de l'aile des Princes; M. et Mme d'Ayen logent dans le double de cet appartement. Le logement de M. et de Mme d'Ayen est pour Mme d'Ancenis, et celui de M. de Noailles pour M. de Béthune. Cet arrangement paroissoit devoir convenir à tous deux; il rapprochoit M. le maréchal de Noailles de M. le comte de Noailles, qui loge au gouvernement auprès de la chapelle; et M. le duc de Béthune se trouvoit plus à portée de Mme de Tessé, sa fille, qu'il aime fort et qui loge dans la galerie des princes; il se trouvoit aussi un peu plus près de chez la Reine, où son service de premier écuyer l'oblige d'être souvent. Malgré toutes ces raisons de convenances, l'arrangement n'a pas pu se faire. M. de Noailles a été voir l'appartement de M. de Charost, et n'en a pas été content; M. et Mme d'Ayen n'ont pas été contents de ceux de Mme d'Ancenis et de M. de Béthune qui sont cependant des logements neufs et fort commodes; M. de Béthune de son côté a trouvé que le logement de M. de Noailles ne lui convenoit pas; qu'il y avoit beaucoup de dépenses à faire pour des meubles, et quoiqu'il se trouve jouir aujourd'hui de 122,000 livres, toutes déductions faites de dixièmes et autres diminutions, il ne juge pas que sa situation présente lui permette de s'engager dans aucune dépense, parce qu'il faut que sur ce revenu il paye environ 40,000 livres de rente, soit pour les anciennes dettes de sa maison faites par son grand-père, soit pour les legs et pensions faits par M. le duc de Charost, et qu'outre cela il avoit lui personnellement 32,000 livres de rentes de charges à payer. A ces raisons il en ajoute une troisième; c'est que les revenus chez le Roi ne se payent qu'au bout de dix-huit mois. L'échange des deux appartements ne pouvant donc se faire, on demande l'un des deux, de M. de Béthune ou de M. d'Ancenis pour Mme de Rupelmonde, qui est fort amie de Mme d'Ancenis. Mme de Rupelmonde en a actuellement un de mari et femme auprès de la Surintendance, joignant M. l'évêque de Mirepoix. M. le comte de Noailles compte obtenir cet appartement pour Mme de la Mark, sa sœur, qui n'en a point encore.

Il y a quelques jours que Mme de Bérulle mourut à Paris ; elle avoit quatre-vingt-dix-sept ans ; elle étoit nièce du cardinal de Bérulle, fondateur de l'Oratoire.

Du lundi 6, Fontainebleau. — Le Roi soupa hier au grand couvert et la Reine y soupa pour la première fois depuis qu'elle a été incommodée. La Reine et Mesdames étoient en robe de chambre, Mme la Dauphine en grand habit ; toutes les dames de la Reine et de Mesdames, qui doivent les suivre, étoient aussi en robe de chambre, et celles de Mme la Dauphine en grand habit. Mme de Beauvilliers, quoique attachée à Mesdames, n'étant pas de semaine et ne devant pas les suivre, étoit aussi en grand habit. Mme de Luynes, qui avoit été l'après-dînée faire ses révérences avec Mmes d'Ancenis et de Tessé, resta au souper en grand habit. Ce n'est que d'hier qu'il a été permis de prendre la robe de chambre à l'occasion du départ.

Mme la princesse de Conty et Mlle de Sens sont les deux premières princesses qui sont venues ici, environ huit jours après le Roi. Mme la princesse de Conty est depuis retournée à Paris et doit revenir. Mme de Modène est venue quelques jours après ces deux princesses. Mademoiselle et Mlle de la Roche-sur-Yon ne sont arrivées que depuis peu de jours. M. le duc et Mme la duchesse de Chartres ne sont ici que d'avant-hier ; ils habitent peu la Cour et aiment beaucoup le séjour de Saint-Cloud.

M. de Penthièvre arriva ici de Bretagne samedi 28 octobre, et après avoir fait ses révérences alla tout de suite à Paris, d'où il est revenu la veille de la Toussaint avec Mme la duchesse de Penthièvre.

Le Roi courut le cerf avant-hier. Mme la Dauphine y étoit en calèche et Mesdames à cheval. Il y avoit plusieurs calèches qui suivoient, et entre autres une sur le devant de laquelle étoient Mme la princesse de Turenne et Mme de Rochechouart ; dans le fond étoient Mmes de Livry et de

Rubempré. Le Roi prit deux cerfs. Le premier étant aux abois à la croix de Montmorin vint aux chevaux de la calèche où étoient ces dames, d'abord à ceux de la volée et ensuite à ceux de derrière. Le postillon eut peur; il descendit de cheval et s'enfuit; ces dames eurent grande peur, comme on peut le croire; un piqueur de la petite écurie, nommé Bardou, vint tuer d'un coup d'épée le cerf auprès de la calèche. La tête du cerf étoit embarrassée dans les guides.

On a su ce matin que le Roi a donné le gouvernement de Dourlens à M. de la Vauguyon; ce gouvernement, qui vaut environ 9,000 livres de rente, avoit été donné à M. le duc de Béthune pour en jouir jusqu'à la mort de M. son père; mais cette condition étoit secrète entre le Roi et lui; c'est M. le duc de Béthune qui a demandé ce gouvernement au Roi pour M. de la Vauguyon, son gendre.

Je n'ai appris qu'aujourd'hui que Mme de Meuse, veuve du second fils de M. de Meuse, mort en Flandre de la petite vérole, la campagne d'avant celle-ci, a obtenu une pension de 2,000 livres pour son fils âgé de deux ans; c'est tout ce qu'elle a pour vivre.

Du mercredi 8, Versailles. — La Reine partit hier de Fontainebleau, un peu avant onze heures; elle entendit la messe au grand autel sans aucune musique; c'est l'usage que la Reine n'ait point de musique quand elle entend la messe avant le Roi, même dans les cas où il paroît certain que le Roi ne l'entendra pas si tôt. C'est cette certitude qui fait que la Reine entend la messe au grand autel; cependant on suppose toujours que pendant ce temps le Roi pourroit venir entendre la sienne.

La Reine n'a point voulu que la musique de la chambre vînt ici pour elle; ainsi elle n'en aura point jusqu'au retour du Roi. Les comédiens sont aussi restés à Fontainebleau.

La Reine avoit à côté d'elle, dans son carrosse, Madame,

Madame Adélaïde dans le fond de devant; Mme de Luynes à côté d'elle; Mme de Villars et Mme la maréchale de Duras aux portières. Il y avoit un second carrosse de la Reine avec ses quatre dames de semaine : Mmes de Montauban, de Flavacourt, de Talleyrand et de Saulx. M. Helvétius étoit dans le carrosse des écuyers à côté de M. de la Mothe, l'écuyer de quartier et le porte-manteau sur le devant. Les dames de Mesdames étoient dans le carrosse de Mesdames.

La Reine, un peu avant que d'arriver à la croisée du chemin qui mène au Bourg-la-Reine, trouva un déserteur du régiment de Beaujolois lié et garrotté, conduit du côté de Lyon, où est ce régiment, pour y avoir la tête cassée suivant les ordonnances. Ce malheureux cria beaucoup voyant passer la Reine. La Reine, ne sachant point le sujet de ses cris et croyant qu'ils venoient de quelques mendiants, avoit continué son chemin quelques pas; mais ayant su que c'étoit un déserteur, elle fit arrêter son carrosse; elle se le fit amener et écrivit sur-le-champ au Roi, dans son carrosse, avec un crayon, sur un mauvais morceau de papier, n'ayant ni plume ni encre. Elle écrivit en même temps un billet à M. le Dauphin, pour le charger de remettre sa lettre au Roi. Les deux lettres furent fermées avec des épingles, ne pouvant faire mieux, et la Reine envoya un exprès à Fontainebleau pour les porter.

La Reine s'étoit arrêtée dans l'avenue de Petit-Bourg pour manger, et s'étoit ensuite avancée jusqu'au château, où elle entra. Cette maison est en bon état quant aux bâtiments, mais il n'y a aucuns meubles; le jardin ni la cour ne sont point entretenus; il est toujours question de le démolir et de vendre les matériaux. La Reine arriva ici un peu avant sept heures. M. le comte de Noailles, comme gouverneur, se seroit trouvé à son arrivée s'il n'avoit pas été dans l'affliction de la perte de son fils unique, le prince de Poix, âgé d'environ dix-huit mois. Cet enfant n'a cessé de lui donner de l'inquiétude depuis qu'il étoit au monde, et il étoit à sa treizième nourrice.

Du vendredi 10. — Hier à trois heures après midi, il arriva ici un courrier de M. d'Argenson adressé à Mme de Luynes; Mme de Luynes ne voulant point interrompre la Reine, qui étoit dans ses cabinets, le lui envoya aussitôt. Fort peu de temps après, la Reine envoya ici un garçon de la chambre avec un petit billet pour Mme de Luynes, dont on trouvera ci-joint copie.

« Mon homme ne mourra point. M. de la Mothe est maréchal de France. Le Roi est charmant, et la Reine trop contente pour n'en pas faire part à ses amis. »

On ne peut pas dire plus de choses en moins de mots et les mieux dire. Ce billet n'étoit point cacheté, et point de dessus. La Reine étoit sûrement instruite même avant son départ de Fontainebleau de la grâce que le Roi feroit à M. de la Mothe; et M. de la Mothe vraisemblablement s'en doutoit aussi, car j'ai su depuis que M. de la Mothe avoit laissé son appartement tout meublé à Fontainebleau, et que dès avant-hier il avoit remis ses lettres de service à M. Briquet, commis de M. d'Argenson. M. de la Mothe partit sur-le-champ pour aller à Fontainebleau. Il n'est pas le seul maréchal de France; il y en a encore deux autres, M. le comte de Laval-Montmorency, beau-frère de M. l'évêque de Metz, et M. le comte de Clermont-Tonnerre, mestre de camp général de la cavalerie. Ils sont l'un et l'autre lieutenants généraux du 1er avril 1734, et M. de la Mothe l'est de la même année, mais du 18 octobre. Ces trois derniers maréchaux de France prendront leur droit d'ancienneté sur M. de Lowendal, comme cela s'est pratiqué en d'autres occasions.

On voit par la lettre de la Reine que sa recommandation au Roi au sujet du déserteur dont j'ai parlé ci-dessus a eu son effet. J'ai oublié de marquer que l'usage est lorsque la Reine écrit au Roi de mettre le dessus : *Au Roi mon Seigneur.* A l'occasion du déserteur et de la grâce, M. Briquet me contoit hier que le premier voyage que le Roi fit à Compiègne, il se trouva sur le chemin de S. M. une chaîne de quatre-vingts hommes que l'on menoit aux galères ; tous eurent leur grâce. C'étoit alors l'usage de condamner les déserteurs aux galères perpétuelles.

J'ai parlé ci-dessus de Mme de Mauconseil et de ses longues sollicitations pour obtenir l'honneur de manger avec la Reine et de monter dans ses carrosses. Cette grâce étoit demandée par le roi de Pologne même ; elle a enfin été accordée sur le titre que Mme de Mauconseil a été dame d'atours de la reine de Pologne ; elle est ici, et a eu l'honneur de souper mercredi avec la Reine chez Sa Majesté.

Le jour que la Reine arriva, elle soupa chez moi ; le lendemain elle soupa chez elle avec Mesdames et dix ou onze dames ; elle devoit encore y souper hier, mais elle changea d'avis, et vint souper chez moi. Mardi, Mesdames soupèrent chez elles avec leurs dames ; mais elles se retirèrent immédiatement après souper. La Reine joua chez elle à cavagnole mercredi après souper. Elle compte souper de temps en temps avec Mesdames comme mercredi, voulant donner cette marque d'attention et d'amitié à Mesdames, qui sont accoutumées à souper avec M. le Dauphin et Mme la Dauphine et qui se trouvent fort seules présentement.

On trouvera ci-joint copie d'une lettre que j'ai reçue aujourd'hui de Fontainebleau, par laquelle on me mande ce qui s'y passa mercredi.

Mme la Dauphine a tenu le concert dans la salle ordinaire de la Reine. M. le Dauphin et Mme la Dauphine avoient chacun un fauteuil. Il y avoit trente-cinq dames au moins, en grand habit. Lorsqu'il a été fini, elle a passé dans le salon du Roi, où elle a tenu appartement et la table du cavagnole avec M. le Dauphin (1), Mme la duchesse de Modène et onze autres seigneurs et dames. Le Roi a fait ranger cette

---

(1) Ils n'avoient que des pliants. (*Note du duc de Luynes.*)

table, et s'est tenu debout derrière M. le Dauphin et Mme la Dauphine, où il est resté un bon quart d'heure à voir jouer; ensuite il est entré chez lui pour travailler avec M. d'Argenson. On avoit mis deux lustres d'augmentation dans le salon et six girandoles avec des tables de piquet, médiateur et autres.

Le Roi soupera ce soir à son grand couvert, dans son antichambre, où suivant toute apparence il y aura nombreuse compagnie.

Du lundi 13, *Versailles.* — Jeudi matin, 9 de ce mois, M. d'Argenson ayant reçu les ordres du Roi avant que S. M. partît pour la chasse, dépêcha aussitôt un courrier (c'est celui dont il est parlé au 10) pour la Reine. Ce même jour M. de Clermont-Tonnerre étant allé le matin, avant dîner, chez M. d'Argenson, ce ministre lui dit: « Monsieur, vous êtes maréchal de France, mais je vous demande votre parole que vous n'en direz rien à personne et que vous n'enverrez aucun courrier jusqu'au retour du Roi de la chasse. » M. de Clermont lui demanda s'il iroit au débotter du Roi et comment il se comporteroit chez M. de Gesvres, chez qui il alloit dîner. M. d'Argenson lui dit de garder le même secret pour M. de Gesvres, mais de s'informer s'il devoit se trouver au débotter, et au cas que ce ne fût pas son projet de l'engager à y aller. M. de Clermont se trouva en effet au débotter, et lorsqu'il eut fait son remerciement, le Roi lui dit qu'il falloit qu'il prît le nom de Tonnerre, parce qu'il y avoit trop de Clermont.

Le *bon* du Roi pour les trois maréchaux de France est du 17 septembre. La promotion ne fut donc déclarée qu'au débotter, et la Reine en étoit instruite avant que le public la sût à Fontainebleau.

Le samedi 11 le Roi, après le conseil de dépêches, dit un mot à M. le chancelier et ensuite déclara qu'il avoit donné à M. de Courteil, son ambassadeur en Suisse, la place de conseiller d'État vacante par la mort de M. Orry. Le public avoit déjà prévenu ce choix, mais il étoit en balance entre lui et M. Le Nain, intendant de Languedoc, dont on est aussi très-content. M. de Courteil est l'ami intime de M. de Machault. Ce fut aussi au sortir de ce conseil de dépêches, que le Roi dit à M. de Machault qu'il lui donnoit la charge de trésorier de l'Ordre qu'avoit M. Orry. Cette grâce fut accompagnée de toutes sortes de marques de bonté. M. de Saint-Florentin demanda sur-le-champ ses ordres par rapport au brevet de retenue, et le Roi lui dit qu'il accordoit à M. de Machault le même brevet qu'avoit M. Orry; je crois qu'il est de 350,000 livres. Cette charge de trésorier est la meilleure des quatre de l'Ordre; elle rapporte plus que l'intérêt de l'argent. Celle de M. de Saint-Florentin, qui est celle de secrétaire et dont le brevet de retenue est de 200,000 livres, vaut 10,000 livres de rente.

Cette journée de samedi étoit celle des grâces; car après le grand couvert le Roi déclara aussi deux survivances : celle de capitaine des gardes pour le fils de M. le maréchal d'Harcourt, lequel a un régiment de cavalerie de son nom et a tout au plus vingt ans (1), et celle de grand chambellan pour M. de Turenne, qui a je crois à peu près le même âge et qui a aussi un régiment de cavalerie de son nom. M. le duc de Bouillon, son père, a un brevet de retenue de 800,000 livres sur cette charge; le Roi en retranche la moitié. M. de Turenne n'aura que 400,000 livres de brevet de retenue, mais M. de Bouillon n'y perd rien; M. le comte d'Évreux paye les autres 400,000 livres.

M. de Senneterre, qui a pu être affligé de n'être pas maréchal de France, a eu pour sa consolation le gouvernement de Givet, vacant par la mort de M. le chevalier de Belle-Isle. M. d'Argenson, voulant lui épargner le désagrément de se trouver au remerciment des maréchaux de France, lui conseilla de s'en aller à Paris et de ne point remer-

---

(1) Né le 6 octobre 1728. (*Note du duc de Luynes.*)

cier le Roi pour le gouvernement, ajoutant qu'il se chargeoit de son remercîment.

Il y a environ huit ou dix jours que M. le marquis de Fénelon, fils de feu M. de Fénelon, chevalier de l'Ordre, tué à Raucoux, épousa à Paris, Mlle de Bercy, nièce ou cousine germaine du maître des requêtes ; elle a un bien assez considérable dès à présent. M. de Fénelon a eu les deux cuisses percées à la bataille de Lawfeld, sans en être estropié.

La nièce de M. le maréchal de Balincourt (Mlle de Balincourt), fille de celui qui est lieutenant des gardes du corps, qui a environ vingt-deux ans et est fort jolie, épousa, il y a peu de jours, à Champlâtreux, chez M. le président de Molé, M. Desbarres, qui est de Bourgogne et lieutenant-colonel du régiment Descars-cavalerie, qui a environ vingt-six ans. C'est M. l'abbé de Choiseul, primat de Lorraine, qui les a mariés.

Du mercredi 15, *Versailles.* — Hier, Mme la duchesse de Rohan accoucha d'un garçon ; elle n'en avoit point encore. M. le duc de Rohan a demandé permission à M. l'archevêque de le faire ondoyer, les États de Bretagne devant le tenir.

On apprit hier que M. l'évêque de Glandève (Crillon), frère de M. l'archevêque de Narbonne, étoit mort d'apoplexie dans son diocèse.

J'ai reçu aujourd'hui des nouvelles de Fontainebleau. Il ne s'y est rien passé d'intéressant depuis ce que j'ai marqué le 10. Il y eut jeudi 9, comédie ; samedi, cavagnole chez Mme la Dauphine ; dimanche, appartement comme le mercredi précédent et jeux dans le cabinet ovale ; lundi, chasse et comédie italienne ; mardi, comédie françoise ; aujourd'hui, concert et appartement ; et demain, comédie françoise pour la dernière fois ; le Roi partant le lundi 20 pour Choisy.

Du jeudi 16, *Versailles.* — Mme de Brassac, dame d'honneur de Mme la duchesse du Maine, mourut il y a deux jours, âgée de quatre-vingt-cinq ans. Elle étoit Martangis, et avoit deux sœurs, dont l'une étoit Mme des Madris.

La Reine a soupé tous les jours depuis dimanche, et soupe encore aujourd'hui, avec Mesdames et plusieurs dames. Elle joue à cavagnole avant et après souper. Cet arrangement lui a paru nécessaire pour amuser Mesdames, qui soupoient tous les jours avec M. et Mme la Dauphine, et qui commencent à s'accoutumer à ne plus se coucher de si bonne heure.

Hier ou avant-hier on reçut à Paris des nouvelles d'un combat sur mer qui ne nous a pas été avantageux. M. de l'Étanduère, chef d'escadre, étoit parti de Brest avec huit vaisseaux pour escorter 160 vaisseaux marchands en Amérique. Il a trouvé, on croit que c'est auprès du cap Finistère, une flotte angloise de 17 ou 18 voiles. On ne sait point encore certains détails. M. de l'Étanduère avec son vaisseau, qu'on nomme *le Tonnant*, et un autre vaisseau, commandé par M. de Vaudreuil, est rentré à Brest fort maltraité. Il paroît certain que les six autres vaisseaux ont été pris. Le combat a commencé à dix heures du matin et n'a fini qu'à huit heures du soir. Notre escadre a soutenu ce combat avec toute la valeur possible, et n'a cédé qu'à la supériorité du nombre. M. de l'Étanduère le lendemain à la pointe du jour comptoit bien ne pouvoir échapper aux Anglois s'ils venoient à lui ; mais heureusement tous s'étoient retirés. Pendant le combat, la flotte marchande a continué sa route ; on n'en sait pas encore de nouvelles ; on espère qu'elle se sera sauvée au moins en partie.

Du samedi 18. *Versailles.* — Il y a trois ou quatre jours que Cigogne mourut à Paris. C'étoit une espèce de médecin chimiste qui avoit été soldat aux gardes ; il avoit beaucoup de remèdes et de secrets ; c'est lui qui depuis longtemps traite et fait vivre M. l'archevêque de Reims (Guémené). C'étoit le héros de M. de Bauffremont le père.

L'hôtel de Pontchartrain, qui étoit toujours à vendre depuis la mort de M. de Pontchartrain, vient d'être acheté par le Roi pour en faire l'hôtel des ambassadeurs. Il le paye 450,000 livres (1), sur quoi il donne pour 50,000 écus l'hôtel actuel des ambassadeurs.

Hier et aujourd'hui la Reine est venue souper chez moi, à une petite table à part dans le cabinet, parce qu'elle fait gras.

Il y a deux ou trois jours que Mme la duchesse de Fleury accoucha d'une fille ; c'est au moins sa troisième, elle n'a point de garçon.

Du mardi 21, Versailles. — Dès mardi dernier il y eut quelques étrangers qui vinrent faire leur cour à la Reine ; aujourd'hui ils y sont tous venus. M. de Bernstorff, envoyé de Danemark, a amené avec lui un seigneur danois nommé M. de Schmettau ; il est de même nom et de même maison que celui qui est attaché au roi de Prusse et qui vint à Metz en 1744 ; il a un régiment dans les troupes du roi de Danemark. Comme il est fils d'une sœur de M. de Lowendal, pour s'instruire dans l'art militaire, il est venu trouver son oncle au commencement du siége de Berg-op-Zoom et y a resté pendant tout le siége en qualité de volontaire. En l'absence du Roi, c'est toujours à la table de la Reine que dînent les étrangers. M. et Mme de Chalmazel sont depuis deux ou trois jours à Chamarante ; en leur absence, c'est M. de Talaru, leur fils, qui a, comme je l'ai marqué, la survivance, qui tient la table ; c'est un garçon fort doux, fort sage, et qui a beaucoup de piété.

Le Roi, qui ne devoit partir qu'hier de Fontainebleau, en partit dimanche pour venir à Choisy. M. le Dauphin et Mme la Dauphine ne sont partis de Fontainebleau qu'hier matin et sont aussi à Choisy. Il y a cinq dames avec le Roi : Mmes de Pompadour, duchesse de Brancas, d'Estrades, du Roure et de Livry. Depuis hier, il y a de plus

---

(1) Il avoit été estimé dans la succession 476,000 livres. (*Note du duc de Luynes.*)

les dames de Mme la Dauphine, dame d'honneur, dame d'atours et dames de semaine.

Comme on a travaillé sans relâche, et même les fêtes et dimanches, à l'appartement de M. le Dauphin et de Mme la Dauphine, il est prêt actuellement ou au moins le sera demain. L'appartement de M. le Dauphin est composé d'une salle des gardes (1), à laquelle on arrive par la cour de marbre en descendant quatre ou cinq marches, ou bien par l'autre côté en traversant une petite cour et partie d'une autre qui sont sous les cabinets de la Reine; le reste de cette seconde cour est actuellement fermé par une grille. De la salle des gardes on entre dans une antichambre (2) qui n'est pas fort grande, à droite de laquelle est le logement de Binet, et à gauche la porte qui donne dans l'escalier nouveau, lequel rend dans l'œil-de-bœuf. La salle des gardes et l'antichambre sont toutes deux le long de la cour de marbre. Après cette antichambre, on entre dans une seconde (3), qui a deux croisées; ensuite, la chambre à coucher de M. le Dauphin (4), aussi à deux croisées. Ces quatre croisées sont sous la galerie. Après la chambre de M. le Dauphin est son grand cabinet (5), qui est sous le salon où la Reine joue. On n'a rien changé dans cette pièce; on l'a seulement décorée par une belle cheminée et beaucoup de dorures. C'est dans ce cabinet que M. le Dauphin a désiré qu'il y eût une porte qui donne dans un petit enfoncement où l'on va placer un cabinet d'orgue assez considérable (6). De ce ca-

---

(1) Aujourd'hui salle de tableaux où sont des Vues du château et des bosquets de Versailles, n° 34 de la Notice du musée impérial de Versailles, par Eud. Soulié, 1re partie, 2e édit., 1859, pag. 196.

(2) Salles des Rois de France, n° 33 de la même notice.

(3) Septième salle des maréchaux de France, n° 50 de la même notice.

(4) Sixième salle des maréchaux de France, n° 49 de la même notice.

(5) Cinquième salle des maréchaux de France, n° 48 de la même notice.

(6) Cette destination a été changée depuis. M. le Dauphin a fait présent à la paroisse de Saint-Louis de l'orgue que l'on destinoit pour son cabinet. (*Addition du duc de Luynes*, datée du 13 août 1749.)

binet, en retournant du côté de la terrasse, on entre dans un petit cabinet particulier pour M. le Dauphin, qui est peint en vert, comme il l'a désiré (1). De ce cabinet on entre dans un autre petit cabinet, qui est celui de Mme la Dauphine (2); celui-ci est peint très-agréablement avec des petits cartouches et des dessins de Bérain, des fleurs, des oiseaux, etc., en miniature (3). On y a fait une niche avec une grande glace dans le fond où il y a beaucoup de dorures. Après ce cabinet est la chambre à coucher de Mme la Dauphine (4), qui est grande; ensuite son grand cabinet (5), qui a trois croisées; il est un peu plus long que celui qu'elle avoit ici en haut, mais un peu moins large et beaucoup moins haut; il est plus sombre aussi, parce que les croisées sont plus étroites et les trumeaux plus larges. Après ce cabinet, il y a deux grandes antichambres (6), dont l'une donne au pied du grand escalier de marbre, et l'autre, une arcade plus loin, donne dans la cour. Quand on entre de la cour dans cette pièce,

---

(1) Quatrième salle des maréchaux, n° 47 de la notice du musée de Versailles.
(2) Troisième salle des maréchaux, n° 46 de la même notice.
(3) La décoration de ce cabinet a été changée. La promptitude avec laquelle cet ouvrage avoit été fait n'ayant pas permis de laisser sécher les toiles autant qu'il auroit été nécessaire, elles s'étoient grippées, ce qui faisoit un effet désagréable, quoique les dessins fussent charmants. On a tout ôté, et à la place on a mis de la menuiserie avec de la sculpture, et de fort bon goût; tous les fonds sont en blanc et la sculpture est peinte en vert avec un vernis par-dessus. Cette espèce de décoration est riche et agréable. Je prétends, et peut-être avec fondement, que le modèle de ces menuiseries blanches avec les sculptures vertes, est un salon que Mme de Luynes fit faire à Dampierre, il y a sept ou huit ans, dans une île qui est au bout de la pièce d'eau. (*Addition du duc de Luynes*, datée du 13 août 1749.) — Lors de la restauration du château de Dampierre, en 1840, par M. Duban, ces belles boiseries sculptées ont été transportées du pavillon de l'île, où elles étaient encore, dans le salon du rez-de-chaussée du château. Les tons verts des sculptures ont été remplacés alors par de la dorure.
(4) Deuxième salle des maréchaux, n° 45 de la notice du musée de Versailles.
(5) Première salle des maréchaux, n° 44 de la même notice.
(6) Salles des connétables et des amiraux, n°^{s} 43 et 42 de la même notice.

qui est la première de l'appartement de Mme la Dauphine, on trouve à gauche trois petites pièces, une antichambre, un cabinet et une garde-robe que Mme de Brancas, la dame d'honneur, a demandée pour elle afin d'être plus à portée du service de Mme la Dauphine; c'est ce qui faisoit en dernier lieu le cabinet particulier de Mme de Tallard. Ce qui faisoit sa chambre à coucher est actuellement un appartement pour Mme Dufour. La première antichambre de Mme la Dauphine étoit une pièce remplie de colonnes (1), où Mme de Tallard mangeoit, et qui plus anciennement étoit la chambre de Mme la maréchale de Villars. La petite antichambre de Mme de Tallard et son cabinet de compagnie font la seconde antichambre de Mme la Dauphine; c'étoit ce qui faisoit l'appartement du maréchal de Villars. La salle des gardes de M. le Dauphin et quelques retranchements que l'on avoit faits pour Mme de Tallard font le grand cabinet de Mme la Dauphine. Du côté de M. le Dauphin, sa salle des gardes et sa première antichambre faisoient l'appartement de Mme de Châtillon; ces deux pièces étoient alors au niveau de la cour de marbre. La seconde antichambre faisoit la salle à manger de M. de Châtillon, dans laquelle il falloit descendre plusieurs marches. L'ancien cabinet de glace et le cabinet qui étoit par delà font la chambre de M. le Dauphin. Du grand cabinet de M. le Dauphin, on a pratiqué un corridor de communication (2) pour aller dans la chambre de Mme la Dauphine par derrière les cabinets; et de ce corridor on entre dans plusieurs petites pièces pour la commodité desdits appartements : une garde-robe de commodité pour M. le Dauphin, fort joliment peinte en camaïeu; des bains pour Mme la Dauphine (3),

---

(1) On les a ôtées et on a mis des poutres neuves. (*Note du duc de Luynes.*)

(2) Ce corridor existe encore.

(3) Ces bains existent encore en partie, et on retrouve sur les boiseries le

qui serviront aussi à M. le Dauphin, et qui sont fort joliment peints; une garde-robe pour Mme la Dauphine; un petit cabinet en entre-sol; une petite bibliothèque pour M. le Dauphin, et une pièce encore après. Cette bibliothèque étoit ce qui faisoit le cabinet particulier de M. de Châtillon, pendant l'éducation. On estime que tout l'ouvrage que l'on a fait pour ces deux appartements montera à 100,000 écus de dépenses.

Il y a quelques jours que le Roi manda, de Fontainebleau, à la Reine qu'il seroit fort aise de la voir à Choisy, si sa santé lui permettoit de faire ce voyage. La Reine a envoyé son écuyer de quartier savoir des nouvelles du Roi à son arrivée à Choisy. Mesdames y ont envoyé aussi M. du Saussoy, l'un des écuyers de Madame. Le Roi a mandé à Mesdames de l'aller trouver mercredi à la chasse à Verrières, et a proposé à la Reine d'aller jeudi à Choisy. La Reine paroît déterminée à faire ce voyage, si nul accident n'arrive à sa santé d'ici là, et elle reviendra samedi. Ce samedi étoit le jour que l'on comptoit que le Roi reviendroit ici; mais la Reine lui manda qu'il sentoit très-fort dans l'appartement de M. le Dauphin, quoique cette odeur soit presque entièrement passée. On croit que cette raison pourra retarder le retour du Roi.

Du jeudi 23, Versailles. — Le Roi vint hier de Choisy courre le cerf à Verrières. M. le Dauphin y vint aussi et Mme la Dauphine, laquelle courut en calèche. Mesdames se rendirent d'ici à l'assemblée, et firent la chasse à cheval. Après la chasse, M. le Dauphin et Mme la Dauphine (1) revinrent ici pour voir la Reine et leur appartement, qu'ils n'avoient pas encore vu et dont ils furent très-contents; ils soupèrent ainsi que Mesdames avec la Reine. Outre

---

chiffre du Dauphin et de la Dauphine, composé des lettres L (Louis), M-J (Marie-Josèphe).

(1) Mme la Dauphine étoit en robe de chambre; Mesdames et leurs dames étoient en grand habit. (*Note du duc de Luynes.*)

la famille royale, qui fait cinq, il y avoit encore neuf dames : Mme de Luynes la première à droite, par conséquent du côté de Madame, Mme de Brancas la première à gauche du côté de Madame Adélaïde, Mme la maréchale de Duras la première à droite à côté de Mme de Luynes, Mme de Brissac auprès de Mme de Brancas, et après Mme de Brissac Mme de Fitz-James; ensuite Mmes de Rubempré, de Saulx et de Lorges. Après le souper, il y eut un cavagnole, comme les autres jours.

Aujourd'hui, la Reine a entendu la messe après onze heures; ensuite elle s'est mise à table. L'arrangement pour la table étoit le même qu'hier, excepté que Mme de Brancas n'y étant point, Mme la maréchale de Duras étoit la première à gauche. C'est M. de Talaru qui a servi la Reine, M. le Dauphin et Madame; et c'est M. Mercier, contrôleur de la maison de la Reine, qui servoit Mme la Dauphine et Madame Adélaïde. C'est M. le Dauphin qui a donné la serviette à la Reine; elle lui a été présentée par M. de Talaru. La Reine, Mme la Dauphine et toutes les dames de leur suite sont en robes de chambre. La santé de Mme de Villars ne lui ayant pas permis d'aller à Choisy, la Reine y a mené Mme de Saint-Florentin.

Au sortir du déjeuner-dîner qui a été fort long, la Reine, après avoir été dans ses cabinets environ un quart d'heure, est partie; il étoit une heure et demie. Dans le carrosse de la Reine il ne restoit qu'une place ; c'est Mme de Luynes qui y a monté. Mme de Brancas a monté dans le carrosse de Mme la Dauphine, et Mme de Duras dans celui de Mesdames.

M. le comte de Clermont est du voyage de Choisy, et a toujours mangé avec le Roi et Mme la Dauphine. M. le duc de Chartres (1), qui est venu voir le Roi à Choisy, a

---

(1) Le jour que M. le duc de Chartres y soupa, c'étoit à lui à donner la serviette à M. le Dauphin; par cette raison, M. le comte de Clermont ne s'y présenta pas ; mais M. le duc de Chartres eut un moment de distraction qui

mangé de même avec Mme la Dauphine, et M. le duc de Penthièvre aussi. Cette distinction que les princes du sang ont eue est la même dont ils ont joui à Étampes, comme je l'ai marqué dans le temps; ils n'en jouiroient pas vraisemblablement si ce n'étoit pas en présence du Roi. On prétend qu'ils en jouissoient avec Mme la duchesse de Bourgogne, mais seulement lorsqu'elle mangeoit avec Monseigneur.

Depuis deux ou trois jours on a eu quelques détails de la malheureuse affaire arrivée près du cap Finistère. Des six vaisseaux que nous avons perdus il y en avoit quatre construits tout nouvellement. Nous y avons eu le capitaine du *Neptune* tué; c'est M. de Fromentières. De quinze officiers qui étoient sur ce vaisseau, il y en a eu douze de tués ou blessés. M. de Chastellux, petit-fils de M. le chancelier et garde de la marine, a été tué à la première bordée. La perte que nous avons faite en cette occasion est d'autant plus grande que nous avons eu un assez grand nombre d'officiers tués, blessés et prisonniers, sans compter grand nombre de matelots. Ce dernier article est peut-être un des plus importants pour la marine, parce que c'est une perte très-difficile à réparer, et qu'avant ce combat-ci nous en avions déjà 12,000 pris par les Anglois depuis la déclaration de la guerre.

Du dimanche 26, Versailles. — La Reine fut reçue à Choisy, jeudi, par le Roi avec toutes sortes d'attentions. Le Roi se trouva à la descente de son carrosse, et lui céda son appartement, comme au dernier voyage, pour qu'elle n'eût pas la peine de monter, et parut s'occuper de tout ce qui pouvoit contribuer à sa santé, à sa commodité et à son amusement. La Reine devoit rester à Choisy jusqu'à samedi, mais elle se trouva incommodée le vendredi matin, non pas aussi considérablement qu'elle l'avoit été à

---

l'empêcha de donner la serviette, et cela fut remarqué. (*Note du duc de Luynes.*)

Fontainebleau; mais dans la crainte de retomber dans le même état, qui l'auroit obligée de rester plusieurs jours à Choisy, elle prit le parti de revenir le vendredi souper ici. Les ordres pour son souper n'arrivèrent ici qu'à six heures; cependant elle eut une table de quatorze couverts. Mesdames, qui étoient revenues avec la Reine, soupèrent avec elles, et toutes les dames qui avoient suivi la Reine et Mesdames. La Reine, après le souper, entra dans sa chambre, où elle se coucha sur un canapé et joua au piquet; il y eut deux autres tables de jeu où Mesdames jouèrent chacune de leur côté à la comète.

Hier, on croyoit que le Roi reviendroit ici. La garde françoise et suisse qui relevoit hier étoit celle du Roi, c'est-à-dire quatre compagnies au lieu qu'il n'y en a que deux pour la Reine, en l'absence du Roi. La garde resta dans la cour pour attendre le retour du Roi, et ne se retira que quand l'on sut que le Roi ne revenoit point. Lorsque la garde entre dans la cour, elle met ses armes aux faisceaux pendant un certain temps, et alors elle ne prend les armes ni ne bat pour personne; mais les officiers ont soin de faire reprendre le poste avant le temps que le Roi ou la Reine doivent passer. La garde ne monte jamais que pour le Roi et la Reine. Quand elle est dans son poste, elle rappelle pour M. le Dauphin, Mme la Dauphine et Mesdames. Outre cela, chaque corps bat pour son commandant, c'est-à-dire les François pour M. de Biron, et les Suisses pour M. le prince de Dombes. Hier, on sut d'assez bonne heure que le Roi ne reviendroit pas, et qu'il n'y auroit que M. le Dauphin et Mme la Dauphine qui reviendroient ici. La garde auroit dû se retirer, mais on eut l'attention de ne la faire avertir qu'un peu tard, afin que M. le Dauphin et Mme la Dauphine eussent le temps d'arriver et qu'elle rappelât pour eux.

Du lundi 27, *Versailles.* — Depuis que la Reine est revenue de Fontainebleau, elle a toujours donné le mot aux officiers qui sont de garde auprès de S. M., et aux officiers des gardes françoises et suisses qui commandent la garde de S. M. Cette garde, comme je l'ai dit, est de deux compagnies, et celle du Roi, de quatre. Avant-hier, comme on savoit que le Roi devoit revenir, et que par cette raison il avoit monté quatre compagnies, les officiers des gardes françoises et suisses ne vinrent point chez la Reine à neuf heures pour prendre le mot (1), comme ils avoient fait tous ces jours-ci ; la Reine en fut étonnée, et en demanda la raison. On lui dit qu'ils avoient cru ne devoir pas s'y trouver parce que la garde du Roi ne prend l'ordre que du Roi. M. de Gramont, chef de brigade, qui est chez la Reine, se présenta pour prendre le mot; la Reine lui dit qu'elle ne croyoit pas devoir le lui donner; M. de Gramont répondit que sûrement il devoit le prendre, qu'il avoit ici trente-huit gardes à ses ordres, et qu'il ne pouvoit se dispenser de prendre le mot pour le donner dans la salle. La Reine lui répondit qu'elle lui donneroit volontiers l'ordre pour ce qu'elle devoit faire dans la journée, mais qu'elle ne croyoit pas devoir lui donner le mot. M. le duc de Béthune, qui étoit chez la Reine, comme son premier écuyer, fut consulté, étant capitaine des gardes du corps; mais il dit qu'il ne savoit pas ce que l'on devoit faire en pareil cas. Enfin la Reine, pressée par M. de Gramont, lui donna le mot. Une heure après M. de Gramont revint chez la Reine, et lui dit qu'il avoit eu tort et qu'il auroit dû ne point demander le mot.

Ce qui a différé le retour du Roi de Choisy, c'est la maladie de Mme de Pompadour; un rhume considérable avec de la fièvre a obligé de la saigner deux fois. Quoique cette maladie n'ait point eu de suite fâcheuse, on croit cependant que la convalescence pourra bien faire différer encore le retour du Roi. Ce retour étoit hier annoncé

---

(1) M. de Razilly, capitaine aux gardes, qui jouoit avec la Reine en habit uniforme, étant de garde, s'en alla immédiatement après la fin du jeu pour ne pas paroître être à portée de vouloir prendre le mot. (*Note du duc de Luynes.*)

pour mercredi prochain ; on commence à croire qu'il pourra être remis à samedi, peut-être même plus loin. Le Roi court le cerf aujourd'hui à Verrières ; on avoit dit qu'après la chasse il pourroit bien venir voir la Reine ; mais comme cela dépendoit du pays que tiendroit le cerf, cette visite étoit fort incertaine. A quatre heures, M. de Bridge, écuyer de la petite écurie, est arrivé ici pour savoir des nouvelles de la Reine de la part du Roi et dire que le Roi ne viendroit point.

La Reine, qui fait toujours gras, demanda avant-hier son souper en particulier, et vint le manger chez moi. Hier, elle y vint aussi souper, et vraisemblablement il n'y aura plus de souper avec Mesdames, lesquelles soupent tous les jours avec M. le Dauphin et Mme la Dauphine.

DÉCEMBRE.

Chasse du Roi avec ses enfants. — Serment des nouveaux maréchaux de France. — Le Roi et le duc de Penthièvre. — M. de Brancas et l'ordre de Saint-Janvier. — Retour du Roi à Versailles. — Nouvelles diverses. — Mariage de Mlle de Duras. — Mort de Mlle Antier. — Reprise des comédies à la Cour. — Mort de la duchesse de Brunswick. — Retour de M. de Châtillon à Paris. — Audience du cardinal de Soubise. — M. O'Brien. — Logement de Mme de Gramont. — Présentation de la princesse d'Elbeuf. — Mort de l'abbé de Ravannes. — L'infant don Philippe et Madame Infante. — Départ de M. de Boufflers. — L'archevêque de Sens nommé conseiller d'État. — Service de la Dauphine. — Comédies chez la duchesse du Maine à Sceaux. — Lettre de Madame Infante à la duchesse de Luynes. — Nouvelles cantatrices. — Pension du Roi au duc d'Ayen. — Présentation de Mmes de Thianges et de Mazarin. — Tribunal de la connétablie. — L'abbé de Castellane nommé évêque de Glandève. — Spectacles des cabinets. — Suite de l'incommodité de la Reine ; elle se fait porter chez Mme de Luynes. — Le duc de Nivernois ambassadeur à Rome. — Arrivée du maréchal de Saxe. — Mort de Mme de Bouville. — Offices du jour de Noël. — Présentation du comte de Bentheim. — Mariage. — Places de la famille royale à la chapelle. — Pendule donnée par le Roi à la Reine. — Difficulté au sujet de l'archevêque de Paris. — Présentations. — *L'Enfant prodigue* de Voltaire joué dans les cabinets.

Du samedi 2, *Versailles.* — Le Roi manda hier à M. le Dauphin, à Mme la Dauphine et à Mesdames de se trouver aujourd'hui au rendez-vous pour la chasse du cerf, à Verrières. M. le Dauphin étoit incertain s'il pourroit y aller, ayant un petit mal aux dents; ce matin il s'est trouvé mieux, et il y a été. Mesdames ont fait la chasse à cheval, et Mme la Dauphine en calèche. M. le Dauphin et Mesdames viennent d'arriver de la chasse à cheval; il n'y a de dames qui montent à cheval avec Mesdames que Mmes de la Rivière et de Belzunce.

C'est demain matin que les quatre nouveaux maréchaux de France prêtent serment. Le Roi recevra aussi M. de Machault en qualité de trésorier de l'ordre du Saint-Esprit. En cette qualité il porte le cordon comme les autres chevaliers; ils ne sont point reçus à la chapelle, et n'ont ni habit de novice ni grand manteau de l'Ordre; ils sont reçus dans le cabinet du Roi, et ne portent que le petit manteau à leur réception, et les jours de cérémonie, par-dessus ce manteau ils ne portent point le collier; cependant ils portent le collier à leurs armes, ce qui pourroit bien être un abus. Les quatre grandes charges de l'Ordre ne portent point le grand manteau.

J'oubliois de marquer que M. le maréchal de Laval a pris le nom de maréchal de Montmorency.

M. et Mme de Penthièvre allèrent avant-hier coucher à Rambouillet pour l'anniversaire qui s'y fait tous les ans pour M. le comte de Toulouse, mort le 1er décembre 1737; ils doivent rester trois ou quatre jours à Rambouillet, où Mme de Modène alla les trouver hier. Ce voyage étoit projeté dès le temps que M. de Penthièvre étoit encore à Fontainebleau, et le Roi étoit entré avec lui dans tous les détails de ses arrangements pour ce voyage, de la maison qu'il y mèneroit, de la compagnie, de ses amusements. Le Roi lui dit qu'il vouloit qu'il y fît deux chasses de cerf, et lui fit tout l'arrangement des lieux où il chasseroit et des chiens qu'il auroit, ayant ordonné que l'on fît deux détachements de ses deux meuttes du cerf pour lui former une meutte de quarante chiens, et qu'on lui donnera de la vénerie tous les chevaux nécessaires.

M. le duc de Brancas retourna d'ici à Paris, il y a quelques jours, pour être reçu chevalier de Saint-Janvier. La cérémonie doit se faire lundi dans l'église des Capucins, rue Saint-Honoré. C'est M. d'Ardore, ambassadeur du roi des Deux-Siciles, qui a la procuration de ce prince pour recevoir M. de Brancas. Il ne peut pas y avoir d'autre chevalier de cet ordre à cette cérémonie, car M. d'Ardore est le seul qui le soit en France. Cette distinction a été accordée à M. de Brancas en faveur de la prétention qu'ont les Brancas, et qui apparemment a été trouvée bien établie, de descendre des Brancaccio de Naples. L'état de M. le duc de Brancas est toujours des plus tristes; il est fort sourd depuis plusieurs années, et outre cela il perd la vue; il compte même être entièrement aveugle dans fort peu de temps; il espère qu'on pourra lui faire l'opération des cataractes. Sa piété et sa résignation à ce qu'il plaira à Dieu dans cette triste situation méritent les plus grands éloges.

Il y a peu de jours que Mme la duchesse de Brancas, la dame d'honneur, reçut un fort beau présent de porcelaine de Saxe que le roi de Pologne lui a envoyé.

Du dimanche 3, Versailles. — Le Roi arriva hier de Choisy, où il étoit arrivé de Fontainebleau le 20. Les quatre maréchaux de France nouveaux ont prêté serment (1) ce matin dans le cabinet du Roi, avant la messe, et M. de Machault a reçu du Roi, aussi dans le cabinet, le

---

(1) A chaque serment il y a une somme pour les gens de la chambre du Roi, qui se partage entre quatre huissiers de la chambre, six garçons de la chambre, deux huissiers du cabinet et deux huissiers de l'antichambre. Outre cela, il y a les quatre premiers valets de chambre qui ont les deux tiers de la somme, de sorte que chaque huissier de la chambre n'a sur 1,000 livres que 31 livres 14 sols 10 deniers. Les deux huissiers de l'antichambre, pareille somme de 31 livres 14 sols 10 deniers, à eux deux. Les deux huissiers du cabinet 47 livres 12 sols 3 deniers, et les six garçons de la chambre, pour eux six, 126 livres 19 sols 4 deniers. (*Note du duc de Luynes.*)

cordon de la charge de trésorier de l'ordre du Saint-Esprit. M. de Clermont prend le nom de maréchal de Tonnerre, et M. de Laval celui de Montmorency.

M{^{lle}} de Duras, qui ne devoit être mariée que le lundi 11 de ce mois, le fut hier. Ce fut un impromptu dont je ne sais pas encore bien le détail ; mais j'ai ouï parler d'une opposition de M{^{me}} de Mazarin, sa grande mère, qui avoit fait accélérer le mariage. M{^{me}} la duchesse de Rohan, qui a été assez malade depuis sa couche, est hors d'affaire. M{^{me}} de Nivernois vient de se blesser. C'est le Roi qui l'a appris ce matin à M. de Maurepas.

Du lundi 4, Versailles. — L'état de M{^{me}} de Nivernois n'est pas encore décidé ; elle étoit venue ici pour faire sa semaine, et c'est en arrivant qu'elle s'est trouvée incommodée.

A l'égard de ce que je marquai hier sur le mariage de M{^{lle}} de Duras, il n'y a point eu d'opposition de M{^{me}} de Mazarin, mais on la craignoit. M{^{me}} d'Aumont arriva samedi, après dîner, ici, chez M{^{me}} la maréchale de Duras, qui ne l'attendoit pas à ce moment, et qui se douta bien qu'il s'agissoit de quelque incident de la part de M{^{me}} de Mazarin. M{^{me}} d'Aumont venoit demander l'agrément de M{^{me}} de Duras pour faire le mariage dès le lendemain, très-matin. M{^{me}} la maréchale de Duras joua chez la Reine et soupa chez moi sans rien dire de ce projet. Elle fit venir son carrosse, à deux heures, dans la cour des ministres, pour que l'on n'eût aucune connoissance de ce voyage ; elle partit de là pour Paris. Le mariage se fit dans la chapelle de l'hôtel d'Aumont, à cinq heures du matin. Voici ce que dit M{^{me}} la maréchale de Duras sur les raisons qui ont déterminé à faire le mariage sur-le-champ. Lorsque M{^{me}} de Mazarin se démit de la tutelle l'année passée, il fut fait une transaction par avis de parents et revêtue de toutes les formalités, par laquelle tous les droits de M{^{me}} de Mazarin furent expliqués ; et il lui fut assuré 38 ou 40,000 livres de rente avec toutes les précautions les plus capables de lui donner de la tranquillité. Lorsque les arrangements furent faits pour le mariage de M. de Villequier, M. d'Aumont et M. de Duras en allèrent rendre compte à Mme de Mazarin, qui ne parut pas s'y opposer; on lui a porté depuis le contrat de mariage à signer; il est vrai qu'elle refusa de le signer, mais elle dit pour raison qu'elle étoit incommodée et qu'elle l'enverroit quérir quand elle se porteroit mieux. Elle n'a point envoyé quérir le contrat; les trois bans ont été publiés à la paroisse de la Madeleine et à celle de Saint-Sulpice. L'hôtel de Duras, où logeoit M. d'Aumont il y a peu de temps, est sur la première, et l'hôtel de Nesle, où il loge présentement, est sur la seconde. M. d'Aumont alla la semaine dernière chez Mme de Mazarin lui rendre compte des arrangements pour le mariage; n'ayant pu parvenir à la voir, il lui écrivit et lui demanda un rendez-vous. Le samedi, il reçut une lettre d'elle par laquelle elle lui marquoit qu'il étoit inutile qu'ils se vissent, qu'il falloit que ses intérêts fussent discutés dans le contrat de mariage, qu'elle n'avoit appris ce mariage que par le bruit public, qu'il lui déplaisoit infiniment, qu'elle voudroit être à portée d'avoir pour lui les sentiments d'estime et de considération qu'elle auroit désiré. Voilà le sens de la lettre, laquelle a décidé à faire le mariage promptement. C'est le vicaire de Saint-Sulpice qui a fait ce mariage, à l'hôtel d'Aumont, en l'absence du curé, qui est malade. On n'a pu le faire qu'à cinq heures du matin, M. l'archevêque ne donnant point de permission de marier à minuit.

Du mardi 5, Versailles. — Il y a deux jours que Mlle Antier, fort connue par la beauté de sa voix, mourut à Paris. Il y avoit plusieurs années qu'elle s'étoit retirée de l'Opéra. Elle avoit environ soixante-huit ans.

Hier, se fit la réception de M. le duc de Brancas aux Capucins à Paris, comme je l'ai marqué. Il y eut ensuite un grand dîner chez lui.

Du mardi 6. — Les comédies recommencèrent hier et les concerts avant-hier. Il y a eu aujourd'hui comédie italienne comme à l'ordinaire. La Reine ni Mesdames n'y ont point été; elles sont en retraite, faisant demain leurs dévotions. M. le Dauphin et Mme la Dauphine ont été à la comédie.

M. le cardinal de Rohan arriva de Strasbourg à Paris samedi dernier.

M. d'Aumont a présenté aujourd'hui M. le duc de Mazarin, son fils; il devoit être présenté avant son mariage sous le nom de marquis de Villequier, mais le mariage ayant été fait fort promptement, par les raisons que j'ai dites, il n'a paru ici que sous le nom de Mazarin.

Une circonstance que j'ai oublié de marquer, c'est que dans le moment que M. de Duras reçut la lettre de Mme de Mazarin, M. de Maurepas en fut instruit et fut prié en même temps de demander l'agrément du Roi pour le mariage et le secret. Le Roi, la Reine, M. le Dauphin, Mme la Dauphine, et par conséquent Mesdames, ont envoyé faire des compliments à M. et Mme d'Aumont, à M. et Mme de Duras, et même à Mme de Mazarin.

Les quatre nouveaux maréchaux de France allèrent hier prendre leurs places au tribunal des maréchaux de France, qui se tient chez M. le maréchal de Coigny; ils n'étoient que sept en tout. Il y eut un grand dîner chez M. de Coigny, et ils entrèrent au tribunal avant et après le dîner.

Du vendredi 8, *Versailles.* — Il y a quelques jours que le Roi apprit la mort de Mme la duchesse de Brunswick-Lunebourg-Bevern (1), mère du duc régnant et de la reine de Prusse; elle a eu encore plusieurs autres enfants. C'est le duc de Bevern qui a donné part de cette mort. Le Roi s'en est rapporté à la Reine pour savoir s'il avoit quelque

---

(1) Antoinette-Amélie de Brunswick-Wolfenbuttel, veuve de Ferdinand Albert, duc de Bevern puis de Brunswick-Wolfenbuttel.

parenté avec la duchesse de Brunswick, et s'il devoit prendre le deuil. Jusqu'à présent la Reine ne voit point de parenté qui doive déterminer au deuil; cependant cet article n'est point encore décidé.

Il y eut hier comédie; la Reine ni Mesdames n'y allèrent point, parce que c'étoit le jour de leurs dévotions. M. le Dauphin et Mme la Dauphine n'y allèrent point non plus, parce qu'ils ont fait leurs dévotions aujourd'hui.

Du dimanche 10, *Versailles.* — Avant-hier, le Roi au grand couvert, dit à M. le Dauphin qu'il falloit qu'il prît le deuil de Mme la duchesse de Brunswick et qu'il le portât dix jours; qu'il pouvoit le prendre quand il voudroit. Par l'examen qui a été fait de la parenté avec le Roi on a vu qu'il n'y en a aucune, mais Mme de Brunswick étoit parente assez proche de M. le Dauphin, puisqu'elle étoit grande tante à la mode de Bretagne de Mme la Dauphine; c'est par les Wurtemberg, et non par les Bayreuth. Les grands et principaux officiers de la maison de M. le Dauphin et de Mme la Dauphine, et les dames qui lui sont attachées, prennent aussi le deuil.

Il y a quatre ou cinq jours que M. le duc de Châtillon est revenu à Paris, avec permission du Roi. Depuis qu'il est de retour de ses terres, il a presque toujours habité le château de Leuville, à six ou sept lieues de Paris, et n'en est presque sorti que pour aller chez l'abbé de Broglie, à son abbaye des Vaux de Cernay. Sa santé l'ayant mis dans la nécessité d'aller aux eaux de Forges, il eut permission du Roi de passer à Paris, mais sans s'y arrêter. Depuis ce temps, sa santé a continué d'être mauvaise, et il est question depuis quelques mois de lui faire l'opération de la fistule; il paroît même que tout ce que l'on désire est que cette opération soit possible. Dans ces circonstances, les secours des médecins et des chirurgiens étant nécessaires à tout moment, le Roi a bien voulu permettre que M. de Châtillon vînt à Paris. Cette permission n'est point motivée,

Vendredi dernier, jour de la fête de la Vierge, un moment avant que le sermon commençât, on sut que le Roi, qui devoit y venir, n'y viendroit point. Il y avoit eu ce jour-là conseil de dépêches qui avoit duré fort tard; ce fut la raison pour laquelle le Roi ne fut point au sermon. La Reine, qui n'y avoit point été dimanche dernier, à cause de sa santé, y fut vendredi. Le prédicateur ne lui fit point de compliment, n'ayant pas pu prévoir qu'elle y seroit seule ce jour-là. Le sermon fut fort beau et fort instructif, ce qui est assez rare le jour de ces fêtes. Le Roi vint en bas entendre les vêpres chantées en haut par les chantres de sa musique. On ne dit ni complies ni la prière; le salut commença immédiatement après les vêpres.

Du mardi 12, *Versailles*. — M. de la Tournelle, sous-introducteur des ambassadeurs, ou pour mieux dire secrétaire à la conduite des ambassadeurs, me dit hier qu'il étoit venu chercher Mme de Luynes pour l'avertir que l'audience de M. le cardinal de Soubise, comme cardinal, étoit pour aujourd'hui; il me montra en même temps dans son registre le projet d'arrangement de la cérémonie. Dans l'article de l'audience de la Reine, il étoit marqué que le chevalier d'honneur et le premier écuyer étoient derrière le fauteuil de la Reine; je lui fis observer que c'étoit une faute, que le premier écuyer n'avoit point de place derrière le fauteuil. Ce fait est constant, et l'observation que je fais ici n'est que pour prouver qu'il n'y a pas d'exactitude dans des registres où les moindres circonstances sont de conséquence, parce qu'elles font exemple et donnent occasion à des disputes.

L'audience de M. le cardinal de Soubise a été ce matin chez le Roi, avant que S. M. parte pour la chasse, et chez la Reine au retour de la messe. Je ne parlerai point de celle du Roi, à laquelle je n'étois pas; elle s'est passée comme à M. le cardinal d'Auvergne, et M. le cardinal de Soubise s'est couvert devant le Roi. On peut voir sur cela ce que j'ai écrit (1) à l'occasion de M. le cardinal d'Auvergne. M. le cardinal de Soubise étoit en habit long rouge, avec la calotte et la barrette, ou bonnet rouge. On sait que les cardinaux n'ont point de chapeau rouge, à moins qu'ils n'aient été le recevoir à Rome. M. le cardinal de Fleury par cette raison n'en a jamais eu (2). M. le cardinal de Soubise étoit précédé par deux de ses aumôniers en surplis et accompagné par M. de Sainctot, introducteur des ambassadeurs, et par MM. de Dreux et Desgranges, grand maître et maître des cérémonies.

La Reine s'est mise exprès en grand habit pour cette cérémonie, ne devant point y avoir de grand couvert aujourd'hui (3). Elle a passé dans le grand cabinet qui est avant sa chambre, et s'est placée dans son fauteuil (4) dans le fond du cabinet, vis-à-vis les fenêtres, Mme de Luynes derrière à la droite, et Mme de Villars à la gauche, M. de la Mothe seul debout derrière le fauteuil. Les dames assises et debout, rangées à l'ordinaire. M. de Sainctot étant venu avec le cardinal, s'est avancé à la porte du cabinet pour avertir Mme de Luynes de venir au-devant. Mme de Luynes est sortie sur-le-champ, et s'est avancée jusque dehors la porte qui donne du cabinet dans l'antichambre; là, elle a salué et baisé M. le cardinal de Soubise; elle est ensuite rentrée dans le cabinet; M. le cardinal est entré aussitôt précédé par M. de Dreux, qui s'est mis ensuite à sa droite, et M. de Sainctot et M. Des-

---

(1) Avril 1738. (*Note du duc de Luynes.*)

(2) Quand même il auroit eu le chapeau rouge, je crois qu'il ne s'en seroit pas servi en cette occasion. Nous verrons dans peu de temps ce qui se passera pour M. le cardinal de la Rochefoucauld. (*Note du duc de Luynes.*)

(3) Le Roi n'alla point à la chasse hier, à cause du vilain temps; cependant il soupa dans ses cabinets. Il a été aujourd'hui courre le cerf, quoiqu'il fît aussi vilain, et il soupe encore dans ses cabinets. (*Note du duc de Luynes.*)

(4) M. de Sainctot est venu d'abord prendre les ordres de la Reine, et a été ensuite prendre M. le cardinal dans la salle des ambassadeurs. La Reine a envoyé d'abord les dames se placer, et ensuite a été se mettre dans son fauteuil. (*Note du duc de Luynes.*)

granges à sa gauche. Après les trois révérences ordinaires, pendant lesquelles Mme de Luynes a été se remettre à sa place derrière la Reine à droite, M. le cardinal de Soubise a porté son bonnet jusqu'à sa tête seulement, pour faire semblant de se couvrir, et a commencé ensuite son compliment à la Reine, en françois. Après ce compliment, qui a été assez court, il a présenté à la Reine son camérier, le prélat Onorati, qui le suivoit en habit long violet; le camérier a fait un petit compliment à la Reine, en italien, et a remis ensuite à la Reine le bref du pape, que la Reine a remis aussitôt à M. de Puisieux, secrétaire d'État, qui étoit debout auprès du fauteuil. Après le compliment de M. le cardinal de Soubise, on a avancé un pliant à quelque distance de la Reine, et vis-à-vis d'elle, sur lequel il s'est assis (1); il a demeuré assis pendant le discours du camérier et la réponse de la Reine. La Reine a demeuré encore un instant assise; lorsqu'elle s'est levée, M. le cardinal de Soubise s'est retiré en faisant les trois mêmes révérences; Mme de Luynes l'a accompagné jusqu'à la porte de l'antichambre. J'ai oublié de marquer que la Reine ne se lève point quand le cardinal entre; elle ne répond aux révérences que par un signe de tête.

De chez la Reine, M. le cardinal de Soubise a été chez M. le Dauphin. Je n'étois point à cette audience, mais je sais que M. le Dauphin reçoit le cardinal debout, et sans avoir ni chapeau, ni épée, ni gants; c'est l'usage.

L'audience de Mme la Dauphine a été après celle de M. le Dauphin. J'y étois. Tout s'est passé de même que chez la Reine, excepté que Mme la Dauphine s'est levée et s'est tenue debout pendant les révérences et le compliment du cardinal. Elle étoit assise dans un fauteuil, et le cardinal assis sur un pliant, vis-à-vis d'elle. Pendant le compliment

---

(1) C'est la différence qu'il y a de l'audience d'un cardinal à celle d'une ambassadrice. La dame d'honneur est à côté d'elle et à sa gauche, au lieu que le cardinal est seul vis-à-vis la Reine. (*Note du duc de Luynes*.)

du camérier, le bref du pape a été remis aussi à Mme la Dauphine par le camérier; elle l'a remis sur-le-champ à M. de Puisieux. M. le cardinal de Soubise auroit dû saluer Mme la Dauphine avant le compliment, mais il l'a oublié.

De chez Mme la Dauphine il a été chez la petite Madame (1). Je n'y étois point; mais tout s'est passé comme chez Mme la Dauphine. Je me suis trouvé chez Mesdames, qui logent encore dans leur ancien appartement au-dessus de la petite Madame. Mesdames étoient chacune dans un fauteuil, dans le cabinet qui est après la seconde antichambre. Mme la maréchale de Duras a été recevoir M. le cardinal, comme Mme de Luynes chez la Reine, Mme de Brancas chez Mme la Dauphine, et Mme de Tallard chez la petite Madame. Après les trois révérences (2), M. le cardinal de Soubise a salué et baisé Mesdames; son compliment a été extrêmement court. La présentation du prélat Onorati, son camérier, le compliment de ce prélat, tout s'est passé de même comme chez Mme la Dauphine. Mme la maréchale de Duras n'est revenue que pour le moment de l'audience; elle étoit allée à Paris, à l'occasion d'un bal d'après-dîner qu'il y eut hier chez Mme la duchesse de Duras, à cause du mariage dont j'ai parlé ci-dessus. L'absence de Mme la maréchale de Duras a donné lieu à une question. Il est certain qu'en l'absence de la dame d'honneur de Mesdames, c'est la première femme de chambre qui commande dans la chambre. Mme de la Lande, quoique chargée des mêmes fonctions qu'une dame d'atours pour la garde-robe de Mesdames, n'a nul service; il

---

(1) Madame, depuis quatre ou cinq jours, est sortie de l'appartement de M. le prince de Conty, dans l'aile neuve où elle logeoit; elle est entrée dans l'appartement qui lui étoit destiné au bout de l'aile des princes. (*Note du duc de Luynes.*)

(2) M. le cardinal de Soubise a fait une première révérence à Madame, la seconde à Mme Adélaïde et la troisième vis-à-vis l'espace d'entre les deux fauteuils. (*Note du duc de Luynes.*)

étoit donc question de savoir si la première femme de chambre remplaceroit Mme de. Duras en tous points, et si par conséquent M. le cardinal de Soubise la salueroit. Le cas n'est pas arrivé, mais il m'a paru que l'on regardoit comme certain qu'elle ne seroit point saluée, que même elle ne s'y trouveroit point.

Du jeudi 14, Versailles. — M. O'Brien qui est chargé des affaires du roi Jacques en France depuis longues années, est allé à Rome depuis quelque temps. Ce prince a désiré qu'il allât le voir; il a beaucoup de confiance en M. O'Brien et l'a toujours extrêmement considéré; le cardinal duc d'York l'aime fort aussi. On me dit il y a quatre jours que le roi Jacques l'avoit créé comte de Lismore, du nom d'une terre qui est en Irlande, et que ce prince avoit intention de lui donner l'ordre de la Jarretière, ce qu'on croit qui est même déjà fait.

Il y a quelques jours que le Roi a donné à Mme la duchesse de Gramont (Biron) l'appartement qu'avoit M. le maréchal de Biron, son père, lequel s'est retiré à l'Institution. Cet appartement, qui avoit été fait pour M. le marquis d'Antin, est au-dessus de la salle des Ambassadeurs, entre la cour des Princes et la cour Royale.

Mme la princesse d'Elbeuf fut présentée hier; elle est sœur de feu M. le marquis du Plessis-Bellière qui avoit épousé ma cousine germaine, Mlle de Chaulnes; elle avoit épousé en premières noces M. de Coëtenfao. J'en ai parlé ci-dessus à l'occasion de son mariage avec M. le prince d'Elbeuf; elle est boiteuse; d'ailleurs il n'y a rien à dire sur sa figure. C'est Mme la princesse de Pons qui l'a présentée; elle étoit accompagnée par ses deux filles, Mme de Marsan la chanoinesse et Mme de Turenne.

M. l'abbé de Ravannes mourut à Paris hier matin; il étoit frère de feu Mme Prondre; il avoit depuis plusieurs années une des trois places de conseiller d'État ecclésiastique. On ne sait point encore à qui cette place sera donnée; on parle de M. l'abbé de Salabéry, ancien conseiller de grande chambre, extrêmement estimé, lequel à ce que l'on dit la désire; on parle aussi de M. l'abbé de Marbeuf, ci-devant lecteur de M. le Dauphin. M. l'abbé de Ravannes étoit fort connu et fort aimé dans ce pays-ci. Il avoit un esprit qui joignoit à quelque peu de frivole beaucoup de qualités solides. Il avoit des amis, lesquels depuis longues années se louoient de ses attentions et du soin qu'il avoit toujours eu de conserver leur amitié. Il étoit extrêmement attaché, et depuis longtemps, à M. le cardinal de Rohan; il lui avoit donné des preuves essentielles de cet attachement. M. le cardinal de Rohan a toujours fait une dépense fort considérable et très-honorable, mais cette dépense se faisoit sans ordre; M. l'abbé de Ravannes entreprit d'y mettre l'ordre et l'arrangement. Il y a déjà longues années que cet ordre est établi et se soutient; je me souviens de lui avoir entendu dire que la dépense de la maison de M. le cardinal de Rohan montoit en total à 12,000 livres par mois, et tout y est payé avec la dernière exactitude. La Reine avoit beaucoup d'amitié pour M. l'abbé de Ravannes, qu'elle connoissoit de Weissembourg même, où il avoit eu occasion de lui faire sa cour avant qu'il fût question du mariage du Roi en aucune manière. La Reine parut affligée de cette nouvelle, et lorsqu'elle vint hier chez moi, après le grand couvert, elle dit en entrant qu'elle ne joueroit point, et passa toute la soirée dans le cabinet sans autre amusement que celui de la conversation. M. le maréchal de Belle-Isle, qui depuis quarante-cinq ans étoit ami de M. l'abbé de Ravannes, vint faire sa cour à la Reine dans ce moment; ce fut une nouvelle occasion de parler, si on peut se servir de ce terme, d'un ami commun.

M. le maréchal de Belle-Isle, dans cette même conversation, parla beaucoup à la Reine de l'infant don Philippe et de Mme Infante; il n'est pas moins étonné que tout le monde l'est ici de ce que la cour d'Espagne, ayant autant d'intérêt qu'elle en a à avoir des garçons, laisse l'Infant et l'Infante aussi longtemps séparés. Il dit que l'Infant est très-affable pour tout le monde et surtout pour les François, auxquels il marque beaucoup de bonté ; qu'il parle très-bien françois ; qu'on peut bien lui reprocher encore un peu d'enfance, et surtout beaucoup de timidité, mais qu'il a de l'esprit et beaucoup de volonté de bien faire ; que quoiqu'il ait un grand éloignement pour le joug de M. de la Mina, il est cependant très-exactement soumis à ses volontés ; que c'est la décision de M. de la Mina qui a empêché que l'Infant ne se trouve aux occasions qui se sont présentées pendant cette guerre, ce qui a donné occasion aux propos indiscrets qui ont été tenus sur sa valeur, mais qu'il n'y a rien à lui reprocher sur cet article ; qu'à l'égard de Mme Infante, l'Infant l'aime passionnément, et que les Espagnols lui en ont parlé comme étant tous remplis d'attachement et de respect pour elle.

Il y a deux ou trois jours que M. le duc de Boufflers prit congé dans le cabinet ; il va tenir les États de Flandre. M. de Boufflers n'a point d'entrées, mais c'est l'usage de prendre congé dans le cabinet pour tous ceux qui vont tenir les États, de même qu'en partant pour quelque autre commission où l'on est censé pouvoir recevoir des ordres particuliers du Roi.

Du mardi 18, *Versailles.* — La place de conseiller d'État ecclésiastique, vacante par la mort de M. l'abbé de Ravannes, n'a été remplie qu'aujourd'hui ; c'est M. l'archevêque de Sens (1) que le Roi a nommé pour cette place, et il a donné l'expectative pour la première vacante à M. l'abbé de Marbeuf. M. le Dauphin désiroit fort la place vacante pour M. l'abbé de Marbeuf ; il en avoit parlé au Roi et avoit envoyé querir M. le chancelier à qui il avoit marqué tout l'intérêt qu'il prenoit à M. l'abbé de Marbeuf. M. le chancelier souhaite depuis longtemps qu'il y ait au moins quelqu'une de ces trois places remplie par

---

(1) Jean-Joseph **Languet** de **Gergy.**

des évêques; il auroit même préféré à tout autre un évêque ou archevêque pair de France, parce qu'alors la séance ne feroit plus de difficulté. Le chancelier a toujours la première place, le pair de France a la seconde. Apparemment que M. l'archevêque de Sens est instruit du rang qu'il doit tenir, et que toutes les difficultés sur cet article sont levées. M. l'abbé de Marbeuf doit remercier aujourd'hui le Roi, car on remercie des expectatives comme de la place même.

Il y eut ces jours passés une difficulté chez Mme la Dauphine qui a été décidée contre l'avis de Mme de Brancas. Il s'agissoit de savoir où seroit placée la sentinelle qui garde l'antichambre de Mme la Dauphine. Par ce que j'ai expliqué ci-dessus de l'appartement, on sait qu'il y a un passage entre le péristyle qui est au bas de l'escalier de marbre et l'antichambre; c'est sur le double de ce passage-là qu'est le petit appartement de Mme de Brancas pour le jour. Elle prétendoit que le garde devoit être à la porte du passage du côté du péristyle, et M. d'Harcourt soutenoit qu'il devoit être à la porte de l'antichambre en dedans; c'est en effet ainsi que cela a été décidé.

Depuis environ trois semaines on a joué à Sceaux différentes comédies; on y a même joué deux fois un opéra qui est celui d'*Issé*. Mme la duchesse du Maine a de tous les temps aimé qu'on lui donnât des fêtes chez elle. C'étoit Mme de Malause (Maniban) qui s'étoit chargée de faire les frais de celles-ci pour l'opéra. Il n'y avoit de femmes qui jouassent que Mme du Châtelet et Mme de Jaucourt, dont j'ai parlé ci-dessus à l'occasion de sa présentation. La prodigieuse affluence de monde qu'il y eut à la première représentation avoit déjà importuné Mme la duchesse du Maine, et ce ne fut qu'avec peine qu'elle consentit à la seconde représentation. Dans ces deux représentations Mme du Châtelet joua et chanta assez bien; mais l'importunité de la foule n'étant pas moins grande à la seconde qu'à la première, Mme la duchesse du Maine se détermina à ne plus laisser jouer que des comédies ; ce dernier arrangement ne s'est pas soutenu longtemps. A la dernière comédie, il y a cinq ou six jours, il y eut un monde si affreux, que Mme la duchesse du Maine a été dégoûtée de pareils spectacles. Elle voulut voir les billets qui avoient été envoyés ; elle trouva qu'ils étoient indécents par rapport à elle ; on en jugera par la copie d'un de ces billets qui sera mis à la marge de cet article, si je peux l'avoir (1).

Il y a environ trois semaines que la Reine dit à Mme de Luynes que Mme Infante lui mandoit de lui faire des compliments sur la mort de M. de Charost. Mme Infante connoissoit beaucoup M. de Charost. Mme de Luynes a l'honneur d'en être connue ; elle étoit dame d'honneur avant le mariage de Mme Infante. Mme de Luynes dit à la Reine qu'elle écriroit à M. de Rennes pour le prier de présenter à Mme Infante ses hommages, ses respects et sa reconnoissance. La Reine lui dit qu'il falloit qu'elle écrivît directement à Mme Infante. On trouvera ci-joint copie de la réponse de Mme Infante à Mme de Luynes.

« Les ordres de la Reine me sont toujours très-précieux, Madame, et celui qu'elle vous a donné de m'écrire m'a été très-agréable. Mon attachement pour elle est trop vif pour ne me pas inspirer une sincère amitié pour ceux qui lui sont aussi attachés que vous ; cela joint à celle que j'ai depuis longtemps pour vous ne doit pas vous laisser douter de la part que je prends à tout ce qui vous intéresse ; celle que j'avois aussi pour M. de Charost m'en a fait prendre doublement à

---

(1)   *Copie d'un billet des comédies de Sceaux.*

« De nouveaux acteurs représenteront vendredi, 15 décembre, sur le théâtre de Sceaux, une comédie nouvelle en vers et en cinq actes.

« Entre qui veut, sans aucune cérémonie ; il faut y être à six heures précises et donner ordre que son carrosse soit dans la cour à sept heures et demie, huit heures. Passé six heures, la porte ne s'ouvre à personne. »

La comédie représentée à Sceaux le 15 décembre 1747 était *la Prude.* Dans les œuvres de Voltaire, cette comédie est précédée du prologue récité par Voltaire sur le théâtre de Sceaux, avant la représentation de sa comédie.

sa perte. Soyez persuadée, Madame, je vous prie, de la sincérité de mes sentiments, dont vous ne sauriez avoir le meilleur garant que les bontés de la Reine. »

Signé Louise Élisabeth.

Mlle Demetz, de l'Opéra, qui a été reçue à la musique de la chambre à la place de Mlle Antier, par le crédit et la protection de Mme de Pompadour, débuta ici au concert samedi dernier, et son début ne fut pas extrêmement approuvé. Mlle Guédon, fille d'un ancien musicien du Roi, y chanta hier pour la première fois, et fut assez approuvée; il lui manque encore le goût du chant.

Le Roi vient de donner 9,000 livres de pension à M. le duc d'Ayen; cela est plutôt regardé comme appointements de la charge de capitaine des gardes, qu'il exerce en survivance.

Mme de Coigny a présenté aujourd'hui Mme de Thianges (Bernard) (1); c'est une jeune femme, grande, assez grasse, qui a un beau teint, de belles dents et dont la figure en tout est plutôt bien que mal.

Avant-hier dimanche, Mme la maréchale de Duras présenta Mme la duchesse de Mazarin, qui est assez grande pour douze ans; sa figure n'est pas mal, parce qu'elle est jeune, mais il y a lieu de croire, par la forme de son visage, qu'elle ne sera pas jolie. Mme de Mazarin prit son tabouret chez le Roi et ensuite chez la Reine.

Du mercredi 20, *Versailles*. — Hier le tribunal de la connétablie se tint chez M. le maréchal de Coigny, qui donna ensuite un grand souper. Ils étoient onze maréchaux de France. Il n'y manquoit que les six qui ne peuvent pas y assister : M. le maréchal de Brancas, par l'état où est sa santé depuis qu'il a eu une attaque d'apoplexie; M. le maréchal de Biron, qui est le doyen, par son grand

---

(1) Sœur d'une Mme Chanlo, femme d'un valet de garde-robe du Roi et nièce d'une Mme de Montjival, femme de chambre de Mme Adélaïde. (*Note du duc de Luynes.*)

DÉCEMBRE 1747.

âge et parce qu'il est totalement retiré du monde; M. le maréchal de Noailles, parce qu'il se trouve actuellement le doyen et que n'ayant pas voulu tenir le tribunal chez lui, il ne peut pas aller chez un autre; M. le maréchal d'Harcourt, parce qu'il est de quartier auprès du Roi; M. le maréchal de Saxe, parce qu'il est protestant; ce qui lui donne l'exclusion, car sans cette raison il auroit pu s'y trouver, étant à Paris depuis deux jours; enfin M. de Lowendal, parce qu'il est reparti pour la Flandre, suivant l'arrangement, pour y remplacer M. le maréchal de Saxe.

Du jeudi 21. — L'on sait depuis quatre ou cinq jours que le Roi a donné l'évêché de Glandève à M. l'abbé de Castellane, qui étoit grand vicaire dans un autre diocèse. Cet évêché ne vaut qu'environ 10,000 livres. Il étoit vacant par la mort de M. de Crillon, qui en étoit évêque depuis vingt-cinq ans; c'étoit le frère de M. l'archevêque de Narbonne. Glandève est suffragant d'Embrun. C'étoit autrefois une ville de Provence, mais elle a été détruite par les débordements du Var; il n'y reste plus que la maison de l'évêque. Le chapitre et la cathédrale ont été transférés à Entrevaux, qui est à la distance de Glandève d'une petite demi-lieue.

Les comédies commencèrent hier dans les cabinets. Le théâtre est toujours dans la petite galerie (1); on y a seulement fait quelques changements. La partie de la petite galerie qui est du côté de l'appartement du Roi et où le Roi se place, ainsi que tous les spectateurs, formoit un trop petit espace, parce qu'on avoit pris sur cette partie un retranchement pour placer l'orchestre; ce retranchement même étoit trop petit, et les musiciens y étoient

---

(1) Cette petite galerie, dont les peintures, exécutées par Mignard, avaient été détruites en 1736, fut complétement démolie en 1750, ainsi que l'escalier de marbre, ou escalier des ambassadeurs, et le cabinet des médailles, dont le duc de Luynes parle quelques lignes plus bas.

fort mal à leur aise. On a donc ôté ce retranchement; ainsi l'emplacement pour les spectateurs est présentement assez grand. On a placé l'orchestre en avant des spectateurs, et on lui a donné un emplacement suffisant. Le théâtre est par delà l'orchestre, ce qui fait qu'il est un peu éloigné des spectateurs, et que les acteurs et actrices qui ont la voix foible se font entendre difficilement. Derrière le théâtre, on a construit un retranchement avec des planches dans lequel deux dames peuvent s'habiller, et plus loin sur le palier de l'escalier de marbre, près la porte de la petite galerie, on a fait un autre retranchement volant avec des planches, qui est assez grand, avec des poêles, pour que les hommes puissent s'habiller et se déshabiller sans se refroidir. On fait usage aussi, pour des acteurs moins considérables, du cabinet qu'on appelle des médailles (1), où elles ne sont plus, mais qui en porte toujours le nom (2).

La comédie que l'on joua hier commença à cinq heures et demie. Le Roi étoit revenu exprès de bonne heure de la chasse. C'étoit *le Mariage fait et rompu*, pièce de Dufresnoy; elle est bien composée et fort agréable à entendre. Mme de Pompadour ne joue pas dans cette pièce. Il y a quatre femmes, Mme la duchesse de Brancas la douairière, qui fait la présidente; Mme de Sassenage, qui fait la tante; Mme de Livry, qui fait l'hôtesse, et Mme de Pons, qui fait la veuve. Les hommes sont : M. le comte de Maillebois, qui fait le président; M. d'Argenson le fils (3); M. de Croissy; M. de Clermont-d'Amboise, le père, qui fait le notaire parfaitement bien; M. de Duras, qui joue très-bien, mais qui parle un peu trop vite; et M. le duc de Nivernois, qui

---

(1) On voit aujourd'hui dans la pièce qui occupe l'emplacement de ce cabinet une suite de gouaches de Van Blarembergbe représentant les campagnes de Louis XV.

(2) Elles ont été transportées partie à Paris, et le reste a été mis ici dans les cabinets du Roi. (*Note du duc de Luynes.*)

(3) Marquis de Voyer.

joue supérieurement le rôle de gascon (1). Cette pièce fut exécutée tout au mieux ; elle dura environ une heure.

Après que la comédie fut finie, l'orchestre joua quelque temps, pendant lequel Mme de Pompadour, qui n'avoit été que spectatrice, alla se préparer pour être actrice. On exécuta un acte dont la musique est composée par Rebel et Francœur, et les paroles par M. de Montcrif. Cet acte est une pastorale extrêmement jolie. Mme de Pompadour y chante et y joue à merveille. Il ne devoit y avoir d'actrice avec elle que Mme de Brancas la douairière ; mais comme elle est enrhumée et hors d'état de chanter, on a substitué à sa place, seulement pour le temps qu'elle sera malade, Mme Trusson, femme de chambre de Mme la Dauphine, qui a une jolie figure, une petite voix, mais fort agréable. En homme, il n'y a d'autre acteur que M. le duc d'Ayen, qui joue fort bien. La pastorale se nomme *Isméne*, qui est le nom de la principale actrice. Les danses, toujours composées par de Hesse, sont extrêmement jolies. Il n'y a de gens de ce pays-ci qui dansent que M. de Courtenvaux, qui danse avec beaucoup de légèreté et de justesse. Les autres danses sont exécutées par quatre fils et quatre filles de maîtres à danser de Paris, qui ont de dix, douze à quinze ans, qui dansent à merveille, et qui font beaucoup mieux sur le théâtre parce qu'ils le remplissent moins. Ce n'est que de cette année que cet arrangement a été fait. On a fait aussi un arrangement pour l'orchestre ; on l'a augmenté de deux des meilleurs violons de la musique du Roi, d'un basson, d'une flûte et hautbois, aussi de la musique, et de Jéliotte, qui joue de toutes sortes d'instruments et qui joue là du violoncelle. On trouvera à la fin de cette année (2) le nom de tous les acteurs de la pastorale et de l'orchestre ; on y trouvera aussi une espèce de prolo-

---

(1) Ou de Glacignac. (*Note du duc de Luynes.*)
(2) Pièce 10 de l'appendice à l'année 1747.

gue composé par M. de Montcrif; ce fut un impromptu fait pour le Roi, auquel en effet S. M. ne s'attendoit point; il fut joué avant la comédie. M. le duc de la Vallière a le titre de directeur de ces petits spectacles.

Du dimanche 24, *Versailles*. — La Reine s'étant trouvée incommodée, comme elle l'avoit déjà été ici et à Fontainebleau, le Roi soupa jeudi au grand couvert dans son antichambre près de l'œil-de-bœuf. J'ai déjà marqué de ces soupers, sans la Reine, avec M. le Dauphin, Mme la Dauphine et Mesdames. Depuis que la Reine garde sa chambre, le Roi est venu chez elle presque tous les jours pendant son jeu.

La Reine a toujours continué malgré son incommodité à se faire apporter tous les soirs chez Mme de Luynes, soit pour souper les jours que le Roi soupe dans ses cabinets, soit après souper lorsque le Roi soupe au grand couvert. Mais depuis quinze jours la Reine ne se met plus à table chez moi, comme elle avoit toujours fait; elle mange seule et fort peu, sur une petite table, dans le cabinet de Mme de Luynes; c'est un régime que sa faculté lui a ordonné, au moins pour quelque temps, et dont elle se trouve bien.

Il y a trois semaines ou un mois que l'on sait que M. le duc de Nivernois va à Rome en qualité d'ambassadeur du Roi. Il y remplacera M. le cardinal de la Rochefoucauld, qui a désiré de revenir et qui sera ici dans deux ou trois mois.

Jeudi dernier, M. le maréchal de Saxe arriva ici; il porte présentement ses cheveux, qui lui donnent l'air plus jeune; il est en très-bonne santé.

Mme de Bouville (Goujon) mourut il y a quatre ou cinq jours à Paris. M. le marquis de Bouville est maréchal de camp.

Mme la Dauphine et Mesdames ne jouèrent point hier chez la Reine; elles se mirent en retraite; elles ont fait aujourd'hui leurs dévotions.

Du lundi 25, *Versailles*. — Il n'y eut point hier de

grand couvert; le Roi ne mangea qu'au retour de la messe de minuit et dans ses cabinets. La Reine ne joua point; elle resta à faire la conversation chez elle, depuis le salut jusqu'à huit heures et demie avec M. le Dauphin, Mme la Dauphine et Mesdames; ensuite elle envoya avertir ses dames de semaine; elle soupa seule à neuf heures, et ne sortit qu'à onze heures et demie, pour aller en robe de chambre dans sa petite tribune en haut, où elle entendit la messe de minuit. Le Roi étoit dans la grande tribune sur le drap de pied, ayant à sa droite M. le Dauphin et à sa gauche Mme la Dauphine et Mesdames. Il y avoit eu l'après-dînée les premières vêpres chantées par les chantres de la musique en haut; le Roi les entendit en bas, et tout de suite le salut.

Ce fut M. l'évêque de Dijon (Bouhier) qui officia aux premières vêpres. On sait qu'il n'y a point de grande messe à minuit, mais seulement trois messes basses.

Le Roi a été aujourd'hui à la messe en bas; M. l'évêque de Dijon a officié et Mme de Civrac (d'Antin) a quêté.

Il y a aujourd'hui une grande difficulté au sujet de M. l'archevêque de Paris, qui doit être reçu commandeur de l'Ordre au 1er janvier. Dans toutes les églises de son diocèse, les jours de cérémonie il doit y faire porter sa croix; par cette raison il devroit l'avoir ici au jour de l'an; mais la chapelle du Roi prétend être exempte de la juridiction de l'évêque et que la croix portée en cérémonie marquant la juridiction, M. l'archevêque ne peut pas la faire porter à la chapelle.

Du mercredi 27, *Versailles.* — M. de Sainctot présenta hier M. le comte de Bentheim; j'ai déjà parlé de lui il y a deux ans quand il vint ici. Depuis ce temps il s'est marié à Aix-la-Chapelle; il a épousé Mlle de Bournonville (1), parente de Mme la maréchale de Duras. Il l'a me-

---

(1) M. le baron de Capres, qui est venu ici sous ce nom et qui a été depuis duc de Bournonville, et qui est au service de la maison d'Autriche, a un

née à Bruxelles, où elle est grosse, prête d'accoucher ; il me paroît que son projet est de venir s'établir à Paris avec elle. L'électeur de Cologne, qui étoit tuteur de M. de Bentheim et qui jouissoit de son bien depuis plusieurs années, le lui a rendu depuis sept ou huit mois, au moyen d'un accommodement qui a été fait entre eux.

Hier M. le chevalier Courten fit signer le contrat de mariage de sa nièce avec M. de Villemur. On sait que c'est un secrétaire d'État qui présente la plume au Roi, à M. le Dauphin et à Mesdames ; la Reine et Mme la Dauphine ont chacune un secrétaire des commandements par semestre. La règle est que quand le secrétaire des commandements se trouve absent, ce n'est ni la dame d'honneur ni la dame d'atours qui présente la plume, c'est la première femme de chambre ; et si je l'ai marqué différemment ci-devant, c'est que je n'étois pas bien instruit. Mme la duchesse de Brancas suivit hier exactement cette règle ; elle fit avertir Mme Dufour, et Mme la Dauphine attendit son arrivée plus d'un quart d'heure. Mme de Luynes, moins jalouse de ses droits, présenta l'écritoire et la plume, afin que la Reine pût signer plus promptement ; quoique la première femme de chambre fût présente, elle crut que c'étoit donner une marque de respect et d'attachement à la Reine, d'autant plus qu'hier mardi il y avoit beaucoup d'étrangers.

Mme de Fénelon a présenté aujourd'hui sa belle-fille (Bernard) ; elle est petite et point jolie ; elle a les sourcils extrêmement noirs, un visage pâle et long.

J'ai parlé plusieurs fois de l'arrangement du Roi, de la Reine, de M. le Dauphin, de Mme la Dauphine et de Mesdames à la chapelle. Tous les enfants de France, princes du sang et légitimés étant toujours à droite à la chapelle,

---

frère qui est père de Mme de Bentheim. M. le baron de Capres est de la même maison que M. de Bournonville père de Mme la maréchale de Duras. (*Note du duc de Luynes.*)

et les filles de France, etc., à gauche, il peut se trouver que M. le duc de Penthièvre soit le premier à droite du Roi, et Mme la Dauphine la première à gauche. La Reine trouve avec raison cet arrangement assez singulier; elle en a parlé au Roi; mais le Roi, quoiqu'il ne l'approuve pas, dit que c'est un ancien usage, qu'il ne faut pas changer. Il n'a consenti au changement que pour la tribune, par la raison que le Roi et la Reine devant occuper le milieu, et M. le Dauphin étant seul du côté droit, l'espace ne se trouvoit pas assez grand à gauche pour tenir Mme la Dauphine et Mesdames; elles y étoient serrées et incommodément; ainsi dorénavant M. le Dauphin et Madame seront à droite, Mme la Dauphine et Mme Adélaïde à gauche, comme ils sont rangés à table au grand couvert.

Il n'y a point eu de sermon, ni le jour de Saint-Thomas, ni le quatrième dimanche de l'avant-veille de Noël; le quatrième et dernier sermon a été lundi jour de Noël; il fut comme les autres, fort court, et finit par un très-beau compliment.

Du vendredi 29, Versailles. — Mme la duchesse d'Agénois accoucha hier, après trois heures de travail, d'une fille; l'état où elle avoit été à sa dernière couche faisoit beaucoup craindre pour celle-ci, d'autant plus que Mme de Hélo, sa mère, étoit toujours fort mal en accouchant.

M. le duc de Nivernois a enfin été déclaré aujourd'hui ambassadeur du Roi à Rome; il a remercié le Roi ce matin, présenté par M. de Puisieux, qui l'a mené ensuite chez la Reine, chez M. le Dauphin, chez Mme la Dauphine et chez Mesdames.

Le Roi envoya hier à la Reine pour ses étrennes une fort belle pendule pour mettre dans ses cabinets, à laquelle il y a un carillon qui joue treize airs; ce fut M. le comte de Noailles qui fut chargé de porter ce présent.

Du dimanche 31, Versailles. — J'ai parlé ci-dessus de la difficulté qui s'est présentée par rapport à M. l'archevêque de Paris sur la cérémonie de demain. Cette difficulté a donné occasion à différentes recherches, mais on a trouvé peu d'exemples. Le dernier archevêque (Bellefonds) n'a point été commandeur de l'Ordre. M. de Vintimille, son prédécesseur, l'étoit avant que d'être archevêque de Paris; il a fallu remonter à M. le cardinal de Noailles, et on a trouvé qu'il avoit fait porter sa croix dans la chapelle, à Versailles, à sa réception dans l'Ordre. Les anciens missionnaires disent que M. le cardinal de Noailles fit porter ici sa croix à la bénédiction de la nouvelle chapelle. C'est un second exemple en faveur de M. l'archevêque, car pour la réception c'est un fait qui m'a été dit par quelqu'un d'instruit. Les prestations de serments pouvoient servir d'exemple, et elles se sont renouvelées plusieurs fois; mais elles ont été accompagnées de circonstances différentes. M. l'archevêque de Paris a prêté serment à Fontainebleau; il n'étoit pas question de faire porter sa croix, il étoit hors de son diocèse. Pour son prédécesseur, il fut reçu ici à la paroisse Notre-Dame; on choisit le jour de la fête Dieu, parce que le Roi y alloit pour la procession; il n'y avoit point là de contestation pour faire porter sa croix. Je crois qu'il y a eu aussi des archevêques de Paris qui ont prêté serment à la chapelle sans faire porter leur croix. Enfin l'exemple de M. le cardinal de Noailles a décidé, et il a été convenu que M. l'archevêque fera demain porter sa croix à la chapelle. M. le cardinal de Rohan prétendoit qu'il y avoit un exemple à son sacre, à lui-même, comme évêque de Strasbourg, et que M. le cardinal de Noailles, y ayant assisté avec sa croix, avoit donné une reconnoissance par écrit, dans une lettre, que sa croix n'avoit été portée que comme marque d'honneur et non de juridiction. En conséquence, M. le cardinal de Rohan demandoit une pareille lettre. M. l'archevêque de Paris a fait faire des recherches pour être entièrement instruit du fait. On a trouvé que M. le cardinal de Rohan avoit été sacré coadjuteur de Strasbourg à l'abbaye de Saint-Germain, dont M. le cardinal de Furstemberg étoit abbé; que M. le cardinal de Noailles voulant y assister avec sa croix, il y eut une contestation parce que l'abbaye a toujours soutenu sa prétention d'être exempte de la juridiction de l'archevêque; qu'enfin il fut convenu que la croix seroit portée, mais que M. le cardinal de Noailles écriroit que cette distinction étoit comme une marque d'honneur et non de juridiction. M. l'archevêque de Paris a représenté que ce cas-ci n'étoit point pareil; qu'il étoit prêt à reconnoître l'exemption de la chapelle si elle étoit prouvée; mais qu'il ne la voyoit fondée sur aucun titre, ni même sur l'usage; que les confesseurs, même celui du Roi et de la Reine, étoient approuvés de lui, et les prédicateurs; qu'il ne s'y faisoit ni baptême, ni mariage, qu'en présence du curé en étole, et que c'étoit le curé qui donnoit les permissions de manger gras au Roi même et à la Reine, et non pas le grand aumônier. Quelque fort que soit ce raisonnement, M. le cardinal de Rohan n'a pu se résoudre à abandonner entièrement l'idée d'exemption. On a donc cherché quelque moyen de conciliation, et il a été convenu qu'il seroit écrit sur les registres de l'Ordre à peu près dans ces termes : M. l'archevêque de Paris a été reçu commandeur de l'Ordre et a fait porter sa croix, sans que cette distinction puisse porter préjudice aux prétentions respectives de l'archevêque et du grand aumônier.

Mme la duchesse d'Uzès (la Rochefoucauld) mena hier chez le Roi Mme la princesse de Robecque, qui est venue faire ses révérences, et qui n'avoit pas paru depuis la mort de Mme de Luxembourg, sa mère.

Mme la princesse de Beauvau (Auvergne) présenta aussi hier à la Reine Mme la princesse de Chimay (Beauvau), sa belle-sœur, qui n'étoit pas encore venue dans ce pays-ci (1); elle a une figure agréable; elle est fort blanche;

---

(1) Mme de Chimay ne fut point présentée au Roi, parce que cette présentation avoit été faite à Bruxelles. (*Note du duc de Luynes.*)

elle ressemble à ses sœurs : Mmes de Mirepoix, de Boufflers et de Bassompierre. Son mari, que nous avons vu ici, sous le nom de M. de la Verre, a pris le nom de prince de Chimay à la mort de son frère aîné, qui avoit épousé Mlle de Saint-Simon.

Mme de Vaubecourt (Puységur) parut aussi hier ici pour la première fois depuis la mort de son mari ; le Roi l'a dispensée de faire des révérences. Elle étoit fort embarrassée, n'ayant avec elle que Mme de Puységur, sa belle-sœur, qui vient peu dans ce pays-ci. Elle avoit compté sur Mme de Maurepas, qui est à Paris, pour Mme d'Agénois.

Il y eut hier comédie dans les cabinets. On joua *l'Enfant prodigue* de Voltaire. M. le duc de Chartres faisoit le rôle de Rondon, et joua parfaitement bien ; Mme de Pompadour faisoit Lise ; M. de Croissy faisoit Fierenfat ; M. de la Vallière Euphémon le père ; M. de Nivernois Euphémon le fils, qui est un rôle difficile et qu'il joua supérieurement. Le marquis de Gontaut joua très-bien le rôle de Jasmin. Mme de Brancas joua le personnage de la baronne de Croupillac. Toute la pièce fut exécutée à merveille. Mme de Livry faisoit Marthe. Après cette comédie, on joua une petite pièce en un acte intitulée, *Zénéide* ; elle est de M. de Cahusac, secrétaire de M. le comte de Clermont. Il n'y a que quatre personnages : la fée, que Mme de Brancas joua fort bien ; Mme de Pompadour faisoit Zénéide ; on ne peut pas avoir plus de talents et plus de grâces qu'elle en a. Mme de Livry joua le personnage de Guidie ; M. de Nivernois (nommé à Rome) celui d'Olynde ; il joua aussi bien dans cette seconde pièce que dans la première. A la fin de cette pièce, il y eut des danses fort jolies ; il n'y a point d'autres danseurs que les petits enfants dont j'ai parlé, et M. de Courtenvaux, qui dansa encore mieux qu'à la première fois. Cependant hier, M. de Laugeron parut sur le théâtre, et dansa fort bien. Entre les deux pièces, M. le marquis de la Salle, fils du maître de la garde-robe et qui a une charge dans les gendarmes, chanta un prologue des *Éléments*. Il a une basse-taille assez belle. Il jouoit l'année passée chez Mme de la Mark, où il avoit fort bien réussi ; hier c'étoit son début sur le théâtre des cabinets.

EXTRAORDINAIRE

OU

PETIT JOURNAL DE L'ANNÉE 1747 (1).

Caractère de Mesdames, de la Dauphine et du Dauphin. — Anecdotes sur le cardinal de Fleury, M. le Duc et Mme de Prie racontées par la Reine. — Autres détails sur le caractère du Dauphin. — Portrait de M. de Boufflers. — Le duc et la duchesse de Villeroy ; causes de leur séparation. — Anecdote sur les gens de robe. — M. de Chauvelin et Barjac. — Le comte de Matignon. — Le Dauphin à la chasse. — Manières de la Dauphine. — Capitainerie de Fontainebleau. — Le maréchal de Boufflers. — La Reine et le président Hénault. — Conversation entre le duc de Luynes et M. de Maurepas sur l'état de la marine et des affaires en 1747. — Détails sur M. O'Brien, chargé des affaires du prince Édouard. — Portraits de divers personnages de la Cour. — Mot du Roi sur MM. de Châtillon et de la Rochefoucauld. — Situation des affaires du maréchal de Noailles. — Les sauvegardes en temps de guerre.

MAI.

3 mai. — M. le Dauphin, Mme la Dauphine et Mesdames ont été se promener aujourd'hui à Meudon ; ils vivent tous quatre dans l'union la plus grande. Il y a jusqu'à présent beaucoup d'enfance dans cette société ; quoique Madame soit plus âgée et plus raisonnable, elle a un caractère doux et complaisant, et sans être peut-être aussi gaie que

---

(1) Le duc de Luynes ayant communiqué plusieurs fois ses Mémoires pour les faire servir à régler le cérémonial ou constater des précédents, il dut nécessairement se montrer très-prudent dans leur rédaction. Dès lors il réserva les jugements, les appréciations, le blâme, les faits relatifs à la vie privée de la famille royale, certaines anecdotes, pour un supplément à ses Mémoires, qu'il tenait secret. Le duc de Luynes appelle ce supplément *Extraordinaire* ou *Petit Journal* ; il a commencé à le rédiger en 1747.

Mme Adélaïde elle rit davantage. Mme Adélaïde est extrêmement vive; elle ne tient point en place; elle fait en une demi-heure de temps beaucoup de choses différentes; elle joue du violon, elle chante, joue du clavecin; et malgré cette vivacité elle est paresseuse en certaines occasions. Mme la Dauphine est enfant; cela n'est pas singulier à son âge, mais il y a une différence entre elle et Mesdames; c'est qu'elle aime assez le jeu, et Mesdames ne l'aiment point du tout.

Mesdames ont beaucoup de piété, Mme la Dauphine en a aussi; M. le Dauphin est rempli des mêmes sentiments; et même, comme je l'ai marqué, sa piété est éclairée et d'un caractère qui doit faire espérer qu'elle sera solide; mais l'enfance est grande en lui, et lorsqu'on lui tient quelques discours de médisance, ce qui n'arrive que trop souvent, il les répète avec peu de discrétion. On a remarqué avec surprise un propos qu'il a tenu à une femme de ce pays-ci, qui n'est pas soutenable (1). On m'en a dit encore un autre depuis, qui n'est pas si désobligeant, mais qui est peu convenable. On connoît la source d'où proviennent tous ces discours. Il est fort fâcheux que la raison ne soit pas encore assez avancée en lui pour lui faire sentir les conséquences; ce n'est pas cependant qu'il manque d'esprit, mais il est vif et ne fait pas assez de réflexions.

La première Dauphine lui étoit d'une grande utilité; elle étoit beaucoup plus formée que lui; elle l'aimoit beaucoup, peut-être même trop, car cela alloit jusqu'à la jalousie sans aucun sujet; mais elle étoit sans comparaison plus formée que celle-ci et avoit plus d'esprit. Le caractère de M. le Dauphin est de passer promptement d'une chose à une autre. Il n'aime aucun amusement; la chasse à courre et à tirer l'ennuie; il ne peut pas souffrir

---

(1) Il lui dit qu'il savoit qu'elle avoit un amant qui étoit bien avec elle, et le lui nomma. (*Note du duc de Luynes.*)

le jeu; il n'aime point les spectacles. Jusqu'à présent il paroît qu'il n'y a que la musique pour laquelle il a assez de goût; il joue du violon, il chante, il joue de l'orgue et du clavecin; il lit des livres de piété, mais il paroît qu'en tout il ne s'occupe pas assez. D'ailleurs, comme je viens de le dire, toujours extrêmement enfant. Une preuve est ce qu'il fit le jour ou le lendemain que l'on eut tendu de noir (1) chez Mme la Dauphine. Il envoya quérir Mesdames, et avec elles et Mme la Dauphine ils se mirent sous le dais noir, firent tirer les rideaux et y jouèrent à quadrille, éclairés avec des bougies jaunes. Une autre fois ils s'y mirent aussi avec des bougies jaunes pour chanter une leçon de ténèbres. Ce n'est pas que M. le Dauphin n'aimât beaucoup sa première femme, dont le corps a été exposé dans cette même chambre; mais l'enfance l'emporte sur la réflexion, sans rien changer aux sentiments du cœur.

Du mardi 9 mai, Versailles. — Comme on se trompe tous les jours sur les anecdotes particulières, il est important de marquer la vérité des faits quand on peut parvenir à la connoître. Il a passé pour constant lorsque M. le cardinal de Fleury prit le parti de se retirer à Issy, qu'il avoit fait cette démarche à l'insu du Roi, et que ce qui l'avoit determiné étoit une intrigue de M. le Duc dans laquelle la Reine étoit entrée; que la Reine avoit demandé au Roi de vouloir bien se rendre dans ses cabinets; que le Roi s'y étant rendu, il y avoit eu une conversation fort vive contre M. le Cardinal, lequel en ayant été instruit avoit pris le parti de s'en aller. Sur cet exposé, dont presque toutes les circonstances sont véritables, il n'y a personne en effet qui ne puisse croire que la Reine avoit résolu d'éloigner M. de Fleury. La Reine nous conta hier au soir à Mme de Luynes et à moi ce détail. Elle ne doute pas que la retraite de M. le Cardinal à Issy n'ait été à la

---

(1) Pour la mort de la reine de Pologne. (*Note du duc de Luynes.*)

connoissance du Roi et faite même de concert avec lui. Quoi qu'il en soit, ce qui donna lieu à cette retraite est plus intéressant. M. le Duc, dont les lumières bornées ne lui permettoient pas de distinguer les mauvais conseils, conduit par Mme de Prie, vouloit absolument parvenir à travailler seul avec le Roi; il n'avoit jamais pu déterminer le Roi à y consentir; M. de Fleury assistoit toujours à ce travail; il falloit donc trouver moyen de l'éloigner. M. le Duc vouloit parler au Roi en particulier; il se servit de la Reine pour avoir cette audience secrète; il ne faisoit que trop souvent sentir à la Reine les obligations qu'elle lui avoit, et croyoit être en droit d'exiger qu'elle ne lui refusât pas les services qui dépendroient d'elle. La Reine sentoit vivement la dureté de ce procédé; elle nous disoit hier qu'elle en a souvent pleuré. M. le Duc vint donc trouver la Reine, et sans lui dire sur quel sujet il vouloit parler au Roi, il lui dit seulement qu'il falloit qu'elle engageât le Roi à venir seul chez elle, qu'il avoit quelque chose d'extrêmement important à lui communiquer. La Reine eut peine à se résoudre à faire cette démarche. Enfin elle se détermina à mander au Roi par M. de Nangis qu'elle le prioit de vouloir bien passer dans ses cabinets. La Reine prétend que M. de Fleury n'a jamais pardonné à M. de Nangis d'avoir exécuté cet ordre, auquel cependant il paroît impossible qu'il n'eût pas obéi. Le Roi vint dans l'entre-sol de la Reine; M. le Duc y étoit. La Reine voulut sortir aussitôt. M. le Duc lui dit qu'il croyoit que le Roi trouveroit bon qu'elle restât. Le Roi prit la parole aussitôt, et dit à la Reine de rester. La Reine, qui étoit déjà à la porte, rentra toute tremblante et se tint le plus éloignée qu'elle put de la conversation sans y prendre aucune part; M. le Duc remit au Roi une lettre de M. le cardinal de Polignac remplie de toutes sortes d'accusations graves contre M. de Fleury. Le Roi après l'avoir entièrement lue la rendit à M. le Duc sans dire un seul mot. M. le Duc, étonné de ce silence, demanda au Roi ce qu'il disoit de cette lettre. «Rien» répondit le Roi, d'un air fort sérieux. M. le Duc demanda au Roi si S. M. ne donnoit aucun ordre et quelle étoit sa volonté. La seconde réponse du Roi ne fut ni moins sérieuse ni moins sèche. « Que les choses demeurent comme elles sont, » dit-il. M. le Duc, plus troublé que jamais, dit au Roi : « J'ai donc eu, Sire, le malheur de vous déplaire. » — « Oui, » répondit le Roi. Aussitôt M. le Duc se jette aux genoux du Roi, et avec les plus grandes protestations de fidélité et d'attachement demande très-humblement pardon au Roi. Le Roi lui dit assez sérieusement : « Je vous pardonne, » et sortit aussitôt. On voit par ce détail que si les apparences ont pu faire juger que la Reine y ait eu quelque part, elle n'y en a eu aucune en effet.

Une autre anecdote, qui mérite d'être mise après celle-ci, nous fut aussi contée hier par la Reine. Un raisonnement qui se présente naturellement sur la conduite de la Reine par rapport à M. le cardinal de Fleury, c'est que jusqu'au moment de son arrivée auprès du Roi, elle pouvoit n'avoir pris que les impressions qui lui avoient été données par Mme de Prie; mais lorsqu'elle fut mariée, un de ses premiers soins devoit être de demander directement au Roi de quelle manière elle se conduiroit, et quels étoient ceux en qui le Roi avoit le plus de confiance. Beaucoup de gens croient que la Reine n'a jamais fait cette question au Roi ; elle nous fit l'honneur de nous dire hier qu'elle avoit nommément demandé au Roi s'il aimoit M. de Fleury, et que le Roi lui avoit dit : « Beaucoup; » qu'elle lui avoit fait ensuite la même question sur M. le Duc, et que le Roi lui avoit répondu : « Assez. » La Reine nous ajouta qu'elle n'avoit jamais voulu dire à M. le Duc cette réponse du Roi; que, ne pouvant s'empêcher de bien traiter M. le Duc, il auroit pu, sachant la façon de penser du Roi, croire qu'il y avoit de la fausseté dans la conduite de la Reine. Il auroit été à désirer pour M. le Duc qu'il eût au moins connu, mieux qu'il ne fit, que rien ne pouvoit ébranler ni diminuer la confiance du Roi pour M. de Fleury.

Une troisième anecdote de la même conversation d'hier, est un discours de M. le cardinal de Fleury à M. le Duc. Huit jours auparavant que M. le Duc fût exilé, Mme de Prie étant alors à la campagne, il vint chez la Reine, et lui dit qu'il venoit lui demander permission pour une dame qui voudroit bien pouvoir rester quelque temps à la campagne. La Reine, accoutumée à cette façon de parler de M. le Duc, lui dit que c'étoit apparemment Mme de Prie; que non-seulement elle le trouvoit fort bon, mais qu'après tous les discours qui s'étoient tenus et se tenoient sur elle et sur lui-même M. le Duc, qu'il lui paroissoit très-convenable qu'elle fût quelque temps sans paroître ici (1). M. le Duc répondit que pour lui il étoit fort tranquille dans ce moment, qu'il venoit d'avoir une grande conversation avec M. de Fleury. Cette conversation, dont il fit le détail à la Reine, paroissoit si humble qu'elle alloit jusqu'à la bassesse. M. le Duc avoit dit à M. le Cardinal, qu'instruit des reproches qu'on lui faisoit sur son administration et que le Roi en paroissoit mécontent, il venoit le prier qu'il fît agréer à S. M. qu'il lui remît sa place de premier ministre, ayant pour principal objet ce qui pouvoit être plus agréable au Roi et plus utile à son service. M. le Cardinal répondit à ce discours que M. le Duc ne devoit avoir aucun sujet d'inquiétude, et que le Roi étoit extrêmement content de lui. Si la résolution étoit prise dès lors d'exiler M. le Duc, comme cela est assez vraisemblable, cette réponse peu sincère prouve combien M. de Fleury avoit à cœur que son secret ne fût pas pénétré.

---

(1) Malgré cette réponse Mme de Prie revint, car elle étoit ici le jour que M. le Duc fut exilé. (*Note du duc de Luynes.*)

JUILLET.

Du mardi 11 juillet, Versailles. — Je crois qu'on ne doit rien omettre de tout ce qui regarde la personne de M. le Dauphin et qui peut servir à faire connoître son caractère.

Lorsque M. le Dauphin reçut les compliments sur le gain de la bataille de Laufeld, le lendemain de l'arrivée du page, il dit qu'il étoit bien fâché de les recevoir ici et que ce ne fût point à l'armée. Paroles remarquables et qui furent entendues avec grand plaisir. Ces sentiments sont dignes de M. le Dauphin, et je suis persuadé qu'il les auroit eus dans toutes les circonstances. Dans celle-ci il y avoit une raison particulière ; il y avoit trois ou quatre jours que M. le Dauphin avoit envoyé un courrier au Roi pour le prier, avec la plus grande instance, de lui permettre de l'aller trouver à l'armée ; il attendoit le retour de ce courrier avec grande impatience. Binet, son premier valet de chambre, le savoit avant-hier ; le courrier de la poste apporta une lettre du Roi pour M. le Dauphin ; elle fut remise sur-le-champ à Binet, qui, croyant que c'étoit la réponse du Roi, crut qu'il falloit que M. le Dauphin l'eût sur-le-champ ; il n'étoit que cinq heures du matin ; on éveilla donc M. le Dauphin, qui étoit chez Mme la Dauphine, et on lui remit la lettre. Cette lettre étoit remplie de beaucoup d'amitiés, mais il n'y étoit nullement question de la lettre de M. le Dauphin ; cependant cet événement l'avoit agité, il ne put jamais se rendormir ; il se leva donc et s'habilla ; il alla sur-le-champ chez M. l'ancien évêque de Mirepoix, qui étoit éveillé, mais encore dans son lit, et qui fut fort effrayé de voir M. le Dauphin à pareille heure chez lui. M. le Dauphin fit la conversation avec lui pendant trois quarts d'heure ; c'étoit le dimanche ; il pria M. de Mirepoix de lui dire la messe à la chapelle. M. de Mirepoix, qui tremble naturellement depuis plusieurs années et qui avoit été saisi du moment de l'arrivée de M. le Dauphin, trembloit encore plus qu'à son ordinaire; cependant il n'avoit pas voulu refuser ce que désiroit M. le Dauphin. Cependant comme tout fait impression dans le moment que le corps est agité par la disposition de l'esprit, et qu'il craignoit que la présence de M. le Dauphin fort près de l'autel ne lui donnât des distractions et n'augmentât son tremblement, il le pria de vouloir bien monter à la tribune. M. le Dauphin lui promit, et fit avertir pour que l'on fît ouvrir la chapelle en haut pendant que M. de Mirepoix alloit s'habiller. Cet ordre d'ouvrir la chapelle n'ayant pu s'exécuter parce qu'on ne trouva pas les suisses, M. le Dauphin, pour tenir la parole qu'il avoit donnée à M. de Mirepoix, eut l'attention d'envoyer M. de Calvières, chef de brigade en service auprès de lui, dire à M. de Mirepoix la raison pour laquelle il ne montoit point en haut, mais qu'il alloit, pour ne lui causer ni distraction ni embarras, se mettre dans la niche de la chapelle de saint Louis.

Le courrier que M. le Dauphin attendoit revint hier, et lui rapporta une lettre du Roi extrêmement tendre et dans laquelle S. M. paroît extrêmement touché de la demande que lui fait M. le Dauphin, laquelle cependant n'a point été acceptée dans le moment présent.

J'oubliois de marquer que Mme la Dauphine, qui partage tous les sentiments de M. le Dauphin, fut elle-même si agitée de la lettre du Roi qu'elle ne put pas se rendormir; elle étoit levée à sept heures.

Hier pendant le dîner de M. le Dauphin et de Mme la Dauphine, la conversation tomba sur le jeu. Mme la Dauphine dit fort naturellement qu'elle aimoit le jeu et même le gros jeu, qu'elle l'avouoit. « Tant pis, lui dit M. le Dauphin, cela ne convient point à gens comme nous, il y a trop d'inconvénients. »

Je n'ai point encore parlé d'une conversation dans un autre genre qu'il y eut il y a quinze jours ou trois semaines chez Mme la Dauphine. Je ne sais par quel hasard on vint à parler du jansénisme. M. le Dauphin demanda à quelques personnes qui y étoient si elles étoient jansénistes. Sur cela la conversation devint générale, et il y eut deux dames attachées à Mme la Dauphine qui prirent l'affirmative pour les jansénistes; l'une qu'il n'y en avoit point, que c'étoit un nom; l'autre que les propositions condamnées dans Jansenius n'y avoient jamais été, et cela avec la même assurance que le disoient les religieuses de Port-Royal-des-Champs. Cette cabale de jansénistes auprès de M. le Dauphin ne se borne pas, à ce que j'ai ouï dire, aux seules dames dont je viens de parler; on prétend qu'il y a des hommes dans sa maison qui sont dans les mêmes principes; on dit même dans ses menins. Le lendemain de cette conversation, M. le Dauphin, à souper, voulut tenir les mêmes propos; Mme la duchesse de Caumont (Noailles), qui est attachée à Mme la Dauphine, lui parla avec tout l'esprit, toute la raison et la force que peuvent permettre le respect et de la manière la plus propre à l'empêcher de tenir dorénavant de pareils propos. Outre cela, on lui en a parlé sérieusement, et depuis ce temps il n'en est plus question. Le détail de tous les faits que je viens de rapporter est exact, je le sais de quelqu'un qui étoit présent.

La mort de M. de Boufflers, que l'on vient d'apprendre, a donné occasion à plusieurs réflexions. M. de Boufflers avoit une figure agréable et de l'esprit; sa mère étoit dame d'honneur, comme l'on sait, de la Reine; il avoit par conséquent les grandes entrées chez S. M. et avoit été à portée plus qu'un autre de lui faire sa cour; il avoit toujours marqué un grand attachement pour la Reine; la Reine le savoit, elle le voyoit avec plaisir et lui parloit souvent; on peut même dire qu'elle avoit du goût pour M. de Boufflers, et que ce fut là crainte de ce goût naturel qui l'empêcha, à la mort de M. de Nangis, de le proposer au Roi pour son chevalier d'honneur, malgré les sollicitations qui lui furent faites alors. Il n'est pas nécessaire que tant de circonstances soient réunies pour donner occasion aux langues médisantes de tenir de mauvais propos. La vertu naturelle de la Reine, l'éducation la plus chrétienne et la piété la plus solide n'avoient point empêché des discours indiscrets; on avoit même eu la témérité de les faire passer jusqu'aux oreilles du Roi, et la Reine le savoit. Ceux qui sont attachés à la Reine ont jugé que la nouvelle de la mort de M. de Boufflers pourroit lui faire une impression vive, et qu'il étoit à propos de ne la lui pas annoncer sans quelque préparation. Helvétius lui a donc parlé ce matin de la petite vérole; Mme de Saint-Florentin est arrivée ensuite qui lui a dit les mauvaises nouvelles que l'on avoit de cette maladie. La Reine a connu bientôt à l'air de Mme de Saint-Florentin ce qu'elle vouloit lui apprendre. Elle est affligée, mais d'une manière très-convenable. Elle a joué cette après midi comme à l'ordinaire, et doit venir ce soir comme les autres jours souper chez moi. Mme de Boufflers ayant écrit à Mme de Villars pour la prier d'implorer les bontés de la Reine en faveur de son fils, la Reine a écrit au Roi, mais dans le style le plus convenable, et en effet un pareil malheur donne lieu d'espérer les grâces de Sa Majesté.

Du lundi 24 juillet, Versailles. — J'ai parlé de M. le duc de Boufflers. Mme de Boufflers, sa veuve, qui est sœur de M. de Villeroy, a beaucoup d'amis; elle voit souvent Mme la duchesse de Villeroy, sa belle-sœur (1), ce qui ne plaît pas trop à M. le duc de Villeroy, lequel est séparé d'avec sa femme depuis longtemps. Malgré cette séparation, M. le duc de Villeroy a toutes sortes de bons procédés pour sa femme, quoiqu'il ne la voie point et qu'elle ait même soin d'éviter de se trouver dans les lieux où il est;

---

(1) Elle est fille de feu M. le duc de Luxembourg. (*Note du duc de Luynes.*)

il est cependant arrivé qu'ils se sont rencontrés dans de certaines cérémonies, et tout se passe dans ces occasions avec beaucoup de politesses de part et d'autre. Non-seulement il lui paye exactement les 8,000 livres (1) qu'il lui donne par an, mais il ne reçoit aucune saisie qu'on veuille faire entre ses mains, et dit toujours en ces occasions qu'il ne doit rien à sa femme. La cause de la séparation de M. et de Mme de Villeroy se racontera toujours différemment selon la disposition des esprits. Les gens qui sont de ses amis prétendent que l'origine des brouilleries vient d'un mauvais propos qui fut tenu à feu Mme la maréchale de Boufflers et reporté au maréchal de Villeroy. La personne qui tint ce discours (2), et qui est morte, se plaignit de l'embarras où elle avoit été par rapport à un homme fort à la mode alors (3), embarras dont elle disoit que Mme de Villeroy avoit été la principale cause (4). Cet homme fort à la mode passoit pour être amoureux de Mme de Villeroy, et à écouter les conseils et les propos, souvent hasardés, du maréchal de Villeroy, il ne pouvoit mieux faire que de s'attacher à Mme de Villeroy (5). Quoi qu'il en soit, le mauvais propos dont je viens de parler étant revenu au maréchal, il entra en fureur, et fit dire à Mme de Villeroy (c'étoit à Versailles) qu'il lui défendoit de sortir de sa chambre ; elle devoit aller ce jour-là jouer au lansquenet chez Mme la duchesse d'Orléans. Comme le

---

(1) Mme la duchesse de Villeroy jouit en comptant ces 8,000 livres d'environ 35,000 livres de rente ; elle en avoit 42, mais elle en a mangé une partie. (*Note du duc de Luynes.*)

(2) Mme d'Alincourt. (*Note du duc de Luynes.*)

(3) M. de Richelieu. (*Note du duc de Luynes.*)

(4) On m'a dit que Mme d'Alincourt en mourant avoit fait demander pardon à Mme de Villeroy. (*Note du duc de Luynes.*)

(5) Une lettre, lascive et ordurière, dont on ne sauroit donner l'analyse et encore moins la reproduction, écrite par Mme de Villeroy au duc de Richelieu, signée et scellée, ne laisse aucun doute sur la réalité de ces relations. Elle fait partie de la collection de M. Feuillet de Conches, et est le témoignage le plus saillant de la démoralisation de cette honteuse époque.

maréchal avoit naturellement du goût et de l'amitié pour sa petite-belle-fille, la journée ne se passa pas sans quelque mouvement de compassion de l'espèce de prison à laquelle il l'avoit condamnée; il alla chez elle sur les huit heures du soir; il fut fort étonné d'apprendre en y arrivant qu'elle étoit sortie; elle étoit en effet alors chez Mme la duchesse d'Orléans, et l'on peut juger quelle fut sa colère. Il ne la dissimula que jusqu'au lendemain ; dès huit heures du matin, il se fit porter chez sa belle-fille; il lui dit que son carrosse étoit prêt, qu'elle s'en allât à Paris, et avec les termes les plus durs lui ajouta qu'elle ne remettroit jamais les pieds dans ce pays-ci. L'ayant fait partir sur-le-champ, il donna les ordres pour qu'on emportât tout ce qu'elle pouvoit avoir ici, jusqu'à sa chaise à porteurs, disant aux porteurs qu'il leur donnoit leur congé. Le duc de Villeroy fils du maréchal, et son fils qu'on appeloit alors le duc de Retz, n'avoient point été consultés et ne savoient rien de tout cet événement. Le duc de Retz allant à neuf heures chez sa femme, pour qui il avoit du goût et de l'amitié, trouva sa chaise qu'on emportoit et sut par les porteurs tout ce qui s'étoit passé. Il va fort en colère chez son père, qui étoit déjà chez le maréchal, et il s'y rendit aussitôt; il parla au maréchal avec beaucoup de vivacité, jusqu'à lui dire qu'il ne le verroit jamais. Il comptoit que sa femme lui écriroit, et il attendoit cette lettre avec impatience. Mais M. de Luxembourg, irrité du traitement fait à sa fille, ne voulut jamais qu'elle écrivît à son mari. Ce fut alors que le duc de Retz entra lui-même en colère, et la brouillerie a toujours subsisté. On a tenté depuis quelques voies de raccommodement, mais c'étoit longues années après; et Mme de Villeroy, qui a actuellement cinquante-deux ans, n'étoit plus dès lors en état d'avoir des enfants. Ce fut la raison dont elle se servit pour refuser les moyens de conciliation dont il étoit question. Ceux qui connoissent Mme de Villeroy disent qu'outre une très-bonne santé, qui la met à portée de prendre part à tous les amusements de la société, elle est d'une douceur, d'une politesse et d'une complaisance qui la rend aimable.

J'ai appris aujourd'hui une anecdote par rapport aux gens de robe, que j'ai cru devoir mettre ici. Autrefois certaines femmes de robe venoient à la cour ; elles étoient présentées au Roi, mais elles n'étoient point saluées ; elles alloient en grand habit à la toilette de Mme la duchesse de Bourgogne et au souper du Roi ; on y a vu plusieurs fois, et de nos jours, Mmes de Molé, d'Aligre et de Nesmond, femmes de présidents à mortier, Mme de Caumartin, femme d'un conseiller d'État, Mme de Harlay, dont le mari n'étoit que maître des requêtes, Mmes Bouchu, de Bagnols et de Bernières, dont les maris étoient intendants ; mais les gens de robe ont pris depuis ce temps un ton bien différent, et il n'est pas difficile de croire que les présidentes à mortier voudroient présentement être assises. Cependant on se souvient encore que les présidents à mortier n'avoient autrefois que des portiers à leurs portes. M. de Novion ne changea jamais cet usage que lorsqu'il fut premier président, et lorsqu'il eut donné la démission de cette charge, il reprit son portier, disant qu'il n'étoit qu'un bourgeois, et qu'un suisse ne lui convenoit pas. M. le président de Ménars est le premier qui ait pris un suisse, et M. le président de Maisons le premier qui ait fait mettre « hôtel » sur sa porte.

On peut ajouter à ces exemples que M. le premier président de Harlay, quoique premier président, n'a jamais eu de suisse ; il dit qu'il savoit bien que c'étoit l'usage, mais qu'il étoit content de son portier et qu'il ne vouloit pas le changer.

AOUT.

Du mercredi 23 août. — Il a été parlé dans le temps de la disgrâce de M. Chauvelin, garde des sceaux. Un fait qui n'est important que par sa singularité n'a peut-être pas été assez détaillé; c'est que l'ennemi le plus redoutable que M. Chauvelin eût à la cour étoit Barjac, valet de chambre de M. le cardinal de Fleury. Barjac, par attachement pour son maître, s'étoit mis dans l'esprit que M. Chauvelin vouloit s'élever aux dépens de M. le Cardinal; il ne perdoit pas l'occasion de le faire remarquer à son maître. M. Chauvelin avoit grande attention à soulager M. le cardinal de Fleury de tout l'ouvrage dont il étoit possible qu'il ne se mêlât point par lui-même. M. de Fleury, accoutumé à trouver tous les soirs en rentrant chez lui son bureau rempli de papiers, remarqua un jour avec étonnement qu'il ne restoit plus aucun papier sur le bureau; il en demanda la raison à Barjac. Celui-ci lui répondit : « De quoi vous étonnez-vous? il emporte tout ce qu'il peut; vous laisse-t-il la moindre chose? » Ces propos et plusieurs autres étoient si souvent répétés, que l'inimitié entre ces deux hommes d'espèce bien différente étoit devenue une nouvelle publique. M. l'abbé de Fitz-James, aujourd'hui évêque de Soissons, allant à Rome et passant par Fréjus, où il étoit prêt à s'embarquer, fut assez surpris de voir un des plus notables de la ville qui vint l'aborder; cet homme, qu'il ne connoissoit point, lui demanda s'il ne venoit pas de la Cour, et aussitôt lui demanda des nouvelles de la grande affaire entre M. Barjac et M. Chauvelin, étant extrêmement curieux, disoit-il, de savoir lequel des deux adversaires l'emporteroit sur l'autre. M. l'abbé de Fitz-James répondit très-sagement à cette question, et l'homme s'en retourna content, parce qu'il vit par cette réponse qu'il n'y avoit encore aucune décision ni pour ni contre.

Beaucoup de gens ont cru et croient peut-être encore que la disgrâce de M. Chauvelin n'étoit l'effet que de l'aversion particulière et de la jalousie du Cardinal. Il est cependant très-certain que le Roi n'aimoit pas M. Chauvelin. Le Cardinal, quand il le mit en place, dit au Roi tout ce qu'il avoit remarqué de ses défauts et de ses bonnes qualités, ajoutant qu'il y avoit moyen d'en faire usage. Mais les bonnes qualités n'avoient pas fait autant d'impression que les défauts dans l'esprit du Roi; et un jour S. M. travaillant avec M. d'Angervilliers, il fut question de M. Chauvelin à propos de quelque affaire; le Roi dit à M. d'Angervilliers : « Il m'est insupportable, je ne puis le souffrir. » Je sais tous ces faits d'un homme très-véridique, et qui les tenoit de M. l'abbé de Fitz-James et de M. d'Angervilliers. Il a passé pour constant que dans une maladie de M. le Cardinal, M. Chauvelin, travaillant avec le Roi, lui dit que la santé de M. le Cardinal étoit si précieuse, qu'il falloit chercher à le soulager autant qu'il seroit possible, qu'il y avoit beaucoup d'affaires dont on pourroit soulager M. le Cardinal; M. Chauvelin offroit au Roi de lui en rendre compte directement; cette proposition ne fut pas reçue. Il est aisé de juger qu'elle ne plut ni au Roi ni à M. le Cardinal.

Du mercredi 29 août, Versailles. — M. le comte de Matignon, qui mourut hier, étoit un homme particulier; il voyoit peu de monde et venoit rarement à la Cour. Il avoit été dans une grande liaison avec feu M. le Duc et Mme de Prie. Le marquis de Matignon, son frère, étoit aussi en grande liaison avec feu M. le Duc.

La chasse du daim où M. le Dauphin fut hier se passa de sa part comme on peut l'attendre de quelqu'un qui n'aime point la chasse; il monta à cheval avec Mesdames, qui étoient suivies de Mmes de Belzunce et de Castries; Mme la Dauphine étoit en calèche avec Mme de Brancas, sa dame d'honneur, et Mme la maréchale de Duras; il y avoit encore une autre calèche de dames qui suivoit. M. le Dauphin ni Mesdames ne songèrent point du tout à suivre la chasse; ils allèrent tous d'un autre côté, et enfin ils quittèrent Verrières, gagnèrent le chemin d'Orléans et s'avancèrent jusque par delà Antony. M. le Dauphin ne manda rien de toute cette entreprise à Mme la Dauphine, qui parut très-peinée de l'ignorance où on la laissoit. On étoit venu dire à M. le Dauphin que le daim étoit pris ; cette même nouvelle avoit été apportée à Mme la Dauphine. Dès qu'elle sut que M. le Dauphin avoit gagné le chemin d'Orléans, elle voulut absolument y aller ; il fallut descendre une montagne fort roide, remplie de pierres ; Mme la Dauphine la descendit à pied, suivie de Mme la maréchale de Duras seulement ; Mme de Brancas ne pouvant marcher la descendit en calèche ; les dames de l'autre calèche suivoient à la vérité, mais de plus loin. Dès que Mme la Dauphine eut joint M. le Dauphin et Mesdames, ils montèrent tous quatre dans une calèche, et revinrent à Versailles, sans attendre la seconde calèche, qui n'arriva que plus d'un quart d'heure après. M. le Dauphin est fort enfant, comme je l'ai déjà dit, et par conséquent ne sentant pas assez les conséquences de ses moindres démarches. Madame a une douceur inaltérable et nulle volonté ; Mme Adélaïde a beaucoup d'imagination ; Mme la Dauphine a de la volonté et même de l'humeur, mais elle craint extrêmement M. le Dauphin. Quelqu'un de bien instruit me disoit l'autre jour que le Roi en partant ne leur avoit recommandé autres choses à tous les quatre que de se bien divertir ensemble pendant son absence.

OCTOBRE.

Du lundi 30 octobre, Fontainebleau. — Un soupçon de grossesse fort léger ayant empêché Mme la Dauphine de partir avec la Reine pour venir à Choisy et de là à Fontainebleau, M. le Dauphin et elle ont resté à Versailles depuis le mardi 10 octobre jusqu'au mardi 24 qu'ils sont arrivés ici. Pendant ce temps, plusieurs dames de Paris sont venues faire leur cour à Mme la Dauphine, comme Mme de Turenne, Mme de Marsan, Mme de Saint-Germain. On a remarqué que M. le Dauphin avoit l'attention de parler, de faire des politesses, et l'on a été très-content de lui.

On ne peut pas dire la même chose sur Mme la Dauphine; on a trouvé qu'elle parloit peu, et on a raison d'en être étonné, car quand elle arriva, comme je l'ai marqué dans le temps, elle parloit beaucoup et très à propos ; elle avoit des attentions pour tout le monde, et l'on avoit raison de croire qu'elle se feroit aimer. Cette différence peut donner lieu de penser que le prodigieux nombre d'hommes et de femmes qu'elle a vus depuis qu'elle est en France a fait une espèce de confusion dans son esprit, et qu'elle a oublié pour la plupart non pas leurs noms, mais au moins les circonstances de leur état qui peuvent lui donner occasion de leur parler. Une preuve de ce raisonnement, c'est que Mme la duchesse de Brancas, sa dame d'honneur, lui ayant fait observer à Versailles qu'elle n'avoit point parlé à Mme de Marsan, et lui ayant dit qui étoit Mme de Marsan par elle-même et par son mari, Mme la Dauphine lui répondit qu'elle avoit oublié tout ce détail.

Du 31 octobre, Fontainebleau. — Hier en raisonnant avec M. de Cotte, qui a quatre-vingt-deux ans et qui est depuis longtemps contrôleur des bâtiments de Fontainebleau, je lui demandai ce que valoit la capitainerie d'ici. Il me dit qu'elle valoit 30 à 40,000 livres, et que du temps de la Reine mère M. de Damville, qui possédoit cette capitainerie et la surintendance des bâtiments de Fontainebleau, avoit vendu à M. de Saint-Herem (1), grand-père de M. de Montmorin, aujourd'hui gouverneur, ces deux charges 86,000 livres (2) ; que le marché signé, dès le lendemain, M. de Damville eut beaucoup de regret d'avoir vendu la surintendance ; il communiqua sa peine à la Reine mère, qui avoit de la bonté pour lui. Il fut question de faire un accommodement ; M. de Saint-Herem auroit bien

---

(1) M. de Saint-Herem étoit alors grand louvetier. (*Note du duc de Luynes.*)

(2) Le brevet de retenue est aujourd'hui de plus de 300,000 livres. (*Note du duc de Luynes.*)

voulu ne rien céder, mais la Reine fit l'accommodement elle-même, et M. de Saint-Herem fut obligé d'y consentir. Il fut décidé que M. de Saint-Herem céderoit à M. de Damville les revenants bons de la surintendance des bâtiments, qui sont la moitié des arbres coupés dans le parc, ainsi que des foins du parc et des fruits du potager. L'autre moitié appartient au capitaine-concierge (1), et le Roi n'y a rien quoique les nouveaux plans et les entretiens soient faits aux frais de S. M. Cette surintendance a été depuis réunie à la surintendance générale des bâtiments; le surintendant a joui en conséquence des susdits revenants bons; et c'est aujourd'hui le directeur général (2).

M. de Cotte me conta aussi que M. le maréchal de Boufflers, étant colonel des gardes françoises, le Roi donna ce régiment à M. le duc de Guiche, gendre du maréchal de Noailles. M. de Boufflers, fort étonné et affligé, fit ses représentations au Roi, qui lui dit : « C'est pour vous approcher plus près de ma personne, je vous fais capitaine des gardes. » M. le maréchal de Duras qui l'étoit venoit de mourir (3).

M. le maréchal de Boufflers mourut à Fontainebleau le 24 août (4). M. le duc d'Antin étoit à Bellegarde, et en partant il avoit chargé M. de Cotte de lui mander ce qu'il y auroit de nouveau à la Cour. Peu de jours avant la mort de M. de Boufflers, M. de Cotte le trouva sortant de chez le Roi ayant l'air fort triste; il lui demanda s'il n'avoit rien à faire dire à M. le duc d'Antin. M. de Boufflers lui dit : « Je ne sais aucunes nouvelles; il y a trois

---

(1) C'est le titre et la véritable dénomination du gouverneur de Fontainebleau. (*Note du duc de Luynes.*)

(2) Actuellement M. de Tournehem. (*Note du duc de Luynes.*)

(3) Ce fut à sa mort que M. le duc de Charost, qui vient de mourir, obtint cette charge par la protection de M. le duc de Bourgogne. (*Note du duc de Luynes.*)

(4) 1711.

jours que le Roi ne m'a parlé. » Il tomba malade le lendemain et mourut fort promptement.

NOVEMBRE.

Du jeudi 16 *novembre, Versailles.* — Le jour que la Reine est revenue ici, qui étoit le mardi 7, M. le président Hénault étoit arrivé ici avant la Reine ; il a resté ici jusqu'au lundi. La Reine lui marqua beaucoup de bonté et de désir de le voir. M. le président Hénault a l'esprit fort aimable et fort orné dans tous les genres. Il a de la douceur dans le commerce, de la politesse et de l'agrément. La Reine a pris goût à son esprit. Tous les jours après son dîner, elle le fait venir dans ses cabinets, elle le fait asseoir et reste une heure ou deux heures en conversation avec lui. Lorsque la Reine a soupé chez moi, des jours maigres, elle a voulu manger seule dans un cabinet parce qu'elle fait gras ; après qu'elle a soupé, elle nous envoie souper, Mme de Luynes et moi, et reste en conversation avec le Président pendant tout le souper. Dimanche dernier elle soupoit chez elle, et se mit à jouer ensuite ; elle quitta son jeu qu'elle laissa gouverner à Mesdames, et alla dans ses cabinets avec le Président faire la conversation pendant environ trois quarts d'heure. La grande vertu de la Reine et sa piété vraie et solide la met au-dessus de toute critique ; elle aime la conversation et les gens d'esprit ; elle aime même la galanterie, pourvu qu'elle soit dite avec esprit. D'ailleurs elle a beaucoup lu et sait beaucoup ; mais on peut dire qu'elle ne connoît pas le mal, même qu'elle ne l'imagine pas.

Du jeudi 23 *novembre, Versailles.* — M. de Maurepas vint hier ici faire sa cour à la Reine ; il parla, pendant le dîner de la Reine, de quelques détails sur la malheureuse affaire de M. de l'Étanduère, au cap Finistère. M'étant trouvé à portée de lui faire quelques questions sur ces détails, la conversation s'engagea insensiblement et s'étendit sur la situation actuelle de notre marine. Il me dit qu'il n'avoit cessé de répéter, depuis trois ou quatre ans, la nécessité indispensable de réparer la marine ; que si depuis ce temps on lui avoit donné les fonds nécessaires, cette réparation seroit faite actuellement ; mais que bien loin de persuader, il avoit vu que l'on employoit à l'augmentation des troupes de terre un argent qui lui auroit été bien nécessaire ; que cependant toutes les conquêtes que l'on pourroit faire sur terre, même de la Hollande, ne pourroient jamais entrer en comparaison de ce qu'il nous en coûteroit si nous perdions l'Amérique ; que cette perte malheureusement n'étoit que trop vraisemblable, et par conséquent celle de notre commerce ; que c'étoit le commerce qui avoit fait monter les fermes générales à 88 millions, mais qu'il falloit s'attendre à une grande diminution ; que les Anglois avoient 200 vaisseaux armés, qu'ils nous avoient déjà pris 12,000 matelots, sans compter ceux qu'ils viennent de nous prendre (1) ; qu'il étoit moralement impossible dans cette situation de soutenir nos colonies de l'Amérique, et que si cet accident arrivoit en total ou en partie il faudroit bien que les fermes diminuassent. Sur cet exposé, je lui demandai quel parti il estimoit que l'on dût prendre ; que je n'en voyois que trois, ou de continuer nos conquêtes, ou de cesser d'en faire et nous tenir sur la défensive, ou d'abandonner tout ce que nous avons pris. Il ne me répondit que par des thèses générales : que ce n'étoit point son affaire, mais qu'il prévoyoit si on ne trouvoit pas les moyens de faire la paix au plus tôt, surtout avec l'Angleterre, que non-seulement nous perdrions l'Amérique, mais nous serions obligés d'abandonner nos conquêtes. Je lui demandai ce qu'il estimoit donc nécessaire pour la répa-

---

(1) *Voy.* aux Pièces justificatives.

ration de la marine. Il me dit que cette réparation, quand même on la commenceroit aujourd'hui, ne pourroit pas être finie avant 1750; qu'il auroit pu la faire au moins en partie avec 20 millions; mais que comme il en devoit déjà 15 sur la marine, il lui en faudroit environ 40 pour pouvoir agir d'une manière utile. Il m'ajouta qu'il avoit prévu tous ces malheurs quand on avoit pris le parti de déclarer la guerre à l'Angleterre; qu'il auroit été à désirer que l'on ait bien senti les inconvénients de cette déclaration, mais qu'il étoit persuadé que si nous montrions une volonté réelle et effective de réparer la marine, en prenant des mesures fixes et certaines, l'Angleterre, qui dans le fond est lasse de la guerre, se détermineroit dès à présent à faire la paix. Je voulus lui faire quelques autres questions sur le ystème général qu'il faudroit prendre et sur les moyens de parvenir au but qu'il se proposoit; mais comme il ne s'agissoit que d'une conversation, il la trouva assez étendue; et d'ailleurs le dîner de la Reine étant fini, je le laissai en une nouvelle conversation avec Sa Majesté.

DÉCEMBRE.

Du 10 *décembre, Versailles.* — J'ai parlé, dans le journal, de M. O'Brien. Il épousa, il y a plusieurs années, à Paris, Mlle O'Brien, qui est de la même maison que milord Clare, dont il a un fils; pour lui, il n'est pas O'Brien, mais il est d'usage dans la Grande-Bretagne de porter le nom du lieu où l'on est né. Il est au contraire d'une naissance très-basse; son grand-père avoit été palefrenier d'un seigneur anglois de la maison de milord Clancarthy, lequel passa en France. Ce palefrenier se mit soldat dans un régiment irlandois ou écossois; il y servit avec distinction, devint sergent et mourut lieutenant-colonel de ce régiment. Il eut un fils qui fut mis à la tête d'un régiment de cette nation au service de France, duquel milord Clare a été depuis colonel.

M. O'Brien, colonel, étoit le père de celui dont c'est ici l'article. Depuis que le prince Édouard et le duc d'York son frère, aujourd'hui cardinal, sont passés de Rome en France, M. O'Brien en a reçu beaucoup de marques de bonté; il mangeoit avec eux.

Milord Clancarthy, qui avoit été chargé des négociations pour le passage du prince Édouard en Écosse, le suivit à son retour à Paris (et il est présentement à Lille). Se trouvant chez ce prince, il lui dit de souper avec lui; il s'en excusa respectueusement, et avoua qu'il ne pouvoit se résoudre à se mettre à table avec M. O'Brien dont le grand-père avoit été palefrenier dans sa maison.

Le prince Édouard est brouillé avec M. O'Brien.

Du mardi 18 décembre. — Tout le monde est persuadé qu'il y aura une promotion de chevaliers de l'Ordre le 1er janvier, et l'on nomme ceux que l'on croit à portée d'obtenir cette décoration, entre autres M. le duc d'Ayen, qui vient d'avoir l'âge, M. de Ségur, M. de Maubourg, M. de Puisieux, M. de Saint-Séverin, M. de Chalais et moi. Quelques-uns nomment aussi M. de Villars; personne ne paroît croire qu'il soit question de M. de la Vallière; il est cependant très-susceptible de cet honneur comme étant duc et pair, et d'ailleurs il est de tous les amusements du Roi, excepté la chasse. Il passe sa vie dans les cabinets ou à Choisy; il joue des rôles dans les petites comédies des cabinets; il a même une espèce de voix principale dans l'arrangement de ces spectacles, et ces amusements le mettent dans une grande liaison avec Mme de Pompadour.

A l'égard de M. le duc d'Estissac, il ne paroît pas qu'il en soit question en aucune manière; il est cependant assez bien avec le Roi; peut-être que le nom de la Rochefoucauld lui fait tort dans l'esprit de S. M., quoique cela ne soit que personnel, mais ce personnel ne s'efface point.

On me disoit aujourd'hui que lorsque Mme de Pompadour avoit parlé au Roi en faveur de M. de Châtillon, qui lui a écrit et lui a envoyé une lettre pour le Roi, S. M. lui avoit dit : « Vous voulez donc absolument que je pardonne à M. de Châtillon, et que je lui permette de revenir à Paris ; eh bien ! j'y consens, car je sais qu'il a bien peu d'esprit, et je veux croire que c'est par cette raison plutôt que par mauvaise intention qu'il s'est conduit comme il a fait ; mais pour M. de la Rochefoucauld, je ne puis penser de même ; aussi est-il bien éloigné d'obtenir la même permission. »

Le Roi vient d'accorder 8 à 9,000 livres de gratification, pension ou appointements à M. le duc d'Ayen ; c'est en considération de la situation des affaires de M. le maréchal de Noailles. M. de Noailles emprunta 50,000 écus à vie il y a quelques années. La personne qui lui avoit prêté cette somme mourut au bout de deux ou trois mois ; cet exemple encourageoit à faire de pareils marchés. M. de Noailles a fait depuis ce temps-là différents emprunts à vie ; mais tous ceux qui lui ont prêté n'ont pas eu la même complaisance de mourir, de sorte que s'étant trouvé des charges considérables sur son bien, il a été obligé de demander une direction et des commissaires. Comme il a employé en achats de terres l'argent qu'il a emprunté, cet arrangement a surpris, parce que M. de Noailles ne paroît faire aucune dépense, ni en table, ni en jeu, ni en habillement, ni en équipages ; c'est apparemment par la même raison de la situation de ses affaires et son peu de séjour à Paris qu'il a refusé de tenir la connétablie chez lui, quoiqu'il soit le plus ancien des maréchaux de France.

Du dimanche 24 décembre, Versailles. — M. le maréchal de Belle-Isle m'expliqua il y a quelques jours ce que c'étoit que les sauvegardes dont les généraux d'armée font un grand usage et dont ils retirent ordinairement un profit considérable. M. de Belle-Isle n'a pas été à portée dans cette guerre-ci d'en établir, au moins fort peu, le pays où il fait la guerre étant entre la France, le Piémont, appartenant au roi de Sardaigne avec lequel la France n'est point en guerre, et la république de Gênes, qui est notre alliée; mais d'ailleurs son principe, qui est extrêmement louable, est de ne donner des sauvegardes qu'à ceux qui lui en demandent et de ne point taxer le pays et l'obliger à prendre un certain nombre de sauvegardes. Les sauvegardes anciennement appartenoient au Roi, et à chaque armée il y avoit un commissaire qui étoit chargé d'en faire la recette au profit du Roi. Les sauvegardes étoient taxées ordinairement à 10 livres ou environ. Dans une des campagnes de M. de Luxembourg, le Roi, content des services de ce général, lui donna le profit des sauvegardes. Depuis ce temps le Roi a continué à faire le même don à tous les généraux qui commandent ses armées.

APPENDICE A L'ANNÉE 1747.

I.

Arrêt de la cour de parlement qui ordonne la suppression d'un imprimé intitulé : Avis donné par monseigneur l'évêque d'Amiens aux curés de son diocèse, au sujet de ceux qui n'étant pas soumis à la bulle Unigenitus, *demandent les sacrements.*

Du 7 janvier 1747.

Extrait des registres du Parlement.

Ce jour, les gens du Roi sont entrés, et, M. Louis-François de Paul Lefèvre d'Ormesson, avocat dudit seigneur Roi, portant la parole, ont dit : qu'ils apportoient à la Cour un écrit, qui paroît avoir été donné au public depuis quelques jours, sans nom d'imprimeur et sans indication du lieu où il a été imprimé ; que le titre qu'il porte annonce un avis donné par l'évêque d'Amiens aux curés de son diocèse, au sujet de ceux qui n'étant pas soumis à la bulle *Unigenitus* demandent les sacrements ; qu'ils n'avoient pu lire cet ouvrage sans reconnoître qu'il s'y étoit glissé des propositions capables d'émouvoir les esprits et de renouveler des disputes qu'ils avoient lieu de regarder comme éteintes, ou du moins assoupies depuis longtemps, et dont la fin est également désirable pour le bien de l'Église et de l'État ; qu'ils sont persuadés que la Cour croira de sa sagesse d'arrêter promptement le cours de cet écrit et d'en ordonner la suppression. C'est à quoi tendent les conclusions par écrit qu'ils laissoient à la Cour, avec l'exemplaire imprimé qui leur est tombé entre les mains.

Eux retirés, vu l'imprimé intitulé : *Avis donné par monseigneur l'évêque d'Amiens*, etc., ledit imprimé contenant sept pages, sans nom d'imprimeur, ni date du lieu où il a été imprimé ;

La matière sur ce mise en délibération,

La Cour a arrêté et ordonné que ledit imprimé sera supprimé ; fait défense à tous imprimeurs, libraires, colporteurs et autres, de l'imprimer, vendre et débiter sous telles peines qu'il appartiendra. Ordonne pareillement que tous ceux qui en ont des exemplaires seront tenus de les apporter au greffe civil de la Cour pour y être supprimés ; et que copies collationnées du présent arrêt seront envoyées dans les bailliages et sénéchaussées du ressort, pour y être lues, publiées et registrées. Enjoint aux substituts du procureur général du Roi d'y tenir la main et d'en certifier la Cour dans le mois. Fait en Parlement le 7 janvier 1747.

Signé Du Franc.

II.

Arrêt de la cour de parlement qui condamne deux feuilles intitulées: Nouvelles ecclésiastiques ou Mémoire pour servir à l'histoire de la Constitution, etc., à être lacérées et brûlées par l'exécuteur de la haute justice.

Du 1er février 1747.

Extrait des registres du Parlement.

Ce jour, les gens du Roi sont entrés, et, maître Louis-François de Paul Lefèvre d'Ormesson, avocat dudit seigneur Roi, portant la parole, ont dit :

Messieurs,

Nous avons rendu compte à la Cour, le 7 janvier, d'un écrit du mois de décembre précédent, par lequel, à l'occasion de la soumission due à la constitution *Unigenitus*, on mettoit au jour, sur les refus des sacrements, quelques maximes capables de renouveler les disputes qui ont été agitées sur le sujet de ce refus, et principalement de ceux qui étant faits à la sainte table pourroient émouvoir les esprits et causer du trouble et du scandale.

Nous vous apportons aujourd'hui un imprimé du 2 janvier dans lequel on s'élève avec une hardiesse sans mesure contre la soumission même qui est due à un jugement de l'Église universelle, en matière de doctrine.

Nous avions lieu d'espérer que la sévérité de votre arrêt du 9 février 1731 arrêteroit la licence des auteurs de l'ouvrage périodique qui porte pour titre : *Nouvelles ecclésiastiques*. Mais cet ouvrage pernicieux se perpétue, et la témérité qui y règne semble faire encore de nouveaux progrès.

La première des deux feuilles que nous déférons à la Cour offre à nos yeux, par une espèce de récapitulation des précédentes, un précis de toute cette longue suite de libelles. Cette feuille en rassemble toute l'audace en rapprochant tous les traits qui y étoient épars, et nous met a portée de flétrir par sa seule condamnation toutes les autres dont nous avons évité de fatiguer la Cour depuis longtemps.

Non content de parler d'une manière injurieuse d'un prélat dont nous chérissons la mémoire, l'auteur s'arme ici d'une nouvelle violence contre une Constitution affermie tant de fois par le concours des deux puissances, et devenue par là une loi de l'Église et de l'État.

Sans entrer sur ce point dans aucun détail, nous nous contenterons de remarquer d'abord à la première page ces paroles : « La barque où Jésus-Christ repose ne semble-t-elle pas prête à périr ? » Ailleurs on lit avec horreur ces mots : « Dieu a permis à Satan de prévaloir. » Plus loin encore : « Le langage sacré que la bulle proscrit et les dogmes des Pères qu'elle anathématise. »

Si nous sentons combien nous serions affligé que par de fausses interprétations de l'arrêt du 7 janvier on crût la doctrine contenue dans l'écrit de l'évêque d'Amiens en quelque manière condamnée, et qu'on osât s'en prévaloir pour se livrer plus que jamais à des excès semblables à ceux dont nous venons de citer des exemples, nous devons aujourd'hui prévenir un tel abus, non-seulement en ranimant votre rigueur contre des déclamations si souvent proscrites par vos arrêts, mais encore en rappelant au public la sagesse qui préside à vos jugements sur ces matières.

Justement occupés du soin de faire jouir l'Église de la protection que lui doit et lui accorde un Roi Très-Chrétien, les magistrats ne se rendent point juges de la doctrine concernant la religion et l'administration des sacrements. Attentifs à conserver dans toute son intégrité l'exercice de la puissance spirituelle, ils maintiennent l'exécution des articles XXX et XXXIV de l'édit de 1695, sans cesser néanmoins de veiller, suivant l'esprit et la lettre même de cet édit, à prévenir tout ce qui pourroit être une occasion de trouble et de scandale.

Conduit par les mêmes vues, regardant toujours comme un de nos devoirs les plus essentiels, d'entretenir une heureuse concorde entre le sacerdoce et l'empire, nous nous élèverons également contre tous ceux qui de part ou d'autre pourroient ébranler les bornes sacrées qui ont été posées par la main de Dieu même; à plus forte raison devons-nous aujourd'hui réclamer votre autorité contre un écrivain séditieux qui attaque ouvertement l'une et l'autre puissance, et vous exciter à réprimer la hardiesse avec laquelle on ose encore mettre au jour un ouvrage si digne de rentrer dans les ténèbres où il a pris sa naissance. C'est l'objet des conclusions par écrit que nous laissons à la Cour avec les deux feuilles des *Nouvelles ecclésiastiques* qu'on a distribuées depuis le commencement de cette année.

Eux retirés,

Vu deux feuilles imprimées, contenant chacune quatre pages, la première feuille intitulée : *Nouvelles ecclésiastiques, ou mémoire pour servir à l'histoire de la constitution* Unigenitus *pour l'année*

1747 (Ecce non dormitabit neque dormiet qui custodit Israël. *Assurément celui qui garde Israël ne s'assoupira et ne s'endormira point*, PSAL. 120), et la deuxième intitulée : *Suite des Nouvelles ecclésiastiques du 9 janvier* 1747 ;

Ensemble les conclusions par écrit du procureur général du Roi ;
La matière sur ce mise en délibération,

La Cour ordonne que l'arrêt du 9 février 1731 sera exécuté selon sa forme et teneur ; en conséquence, que lesdites feuilles seront lacérées et brûlées en la cour du palais, au pied du grand escalier d'icelui, par l'exécuteur de la haute justice. Fait inhibitions et défenses à toutes sortes de personnes de composer, faire imprimer et distribuer aucunes desdites feuilles ou autres semblables, sous les peines portées par la déclaration du 10 mai 1728. Fait pareilles inhibitions et défenses à tous imprimeurs et libraires, colporteurs et autres, d'en imprimer, vendre, débiter ou autrement distribuer, sous pareilles peines. Enjoint à tous ceux qui auront des exemplaires desdites feuilles ou autres pareilles sous ledit titre, de les apporter incessamment au greffe de ladite Cour pour y être supprimées. Ordonne qu'à la requête du procureur général du Roi il sera informé par-devant Me Louis-Charles-Vincent de Salaberry, conseiller, que la Cour a commis, contre les auteurs desdites feuilles, ou autres semblables, qui auroient pu être faites du passé, ou le seroient à l'avenir, ensemble contre ceux qui les auroient imprimées, vendues, débitées ou autrement distribuées ; et pareillement informé contre iceux par les lieutenants criminels ou autres officiers des bailliages et sénéchaussées, pour les témoins qui pourroient s'y trouver et les contraventions qui auroient pu être faites dans lesdits lieux, pour les informations faites rapportées en la Cour et communiquées au procureur général du Roi, être par lui requis et par la Cour ordonné ce qu'il appartiendra. Enjoint pareillement au lieutenant général de police de cette ville de Paris et au substitut du procureur général du Roi au Châtelet de tenir la main à l'exécution du présent arrêt et de faire toutes les diligences nécessaires à ce sujet. Ordonne en outre que copies collationnées du présent arrêt seront envoyées aux bailliages et sénéchaussées du ressort pour y être lues, publiées et enregistrées. Enjoint aux substituts du procureur général du Roi d'y tenir la main et d'en certifier la Cour dans un mois. Fait en Parlement, le 1er février 1747.

Signé DU FRANC.

Et ledit jour mercredi 1er février 1747, à l'heure de midi, en exécution de l'arrêt ci-dessus, lesdites feuilles y mentionnées ont été lacérées et jetées au feu, au bas du grand escalier du palais, par l'exécuteur de la haute justice, en présence de nous Louis Du Franc, l'un des trois premiers et principaux commis pour la grande chambre, assisté de deux huissiers de ladite Cour.

Signé Du Franc.

III.

Arrêt du conseil d'État du Roi, rendu au sujet de l'arrêté fait par le parlement de Paris, le 17 février 1747.

Du 21 février 1747.

Extrait des registres du conseil d'État.

Le Roi s'étant fait représenter l'arrêté qui a été fait en son parlement de Paris, toutes les chambres assemblées, le 17 du présent mois, S. M. auroit reconnu que l'art avec lequel il a été dressé ne sert qu'à faire voir que le véritable objet de ceux qui en ont été les auteurs a été d'affoiblir et de rendre inutile tout ce que le Roi a fait depuis son heureux avénement à la couronne, pour appuyer de son autorité celle de la bulle *Unigenitus*, si pleinement affermie par l'acceptation du corps des premiers pasteurs; que tous ceux qui sont instruits des deux arrêts rendus par la grande chambre le 7 janvier et le 1er de ce mois, et de tout ce qui a précédé l'arrêté dont il s'agit, ne sauroient douter qu'on n'y ait eu principalement en vue d'empêcher que la constitution *Unigenitus* ne soit regardée comme un jugement de l'Église universelle en matière de doctrine, quoique ce soient des termes consacrés par l'usage que S. M. en a fait, soit dans sa déclaration du 24 mars 1730, enregistrée en sa présence au parlement de Paris, et ensuite dans tous les autres parlements de son royaume, soit dans les arrêts qu'elle a rendus depuis cette déclaration; que rien même ne fait mieux connoître quel a été l'esprit de l'arrêté du 17 de ce mois que l'affectation avec laquelle on a cherché à y donner quelque couleur, en attribuant à S. M. des intentions bien éloignées de celles qu'elle a toujours déclarées, comme si l'on avoit voulu l'opposer en quelque manière à elle-même; mais qu'il est étonnant que ceux qui ont formé une pareille entreprise n'aient pas remarqué que la lettre écrite aux évêques par ordre du Roi en l'année 1731, qu'ils rappellent d'abord dans leur arrêté, contient les mêmes expressions, de *jugement de l'Église universelle en matière de doctrine* appliquées à la Constitution, et que les réponses faites par le Roi à des remontrances du Parlement, qui sont aussi datées dans l'arrêté, ne montrent pas moins clairement que S. M. n'a jamais cessé d'affirmer le respect et la soumission que la Constitution exige des magistrats comme de tous les fidèles. S. M. n'a pas été moins surprise de voir dans la suite de l'arrêté du Parlement, qu'il veuille s'attribuer l'honneur et le mérite de veiller à empêcher que le schisme ne s'introduise dans le royaume, comme s'il étoit permis d'ignorer l'attention continuelle que S. M. donne à maintenir la paix et la tranquillité entre ses sujets, et comme si c'étoit la soumission aux jugements de l'Église qui pût ouvrir la porte au schisme, et que la désobéissance fût le moyen de la lui fermer. S. M. a donné d'ailleurs toute l'attention qu'elle devoit aux termes de l'arrêté, qui font entendre que le Parlement se croit en droit de décider des qualifications dont la Constitution peut être susceptible, pendant que le Roi, comme S. M. l'a marqué plus d'une fois dans les réponses mêmes qu'elle a faites à son Parlement, s'est fait une loi inviolable de ne s'expliquer sur les matières de doctrine qui concernent la religion qu'après ceux que Dieu en a établis juges, et en ne faisant qu'adopter leurs expressions. Enfin S. M. a reconnu que, contre le respect qui est dû à l'autorité royale, le Parlement ne craignoit pas de déclarer, à la fin de son arrêté, qu'il persistoit dans les maximes portées par ses arrêtés et par ses arrêts rendus jusqu'au jour de sa dernière délibération, comme s'il pouvoit donner par là une nouvelle force à plusieurs de ces arrêtés et de ces arrêts que le Roi a anéantis à cause de l'excès où l'on y avoit porté ces maximes, et faire prévaloir son autorité à celle du souverain, duquel seul il l'a reçue. S. M. manqueroit donc à ce qu'elle doit à la religion et à l'Église, à l'État et à elle-même, si elle laissoit subsister un ouvrage qui mérite d'autant plus son animadversion, qu'en y rappelant les modifications portées par l'arrêt d'enregistrement des lettres patentes de 1714, quoiqu'elles n'aient aucun rapport avec l'objet présent, il semble qu'on n'ait cherché qu'à faire valoir encore le vain prétexte de la conservation des maximes du royaume, prétexte dont les ennemis de la Constitution ont si souvent abusé pour faire croire au public qu'ils étoient les seuls défenseurs de ces maximes, dont S. M. a été et sera toujours le protecteur, comme elle l'a assez fait voir par l'attention qu'elle a eue à réprimer par ses arrêts tout ce qui pouvoit y être contraire. C'est par toutes ces différentes considérations que S. M. a cru ne pouvoir expliquer trop promptement ses intentions au sujet d'un arrêté si propre à rallumer le feu d'une discorde dont elle travaille continuellement à éteindre les restes. A quoi voulant pourvoir, le Roi, étant en son conseil, a cassé et annulé, casse et annule ledit arrêté du 17 du présent mois, voulant qu'il soit regardé comme nul et non avenu. Ordonne Sa Majesté que la déclaration du 24 mars 1730, ensemble les arrêts rendus par S. M. au sujet de l'autorité de la constitution *Unigenitus*, soient exécutés suivant leur forme et teneur ; et en conséquence veut et entend que ladite Constitution soit observée dans tous ses États, avec le respect et la soumission qui sont dus à un jugement de l'Église universelle en matière de doctrine. Fait S. M. très-expresses inhibitions et défenses à sa cour de parlement de Paris de rendre aucun arrêt ou de prendre aucune délibération à ce contraires ; et sera le présent arrêt lu, publié et affiché partout où besoin sera, à ce que personne n'en prétende cause d'ignorance. Fait au conseil d'État du Roi, S. M. y étant, tenu à Versailles le 21 février 1747.

Signé Phélypeaux.

IV.

Copie de la déclaration communiquée par ordre de S. M. T.-C. aux seigneurs États Généraux des Provinces-Unies.

17 avril 1747.

Quoique le Roi ait eu jusqu'à présent les plus justes sujets de se plaindre des secours illimités que les Provinces-Unies fournissent à la reine de Hongrie, S. M. n'a cependant pas voulu regarder les États Généraux comme ses ennemis directs.

Les égards qu'elle n'a point cessé d'avoir pour eux et les propositions qui en différentes occasions leur ont été faites pas ses ministres sont un monument de la disposition sincère dans laquelle S. M. a toujours été non-seulement d'éloigner le théâtre de la guerre du territoire et du voisinage même des Provinces-Unies, mais aussi de leur procurer la gloire de contribuer efficacement à rétablir la paix entre les puissances belligérantes.

C'est dans cette vue si salutaire que, dès le mois de juillet 1742, le Roi rendit les ministres de la République dépositaires de ses intentions pacifiques et des conditions justes et raisonnables auxquelles S. M. consentoit alors à terminer les troubles dont l'Europe étoit malheureusement agitée.

Le Roi, pour ne laisser aucun doute sur la pureté et la droiture de ses dispositions et sur la confiance entière qu'il vouloit bien accorder aux États Généraux, offrit même de remettre Dunkerque à la garde de leurs troupes.

S. M. a constamment professé depuis cette époque la même modération et les mêmes désirs de conciliation, sans avoir eu la consolation d'inspirer aux Provinces-Unies des sentiments si conformes à l'intérêt particulier de leur République et à l'avantage commun de toutes les nations.

Non content d'exciter par des démarches secrètes le zèle des États Généraux, le Roi leur fit proposer par un mémoire public, que son ministre leur remit au mois de septembre 1745, l'assemblée d'un congrès pour travailler sans délai et de concert au grand ouvrage de la paix.

Enfin, il n'étoit pas possible que S. M. portât plus loin qu'elle l'a fait les témoignages de son affection et de sa confiance pour les États Généraux et les ménagements qu'elle a eus pour eux.

Ces ménagements subsisteroient encore si la raison de guerre et la sûreté des conquêtes que le Roi a faites sur la reine de Hongrie n'exigeoient absolument de la part de S. M. les précautions les plus promptes et les plus efficaces pour se garantir des desseins de ses ennemis.

Si la République ne leur avoit donné aucun asile sur son territoire, et si elle ne leur fournissoit pas les secours abondants qu'ils en tirent en tous genres, le Roi ne se trouveroit pas dans la nécessité indispensable d'interrompre ces moyens multipliés de perpétuer malgré lui une guerre qui n'a déjà que trop duré.

Ce n'est donc que forcé par les circonstances et par la conduite des Provinces-Unies, que S. M. a permis au général de ses troupes de prendre indistinctement toutes les mesures que son habileté et son expérience dans l'art militaire pourroient lui suggérer pour empêcher l'armée ennemie de troubler la possession légitime des conquêtes du Roi et pour affermir le repos des peuples nouvellement soumis à sa domination.

Le Roi auroit été en droit, dès le commencement de la dernière campagne, d'entrer avec son armée sur le territoire des États Généraux, lorsqu'ils y accordèrent une retraite aux troupes ennemies de la France. Mais S. M., persuadée qu'il n'y avoit que de la sincérité dans les démarches qu'ils faisoient alors auprès d'elle pour parvenir à la paix, suspendit l'exécution d'une entreprise que les lois de la guerre et le mauvais état de l'armée des alliés auroient également justifiée. Le Roi préféra l'idée avantageuse qu'il avoit de la candeur et de la bonne foi de la République à l'opinion généralement répandue en Europe que sous le voile spécieux d'une négociation la véritable intention des États Généraux étoit de se procurer les délais nécessaires pour éloigner le danger dont ils étoient menacés et pour se préparer à de plus grands efforts afin de continuer la guerre.

Ces soupçons se sont confirmés par les difficultés qu'on a fait naître avec affectation dès l'ouverture des conférences de Bréda, difficultés aussi imprévues que contraires aux engagements formels qu'on avoit pris avec le Roi, et qui paroissent n'avoir été imaginées que pour embarrasser de plus en plus les négociations de paix et pour en empêcher le succès.

Quoi qu'il en soit de ce motif, que l'événement ne rend que trop vraisemblable, les troupes hollandoises étant entrées en 1744 sur le territoire de France, dans les plaines de Lille et de Cizoing, sans que les États Généraux aient prétendu par cette invasion faire une guerre directe au Roi, S. M. déclare qu'en prenant le parti forcé d'entrer sur le territoire de la République, son dessein n'est pas de rompre avec elle, mais uniquement d'arrêter ou de prévenir les dangereux effets de la protection qu'elle accorde aux troupes de la reine de Hongrie et du roi d'Angleterre.

Il ne seroit pas juste d'exiger que le Roi portât le scrupule au point de respecter à son préjudice la prétendue neutralité des puissances auxiliaires de ses ennemis, tandis que ceux-ci exercent les plus grandes vexations contre les alliés de S. M., et même contre des pays qui ne sont jamais sortis des bornes d'une exacte impartialité.

Cependant le Roi, pour concilier, autant qu'il sera possible, ce qu'il se doit à lui-même avec les sentiments de bienveillance qu'il conserve encore pour les États Généraux, a expressément ordonné aux commandants de son armée de faire observer la plus rigoureuse discipline aux troupes françoises qui entreront sur le territoire des Provinces-Unies, et de régler toutes leurs opérations sur la nécessité des circonstances. S. M., bien éloignée de vouloir apporter aucun trouble à la religion, au gouvernement et au commerce de la République, est au contraire dans l'intention d'accorder toute protection aux sujets des États Généraux, dans la persuasion où est S. M. que leur conduite répondra à des dispositions si favorables.

Enfin pour donner une preuve encore plus convaincante de la sincérité des desseins du Roi, qui n'ont uniquement pour but que de rendre inutile la mauvaise volonté de ses ennemis et de vaincre leur inflexibilité aux voies de conciliation, S. M. déclare qu'elle ne regardera les places et pays qu'elle se trouveroit obligée d'occuper pour sa propre sûreté, que comme un dépôt qu'elle s'engage à restituer dès que les Provinces-Unies donneront des preuves non équivoques qu'elles ne fournissent plus aux ennemis de sa couronne, ces secours de toutes espèces qui sont une des principales causes de la continuation de la guerre.

Le Roi ne désire que le rétablissement du repos public sur des fondements justes et solides, et l'intérêt que S. M. prend à la sûreté et au bonheur des États Généraux lui feroit voir avec regret qu'ils continuassent de sacrifier à des considérations étrangères et à des passions injustes leurs finances, leurs troupes, leurs possessions, leur tranquillité et peut-être la forme de leur gouvernement.

V.

Discours de M. le duc de Boufflers au sénat de Gênes.

Sérénissime prince, très-excellents seigneurs,

Le monarque de l'Europe le plus puissant et, ce qui n'est pas un moindre titre, le plus fidèle à ses engagements m'envoie vers vous pour partager vos travaux et votre gloire.

Il m'ordonne de vous déclarer qu'il est résolu, à quelque prix que ce soit, de rendre à cette généreuse et infortunée république la splendeur et l'indépendance que les nations les plus barbares rougiroient de vous disputer. En effet, quand vos ennemis vous proposeroient les capitulations les plus spécieuses, quelle confiance pouvez-vous jamais prendre dans une puissance si décidée à vous subjuguer?

Elle a détruit vos forteresses, elle a tenté de vous réduire à l'esclavage le plus humiliant.

Par la bouche même de son général, elle a menacé vos citoyens du supplice le plus infâme; mais elle n'a pu encore vous enlever ni votre honneur ni votre liberté. Ces biens inestimables, mille fois plus précieux que la vie, sont en votre pouvoir. C'est à vous-mêmes que vous devez cette heureuse révolution qui a prévenu le secours de vos alliés. C'est vous, illustre République, qui vous rendez l'émule de cette ancienne Rome, de ce sénat dont la présence d'Annibal et d'une armée victorieuse répandue sous ses murailles ne put ébranler le courage.

Ne perdez donc jamais de vue vos véritables intérêts; d'un coté la honte et l'esclavage, de l'autre la gloire et la liberté.

Surtout ne cessons point d'espérer dans cette Providence qui détesta toujours la tyrannie; elle vient d'éclater sur vous d'une façon trop marquée au coin de la Divinité pour que vous ne la secondiez pas de tous vos efforts.

Les moments sont précieux; ne les employons point en de vagues délibérations; qu'un seul esprit nous anime. Enfin, très-excellents seigneurs, daignez prendre confiance, je vous en conjure, en l'homme du monde qui a le plus à cœur votre liberté.

Je n'en suis que meilleur François en devenant le plus zélé de vos citoyens. Montrez-moi le péril; ma charge est de le connoître. Je ferai toute ma gloire de vous en garantir.

Réponse du sérénissime doge au discours de M. le duc de Boufflers.

Les sentiments que Votre Excellence vient d'exposer à notre République au nom du Roi Très-Chrétien nous font oublier nos malheurs passés et adoucissent notre situation présente.

La République se regarde entièrement en sûreté dès que des monarques qui ne sont pas moins grands par la force de leurs armes que par leur religion dans l'accomplissement de leurs promesses s'intéressent en sa faveur.

Elle fait gloire d'avoir soutenu ses engagements par une fermeté à toute épreuve. Les malheurs qu'elle a essuyés n'ont fait qu'augmenter son courage et animer sa constance.

Intrépide au milieu des dangers les plus affreux, elle a été et elle est toujours prête à tout sacrifier pour assurer sa liberté.

Si par ses efforts la République a pu rouvrir aux armes toujours victorieuses de S. M. T.-Chr. une route capable d'accélérer les effets de ses généreuses intentions, elle ne les voit pas cependant remplir avec moins de reconnoissance.

L'arrivée de Votre Excellence fait l'époque de notre bonheur; la joie publique, dont tout retentit, peut vous en être garante; nous connoissons toutes vos qualités héréditaires et personnelles, mais l'approbation d'un monarque qui sait si bien distinguer le mérite fait leur plus grand et leur plus bel éloge.

S. M. ne pouvoit donner à la sérénissime République un gage plus signalé de sa bienveillance que par le choix d'une personne aussi recommandable à tous égards.

Si l'amour de la liberté nous a portés à une si grande entreprise lorsque nous étions seuls, que ne ferons-nous pas présentement pour la continuer et la terminer glorieusement avec les secours d'un si puissant monarque, et avec l'assistance d'une personne qui le représente si dignement.

Je ne doute pas que Votre Excellence ne fasse valoir auprès de S. M. la force et la vérité de ces sentiments qui sont ceux du public. C'est en son nom que je vous assure que l'exécution y répondra dans toutes les occasions.

VI.

Extrait de la lettre de M. le duc de Chevreuse du 17 mai.

Je joins à ma lettre un petit bulletin; vous y verrez la mort de Méric, que tout le monde regrette avec raison. Il joignoit la probité au talent pour son métier; cela n'est pas aussi commun que cela devroit l'être.

Bulletin.

Hier 16, M. Méric partit de Malines à une heure du matin, à la tête d'un détachement de 250 volontaires, pour aller reconnoître les ennemis ; il rencontra un de leurs détachements, et comme il ne faisoit pas encore clair et qu'il n'en connoissoit pas le nombre, il les chargea; mais il avoit affaire à 2,000 Croates ou pandours, qui le reconduisirent jusqu'au retranchement qui couvre la tête du pont que nous avons à Walem au-dessous de Malines. Ces pandours voulurent même forcer le retranchement et gagner le pont, mais nous y avions quatre pièces de canon, 300 hommes et les volontaires que M. Méric venoit d'y ramener, ce qui fit un feu si vif sur les ennemis que, quoiqu'ils eussent déjà forcé la première barrière, ils furent obligés de se retirer avec perte. M. Méric y a été tué d'un coup de fusil.

Quarante hommes du régiment de la Morlière amènent dans ce moment à Bruxelles 400 hommes des ennemis à qui ils disent avoir fait mettre les armes bas, dans un poste où ils étoient embusqués ; ils disent qu'ils n'étoient que 40, mais cela paroît difficile à croire.

VII.

Relation préliminaire de la bataille de Laufeld du 2 juillet 1747.

Le Roi, en partant de Tirlemont le 30 du mois dernier, avoit le dessein d'aller le même jour à Saint-Tron ; mais Sa Majesté ayant été informée que l'artillerie n'avoit pas encore passé le pont de la grosse Gèthe, elle s'arrêta à Ostmael, et les troupes dont elle étoit accompagnée demeurèrent au bivouac. Pendant la nuit le feu prit à la maison où logeoit le Roi, qui, étant monté à cheval à quatre heures du matin, se rendit à Tongres. Aussitôt que Sa Majesté y fut arrivée, elle visita le champ de bataille, choisi par le maréchal comte de Saxe, pour combattre les ennemis dont l'aile droite étoit à la Commanderie, longeant les hauteurs, et dont l'aile gauche tiroit vers Maëstricht, occupant les villages en avant de cette position, dans lesquels ils étoient retranchés et avoient placé plusieurs batteries de canon. Le Roi, s'étant porté sur les hauteurs du village d'Erderen, examina la position de son armée, qui, rangée sur deux lignes d'infanterie et de cavalerie, avoit sa gauche en face de la Commanderie, où étoit le quartier du duc de Cumberland. La droite s'étendoit au delà du village de Remst et de la Maison blanche, laissant le village en avant. Sur les sept heures du soir, les ennemis tentèrent de s'emparer de ce village, que couvroient deux brigades d'infanterie : ils canonnèrent ce poste pendant près d'une heure avec trente pièces de canon ; mais ce fut sans succès. Toutes les troupes se tinrent en bataille la nuit suivante, et Sa Majesté la passa dans une cense. Le 2 de ce mois, dès quatre heures du matin, le Roi, après avoir entendu la messe, étant retourné sur le champ de bataille, l'armée se mit en mouvement pour attaquer celle des alliés. Tandis que le comte d'Estrées avec sa réserve marcha par le flanc gauche de l'ennemi, le comte de Clermont, prince du sang, à la tête du corps qui étoit à ses ordres et qui avoit été renforcé de quelques brigades de cavalerie, s'avança au village de Laufeld, défendu par les troupes angloises, hanovriennes et hessoises et par quelques régiments hollandois. Malgré le feu terrible d'artillerie que firent ces troupes, les différentes colonnes du corps du comte de Clermont s'avancèrent en bon ordre, et elles commencèrent l'attaque du village à dix heures du matin. Après avoir été repoussées deux fois, elles en chassèrent les ennemis. Sur-le-champ, la cavalerie déboucha des deux côtés de ce village et elle chargea la cavalerie des ennemis, laquelle, quoique protégée par toute leur infanterie, fut mise totalement en déroute. Pendant qu'elle s'enfuyait vers Maëstricht, elle essuya un nouvel échec de la part du comte d'Estrées. Ce lieutenant général fondit sur elle, et fit un grand nombre de prisonniers. L'aile gauche de l'armée des alliés étant défaite, on marcha contre l'aile droite, composée des troupes de la reine de Hongrie, qui jusque là n'avoient pris aucune part à l'action. Dès qu'elles virent l'armée du Roi s'avancer de front vers elles, elles se retirèrent en désordre, sans pouvoir joindre le reste de leur armée sous Maëstricht. Le Roi chargea le comte de Clermont-Tonnerre et le marquis de Clermont-Gallerande de les poursuivre, et Sa Majesté coucha la nuit du 2 au 3 dans la Commanderie où le duc de Cumberland avoit eu son quartier. Le général Ligonier, commandant des troupes angloises, est du nombre des prisonniers faits sur les ennemis, auxquels on a enlevé plusieurs étendards et une partie de leur artillerie. On ne peut jusqu'à présent rien dire de certain sur leur perte ni sur celle de l'armée du Roi, et l'on attend avec impatience une relation circonstanciée d'une victoire dont les suites ne peuvent être qu'également avantageuses à l'État et glorieuses pour Sa Majesté (1).

---

(1) Minute conservée aux archives du Dépôt de la Guerre, volume n° 3202, pièce 109.

VIII.

Relation de la victoire remportée à Laufeld par le Roi sur l'armée des alliés, le 2 juillet 1747.

Le Roi, en marchant avec son armée au camp de Park, avoit ordonné que le corps commandé par le comte de Clermont, prince du sang, se portât à Tongres, et que la réserve aux ordres du comte d'Estrées, laquelle étoit jointe à ce corps, s'avançât jusqu'aux sources du Demer. Les avis que les ennemis eurent de cette marche les déterminèrent à quitter leur position entre les deux Nèthes. Ils vinrent camper à Diest, leur centre à cette ville, leur droite s'étendant vers la Nèthe et leur gauche vers Beringhen. En conséquence de leur mouvement, le comte de Saint-Germain eut ordre de se rendre avec 12 bataillons, 2 brigades de cavalerie et 1 régiment de dragons entre Saint-Tron et Berchloen; le marquis de Clermont-Tonnerre, avec 2 régiments de grenadiers royaux et 4 brigades de cavalerie, entre Tirlemont et Saint-Tron, et le marquis de Senneterre, avec 4 brigades d'infanterie et 2 de cavalerie, à Tirlemont.

La marche de ces différents corps ayant obligé les ennemis de s'approcher de Hasselt, le Roi, dès qu'il en fut informé, prit la résolution de se porter sur Tongres avec toute son armée, afin de soutenir le corps du comte de Clermont, en cas que le duc de Cumberland eût pour objet d'attaquer ce prince. Le 29 du mois, les ordres furent donnés aux corps détachés de marcher à Tongres, et le maréchal comte de Saxe alla le même jour pour y joindre M. le comte de Clermont. Le reste de l'armée commandée par le comte d'Eu battit la générale à dix heures du soir et prit la route de Tirlemont, où ce prince reçut ordre du maréchal comte de Saxe de s'avancer aussi à Tongres.

Sa Majesté partit le 30 au matin du camp de Park pour se rendre à Tirlemont avec la réserve que commandoit le prince de Dombes, et qui étoit composée des troupes de la maison du Roi, de la gendarmerie et des carabiniers. Sur les avis que le Roi reçut en chemin du maréchal de Saxe, Sa Majesté se remit en marche de Tirlemont à sept heures du soir, et pour donner le temps à l'artillerie de passer la grosse Gèthe, elle s'arrêta à Ostmaël, où les troupes qui l'accompagnoient passèrent la nuit au bivouac.

Le Roi étant arrivé à Tongres le 1er de ce mois à midi, et y ayant appris que le maréchal de Saxe s'étoit porté en avant avec une partie de l'armée, dans l'intention d'attaquer un corps considérable de l'armée des alliés, lequel paroissoit sur les hauteurs depuis la grande Commanderie jusqu'au village de Rosmaër, Sa Majesté alla sur-le-champ joindre ce général. Elle reconnut avec lui la position de l'armée des ennemis, qui avoient eu le temps de faire avancer toutes leurs troupes; elle approuva les dispositions commencées par le maréchal de Saxe; elle fit venir le reste de l'armée, laissant à Tongres, sous les ordres du comte de Saint-Germain, 12 bataillons avec 50 pièces de canon, et elle demeura jusqu'à neuf heures du soir à concerter avec le maréchal les mesures pour l'attaque qu'elle vouloit faire le lendemain.

Pendant toute la journée il y eut des escarmouches très-vives entre nos troupes légères et celles des alliés. Ils tentèrent le soir de s'emparer du village de Remst, qui étoit en avant de notre première ligne et que le comte de Clermont avoit fait occuper. Après avoir canonné ce poste pendant plus d'une heure sans succès, ils renoncèrent à leur entreprise, et le Roi, voyant qu'il n'y avoit rien à craindre pour le village, alla passer la nuit dans une mauvaise maison de celui d'Erderen.

La 2, à la pointe du jour, Sa Majesté monta à cheval, et s'étant rendue sur le champ de bataille, elle ordonna les dernières dispositions pour le combat. L'infanterie fut placée sur les hauteurs d'Erderen, la gauche bordant les plateaux, la droite s'étendant jusqu'au village de Remst. La cavalerie se rangea en bataille sur deux lignes dans la plaine en avant de l'infanterie et au-dessous du village d'Erderen, à la hauteur duquel elle appuyoit sa gauche, faisant face au village de Vlitingen et à la grande Commanderie, où étoit le quartier du feldmaréchal comte de Bathiany. La droite tiroit vers le village de Montenaken, dans lequel le comte de Clermont avoit posté une brigade d'infanterie. On mit en réserve la Maison du Roi, infanterie et cavalerie; la gendarmerie et les carabiniers, ce corps ayant sa gauche à Erderen.

L'armée des alliés, dont la droite étoit à la grande Commanderie, et la gauche du côté de Maëstricht, occupoit les villages de Gross-Spawe, de Rosmaër, de Laufeld et de Wilre. Sa Majesté chargea le comte d'Estrées d'attaquer ce dernier village. Le comte de Clermont, prince du sang, fut chargé d'attaquer celui de Laufeld, qui étoit en avant du centre de la première ligne des ennemis, et il eut ordre de faire avancer sa cavalerie, commandée par le comte de Ségur, entre son infanterie et les troupes du comte d'Estrées. Les alliés portant leurs principales forces sur leur gauche, le Roi renforça de quelques brigades d'infanterie et de cavalerie le corps du comte de Clermont, lequel se mit en mouvement pour exécuter l'attaque que Sa Majesté lui avoit confiée, pendant que le comte d'Estrées, qui avoit marché avec sa réserve sur le village de Wilre, se porta sur ce poste dont il étoit essentiel de s'emparer pour déborder la gauche de l'ennemi.

L'action commença à dix heures du matin par l'attaque du village de Laufeld que défendoient les troupes angloises, hanovriennes, hessoises et quelques régiments hollandois. Il étoit garni de plusieurs pièces de canon, dont quelques-unes placées au dehors prenoient par le flanc gauche l'infanterie du comte de Clermont. Malgré le feu de cette artillerie, les brigades de Monaco, de Ségur, de Bourbon et de la Fère, parvinrent au pied des retranchements de ce village. Celle de Monaco, que commandoit le marquis de Lautrec, lieutenant général, et celle de la Fère aux ordres du marquis de l'Aigle, maréchal de camp, attaquèrent le centre. Le comte de Bérenger, lieutenant général, et le marquis de Froulay, maréchal de camp, attaquèrent la gauche avec la brigade de Ségur. La brigade de Bourbon, commandée par le marquis de Beaupréau, maréchal de camp, resta en réserve pour soutenir deux batteries, chacune de 10 pièces de canon, qui battoient la droite et la gauche du village.

Nos troupes, par la vigueur avec laquelle elles combattirent, forcèrent les ennemis d'abandonner ce poste dès la première attaque; mais comme ils le soutenoient en colonnes, ils en chassèrent nos brigades, qui se retirèrent dans le plus grand ordre sous le feu de l'artillerie et de la mousqueterie. La brigade de Bourbon s'étant jointe aux trois autres, elles firent une seconde attaque. Elle eut aussi peu de succès que la première, et l'on ne put se maintenir dans le village, où les ennemis faisoient filer continuellement de nouvelles troupes tirées de la ligne d'infanterie qu'ils avoient derrière en bataille.

Le maréchal de Saxe, qui s'étoit porté à cette attaque, ayant reconnu par lui-même la force du poste, fit marcher le comte de Montbarey, maréchal de camp, à la tête des brigades de Battens et de Monin, lesquelles, avec les quatre ci-dessus nommées, attaquèrent pour la troisième fois. Ces troupes furent encore repoussées, mais en conservant cependant quelque partie du village. Alors le maréchal, après avoir fait avancer une batterie de gros canon, fit soutenir ces six brigades par celles de Royal-vaisseaux et des Irlandois sous les ordres du comte de Thomond, lieutenant général, et du comte de Fitz-James, du comte de Rooth et du duc d'Havré, maréchaux de camp, à la tête desquelles se mit le comte de Clermont. Ces dernières brigades et les six autres formèrent une nouvelle attaque et se rendirent maîtresses de la plus grande partie du village.

Les ennemis, à qui il importoit de le garder, changèrent aussitôt leurs dispositions. Toute la gauche de leur infanterie marcha en colonne, pour nous forcer d'abandonner ce poste. Sur ce mouvement, le maréchal de Saxe envoya ordre aux brigades du Roi, de la Tour du Pin et d'Orléans, commandées par le marquis de Salières, lieutenant général, et par le comte de Lorges et le marquis de Guerchy, maréchaux de camp, de se porter sur le flanc droit de cette colonne; et elles la chargèrent avec tant de valeur qu'elle fut culbutée, et le village entièrement emporté. La cavalerie, qui étoit en bataille derrière ces trois brigades, s'avança en même temps et chargea aussi non-seulement cette colonne, mais encore un corps de cavalerie qui s'avançoit pour soutenir l'infanterie.

Dès que les ennemis virent le village sur le point d'être pris, ils essayèrent de faire une diversion en attaquant la cavalerie aux ordres du comte de Ségur et celle du corps du comte d'Estrées. Le maréchal de Saxe s'étant porté de ce côté avec le comte de Clermont, fit venir les carabiniers. Ils achevèrent de mettre en déroute la cavalerie angloise, déjà ébranlée par les premières charges. Bientôt le désordre gagna le reste de l'aile gauche de l'armée des alliés. Cette aile, qui étoit sur deux lignes de cavalerie et d'infanterie à la hauteur du village de Westerwezel, prit la fuite, et elle fut poursuivie jusqu'à Maëstricht par la cavalerie du corps du comte d'Estrées, lequel avoit chargé les ennemis et chassé du village de Wilre, suivant l'ordre qu'il avoit reçu de Sa Majesté.

Lorsque l'action fut finie à la gauche, le Roi fit avec le maréchal de Saxe de nouvelles dispositions pour attaquer les troupes de la reine de Hongrie, commandées par le feld-maréchal comte de Bathiany, et qui étoient demeurées tranquilles spectatrices du combat, leur droite à la grande Commanderie, et leur gauche au village de Rosmaër. Le corps du comte de Clermont, celui du comte d'Estrées et celui du marquis de Clermont-Tonnerre, conformément aux ordres du Roi, débouchèrent par la droite, entre les villages de Laufeld et de Montpertin, tandis que le reste de l'infanterie marcha en bataille et de front aux ennemis entre le village de Rosmaër et celui de Gross-Spawe. Mais le feld-maréchal comte de Bathiany, précédé des troupes de la république des Provinces-Unies, avoit commencé sa retraite aussitôt après la prise du village de Laufeld, et il marcha avec tant de diligence qu'il fut en peu de temps hors de portée d'être attaqué.

Le Roi, qui s'étoit avancé en personne à la tête des troupes, détacha le marquis de Clermont-Tonnerre et le marquis de Clermont-Gallerande, pour suivre cette aile droite des ennemis, à laquelle on fit plusieurs prisonniers. Sa Majesté alla coucher le soir à la Commanderie où elle a établi son quartier.

L'attaque du village de Laufeld, laquelle a duré plus de deux heures, est une des plus vives actions d'infanterie qu'on ait encore vues. Les troupes du Roi y ont donné des marques d'une valeur incroyable, et leur exactitude à observer la discipline est digne des plus grands éloges.

Partout les brigades de Royal, des Cravates, de Berry, d'Anjou, de Royal-Roussillon et les carabiniers ont enfoncé les escadrons des ennemis, dont on estime la perte à plus de 10,000 hommes. On a fait un grand nombre de prisonniers, parmi lesquels sont le général Ligonier, le lord Senton, le major général des Hessois et divers autres officiers de distinction. Plus de vingt pièces de canon ont été prises aux ennemis, et on leur a enlevé plusieurs drapeaux, étendards et paires de timbales.

Dans l'armée du Roi, il y a eu environ 5,000 hommes tués ou blessés (1). Le comte de Bavière, lieutenant général et le marquis d'Autichamp, colonel-lieutenant du régiment d'Enghien, ont été tués. Les principaux officiers blessés sont le marquis de Lautrec et le comte de Bérenger, lieutenants généraux; le marquis de Créquy, le marquis de Froulay et le marquis de Guerchy, maréchaux de camp; le marquis de Bonac, colonel du régiment de son nom; le comte d'Aubeterre, colonel du régiment Royal-vaisseaux; le comte de Balleroy, colonel-lieutenant du régiment d'Orléans; le marquis de Fénelon, colonel du régiment de la Fère; le marquis de Ségur, colonel du régiment de son nom; le marquis de Rochambault, colonel du régiment de la Marche; le chevalier de Dreux, colonel du régiment Royal-la-marine; le comte de la Tour-du-Pin, colonel-lieutenant du régiment de Bourbon; le marquis de Bellefonds, colonel du régiment de son nom, et le marquis de Cernay, mestre de camp du régiment des Cravates (2).

IX.

Lettre du Roi à Mgr l'archevêque de Paris, pour faire chanter le Te Deum en actions de grâces de la prospérité de ses armes, du 2 juillet 1747, à la commanderie du Vieux-Jonc.

Mon cousin, pendant que la reine de Hongrie s'efforçoit de faire retomber sur mes alliés tout le poids de la guerre qu'elle m'a obligé de lui déclarer, qu'elle envahissoit leurs États, et que par des traités aussi injustes qu'inouïs elle disposoit de leurs possessions les plus légitimes qu'elle étoit même tenue de leur garantir, je n'ai cessé d'avoir des ménagements pour les siens. Je regardois les Hollandois comme

---

(1) *Nota.* Dans l'état officiel des officiers et soldats tués ou blessés, lequel a dû être dressé postérieurement à la rédaction de cette relation, le chiffre total est de 8,731.

(2) Minute conservée aux archives du Dépôt de la Guerre, vol. n° 3202, pièce 110.

une nation amie; je protégeois leur commerce dans mes ports; et quoiqu'ils employassent toutes leurs forces au soutien de mes ennemis et que leurs troupes eussent commis des hostilités sur ma frontière, ces exemples n'ont pas empêché que je n'aie porté mes regards pour eux jusqu'à renoncer aux avantages que la prospérité de mes armes m'avoit mis en état de prendre sur leur territoire, dans les campagnes précédentes. Mais enfin la modération a ses bornes; d'un côté les Génois, opprimés et accablés de contributions, revendiquoient la liberté que la cour de Vienne s'efforce encore de leur ravir; de l'autre, la Hollande resserrant de plus en plus les liens de ses engagements avec mes ennemis, sembloit ne s'être prêtée aux voies de conciliation que pour en éloigner plus sûrement le succès. C'est dans ces circonstances qu'ayant continué à mon cousin le maréchal comte de Saxe, maréchal général de mes camps et armées, le commandement de celle que je faisois assembler dans les Pays-Bas, je me reposai sur lui des mesures qu'il jugeroit convenable de prendre pour prévenir, en entrant en campagne, l'effet des projets concertés de mes ennemis. Dès le 17 du mois d'avril, le comte de Lowendal et le marquis de Contades, lieutenants généraux de mes armées, marchèrent par ses ordres dans la Flandre hollandoise; le premier réduisit les forts de l'Écluse et du Sas de Gand, pendant que l'autre se rendoit maître des forts de la Perle et de Lieskenshœk; les villes de Philippine, d'Hulst et d'Axel suivirent le même sort; plus de cinq mille hommes furent faits prisonniers dans ces places, et tout ce qui est entre l'Escaut et la mer fut soumis à mon obéissance en moins d'un mois. En vain mes ennemis essayèrent de traverser cette entreprise par les préparatifs simulés du siége d'Anvers. Ils fatiguèrent leur armée sans fruit devant cette place, pendant que la mienne restoit dans ses cantonnements; et à mon arrivée à Bruxelles (à la fin de mai), j'appris qu'ils s'étoient retirés entre les deux Nèthes. Après avoir fait les dispositions nécessaires pour les en déposter, j'ai conduit mon armée près de Louvain et successivement jusqu'aux sources du Demer, où les ayant attirés, j'ai remporté sur eux la victoire la plus signalée. Le combat s'est engagé par leur gauche, composée des Anglois, Hanovriens, Hessois et Hollandois; mes troupes ont attaqué par trois fois le village de Laufeld, dans lequel ils s'étoient retranchés; enfin leur valeur a surmonté la résistance de l'ennemi. Ma cavalerie a mis la leur en fuite, et ils ont été rejetés sur Maëstricht avec perte de leur canon et de plusieurs timbales et étendards. Mon armée s'étant ensuite repliée sur les Autrichiens, qui jusqu'alors étoient restés spectateurs, elle les a forcés de se retirer en désordre sur le ruisseau de Lonaken et de lui abandonner le champ de bataille. Quelques suites favorables que je doive me promettre d'une journée si glorieuse pour mes armes, le fruit le plus agréable que je puisse en recueillir, sera de disposer mes ennemis à écouter enfin la voix de la justice et de la paix, et d'assurer par ce moyen la tranquillité de mes sujets. C'est pour obtenir de la divine Providence ce nouveau bienfait, en lui rendant des actions de grâces de ceux dont elle m'a comblé jusqu'à présent, que je vous fais cette lettre, pour vous dire que mon intention est que vous fassiez chanter le *Te Deum* dans l'église métropolitaine de ma bonne ville de Paris et autres de votre diocèse, avec les solennités requises, au jour et à l'heure que le grand maître ou le maître des cérémonies vous dira de ma part. Sur ce, je prie Dieu qu'il vous ait, mon cousin, en sa sainte et digne garde.

Écrit au camp de la commanderie du Vieux-Jonc, le 2 juillet 1747 (1).

X.

DIVERSES PIÈCES SUR LE COMBAT D'EXILLES.

1. *Du champ de bataille vis-à-vis les retranchements d'Exilles, le 19 juillet 1747, à minuit.*

Il vient de se passer la plus cruelle affaire dont on ait ouï parler de mémoire d'homme; voici à peu près, comme je l'ai remarqué. Le dessein de M. le chevalier de Belle-Isle étoit d'assiéger Exilles; il avoit laissé des corps dans la vallée de Sture et autres endroits, qui pouvoient partager les soins des ennemis; et nous débouchâmes, il y a sept à huit jours, par le mont Genèvre, partant de Briançon, sur la route qui mène aux cols de l'Assiette, du Bourgueil, de Fatière et de la Fenestre, tous passages et postes qu'il falloit occuper pour notre siége.

Le roi de Sardaigne avoit fait depuis un mois des retranchements sur toutes ces montagnes, que nous venons d'attaquer après plusieurs jours d'une fatigue extrême pour les reconnoissances et dispositions. Douze bataillons piémontois et trois autrichiens gardoient ces retranchements; nous en avions 30, partagés en trois corps. M. de Villemur commandoit la colonne de la droite; M. de Mailly-d'Haucourt celle de la gauche; et M. d'Arnaud celle du centre, qui est devenue le poste le plus important, parce qu'il s'est trouvé une redoute vis-à-vis d'elle, qui communiquoit à toute l'étendue des retranchements dont elle pouvoit être rafraîchie à tous moments, comme elle l'a été en effet.

---

(1) Minute conservée aux archives du Dépôt de la Guerre. (Vol. n° 3202, pièce 111 bis.)

A midi, M. le chevalier de Belle-Isle fit attaquer des postes de volontaires et de gardes avancées qui occupoient une hauteur à demi-portée de fusil des premiers ouvrages ; quatre compagnies de grenadiers s'en rendirent maîtres avec beaucoup de facilité. Nous y montâmes tout de suite sept petites pièces de canon de montagne, qu'un seul mulet porte avec leur affût. Jugez par là de sa grosseur.

Cette première opération faite, nous fîmes un fort bon déjeuner ; après quoi toutes les colonnes se mirent en mouvement pour attaquer. Vous connoissez les montagnes de ce pays-ci ; il faut au moins deux heures pour parvenir au pied du sommet. L'attaque générale commença à trois heures. Jamais les colonnes de droite et de gauche ne purent avancer plus près du retranchement que de trente ou quarante pas. La nôtre, c'est-à-dire celle de la redoute, après beaucoup de *Vive le Roi!* partit avec une rapidité incroyable et fut dans l'instant au pied du parapet.

Mais voici le commencement de nos malheurs. M. d'Arnaud à la première décharge fut tué ; et après des efforts surprenants, mais inutiles, nous vîmes plier toute notre colonne. Le chevalier de Belle-Isle qui étoit à cheval sauta à terre, et mettant l'épée à la main rallia sous le feu des ennemis nos soldats, qui revinrent à la charge avec la même vivacité, mais avec aussi peu de succès. Enfin voyant que nous perdions un monde infini, et que le chevalier de Belle-Isle, qui venoit de recevoir un coup de fusil dans le bras, étoit collé contre les retranchements et travailloit avec quelques grenadiers à faire tomber le gazon, les pierres et les branches d'arbres qui le composoient, et qu'il tiroit même avec ses dents, j'essayai de ranimer nos soldats ; j'arrachai des mains d'un jeune enseigne un drapeau, et j'allai le porter droit au retranchement. La colonne suivit effectivement, et je restai une heure dans cette situation, sans que personne pût y monter. Les grenadiers qui défendoient cette maudite redoute nous assommoient avec des quartiers de rochers, qu'ils jetoient sans discontinuer, et nous tuoient un monde effroyable.

Enfin, que vous dirai-je de plus touchant. Le pauvre chevalier de Belle-Isle, ou pour mieux dire ce héros, a été tué, et j'ai vu tomber à mes côtés plus de 1,500 hommes. J'en ai été quitte pour un trou à la tête qu'une grosse pierre m'a fait ; mon drapeau a été cassé en mille pièces, de coups de fusil ; et lorsque je l'ai rendu à son bataillon, après la mort du chevalier, le plus grand morceau n'avoit pas deux pieds de long. Je me suis tiré de cet affreux endroit tout plein du sang des misérables (1) qui me tomboient à tous moments sur le corps.

---

(1) C'est-à-dire des malheureux, des pauvres soldats.

Nos deux autres colounes ont été fusillées de tous les flancs, et notre perte va à 6,000 hommes, dont plus de 600 officiers. Le régiment de Bourbonnois a eu 40 capitaines et 50 lieutenants tués ou blessés. Il ne reste que 3 ou 4 officiers dans celui de Gouy. Ceux de Deslandes, Artois et Condé, la Reine, Mailly, Saintonge, ont prodigieusement souffert. Enfin nos 30 bataillons ont été écrasés, et nous nous sommes retirés en moins mauvais ordre qu'il a été possible après une si funeste aventure. Les ennemis ne doivent pas avoir perdu 500 hommes, car ils étoient bien couverts, et en vérité nous tirions assez mal.

M. de Villemur nous commande dans cette partie. Nous nous retirons près de Briançon, en attendant les ordres de M. le Maréchal. Je prends dans le moment la poste pour les aller chercher.

2. *Voici ce qui s'est passé à la malheureuse attaque des retranchements des ennemis au poste de l'Assiette, le 19 juillet au soir 1747.*

M. le chevalier de Belle-Isle ayant appris que plusieurs nouveaux bataillons du roi de Sardaigne marchoient en diligence, tant pour renforcer les 15 premiers que ce prince avoit déjà placés pour défendre les retranchements qu'il avoit fait faire sur le plateau nommé de l'Assiette, que pour occuper de plus et envelopper le monticule de la chaîne des montagnes qui sont entre Exilles et Fenestrelles, et qui s'étendent jusqu'au delà du col d'Argueville, et fermer par là aux François les approches de ces deux places, ce général crut devoir prendre le parti de faire attaquer l'ennemi, qui étoit présent, avant que son renfort ne fût arrivé.

Pour cet effet M. le chevalier de Belle-Isle fit avancer son gros canon, donna ordre aux troupes de marcher, et partant d'Oulx le 18 après minuit, passa par le col de Bourget, où M. de Villemur, venu par la vallée de Queyras, s'étoit rendu avec sa colonne; et il continua sa marche par le col de Costeplane, où il trouva MM. d'Arnaud et de Mailly avec leurs colonnes, et qui étoient déjà postés jusqu'auprès des retranchements ennemis.

Aux approches de M. le chevalier de Belle-Isle, les ennemis replièrent un petit poste sur une hauteur près de quelques autres montagnes qu'il fit occuper. Il campa son armée sur leur penchant, en s'étendant dans le bois qui règne le long du coteau. Pendant cette journée il y eut un grand brouillard, et il tomba même un peu de neige.

Le 19 à cinq heures du matin le temps s'étant remis au beau, M. le chevalier de Belle-Isle fut reconnoître le revers de la gauche des reranchements, et s'étant trouvé incommodé par un poste de 200 hommes que les ennemis avoient porté en avant sur ce monticule, d'où ils fusilloient, il les en fit chasser par deux compagnies de grenadiers, qui voulant les couper se coulèrent entre les retranchements et le monticule, et obligèrent les ennemis, qui s'aperçurent de leurs mouvements, à se retirer si précipitamment, après avoir fait leur décharge et perdu 4 ou 5 hommes, qu'ils laissèrent tués ou blessés, qu'il fut impossible de les joindre.

M. le chevalier de Belle-Isle se porta sur le dit monticule, d'où l'on découvroit parfaitement les retranchements et une espèce de redoute qu'il y avoit à droite sur la crête du revers de la montagne.

Après avoir bien examiné le tout, il y fit placer 4 pièces de canon, un moment après 4 autres pièces encore, pour tirer sur les retranchements faits en maçonnerie et en pierres sèches, avec une palissade au dehors.

Ayant fait sa disposition, il ordonna à MM. de Villemur et de Larnage de marcher à la tête de leurs colonnes pour attaquer la droite, à MM. de Mailly et de Gouy, avec la colonne qui étoit à leurs ordres, d'attaquer la gauche, et à MM. d'Arnaud et d'Andlau de marcher avec la leur, qui étoit au centre, où M. le chevalier de Belle-Isle se plaça.

Sur les quatre heures après midi, ces trois colonnes se mirent en mouvement pour s'approcher des retranchements. Les ennemis ayant vu déboucher et monter par une rampe de rochers, dont le fond étoit d'une espèce d'ardoise, où à peine l'on pouvoit se soutenir, firent un si grand feu sur la colonne de la gauche, qui se formoit en bataille, que celle du centre, qui étoit dans un penchant à environ quatre-vingts toises de distance d'une espèce de redoute qui étoit sur la droite, impatientée d'en venir aux mains, déboucha avant même que la colonne de la droite, qui avoit un grand tour à faire, fût à portée d'attaquer.

Les grenadiers se portèrent aux pieds de la redoute; la colonne les suivit avec les travailleurs; et les uns et les autres travaillèrent avec toute l'ardeur et la constance imaginables à se mettre en état de pouvoir ou grimper, ou escalader, ou détruire les retranchements.

Les ennemis s'en étant aperçus, et voyant qu'ils n'avoient plus que cet objet à défendre, s'y portèrent en si grandes forces, et par un si terrible feu et une si incroyable quantité de pierres, qu'ils forcèrent nos troupes à se retirer avec une perte très-considérable, tant en officiers de distinction de tous grades qu'en grand nombre de soldats, et la perte de M. le chevalier de Belle-Isle.

Ce général et M. d'Arnaud, qui s'étoient portés au pied du retranchement, tant pour y animer les soldats, que pour les y maintenir, y ont été tués l'un et l'autre, en arrachant eux-mêmes les palissades et les pierres du retranchement. Le dernier y a été assommé à coups de pierres, après avoir eu le bras cassé, ainsi que l'a été de même M. le chevalier de Belle-Isle, qui avoit été d'abord blessé d'un coup de fusil, mais qui s'y soutenoit encore.

Nous avons eu à cette malheureuse aventure 20 ou 21 colonels tués ou blessés au pied du retranchement, où avec une fermeté et un courage incroyables, ils s'étoient portés, ainsi que ces deux généraux l'avoient fait, pour y conduire les troupes.

L'on ne peut guère jusqu'à présent fixer au juste notre perte, mais il paroît qu'on peut l'estimer entre 3 et 4,000 hommes.

La colonne de M. de Villemur étoit composée des brigades de Mailly, de Condé et de Royal-Roussillon. Celle de M. d'Arnaud, de la brigade d'Artois et de 1,000 hommes détachés, tant grenadiers que piquets. Et celle de M. de Mailly, des brigades de Bourbonnois et de la Reine; ces trois colonnes ayant leurs compagnies de grenadiers à leur tête.

Il y avoit lieu d'espérer que si M. le chevalier de Belle-Isle n'eût pas été blessé à mort la seconde fois, le retranchement eût été emporté; mais le désordre s'étant mis ensuite dans les troupes, il n'y eut d'autre parti à prendre que celui que M. de Villemur a pris, avec beaucoup d'habileté et de sagesse, en faisant battre la retraite et se mettant en marche et se repliant vers le mont Genèvre.

C'est la difficulté du pays qui nous a heureusement préservés du malheur d'être poursuivis et chargés dans notre retraite; mais nous avons été obligés d'abandonner une grande partie de nos blessés.

Quant au nombre des officiers tués ou blessés, il est impossible d'en envoyer pour le présent une liste exacte et noms par noms; elle ne se saura que trop tôt.

3.

A Oulx, le 20 juillet 1747.

Nous avons eu hier une affaire à Exilles, où les ennemis étoient retranchés extraordinairement. Nous avons voulu l'emporter l'épée à la main, mais malgré les miracles de bravoure qui ont été faits, nous avons été obligés de quitter la partie et de battre la retraite.

Voici la liste de principaux officiers tués ou blessés.

MM. le chevalier de Belle-Isle, tué. D'Arnaud, maréchal de camp, tué. De Brienne, colonel d'Artois, tué. Le colonel de Lyonnois, tué. De Gouy, colonel de Bourbonnois, tué. De Grille, major général, tué. De Marcieux, colonel des Landes, blessé. De la Grandville, colonel de Saintonge, blessé. De Bezons, colonel de Beaujolois, blessé. De Mailly, colonel de Mailly, blessé, et autres dont on ne sait pas encore les noms, car tous les colonels, excepté trois, sont tués ou blessés. L'on compte près de 4,000 hommes tant tués que blessés, y compris environ 600 officiers.

Nous attendons ce que nous deviendrons. Le commandement, en suivant l'ordre d'ancienneté, est dévolu de droit à M.° d'Argouges.

XI.

Copie de plusieurs lettres de la main de la Reine à madame de Luynes.

1.

Je suis bien fâchée de l'état de M. de Charost (1), je vous prie de l'en assurer. Au désespoir de ne vous point voir. Je vous embrasse de tout mon cœur.

M. de Luynes a voulu absolument que je soupasse chez lui. Il a prié Mme la maréchale de Duras, comme sa tante, de faire les honneurs; je vous avoue que je ne me trouve point à mon aise de ne vous y point voir.

2.

12 octobre 1747, à Choisy.

J'ai grande impatience de savoir des nouvelles de M. de Charost; je souhaite fort qu'elles soient bonnes; outre l'intérêt que je prends à sa conservation, je me flatte que vous ne doutez pas d'un autre sentiment qui entre dans le désir de sa guérison. Je ne puis assez me louer des attentions du Roi. Il m'a cédé son appartement, afin de m'épargner la peine de monter et descendre; il m'a surpris très-agréablement en arrivant, en me montrant les portraits de mes filles de Fontevrault, que j'ignorois que l'on eût peint. Les deux aînées sont belles réellement; mais je n'ai rien vu de si agréable que la petite; elle a la physionomie attendrissante et très-éloignée de la tristesse; je n'en ai pas vu une si singulière; elle est touchante, douce et spirituelle. Si vous trouvez ma lettre trop longue, prenez-vous-en à la tendresse d'une mère et à la confiance d'une amie.

Dites bien des choses à M. de Luynes de ma part.

Je suis bien fâchée du griffonnage de ma lettre, mais je n'ai pas le temps de la copier.

---

(1) Mme de Luynes étoit allée ce jour-là à Paris, et avoit compté en revenir le même soir. L'état de M. de Charost la fit rester; elle l'envoya dire, et la Reine lui écrivit cette lettre à table. Elle est du mois d'août 1747, un vendredi. (*Note du duc de Luynes.*)

3.

13 octobre 1747.

Comme je pars demain matin, je veux avoir auparavant la consolation de savoir quand je pourrai avoir le plaisir de vous revoir, avant que d'envisager les rochers de Fontainebleau. Je leur conterois ma peine, mais ils sont si sourds, et j'aime un peu les gens qui m'entendent; d'ailleurs, ils sont si durs; je n'aime point cela non plus. Il faut donc s'armer, ce n'est pas de patience; le triste remède, surtout contre des rochers; le combat ne seroit point égal, leur dureté la vaincroit; ce sera donc de tâcher de me rendre inaccessible comme eux; voilà un beau fruit à tirer d'un voyage. Ne montrez cette lettre à personne, car elle n'a pas le sens commun, c'est une suite de l'absence de mes vapeurs. Je souhaite de tout mon cœur que l'état de M. de Charost se fortifie en mieux; je vous embrasse de tout mon cœur. Il ne seroit pas honnête d'en dire autant à M. de Luynes; je laisse cela à votre prudence.

Les attentions du Roi sont charmantes. Dites-moi des nouvelles du Président.

4.

21 octobre 1747 (1).

Toute foible que je suis d'une espèce de perte que je viens d'avoir, le sentiment réveille mes forces pour vous donner de mes nouvelles et en même temps vous demander des vôtres. J'attends votre retour avec bien de l'impatience. Je vous embrasse de tout mon cœur.

Recommandez-moi, c'est-à-dire le véritable moi, qui n'est point mon corps, aux prières de ces dames et surtout de Mme de Beauvilliers.

Bien des compliments au père Luynes, à cause de la ressemblance.

XII.

Spectacles des cabinets du Roi.

POUR LES BALLETS DANS LES CABINETS DU ROI.

Acteurs chantants :

Mme de Pompadour,
Mme la duchesse de Brancas doublée par Mme Trusson,
M. le duc d'Ayen,
M. de la Salle.

---

(1) Mme de Luynes était à Montargis.

Directeur.

M. le duc de la Vallière.

Sous-directeur.

M. de Moncrif.

Personnages chantants dans les chœurs.

Côté du Roi.		Côté de la Reine.	
Les sieurs Camus,	} *dessus,*	Les sieurs Dupuis,	} *dessus,*
Gérôme,		Falcs,	
D'Aigremont, *taille,*		Francisque,	
Le Bègue, *haute-contre,*		Richer, *taille,*	
Godonesches,	} *basses.*	Benoît, *basse,*	
Du Croix,		Bazire, *haute-contre.*	

Personnages dansants.

M. de Courtenvaux,
M. de Langeron.

Pour le chœur du ballet.

Les sieurs Barois,   Les demoiselles Durand,
        Baletti,   D'Œfeuille,
        Piffet,   Chevrier,
        Dupré.   Astrandi.

PROLOGUE.

(*L'orchestre commence une ouverture.*)

M. DE NIVERNOIS ET M. DE LA VALLIÈRE.

M. DE NIVERNOIS, *à l'orchestre.*
Un moment s'il vous plaît. Monsieur le directeur!
(*A l'orchestre, qui continue.*)
Messieurs, arrêtez donc. Monsieur de la Vallière!

M. DE LA VALLIÈRE, *derrière le théâtre.*
Eh bien?

M. DE NIVERNOIS.
Hé! venez donc.

M. DE LA VALLIÈRE.
Que voulez-vous, monsieur?

M. DE NIVERNOIS.
Ce que je veux? question singulière!

M. DE LA VALLIÈRE.

Mais expliquez-vous donc.

M. DE NIVERNOIS.

Je ne vous conçois pas ;
Pour un grand directeur la faute est bien grossière !

M. DE LA VALLIÈRE.

Quelle faute ?

M. DE NIVERNOIS.

Je veux vous le dire tout bas.

M. DE LA VALLIÈRE.

Parlez, monsieur, criez ; je meurs d'impatience.

M. DE NIVERNOIS.

Seigneur, qu'est devenu' votre auguste prudence ?

M. DE LA VALLIÈRE.

Comment ?

M. DE NIVERNOIS.

Hé! que vous sert ce maintien effaré ?
Vous oubliez...

M. DE LA VALLIÈRE.

Quoi donc ?

M. DE NIVERNOIS.

Soyez désespéré.

M. DE LA VALLIÈRE.

Pourquoi ?

M. DE NIVERNOIS.

Vous oubliez... distraction funeste !

M. DE LA VALLIÈRE.

J'oublie... eh bien ! j'oublie...

M. DE NIVERNOIS.

Un devoir manifeste.

M. DE LA VALLIÈRE.

Moi !

(*Successivement tous les acteurs viennent être spectateurs de cette scène entre M. le duc de la Vallière et M. le duc de Nivernois.*)

M. DE NIVERNOIS.

Rouvrant un théâtre, on doit premièrement
Signaler ce grand jour par un beau compliment.
Toujours le directeur chargé de la harangue...
Pensez, imaginez, déployez votre langue.

M. DE LA VALLIÈRE.

Que dirois-je, seigneur ? mon tort est avéré.

M. DE NIVERNOIS.

Commencez donc!

M. DE LA VALLIÈRE.

Hé quoi, sans être préparé!

M. DE NIVERNOIS.

N'importe, il faut du moins signaler votre zèle.

M. DE LA VALLIÈRE (*après un silence et de grandes révérences à l'assemblée*).

Essayons, car...

M. DE NIVERNOIS.

Fort bien!

M. DE LA VALLIÈRE.

Ma frayeur est mortelle.

M. DE NIVERNOIS.

La troupe attend de vous un discours enchanteur.

M. DE LA VALLIÈRE (*s'adressant au Roi*).

Le désir de briller n'a rien qui nous inspire;
Ici, nous pouvons tous le dire,
Le zèle et les talents sont l'ouvrage du cœur.

M. de la Vallière et le reste de la troupe font la révérence, et l'acte finit.

XIII.

Liste des vaisseaux de guerre françois pris et détruits depuis le commencement de la guerre présente jusqu'au 25 novembre 1747.

NOMS DES VAISSEAUX.	CANONS.	HOMMES.	NOMS DE CEUX QUI LES ONT PRIS.
1. L'Invincible...	74	700	Par les amiraux Anson et Warren.
2. Le Terrible ...	74	686	Par le contre-amiral Hawke.
3. Le Monarque..	74	686	
4. Le Neptune ...	70	686	
5. Le Trident....	64	650	
6. Le Fougueux..	64	650	
7. Le Severn	50	550	Avoit été pris sur les Anglois.
8. Le Mars......	64	500	Par *le Nottingham*, de 60 can.
9. Le Vigilant....	64	500	Par l'amiral Warren, au cap Breton.
10. L'Ardent......	64		Brûlé sur les côtes de France.
11. Le Sérieux....	66	556	Par les amiraux Anson et Warren.
12. Le Diamant ...	56	450	
13. Le Jason	52	355	
14. Le Rubis	52	328	
15. L'Auguste	50	470	Par le capitaine Stevens, du *Portland*, de 50 canons.
16. L'Étoile.......	46	400	Brûlé par l'escadre de l'amiral Warren.
17. La Gloire.....	44	330	Pris par les amiraux Anson et Warren.
18. L'Embuscade..	40	365	Par *le Salisbury*, de 50 canons.
19. La Renommée.	32	300	Par *le Douvres*, de 40 canons.
20. Le Mercure, vaisseau ci-devant de 64 canons			
21. La Médée.....	26	240	Par *le Dreadnought*, de 60 can.
22. La Subtile	26	240	Par *le Portland*, de 50 canons.
23. La Panthère...	26	240	Par *le Monmouth*, de 70 can.
24. Le Solbay	22	230	Par le corsaire *l'Alexandre*.
	1,200	10,112	

ANNÉE 1748.

JANVIER.

Réception de trois nouveaux chevaliers de l'Ordre et nomination de six chevaliers, parmi lesquels le duc de Luynes. — Promotion militaire. — Mort de Mlle de Lauraguais. — Comédie en ballet dans les cabinets et acteurs. — L'ordre du Saint-Esprit. — Comédie et pastorale dans les cabinets et acteurs. — Voyage de Marly. — Les gros joueurs. — Incommodité du Roi. — La comète remplace les autres jeux. — Jugement de M. de Montbéliard. — Aventure singulière à la messe de la Reine. — Mme de Lauraguais perd une boucle d'oreille. — Action aux environs de Gênes. — Le jeu à Marly. — Mort de M. d'Aubeterre et de Mme d'Alègre. — Le Roi donne son portrait à M. de Grimberghen. — Détails sur la coutume qu'ont les souverains de donner leurs portraits aux ambassadeurs. — Présent de M. de Grimberghen à M. de Verneuil. — Grand nombre de salonistes à Marly. — Le Roi décide que Mme Victoire reviendra à Versailles. — Mlle de Charleval. — Nomination à divers emplois.

Du mardi 2, Versailles. — Hier M. l'archevêque de Paris, M. l'archevêque de Rouen et M. l'abbé d'Harcourt furent reçus commandeurs de l'Ordre, suivant l'usage ordinaire. M. l'archevêque de Paris fit porter sa croix à cette cérémonie. J'ai marqué, les derniers jours de l'année passée, les difficultés et ce qui avoit été arrangé; c'est cet arrangement qui a été suivi. Il y eut aussi hier chapitre avant la cérémonie; le Roi nomma dans ce chapitre six nouveaux chevaliers : M. de Ségur, M. de Maubourg, M. de Bulkley, M. de Puisieux, M. de Saint-Séverin et moi. Ce fut Mme de Resnel (1) qui quêta. La Reine étoit en haut dans sa niche; Mme la Dauphine et Mesdames dans l'autre niche.

Aujourd'hui il y a eu, suivant l'usage, une grande

---

(1) Veuve du fils aîné de M. de Clermont d'Amboise. (*Note du duc de Luynes.*)

messe pour les chevaliers morts dans le courant de l'année dernière. Le Roi a entendu cette grande messe en bas, avec tous les chevaliers, et ensuite il a été à la chasse.

Le voyage du Roi à Choisy, qu'on avoit d'abord annoncé pour samedi ou dimanche prochain, fut fixé à jeudi il y a trois jours; depuis il a été avancé à mercredi; il y restera jusqu'à mardi.

Les ambassadeurs et ministres étrangers vinrent hier faire leur cour; M. de Puisieux leur donna audience dès hier; ils ont couché ici, et ont assisté aujourd'hui à la grande messe des morts.

Il y a trois ou quatre jours que le Roi dit à son souper la mort de l'évêque d'Anvers (1). C'est le premier évêché que le Roi a à donner dans les pays nouvellement conquis.

La promotion militaire que l'on attendoit depuis longtemps fut enfin déclarée hier après midi (2). Les deux exempts des gardes du corps qui étoient à portée d'être faits maréchaux de camp ne sont point compris dans cette promotion; ils en sont très-affligés, d'autant plus qu'il y avoit des exemples en leur faveur. M. Dauger avoit été fait maréchal de camp étant exempt; mais comme les exempts des gardes du corps sont obligés de monter les gardes ordinaires comme les capitaines de cavalerie, le Roi trouva peu convenable que M. Dauger, officier général, montât une garde ordinaire, et jamais S. M. n'a voulu avoir égard à aucune représentation sur cet article. Ainsi on ne refuseroit point le grade de ma-

---

(1) Joseph-Anselme-François Werbroeck.
(2) Le Roi nomma :
   28 lieutenants généraux,
   59 maréchaux de camp,
   90 brigadiers. — Il donna aussi :
   12 régiments d'infanterie,
   2 de cavalerie et 3 de dragons.

réchal de camp à un exempt qui quitteroit et qui mériteroit d'ailleurs, mais le Roi ne veut point leur accorder ce grade pendant qu'ils demeurent dans le corps.

Du mercredi 3, *Versailles.* — Le Roi est parti aujourd'hui, vers les cinq heures, pour Choisy. Les dames de ce voyage sont Mmes de Pompadour, duchesse de Brancas douairière, de Pons et de Livry. Le Roi reviendra ici le lundi 8 de ce mois.

Le Roi a donné aujourd'hui audience aux États de Bretagne. Les députés sont, pour le clergé M. l'évêque de Saint-Brieuc (Brignon), qui a porté la parole et a fort bien parlé, et M. de la Vauguyon pour la noblesse. Les députés ont été présentés par M. le duc de Penthièvre, gouverneur de Bretagne, et accompagnés par M. de Brezé (Dreux). Les députés ont été ensuite à l'audience de la Reine, qui étoit dans le grand cabinet. Mme la maréchale de Lowendal étoit à cette audience, et on a mis un carreau devant elle.

Je viens d'apprendre que la petite de Lauraguais est morte ; elle étoit malade depuis huit ou dix jours, d'une fièvre maligne, pour laquelle elle avoit été saignée quatre fois ; elle n'avoit que quatre ou cinq ans. Le jour avant qu'elle tombât malade elle avoit été mordue à la jambe par un petit chien qu'elle avoit chez elle, et qu'on a tué depuis, le croyant enragé. On craignoit que cette maladie n'eût quelque rapport à la morsure ; mais comme après qu'elle a été mordue il ne paroissoit rien à la jambe, et qu'il n'y a aucun signe dans la maladie autre que ceux de la maladie, on ne peut joindre ensemble ces deux idées. C'étoit le seul enfant qu'ait eu Mme de Lauraguais (Mailly), et elle l'aimoit à la folie.

Du mercredi 10, *Versailles.* — Le Roi revint avant-hier de Choisy. Il y avoit concert chez la Reine ; le Roi alla après le concert chez la Reine, et y resta quelques moments, pendant qu'elle jouoit à cavagnole.

Du vendredi 12, *Versailles.* — Avant-hier mercredi il y

eut comédie et ballet chez le Roi, dans la petite galerie. La comédie commença à cinq heures trois quarts, ensuite on exécuta le ballet ; le tout dura jusqu'à près de neuf heures. Ces divertissements ne dérangent rien des spectacles ordinaires de la cour. Le ballet est le même qu'on exécuta la dernière fois (1). Mme Trusson y chanta beaucoup mieux ; sa voix est jolie et agréable. La comédie étoit *le Tartufe*, de Molière. Voici le nom des acteurs et leurs rôles :

Mme PERNELLE, Mme de Sassenage.
ORGON, M. de Croissy.
Mme ORGON, Mme la duchesse de Brancas.
ELMIRE, Mme de Brancas.
DAMIS, M. de Maillebois (comte).
MARIANNE, Mme de Pons (comtesse).
VALÈRE, M. de Duras (duc).
CLÉANTE, M. de Gontaut.
TARTUFE, M. de la Vallière.
DORINE, suivante de Marianne, Mme de Pompadour.
M. LOYAL, sergent, M. de Meuse.
UN EXEMPT, M. le marquis de Voyer.
FLIPOTTE, une femme de chambre.

M. de Lhôpital, ambassadeur du Roi à Naples, arriva ici hier ; il vient par congé, et pour quelque temps seulement.

Il n'y a rien de changé au voyage de Marly ; c'est toujours après-demain dimanche que le Roi y va. M. le comte de Noailles travailla avec le Roi à Choisy pour ce voyage, et la liste parut mardi dernier. La Reine mène toutes ses dames du palais que leur santé ou leurs affaires n'empêchent pas d'y aller.

Mme la Dauphine ne mène que quatre de ses dames, et Mesdames aussi quatre. Il y en a pourtant quelques-unes

---

(1) Le 20 décembre 1747. Le ballet est celui d'*Ismène*, de M. de Moncrif. (*Note du duc de Luynes.*)

de Mme la Dauphine et de Mesdames qui ont demandé et qui ont été mises sur la liste ; mais c'est comme dames de la Cour, et non comme service. Elles aideront pourtant à celles que Mme la Dauphine et Mesdames mènent. La Reine y mène dix dames du palais. Mme la Dauphine en aura six en comptant celle qu'elle mène ; et Mesdames aussi en auront six, et outre cela Mme de la Lande. Il n'y a dans toute la liste que Mme de Talmond seule qui par elle ou par son mari n'ait aucune charge. Toutes les princesses ont chacune une dame ; Mme de Chartres en a deux. Pour les hommes, il y en a quelques-uns qui auront successivement le même logement.

Je n'ai point parlé jusqu'ici de ce qui regarde l'ordre du Saint-Esprit. La première des formalités réglée est de faire remettre au sieur Clairambault, généalogiste de l'Ordre, les titres contenant les preuves nécessaires pour être reçu dans l'Ordre. Le sieur Clairambault fait un procès-verbal de ces preuves, et le présente aux deux commissaires nommés pour l'examiner, lesquels signent le procès-verbal. Ces deux commissaires sont nommés ou présentés au Roi, ou pour mieux dire à M. de Saint-Florentin, secrétaire de l'Ordre, par le chevalier qui vient d'être nommé. M. de Saint-Florentin fait expédier une commission pour ces deux commissaires. Cette commission est portée à M. l'abbé de Pomponne, chancelier de l'Ordre, pour être scellée ; ensuite elle est remise au sieur Clairambault. L'usage est assez constant qu'un chevalier non titré choisit deux hommes non titrés pour ses commissaires, et un chevalier titré prend ordinairement un titré et un non titré. On prend assez volontiers un maréchal de France non titré, mais il faut toujours que les commissaires soient chevaliers. J'ai pris pour les miens : M. le duc de Béthune et M. le maréchal de Clermont-Tonnerre. Le commissaire non titré doit se rendre chez celui qui est titré, le jour que le sieur Clairambault y apporte le procès-verbal des preuves. Il n'est point contre la règle que les deux commissaires entendent le rapport du sieur Clairambault et signent séparément, lorsque quelques circonstances, qui arrivent rarement, les empêchent de se rassembler. Il y a outre cela l'information de vie et mœurs qui se fait chez l'évêque diocésain, en vertu d'une commission expédiée et scellée comme l'autre, mais qui est remise directement à l'évêque. C'est M. l'archevêque de Paris à qui la mienne a été adressée. Il ne faut point de certificats du curé de sa paroisse, mais seulement le témoignage de trois témoins, un ecclésiastique et deux laïques. On prend pour l'ecclésiastique un évêque ou un archevêque; on peut même en prendre un qui soit commandeur de l'Ordre. J'ai choisi M. l'archevêque de Rouen, lequel avoit pris à sa réception M. l'archevêque de Tours, commandeur de l'Ordre; mes deux autres témoins sont M. le marquis de Saint-Herem, menin de M. le Dauphin, et M. le marquis de Saulx, frère de M. l'archevêque de Rouen. Je croyois que le témoignage de deux frères pourroit n'être pas réputé bon, et j'en aurois pris un autre, mais cela ne fait aucune difficulté.

J'allai mardi dernier à Paris faire une visite d'honnêteté à M. l'archevêque de Paris et lui porter ma commission; j'y retournai hier. M. l'archevêque de Rouen et M. de Saulx y vinrent; M. de Saint-Herem ne s'y trouva pas, parce qu'on avoit oublié de l'avertir; cependant l'information se fit comme s'il y avoit été, excepté qu'on ne lut que les témoignages des deux témoins présents. On ne lut point celui de M. de Saint-Herem; mais il a passé depuis à l'archevêché pour y entendre lire son témoignage et le signer. Ces trois mêmes témoins doivent assister aussi à la profession de foi que fait le nouveau chevalier chez le grand aumônier ou, en son absence, chez un prélat de l'Ordre.

Du dimanche 14, Versailles. — Il y eut hier comédie dans les cabinets; on y joua une pièce que l'on appelle *les*

Dehors trompeurs, ou *l'homme du jour*. L'auteur s'appelle Boissy. Les personnages sont : le baron (c'étoit M. le duc de Duras); le marquis (M. le duc de Nivernois); M. de Forlis (1) (M. le duc de Chartres); Lucile (Mme de Pompadour); Céliante, sœur du baron (Mme de Pons); la comtesse (c'étoit Mme la duchesse de Brancas douairière); Lisette (Mme de Livry); Champagne (M. de Gontaut). Il y a un rôle de laquais qui paroît un moment; c'étoit M. de Clermont-d'Amboise. M. de Duras, M. de Nivernois et Mme de Pompadour jouèrent supérieurement. M. le duc de Chartres a dans son jeu une aisance et un naturel qui plaisent beaucoup.

Après la comédie, il y eut un petit divertissement en un acte; c'est une pastorale, qui s'appelle *Églé*. L'auteur des paroles se nomme Laujon, et celui qui a fait la musique est un petit Lagarde, qui a tout au plus vingt ans. Il n'y a dans cette pièce que trois personnages : *Églé*, c'est Mme de Pompadour; la *Fortune*, Mme la duchesse de Brancas, et *Apollon*, sous la figure de Misis, M. le duc d'Ayen. Ce divertissement est accompagné de danses, composées toujours par Deshayes, qui sont extrêmement jolies. Mme de Pompadour y chante et joue à merveille. M. de Courtenvaux et M. de Langeron y dansèrent fort bien, chacun dans leur genre.

Du mardi 16, *Marly*. — Le Roi partit avant-hier de Versailles, au sortir du salut, et arriva ici un peu avant six heures. Il y avoit environ une demi-heure que la Reine étoit arrivée, après avoir entendu le salut aux Récollets. Tout est arrangé ici comme les autres voyages. Lundi, mercredi et samedi, concerts dans le salon du billard. La Reine vient au salon à six heures : c'est le temps que la musique commence; lorsqu'elle est finie, elle joue à

---

(1) Dans le recueil imprimé des comédies et ballets qui ont été représentés, c'est M. de Maillebois le fils qui joue Forlis. (*Note du duc de Luynes*, datée du 13 avril 1748.)

cavagnole. Les autres jours le cavagnole commence à six heures. Le Roi vient au salon jouer une partie de comète ; il fait la chouette à M. de la Vallière et à M. de Luxembourg. Le souper à l'ordinaire, avec la Reine, M. le Dauphin, Mme la Dauphine, Mesdames et les princesses et quelques dames, en tout vingt couverts. Mme de Luynes, Mme de Brancas et Mme de Duras seroient de règle tous les jours si elles vouloient; mais Mme de Luynes, qui a une maison à tenir, n'y soupe que de temps en temps. Le Roi soupe à peu près tous les deux jours dans ses cabinets, et alors la Reine soupe avec ses enfants et avec les dames. Après le souper, le Roi, soit qu'il ait soupé dans ses cabinets ou bien avec la Reine, vient après souper jouer au lansquenet dans le salon, et la Reine joue à cavagnole jusqu'à une heure après minuit ou environ. M. Hesse, gros joueur que tout le monde connoît, et M. de Chalabre, exempt des gardes du corps, aussi gros joueur, sont ici à cause du lansquenet; mais ils ne sont pas sur la liste ; ils n'ont pour eux deux qu'un seul appartement. M. Houel y est aussi venu pour jouer, mais il loge dans le village.

Hier, le Roi qui avoit été tirer par un très-grand froid, se trouva un peu incommodé le soir d'avoir pris du café au lait le matin et d'avoir mangé après la chasse. Il devoit souper dans ses cabinets, et il renvoya tout le monde; cependant il vint au salon après le souper de la Reine; il acheva une partie de comète, et alla se coucher de bonne heure. Il n'y eut point de lansquenet.

En tout il y a ici peu de vivacité pour le jeu. Le lansquenet finit totalement dès que le Roi s'en va. Le cavagnole se soutient pour la Reine; mais après son départ ou il finit, ou il ne dure que fort peu. Le seul jeu que l'on joue presque généralement est la comète. Ce jeu, que l'on jouoit il y a vingt ou vingt-deux ans (1), mais tête à tête,

---

(1) Dans l'*Académie universelle des Jeux*; Paris, 1730, in-12, page 233,

a repris depuis environ deux mois avec une vivacité extrême; on le joue à deux, à trois et à quatre, comme le piquet, et il a fait tomber presque entièrement tous les autres.

Du vendredi 19, *Marly.* — J'ai toujours oublié de parler du jugement de M. de Montbéliard. Cette affaire avoit été examinée par des commissaires nommés par le Roi, pendant l'absence du Roi l'année dernière. Je crois avoir marqué ce qui s'en disoit dans le temps. Les avis des commissaires avoient été envoyés en Flandre à S. M., et l'on croyoit que l'on n'attendoit pour en parler que la décision du Roi ; cependant l'affaire fut portée de nouveau au conseil des dépêches, le vendredi 12, à Versailles. M. Moreau de Beaumont, maître des requêtes, qui en avoit fait le rapport l'année passée devant les commissaires, et qui a été depuis nommé intendant de Poitiers, est revenu exprès pour en faire de nouveau le rapport. On avoit déjà été fort content de lui l'année passée ; il paroît qu'on ne l'a pas été moins dans cette dernière occasion. Le jugement n'est pas encore absolument public, mais il paroît que les deux frères, qui prennent ici le titre de princes de Montbéliard, ont entièrement perdu leur procès. Ils sont déboutés de toutes leurs prétentions, et même, à ce qu'on prétend, déclarés bâtards, et qu'il ne s'agit plus que de ce qui regarde leur subsistance et entretien ; sur quoi il n'est pas encore décidé si ce sera M. de Wurtemberg qui fournira les sommes nécessaires, ou si ce sera aux dépens du Roi.

---

on trouve que le jeu de la manille, autrement appelé la comète, est celui qui a fait le premier divertissement de Louis XV. « On pourroit bien l'avoir nommé ainsi, ajoute le même ouvrage, par la longue queue des cartes qu'on jette en jouant chaque coup, les comètes étant pour l'ordinaire accompagnées d'une longue traînée de lumière ; mais pour en revenir à ce jeu, qui est fort divertissant, il convient de dire que c'est un jeu à perdre considérablement lorsque le malheur en veut à quelqu'un. » Ce jeu était à peu près le même que celui qu'on nomme aujourd'hui le *nain jaune.*

Il arriva il y a quelques jours ici une aventure peu importante, mais singulière. M. le Dauphin, Mme la Dauphine et Mesdames sont dans l'usage d'aller tous les jours entendre la messe dans la chapelle Saint-Louis, qui est au bout du commun (1). Mme la Dauphine, qui a été incommodée pendant quelques jours, entendait la messe chez elle. La Reine avoit fait dire qu'elle n'iroit point à la messe à la chapelle, et qu'elle l'entendroit dans la chambre de Mme la Dauphine, où le prêtre l'attendoit tout habillé. Comme il y avoit des gens de la Cour qui attendoient le moment que la messe commenceroit, on demanda au prêtre s'il ne comptoit pas dire la messe. Il sortit en effet de la sacristie, et commença la messe. Au *Gloria in excelsis* on vint avertir que la Reine alloit arriver. Suivant la règle, la messe commencée quand elle n'en est pas au sacrifice peut être suspendue; le prêtre peut attendre, c'est-à-dire il ne descend pas de l'autel et n'entre pas dans la sacristie; cependant c'est justement ce qu'il fit : il rentra dans la sacristie, et recommença la messe tout de nouveau pour la Reine.

Mme la Dauphine a gardé un jour sa chambre. Madame et Mme Adélaïde ont été successivement incommodées de rhume et de quelques mouvements de fièvre, mais sans aucune suite.

Quelques jours avant que de partir de Versailles, Mme de Brancas la douairière envoya demander à Mme de Lauraguais ses boucles d'oreilles à emprunter, pour s'en servir sur le théâtre dans les cabinets du Roi. Elle est dans

---

(1) Je crois avoir déjà marqué que la Reine ni Mme la Dauphine n'ont ici ni aumônier ni chapelain. L'usage est ici que c'est la paroisse qui leur fournit une messe à chacune tous les jours. Il y a à la paroisse de Marly un prêtre habitué qui est clerc de chapelle de Mme la Dauphine; il lui dit la messe, mais c'est comme prêtre habitué de la paroisse. M. l'archevêque de Rouen est seul ici de la chapelle de la Reine, comme mon frère de celle de Mme la Dauphine; c'est pour prendre l'ordre, le donner et présenter le livre. (*Note du duc de Luynes.*)

l'usage de les emprunter souvent. Elle envoya chez Mme de Lauraguais un laquais qu'elle a depuis longtemps. La femme de chambre de Mme de Lauraguais lui remit dans du papier ces boucles. Les deux peuvent valoir 24,000 livres. Ce sont celles de Mme de Châteauroux, dont Mme de Lauraguais a hérité. En arrivant chez Mme de Brancas, il ne se trouva qu'une boucle d'oreilles. Grandes perquisitions et grande inquiétude. Un charretier retrouva il y a trois jours cette boucle sous la voûte de la chapelle.

Le jeu paroît un peu plus vif dans le salon depuis deux ou trois jours.

Ce matin M. d'Argenson est venu au lever du Roi, et lui a amené un courrier de M. de Richelieu : c'est un chevalier de Malte (1), qui a été officier dans nos troupes. Il apporte la nouvelle d'une petite action aux environs de Gênes, dont on trouvera ci-après la relation (2). J'ai vu dans une lettre particulière que nous n'y avons perdu que 18 hommes.

Du mardi 23, Marly. — Il n'y a rien de nouveau ici. Le lansquenet s'y soutient assez bien, et les deux cavagnoles de la Reine, l'un avant, l'autre après souper. Pour le lansquenet, M. le Dauphin et Mesdames, qui coupent assez régulièrement, y jouent l'argent du Roi.

---

(1) Il s'appelle le chevalier Desquinos. Il avoit été capitaine de grenadiers dans le régiment de la Tour-du-Pin, et blessé, je crois, à la bataille de Raucoux ou de Laufeld. Il s'étoit trouvé en cette occasion à la place d'un autre capitaine de grenadiers absent. Le régiment de la Tour-du-Pin avoit fait des merveilles en cette occasion, et y avoit été écrasé. Le capitaine de grenadiers absent ayant été compris dans l'état des officiers qui étoient à la bataille a été récompensé, et M. Desquinos entièrement oublié ; il s'en étoit plaint à M. d'Argenson, qui lui avoit promis de lui rendre justice. Cette réponse ne le contenta point, et il quitta, quelque chose qu'on pût lui dire. Il ne fût pas longtemps à se repentir ; et pour avoir un moyen de rentrer dans le service, il a suivi M. de Richelieu à Gênes en qualité d'aide de camp. (*Note du duc de Luynes.*)

(2) Voy. *Appendice à l'année* 1748, pièce 1.

D'ailleurs les coupeurs ordinaires sont : Mlle de Sens, Mme de Pompadour, MM. de Luxembourg, de Soubise, de la Vallière et de Livry, M. de Chalabre, M. Hesse. M. Houel n'y a paru que peu de jours. Il y a, comme à l'ordinaire, beaucoup de courtisans qui ont permission de venir faire leur cour ; c'est ce qu'on appelle *salonistes* ou *polissons*. Il y en a qui ont un logement à deux, même à trois ; les uns pour quatre jours, les autres pour six.

J'ai oublié de marquer la mort de M. le comte d'Aubeterre, lieutenant général et chevalier des ordres du Roi : il étoit fort âgé ; il est mort le 16 ou le 17 de ce mois.

Mme d'Alègre (du Frénoy), dame d'honneur de Mlle de la Roche-sur-Yon, mourut vendredi dernier, 19 de ce mois, à Paris, chez Mlle de la Roche-sur-Yon : elle étoit extrêmement âgée.

Mercredi dernier, 17 de ce mois, M. de Verneuil porta à M. de Grimberghen, à Paris, le portrait du Roi, enrichi de diamants. L'usage, constamment observé, est que tout ministre qui a caractère, lorsque sa commission est finie, reçoit un présent du Roi, qui est ordinairement le portrait de S. M. entouré de diamants ; il n'est pas nécessaire pour cela qu'il ait eu audience publique, soit en arrivant, soit en partant. Cet usage s'observe dans toutes les nations, et ce présent est si bien regardé comme un bien acquis à l'ambassadeur, qu'en cas de mort on le donne à sa succession. Milord Waldegrave, ambassadeur d'Angleterre en France, étant mort avant d'avoir reçu le présent, le Roi l'envoya à son fils, en Angleterre. M. de Cambis, notre ambassadeur à Londres, y étant mort avant d'avoir reçu le présent, le roi d'Angleterre l'envoya à Paris, à Mme de Cambis. M. de Lichtenstein l'a eu aussi comme ambassadeur de Charles VI, après la mort de ce prince. Il y a un cas cependant où l'on ne donne point de présent, c'est lorsqu'on n'est pas content de la conduite de l'ambassadeur. Les ambassadeurs des empereurs de la maison d'Autriche ont toujours été remplacés par d'autres depuis que cette maison a trouvé le moyen depuis plusieurs siècles de rendre l'empire comme héréditaire ; ainsi la fin de la commission d'un ambassadeur avoit pour époque l'arrivée de son successeur. M. de Grimberghen étoit dans un cas particulier ; il y a longtemps que sa commission est finie, et il n'a pu avoir de successeur ; son maître n'a jamais été reconnu par l'empereur d'aujourd'hui (1), et l'empereur d'aujourd'hui n'est pas reconnu par la France. Dans ces circonstances, il avoit été oublié. M. de Puisieux en a été instruit, et a sur-le-champ pris les ordres du Roi. Il s'est trouvé un présent tout fait ; il avoit été destiné à un envoyé de l'évêque de Wurtzbourg, dont on n'a pas été content ; ce portrait a coûté 18,000 livres.

Du lundi 29, *Marly.* — Il y a quelques jours que M. de Grimberghen fit présent à M. de Verneuil d'une boîte d'or du prix de 50 louis ; c'est l'usage.

Vendredi dernier, 26 de ce mois, M. le comte de la Suze, grand maréchal des logis, vint ici demander l'agrément du Roi pour son mariage avec la seconde fille de M. Chauvelin, ci-devant garde des sceaux. L'aînée, comme je l'ai marqué il y a longtemps, a épousé M. de Maulevrier, lequel est à l'extrémité, d'une fièvre maligne, depuis quelques jours.

On apprit ici ce même jour la nouvelle de la mort de la fille de M. de la Vauguyon. Elle avoit environ dix ans. M. de la Vauguyon a un fils qui n'a que deux ou trois ans.

Il y a cinq ou six jours que l'on apprit ici la mort de M. le prince de Nassau-Siegen, fils de la sœur de M. de Nesle. On sait que sa naissance avoit donné occasion à un grand procès. Il avoit épousé Mlle de Monchy-Sénarpont, sœur de la princesse de Rache. Il est mort à Bou-

---

(1) François Ier.

bert, en Artois, le 17 janvier, âgé d'environ vingt-six ans (1).

Il y a trois jours que le concierge d'ici, nommé Hollande, mourut; il avoit soixante-dix ou soixante-douze ans; c'étoit le frère du vieux Hollande que nous avons vu longtemps concierge ici, et qui est mort depuis trois ou quatre ans.

M. de Soyecourt-Belleforière, qui avoit épousé une fille de M. le duc de Saint-Aignan, morte depuis quelques années, épouse Mlle de Béthune, sœur de père de Mme la maréchale de Belle-Isle et nièce par sa mère de M. le duc de Gesvres.

Le nombre des salonistes ici est très-grand; presque tous ont trouvé le moyen de se loger ici, et ils y restent deux ou trois jours. Ils logent au Cœur-Volant ou dans le village; quelques-uns, comme M. de la Rivière, M. de Joyeuse, logent à Luciennes, chez Mme la princesse de Conty.

Ce n'est que d'hier ou d'avant-hier que l'on parle publiquement ici du retour de Mme Victoire. Elle est l'aînée des dames qui sont à Fontevrault; elle avoit grande impatience de revenir, enfin le Roi y a consenti. Elle reviendra en poste; c'est Mme la maréchale de Duras qui ira la chercher et qui sera auprès d'elle comme elle est auprès de Mesdames. Il étoit nécessaire qu'il y eût auprès de Mme Victoire quelque personne sûre et de confiance, qui sans avoir le titre de sous-gouvernante pût être à portée de rester auprès d'elle dans les temps que Mme de Duras ne pourra pas y être. Il falloit une personne connue, qui eût de la douceur, de la sagesse et

---

(1) Maximilien-Guillaume-Adolphe, prince d'Orange et de Nassau-Siegen, né à Paris, le 1er novembre 1722, était fils du prince Ignace-Emmanuel de Nassau-Siegen et de Charlotte de Mailly-Nesle. Il avoit épousé, le 1er décembre 1743, Marie-Madeleine-Amicie de Monchy, fille de Nicolas de Monchy, marquis de Sénarpont, et sœur d'Andrée-Armande de Monchy, comtesse de Berghes, princesse de Rache.

de l'usage du monde. Comme il faut qu'elle soit aux ordres de Mme la maréchale de Duras, il étoit assez difficile de trouver quelqu'un convenable. Mme la maréchale de Duras en parla à Mme de Luynes; c'étoit avant le voyage de Marly; elles se trouvèrent toutes deux avoir pensé à la même personne, et le choix a été approuvé par le Roi, il y a deux ou trois jours. On vouloit une fille ou une veuve. C'est Mlle de Charleval qui a été choisie; elle est parente et amie de M. le duc de Brancas; elle s'est fait connoître ici par les soins qu'elle prend de M. de Brancas, avec un zèle et un attachement qu'on ne peut assez louer. M. de Brancas, est presque sourd et ne voit pas bien clair; Mlle de Charleval, qui est fort pauvre, et à laquelle il a donné les secours qui pouvoient dépendre de lui, n'est occupée depuis plusieurs années qu'à lui prouver sa reconnoissance par les soins qu'elle a de son amusement et de faire les honneurs de sa maison.

Du mercredi 31, *Marly*. — Avant-hier, M. le comte de Lorges, menin de M. le Dauphin, remercia le Roi, qui vient de lui donner un petit gouvernement en Bretagne, qui vaut environ 4,000 livres de rente, que l'on appelle Redon. Ce gouvernement étoit vacant par la mort d'un Breton nommé M. d'Ekmoisans. On m'a dit que ce M. d'Ekmoisans étoit parent du fameux Théodore qui a fait tant de bruit dans les troubles de Corse.

La place de contrôleur des Tuileries et du Luxembourg vient d'être donnée à M. d'Isle, qui avoit une semblable place à Meudon. M. d'Isle est mis à la place de M. Cotte, qui se retire.

Le mariage du fils de M. le marquis d'Argenson est arrêté avec la fille de M. de la Marche, premier président du parlement de Dijon.

Le gouvernement de Foix et la lieutenance générale de Champagne, qu'avoit M. de Ségur, viennent d'être donnés à son fils qui a été blessé à Laufeld et qui a le bras coupé. MM. de Ségur père et fils remercièrent hier le Roi.

M. de Saint-Séverin remercia hier le Roi ; il est déclaré ministre plénipotentiaire pour les conférences d'Aix-la-Chapelle.

FÉVRIER.

Mort de M. de Maulevrier. — La Cour revient à Versailles. — Cérémonie des chevaliers de l'Ordre. — Ce que c'est que les gens titrés. — Difficulté entre MM. de Luynes et de Brissac. — Comment se doit porter le cordon de l'Ordre. — Présentations. — Comédie et pantomime dans les cabinets, et acteurs. — Le Rhône gelé. — Signature de contrats de mariage. — Mme Lucas, son genre de vie. — Mlle Lucas. — Mme Adélaïde a la petite vérole volante. — Mort du confesseur de la Reine et de l'abbé Girard. — Ouvrage du P. Pichon et controverses qu'il soulève. — Signature de contrat de mariage. — Plaintes et démarches de l'abbé de Pomponne contre le P. Pichon. — Guérison de Mme Adélaïde. — Mort de la maréchale de Gramont et de M. de Guerchy. — Comédie et opéra dans les cabinets, et acteurs. — Éloge du talent de Mme de Pompadour. — Détails sur l'orchestre et les spectateurs ordinaires. — Le Roi à Choisy. — Mort de M. Danchez. Candidatures à l'Académie. — Mort de l'ancien archevêque de Besançon. — Le Dauphin et la Dauphine à Choisy. — Mort de Mlle de Saumery, de l'abbé de Fleury et de l'évêque de Montpellier. — Présentation de Mme de Berwick. — L'Université présente des cierges au Roi et à la Reine. — Aventure d'un seigneur du Holstein à Marly. — Ambassadeurs qui viennent à Marly. — Mariages. — Le duc d'Orléans ne veut plus de chancelier. — Mme du Châtelet joue l'opéra d'*Issé* à Lunéville. — Le Roi nomme à l'évêché d'Anvers. — Grades donnés ; démissions et pensions. — Ce que l'on pensait de 4,000 livres de rente en 1746. — Comédie, opéra et danses dans les cabinets, et acteurs. — Chute de M. le Dauphin. — Le feu prend dans le cabinet du conseil. — Audience de congé du prince de Saxe-Hildburghausen.

Du jeudi 1er, *Versailles.* — M. de Maulevrier mourut hier à Paris. Il avoit épousé la fille de M. Chauvelin, ci-devant garde des sceaux. Il étoit capitaine de gendarmerie (1). Il étoit âgé de vingt-deux ans et fils de M. de Maulevrier et de Mlle d'Estaing. Son grand-père

---

.(1) Sous-lieutenant de la compagnie des gendarmes anglois. (*Note du duc de Luynes.*)

FÉVRIER 1748.

avoit épousé Mlle de Tessé-Froulay, et son bisaïeul, frère de M. Colbert, Mlle de Vaubrun. M. de Maulevrier qui vient de mourir ne laisse point d'enfants.

Le Roi a joué la nuit dernière aux petits paquets, après le lansquenet, jusqu'à cinq heures du matin ; et ne pouvant point aller à la chasse, à cause du temps qu'il fait, il est revenu de bonne heure ici. La Reine est revenue ici avec Mme la Dauphine et Mesdames, et a dîné dans sa chambre, comme à l'ordinaire, après avoir vu quelque changement qu'elle a fait faire dans ses cabinets. Derrière son grand cabinet vert, il y avoit trois petites pièces ; elle a voulu que des deux premières l'on n'en fît qu'une.

Du samedi 3. — Hier ce fut la cérémonie des chevaliers de l'Ordre. Nous ne fûmes reçus que cinq, M. de Saint-Séverin, qui est le sixième, n'ayant pu l'être encore parce que ses preuves d'Italie ne sont point arrivées. Les cinq nouveaux chevaliers se rendirent à dix heures et demie dans la chambre du Roi, en habit de novices. Dès que le Roi fut habillé, on fit entrer dans le cabinet les anciens chevaliers qui n'ont point d'entrées et les officiers de l'Ordre. Nous restâmes pendant ce temps tous cinq dans la chambre du Roi, mais ce temps fut fort court. M. l'abbé de Pomponne y fit son rapport, mais apparemment qu'il le fit en peu de mots ; car après tout au plus cinq minutes l'huissier de l'Ordre m'appela le premier. Le Roi étoit debout, vers le milieu de la table du conseil, entre cette table et la porte ; je me mis à genoux, le Roi tira son épée, dont il me donna suivant l'usage sur les deux épaules, ensuite l'accolade ; c'est la cérémonie usitée pour les chevaliers de Saint-Michel. Comme le Roi est debout, on est à genoux sans carreau. La même cérémonie se fit ensuite pour M. de Maubourg, M. de Ségur, M. de Bulkley et M. de Puisieux, l'un après l'autre. Ces quatre messieurs ne mirent qu'un genou en terre, moi je m'étois mis à deux genoux. Immédiatement après, le hérault de l'Ordre fit l'appel de tous les chevaliers à portée de se trouver à la cérémonie; il y en avoit quelques-uns absents. On nomma entre autres M. le duc de Châtillon : il n'a pas la permission de venir à la Cour. L'appel fait, on se mit en marche. D'abord les petits officiers de l'Ordre, ensuite les trois grands officiers de l'Ordre. M. Amelot, qui est malade, n'y étoit pas, et c'étoit M. de Saint-Florentin, secrétaire de l'Ordre, qui faisoit les fonctions de maître des cérémonies à sa place. M. l'abbé de Pomponne, chancelier de l'Ordre, en rochet et en camail violet, marchoit immédiatement avant les cinq novices. Le prie-Dieu du Roi étoit fort en arrière de la place où il est ordinairement, et placé à peu près entre les deux piliers des deux premières arcades en entrant. La procession descendit de chez le Roi par l'escalier qu'on appelle des ambassadeurs. Lorsque ceux qui marchent les premiers sont arrivés auprès du sanctuaire, tout le monde s'arrête. On fait la révérence d'abord à l'autel, ensuite au prie-Dieu du Roi. Pendant ce temps, le Roi arrive à son prie-Dieu, sur un tapis de pied, destiné seulement pour les cérémonies de l'Ordre.

Alors chacun prend sa place, M. le Dauphin et les princes auprès du Roi, les chevaliers à droite et à gauche, sur des banquettes, suivant leur rang d'ancienneté de titre pour les titrés, et de réception pour les non-titrés. Les novices se mettent sur des tabourets, qui sont dans le milieu, en avant du prie-Dieu du Roi. J'étois le premier à droite, M. de Maubourg le premier à gauche, comme devant être reçus ensemble. MM. les cardinaux de Rohan et de Soubise étoient à leur place ordinaire de grand aumônier auprès du prie-Dieu du Roi. M. le cardinal Tencin, M. l'archevêque de Tours, M. l'évêque de Langres, M. l'abbé d'Harcourt étoient dans le chœur du côté de l'épître. Ce fut M. l'archevêque de Rouen qui officia. On commença par la procession, qui se fit dans la cour. Le Roi en avoit donné l'ordre en sortant de son cabinet. On fait le tour de la cour dans le même ordre dans lequel on est venu de chez le Roi à la chapelle ; en rentrant dans la chapelle chacun va prendre sa place. Lorsqu'il y a quelque réception de commandeurs, elle se fait avant la messe ; pour les laïques ce n'est qu'après. Lorsque le célébrant vient présenter de l'eau bénite au Roi, ou que le sous-diacre apporte le livre des Évangiles au grand aumônier pour le faire baiser au Roi, ou que le célébrant apporte le corporal à baiser au Roi, après la messe, chacune de ces cérémonies est précédée et en quelque manière annoncée au Roi par une révérence du maître des cérémonies. Les commandeurs ecclésiastiques ne font la révérence que comme les évêques, au lieu que les laïques la font en pliant les deux genoux suivant l'ancien usage. L'abbé de Pomponne, chancelier de l'Ordre, quoi qu'ecclésiastique, fait la révérence comme les laïques. L'usage est que lorsqu'un homme titré est reçu chevalier, ses deux parrains, c'est-à-dire les deux chevaliers qui doivent l'accompagner dans ses révérences, sont toujours les deux derniers titrés ; ainsi c'étoit M. le maréchal de Belle-Isle et M. le maréchal de Coigny, comme ducs, qui furent mes parrains et qui le furent par conséquent de M. de Maubourg, qui fut reçu avec moi. Le maître des cérémonies vient d'abord faire la révérence aux deux parrains, qui s'avancent aussitôt au milieu de la nef ; ensuite il fait la révérence aux deux novices, l'un après l'autre, lesquels ayant rendu la révérence vont se placer entre les deux parrains ; tous quatre ensemble font ensuite la révérence à l'autel, puis s'avancent auprès de la marche du chœur pour faire la révérence au Roi, qui après la messe a été se placer dans un fauteuil, sous un dais, à l'entrée du chœur, du côté de l'évangile. On revient ensuite faire la révérence aux prélats qui sont dans le chœur ; celle-ci est suivie d'une quatrième aux chevaliers en général, qui sont placés du côté de l'épître, et d'une cinquième qu'on va faire à ceux qui sont du côté de l'évangile, aussi en général. Le maître des cérémonies conduit à toutes ces révérences. On monte ensuite la marche du chœur; les deux parrains restent dans ce moment à leur place, et les deux novices vont se mettre à genoux aux pieds du Roi. On nous présenta ensuite l'évangile, sur lequel nous mîmes chacun la main gauche. Je lus seul le serment, qui est pour tous les deux; ensuite on ôte le petit mantelet, on passe le cordon, le grand manteau et le collier; après quoi, le Roi donne à chacun un petit livre et un chapelet, et on lui baise la main. J'oubliois de marquer qu'il y a une formule que le Roi prononce, et à laquelle le chevalier répond pour lui seul ou pour tous ceux qui sont reçus avec lui. Lorsque l'on a baisé la main du Roi, on se relève; on redescend dans la nef, et on va, avec le grand manteau, faire les cinq mêmes révérences qu'on avoit faites en habit de novice. Chacun va ensuite prendre sa place; les titrés, c'est-à-dire ducs ou grands d'Espagne, prennent leurs rangs de leur ancienneté de titre, et les non-titrés celui, comme je l'ai dit, de leur réception. Ainsi je pris ma place avant M. de Brissac. On retourne ensuite en procession jusque chez le Roi. Il n'entre dans le cabinet que ceux qui ont les entrées, et chacun se retire chez soi.

M. de Brissac, qui ne fait nulle difficulté de passer après moi au Parlement, prétendoit passer devant moi à la Cour. J'ai déjà écrit un détail sur cette affaire, à l'occasion de la Cène, l'année passée. M. de Brissac prétendoit se prévaloir de ce qui se passa alors; mais comme c'est l'enregistrement des lettres qui décide du rang à la Cour, comme la réception au Parlement, le Roi, sur le rapport de M. de Saint-Florentin, décida en ma faveur. Il est vrai que l'auteur de M. de Brissac fut fait duc huit ans avant le mien; mais ses lettres ne furent enregistrées qu'un an après celles du mien. Il est arrivé même une exception à cette règle générale qui sert encore à la confirmer. Lorsque M. de Châtillon et M. de Pérignan, père de M. de Fleury, furent faits ducs, M. de Châtillon fut nommé le premier; mais les lettres de M. de Fleury ayant été enregistrées avant celles de M. le duc de Châtillon, il prétendit avec raison devoir passer, aux cérémonies de l'Ordre, avant M. de Châtillon. Cela forma une contestation, qui fut portée devant M. le cardinal de Fleury; elle fut jugée en faveur de M. de Châtillon, parce qu'il avoit été nommé le premier: mais il fut dit, en même temps, dans la décision par écrit, qui est entre les mains de M. Clairambault, et que j'ai vue, que c'est sans tirer à conséquence et sans déroger à l'usage constant de l'Ordre, qui est que c'est l'enregistrement des lettres qui donne le rang.

L'usage de porter le cordon par-dessus l'habit ou par-dessous, paroît assez égal en lui-même; cependant il s'est établi presque généralement de le porter par-dessous. Il sembleroit plus convenable de le porter par-dessus. M. le Dauphin en donne l'exemple et désireroit que tout le monde le suivît. Le feu Roi, qui le portoit par-dessous, vouloit qu'on le portât par-dessus, au moins on me l'a assuré. Quoique je lui aie fait ma cour pendant cinq ans, je ne me souviens point de cette circonstance. Le Roi le porte par-dessous; et quoiqu'il ne trouve point mauvais que l'on fasse autrement, il paroît cependant aimer mieux que l'on fasse comme lui. Il y a quelques chevaliers de l'Ordre qui le portent par-dessus, mais en fort petit nombre.

Du mercredi 7, Versailles. — Dimanche dernier, 4 de ce mois, il y eut trois présentations l'après-dînée chez la Reine. Mme la maréchale de la Mothe présenta sa fille, Mme de Froulay, qui n'avoit pas paru depuis la mort de son mari. Mme la comtesse de Noailles présenta Mme de Custine, qui étoit avec Mme de Saint-Chaumont, sa mère. M. de Custine est La Vieuville; Mme de Saint-Chaumont est Gruyn, sœur de Mme de Cambis. M. de Saint-Chaumont est un homme de condition de Lorraine qui est au service du Roi. La troisième présentation fut Mme de Castellane, présentée par Mme de Castellane-Rouillé (1). Mme de Castellane la jeune est Américaine, c'est-à-dire ce que l'on appelle créole, fille d'un François et d'une Américaine ; son nom est Fournier.

Avant-hier, lundi, 5 de ce mois, il y eut comédie dans les cabinets ; on joua *le Méchant*; c'est une pièce de M. Gresset, très-estimée par la bonté de la morale et la beauté des vers. Les acteurs étoient :

M. le duc de Duras, qui jouoit le rôle de CLÉON ;

M. le duc de Chartres, celui de GÉRONTE ;

Mme la duchesse de Brancas douairière, celui de FLORISE ;

Mme de Pons, celui de CLOÉ ;

M. de Maillebois faisoit ARISTE ;

M. le duc de Nivernois, VALÈRE ;

Mme de Pompadour, LISETTE ;

M. de Gontaut, FRONTIN ;

M. de Clermont-d'Amboise faisoit le rôle du LAQUAIS.

---

(1) La sœur de M. Rouillé, que l'on appelle Desportes, lequel est intendant du commerce, avoit épousé en premières noces M. de Brosses, dont elle a eu une fille, qu'elle a mariée au fils de M. de Pons, qu'on appelle Pons-Duchesse, et de Mlle de Verdun, laquelle est de même maison que M. le duc de Tallard. Ce M. de Pons, gendre de Mme de Brosses (Rouillé), ne paroît point depuis longtemps ; on ne sait ce qu'il est devenu. Mme de Brosses, devenue veuve, épousa en secondes noces un Castellane, dont elle a eu une fille, qu'elle a mariée à un homme de même nom et de même maison que son second mari. Il y a grand nombre de Castellane, et ils sont tous de même maison. Il y en avoit un capitaine des gardes de feu M. le duc du Maine. Il y en a un major de la gendarmerie ; un autre ambassadeur à Constantinople, qui a épousé une petite-nièce de feu M. le cardinal de Fleury ; enfin celui-ci, dont la femme vient d'être présentée et qui est capitaine des gardes de M. le duc de Penthièvre. Il y a déjà environ deux ans qu'il est marié, et sa femme a été en Bretagne avec Mme la duchesse de Penthièvre. Sa femme est Américaine ou plutôt créole, comme je l'ai dit. On prétend qu'elle a 80,000 livres de rente dans son pays ; mais les circonstances de la guerre rendent la perception de ces revenus si difficile, que pour lui assurer la jouissance paisible d'une partie desdits revenus, on ne veut lui donner ici que 20,000 livres par an. Elle étoit à Paris dans un couvent. (*Note du duc de Luynes.*)

Après cette pièce, qui dura deux heures, on en joua une petite, qu'on appelle *l'Oracle*, où il n'y a que trois acteurs; elle est de M. de Sainte-Foix.

Mme de Brancas faisoit LA FÉE;

M. de Nivernois, ALINDOR ou CHARMANT, fils de la fée;

Mme de Pompadour, LUCINDE.

Cette petite pièce fut accompagnée de beaucoup de divertissements. On joua en troisième lieu une pantomime, qui représente un maître de pension avec les enfants qui sont chez lui, et qui s'amusent à le tourmenter. L'invention est plaisante, et fut fort bien exécutée. M. de Courtenvaux faisoit le maître de pension. Les enfants étoient les enfants du maître à danser, dont j'ai parlé ci-dessus.

Du vendredi 9, *Versailles.* — J'ai oublié de marquer qu'il y a dix ou douze jours que l'on apprit que le Rhône avoit gelé, au point qu'un régiment et les charrettes et équipages qui le suivoient l'avoient passé sur la glace, auprès de Beaucaire. On me dit hier que l'on avoit remarqué que cet événement n'étoit point arrivé depuis 1661, lorsque Louis XIV, après son mariage, passa le Rhône à Villeneuve-lez-Avignon pour entrer à Avignon.

Du dimanche 11, *Versailles.* — Aujourd'hui il y a eu trois signatures de contrats de mariage : celui de M. de la Suze avec Mlle Chauvelin; celui de M. de Soyecourt avec Mlle de Béthune, fille de M. de Béthune (Pologne) et de sa seconde femme, Mlle de Gesvres, et par conséquent sœur de père de Mme la maréchale de Belle-Isle (1). Le troisième contrat est celui de M. d'Ormesson, fils aîné du conseiller d'État, avec Mlle Lucas, fille d'un conseiller au Parlement, qui est mort. Pendant la vie de M. Lucas, on plaignoit sa femme de la vie retirée qu'elle menoit, ne

---

(1) Elle a un frère de même lit qu'elle, lequel a un régiment. M. de Soyecourt avoit épousé en premières noces la fille de M. le duc de Saint-Aignan. M. de Saint-Aignan étoit à la signature du contrat, se trouvant parent de Mlle de Béthune. (*Note du duc de Luynes.*)

voyant personne et faisant peu de dépenses, quoiqu'ils eussent beaucoup de bien. Lorsqu'elle est devenue veuve, on a vu que cette manière de vivre étoit fort conforme à son goût. Quoique restée fort riche, elle joignoit à la retraite et à l'épargne extrême une négligence excessive sur l'entretien de ses biens. Elle avoit outre cela grand nombre de procès qui n'ont été terminés qu'à sa mort, par la conduite sage et prudente de sa fille. Cette fille, qui a vingt-sept ou vingt-huit ans au moins, avoit toujours été obligée de rester dans sa chambre pour obéir à sa mère; elle ne sortoit presque jamais et elle ne voyoit personne. Elle ignoroit même vraisemblablement qu'elle eût du bien, n'ayant nulle connoissance de ses affaires. Sa mère est morte; elle s'est trouvée tout d'un coup avec 40,000 livres de rente. Elle a songé d'abord à terminer ses procès, et ensuite à faire un établissement dans une famille sage, pieuse et qui ne fût point répandue dans le grand monde. Ce sont ces considérations qui ont déterminé le mariage.

Mme Adélaïde jouoit avant-hier au cavagnole avec la Reine, et disoit qu'elle avoit la petite vérole parce qu'elle avoit senti deux petits boutons, qui ne paroissoient presque point; elle paroissoit fort gaie. Hier, il se trouva en effet qu'il paroissoit sur son corps quelques boutons de petite vérole; cependant comme c'étoit peu de chose, la Reine y alla le matin, M. le Dauphin, Mme la Dauphine et Madame. L'après-dînée, il fut décidé que c'étoit réellement la petite vérole; en conséquence on envoya querir Dumoulin à Paris; Mme la maréchale de Duras, qui y étoit, revint aussitôt, et s'enferma avec Mme Adélaïde. Il n'y a qu'elle et Mme de la Lande qui y soient enfermées. Le Roi a non-seulement défendu à M. le Dauphin, à Mme la Dauphine et à Madame d'y aller, mais même à toutes les dames de Mesdames, et a voulu que Madame sortît de son appartement et allât loger dans celui de M. le comte de Clermont.

Du lundi 12, *Versailles.* — La petite vérole de Mme Adélaïde va tout au mieux ; ce n'est qu'une petite vérole volante fort légère. Les médecins qui l'ont vue sont : Bouillac, son médecin ; Delavigne, médecin du commun de la Reine et médecin ordinaire de Mme la Dauphine ; Marcotte, médecin ordinaire du Roi ; Dumoulin et Falconnet, médecins de Paris et médecins consultants du Roi. Dumoulin retourna hier à Paris, et dit qu'il ne reviendroit plus sans de nouveaux ordres. Il disoit dès hier en badinant, parce qu'il est fort gaillard, que c'étoit une petite vérole à quatre ailes, pour exprimer qu'on ne pouvoit pas en avoir une plus légère. En effet, Mme Adélaïde a dormi douze heures cette nuit, et Bouillac disoit aujourd'hui que sans les règles et les usages elle seroit en état d'aller ce soir chez le Roi.

Le confesseur de la Reine, M. l'abbé Labiszinski mourut hier, au grand commun, où il logeoit. Il étoit âgé d'environ soixante-dix ans ; il étoit Polonois, et parloit assez mal françois. C'étoit un bon homme fort simple, qui ne se mêloit de rien ; il vivoit chez lui, fort retiré, voyoit très-peu de monde : quelques aumôniers de la Reine, quelques chapelains, des Polonois quand il en venoit ici. La Reine, qui ne se confesse qu'en polonois, n'a jamais eu d'autre confesseur depuis qu'elle a l'usage de raison, excepté des temps fort courts d'absence ou de maladie, qu'il n'avoit pu la confesser. Il venoit tous les jours chez la Reine, à trois heures ou trois heures et demie, et y restoit jusqu'à ce que la Reine le renvoyât. Et, outre la confiance entière que la Reine avoit en lui, elle le regardoit comme son ami ; elle le chargeoit souvent d'écrire à la cour du roi de Pologne à Lunéville. Il est mort d'une fluxion de poitrine, en quatre ou cinq jours de temps ; on peut juger de l'inquiétude extrême qu'a eue la Reine pendant le cours de cette maladie, et de la douleur que lui a causée sa mort. On avoit dessein de la lui cacher, au moins quelques jours, à cause de l'état de sa santé; mais comme cet arrangement étoit impossible à exécuter et qu'on l'avoit préparée en lui annonçant successivement les progrès de la maladie, Helvétius lui apprit la mort entre sept et huit heures. La Reine ne sachant encore que l'extrémité n'avoit pas voulu jouer comme à l'ordinaire, et avoit renvoyé Mme la Dauphine, qui descendit dans son appartement, où elle joua à cavagnole. M. le Dauphin et Madame restèrent chez la Reine.

Il n'y eut point de concert avant-hier chez la Reine, à cause de l'inquiétude sur Mme Adélaïde. Il n'y en a point encore aujourd'hui. La maladie de Mme Adélaïde a aussi dérangé le voyage de Choisy, qui devoit être mercredi et qui est remis à samedi. Il devoit aussi y avoir aujourd'hui comédie dans les cabinets, et il n'y en a point eu par la même raison.

Il est décidé d'hier que Mme la duchesse de Beauvilliers, qui sort de semaine, couchera chez Madame. C'est naturellement Mme la maréchale de Duras qui doit y coucher, et qui n'y couche point, et son lit y est toujours tout prêt; et Mme de la Lande couche chez Mme Adélaïde; mais comme elles sont toutes deux enfermées avec Mme Adélaïde, il a fallu qu'une dame de Mesdames remplaçât, et Mme de Beauvilliers a été choisie.

Il y a peu de jours que M. l'abbé Girard mourut à Paris; il étoit de l'Académie françoise. M. de Paulmy, fils de M. le marquis d'Argenson, qui a beaucoup d'esprit, s'étoit présenté pour obtenir cette place; mais il a su que M. Gresset la désiroit, et aussitôt il a pris le parti de se retirer, disant qu'il ne vouloit point faire de tort à un homme de lettres dont le dernier ouvrage (1) venoit d'être autant applaudi du Roi et du public. Ainsi l'on ne doute pas que le choix de l'Académie ne tombe sur M. Gresset.

---

(1) La comédie du *Méchant*. (*Note du duc de Luynes.*)

Il paroît depuis quelques mois un ouvrage du P. Pichon, jésuite, demeurant à Strasbourg, qui fait beaucoup de bruit; c'est sur la fréquente communion. Les gens au fait de ces matières conviennent assez généralement que les intentions de l'auteur sont pures et droites et le fond de la doctrine orthodoxe; mais cependant on y a trouvé quelques expressions qui pouvoient scandaliser les esprits foibles. M. l'évêque d'Auxerre, qui est aujourd'hui le seul de nos évêques justement suspect pour le jansénisme, a donné un mandement pour défendre la lecture de ce livre. Plusieurs autres évêques l'ont approuvé. Il y a eu différents mouvements dans les esprits. A cette occasion, les Jésuites ont désapprouvé le P. Pichon, et l'ont engagé à se rétracter, ce qu'il a fait, avec la plus grande soumission et la plus grande simplicité, par une lettre qu'il a écrite à M. l'archevêque de Paris. En conséquence, M. l'archevêque, qui n'avoit point encore parlé, a donné un mandement en forme de lettre adressée aux curés et confesseurs de son diocèse, par lequel il rend publique la rétractation du P. Pichon. Ce mandement est fort court, fort sage et fort bien écrit.

Du mercredi 14, *Versailles.* — J'ai oublié de marquer que M. le prince de Conty travailla dimanche dernier avec le Roi.

Hier, M. de la Tour, intendant de Provence et premier président du parlement d'Aix, fils de feu M. de la Tour, qui avoit ces mêmes charges, fit signer son contrat de mariage; il épouse Mlle d'Aligre, fille du président à mortier au parlement de Paris.

J'ai parlé ci-dessus de l'affaire du P. Pichon. Son ouvrage a donné occasion à de grandes plaintes de M. l'abbé de Pomponne. M. l'abbé de Pomponne, neveu du fameux M. Arnauld, si renommé par ses ouvrages et qui demeuroit à Port-Royal, a été très-blessé de voir que le P. Pichon condamne hautement la doctrine de M. Arnauld. Il est pourtant vrai que la Sorbonne pense de la même manière, et qu'on ne peut y être reçu docteur qu'en condamnant M. Arnauld comme hérétique; mais les expressions du P. Pichon ont apparemment paru à M. l'abbé de Pomponne mériter qu'il présentât une requête au Roi, pour demander une réparation à la mémoire de M. Arnauld. Mme sa sœur, veuve de M. de Torcy, n'a pas voulu que son nom fût dans la requête; ainsi elle n'a été donnée qu'au nom de M. l'abbé de Pomponne, qui demandoit qu'au moins les supérieurs des maisons des Jésuites à Paris vinssent en forme lui faire des excuses de ce qui étoit marqué dans le livre du P. Pichon. M. l'abbé de Pomponne avoit même envoyé sa requête à M. le procureur général pour qu'il en fît le rapport au Parlement, les chambres assemblées. On a senti toutes les conséquences de cette démarche; on avoit arrangé que M. le chancelier demanderoit à M. le procureur général de lui remettre cette requête; elle lui fut remise en effet, mais il la renvoya peu de temps après à M. le procureur général sur instantes prières de M. l'abbé de Pomponne. Cette affaire a donné occasion à différentes négociations. Enfin on a obtenu de M. l'abbé de Pomponne qu'il écrivît à M. le procureur général pour le prier de ne point faire usage de sa requête, et il a été convenu que M. le chancelier écriroit à M. l'abbé de Pomponne une espèce de lettre d'excuses par rapport à quelques expressions du livre du P. Pichon qui avoient pu blesser la mémoire de M. Arnauld.

Il n'est plus question pour ainsi dire de la petite vérole de Mme Adélaïde; elle a mangé aujourd'hui du potage et du poulet, et l'on commence à dire qu'elle ne sera que trois semaines séparée de tout le monde, et que l'on comptera même les trois semaines du jeudi 7, parce qu'elle avoit, à ce que l'on prétend, dès lors quelques boutons. Cependant, comme je l'ai marqué, elle joua le vendredi avec la Reine, et le samedi elle vit encore tout le monde dans la matinée. Pour tous les médecins et chirurgiens qui la voient, ils viennent continuellement en rendre compte au Roi et à la Reine.

On a appris ce matin la mort de Mme la maréchale de Gramont; elle avoit environ soixante-quinze ans; elle étoit la fille aînée de Mme la maréchale de Noailles (1), qui vit encore et se porte bien. Elle vivoit depuis longtemps dans une grande piété et une grande retraite avec Mme de Beaumanoir, sa sœur; elle a vu mourir tous ses enfants, hors Mme la duchesse de Ruffec douairière; c'est la seule qui reste.

Du jeudi 15. — On apprit hier la mort de M. de Guerchy le père. Il étoit lieutenant général des armées du Roi et chevalier de l'Ordre; il avoit plus de quatre-vingts ans et étoit criblé de blessures, dont il en avoit reçu plusieurs dans des combats particuliers. Il est mort à Paris. Son fils est colonel du régiment du Roi.

La Reine n'alla point hier à la comédie; elle n'y va point encore aujourd'hui; il n'y aura point non plus de concert samedi; elle l'a remis à lundi prochain, voulant donner cette semaine entière à sa douleur.

Depuis la maladie de Mme Adélaïde, Madame vient tous les jours, au sortir de son dîner, chez la Reine, et y passe presque toute l'après-dînée. La Reine sachant qu'elle avoit coutume de passer ce temps avec Mme Adélaïde a voulu contribuer à sa consolation d'être séparée d'avec Mme sa sœur, et a fait cet arrangement.

Du vendredi 16, *Versailles*. — On joua hier dans les cabinets la même comédie qui y avoit été jouée le 20 décembre dernier; c'est *le Mariage fait et rompu*, de Dufresny. Elle y fut au moins aussi bien exécutée qu'elle l'avoit été la première fois.

---

(1) Elle étoit l'aînée des enfants qui ont vécu; mais Mme la maréchale de Noailles étoit accouchée deux ou trois fois auparavant; je crois même que c'est dans une de ces couches qu'elle eut deux jumeaux. Il y a une de ses filles (je ne sais si c'est Mme la comtesse de Toulouse) dont elle accoucha à terme dix mois après la couche précédente. (*Note du duc de Luynes*.)

M. de Maillebois faisoit LE PRÉSIDENT;

Mme de Brancas douairière, LA PRÉSIDENTE;

Mme de Sassenage, LA TANTE;

Mme de Pons, LA VEUVE, nièce de la tante;

M. d'Argenson fils, VALÈRE;

M. de Croissy, LIGOURNOIS, frère de la présidente;

Mme de Pompadour, L'HÔTESSE;

M. de Duras, LE FAUX DAMIS;

M. de Nivernois, GLACIGNAC;

M. de Clermont d'Amboise, LE NOTAIRE.

Mme de Pompadour est la seule femme qui joue fort bien. M. de Maillebois joua très-bien hier; M. de Nivernois et M. de Duras sont toujours supérieurs dans ce genre. La comédie avoit commencé à six heures, et dura un peu moins d'une heure et demie. Il y eut un intervalle assez long entre cette pièce et le petit acte d'opéra; ce temps fut rempli par la musique.

On commença à huit heures l'acte d'opéra; il s'appelle *Églé*. M. d'Ayen ne pouvant pas jouer le rôle de Misis, à cause de la mort de sa tante, Mme la maréchale de Gramont, M. de la Salle le remplaça. Il a une assez belle basse taille et est acteur. Mme de Pompadour, qui fait ÉGLÉ, chanta et joua supérieurement. Mme de Brancas douairière jouoit le rôle de LA FORTUNE. M. de Courtenvaux ne put pas danser, aussi à cause de la mort de Mme la maréchale de Gramont, dont il avoit épousé la petite-fille. Ce fut une des filles du maître à danser qui dansa à sa place. Les danses sont fort jolies. Tout fut fini avant huit heures trois quarts. M. d'Ayen n'étoit que spectateur. M. le président Hénault et M. le président Ogier ont permission d'assister à ces spectacles; on leur a donné des places dans l'orchestre. L'usage est que l'espace pour l'orchestre, quoique assez grand, étant fort rempli de tabourets très-bas, pour qu'ils n'empêchent point les spectateurs de voir, sur chaque tabouret est une carte avec le nom de celui qui doit s'y asseoir. On a mis le nom de M. le président Hénault sur son tabouret. Celui de M. le président Ogier (1) n'a point de carte. On distribua hier avant l'opéra des exemplaires imprimés dudit opéra. On trouvera à la fin de ce livre les noms de ceux qui composent l'orchestre (2). Les spectateurs ordinaires sont : premièrement, les acteurs et actrices lorsqu'ils ne jouent point; M. le duc de Chartres; M. le maréchal de Saxe; M. le maréchal de Duras; tous les secrétaires d'État; quelquefois l'abbé de Bernis, de l'Académie. J'y ai vu aussi M. le maréchal de Noailles, mais non pas cette année. M. le maréchal de Coigny y vient aussi; M. de Grimberghen y vient toujours lorsque sa santé lui permet. Le Roi n'y est pas dans un fauteuil, mais seulement sur une chaise à dos, et il paroît s'y amuser. Après le spectacle, il va donner l'ordre et tout de suite souper dans ses cabinets.

Du dimanche 18, *Versailles*. — Hier le Roi après avoir été à la chasse à Saint-Germain revint ici se déshabiller et partit à six heures pour Choisy, où il doit rester jusqu'à vendredi.

Il y a quelques jours que le sieur Danchet mourut à Paris, fort âgé. Il a fait quelques pièces de théâtre, et il étoit de l'Académie françoise. Il avoit outre cela une pension de 1,000 francs sur la cassette du Roi, et une place à la Bibliothèque du Roi. Cette place est donnée à M. de la Bletterie, à qui elle étoit déjà promise; c'est celui dont il avoit été question pour l'Académie françoise. J'ai marqué dans le temps ce qui s'est passé sur cette affaire. La pension de 1,000 livres a été donnée à M. Crébillon.

A l'égard de l'Académie, on croit que cette place et celle de l'abbé Girard seront remplies par M. de Paulmy

---

(1) Il est surintendant de la maison de Mme la Dauphine. (*Note du duc de Luynes.*)

(2) *Voy.* à l'Appendice à l'année 1748 la pièce n° 2.

et M. Gresset. M. l'évêque de Troyes (1) désire depuis longtemps une place à l'Académie, et en est assurément très-digne; mais on ne croit pas qu'il soit question de lui dans le moment présent. Il y a aussi M. l'abbé Leblanc qui est un des prétendants; il est fort connu par des Lettres sur l'état d'Angleterre.

L'ancien archevêque de Besançon (2) vient de mourir ces jours-ci à Paris; il étoit frère de feu M. de Monaco, beau-père de M. de Valentinois (Matignon). Il revient par cette mort 40,000 livres de rente à M. de Monaco, fils aîné de M. de Valentinois, qui payoit cette somme tous les ans à son grand-oncle.

Du mercredi 21, *Versailles.* — M. le Dauphin et Mme la Dauphine ont été aujourd'hui dîner à Choisy et reviennent ce soir. La garde françoise et suisse s'est trouvée tout naturellement sous les armes à leur départ. M. le Dauphin étoit dans le carrosse de Mme la Dauphine, avec les trois dames de semaine; il n'y avoit ni dame d'honneur ni dame d'atours. Mme la Dauphine avoit un second carrosse du corps, mais il a été à vide. M. le Dauphin avoit aussi un carrosse à lui, où étoient ses quatre menins, non de semaine mais de quinzaine; car, comme je l'ai expliqué ci-devant, ils servent par quinzaine.

La Reine, qui est toujours affligée, vit avant-hier, pour la première fois depuis la mort de M. l'abbé Labiszinski, le confesseur de la feue reine de Pologne, sa mère, qui est un jésuite polonois. Il n'est point encore décidé dans ce moment s'il sera confesseur de la Reine. On dit qu'il fait beaucoup de difficultés pour prendre cet engagement, étant presque aussi âgé que M. l'abbé Labiszinski.

Les concerts qui avoient été interrompus la semaine passée recommencèrent lundi, et la Reine alla hier à la comédie.

---

(1) Poncet de la Rivière. (*Note du duc de Luynes.*)
(2) Honoré-François de Grimaldi de Monaco.

Du vendredi 23, *Versailles.* — Il n'y a que quatre dames à Choisy, Mme de Pompadour, Mmes d'Estrades, de Livry et de Rubempré.

Du samedi 24, *Versailles.* — Lundi dernier, Mlle de Saumery mourut à Paris; elle étoit âgée d'environ soixante ans. Elle étoit fille du comte de Saumery, premier maître d'hôtel de Mme la duchesse de Berry, qui avoit eu grand nombre d'enfants. Elle avoit eu un de ses frères aumônier du Roi et un chef de brigade des gardes du corps, qui sont morts : celui-ci a été tué à Raucoux; il ne lui en reste plus que deux, dont l'un a servi longtemps dans la marine et l'autre n'a jamais été qu'aide de camp de M. de Chaulnes. Elle a encore des sœurs; presque toutes sont religieuses. C'est une famille qui a toujours vécu dans une grande union.

Il y a quelques jours que M. l'abbé de Fleury mourut à Paris. On l'appeloit aussi l'abbé de Rocozel; il avoit soixante-deux ans. Il laisse tout ce qu'il peut avoir aux pauvres, et fait son exécuteur testamentaire l'abbé Brissart, qui étoit attaché à M. le cardinal de Fleury. Il étoit frère de M. le duc de Fleury (Pérignan) et oncle du premier gentilhomme de la chambre et de M. l'évêque de Chartres. Il avoit deux abbayes.

On apprit il y a deux ou trois jours la mort de M. l'évêque de Montpellier (Charency), ci-devant grand vicaire de M. le cardinal de Bissy à Meaux; il est mort à Montpellier, d'un coup de sang; on l'a trouvé mort dans son lit. M. l'évêque de Chartres me contoit aujourd'hui que M. l'évêque de Montpellier, qui menoit une vie assez dure et se levoit extrêmement matin, avoit dit à M. l'archevêque de Narbonne, aux derniers États, que ce seroit en effet les derniers pour lui, et à M. l'Intendant qu'il ne verroit pas le carême.

J'ai oublié de marquer que vers la fin du voyage de Marly, M. de Fontanieu y vint pour remercier S. M. de l'agrément qu'elle a bien voulu lui accorder; il se démet de sa charge d'intendant du garde-meuble, et la donne à son fils.

Le jour de la Chandeleur, Mme la duchesse de Fitz-James présenta ici Mme la duchesse de Berwick. Elle est sœur de M. le duc d'Huescar. Elle est blanche, mais petite, le nez assez long ; en tout, point jolie. Il y a plus d'un an qu'elle est venue à Paris pour sa santé. Son mari, qui est en Espagne, est fils de feu M. le duc de Liria, fils aîné, et d'un premier lit, de feu M. le maréchal de Berwick.

L'université de Paris vint, suivant l'usage, présenter des cierges la veille de la Chandeleur ; ils vinrent à Marly. Comme le Roi ne partoit qu'après midi, il n'étoit pas encore levé lorsque la Reine étoit prête de partir pour venir dîner à Versailles ; elle demanda donc permission au Roi de recevoir le cierge avant lui, et partit après cette courte cérémonie.

J'ai aussi oublié de marquer que pendant le voyage de Marly on fut tout étonné d'y voir dans le château un homme de condition qu'on ne connoissoit point ; c'étoit un seigneur du pays de Holstein, qui, venant voir Marly, entra dans les jardins, croyant qu'il le pouvoit sans conséquence et aussi librement qu'à Versailles. Il vint au château, et étoit prêt à entrer dans le salon, lorsque les suisses l'en empêchèrent et en vinrent rendre compte à M. le comte de Noailles. Comme cet homme étoit dans la bonne foi et qu'il n'avoit pénétré jusque-là que faute d'avoir été averti, on lui permit de rester dans le salon pendant le souper du Roi, et après le souper de rester dans un des petits salons pour voir le coup d'œil du grand.

On sait que les ministres étrangers ne viennent point à Marly, hors les ambassadeurs d'Espagne et de Naples, qui sont toujours des voyages comme ambassadeurs de famille. M. d'Huescar y a resté fort peu ; M. d'Ardore un peu davantage ; pour M. de Loss, il y est venu une fois, mais sans y coucher; il n'est point réputé ambassadeur de famille.

Le mariage de M. de la Suze avec Mlle Chauvelin se fit mercredi ou jeudi dernier, à Paris.

M. de Paulmy, fils de M. le marquis d'Argenson, épouse Mlle de la Marche, fille du premier président du parlement de Bourgogne; ce mariage doit se faire à Dijon.

J'appris hier que M. le duc d'Orléans, qui est toujours à Sainte-Geneviève, ne veut plus avoir de chancelier ni de chef de son conseil; il a désiré que M. de la Grandville, qui a ces deux charges, et dont l'esprit, le mérite et la capacité sont connus, lui en remît la démission, et a dit à son trésorier qu'il vouloit qu'il travaillât directement avec lui.

On me mandoit hier de Lunéville que Mme du Châtelet, qui a déjà joué à Sceaux l'opéra d'*Issé*, vient de rejouer ce même opéra à Lunéville avec Mme de Lutzelbourg. Elle est partie au commencement de cette année pour aller dans ses terres en Champagne avec Mme la marquise de Boufflers et M. de Voltaire, et de là elle est allée à la cour du roi de Pologne.

Du lundi gras 26. — Le Roi dit hier au grand couvert qu'il venoit d'avoir des nouvelles très-fraîches d'Angleterre, qu'elles étoient de jeudi dernier, que ce jour-là M. de la Bourdonnais en étoit parti et qu'il étoit arrivé samedi à Paris.

Au sortir du travail de M. l'évêque de Mirepoix, nous apprîmes que le Roi avoit nommé à l'évêché d'Anvers (1). C'est l'abbé de Raichecourt, Lorrain, chanoine

---

(1) Cette nomination n'a pas eu lieu; la reine de Hongrie (reconnue depuis impératrice) a mis opposition aux bulles à Rome et a nommé un autre sujet; et c'est à celui-ci que les bulles ont été expédiées. On a donné à M. l'abbé de Raichecourt un autre bénéfice pour le dédommager. (*Note du duc de Luynes*, datée du 27 mars 1748.)

de Liége, dont on a été content, à ce que l'on dit, dans le temps de l'élection du prince de Liége, et qui a fait les honneurs de Liége avec politesse et magnificence aux officiers françois dans le temps du voisinage de l'armée; il est aumônier du Roi; il a deux de ses frères (1) au service du grand-duc. Le cardinal d'Alsace a rendu de bons témoignages de M. l'abbé de Raichecourt.

M. le duc de Villeroy travailla hier avec le Roi, et il fut décidé que M. de Montigny, dont j'ai parlé ci-devant, auroit un brevet d'enseigne, ce qui mène infailliblement au grade de maréchal de camp. Ce qui même a empêché que ce grade ne fût décidé hier, c'est que M. d'Argenson alla coucher hier à Orsay pour être à la noce de M. Dufort (2). Il n'y avoit que trois exempts dans le cas d'être avancés : MM. de Verceil et de Montigny, qui ont eu le brevet d'enseigne; le premier, est outre cela aide major de la compagnie. M. de Menou (3), qui est le troisième, a quitté le bâton et a été fait maréchal de camp.

Il y a ici un chef de brigade qui va quitter. On attend le travail de M. le duc de Béthune pour finir cette affaire : c'est M. de Beaumont; il est frère de feu M. l'évêque de Saintes. On fait son arrangement par avance; il est pauvre; on lui donnera 4,000 livres de pension en comptant ce qu'il a; c'est la retraite des enseignés. Cependant, comme c'est peu pour vivre quand on n'a que cela, on juge que le Roi y ajoutera 2,000 livres de

---

(1) Son frère aîné a eu un régiment de cavalerie de son nom, qui fut réformé, en 1714, dans le régiment de Lévis. Il est retiré et est actuellement en Lorraine, d'où MM. de Raichecourt sont originaires. (*Note du duc de Luynes.*)

(2) M. Dufort des postes épouse en troisièmes noces Mlle de Caulaincourt, parente de M. de Béthune, dont le frère est exempt des gardes du corps. (*Note du duc de Luynes.*)

(3) M. de Menou, qui est marié et qui a du bien, vouloit se retirer de façon ou d'autre; il a saisi cette occasion, voyant la difficulté qu'on faisoit de donner le grade de maréchal de camp à un exempt. (*Note du duc de Luynes.*)

pension, et nommera à sa place M. le chevalier de Saint-Point, parent de M. de Puisieux. M. de Saint-Point donnera, dit-on, 8,000 livres à M. de Beaumont, qui ira vivre en Saintonge.

Le Roi ne va point demain à la Meutte, comme on l'avoit dit. Il y a un petit divertissement dans les cabinets, qui a été projeté et arrangé aussitôt. On jouera *Ragonde*. On joue aujourd'hui *les Dehors trompeurs* et un acte dont les paroles sont de M. de Moncrif et la musique de Royer. Cet acte fait partie d'un opéra qui n'a pas été joué; M. de Moncrif dit qu'il ne le sera jamais.

Du mardi gras 27, Versailles. — La comédie des *Dehors trompeurs* fut fort bien jouée hier. On trouvera au 14 janvier dernier le nom des acteurs; il n'y en a eu que deux de changés. Comme Mme de Pons jouoit médiocrement, on a mis en sa place, pour le rôle de Céliante, Mme Marchais; c'est la belle-fille de Binet, premier valet de chambre de M. le Dauphin; son mari exerce cette charge conjointement avec son père, et a outre cela la survivance d'une place de premier valet de chambre du Roi (1).

On ne sut qu'au moment de commencer que M. le duc de Chartres s'étoit trouvé incommodé. Son rôle de Forlis fut donné à M. de Maillebois le fils, qui le joua fort bien, mais avec le papier à la main, n'ayant pas eu le temps d'apprendre ce rôle par cœur.

Le divertissement de M. de Moncrif, qui suivit la comédie, fut très-bien exécuté et accompagné de danses charmantes. Les acteurs étoient Mme de Pompadour, qui faisoit Almazis; M. le duc d'Ayen, qui faisoit Zamnis; Mme Trusson, femme de chambre de Mme la Dauphine, qui chantoit le rôle de l'ordonnatrice des fêtes; M. de la Salle chantoit celui d'un Indien. Les esclaves de diverses

---

(1) *Voy.* au 12 mars.

nations étoient représentés par les enfants des maîtres à danser, de même que les Indiennes. M. de Langeron dansa; M. de Courtenvaux ne dansa point, toujours à cause du deuil de Mme sa grande mère.

J'ai oublié de parler de la chute que M. le Dauphin fit il y a trois ou quatre jours. Quoique l'on ait fait un escalier nouveau pour la communication de l'appartement du Roi avec celui de M. le Dauphin, on n'en a pas fait encore usage jusqu'à présent, je ne sais par quelle raison. M. le Dauphin fait presque toujours le grand tour par l'escalier de marbre; quelquefois cependant il passe par l'escalier que l'on appelle de la garde-robe du Roi (1) et qui rentre dans l'antichambre du Roi; ce petit escalier est extrêmement mauvais; c'est en descendant cet escalier avec distraction qu'il manqua la dernière

---

(1) Cet escalier étoit de tous les temps pour aller d'une part à la cour de marbre et de l'autre dans les petites cours qui sont auprès de la garde-robe du Roi et au-dessous des petits cabinets de la Reine; c'est par cet escalier que se fait le service de la garde-robe du Roi; et comme c'est un passage, il y a toujours eu un garde du corps en sentinelle. Depuis le nouvel arrangement que l'on a fait pour l'appartement de M. le Dauphin, le passage au bas de cet escalier, qui conduisoit à la cour de marbre, a été supprimé et est compris actuellement dans ce qui fait la salle des gardes de M. le Dauphin. Il y a dans cette salle une porte qui donne sur cet escalier; il faut monter quelques marches pour arriver de la salle des gardes où est le garde du corps; et auprès de son poste est une autre porte, qui entre dans la garde-robe du Roi.

Il y avoit outre cela, de tous les temps, un petit escalier fort étroit, fort mauvais, avec des marches fort hautes, qui montoit depuis l'appartement de M. le Dauphin, à l'endroit qu'on appelle le caveau, d'abord jusqu'à l'Œil-de-Bœuf, entre cette pièce et la chambre qu'on appelle du premier valet de chambre, où il se tient pendant le jour. Cet escalier monte ensuite jusqu'en haut dans un corridor qui est au-dessus de l'appartement de la Reine et qui sert de dégagement à quatre appartements occupés actuellement par M. l'archevêque de Rouen, M. et Mme Champagne, M. l'évêque de Chartres et M. et Mme de Fleury. Depuis l'arrangement fait pour l'appartement de M. le Dauphin, cet escalier est supprimé, au moins pour la partie qui descend en bas.

Il y avoit outre cela un autre escalier, qui donnoit tout auprès de la chambre et de celle de la garde-robe de la Reine; il descendoit dans la petite cour et montoit aux entre-sols de la Reine. La partie de cet escalier qui monte aux entre-sols subsiste, l'autre est supprimée il y a longtemps. (*Note du duc de Luynes.*)

marche et tomba de manière à pouvoir se faire grand mal ; heureusement le garde du corps qui étoit en sentinelle auprès de cet escalier, laissant tomber son mousqueton dans ses bras, le retint à propos, et il n'arriva aucun accident. On ne doute pas que cet heureux hasard pour le garde du corps ne soit une occasion de quelque récompense que le Roi lui donnera.

Le feu prit hier dans le cabinet du conseil chez le Roi, de la même manière qu'il avoit pris dans le salon de Marly il y a deux ou trois ans. Une brique calcinée ayant laissé communiquer la flamme au parquet de la glace, la glace [fut] ouverte, et la flamme [passa] par l'ouverture. Les remèdes prompts que l'on apporta empêchèrent la suite de cet accident ; il n'y a eu que le petit malheur de la glace cassée.

Le prince de Saxe-Hildburghausen a pris congé aujourd'hui. Je dois avoir parlé de lui dans le temps qu'il est arrivé. Il est souverain, son père étant mort depuis peu ; mais il n'aura l'administration de ses États qu'au mois de juin ; il faut avoir vingt et un ans. Il est louche. C'étoit audience particulière. Il fut conduit à son audience par M. de Verneuil, introducteur des ambassadeurs. Il présenta son frère. Ils sont tous deux ici incognito sous le nom de comte d'Hemberg. L'aîné a l'ordre de l'Aigle-Blanc, qui est l'ordre de Saxe ; le cordon est bleu bordé de blanc, et se porte de gauche à droite.

MARS.

Spectacles des cabinets. — Présentations et révérences. — Nouveau confesseur de la Reine. — M. de la Bourdonnais est mis à la Bastille, ses moyens de défense et ce dont on l'accuse ; sa grande fortune. — Mort tragique de M. de Coigny ; son portrait. — Mort de MM. de Blet et de Broglie. — Pension de retraite. — Détails sur la mort de M. de Coigny. — Mort de Mme d'Argenson, de M. de Bercy et de la princesse d'Épinoy. — Récompenses accordées au garde du corps qui empêcha le Dauphin de tomber. — Le prince

Constantin achète la charge de premier aumônier du Roi. — Droits de la charge. — Le Roi donne l'évêché d'Autun. — Départ de la maréchale de Duras pour Fontevrault. — Spectacles des cabinets. — Présentation et mariages. — Capitaine de cinq ans et colonel de sept ans. — Mort du bonhomme Desplassons. — Mme de Pompadour achète La Celle. — Le spectacle des cabinets est contremandé à cause de la migraine de Mme de Pompadour. — Mort du marquis d'Harcourt. — Affaire de Voltri. — Présentation. — Mme de Carignan perd son procès. — Mort du marquis du Luc. — Le Parlement fait des remontrances. — Plaisanterie du Roi à M. de Maurepas. — Les Anglais prennent le vaisseau *le Magnanime*. — Mariages. — Spectacle des cabinets et acteurs. — Déclarations et édit du Roi. — Causes des remontrances du Parlement. — Le Roi modifie ses déclarations. — Fausse couche de Mme la Dauphine. — Arrivée de Mme Victoire à Versailles. — Spectacle des cabinets et acteurs. Répétition. — Changements dans les contrôles. — Revue des gardes françaises et suisses.

Du vendredi 1er mars, Versailles. — J'ai déjà parlé de ce qui devoit s'exécuter mardi dernier dans les cabinets. L'acte de M. de Moncrif y fut encore mieux exécuté que la veille. Après cet acte il y eut un intervalle d'environ trois quarts d'heure. Pendant ce temps le Roi sortit et alla voir Mme Adélaïde, qui avoit permission de paroître le lendemain; il alla aussi pendant un moment dans sa loge grillée voir la comédie du *Méchant*, et revint avant sept heures trois quarts. On exécuta *Ragonde*. Les acteurs étoient M. de Sourches, qui faisoit Ragonde; Mme de Pompadour jouoit le rôle de Colin; Mme Marchais faisoit Colette; M. de la Salle, Lucas; M. le vicomte de Rohan faisoit le magister Thibault; Mme Trusson faisoit Mathurine; et M. de Langeron, Blaise. A peine peut-on croire, après l'avoir vue, que cette pièce ait été aussi bien exécutée qu'elle le fut. Il n'en étoit pas question samedi. Ce fut ce jour-là, en soupant, que Mme de Pompadour imagina ce divertissement pour le mardi; elle écrivit sur-le-champ à M. de la Vallière; on lui envoya un courrier qui arriva à quatre heures du matin. Il a fallu préparer les habillements, apprendre les rôles, tant pour les acteurs que pour les danseurs, faire trois ou quatre répétitions. Tout a été fait et a aussi bien réussi que si l'on avoit eu huit jours pour s'y préparer. M. de Sourches, qui n'avoit jamais monté sur le théâtre, y joua à merveille; il a peu de voix, mais elle est juste, et il est musicien. Mme de Pompadour étoit habillée en homme, mais comme les dames le sont quand elles montent à cheval; c'étoit un habillement très-décent.

Du samedi 2, Versailles. — Il y eut hier deux présentations : Mme de Montmorency et Mme d'Agénois. Mme de Montmorency, qui est sœur de Mme de la Rivière la mère, et mère de Mme de Rouvrel, attachée à Mme la duchesse de Chartres, avoit épousé en premières noces M. de Saujon, qui est mort chef de brigade des gardes du corps. Elle a été veuve pendant plusieurs années; elle s'est remariée depuis environ un an à M. de Montmorency, frère très-cadet, et frère de père seulement de M. de Laval, aujourd'hui maréchal de Montmorency. C'est Mme la maréchale de Montmorency-Saint-Simon (comme belle-sœur de son mari) qui l'a présentée.

A l'égard de Mme d'Agénois, ce n'est pas tout à fait une présentation; c'est comme nouvelle dame du palais à la place de Mme de Nivernois, qui s'est retirée, comme je l'ai marqué, à cause de l'ambassade.

Mme de Chalais arriva hier ici avec sa nouvelle belle-fille; elle la présentera demain. Elle vint souper chez moi, où elle vit la Reine, qui avoit paru désirer de voir Mme de la Suze; elle est grande, bien faite, un fort bon maintien et un visage fort agréable.

Du lundi 4. — La présentation de Mme de la Suze se fit hier, comme je l'ai déjà dit.

Mmes les duchesses de Gramont-Biron et Gramont, Mme la duchesse de Ruffec (Gramont), Mme de Rupelmonde seconde douairière (Gramont), firent hier leurs révérences sans mantes; elles n'avoient pas paru ici depuis la mort de Mme la maréchale de Gramont.

Le nouveau confesseur de la Reine fut déclaré hier; c'est le jésuite polonois qui étoit confesseur de la feue reine de Pologne (Opalinska). Il est fort gros et fort laid, mais on dit que c'est un homme fort vertueux, très-simple et qui ne se mêle de rien ; il s'appelle le P. Radominski (1).

On sait d'hier que M. de la Bourdonnais a été mis à la Bastille. Le Roi a nommé dix commissaires pour examiner son affaire, dont trois conseillers d'État, qui sont : MM. Trudaine-Gilbert et La Grandville. Les autres sont des maîtres des requêtes. M. de Villeneuve est rapporteur de la commission. M. de la Bourdonnais parle avec beaucoup d'assurance sur les plaintes que l'on fait contre lui. Il dit qu'étant gouverneur indépendant de l'île Bourbon, il avoit reçu des ordres de la Cour d'attaquer les Anglois partout où il en trouveroit l'occasion ; qu'il l'a fait avec avantage ; que c'est lui qui a formé le dessein d'aller attaquer Madras et qui a trouvé le moyen de rassembler assez de vaisseaux pour cette expédition ; qu'il y avoit eu tout le succès qu'il pouvoit désirer ; que Madras est une très-grande ville, où il y a 100,000 habitants, entre lesquels sont plusieurs négociants riches de quatre à cinq millions chacun ; que le commerce que l'on y fait est infiniment plus avantageux que celui de Pondichéry ; que la capitulation qu'il avoit faite devoit être d'une très-grande utilité ; mais que M. Dupleix, commandant général dans l'Inde, voyant Madras soumis au Roi ou à la Compagnie, avoit voulu en sa qualité y donner ses ordres, et que malgré les représenta-

---

(1) M. l'abbé Labiszinski en avoit parlé plusieurs fois à la Reine, comme de celui qui pouvoit lui convenir davantage en cas qu'il vînt à mourir. La Reine éloignoit toujours cette idée ; mais M. Labiszinski en étoit si occupé, qu'à la mort de la reine de Pologne il écrivit au P. Radominski pour l'engager de ne point retourner en Pologne, comme c'étoit son projet. Le P. Radominski, qui n'a que dix ans de moins que l'abbé Labiszinski, comptoit aller finir ses jours dans sa patrie ; il avoit cependant pris le parti de rester à Lunéville, et ayant quelques affaires à Paris, il s'étoit mis en chemin sans savoir la maladie de l'abbé Labiszinski ; il étoit à Châlons lorsqu'il apprit sa mort. Cette nouvelle l'empêcha de continuer sa route, et ce ne fut que sur une lettre du roi de Pologne qu'il prit le parti de venir. (*Note du duc de Luynes.*)

tions de M. de la Bourdonnais, il n'avoit pas jugé à propos de tenir la capitulation. Il me paroît que l'on répond que M. de la Bourdonnais pouvoit entièrement ruiner le commerce dans cette partie de l'Inde, s'il l'avoit voulu, et que les avantages de son entreprise de Madras ont beaucoup plus tourné à son profit qu'à celui de la Compagnie; qu'il étoit même bien instruit des reproches qu'on avoit à lui faire sur sa conduite, puisqu'il avoit dit en Angleterre qu'il ne comprenoit pas pourquoi on vouloit le garder prisonnier, puisque dans le même temps on le poursuivoit en France pour avoir, disoit-on, trop ménagé les intérêts des Anglois. On ajoute que M. de la Bourdonnais, ayant eu un des vaisseaux de sa flotte que l'on crut perdu pendant quelque temps, avoit paru en être extrêmement affligé, disant que les effets les plus considérables qu'il eût étoient sur ce vaisseau, et que ce même vaisseau ayant été sauvé et remis à la mer, on n'y avoit trouvé qu'une charge de peu de valeur; enfin, que M. de la Bourdonnais avoit dit en arrivant ici que sa femme devoit arriver incessamment en Portugal, et qu'il devoit l'y aller trouver au mois de mai ou de juin. Il y a eu sûrement de l'imprudence à ce dernier propos, et peut-être est-ce une des raisons pour lesquelles on l'a fait mettre à la Bastille.

M. de Bacquencourt (1), fermier général, homme d'esprit et frère de M. Dupleix, est ici la partie adverse principale contre M. de la Bourdonnais. Il paroît certain que M. de la Bourdonnais a beaucoup de bien; il en convient lui-même; on croit qu'il peut avoir quatre ou cinq millions. C'est sur ce fondement que l'on disoit il y a quelques jours qu'il étoit difficile qu'avec d'aussi grandes richesses il fût trouvé coupable. Quelqu'un de fort sensé répondit que l'on pouvoit faire un raisonnement tout

---

(1) Dupleix de Bacquencourt, l'un des quarante et un fermiers généraux.

contraire : qu'avec d'aussi grandes richesses, il étoit difficile d'être innocent.

On a appris ce matin un événement bien tragique. M. le comte de Coigny, qui étoit à Paris, en est parti sur les trois ou quatre heures après minuit, dans sa chaise, pour venir coucher ici et suivre le Roi, qui devoit aller à la chasse aujourd'hui. Il étoit dans l'habitude d'aller la nuit comme le jour, sans flambeau, sans personne à cheval, menant seulement un coureur derrière sa chaise. Il neigeoit quand il partit, et son postillon lui représenta qu'il ne pouvoit le mener sans risque ; que la neige l'aveugloit et qu'il seroit absolument nécessaire d'avoir un flambeau; M. de Coigny voulut absolument partir. Un peu avant que d'arriver au Point-du-Jour (1), à dix pas environ de la chaussée qui conduit à Auteuil, sa chaise a versé du côté de cette chaussée. Quand ses gens ont été pour la relever, ils ont trouvé que l'impériale avoit sauté et que M. de Coigny étoit mort. On ne sait pas encore si ce sont les glaces qui en se cassant l'auront tué, ou les cordons des glaces qui l'ont étranglé, comme on le dit, ou si c'est le seul effet de la chute ; mais le malheur n'est que trop certain. Il avoit environ quarante-sept ou quarante-huit ans, et avoit l'air beaucoup plus jeune. Il étoit bien fait, avoit une jolie figure qui ne changeoit point. Il étoit extrêmement aimable, fort poli, d'un commerce très-doux, ne se mêlant de rien, cherchant à plaire sans affectation, ayant trouvé le secret de se faire aimer généralement de tout le monde. Le Roi, accoutumé de le voir dès son enfance, lui avoit toujours marqué une amitié particulière. On peut se souvenir de la lettre qu'il lui écrivit en 1737 à l'occasion de la naissance de son fils (2). Il lui avoit donné la charge de colonel-général des dragons, sur la démission de M. son père, et le gouvernement de

---

(1) Sur la route de Versailles, en face le pont de Grenelle.
(2) *Voy.* T. I, p. 217.

Choisy. M. le comte de Coigny étoit lieutenant général et avoit toujours bien fait dans les différentes occasions qui s'étoient présentées ; il étoit aussi chevalier de l'Ordre. C'est M. de Luxembourg qui a appris cette nouvelle au Roi, à son lever. Le Roi a paru extrêmement touché, et fort peu de temps après le retour de la messe, s'est retiré et n'a voulu voir personne. Il devoit y avoir un divertissement dans les cabinets ; tout a été contremandé.

C'étoit la comédie de *l'Enfant prodigue* que l'on devoit jouer. Celle de *la Mère coquette* avoit été remise à lundi, à cause de la santé de M. de Meuse, qui joue un rôle.

La charge de colonel général des dragons est taxée à 500,000 livres. M. de Coigny avoit sur cette charge un brevet de retenue de 100,000 écus. Il laisse plusieurs enfants, dont un garçon qui a environ onze ans.

Le Roi a perdu dans le mois dernier deux officiers de ses troupes très-estimés, et qui sont morts de maladie à Berg-op-Zoom ; l'un est M. de Blet, qui avoit servi longtemps dans la gendarmerie et qui étoit maréchal de camp ; l'autre, un M. de Broglie, de même maison que le feu maréchal de Broglie. Il avoit passé par tous les grades et étoit dans l'artillerie ; c'étoit un officier d'une valeur et d'un mérite distingués.

L'affaire de M. de Beaumont fut terminée hier dans le travail de M. le duc d'Ayen avec le Roi. M. le duc de Béthune, qui est toujours fort malade à Paris, avoit prié M. d'Ayen de rendre compte de cette affaire à S. M. M. de Beaumont avoit anciennement 2,000 livres de pension. Cette pension avoit été accordée à sa sœur, à la mort de M. de Murcey, son premier mari, tué à Steinkerque, en 1692. Cette sœur, qui avoit épousé en secondes ou troisièmes noces M. de la Noüe-Langeais, étant morte, M. de Beaumont obtint cette pension. Il en avoit eu une autre depuis de 800 livres, à l'occasion d'une blessure ; elle fut augmentée de 200 livres après l'action de Dettingen, où il fut encore blessé. Le Roi lui conserve ces 3,000 livres de pension, et y en ajoute une de 4,000 livres, comme enseigne; c'est la retraite ordinaire. Celle des lieutenants est de 6,000 livres. M. de Beaumont, qui est extrêmement pauvre, qui sert depuis cinquante-cinq ans et qui est fort âgé, espéroit que le Roi voudroit bien lui accorder 2,000 livres de plus que la retraite d'enseigne, tant par rapport à sa naissance, sa pauvreté, son âge et ses services, qu'en considération d'une chute de cheval qu'il fit, il y a quinze jours ou trois semaines, en suivant le Roi, où il se cassa la tête; mais le Roi n'a jugé à propos de lui accorder que 1,000 livres d'augmentation; ce qui fait qu'il n'aura en tout que 8,000 livres de pension.

M. le chevalier de Saint-Point, capitaine de cavalerie, à qui M. le duc de Béthune avoit promis une brigade, il y a sept ou huit ans, et parent de M. de Puisieux et de Mme de Luynes, est nommé à la brigade de M. de Beaumont; et pour faciliter sa retraite, il lui donne 2,000 écus en deux payements différents, et lui laisse outre cela le profit d'un mois environ du quartier d'hiver de la brigade.

Du mardi 5, Versailles. — On a su aujourd'hui quelques détails de la tragique aventure d'hier. M. de Coigny voulut partir absolument pour se trouver à portée de suivre le Roi à la chasse. On lui fit inutilement des représentations sur le mauvais temps qu'il faisoit. Lorsqu postillon eut passé les murs de Passy, au lieu de sui e grand chemin qui mène au Point-du-Jour, il pri droite par la chaussée qui mène à Auteuil. Il se reconnut quelque temps après, et voulut revenir gagner le grand chemin; c'est dans ce moment qu'aveuglé par la neige, qui avoit cessé à une heure après minuit et avoit recommencé à trois, il se trompa et descendit dans le fossé. La chaise culbuta par-dessus le cheval de brancard et tomba sur l'impériale; le postillon, blessé et évanoui, le coureur, aussi blessé, étoient hors d'état de donner du secours à leur maître. On ne peut savoir ce qui arriva à M. de Coigny. Ce qui est certain, c'est qu'on l'a trouvé mort, et qu'en visitant son corps on ne lui a trouvé d'autres blessures qu'une fort légère à la jambe. Fournier, son médecin, qui l'a examiné, le dit hier à M. le président Hénault, dont il est aussi le médecin. On juge que les cordons de la chaise l'ont étranglé, ou plutôt qu'il est mort d'avoir été longtemps sans secours, la tête en bas.

On a appris aujourd'hui la mort de Mme d'Argenson. Elle mourut hier à Paris. Elle avoit environ soixante-quatre ou soixante-cinq ans; elle étoit devenue un peu sourde depuis quelques années. Elle étoit naturellement gaie et même plaisante; elle n'avoit jamais été mariée; elle s'appeloit Mlle de Séry; elle avoit été maîtresse déclarée de feu M. le duc d'Orléans, dont elle avoit eu le chevalier d'Orléans, aujourd'hui grand prieur.

On a appris aussi aujourd'hui la mort de M. de Bercy, frère de l'intendant des finances. La fille unique de M. de Bercy qui vient de mourir épousa il y a quelque temps M. le marquis de Fénelon, comme je l'ai marqué ci-dessus.

Il devoit y avoir aujourd'hui grand couvert; il n'y en aura point, vraisemblablement à cause de la douleur dans laquelle est le Roi.

Du vendredi 8, Versailles. — Mlle de Charleval fut hier présentée, par Mme la maréchale de Duras, au Roi, dans son cabinet, et à la Reine, dans sa chambre, comme à l'ordinaire. Le Roi ne la salua point; il n'est pas d'usage qu'il salue les filles, comme je l'ai déjà dit.

Il n'y a point eu de divertissements dans les cabinets toute cette semaine; ils ne recommenceront que lundi prochain. Le Roi soupa mercredi au grand couvert, mais avec un air fort triste.

Tout Paris veut faire des raisonnements sur le funeste accident arrivé à M. de Coigny, et prétend que la cause de sa mort est bien différente de ce que l'on donne au public. On dit que c'est une affaire où il a été tué, et son adversaire, que l'on nomme (1), blessé à mort et mort deux jours après. Mais ces propos sont sans aucun fondement(2). A la vérité il est fort rare de se tuer en versant dans sa chaise, mais le fait est qu'il s'est cassé la tête. M. le maréchal et Mme la maréchale de Coigny, et la jeune veuve, sont dans un état que l'on ne peut dépeindre, et uniquement occupés de leur douleur. On peut juger qu'ils n'ont point songé à ce qui regardoit l'intérêt et l'arrangement de leurs affaires ; mais leurs amis ont représenté à M. le maréchal qu'il avoit acheté la charge de colonel général 500,000 livres ; qu'il n'avoit de brevet de retenue que 100,000 écus ; que son fils laissant beaucoup de dettes, il étoit absolument nécessaire de ne pas laisser perdre 200,000 francs, et que s'il vouloit demander au Roi qu'il eût la bonté de lui rendre la charge, il l'obtiendroit sûrement. M. le maréchal l'a demandée, et elle lui a été rendue aussitôt. M. le maréchal de Coigny a soixante-dix-huit ans, mais se porte assez bien ; Mme la maréchale de Coigny en a soixante-dix-neuf. M. le comte de Coigny laisse trois garçons, dont, comme je l'ai dit, l'aîné a onze ans.

Mme la princesse d'Épinoy mourut hier, à Paris. Depuis son apoplexie elle avoit été un peu mieux, mais elle est morte presque subitement ; elle avoit quatre-vingt-cinq ou quatre-vingt-six ans.

J'appris hier que le garde du corps qui a empêché M. le Dauphin de se blesser a eu non-seulement la promesse du premier bâton d'exempt, au tour de la cavalerie, dans l'une des quatre compagnies, mais il a le brevet de capitaine de cavalerie ; outre cela, promesse d'une gratification et une pension que Mme la Dauphine doit lui faire (3).

---

(1) M. de Fitz-James.
(2) On a dit aussi que M. de Coigny avait été tué en duel par le prince de Dombes, à la suite d'une discussion au jeu, dans laquelle M. de Coigny avait insulté le prince.
(3) J'ai appris depuis, que Mme la Dauphine lui faisoit une pension de

MARS 1748.

Du samedi 9, *Versailles.* — M. le prince Constantin, frère de M. le prince de Montauban et de M. l'archevêque de Reims, est venu aujourd'hui demander l'agrément du Roi, qu'il a obtenu, pour acheter la charge de premier aumônier du Roi de M. l'évêque de Soissons. Cette charge vaut environ 7 à 8,000 livres de rente. Lorsque le Roi la donna à M. le cardinal de Fleury, à la mort de M. l'évêque de Metz (Coislin), on sait que M. le Cardinal la vendit à M. l'archevêque de Vienne, depuis cardinal d'Auvergne. M. le cardinal d'Auvergne vendit depuis cette charge à M. l'évêque de Soissons, et voulut y gagner 30,000 livres. M. de Soissons ne pouvant venir ici, et par conséquent exercer cette charge, et désirant de la vendre, M. le marquis de Matignon, qui est fort de ses amis, proposa il y a cinq ou six jours à M. le prince Constantin de l'acheter; la proposition fut acceptée sur-le-champ. M. l'archevêque de Reims a prêté dans le moment 130,000 livres à son frère. Pour les 200,000 livres restantes, elles sont aisées à trouver, parce que le Roi donne au prince Constantin le brevet de retenue qu'avoit M. de Soissons de cette somme. Le premier aumônier, comme je l'ai marqué dans un autre endroit, reçoit le chapeau du Roi à la tribune et le donne à l'aumônier de quartier; mais c'est l'aumônier de quartier qui le rend au Roi, au lieu que l'aumônier le rend au grand aumônier, qui travaille avec le Roi pour les places à donner à la chapelle et qui ordonne la distribution des aumônes aux quatre grandes fêtes de l'année, de même que pour les pauvres qui doivent être admis à la cène. Le premier aumônier n'a le droit de faire aucune de ces fonctions, à moins que le grand aumônier ne soit absent hors du royaume. Le grand aumônier, lorsqu'il arrive le soir à la prière du Roi, et que l'aumônier de quartier

---

300 livres; M. le Dauphin, une de 600; et le Roi aussi une pension de 100 pistoles. (*Note du duc de Luynes.*)

tient le bougeoir, a droit de prendre le bougeoir de l'aumônier; le premier aumônier n'a pas cette prérogative. A l'égard du *Benedicite* et des grâces, j'ai marqué ci-dessus qu'il a été décidé que c'étoit deux actions séparées. Ainsi, le premier aumônier a le même droit que le grand aumônier de faire l'une ou l'autre de ces deux fonctions, privativement à l'aumônier de quartier. Le premier aumônier est indépendant du grand aumônier et prête serment entre les mains du Roi.

Du lundi 11, *Versailles.* — M. l'évêque de Mirepoix travailla hier avec le Roi. Dans ce travail, l'évêché d'Autun fut donné à M. l'abbé de Montazet, aumônier du Roi. Cet évêché vaut environ 20,000 livres de rente. M. de la Valette, frère du général de l'Oratoire, qui étoit depuis plusieurs années évêque d'Autun, donne sa démission. Le Roi lui donne une pension de 10,000 livres sur l'abbaye de Monstier-en-Argonne (1), diocèse de Châlons-sur-Marne, qu'avoit l'abbé de Ravannes, qui vaut 18,000 livres et qui a été donnée en même temps à M. l'abbé de Montazet (2). M. de Montazet est grand vicaire de Soissons; il s'est fait aimer et estimer dans ce diocèse; il est d'un caractère doux, aimable, poli; il a de l'esprit et a toujours eu une conduite irréprochable. Il a deux frères au service du Roi et un abbé.

Mme la maréchale de Duras alla hier recevoir les ordres du Roi; elle part aujourd'hui pour Paris. Jeudi, elle partira des Tuileries dans les carrosses du Roi avec Mme de Civrac et Mlle de Charleval, avec des chevaux de poste; elle n'ira ce jour-là coucher qu'à Étampes, le vendredi à Cléry, le samedi à Amboise, le dimanche à Langeais et

---

(1) Elle n'est sur l'état des abbayes que sur le pied de 9,000 livres, mais on dit qu'elle en vaut 15 ou 16. (*Note du duc de Luynes.*)

(2) M. l'abbé de Montazet garde une abbaye qu'il avoit, que l'on appelle Notre-Dame de Nogent, diocèse de Laon. Elle n'est marquée que 8,000 livres sur l'état des abbayes, mais elle en vaut environ 12; il y a sur cette abbaye 5,000 livres de pension. (*Note du duc de Luynes.*)

le lundi à Fontevrault. Elle y séjournera le mardi, qui sera le 19 ; elle en repartira le mercredi avec Mme Victoire, fera les mêmes journées et arrivera le cinquième jour ici, qui sera le dimanche 24. Le Roi lui dit hier d'arriver à quatre heures et demie au Bourg-la-Reine. C'est là que le Roi compte aller au-devant de Mme Victoire, soit d'ici, soit de Choisy.

Du mardi 12, *Versailles.* — On avoit dit sans fondement que le Roi payeroit une partie des bulles de M. de Montazet. Cela n'est pas vraisemblable ; mais M. l'abbé de Montazet a représenté qu'il n'avoit pas de bien pour payer les bulles de l'évêché d'Autun, qui sont de 40 ou 45,000 livres. M. l'ancien évêque de Mirepoix lui a fait espérer qu'il auroit un gratis considérable et lui a même dit que c'étoit l'usage pour l'évêché d'Autun, à cause que le droit de la cour de Rome, qui ne doit être qu'une annate, c'est-à-dire d'une année de revenu, n'étoit pas proportionné.

Hier, les divertissements, qui avoient été suspendus la semaine dernière, recommencèrent dans les cabinets. Il devoit y avoir, suivant l'usage, une comédie et un acte d'opéra, et c'étoit *le Méchant* que l'on devoit jouer pour la seconde fois ; mais M. de Nivernois, qui est un des meilleurs acteurs, s'étant trouvé incommodé, on a substitué un acte d'opéra à la place de la comédie. On joua donc deux actes : *Almazis* et *Ismène*, qui ont déjà été joués tous deux dans les cabinets. On peut voir au 27 février ce que j'ai marqué sur les personnages d'Almazis ; il n'y eut rien de différent hier, sinon que Mme Marchais y parut sur le théâtre ; Mme Trusson lui avoit cédé une partie de son rôle, et M. de Courtenvaux dansa. Après *Almazis*, il y eut quelques moments d'intervalle pour donner le temps aux acteurs et aux actrices de s'habiller ; on joua ensuite *Ismène*. On trouvera les personnages de ce divertissement au 21 décembre dernier. Il n'y eut rien de changé, sinon que M. de la Salle y chanta à la place du duc d'Ayen; ils étoient tous les deux fort enrhumés, et par cette raison l'on ne vouloit pas que M. d'Ayen jouât le principal rôle dans les deux actes. Mme Trusson céda une partie de son rôle à Mme Marchais.

Du jeudi 14, Versailles. — Mme la princesse de Conty présenta hier Mme de Montboissier; elle s'appelle Boutin. C'est celle que l'on croyoit devoir épouser M. de Lujac. M. de Montboissier est le second fils du commandant des mousquetaires noirs. Mme de Montboissier la mère est morte depuis plusieurs années; c'est à titre de parenté que Mme la princesse de Conty s'est offert de se charger de cette présentation.

Le mariage de M. de Montboissier s'est fait peu de temps avant le carême et dans le temps de celui de M. Dufort, des postes, avec Mlle de Caulaincourt. Le mariage de M. de Mathan, neveu de M. l'abbé de Mathan, abbé de l'abbaye de la Croix-au-Perche, avec Mlle de la Chabrerie, fille d'un fermier général; celui de M. de la Tour avec Mlle d'Aligre, dont j'ai parlé; celui de M. de Dampierre avec Mlle de Lezonnet, fille d'un conseiller au Parlement, et celui du fils de M. d'Houdetot avec Mlle de la Live ont été faits aussi à peu près dans le même temps.

M. de Crillon amena hier ici son fils, âgé de cinq ans; il l'a fait habiller avec l'uniforme du régiment de Septimanie, dans lequel le Roi vient de lui donner une compagnie; c'est M. l'archevêque de Toulouse qui a imaginé pendant l'assemblée des États de demander cette compagnie. Cette grâce a paru moins extraordinaire, parce que le colonel, qui est M. de Fronsac, n'avoit que sept ans quand il a eu le régiment.

Du dimanche 17, Versailles. — Il y a quinze jours ou trois semaines que le bonhomme Desplassons mourut à Saint-Germain, âgé de quatre-vingt-treize ans. Il avoit été attaché à feu M. de Montausier, et à sa mort étoit entré chez M. le comte de Toulouse; il l'avoit fait capitaine des chasses de Rambouillet. Lorsque M. Desplassons fut hors d'état, par son âge, de remplir les devoirs de cette charge, il se retira à Saint-Germain avec 10,000 livres de pension que lui fit M. le comte de Toulouse. Il mit à sa place un gentilhomme normand, nommé de Cambord, fort bon veneur, qui y est encore, et qui avoit commandé l'équipage de M. le comte de Toulouse pour le cerf.

Le Roi alla vendredi, après la messe, à une petite lieue d'ici voir une petite maison, située à mi-côte en descendant, nommée La Celle; elle est sur la droite du chemin de Marly et n'en est pas éloignée. Elle appartenoit à Bachelier, premier valet de chambre du Roi, qui vient de la vendre à Mme de Pompadour 50,000 écus; elle vaut 2,500 livres de rente; il y a seize ou dix-sept appartements de maîtres. Mme de Pompadour a désiré avoir une maison à elle, à portée de Versailles, aimant mieux y habiter pendant les absences du Roi que d'aller à Choisy.

Hier samedi il devoit y avoir un divertissement dans les cabinets; on devoit y jouer *le Méchant* et *le Fat puni*. Cette pièce, qui est sans nom d'auteur, est de M. de Pont de Veyle, neveu de M. le cardinal Tencin. Mme de Pompadour avoit eu la migraine dès le matin; mais cependant elle avoit toujours espéré de pouvoir jouer; la douleur ayant fort augmenté l'après-dînée, elle fut obligée de se mettre dans son lit, et le spectacle fut contremandé.

Hier, à onze heures du matin, le marquis d'Harcourt mourut à Paris, âgé de dix-neuf à vingt ans. Il étoit revenu malade de Berg-op-Zoom; le mal s'étoit jeté sur sa poitrine, et n'a fait qu'augmenter depuis ce temps. C'étoit un très-bon sujet, une figure agréable, et qui avoit bien réussi dans le monde. C'est une grande perte pour le maréchal d'Harcourt, son père, qui avoit obtenu pour lui la survivance de sa charge de capitaine des gardes, et qui n'a point d'autre garçon.

Le Roi dit hier à son coucher qu'il avoit reçu des nouvelles d'Italie; que les ennemis avoient voulu se rendre maîtres du poste de Voltri (qui est entre Savone et Gênes);

qu'ils avoient été repoussés; qu'ils y avoient perdu huit cents hommes, et que nous n'y en avions perdu que soixante-quinze, tant tués que blessés. Cette nouvelle a été apportée par M. de Chabrillant, qui est de l'état-major de l'armée de M. de Belle-Isle, et actuellement à Gênes avec M. de Richelieu. M. de Nadasty commandoit cette attaque, et c'est M. de Monti qui défendoit ce poste.

Mme de la Tour du Pin, fille de M. Bertin, des parties casuelles, a été présentée ce soir par Mme de la Chau-Montauban; elle est grande et bien faite.

Du mercredi 20, *Versailles*. — Lundi dernier 18 de ce mois, Mme la princesse de Carignan perdit ici, au conseil des parties, un grand procès contre les créanciers de feu M. de Carignan, son mari; il y eut vingt voix pour elle, et vingt et une contre; ainsi elle perdit d'une voix seulement. Elle soutenoit la validité d'un arrêt du parlement de Paris rendu en sa faveur, en ce qu'il donne à son contrat de mariage passé à Turin les mêmes effets que s'il avoit été passé en France, c'est-à-dire droit d'hypothèque sur les biens de feu son mari pour le prix de ses pierreries, etc.

M. le marquis du Luc, neveu de feu M. l'archevêque de Paris et fils du comte du Luc qui avoit été ambassadeur de France en Suisse et conseiller d'État d'épée, mourut hier, à Paris, d'hydropisie; il avoit environ cinquante-cinq ans. Il laisse un fils, qui est M. de Vintimille, lequel a un fils, âgé de six ou sept ans, de son mariage avec la sœur de Mmes de Mailly, de Lauraguais et de Flavacourt, laquelle mourut en couche de cet enfant. M. du Luc laisse aussi une fille, qui a épousé M. de Nicolaï.

Du jeudi 21, *Versailles*. — Le Roi a envoyé depuis peu de jours deux déclarations et un édit au Parlement pour y être enregistrés. Le Parlement fait des difficultés. Ce que l'on sait de cette affaire, c'est qu'en conséquence de l'arrêté des chambres pour les remontrances, le premier président proposa de venir à la Cour (1) avec deux présidents à mortier ; la Compagnie n'approuvoit pas cette proposition, et représenta à M. le premier président que, s'étant chargé des remontrances, il ne devoit venir ici qu'avec la décence et l'appareil convenables à cette fonction, et le laissa cependant le maître d'y venir comme il voudroit. Le premier président dépêcha un courrier à M. de Maurepas, lequel lui envoya une lettre de cachet, par laquelle il lui étoit ordonné de se rendre à la Cour avec deux présidents à mortier. Il communiqua cette lettre aux chambres assemblées ; il y fut arrêté que la Compagnie ayant laissé la liberté au premier président de se rendre à Versailles comme il voudroit, à plus forte raison devoit-il obéir à l'ordre du Roi. Le premier président (2) vint donc hier après dîner avec MM. les présidents Molé et de Rozambo ; le Roi manda le conseil de dépêches ; on fit entrer les trois présidents dans le cabinet où se tenoit le conseil ; ils y furent un quart d'heure, d'où ils repassèrent dans l'Œil-de-Bœuf pour y attendre la fin du conseil, pendant lequel M. de Maurepas sortit deux fois pour leur parler ; et lorsque le conseil fut levé, on les fit encore entrer dans le cabinet ; il y fut remis à M. le premier président une lettre écrite, sur la table même du conseil, de la main de M. le chancelier. Les trois présidents étant sortis du cabinet, ils attendirent

---

(1) On m'a expliqué depuis que sur la proposition des remontrances le premier président donna avis sur-le-champ à M. de Maurepas, qui lui fit réponse, mais par une lettre signée de lui, ce qui n'est pas suffisant. Lorsque le premier président se fut chargé d'apporter les remontrances, au lieu de suivre l'ordre ordinaire, qui est d'envoyer les gens du Roi recevoir les ordres de S. M. par rapport aux dites remontrances, le premier président récrivit une seconde fois à M. de Maurepas. La réponse à cette dernière lettre fut la lettre de cachet, suivant la forme ordinaire. Cette lettre devoit être adressée aux gens du Roi pour la remettre au Parlement, et elle fut seulement adressée au premier président. C'est de ces manques de formalités que le Parlement s'est plaint. (*Note du duc de Luynes*, datée du 22 mars.)

(2) René-Charles de Maupeou.

quelque temps dans la chambre du Roi, et demandèrent à parler à M. de Maurepas, qui sortit exprès du cabinet.

Le Roi fit beaucoup de plaisanteries à M. de Maurepas sur ce qu'il ne dormiroit guère la nuit, ajoutant qu'il seroit comme un général d'armée qui est réveillé plusieurs fois.

Il y a déjà plusieurs jours que l'on parle de l'aventure de M. le chevalier d'Albert, et on ne la croyoit pas vraisemblable; on en a reçu la confirmation depuis. Il montoit le vaisseau *le Magnanime*, de 74 canons et 7 ou 800 hommes d'équipage; il étoit parti de Brest avec deux autres vaisseaux et une frégate; ils furent battus de la tempête étant au premier méridien, et *le Magnanime* fut désemparé de son mât de misaine (1). Il venoit pour se radouber au port le plus prochain; il fut attaqué par deux vaisseaux anglois; la mer étoit très-haute, ce qui l'empêcha de pouvoir faire usage de sa batterie basse et l'a obligé de se rendre après avoir combattu.

M. Houël (2), gros joueur, se marie avec la troisième fille de M. de Vaudray. M. de Vaudray donne à sa fille tout ce qui lui reste à donner, se réservant seulement les 12,000 livres qu'il a de bienfaits du Roi. Lui et M*me* de Vaudray, qui sont en Bourgogne, viennent demeurer à Paris, chez M. Houël, qui les nourrit et tous leurs domestiques.

Le Roi a donné ce matin son agrément pour le mariage de M. de la Rochefoucauld (3), frère de M. l'arche-

---

(1) Il y avoit un des vaisseaux de cette escadre qui ayant déjà été maltraité étoit revenu à Brest; un autre avoit relâché à La Corogne. Cette escadre devoit être jointe par 3 vaisseaux de Toulon qui en sont partis en effet, mais on n'a pas encore de leurs nouvelles. (*Note du duc de Luynes.*)

(2) M. Houël a prouvé par des titres, qui ont été reconnus, que son nom est Howal, qui est homme de grande condition et originaire d'Écosse. (*Note du duc de Luynes.*)

(3) Ce M. de la Rochefoucauld étoit en province avec M. l'archevêque

vêque d'Alby, avec la fille de M. Thomas, de l'extraordinaire des guerres.

La comédie des cabinets qui devoit être jouée hier a été remise à aujourd'hui par le conseil de Geslin, médecin de Mme de Pompadour, pour qu'elle ait un jour de plus pour se rétablir. On joue *Zénéide* (1) et un acte de Mondonville intitulé *Érigone*.

Du vendredi 22, *Versailles*. — On crut hier qu'il n'y auroit point de spectacle dans les cabinets, Mme de Pompadour étant toujours fort enrouée; cependant elle se détermina à jouer la comédie, qui commença à six heures et demie. J'ai déjà parlé de *Zénéide*. Mme Marchais faisoit la fée; Mme de Pompadour, Zénéide; Mme de Livry, Guédie, et M. de Duras, Olinde. La pièce fut très-bien jouée, et les divertissements très-bien exécutés. On joua ensuite l'acte d'*Érigone*, dont les paroles sont de M. de la Bruère et la musique de Mondonville. Mme de Pompadour devoit faire Érigone, mais étant hors d'état de chanter, son rôle fut chanté le papier à la main par un jeune homme françois, qui a été page de la musique, et qui a une jolie voix de dessus; on l'appelle Le Camus; il est dans les chœurs des ballets des petits appartements. Mme Trusson faisoit Authonoé; M. d'Ayen, Bacchus, et M. de la Salle, un des suivants de Bacchus.

L'affaire des deux déclarations et de l'édit paroît prendre une tournure favorable. L'édit contient de nouveaux droits sur le suif, la bougie, la poudre à poudrer et le papier. Des deux déclarations, l'une est pour le centième denier (2).

---

d'Alby et plusieurs autres frères; c'etoit une famille pauvre et peu connue, que M. l'évêque de Mende (Choiseul) découvrit en passant par le lieu où ils habitoient. J'ai déjà parlé de cette famille. (*Note du duc de Luynes.*)

(1) Comédie en un acte, en vers libres, par Cahusac.

(2) Voici l'intitulé de la déclaration : « Déclaration du Roi qui ordonne que les actes translatifs de propriété des biens réputés immeubles soient sujets à

L'autre déclaration est pour le droit d'échange que le Roi vend à tous les seigneurs qui ne l'ont pas acquis, leur donnant pendant trois mois seulement la liberté de les acquérir, et voulant, à leur refus, qu'il soit vendu à tel particulier qui voudra en faire l'acquisition. Pour engager lesdits particuliers à acquérir le droit d'échange, le Roi leur a accordé les droits honorifiques dans la paroisse, le droit de chasse et le titre de coseigneur. C'est sur ces différents objets qu'ont été fondées les remontrances du Parlement, représentant que, par rapport au centième denier, la discussion qui seroit faite, dans les successions collatérales, des billets, actions et papiers servant au commerce, pourroit être préjudiciable audit commerce, rapporteroit peu de profit au Roi, d'autant plus qu'on ne pouvoit évaluer cette sorte de revenus, ni par conséquent l'affermer, et qu'elle mettroit au jour le peu de fonds de certains commerçants dont l'exactitude et la réputation soutiennent le crédit. Qu'à l'égard des droits d'échange, plusieurs gentilshommes seigneurs de paroisse ne se trouveroient peut être pas en état de faire l'acquisition desdits droits, et que c'étoit un désagrément considérable pour eux que de voir des paysans de la paroisse jouir des droits et des titres de coseigneurs. Enfin, sur l'article de l'édit, les droits nouveaux sur le suif seroient fort à charge pour le peuple, cette marchandise étant d'un usage général et nécessaire.

J'ai marqué ci-dessus que le Roi avoit reçu favorablement le premier président et les deux présidents à mortier (1). S. M. a jugé à propos de faire quelque change-

---

l'insinuation (*) dans les mêmes cas où les actes translatifs de propriété des immeubles réels y sont assujétis ; et qu'il soit payé pour ledit droit d'insinuation le centième denier de la valeur des dits biens et les 4 sols pour livre en sus. » (*Note du duc de Luynes*, datée du 4 avril.)

(1) Le premier président et tout le Parlement sont extrêmement touchés de

(*) *Insinuation*, est la publication et l'enregistrement d'un acte dans la juridiction et les registres publics. (*Dict. de Trévoux.*)

ment aux déclarations seulement; il a été excepté du mobilier tous les billets et actions servant au commerce; et à l'égard des droits d'échange, on a donné six mois, au lieu de trois, pour les acquérir, et l'on a supprimé la chasse et quelque autre partie des droits honorifiques accordés à ceux qui les acquerroient au refus des seigneurs (1).

Du samedi 23, *Versailles.*

Copie d'une lettre (2).

« Vous êtes sûrement informé de la fausse couche de Mme la Dauphine. Les mauvaises nouvelles se répandent toujours promptement; nous croyions hier qu'on en pourroit peut-être garder le secret, mais c'étoit la nouvelle publique aujourd'hui. Mme la Dauphine, que l'on soupçonnoit d'être grosse depuis dix ou douze jours environ, s'aperçut hier l'après-dînée qu'elle ne l'étoit pas; elle le dit à la Reine un peu avant le commencement du jeu. Sur les six heures elle joua avec la Reine et soupa au grand couvert comme à l'ordinaire; elle sortit de chez la Reine sans qu'il fût question de rien. Sur les onze heures, la Reine vint chez Mme de Luynes. A onze heures et demie on vint dire à la Reine que Mme Dufour demandoit à lui parler; elle se leva avec inquiétude et la fit entrer; il n'y avoit dans ce moment avec la Reine que Mme de Luynes, M. le président Hénault et moi. Nous

---

la bonté avec laquelle le Roi a bien voulu recevoir leurs représentations, et de l'égard qu'il y a eu. (*Note du duc de Luynes.*)

(1) La suppression du droit de chasse est contenue dans l'enregistrement de la déclaration du droit d'échange.

A l'égard de la déclaration du centième denier, le Roi en a donné une autre depuis, dont voici le titre :

« Déclaration du Roi qui ordonne que ceux auxquels il échoira des biens meubles à titre successif en ligne collatérale ne puissent être tenus d'en faire aucune déclaration ni d'en payer le centième denier ordonné par la déclaration du 20 du présent mois. » (*Note du duc de Luynes*, datée du 4 avril.)

(2) Cette lettre et la suivante sont adressées par le duc de Luynes au duc de Gesvres.

sortîmes tous deux, et Mme de Luynes resta au détail que fit Mme Dufour. Pendant ce temps, Bouillac avoit été rendre compte au Roi chez Mme de Pompadour. Le Roi ne descendit point chez Mme la Dauphine. La Reine avoit grand désir d'y descendre, mais ne sachant pas si le Roi vouloit que l'on gardât le secret, elle craignoit que sa visite ne fît trop de bruit. Mme de Luynes offrit d'y aller de sa part, et l'expédient fut accepté. La Reine a été aujourd'hui chez Mme la Dauphine au retour de la messe. Tout le monde est entré. Mme la Dauphine est sur une chaise longue, au pied de son lit; elle n'a point du tout l'air d'une personne qui a fait une fausse couche. Bouillac, à qui j'ai parlé, assure positivement que c'en est une bien marquée, mais en même temps n'en est pas effrayé. On a envoyé querir Jar, accoucheur de Mme la Dauphine, et c'est lui qui règle la manière dont elle doit se conduire. L'état de la santé de Mme la Dauphine depuis qu'elle est en France ne pouvoit pas permettre d'avoir des certitudes de grossesse, et les soupçons que l'on eut dans le temps du voyage de Fontainebleau n'étoient fondés que sur le désir et l'impatience que l'on a de le pouvoir espérer; c'est ce qui a déterminé la faculté à lui faire prendre de la limaille. La grossesse qui a existé est vraisemblablement l'effet de ce remède. A l'égard de l'accident, M. Bouillac m'a dit aujourd'hui que Mme la Dauphine, il y a quelques jours, entrant dans la tribune à la chapelle, mit le pied dans un petit trou qui est dans le marbre pour le verrou de la porte de la tribune, dont elle ne dit mot ne croyant point être grosse. C'est un grand point dans ce malheur-ci que la certitude qu'il y a eu une grossesse. L'accident d'hier engagera à de grands ménagements à l'avenir lorsqu'il y aura le moindre soupçon.

« Il court ici un bruit dans la ville de Versailles qu'on y a arrêté et conduit à la Bastille deux hommes qui écrivoient dans les pays étrangers. M. de Puisieux, à qui j'en ai parlé, m'a dit n'en rien savoir; mais cette réponse ne vous persuadera pas ni vous ni moi que cela n'est pas vrai.

« Le court détail que je vous ai envoyé il y a quelques jours m'a été dit par un marin. Peut-être n'est-ce qu'un raisonnement de vraisemblance. J'en ai parlé aujourd'hui à M. le contrôleur général, à M. Rouillé et enfin à M. de Maurepas; ils m'ont tous dit n'avoir aucune nouvelle de M. d'Albert; ils ne doutent point du fait, mais ils ne savent aucun détail. M. Rouillé m'a dit qu'on croyoit que M. d'Albert étoit désemparé de son mât de misaine lorsqu'il a été pris. M. de Maurepas m'a dit que l'on prétendoit qu'il étoit arrivé à Plymouth, mais qu'on ne le savoit pas directement.

« La Reine s'enferme aujourd'hui, faisant demain ses dévotions. »

Du lundi 25, Versailles.

Extrait d'une lettre à M. de Gesvres.

« Le Roi partit hier, sur les quatre heures, dans un carrosse à quatre places où il étoit seul avec M. le Dauphin. Ce carrosse étoit précédé par un pour le service, où étoient MM. le maréchal de Noailles, de Bouillon, de Souvré, de Fleury et de Brionne; un autre carrosse du Roi où étoient plusieurs seigneurs de la Cour, et un de M. le Dauphin pour ses menins. Le Roi avoit envoyé dire à Mme la maréchale de Duras de ne point s'arrêter à Sceaux et de continuer à marcher. Il trouva Mme Victoire qui sortoit du village de Sceaux; l'entrevue fut vive et tendre. Le Roi remonta dans son carrosse avec M. le Dauphin, Mme Victoire et Mme la maréchale de Duras, et arriva ici environ à six heures et demie. Il vint dans le moment chez la Reine, précédé de M. le Dauphin et suivi de Mme Victoire. L'antichambre de la Reine, le grand cabinet, la chambre, et même presque le salon, étoient remplis d'un monde si prodigieux, que le Roi en fut surpris. La Reine s'avança avec empressement au-devant de Mme sa fille ; l'embrassade fut tendre à tirer les larmes des yeux ; la conversation se fit debout devant tout le monde et fut assez longue. Le Roi descendit ensuite chez Mme la Dauphine avec Mme Victoire. La Reine y descendit peu de temps après avec Mesdames ; elle n'y resta pas longtemps et remonta chez elle avec Mesdames pour jouer à cavagnole. Mme Victoire monta dans son appartement, où elle reçut des présentations ; elle étoit en robe de chambre, ainsi que les deux dames qui l'avoient suivie. Elle ne soupa point au grand couvert ; elle soupa chez elle avec Madame. Aujourd'hui elle est en grand habit et soupera au grand couvert. On a fait allonger la table par les deux bouts, de manière qu'elle est en fer à cheval. L'appartement de Mme Victoire n'est jusqu'à présent qu'une chambre à coucher. Cette pièce faisoit la seconde antichambre de Mme la Dauphine ; d'un côté est le grand cabinet de Mme la maréchale de Duras, qui faisoit la première antichambre de Mme la Dauphine, et de l'autre côté le grand salon de Mme la Dauphine, qui subsiste encore et qui fait l'extrémité de l'appartement de Mesdames. Ainsi on ne peut arriver chez Mme Victoire qu'en traversant l'appartement de Mesdames en entier, ou en passant par le cabinet de Mme la maréchale de Duras.

« La figure de Mme Victoire est agréable ; elle a un beau teint de brune, les yeux assez grands et fort beaux ; une forme de visage à peu près comme Mme Henriette. Elle ressemble au Roi, à M. le Dauphin, à Mme Infante, même un peu à Mme Adélaïde, et a cependant un visage différent de tous ceux-là. On lui trouve une ressemblance, on ne sait pas pourquoi, mais elle est assez juste, c'est à M. le duc d'Orléans régent. On prétend aussi qu'elle a un peu de ressemblance à Mme de Civrac ; en quoi elle lui ressemble davantage, c'est par le son de sa voix. Jusqu'à présent elle se tient mal ; elle ne sait pas bien faire la révérence. Elle marche encore plus mal ; on prétend que sa démarche est dans le goût de celle de Mme de Modène. Elle est bien faite, mais un peu grasse. On dit que son caractère est charmant. »

Du mercredi 27, *Versailles.* — Dès le jour même que Mme Victoire arriva ici, qui étoit le dimanche, au sortir de chez la Reine elle alla chez elle, où Mme la maréchale de Duras lui fit un grand nombre de présentations; il y en eut encore un plus grand nombre le lundi. Ces présentations se sont faites : quelques unes dans la chambre de Mme Victoire, d'autres chez Mesdames, qui passoient dans leur cabinet pendant ce temps-là ou qui s'avançoient dans une croisée pour ne pas paroître être présentes. Tous les hommes et toutes les dames titrés ont eu l'honneur de saluer et baiser Mme Victoire; toutes les femmes titrées ou non ont baisé le bas de la robe, ou fait semblant de le baiser. Cette même règle n'a pas été observée fort exactement par les hommes non titrés. Hier mardi, jour des ambassadeurs; ils furent présentés à Mme Victoire. M. de Verneuil, comme introducteur des ambassadeurs en semestre, fut présenté d'abord; ensuite il ressortit pour rentrer le moment d'après avec les ambassadeurs. M. le nonce étoit à la tête des ambassadeurs et autres ministres; il fit un petit compliment à Mme Victoire, en françois, au nom de tous. M. de Verneuil nomma d'abord les ambassadeurs, ensuite les envoyés, puis les plénipotentiaires et les chargés d'affaires.

Dimanche il n'y eut point de sermon; il fut remis au lundi, jour de l'Annonciation.

Ce même jour lundi, Mme Victoire s'habilla pour la première fois en grand habit et fut au sermon. Mme de Modène y étoit aussi; elle étoit à gauche de Mme Victoire, mais son tabouret fort éloigné, ayant mieux aimé s'éloigner que de tourner.

Hier Mme Victoire alla à la comédie avec la Reine; elle ne parut pas faire grande attention au spectacle.

Hier mardi il y eut un divertissement dans les cabinets.

On y joua le prologue des *Fêtes grecques et romaines*, et un acte de cet opéra qu'on appelle *Cléopatre*. Dans le prologue,

M. de la Salle fit le rôle d'APOLLON;

Mme Trusson, celui de CLIO;

Mme Marchais, celui d'ÉRATO;

La demoiselle de Puvigné, une des danseuses, faisoit TERPSICHORE.

Dans l'acte de *Cléopatre*,

M. le duc d'Ayen jouoit ANTOINE;

M. le vicomte de Rohan, ÉROS;

Mme la duchesse de Brancas douairière, CLÉOPATRE;

Mme Trusson, une ÉGYPTIENNE.

Ensuite de ce divertissement on joua la pantomime intitulée *le Pédant*; elle représente un maître de pension et ses écoliers, comme je l'ai marqué à l'article du 7 février.

Du vendredi 29, *Versailles*. — Hier il y eut un divertissement dans les cabinets; on y joua *Érigone*, dont j'ai parlé ci-dessus. Ensuite on répéta seulement le prologue des *Fêtes grecques et romaines*. Il y eut ensuite un intervalle d'une petite demi-heure, pendant lequel le Roi alla voir Mme la Dauphine. On joua en dernier lieu l'acte de *la Vue*, du ballet *des Sens*; les paroles du Sr Roy et la musique du feu Sr Mouret. On ne peut assez admirer la précision, la justesse et le goût avec lequel tous ces différents divertissements furent exécutés. Mme de Pompadour joua et chanta avec une perfection, en tous points, que l'on ne peut imaginer. Dans l'acte de *la Vue* il y a quatre acteurs :

Mme de Pompadour joue le rôle de l'AMOUR;

Marchais, celui de ZÉPHIRE;

Mme Trusson, IRIS;

M. de la Salle, AQUILON.

Du samedi 30, *Versailles*. — M. de Tournehem présenta hier au Roi le nouveau contrôleur des bâtiments de

Choisy. Ce contrôle avoit été donné à M. Gabriel le fils, contrôleur de Versailles du vivant de son père premier architecte; quoiqu'il soit devenu premier architecte à la mort de son père, il avoit gardé le contrôle de Choisy. Actuellement le Roi réunit ce contrôle à celui de Meudon. Le contrôle de Meudon étoit vacant depuis que M. d'Isle, qui avoit cette place, et qui est gendre de M. Desgotz, a eu le contrôle des Tuileries sur la démission de M. de Cotte. Le Roi vient de donner le contrôle de Meudon, et en même temps celui de Choisy à M. Billaudel, qui depuis quelques années avoit le contrôle de Compiègne, vacant par la mort de M. Dorbay.

Le Roi alla hier faire la revue des gardes françoises et suisses dans la plaine des Sablons, et donna à dîner à M. le Dauphin, à la Meutte, et à Mesdames toutes trois. Le Roi qui n'avoit fait que collation revint souper au grand couvert.

Hier il y eut répétition des trois actes d'opéra que l'on doit représenter aujourd'hui, qui sont : l'acte de La Garde, *Églé*; l'acte de *Cléopatre*, de l'opéra des *Fêtes grecques et romaines*; et l'acte de *la Vue*, du ballet *des Sens*.

Cette répétition fut une vraie représentation avec les machines et les habits. Mme de Pompadour voulut donner cet amusement à quelques dames de ses amies de Paris et à quelques hommes de ce pays-ci, qui n'ont pas permission d'y entrer quand le Roi y est.

ERRATUM.

Page 467, ligne 8. Au lieu de Mme d'Argenson : lisez : Mme d'Argenton.

TABLE ALPHABÉTIQUE
DES NOMS ET DES MATIÈRES

MENTIONNÉS DANS CE VOLUME.

A.

Acunha (M. d'), ambassadeur de Portugal, 179, 276.
Adélaïde (Madame). *Voy.* France (Marie-Adélaïde de).
Adorno, commandant à Savone, 38.
Agenois (M. d'), 263.
Agenois (Mme d'), dame du palais de la reine, 361, 364, 461.
Ague (Comte d'), chambellan du roi de Pologne, 199.
Aiguillon (Duchesse d'), 274.
Albany (Comte d'). *Voy.* Stuart.
Albert (Chevalier d'), 476, 481.
Alby (Archevêque d'). *Voy.* Castries et Rochefoucauld.
Alègre (Mme d'), 432.
Aligre (Mme), 378.
Aligre (Mlle d'), 447, 472.
Alincourt (Duc d'), 33.
Alincourt (Mme d'), 376.
Allo (M. d'), major général, 210.
Almazis, opéra, 471.
Amelot (M.), 83, 84, 438.
Amiens (Évêque d'). *Voy.* Motte.
Ancenis (Marthe-Élisabeth de Roye de la Rochefoucauld, duchesse d'), dame du palais de la reine, 318-320.
Andlau (Abbé d'), 38.
Angervilliers (M. d'), 380.
Angleterre (Roi d'). *Voy.* Georges II.
Anhalt (Prince d'), 293.
Anne d'Autriche, reine de France, 382, 383.
Année galante (*L'*), ballet, 116.
Anson, amiral anglais, 237.
Antier (Mlle), 342, 354.
Antin (Duc d'), 36, 179, 383.
Antin (Françoise-Gillone de Montmorency-Luxembourg, duchesse d'), dame d'atours de la dauphine, 101, 106, 167, 170, 178, 305.
Antin (Mlle d'), 218.

ANVILLE (Duc d'), 8, 16, 23, 24.

Archevêque (M. l'). *Voy.* BEAUMONT.

ARDORE (Prince d'), ambassadeur de Naples, 75, 110, 117, 179, 340, 454.

ARDORE (Mme d'), 110, 189, 204, 251.

ARGENSON (Marc-Pierre de Voyer de Paulmy, comte d'), ministre secrétaire d'État de la guerre, 8-10, 13, 80-82, 93, 94, 120, 137, 141, 153, 159, 176, 190, 196, 202, 214, 226, 236, 258, 259, 261, 292, 298, 323, 325, 326, 431, 456.

ARGENSON (René-Louis de Voyer de Paulmy, marquis d'), frère aîné du précédent, secrétaire d'État des affaires étrangères, 76, 79-83, 89.

ARGENSON (M. d'), le fils, 79, 143, 146, 356, 435, 450.

ARGENSON (Mme d'), 25, 94.

ARGENTON (Mme d'), 467.

Arles (Archevêque d'). *Voy.* BELLEFONDS.

ARMAGNAC (Charles de Lorraine, comte d'), dit le *prince Charles*, grand écuyer de France, 172, 173.

ARMENTIÈRES (Marquis d'), maréchal de camp, 13.

ARNAULD (M.), 447, 448.

ARNAULT (M. d'), maréchal de camp, 96, 98, 121, 275.

ASSEMATTE (M. d'), gentilhomme de la vénerie, 27.

AUBETERRE (Chevalier d'), 275, 281.

AUBETERRE (Comte d'), lieutenant général, 432.

AUGUSTE III, roi de Pologne, électeur de Saxe, 19, 76, 99, 125, 340.

AUMONT (Louis-Marie-Victor-Augustin, duc d'), premier gentilhomme de la chambre du roi, 21, 33, 37, 84, 109, 147, 184, 202, 229, 231, 342, 343.

AUMONT (Mme d'), 106, 341, 343.

AUMONT (Mlle d'), 33.

AUVERGNE (Cardinal d'). *Voy.* TOUR d'AUVERGNE (Henri-Oswald de la).

Auxerre (Évêque d'). *Voy.* CAYLUS.

AVRICOURT (M. d'), 172.

AYEN (Louis de Noailles, duc d'), 36, 86, 118, 135, 143, 147, 229, 297, 318, 319, 354, 357, 387, 388, 416, 427, 450, 457, 465, 472, 477, 484.

AYEN (Duchesse d'), 102, 108, 249, 250, 318, 319.

B.

BACHELIER (M.), premier valet de chambre du roi, 138, 204, 473.

BACHI (M. de), 147.

BACHI (Mme de), 90, 104, 105, 147.

BACQUENCOURT (M. de), fermier général, 213, 463.

BAGIEUX, chirurgien, 193, 260.

BAGNOLS (Mme de), 378.

BALBI (le chevalier), 316.

BALINCOURT (Maréchale de), 25.

BALINCOURT (Mlle de), 327.

BARDONNET (Abbé), chapelain du roi, 228.

BARDOU, piqueur, 321.

BARJAC, valet de chambre du cardinal de Fleury, 379.
BATHIANY (M. de), 228, 260.
BAUFFREMONT (M. de), 226.
BAUFFREMONT (Mme de), 226.
BAVIÈRE (Comte de), 257, 260.
Bayeux (Évêque de). *Voy.* LUYNES (Paul d'Albert de).
BAZIN OU MAZIN, ingénieur, 214.
BEAUMANOIR (Mme de), 449.
BEAUMONT (Christophe de), archevêque de Paris, 18, 37, 222, 227, 249, 252, 359, 361-363, 421, 426, 447.
BEAUMONT (M. de), 456, 457, 465, 466.
BEAUMONT (Mme de), 160.
BEAUTEVILLE (Chevalier de), colonel d'infanterie, 196.
BEAUVAU (M. de), 194.
BEAUVAU (Mme de), 194, 197.
BEAUVAU (Princesse de), 363.
BEAUVILLIERS (Duchesse de), 320, 446.
BELLAY (Martin du), évêque de Fréjus, 149.
BELLAY (M. du), 149.
BELLAY (Mme du), 149.
BELLEFONDS (Jacques-Bonne Gigault de), archevêque de Paris, 362.
BELLEFONDS (M. de), 89.
BELLEFONDS (Mme de), dame de la dauphine, 89, 249, 318.
BELLE-ISLE (Louis-Charles-Auguste Fouquet, marquis de), maréchal de France, 8-11, 16, 22, 26, 38, 47, 78, 84, 89, 91, 93; sa lettre à 178, la duchesse de Luynes, 95, 96, 97, 99, 120-122, 135, 136, 176-178, 181, 202, 228, 232, 234, 235, 239, 242, 246, 251, 256, 258, 261, 263, 265, 272, 278, 314, 350, 388, 439, 474.
BELLE-ISLE (Marie-Casimire-Thérèse-Geneviève-Emmanuelle de Béthune, duchesse de), femme du précédent, 9, 95, 96, 241, 271.
BELLE-ISLE (Louis-Charles-Armand Fouquet, chevalier de), 4, 9, 11, 15, 20, 26, 91, 121, 122, 232, 242, 271, 274, 275, 282, 326.
BELLE-JOYEUSE (Marquise de), 114.
BELZUNCE (Mme de), 43, 339, 380.
BENOIT, musicien de la chapelle du roi, 14.
BENTHEIM (Comte de), 359, 360.
BÉRAIN, dessinateur, 331.
BERCY (M. de), 467.
BERCY (Mlle de), 327.
BÉRENGER (M.), 236.
Berg-op-Zoom (Relation de la prise de), 291.
BÉRINGHEN (Henri-Camille, marquis de), premier écuyer du roi, appelé M. le Premier, 36, 101, 229, 231.
BERNAGE DE SAINT-MAURICE (M. de), prévôt des marchands, 184, 299.
BERNIÈRES (Mme de), 378.
BERNIS (Abbé de), 87, 88, 184, 300, 302, 451.
BERNSTORFF (M. de), envoyé de Danemark, 40, 41, 329.
BERRIER (M.), intendant de Poitiers, 224, lieutenant de police, 228.

BERSEN (Mlle de), 143, 177.
BÉRULLE (Mme de), 320.
BERWICK (Duc de), 454.
BERWICK (Duchesse de), 454.
BÉTHUNE (Paul-François, duc de), lieutenant général des armées du roi, capitaine des gardes du corps, 142, 174, 182, 187, 238, 245, 287, 312, 313, 315, 318, 319, 321, 337, 425, 456, 465, 466.
BÉTHUNE (M. de), 25, 117, 122.
BÉTHUNE (Mlle de), 434, 443.
BEUVRON (M. de), 17.
BEVERN (Duc de), 343.
BEZENVAL (Mme de), 125.
BEZONS (M. de), brigadier, 238.
BIELINSKI (M. de), 125, 145.
BILLAUDEL (M.), architecte, 485.
BINET, premier valet de chambre du dauphin, 8, 138, 372, 457.
BINET, le fils, premier valet de chambre du roi, 204.
BIRON (Maréchal de), 82, 194, 349, 354.
BIRON (Duc de), 112, 182, 260, 300, 301, 336.
BISSY (Abbé de), 183, 210.
BISSY (M. de), 14, 99, 220, 242, 265.
BISSY-LANGERON (Mme de), 183.
BLANCMESNIL (M. de), premier président de la cour des aides, 184.
BLET (M. de), maréchal de camp, 465.
BLETTERIE (M. de la), 451.
BOISSY, auteur dramatique, 427.
BOMBELLES (M. de), 207.
BONGARD (M. de), 158.
BONNAC (M. de), 260.
BONNEVAL (Marquis de), 246.
BONTEMPS (M.), premier valet de chambre du roi, 138, 139.
BONTEMPS (M.) le fils, 138, 139.
BORDES (Abbé des), prédicateur, 167.
BOSC (Comte), 125.
BOUCHU (Mme), 378.
BOUFFLERS (Maréchal de), 383.
BOUFFLERS (Joseph-Marie, duc de), lieutenant général, 113, 177, 180, 186, 189, 234, 235, 239, 261, 263, 265, 270, 273, 281, 283, 287, 374, 375; son discours au sénat de Gênes, 400.
BOUFFLERS (Madeleine-Angélique de Neufville-Villeroy, duchesse de), femme du précédent, dame du palais de la reine, 170, 177, 180, 218, 240, 270, 283, 375, 376.
BOUFFLERS (Charles-Joseph, comte, puis duc de), 176, 177, 180, 270, 273, 281, 351.
BOUFFLERS (Comtesse de), 218.
BOUFFLERS (Marquis de), 154.
BOUFFLERS (Marquise de), 455.
BOUHIER (Claude), évêque de Dijon, 168, 171, 175, 359.

DES NOMS ET DES MATIÈRES. 491

BOUILLAC, premier médecin de la dauphine, 59, 90, 250, 445, 480.
BOUILLON (Charles-Godefroy de la Tour d'Auvergne, duc de), grand chambellan, 13, 37, 219-222, 326, 481.
BOURBON (Louis-Henri de Bourbon, duc de), nommé *M. le Duc*, 45, 368, 369-371, 380.
BOURBON (Louise-Anne de), nommée *Mademoiselle*, et Mlle *de Charolois*, fille de Louis III, duc de Bourbon, prince de Condé, 7, 106, 320.
BOURDONNAIS (M. de la), gouverneur de l'Ile Bourbon, 33, 210-213, 455, 462, 463.
BOURGEOIS, musicien, 135.
Bourges (Archevêque de). *Voy.* ROCHEFOUCAULD.
BOURGOGNE (Marie-Adélaïde de Savoie, duchesse de), puis dauphine, morte en 1712, 119, 335.
BOURNONVILLE (Mme de), 359.
BOUVILLE (Marquis de), 358.
BOUVILLE (Mme de), 358.
BOUZOLS (M. de), 198.
BOUZOLS (Marie-Hélène-Charlotte Caillebot de la Salle, marquise de), dame du palais de la reine, 7, 106, 165.
BOYER (Jean-François), ancien évêque de Mirepoix, précepteur du dauphin, 22, 23, 26, 88, 100, 110, 114, 119, 135, 209, 266, 372, 373, 455, 470, 471.
BRANCAS (Jean-Baptiste-Antoine de), archevêque d'Aix, 227.
BRANCAS (Duchesse douairière de), 36, 41, 78, 86, 87, 91, 104, 135, 170, 192, 215, 230; dame de Madame, 237, 305, 329, 356, 357, 416, 423, 424, 427, 430, 442, 443, 450, 484.
BRANCAS (Duc de), 340, 432, 435.
BRANCAS (Duchesse de), dame d'honneur de la dauphine, 25, 26, 59, 79, 95, 105, 106, 109, 110, 113, 115, 119, 120, 123, 133, 134, 142, 143, 147, 158, 166, 191, 197, 200, 239, 240, 247-250, 266, 267, 270, 289, 296, 305, 317, 332, 334, 340, 348, 352, 360, 364, 380, 381, 382, 428.
BRANCAS (Maréchal de), 131, 195, 354.
BRANCAS (Chevalier, puis marquis de), 131, 140, 143.
BRANCAS (Marquise de), 143.
BRASSAC (M. de), premier gentilhomme de la chambre du roi Stanislas, 153, 154.
BRASSAC (Mme de), 327.
BRATKOWSKI (M.), 125.
BREBINDOWSKA (Mme de), 125.
BREIGNOU (Hervé-Nicolas Trépault du), évêque de Saint-Brieuc, 423.
BREZÉ (M. de), 423.
BRIDGE (M. de), écuyer de la petite écurie, 338.
BRIENNE (Abbé de), 281.
BRIENNE (Chevalier de), 281, 282.
BRIENNE (Marquis de), 272, 281.
BRIENNE (Mme de), 43.
BRIGNON. *Voy.* BREIGNOU.
BRIONNE (Charles-Louis de Lorraine, comte de), 481.

Briquet (M.), commis de M. d'Argenson, 323, 324.
Brissac (M. de), 167-170, 440.
Brissac (Mme de), 170, 334.
Brissart (Abbé), 453.
Broc (M. de), 281, 282.
Broglie (Abbé de), 344.
Broglie (Comte de), 224, 225.
Broglie (François-Marie, duc de), maréchal de France, 23, 42, 84.
Broglie (Duc de), 207, 229.
Broglie (Duchesse de), 230.
Broglie (M. de), officier d'artillerie, 465.
Bronod, notaire du clergé, 142.
Brosseau (Abbé), chapelain de la musique, 171.
Browne (M. de), général autrichien, 96, 97, 121, 122, 146.
Brun (M. de), 85.
Brun (Mlle de), 85, 185.
Brunswick-Lunebourg-Bevern (Duchesse de), 343, 344.
Bukler (Mme de), 201, 202.
Bulkley (M. de), 421, 437.
Bunon, dentiste, 303.
Buron (M. de), premier échanson, 168, 169.
Bussy (M. de), commis des affaires étrangères, 81.

C.

Cabanac (M. de), page de la petite écurie, 257, 261.
Cabinet des médailles, 356.
Cahusac (M.), poëte, 144, 364.
Calvières (M. de), 221, 373.
Cambis (M. de), 432.
Cambis (Mme de), 432.
Cambord (M. de), capitaine des chasses du comte de Toulouse, 473.
Camille (Prince), 187.
Campo-Florido (Princesse de), 246.
Camus (M. le), conseiller au parlement, 299.
Capres (Baron de), 359.
Capron, dentiste, 303.
Caravajal (M. de), premier ministre du roi d'Espagne, 205.
Carignan (Mme de), 474.
Castellanne (André-Jean-Baptiste de), évêque de Glandève, 355.
Castellanne (Famille de), 442.
Castellanne (Mme de), 441, 442.
Castellanne-Rouillé (Mme de), 442.
Castera, médecin de Metz, 90, 93.
Castries (Armand-Pierre de la Croix de), archevêque d'Alby, 194.
Castries (Mme de), 1, 23, 42, 175, 380.
Catellan (Jean-Marie de), évêque de Rieux, 315.

DES NOMS ET DES MATIÈRES.

CATHERINE BNIN-OPALINSKA, reine de Pologne, duchesse de Lorraine, 19, 143, 149, 154, 160, 219, 223, 240.
CAULAINCOURT (Mlle de), 456.
CAUMARTIN (M. de), conseiller d'État, 184.
CAUMARTIN (Mme de), 378.
CAUMONT (Mme de), 166, 249, 374.
CAYLUS (Charles-Denis-Gabriel de Pestel de Lévi de Tubières de), évêque d'Auxerre, 447.
Celle (Maison de la), 473.
CÉRESTE (M. de), 131.
CERNAY (M. de), 260.
CHABANNES (M. de), 86.
CHABANNOIS (Mme de), 285.
CHABOT (M. de), 95, 313.
CHABRERIE (Mlle de la), 472.
CHABRIER (M.), major de Royal-artillerie, 206, 225.
CHABRILLANT (M. de), 474.
CHALABRE (M. de), exempt des gardes du corps, 428, 431.
CHALAIS (Prince de), 30, 31, 112, 173, 174, 220, 222, 387.
CHALAIS (Mme de), 141, 461.
CHALMAZEL (Louis de Talaru, marquis de), premier maître d'hôtel de la reine 23, 42, 182, 204, 270, 275, 287, 329.
CHALMAZEL (Mme de), 329.
CHALUT (M. de), trésorier de la maison de la dauphine, 254.
CHAMBRIER (M.), ministre du roi de Prusse, 311.
CHAMPAGNE (M. de), 220, 221.
CHAMPAGNE (Mme de), dame de la dauphine, 249, 266.
CHAMPCENETZ (M. de), premier valet de chambre du roi, 86, 138, 150, 151.
CHAMPCENETZ (M. de) le fils, 147.
Chancelier (Le). *Voy.* DAGUESSEAU.
CHARENCY (Georges-Lazare Berger de), évêque de Montpellier, 453.
CHARLES (Le prince). *Voy.* ARMAGNAC (Charles de Lorraine, comte d'), et LORRAINE (Charles-Alexandre de).
CHARLES-EMMANUEL III, roi de Sardaigne, 22, 26, 52, 54-56, 242, 256, 282.
CHARLEVAL (Joseph-François de), évêque d'Agde, 275.
CHARLEVAL (Mlle de), 435, 467, 470.
CHAROLOIS (Charles de Bourbon-Condé, comte de), 7, 110, 170.
CHAROLOIS (Mlle de). *Voy.* BOURBON (Louise-Anne de).
CHAROST (Armand de Béthune, duc de), capitaine des gardes du corps du roi, 93, 306, 308, 310, 312, 315, 318, 319, 353, 415.
Chartres (Évêque de). *Voy.* FLEURY.
CHARTRES (Louis-Philippe d'Orléans, duc de), 13, 18, 76, 113, 143, 147, 181, 182, 219, 221, 222, 230, 244, 307, 308, 320, 334, 364, 427, 444, 451, 457.
CHARTRES (Louise-Henriette de Bourbon-Conty, duchesse de), 13, 106, 113, 115, 166, 181, 182, 230, 244, 297, 308, 320, 425.
CHASTELLUX (M. de), garde de la marine, 335.
CHATEAURENARD (M. de), 137.

CHATEAUROUX (Marie-Anne de Mailly-Nesle, duchesse de), 83, 84, 118, 163, 431.
CHATEL (Abbé Tanneguy du), aumônier du roi, 38.
CHATELET (M. du), 89.
CHATELET (Mme du), 352, 455.
CHATILLON (Alexis-Madeleine-Rosalie de Châtillon, duc de), 332, 333, 344, 388, 438, 440, 441.
CHATILLON (Anne-Gabrielle le Veneur de Tillières, duchesse de), femme du précédent, 332.
CHAULNES (Duc de), 87, 112, 157, 158, 192, 247.
CHAULNES (Duchesse de), 247.
CHAUVELIN (Chevalier), 235, 265, 307.
CHAUVELIN (Germain-Louis), seigneur de Grosbois, ancien garde des sceaux, 35, 378-380.
CHAUVELIN (Mlle), 35, 433, 443, 454.
CHESNAYE (M. de la), premier écuyer tranchant, 168, 169.
CHEVERT (M. de), maréchal de camp, 51, 56, 78.
CHEVREUSE (Marie-Charles-Louis d'Albert, duc de), fils du duc de Luynes, 297, 298, 310, 311, 401.
CHIMAY (Prince de), 364.
CHIMAY (Princesse de), 363.
CHOISEUL (Abbé de), primat de Lorraine, 327.
CHOISEUL-BEAUPRÉ (Gabriel-Florent de), évêque de Mende, 208, 209.
CICOGNE, médecin, 328.
CIVRAC (M. de), 218, 281, 282.
CIVRAC (Mme de), 226, 230; dame de Madame, 237, 359, 470, 482.
CLAIRAMBAULT, généalogiste des ordres du roi, 425, 426, 441.
CLANCARTHY (Milord), 387.
CLARE (Milord), lieutenant général, 75, 387.
CLAYE D'HÉROUVILLE (M. de), 229.
Cléopâtre, opéra, 480, 485.
CLERMONT (Louis de Bourbon-Condé, comte de), 4, 5, 7, 14, 18, 28, 46, 257, 259, 334, 444.
CLERMONT-D'AMBOISE (M. de), 17, 91, 135, 147, 356, 427, 442, 450.
CLERMONT-CREUZY (Mme de), 218.
CLERMONT-GALLERANDE (M. de), 3, 4, 86, 300.
CLERMONT-TONNERRE (M. de), 300, maréchal de France, 323, 325, 341, 425.
Coadjuteur (M. le). *Voy.* ROHAN-VENTADOUR.
COETANFAO (Mme de), 133.
COHORN, ingénieur hollandais, 290.
COIGNY (François de Franquetot, duc de), maréchal de France, 84, 109, 195, 343, 354, 439, 451, 468.
COIGNY (La maréchale de), 468.
COIGNY (Jean-Antoine-François de Franquetot, comte de), colonel général des dragons, gouverneur de Choisy, fils des précédents, 84, 146, 147, 464-468.
COIGNY (Mme de), 103, 109, 305, 354.
COISLIN (M. de), 111.

Cologne (Électeur de), 360.
Colonne (Prince), 114.
Comète (Jeu de la), 428.
Condé (Louis-Joseph de Bourbon, prince de), 7, 168.
Condorcet (Jacques-Marie de Caritat de), évêque de Gap, 41.
Conflans (Chevalier de), 12, 13.
Conseil d'État (Arrêt du), 49.
Constantin (Prince), 469.
Contades (M. de), 207, 216, 217, 224, 229.
Contrôleur général (Le). *Voy.* Machault.
Conty (Louise-Élisabeth de Bourbon-Condé, princesse douairière de), 76, 106, 124, 165, 168, 175, 181, 182, 221, 222, 320, 434, 472.
Conty (Louis-François de Bourbon, prince de), fils de la précédente, 13, 27, 28, 87, 160, 219-222, 263, 447.
Corail (M. de), lieutenant général, 53.
Cossé (Comte de), maréchal de camp, 239.
Cotte (M. de), architecte, 382, 383.
Courbuisson, brigadier, 294.
Courson (M. de), 23, 42.
Courteil (M. de), 80, 325, 326.
Courten (Chevalier), 360.
Courtenvaux (M. de), 135, 147, 357, 364, 417, 427, 443, 450, 458, 471.
Crébillon, de l'Académie française, 451.
Crécy (Château de), 190, 208.
Crenay (Chevalier de), 8, 16.
Crillon (Dominique-Laurent de Bertons de), évêque de Glandève, 327, 355.
Crillon (Jean-Louis de Bertons de), archevêque de Narbonne, 227, 453.
Crillon (M. de), 472.
Croismare (M. de), écuyer de la petite écurie, 94, 106, 231.
Croissy (M. de), 86, 91, 146, 160, 168, 284, 356, 364, 424, 450.
Croissy (Mme de), 36.
Cronstrom (M. de), 273, 292, 294.
Crussol (Mme de), 139, 280.
Crussol d'Amboise (M. de), 143, 177.
Crussol-d'Amboise (Mme de), 117, 274, 280.
Cumberland (Duc de), 145, 215.
Custine (M. de), 291, 293.
Custine (Mme de), 441.

D.

Daguesseau (Chevalier), 116.
Daguesseau (Henri-François), chancelier de France, 126, 130, 142, 163, 164, 224, 325, 351, 352, 448, 475.
Daguesseau (Mme), 142.
Dampierre (M. de), 87, 472.
Damville (M. de), 382.

Danchet, de l'Académie française, 451.
Danemark (Roi de). *Voy.* Frédéric V.
Danemark (Faux prince de), 40.
Dauger (M.), 422.
Dauphin (M. le). *Voy.* Louis de France.
Dauphine (La). *Voy.* Marie-Antoinette-Raphaelle, infante d'Espagne, et Marie-Josèphe de Saxe.
Déclaration du Roi aux États Généraux des Provinces-Unies, 397-399.
Defert (Baron), 125.
Deffand (Mme du), 43.
Dehors trompeurs (Les), comédie, 427, 457.
Delavigne, médecin, 445.
Delpi. *Voy.* Rochefoucauld (Dominique de la).
Demetz (Mlle), 354.
Desbarres (M.), 327.
Descotz, architecte, 485.
Desgranges (M.), maître des cérémonies, 131, 269, 275, 346.
Deshayes, maître de ballets, 147, 427.
Desplassons (M.), capitaine des chasses de Rambouillet, 472.
Desquinos, chevalier de Malte, 431.
Deux-Siciles (Reine des). *Voy.* Marie-Amélie de Saxe.
Dijon (Évêque de). *Voy.* Bouhier.
Dombes (Louis-Auguste de Bourbon, prince de), grand veneur de France, 112, 168, 336.
Dorbay, architecte, 485.
Doria (M.), envoyé de Gênes, 273, 281, 287, 288.
Douglas (Milord), 8.
Dreux (Chevalier de), 260.
Dreux (Thomas, marquis de), grand maître des cérémonies, 152, 158, 185, 221, 222, 268, 269, 275, 346.
Dufort (M.), fermier général et directeur des postes, 456.
Dufour (Mme), nourrice du dauphin, première femme de la dauphine, 332, 360, 479, 480.
Dulattiers, premier chirurgien du dauphin, 303.
Dumoulin (Jacques Molin, dit), médecin du roi, 444, 445.
Duphénix, chirurgien, 303.
Dupleix (M.), commandant général dans l'Inde, 213, 462.
Duras (Jean-Baptiste de Durfort, duc de), maréchal de France, 21, 148, 195, 342, 343, 451.
Duras (Angélique-Victoire de Bournonville, maréchale de), femme du précédent, dame d'honneur de Madame, 34, 102, 106, 123, 133, 134, 147, 170, 184, 197, 200, 226, 230, 239, 240, 244, 267, 270, 289, 296, 306, 322, 334, 341, 348, 354, 380, 381, 428, 434, 435, 444, 446, 467, 470, 481-483.
Duras (Duc de), 35, 91, 135, 143, 146, 229, 231, 356, 424, 427, 442, 450, 477.
Duras (Duchesse de), 35, 80, 106, 348.
Duras (Mlle de), 34, 162, 163, 341.
Durazzo (M.), envoyé de Gênes, 276.
Duverney (Paris), 131.

E.

Ecquevilly (M. d'), le fils, 168, 169.
Édouard (Le prince). *Voy.* Stuart (Charles-Édouard).
Églé, pastorale, 427, 450, 485.
Egmont (Mme d'), 102, 104, 149, 218.
Ekmoisans (M. d'), gouverneur de Redon, 435.
Elbeuf (Prince d'), 133.
Elbeuf (Princesse d'), 349.
Eléments (Les), opéra-ballet, 365.
Élisabeth Farnèse, reine d'Espagne, 271.
Embrun (Archevêque d'). *Voy.* Fouquet.
Emery (M. d'), 24.
Enfant prodigue (L'), comédie, 364, 465.
Épinoy (Princesse d'), 468.
Épinoy (Mlle d'), 148.
Érigone, opéra, 477, 484.
Escorailles (M. d'), sous-lieutenant des chevau-légers de la garde, 136, 140.
Espagne (Reine d'). *Voy.* Madeleine-Thérèse de Portugal.
Espagne (Roi d'). *Voy.* Ferdinand VI.
Esprit de contradiction (L'), comédie, 91.
Estissac (Louis-François-Armand de la Rochefoucauld de Roye, duc d'), 209, 387.
Estissac (Mme d'), 84.
Estourmel (Chevalier d'), 24.
Estrades (Mme d'), 33, 78, 86, 87, 104, 106, 170, 192, 218, 229, 296, 303, 329, 453.
Estrées (Duchesse d'), 302.
Estrées (Maréchal d'), 195.
Estrées (Louis-César le Tellier de Courtenvaux, comte d'), lieutenant général, 4, 5, 259, 260.
Étanduère (M. de l'), chef d'escadre, 328, 384.
Ettingue (Comte d'), 247.
Eu (Louis-Charles de Bourbon, comte d'), 112, 168.
Eugène (Le prince), 249, 298.
Évreux (Comte d'), 148, 194.
Exilles (Combat d'), 410-415.

F.

Fagon, brigadier, 294.
Falconnet, médecin, 445.
Fare (M. de la), 25, 26, 94, 110, 113, 119, 120, 134, 247, 250, 266, 307, 317.
Fat puni (Le), comédie, 473.

FAUDOAS (Mme de). *Voy.* ROCHECHOUART (Mme de).
FAYE (M. de la), 85, 136, 235, 241.
FÉNELON (M. de), 289, 327.
FÉNELON (Mme de), 191, 360.
FERDINAND VI, roi d'Espagne, 22, 177, 186, 204, 205, 271, 282.
FERRARY (M. de), 97.
Fêtes de l'hymen et de l'amour (Les), ballet, 144.
Fêtes grecques et romaines (Les), prologue, 484.
FITZ-JAMES (François de), évêque de Soissons, premier aumônier du roi, 188, 379, 380.
FITZ-JAMES (Charles, duc de), 113.
FITZ-JAMES (Victoire-Louise-Sophie de Goyon de Matignon, duchesse de), femme du précédent, dame du palais de la reine, 7, 106, 167, 218, 299, 334, 454.
FITZ-JAMES (M. de), 468.
FLAMANVILLE (Marquis de), 141.
FLAMARENS (M. de), 42, 43, 86, 168, 220, 222.
FLAVACOURT (Hortense-Félicité de Mailly-Nesle, marquise de), dame du palais de la reine, 162, 170, 322.
FLEURY (Abbé de), 453.
FLEURY (André-Hercule de), cardinal, 346, 368-371, 379, 380, 441, 469.
FLEURY (André-Hercule de Rosset, duc de), premier gentilhomme de la chambre du roi, 37, 91, 124, 154, 156, 176, 481.
FLEURY (Anne-Madeleine-Françoise d'Auxy de Monceaux, duchesse de), femme du précédent, dame du palais de la reine, 329.
FLEURY (M. de), 441.
FLEURY (Pierre-Augustin-Bernardin de Rosset de), évêque de Chartres, 453.
Fontainebleau (Capitainerie de), 382.
Fontainebleau (Travaux de), 309.
FONTANIEU (M. de), 243, 453.
FONTPERTUIS (M. de), directeur de la compagnie des Indes, 261.
FORBIN (M. de), 138.
FORCALQUIER (M. de), 29.
FORCALQUIER (Mme de), 29.
FORCE (Mme de la), 195.
FORTIA (Mlle de), 136.
FOSSEUX (M. de), 137.
FOUGÈRE (M. de), 137.
FOUQUET (Bernardin-François), archevêque d'Embrun, 275.
FOURNIER, médecin, 467.
FRANCE (Louise-Élisabeth de), première fille du roi, nommée *Madame Infante*, 205, 350, 351; sa lettre à la duchesse de Luynes, 353.
FRANCE (Anne-Henriette de), nommée *Madame Henriette*, puis *Madame*, deuxième fille du roi, 14, 16-19, 21, 25, 26, 32, 41, 59, 76, 89, 101, 102, 104, 106-108, 113, 115, 117, 118, 123, 130, 133, 134, 147, 149-151, 156, 159, 164-166, 170, 171, 175, 179, 180, 182, 183, 185, 188, 191, 194, 196, 197, 201, 218-222, 230, 233, 237, 239, 240, 243, 244, 247, 249, 258, 261, 267, 268, 270, 271, 275-277, 284-289, 296, 297, 299, 300, 304-306, 309,

314, 316, 318, 320, 321, 324, 328, 333, 334, 336, 338, 339, 343, 344, 348, 358-361, 366-368, 380, 381, 384, 421, 424, 425, 428, 430, 431, 437, 444, 446, 449, 482, 485.

FRANCE (Marie-Adélaïde de), nommée *Madame Adélaïde*, troisième fille du roi, 6, 14, 17-19, 21, 25, 26, 32, 41, 59, 76, 89, 101, 102, 104-108, 113, 115, 117, 123, 130, 133, 134, 145, 147, 149-151, 156, 159, 164-166, 170, 175, 179, 180, 182, 183, 185, 188, 191, 194, 196, 197, 201, 211, 218-222, 233, 239, 240, 243, 244, 247, 249, 256, 258, 261, 267, 268, 270, 271, 275-277, 284-289, 296, 297, 299, 300, 304-306, 309, 314, 316, 318, 320, 322, 324, 328, 333, 334, 336, 338, 339, 343, 344, 348, 358-361, 366-368, 380, 381, 384, 421, 424, 425, 428, 430, 431, 437, 444-446, 448, 449, 460, 482, 485.

FRANCE (Marie-Louise-Adélaïde-Victoire de), nommée *Madame Victoire*, quatrième fille du roi, 434, 471, 481-483, 485.

FRANCE (Mesdames Victoire, Sophie et Louise de), dernières filles du roi, 282-284, 308.

FRANCE (Marie-Thérèse de), nommée *Madame* et *la petite Madame*, fille du dauphin, 19, 39, 164, 165, 201, 244, 299, 348.

FRANCOEUR, musicien, 357.

FRANÇOIS Ier, grand-duc de Toscane, puis empereur d'Allemagne, 133.

François II, tragédie, 262.

FRÉDÉRIC II, roi de Prusse, 15, 70; sa réponse au maréchal de Saxe, 73, 205, 288.

FRÉDÉRIC V, roi de Danemark, 40.

FRÉJUS (Évêque de). *Voy.* BELLAY.

FRÉTOY (M. du), chef de brigade, 114.

FROMENTIÈRES (M. de), capitaine de vaisseau, 335.

FRONSAC (M. de), 472.

FROULAY (M. de), 6, 23, 260, 264, 299.

FROULAY (Mme de), 6, 13, 23, 249, 250, 441.

FURSTEMBERG (Cardinal de), 363.

FUSELIER, poëte, 135.

G.

GABRIEL (Ange-Jacques), premier architecte du roi, 485.

GACES (M. de), 53.

GALLES (Prince de), 145.

GARRENAY (M. de la), 212.

GÉLIOTTE. *Voy.* JÉLIOTTE.

GEORGES II, roi d'Angleterre, 215, 216, 228.

GESLIN, médecin de Mme de Pompadour, 477.

GESVRES (François-Joachim-Bernard Potier, duc de), premier gentilhomme de la chambre du roi, gouverneur de Paris, 37, 84, 87, 102, 104, 105, 108, 109, 118, 124, 136, 140, 152, 153, 155, 158, 160, 167, 168, 170, 173, 182, 185, 187, 219, 220, 222, 231, 239, 248, 295, 301, 304, 313, 325, 479.

GHISTELLE (Abbé de), 272.

GIRARD (Abbé), de l'Académie française, 446, 451.
GISEUX (Mlle de), 131.
GISORS (M. de), 202.
Glandève (Évêché de), 355.
GOAS (M. de), 246.
GONTAUT (Marquis de), 91, 147, 229, 231, 297, 364, 424, 427, 442.
GONTAUT (Marquise de), 182, 185.
GOUFFIER (Mme de), 318.
GOURDON (M. de), maréchal de camp, 292.
GOURGUES (M. de), 128, 137.
GOURU (M. de), 196.
Gouvernante (*La*), comédie, 115.
GOUZANGRÉ, président de la cour des Monnaies, 184.
GRAMONT (Duchesse de), 349, 461.
GRAMONT (M. de), 52, 337.
GRAMONT (La maréchale de), 449.
Grand Duc (Le). *Voy.* FRANÇOIS Ier.
GRANDHOMME (M.), 131.
Grand Prieur (M. le). *Voy.* ORLÉANS.
GRANDVILLE (M. de la), chef du conseil du duc d'Orléans, 308, 455, 462.
GRAVE (Mme de), 280.
GRESSET (M.), poëte, 442, 446, 452.
GRIMBERGHEN (Louis-Joseph d'Albert de Luynes, prince de), 91, 147, 273, 432, 433, 451.
GUÉBRIANT (Président de), 128, 304.
GUÉDON (Mlle), 354.
GUÉMENÉ (Armand-Jules de Rohan-), archevêque de Reims, 328.
GUERCHY (M. de), le père, lieutenant général, 449.
GUERCHY (M. de), maréchal de camp et colonel du régiment du roi, 147, 260.
GUERSTOFF (M. de), chambellan du roi de Pologne, 199.
GUICHE (Duc de), 383.
GUICHE (Mme de la), 296.
GUILLOT, garde du corps, 245.
GUISE (Louis-Marie-Léopold de Lorraine-Harcourt, prince de), 252.
GUYMONT (M. de), résident de France à Gênes, 38, 81.

H.

HALLOT (Chevalier d'), 292, 294.
HARCOURT (Abbé d'), 227, 421, 438.
HARCOURT (François, duc d'), maréchal de France, 326, 355.
HARCOURT (M. d'), 352, 473.
HARLAY (Le premier président de), 378.
HARLAY (Mme de), 378.
HELMSTADT (M. d'), capitaine de cavalerie, 140.
HELMSTADT (Mme d'), 143.
HELVÉTIUS (M.), premier médecin de la reine, 149, 150, 309, 322, 375, 446.

HÉNAULT (Le président), 263, 306, 384, 450, 451, 467, 479.
HENRI (Le prince). *Voy.* STUART.
HÉRICOURT (Le P. d'), prédicateur, 110, 176.
HÉROUVILLE DE CLAYE (M. d'), maréchal de camp, 207, 289.
HESSE (M.), joueur, 428, 431.
HESSE (Prince de), 257, 293, 294.
HESSE-PHILIPSTADT (Prince de), 262.
HOLLANDE, concierge de Marly, 434.
Hongrie (Reine de). *Voy.* MARIE-THÉRÈSE D'AUTRICHE.
HÔPITAL (M. de l'), 424.
HÔPITAL (Mme de l'), dame de Mesdames, 171.
HOUDETOT (M. d'), 472.
HOUEL (M.), joueur, 431, 476.
HUESCAR (Duc d'), ambassadeur d'Espagne, 15, 117, 162, 177, 272, 454.
HULIN (M.), chargé des affaires du roi Stanislas, 153.

I.

IMBERT (Le P.), prédicateur, 5.
Incendie au château de Versailles, 93.
Infant (L'). *Voy.* PHILIPPE (Don).
INFANTE (Madame). *Voy.* FRANCE (Louise-Élisabeth de).
ISENGHIEN (Maréchal d'), 29, 187, 195.
ISENGHIEN (Mme d'), 29.
ISLE (Garnier d'), architecte, 435, 485.
Ismène, pastorale, 357, 424, 471.
ISSARS (M. des), ambassadeur à Dresde, 76.
Issé, opéra, 352, 457.

J.

JACQUES III, roi d'Angleterre, dit *le Prétendant* et le chevalier de Saint-Georges, 188, 349.
JAR, accoucheur de la reine et de la dauphine, 192, 204, 480.
JARENTE DE LA BRUYÈRE (Louis-Sextius de), évêque de Digne, 316.
JAUCOURT (Mme de), 352.
JÉLIOTTE, musicien, 357.
JOMARD (M.), curé de la paroisse de Notre-Dame de Versailles, 284, 287.
JONQUIÈRE (M. de la), 237.
JONSAC (M. de), lieutenant général, 17, 86, 276.
JOYEUSE (M. de), 434.
JUMILHAC (Jean-Joseph de Saint-Jean de), archevêque d'Arles, 141.

K.

KELLER (Baron de), envoyé extraordinaire de Wurtemberg, 98, 288.
KERSAINT (M. de), 23.
KOUARSKI (Abbé), 199.

L.

Laage (M. de), chef d'escadre, 229.
Labiszinski (Abbé), confesseur de la reine, 445, 452, 462.
La Bruère, poëte, 143, 477.
Lachau-Montauban (Mme de), 44, 474.
Lacy (M. de), gouverneur d'Alexandrie, 57, 58.
Laffitau (Pierre-François), évêque de Sisteron, 37.
Lafosse, premier chirurgien de la reine, 303.
Lagarde, musicien, 427.
Lamballe (Louis-Alexandre-Joseph-Stanislas de Bourbon, prince de), 287.
Lambesc (M. de), 210.
Lamoignon (M. de), président à mortier, 190.
Lande (Marquise de la), intendante de la garde-robe de Mesdames, 348, 425, 444, 446.
Langeron (M. de), 235, 239, 364, 417, 427, 458, 460.
Languet de Gergy (Jean-Joseph), archevêque de Sens, 351, 352.
Lannion (M. de), brigadier, 136.
Langres (Évêque de). *Voy.* Saint-Hérem.
Lanternes nouvelles, 95.
Larcher (Mme), 94.
Lassay (Léon de Madaillan de Lesparre, comte de), 302.
Lassurance (M. de), architecte, contrôleur de Marly, 191, 208.
Latour, peintre, 205.
Laufeld (Relation de la bataille de), 402-408.
Laujon, auteur dramatique, 427.
Lauraguais (Diane-Adélaïde de Mailly-Nesle, duchesse de), dame d'atours de la dauphine, 59, 79, 83, 105, 106, 110, 134, 162, 163, 174, 175, 194, 223, 240, 249, 250, 266, 270, 289, 423, 430, 431.
Lauraguais (Mlle de), 423.
Lautrec (Comte de), 289.
Lautrec (Mme de), 85.
Laval-Montmorency (M. de), lieutenant général 140, maréchal de France, 323, 339, 341.
Lebel, premier valet de chambre du roi, 138.
Leblanc (Abbé), 452.
Lecamus, page de la musique, 477.
Lefèvre (Le P.), confesseur du roi d'Espagne, 204, 205.
Le Grain, élève du collége d'Orléans à Versailles, 286.
Lemaistre de la Garlaye (François-Marie), évêque de Clermont, 170.
Lesdiguières (Duchesse de), 147-149.
Lesdiguières (Maréchal de), 82.
Leutrum (Comte de), lieutenant général du roi de Sardaigne, 242.
Leuwe (M. de), maréchal de camp, 293, 294.
Lewenhaupt (M. de), 40.
Lezonnet (Mlle de), 472.
Lichtenstein (M. de), 53, 55, 432.

LIGONIER, général anglais, 257, 260.
LINANGE (Comtesse de), 91.
LINS (M. de), colonel du régiment de Bretagne, 6.
LISTENAY (M. de), 226.
LIVE (M$^{ll}_e$ de la), 472.
LIVRY (Louis Sanguin, marquis de), premier maître d'hôtel du roi, 431.
LIVRY (Mme de), 33, 104, 135, 146, 192, 215, 229, 296, 303, 320, 329, 356, 364, 423, 427, 453, 477.
LODUMIER, dentiste, 303.
LORGES (Comte de), menin du dauphin, 229, 260, 435.
LORGES (Mme de), dame de la dauphine, 249, 250, 266, 334.
LORME (M. de), maréchal de camp, 281.
LORRAINE (Charles-Alexandre de), archiduc d'Autriche, nommé *le prince Charles*, 2.
LOSS (M. de), envoyé de Saxe, 18-20, ambassadeur de Pologne, 76, 77, 110, 179, 188, 190, 454.
LOSS (Mme de), 189, 198-201.
LOSS (M. de), le fils, 114.
Loterie nouvelle, 311.
LOUDUN (Milord), 97.
LOUIS XIV, 46, 83, 287, 383, 441, 443.
LOUIS XV, 1, 5-34, 39-47, 59, 76-94, 99-118, 122, 123, 126-131, 136-160, 163-192, 196-219, 224-231, 234-241, 244, 248, 255-266, 269, 270, 276-282, 288-292, 295-305, 308-329, 333, 335-345, 349-364, 368-375, 380, 381, 387-389; sa lettre à l'archevêque de Paris, 408-410, 421-429, 432-441, 444, 445, 449-457, 460-485.
LOUIS DE FRANCE, dauphin, fils de Louis XV, 8, 13, 14, 17-19, 21, 24, 26, 32, 33, 36-41, 46, 59; sa lettre à Mme Dufour, 63, 76, 77, 87, 89, 101-119, 123, 130, 131, 134, 135, 141, 147-151, 156, 159, 164, 165, 168, 173-175, 178-185, 188, 196, 197, 201, 219-223, 233, 239, 240, 243-251, 255, 258, 260, 261, 268-271, 275-278, 284-289, 296 300, 303-306, 311, 314, 316-318, 322-325, 328-339, 343, 344, 347, 351, 358-361, 366-368, 372-374, 380, 381, 428-431, 438, 441, 444, 446, 452, 458, 468, 481, 485.
LOUVAIN (M. de), écuyer de la dauphine, 296.
LOUVOIS (Mlle de), 132.
LOWENDAL (Comte de), 4, 5, 45, 190, 206, 210, 229, 262, 272, 275, 278, 290, 291, maréchal de France, 292, 297-300, 311, 323, 355.
LOWENDAL (Mme de), 44, 45, 207, 292, 298, 423.
LUBERSAC (M. de), écuyer de la grande écurie, 157, 158, 172.
LUBOMIRSKI (Prince), 125, 145, 154, 155, 156.
LUC (Marquis du), 474.
LUCAS (Mlle), 443.
LUJAC (M. de), 294.
LULLI, musicien, 144.
LUTZELBOURG (Mme de), 455.
LUXEMBOURG (M. de), 93, 112, 118, 135, 147, 167, 168, 229, 231, 296, 377, 389, 428, 431, 465.
LUXEMBOURG (Mme de), 102, 104, 117, 315, 363.

Luynes (Chevalier de), 192.
Luynes (Charles-Philippe d'Albert, duc de), 17, 18, 110, 112, 117, 147, 167, 168, 199, 202, 219, 220, 222, 228, 230, 231, 256, 274, 280, 307, 308, 310, 314, 324, 329, 331, 341, 347, 368, 384, 387, 421, 425, 426, 437-440, 479.
Luynes (Marie Brulart, duchesse de), dame d'honneur de la reine, femme du précédent, 14, 18, 19, 24, 35, 36, 40, 43, 44, 89, 90, 92-95, 102, 106, 107, 109, 111, 112, 117, 120, 133, 134, 136, 143, 145, 147, 149-151, 165, 166, 170, 171, 191, 194-197, 199, 201, 204-207, 226, 228, 239-241, 251, 256, 264-266, 270, 274, 296, 298, 299, 301, 306, 307, 310, 312, 313, 316, 318, 320, 322, 323, 331, 334, 345-348, 353, 358, 360, 368, 384, 415, 428, 435, 466, 479, 480.
Luynes (Paul d'Albert de), évêque de Bayeux, premier aumônier de la dauphine, 23, 24, 110, 111, 113-115, 119, 120, 129, 156, 249, 252, 256, 266, 267, 269.

M.

Macanas (M. de), ambassadeur d'Espagne, 146.
Machault (Jean-Baptiste de), seigneur d'Arnouville, contrôleur général des finances, 99, 163, 326, 339, 340, 481.
Madame. Voy. France (Anne-Henriette de).
Madame (La petite). Voy. France (Marie-Thérèse de).
Madame Infante. Voy. France (Louise-Élisabeth de).
Madeleine-Thérèse de Portugal, reine d'Espagne, 205.
Mademoiselle. Voy. Bourbon (Louise-Anne de).
Maillebois (Jean-Baptiste-François Desmaretz, marquis de), maréchal de France, 9, 11, 15, 20, 26, 28-31, 47, 50, 51, 53-58, 82, 182.
Maillebois (Marie-Emmanuelle d'Alègre, marquise de), femme du précédent, 15, 28, 29, 47, 77.
Maillebois (Comte de), fils des précédents, 47, 90, 124, 146, 168, 229, 231, 356, 424, 427, 442, 450.
Mailly (Louise-Julie de Mailly-Nesle, comtesse de), 6, 162.
Mailly d'Haucourt (Comte de), 242.
Mailly d'Haucourt (Mlle de), 79, 80.
Maine (Anne-Louise-Bénédicte de Bourbon, duchesse du), 302, 352, 353.
Maisons (Château de), 208, 211.
Maisons (Le président de), 378.
Malause (Mme de), 352.
Marbeuf (Abbé de), 350-352.
Marbeuf (M. de), 138.
Marchais (Mme de), 457, 460, 471, 472, 477, 484.
Marche (Louis-François-Joseph de Bourbon-Conty, comte de la), 168, 268.
Marche (Mlle de la), 435, 455.
Marck (Comte de la), 17, 36, 220.
Marck (Mme de la), 36, 320, 365.
Marcotte, médecin, 445.
Mariage fait et rompu (Le), comédie, 356, 449.

MARIE-AMÉLIE DE SAXE, reine des Deux-Siciles, 251.
MARIE-JOSÈPHE D'AUTRICHE, reine de Pologne, électrice de Saxe, 99.
MARIE-JOSÈPHE DE SAXE, dauphine de France, 8, 14, 19, 20, 25, 26, 28, 32, 39, 77, 79, 89, 94, 99, 100, 103-120, 123, 124, 129, 130, 133-135, 147, 150, 151, 155, 159, 164-166, 170, 171, 175, 179, 180, 182, 183, 188, 189, 194-197, 201, 218, 219, 223, 239-255, 258, 261, 268-271, 275-278, 284-289, 297-300, 304-306, 311, 314-320, 324-339, 343, 344, 347, 348, 358-361, 366-368, 372-374, 380-382, 421, 424, 425, 428, 430, 437, 444, 446, 452, 468, 479-484.
MARIE LECZINSKA, 1, 5, 7, 14, 17-26, 31-33, 40-46, 59, 76, 78, 84, 85, 89, 91-93, 99-120, 129, 133, 134, 137, 140, 141, 144-153, 156, 160, 164-167, 170, 171, 174-188, 191, 194, 196-200, 203-207, 211, 218, 223, 227-234, 237-240, 247-251, 256, 257, 260, 261, 264-271, 274-280, 283, 284, 287-292, 296-300, 303-309, 313-318, 320-322; son billet à Mme de Luynes, 323-325, 328, 329, 333-338, 341-347, 350, 353, 354, 358-363, 368-371, 374, 375, 381, 384, 386, ses lettres à la duchesse de Luynes, 415, 416, 421-430, 437, 441, 444-449, 452, 454, 461, 467, 479-483.
MARIE-THÉRÈSE-ANTOINETTE-RAPHAELLE, infante d'Espagne, dauphine de France, 7; journal de sa maladie et de sa mort, 58-70, 266, 367.
MARIE-THÉRÈSE D'AUTRICHE, grande-duchesse de Toscane, reine de Bohême et de Hongrie, 32, 38, 228, 279.
MARSAN (Mme de), 14, 33, 109, 349, 381, 382.
MARTINIÈRE (M. de la), 131, 193, premier chirurgien du roi, 236, 303.
MARTINITZ (Comtesse), 124.
MARVILLE (Claude-Henri Feydeau, seigneur de), lieutenant général de police, 224.
MATHAN (M. de), 472.
MATIGNON (Comte de), 285, 380.
MATIGNON (Marquis de), 6, 380.
MATIGNON (Marquise de), 6, 165.
MAUBOURG (M. de), 387, 421, 437-439.
MAUCONSEIL (Mme de), 159, 160, 248, 324.
MAULEVRIER (M. de), 35, 93, 95, 97, 98, 242, 256, 433, 436, 437.
MAUPEOU (M. de), premier président au parlement de Paris, 19, 125, 126, 128, 130, 131, 184, 475, 478.
MAUREPAS (Jean-Frédéric Phélypeaux, comte de), secrétaire d'État, 39, 43, 47, 59, 82, 93, 99, 112, 125, 129, 131, 142, 164, 183, 185, 230, 238, 255, 289, 290, 292, 296, 299, 303, 341, 343, 384, 475, 476, 481.
MAUREPAS (Marie-Jeanne Phélypeaux de la Vrillière, comtesse de), cousine et femme du précédent, 123, 364.
MAURIAC (M. de), maréchal de camp, 136, 202, 265.
MAZARIN (Duc de), 343.
MAZARIN (Duchesse de), 354.
Mazarin (Duché de), 162.
MAZARIN (Mme de), 34, 341-343.
MAZIN. *Voy.* BAZIN.
Méchant (Le), comédie, 442, 460, 471, 473.
MÉLIAND (M.), conseiller d'État, 224.

MÉNARS (Le président de), 378.
MENOU (M. de), 456.
MERCIER (M.), contrôleur de la maison de la reine, 334.
Mère coquette (La), comédie, 465.
MÉRIC (M. de), 225, 401, 402.
MÉRODE (M. de), 45.
MÉRODE (Pauline-Louise-Marguerite de la Rochefoucauld de Roye, comtesse de), dame du palais de la reine, 45, 46, 77.
Mesdames. *Voy.* FRANCE (Anne-Henriette et Marie-Adélaïde de).
MESMONT (MM. de), 172.
Meuble de l'appartement de la dauphine, 243.
MEUSE (Henri-Louis de Choiseul, marquis de), lieutenant général, 16, 86, 118, 204, 229, 231, 424, 465.
MEUSE (Mme de), 321.
Meutte (Bâtiments de la), 304.
MIDDELBOURG (Mme de), 182.
MILOT, aide de camp de M. de Mirepoix, 135.
MINA (M. de la), 15, 22, 47, 95-97, 121, 178, 239, 314, 351.
Minquiat (Le), jeu de cartes, 189.
MION, musicien, 116.
Mirepoix (Évêque de). *Voy.* BOYER (Jean-François).
MIREPOIX (Marquis de), lieutenant général, 96, 98, 121, 139.
MIREPOIX (Mme de), 197.
MODÈNE (Charlotte-Aglaé d'Orléans, duchesse de), 6, 7, 106, 145, 287, 320, 324, 339, 483.
MOLÉ (Le président de), 327, 475.
MOLÉ (Mme de), 378.
MONACO (Honoré-François de Grimaldi de), archevêque de Besançon, 452.
MONACO (M. de), 452.
MONCHENU (Mlle de), 172, 173, 181.
MONCHY-SÉNARPONT (Mlle de), 433.
MONCRIF (M. de), de l'Académie française, 357, 358, 417, 424, 457, 460.
MONDONVILLE, maître de musique de la chapelle du roi, 143, 145, 147, 477.
MONTAIGU (M. de), gentilhomme de la manche du dauphin, 220, 221.
MONTAL (M. de), lieutenant général, 51, 52, 56, 57.
MONTAUBAN (Éléonore-Eugénie de Béthisy, princesse de), dame du palais de la reine, 306, 322.
MONTAULIEU (M. de), 283.
MONTAZET (Abbé de), aumônier du roi, 470, 471.
MONTBAZON (Duchesse de), 13, 37, 109, 123.
MONTBELLIARD (Princes de), 288, 429.
MONTBOISSIER (Mme de), 472.
MONTEIL (M. de), colonel du régiment de Nivernois, 241.
MONTESQUIOU (Mme de), 159.
MONTESSON (M. de), 244, 245.
MONTI (M. de), 474.
MONTIGNY (M. de), 456.
MONTMARTEL (M. Paris de), 99.

MONTMORENCY (Baron de), menin du dauphin, 6, 88, 180.
MONTMORENCY (Comte de), 17, 220, 263.
MONTMORENCY (Comtesse de), 170, 318.
MONTMORENCY (Mme de), 461.
MONTMORENCY (Mlle de), 176, 180.
MONTMORENCY (Le maréchal de), 17.
MONTMORENCY (La maréchale de), 461.
MONTMORIN (M. de), 18, 23, 207, 211, 229.
MONTMORIN (Mme de), 23, 42, 86.
MONTPENSIER (Louis-Philippe-Joseph d'Orléans, duc de), 181.
MORAND, chirurgien, 185, 193.
MOREAU DE BEAUMONT (M.), maître de requêtes, 429.
MORTAIN (M. de), lieutenant général, 95.
MORTANI (M. de). *Voy.* MORTAIN.
MORTEMART (Duchesse de), 141.
MORTON (Milord), 8, 9.
MORVEAU (M. de), président à mortier, 190.
MOTHE-HOUDANCOURT (M. de la), lieutenant général, chevalier d'honneur de la reine, 46, 103, 117, 120, 124, 137, 140, 141, 145, 147, 150, 151, 156, 199, 274, 317, 322, maréchal de France, 323, 346.
MOTHE-HOUDANCOURT (La maréchale de la), 441.
MOTTE (Louis-François-Gabriel d'Orléans de la), évêque d'Amiens, 100, 127.
MOURET, musicien, 484.
MUY (Marquis du), sous-gouverneur du dauphin, 38, 240, 250, 278, 289.
MUY (M. du), le fils, premier maître d'hôtel de la dauphine, 182.

N.

NADASTY (M. de), 474.
NAIN (M. le), intendant de Languedoc, 325.
NANGIS (Marquis de), chevalier d'honneur de la reine, 369, 374.
NARBONNE (Archevêque de). *Voy.* CRILLON.
NASSAU-SIEGEN (Prince de), 433.
NESMOND (Mme de), 378.
NEUHAUS (M. de), lieutenant général autrichien, 95-97.
NEUVILLE (Le P.), prédicateur, 167, 271.
NEUVILLE (M. de), 172.
NEVERS (M. de), 302.
NIHEL (Le major), 294.
NICOLAÏ (Abbé de), 166, 253.
NICOLAÏ (M. de), premier président de la chambre des comptes, 184.
NIVERNOIS (M. de), 77, 86, 87, 91, 167, 168, 356, 358, 361, 364, 417-419, 427, 442, 443, 450, 471.
NIVERNOIS (Mme de), dame du palais de la reine, 77, 123, 170, 341, 461.
NOAILLES (Cardinal de), 362, 363.
NOAILLES (Maréchale de), la grand'mère, 449.
NOAILLES (Adrien-Maurice, duc de), maréchal de France, capitaine des

gardes du corps du roi, 87, 110, 147, 174, 195, 236, 245, 318, 319, 355, 388, 451, 481.

NOAILLES (Philippe, comte de), gouverneur de Versailles, fils du précédent, 87, 147, 173, 174, 319, 322, 361, 424, 454.

NOAILLES (Comtesse de), 173, 174, 441.

NOVION (M. de), 378.

O.

O'BRIEN (M.), chargé des affaires du Prétendant, 349, 386, 387.

OGIER (Le président), 450, 451.

OISE (Marquis d'), 221.

ONILLON (Abbé), ministre plénipotentiaire à Cologne, 305.

ONORATI, camérier du pape, 265, 266, 347, 348.

ONORATI (Comte), 265, 266.

Oracle (L'), comédie, 443.

ORANGE (Prince d'), 203, 215, 216.

ORLÉANS (Philippe, duc d'), régent du royaume, mort en 1723, 45.

ORLÉANS (Françoise-Marie de Bourbon, duchesse douairière d'), fille de Louis XIV et de Mme de Montespan, femme du précédent, 36, 156, 182, 250, 287, 376, 377.

ORLÉANS (Louis, duc d'), fils du régent, premier prince du sang, 181, 182, 250, 253, 286, 308, 455.

ORLÉANS (Jean-Philippe, dit le chevalier d'), grand prieur de France, 17, 467.

ORMEA (M. d'), général autrichien, 96.

ORMESSON (M. d'), 443.

ORRY (Philibert), conseiller d'État, 325, 326.

OSSOLINSKI (Duc), grand maître de la maison du roi Stanislas, 187, 188.

P.

PALAVICINI (Général), 53.

PALAVICINI (M. de), envoyé extraordinaire de Gênes, 273.

PANCIATICI (Le chevalier), 315.

Paris (Archevêque de). *Voy.* BEAUMONT.

PARIS (MM.) *Voy.* DUVERNEY et MONTMARTEL.

Parlement (Arrêté du), 129, son audience, 183, ses arrêts sur la bulle *Unigenitus*, 391-397.

PAULMY (M. de), 446, 451, 454.

PAYAN (M. de), 58.

Pédant (Le), pantomime, 484.

PENTHIÈVRE (Louis-Jean-Marie de Bourbon, duc de), 2, 41, 112, 287, 320, 335, 339, 361, 423.

PENTHIÈVRE (Marie-Thérèse-Félicité d'Este, duchesse de), 41, 112, 166, 287, 320, 339.

PÉRIGNAN (M. de), 440.

Périgord (Comte de), 6, 294, 295; 298.
Périgord (Comtesse de), dame du palais de la reine, 6, 101, 106, 165, 285.
Pérusseau (Le P.), jésuite, confesseur du roi, 174.
Petitbourg (Château de), 322.
Peyrat, accoucheur de la reine, 59, 192.
Peyre (Mme de), 139.
Peyronie (François Gigot de la), premier chirurgien du roi, 192, 193, 204.
Peysac (M. de), 226.
Philippe V, roi d'Espagne, 28, 30, 32, 36, 204.
Philippe (Don), infant d'Espagne, 53-55, 350, 351.
Pichon (Le P.), jésuite, 447, 448.
Piron (Alexis), poëte, 15.
Plélo (Mme de), 361.
Poix (Prince de), 322.
Polignac (Cardinal de), 369.
Polignac (M. de), 236.
Polissons ou salonistes de Marly, 432, 434.
Pologne (Reine de). *Voy.* Catherine-Bnin-Opalinska et Marie-Josèphe d'Autriche.
Pologne (Roi de). *Voy.* Stanislas Leczinski, et Auguste III.
Pompadour (Marquise de), 6, 13, 17, 33, 42, 76-78, 81, 86-88, 90, 91, 104, 105, 116, 118, 123, 135, 143, 146, 147, 169, 192, 207, 208, 215, 218, 229, 230, 237, 238, 296, 303, 305, 329, 337, 354, 356, 357, 364, 387, 388, 416, 423, 424, 427, 431, 442, 443, 450, 453, 457, 460, 461, 473, 477, 480, 481, 485.
Pompignan (Jean-Georges le Franc de), évêque du Puy, 18.
Pomponne (L'abbé de), chancelier de l'ordre du Saint-Esprit, 142, 425, 437, 438, 447, 448.
Poncet de la Rivière (Matthias), évêque de Troyes, 160, 223, 452.
Pons (Prince de), 190.
Pons (Mme de), 33, 78, 86, 91, 101, 135, 146, 249, 250, 349, 356, 423, 424, 427, 442, 450, 457.
Pontchartrain (Hôtel de), 328.
Pontchartrain (M. de), 104, 112, 123.
Pont de Veyle Fériol (M. de), 304, 473.
Portail (M. de), 190.
Porterie (M. de la), 310, 311.
Poudens (Abbé de), 253.
Poule (Abbé), prédicateur, 170.
Poulletier (M.), conseiller d'État, 224.
Poulpry (M. de), 97.
Poyanne (Mme de), 139.
Pratz (M. de), 294.
Préjugé à la mode (Le), comédie, 91, 145, 146.
Premier (M. le). *Voy.* Beringhen.
Premier Président (Le). *Voy.* Maupeou.
Prétendant (Le). *Voy.* Jacques III, et Stuart (Charles-Édouard).
Prétendant (Le fils du). *Voy.* Stuart.

Prévôt des marchands (Le). *Voy.* Bernage de Saint-Maurice.
Prie (Mme de), 159, 160, 369-371, 380.
Prusse (Roi de). *Voy.* Frédéric II.
Puicuyon (Mme de), 143.
Puisieux (M. de), 80, 82, 88; secrétaire d'État, 89-94, 99, 101, 131, 176, 178, 180, 186, 347, 348, 361, 387, 421, 422, 433, 437, 466, 480.
Puisieux (Mme de), 89.
Puisignieux (M. de), 96, 98, 294.
Puvigné (Mlle de), danseuse, 484.
Puy (Évêque du). *Voy.* Pompignan.
Puynormand (M. de), 239.
Puységur (Mme de), 364.

Q.

Quenet, chirurgien, 193.

R.

Radominski (Le P.), confesseur de la reine, 462.
Ragonde, comédie, 457, 460.
Raichecourt (Abbé de), 455, 456.
Rameau, 116, 144, 145.
Ramsay (M. de), 83.
Raré (Marquis de), 141.
Rastignac (Louis-Jacques de Chapt de), archevêque de Tours, 76, 101, 139, 142, 227, 426, 438.
Ratcliffe (Milord), 92, 94.
Ravannes (Abbé de), 187, 349-351.
Ravoye (Marquis de la), 242.
Raymond (M.), 296.
Razilly (M. de), capitaine aux gardes, 337.
Rebel, musicien, 357.
Reine (La). *Voy.* Marie Leczinska.
Rennes (Évêque de). *Voy.* Vauréal.
Resnel (Marquis de), 6.
Resnel (Mme de), 218, 421.
Retz (Duc de), 377.
Revel (M. de), 248, 249.
Richelieu (Louis-François-Armand de Vignerot du Plessis, duc de), lieutenant général, 25, 89, 99, 100, 155, 178, 229, 231, 376, 431, 474.
Rieux (Mme de), 44, 45, 117, 280.
Rivière (M. de la), 434.
Rivière (Mme de la), 76, 170, 202, 230, dame de Madame, 237, 339.
Robecque (Prince de), 294, 315.
Robecque (Princesse de), 117, 363.
Roche-Aymon (Charles-Antoine de la), archevêque de Toulouse, 275, 472.

ROCHECHOUART (Mme de), 119, 249, 250, 320.
ROCHEFORT (Prince de), 294.
ROCHEFOUCAULD (Dominique de la), archevêque d'Alby, 208, 209.
ROCHEFOUCAULD (Frédéric-Jérôme de Roye de la), archevêque de Bourges, cardinal, 188, 194, 209, 346, 358.
ROCHEFOUCAULD (Alexandre, duc de la), grand maître de la garde-robe du roi, 388.
ROCHEFOUCAULD (M. de la), 476.
ROCHE-SUR-YON (Louise-Adélaïde de Bourbon-Conty, Mademoiselle de la), 106, 109, 244, 297, 320, 432.
ROCOZEL (Abbé de), 453.
ROCQUE (M. de la), commandant de Huist, 217.
ROHAN (Armand-Gaston de), cardinal, grand aumônier de France, 41, 112, 160, 164, 167, 173, 175, 188, 265, 342, 350, 362, 363, 438.
ROHAN (Hercule-Mériadec de Rohan, duc de Rohan-Rohan, appelé le prince de), 316.
ROHAN (Duc de), 11, 327.
ROHAN (Duchesse de), 108, 109, 249, 327, 341.
ROHAN (Vicomte de), 460, 484.
ROHAN DE VENTADOUR (Armand de), coadjuteur de Strasbourg, 41, 110-112, 129, 167; cardinal, 188, 189, 227. *Voy.* SOUBISE.
Roi (Le). *Voy.* LOUIS XV.
ROOTH (Comte de), 203.
ROQUÉPINE (M. de), colonel, 136, 241, 265, 278.
ROTHELIN (M. de), gouverneur du Port-Louis, 23.
Rouen (Archevêque de). *Voy.* SAULX-TAVANNES.
ROUGÉ (Marquis de), 133.
ROUILLÉ (M.), directeur de la compagnie des Indes, 481.
ROURE (Comte du), 195.
ROURE (Mme du), 33, 78, 86, 104, 119, 192, 195, 218, 249, 250, 296, 303, 329.
ROUSSEAU (Jean-Baptiste), poëte, 13.
ROY, poëte, 116, 218, 484.
ROYER, musicien, 14, 36.
ROZAMBO (Le président de), 475.
RUBEMPRÉ (M. de), premier écuyer de la dauphine, 110, 182, 240, 241, 247, 250, 257, 266, 267, 321.
RUBEMPRÉ (Mme de), dame de la dauphine, 92, 249, 250, 334, 453.
RUFFEC (Duchesse de), 449, 461.
RUMAIN (Mme du), 35.
RUPELMONDE (Marie-Chrétienne-Christine de Gramont, comtesse de), dame du palais de la reine, 138, 139, 170, 319, 461.

S.

SACHÉ (Marquis de), 131.
SADE (M. de), envoyé du roi près de l'électeur de Cologne, 305.

SAINCTOT (M. de), introducteur des ambassadeurs, 19, 314, 346, 359.
SAILLY (Abbé de), 253.
SAILLY (M. de), 236.
SAINT-AFRIQUE (M. de), 294.
SAINT-AIGNAN (Duc de), 42, 220, 222.
SAINT-BERTIN (Abbé de), 141.
SAINT-CHAMANT (M. de), 132.
SAINT-CHAMANT (Mme de), 143.
SAINT-CHAUMONT (Mme de), 441.
SAINT-CLOUD (M. de), écuyer ordinaire de la reine, 151.
SAINT-CYR (Abbé de), sous-précepteur du dauphin, 166.
SAINT-FLORENTIN (Comte de), secrétaire d'État, 80, 112, 113, 181, 275, 326, 425, 438, 440.
SAINT-FLORENTIN (Mme de), 150, 151, 156, 275, 334, 375.
SAINT-GEORGES (Chevalier de). *Voy.* JACQUES III.
SAINT-GEORGES (M. de), 237.
SAINT-GERMAIN (Mme de), 381.
SAINT-HÉREM (Gilbert de Montmorin de), évêque de Langres, 438.
SAINT-HÉREM (M. de), grand louvetier, 382, 383.
SAINT-HÉREM (M. de), menin du dauphin, 221, 225, 240, 426.
SAINT-POINT (Chevalier de), 457, 466.
SAINT-SAUVEUR (Jean-Baptiste-Amédée-Grégoire de), évêque de Bazas, 1, 381.
SAINT-SAUVEUR (M. de), 216, 225.
SAINT-SERNIN (M. de), 2.
SAINT-SÉVERIN (M. de), 80, 185, 387, 421, 436, 437.
SAINT-SIMON (Le bailli de), 42, 306.
SAINTE-ALDEGONDE (Abbé de), aumônier du roi, 38.
SAINTE-FOIX (M. de), 443.
Sainte-Geneviève (Abbé de), 254.
SAISSAC (Mme de), 192.
SALABÉRY (Abbé de), conseiller au parlement, 349.
SALLE (M. de la), 36, 364, 416, 450, 457, 460, 471, 477, 484.
SALLES (M. des), 282.
Salonistes ou polissons de Marly, 432, 434.
SALVERT (M. de), 172.
Sardaigne (Roi de). *Voy.* CHARLES-EMMANUEL III.
SASSENAGE (M. de), menin du dauphin, 221, 240.
SASSENAGE (Mme de), 78, 86, 356, 424, 450.
SAULX (M. de), 77, 221, 299, 426.
SAULX (Mme de), dame du palais de la reine, 46, 47, 77, 92, 170, 227, 270, 306, 322, 334.
SAULX-TAVANNES (Charles-Nicolas de), archevêque de Rouen, grand aumônier de la reine, 120, 129, 227, 421, 426, 438.
SAUMERY (Mlle de), 453.
SAUSSOY (M. du), écuyer de Mesdames, 333.
SAUVIGNY (M. de), intendant de Paris, 106, 110.
SAXE (Arminius-Maurice, comte de), maréchal de France, 2, 3, 13, 15, 26-28, sa lettre au roi de Prusse, 70, 82, 83, 86, 147, 161, 171, 196, 207,